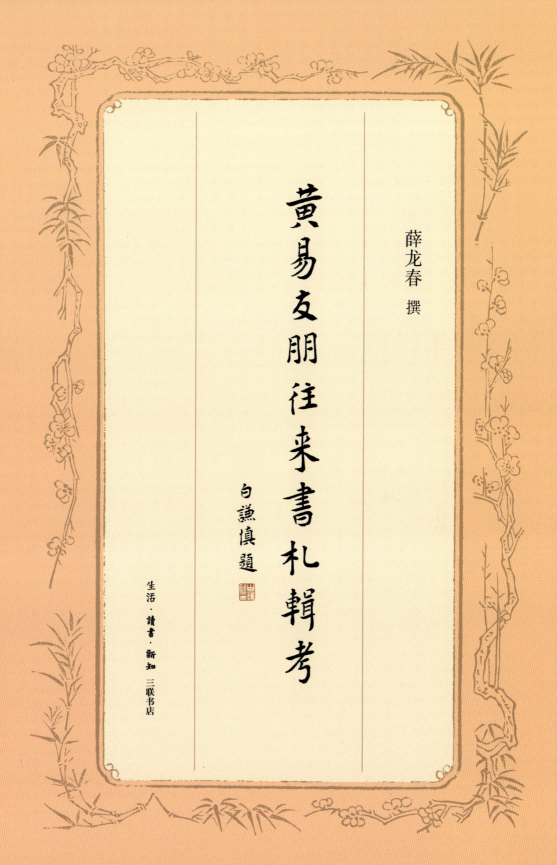

黄易友朋往来书札辑考

薛龙春 撰

白谦慎 题

生活·读书·新知 三联书店

Copyright © 2021 by SDX Joint Publishing Company.
All Rights Reserved.

本作品版权由生活·读书·新知三联书店所有。
未经许可,不得翻印。

图书在版编目(CIP)数据

黄易友朋往来书札辑考/薛龙春撰. —北京:生活·读书·新知三联书店,2021.7
ISBN 978-7-108-07066-1

Ⅰ.①黄⋯ Ⅱ.①薛⋯ Ⅲ.①黄易(1744-1802)—书信集
Ⅳ.① K825.72

中国版本图书馆 CIP 数据核字(2021)第 025739 号

本研究承近墨堂书法研究基金会特别资助

特邀编辑	孙晓林 张 巍
责任编辑	杨 乐
装帧设计	薛 宇
责任校对	曹秋月
责任印制	宋 家
出版发行	生活·讀書·新知 三联书店
	(北京市东城区美术馆东街 22 号 100010)
网 址	www.sdxjpc.com
经 销	新华书店
印 刷	天津图文方嘉印刷有限公司
版 次	2021 年 7 月北京第 1 版
	2021 年 7 月北京第 1 次印刷
开 本	720 毫米 × 1020 毫米 1/16 印张 42
字 数	580 千字 图 147 幅
印 数	0,001- 3,000 册
定 价	168.00 元

(印装查询:01064002715;邮购查询:01084010542)

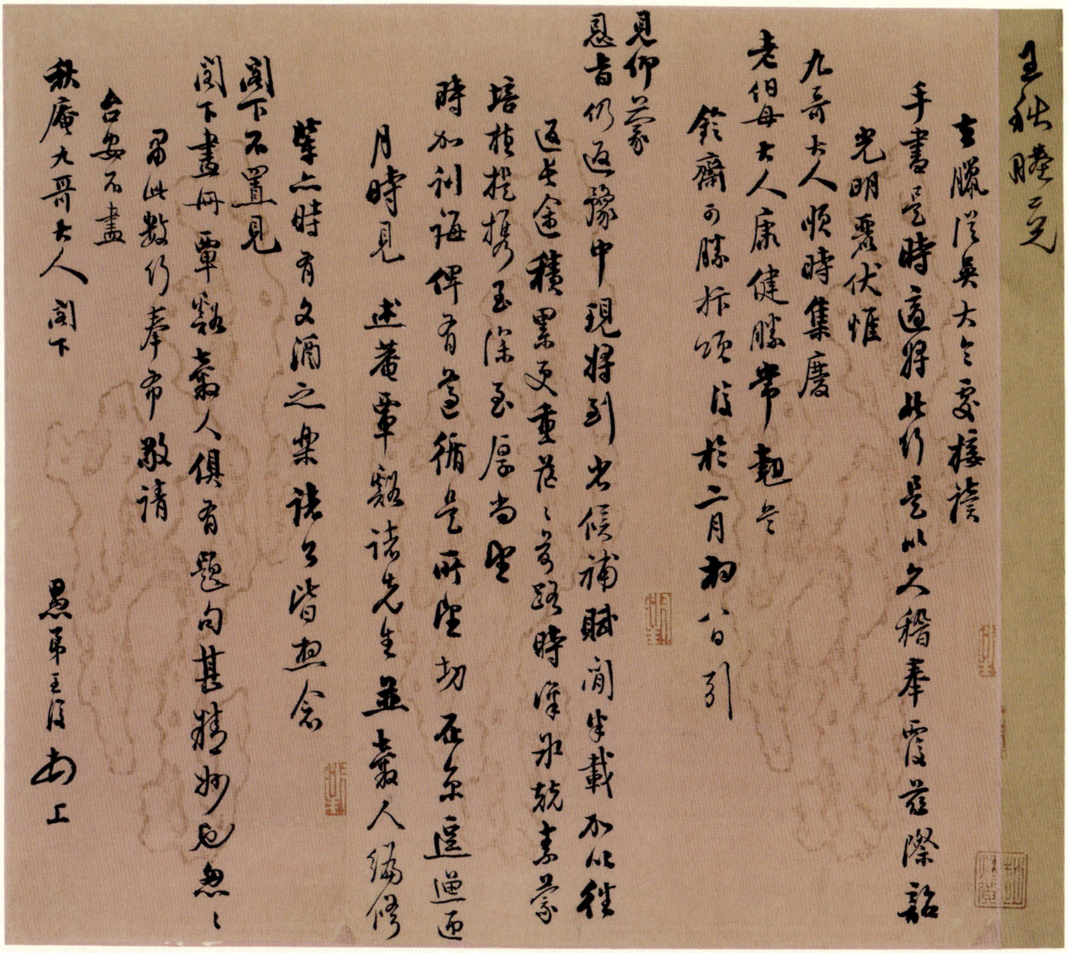

图版一

7–4 王复致黄易札　收入《小蓬莱阁同人往来信札》第一册

图版二 17-3 黄易致赵魏札　上海图书馆藏

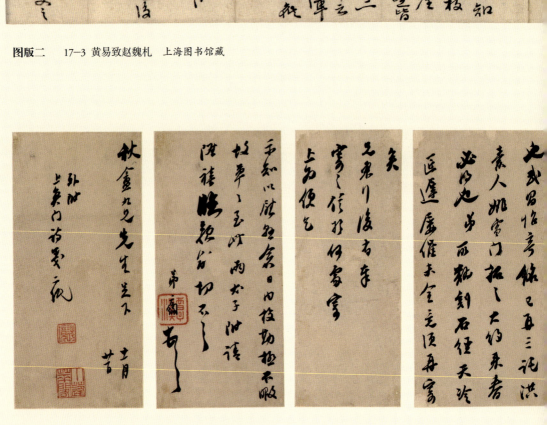

图版三 23-5 翁方纲致黄易札　上海图书馆藏

秋氣已深鄉書轉少懷
君有夢歸計茲卜如何䣥價送上
諸碑定經
法鑑兩月來續得數種有副者寄
兄無者開上
兄欲時示取可耳 家兄信云裴岑碑在
巴里坤距迴化子五百里茲俞軍門往
彼閱兵託其幕中人胡君代拓約明
春必得又云烏什外有石壁刻大將軍
霍方士某某名义字殘缺疑漢武時
蹟惜不能搨 已抄其文在都中
明君壽昨往求矣 又有唐
姜行本紀功碑尓在巴里坤昨託人拓
取一有當即寄
兄弟承孔荭谷見和許以東魯之碑
與弟相易大都可以盡得 中州金石
已託學使及靈氏令或不虛當
中金石記咸都去字 煙寮先生之子
喜建地鄞致甚便可道其志惜事

七日發譽送來
多孔有碑六种拓後即俱收
到
石帖之中深蒂
淳秘之北齊一碑浮之必
題含頭廟碑釿吉寫
當作妝改武碑一信
東及昌致不發落之且以
足日歸雨蜂東已橫棚岳矣
善此搨子不精之妓平
蜀泉一分黑紙發
北芷廟佳春臾碑上下二低
一低六云有奐山三楗若
弟玉今为未浮又李克用延来
兄紙子知好爱浮一三揭求亞阳
性掌り时矢不便陈殊不倩

图版四

30—4 黄易致潘应椿札
上海图书馆藏

前託
貴書寄上一函并馬考祿帖等仔想徑
收覽 易交代之事已有眉目陳若庸涇來得
束脩將在 大府尋延特起程不知果否數十
日在聊展之發奉寧器昨嘗若先生耒聚
傑此箋三日可謂暢矣不識能与
先生一劇否金石大欵世有鐵人妙不神依

附奉
老石印　篆等士刻二種舊拓零全碑一冊
清賣此至濟寧學官有漢碑六尋刻盡淨
精拓若無松烟
等藏有次等者便弟寄重別有的佳揚無
不敢私有歐陽二種都中一時徑費易易
有數十部為人盡去若求

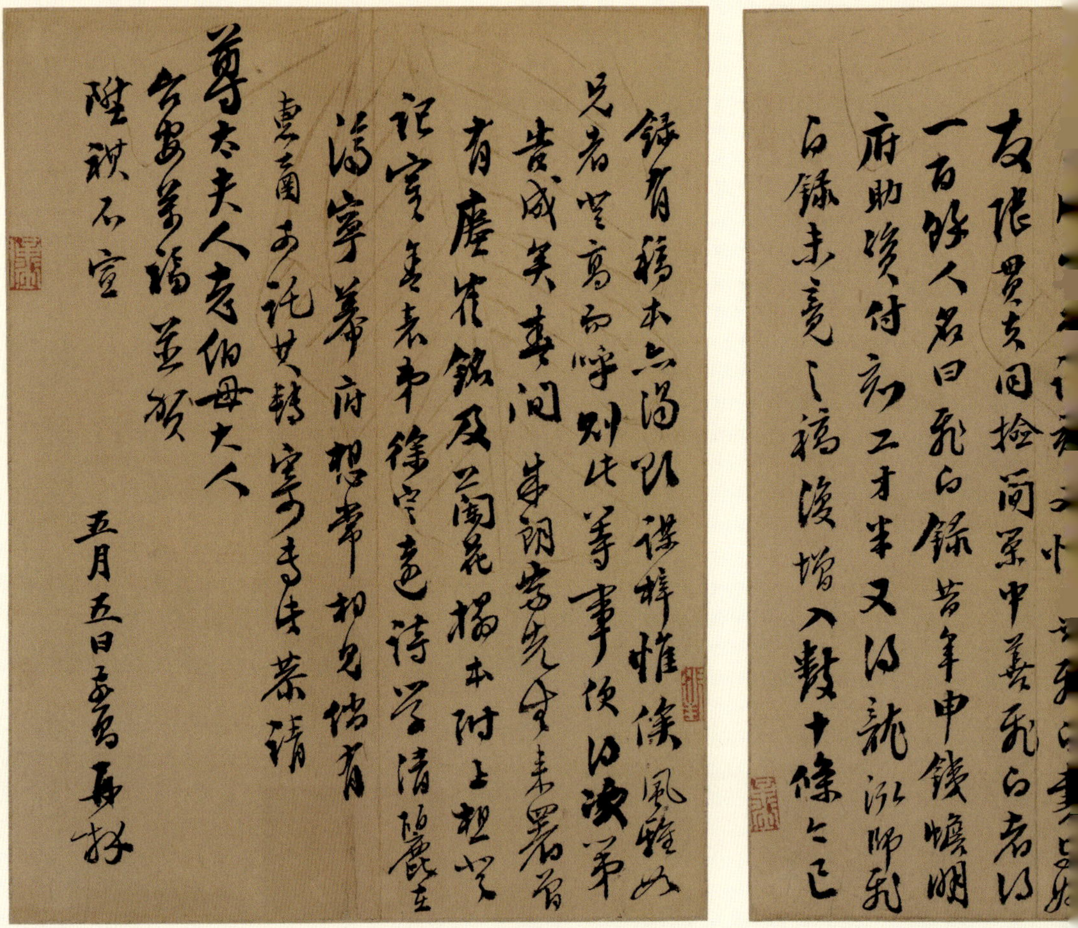

友張貫支同撿一間柬中善死兄在
一百餘人名曰死白錄皆年申錢曠湖
府助貲付之工才未又以龍泓師死
白錄未竟之稿渡增入數十條之已

錄有稿本六週以譔樣惟俟風雅如
足者窒窍而呼別此等事俟以次第
貴成矣專問未朗穿先生未暑曾
有廬鶴銘及蘭亭搨本附上望
記室告表申徐亭遠詩學清麗支
滿寧華府碧帝却忙偌有
惠函面託女轉寧寫去未荃情
尊太夫人老伯母大人
令安多福並頌
陸祺不宣
五月五日盂鷟再拝

图版五

48-4 张燕昌致黄易札 收入《小蓬莱阁同人往来信札》第四册

張芑堂

門下張燕昌

粲野先生侍史前蒙
兄初卬榮惠金石小品甲因瘡痍三年詠
多嬾散去冬十月間又發他病幾不得
生幸而不死然醫藥之費大費矣寒
歲嘗堪意之之病轅舍精神者未復
出堂桃林守墨門七日不見
兄所模唐揭本武梁祠栢象精甚芳印寄
元益茶抹守墨門七日不見
一二本百因之錫之幸
兄時耶夢寐之敢直陳近狀中家刻

數種皆石皷文瘞鶴銘明人筆蘭皆
堪把玩出時因病候家中三人譚毗
呈此手又擬奉又金石契數種寄有
頂訂正草塔一書近已脫稿又石皷文

图版六

81-1 洪亮吉致黄易札　收入《黄小松友朋书札》第五册

小松先生足下 前過齋頭便
忽忽眼隨 僕乘車去不覺久留
清話怎憾無題襟則揮汗而書齋
墨則探骨而書嗜古成癖風裁如
儂豈今人十日思奉別恭奉到鈡果
初無畫象苕巨卿碑額二種稼
知已之眄不倦尚冀無歇之來則

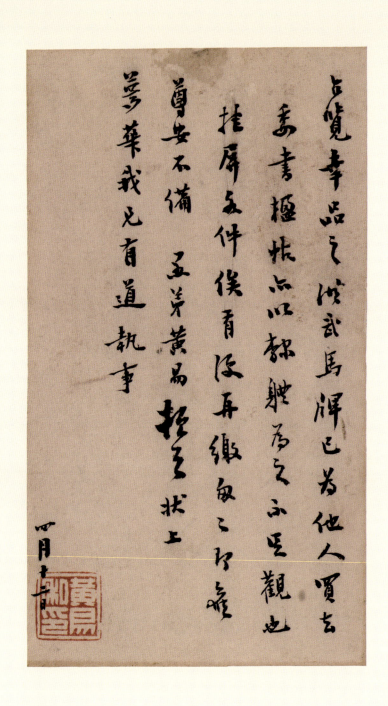

图版七

83—6 黄易致何元锡札 上海图书馆藏

去年令弟來濟拯誦
手書俯悉起居佳勝稍慰遠念比時
弟正碌碌以孤危為憂未及裁復眾何可言
知已想不諒我也入春來清真稍佳拄土
中丁檟浮長宜子孫漢鏡兩枚唐鏡一
面皆青綠可愛光怪陸離者拓奉

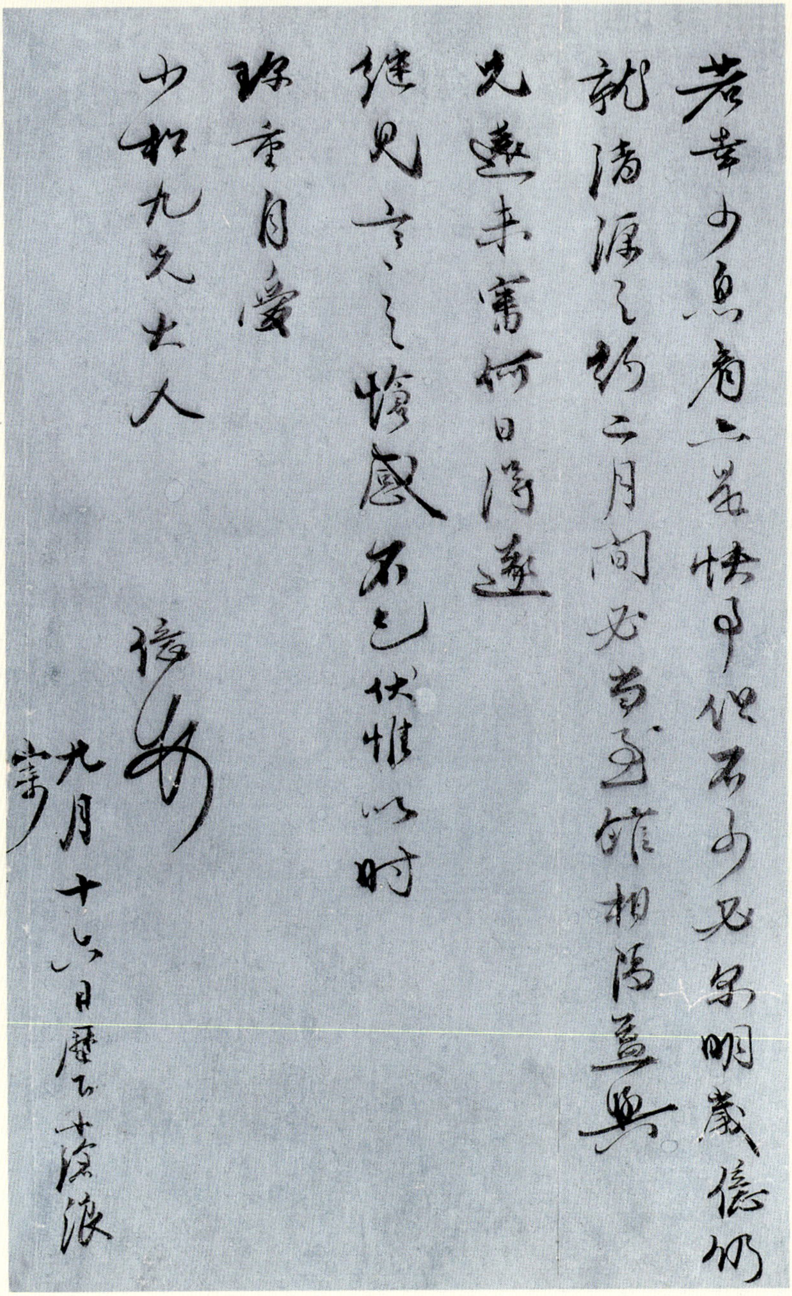

图版八

89—3 武亿致黄易札　私人藏

小松九兄大人閣下此日南旋
營護大事已就緒窃念今冬萬派之遊決放行
居停在濟南過此剗月業兄告狀承篆山
東令石老僧編唐書二代會院掌學移书
德決不能遽返周謝歸修清歲暮歸家
先奴惠然此來一戒
良眠鵠來之約若能查卒怀主人也主秋膳補
偃師撤迴憶左家主內毂書院窮年奔逐

真蹟极重复内鉴两行在铺内每二招出一座伯下卅册字恐精不了诚其价索卅五之数并一玉顶及紫檀盖座如连盖座买则六十金美只买此器再少些亦可老伯如要经可代买但无力能垫耳稍迟又恐为人买去惜之此兄不在京也近得一唐镜文颇新前所寄鲁王之宝打本想已见过矣匆此不恭即请

小松尊伯大人台安

培顿首

玉印文曰哉盒

图版九

115-2 翁树培致黄易札　收入《小蓬莱同人往来信札》第一册

台號 小松
黃大老爺安啟

頃接
手札伏惟
尊伯大人福履緝和欣慰懸萬為頌前有
瞿公兩札 忘其號今憶似是長生 姪總未作回札實切不安茲有
致瞿公信一件拜懇
老伯憂有便人代致之寧稍遲而必須妥爲要

铁梅谘

再启者去岁拜求抄两晋六朝碑目务为寄下感⺀偶有惠书即付 晋斋属转寄尚甚便也 而在吴门尝遇阊门内都亭桥大街协泰袖缎荘内陶宅书面写明交陶汝恭二少爷转寄尚可

119-3 钱泳致黄易札 收入《小蓬莱阁同人往来信札》第四册

玄燁十月下旬出京在秦事道中
有書來家並謹
名祖雲叅
祀靈失相隔于壹時切迴思四
首
雲天悵日夕此念畫三首俟恭瞻
拜先祖雪玉銘與為叔友陳雲
推敞佰回到象山府玉冬六月如
文和逝年俱臻佳鴨欣憪
前蒙託摹剔石經為壹倫信
高來生咸侯刻完即當寄
上郵不辰謹近垂壹奄山柘得
唐達萊觀研及壹壹玉鐘昗劃

雲臨祀新兩側題名俱壹呈
問問夢華車曲阜諸永壽元
年兄天喝而
閣下復得周正戚正畫象故義之
惠一云金陵張四象克壹事業
無言以揚危早並雲
駒一幅為感 覃溪閣筆及
李鐵橋梅邨南漢畫諸各不能
另札初此賤右較多修惠順諸
近安伏惟
壽福不壹 壬申錢泳叩
秋盧九兄老兒壹閣下
二月十九日燈下

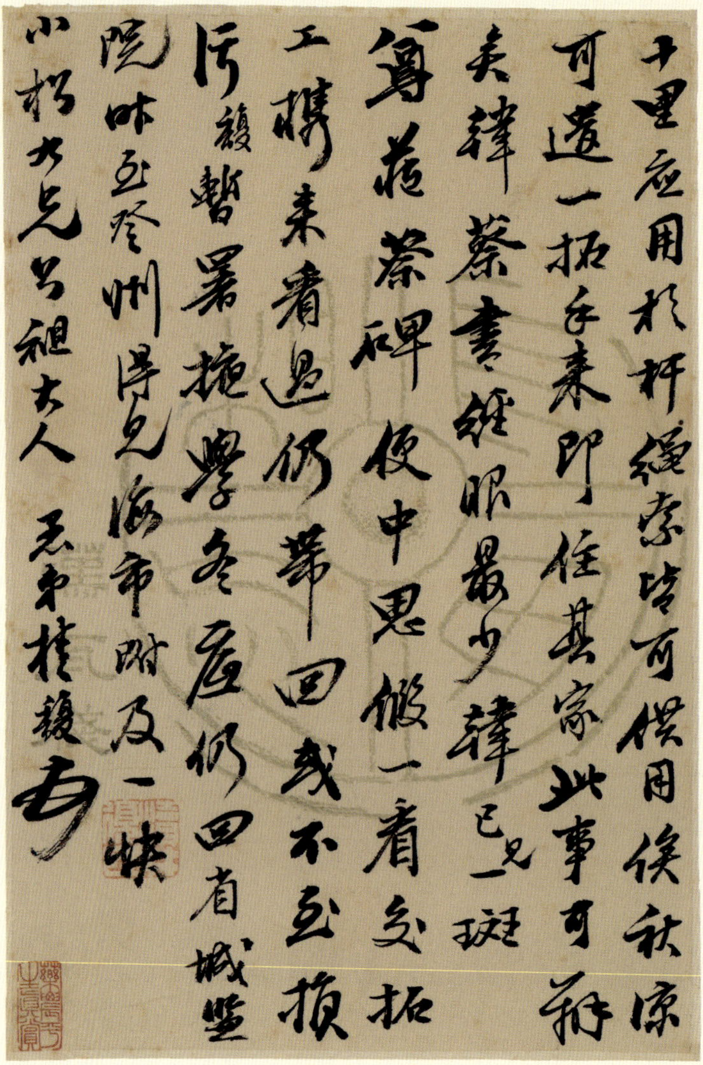

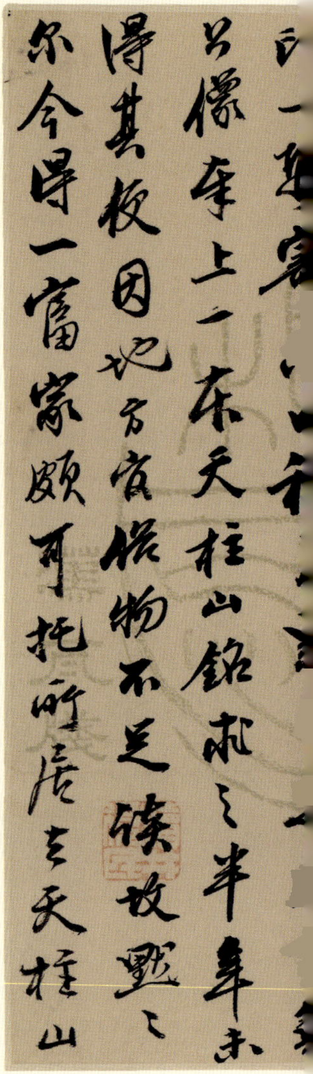

图版一一

122—1 桂馥致黄易札　收入《小蓬莱阁同人往来信札》第一册

畫理益你妙之間中四人我兩人与覃
溪芝山三兄如一笑耳
惠厚卹儀多向所来見宦靜生
細書另郵寄祈集繼壽今題咋
接京信知司馬舍人壹名出三十金江
秋史侍郎出十金劉明府名出二
十金秋冬之間便可刻完重釘三

十五舉有鄭三兄志戩擢任之不過
三十金卽付鐫蕭後卽来當
寄上邊欲添補遺一卷亟向南北坡
入專苦章門六旬三印立印見

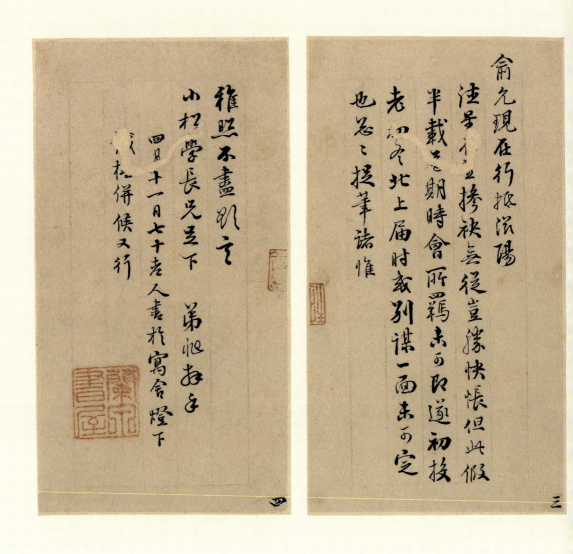

图版一二

134-1 王昶致黄易札 故宫博物院藏

去冬臘月謹寄蓋硯綠凡鼓百言
當已下鋻
記室憲此春節届清和風暄日麗惟
足下起居佳像精爽遠惋閒吾儕
不來而暎濆先已在

賓幕是語乘否如果即為投遞懷內
車殆馬煩未徦別作鼓行耳武民袒堂
西像寅芸有干紙前已致明者孔乞
一付了審可浮至邴弟於田璧庵
驛遞具招請俟已蒙

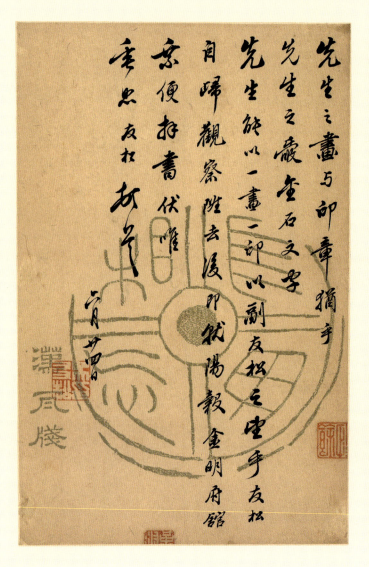

图版一三

138-1 吴友松致黄易札 收入《小蓬莱阁同人往来信札》第一册

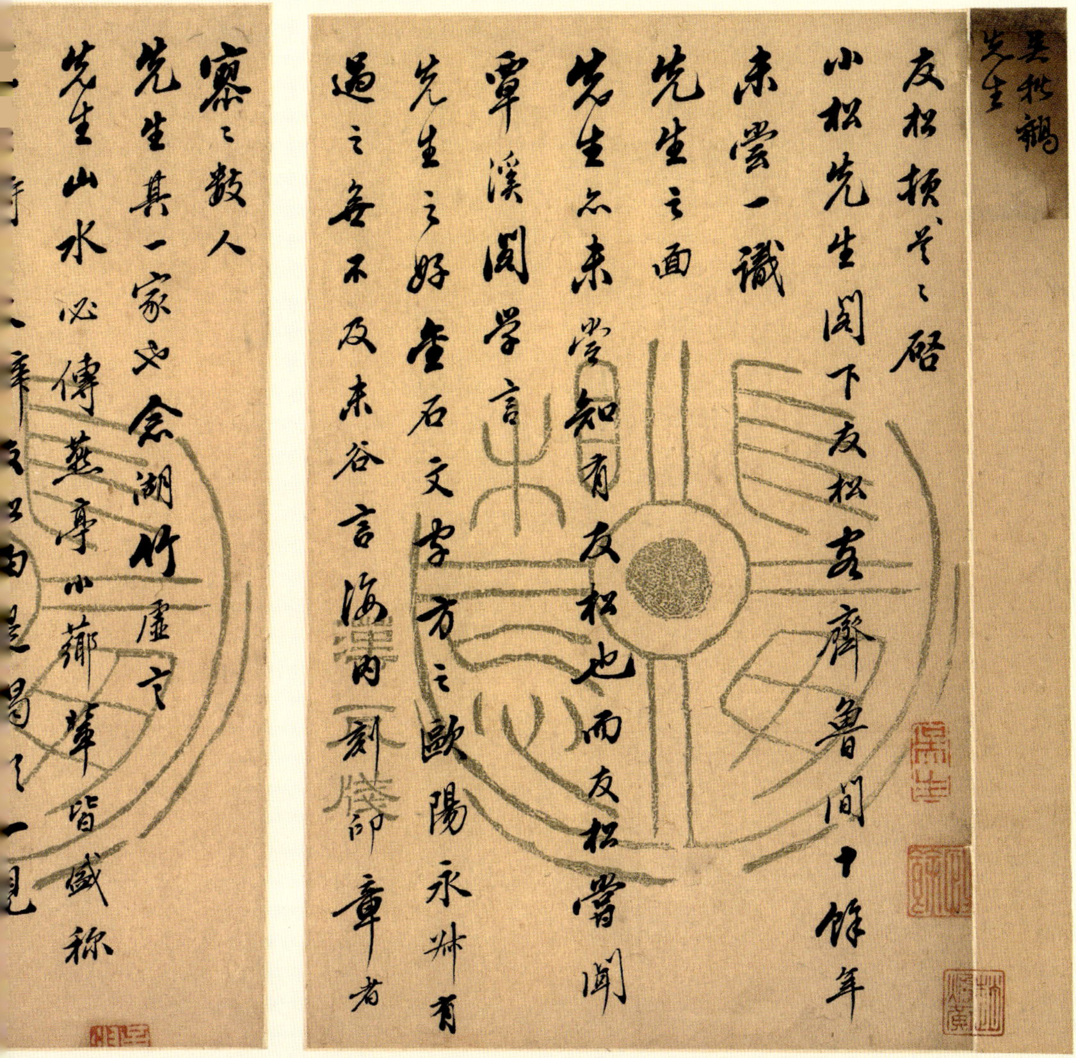

友松損之居
小松先生閣下友松去齊魯間十餘年
未嘗一識
先生之面
先生之來嘗知有友松也而友松嘗聞
覃溪閣學言
先生之好金石文字方之歐陽永叔有
過之無不及末谷言海掌內刻僅章者

吳批鶴
先生

寡之數人
先生其一家也余湖竹虛谷
先生山水必傳藝亭小薌華皆盛稱

往觀否錢江二君書已轉致矣今有復札奉
上再江玉屏先生立令嗣定甫兄安亦現在署中茲
亦有書函致候弟定於九月底按試兗州屆期藉
可再圖
良覿暢叙潤悰方深慰藉耳耑函布復順候
陞祺藉完
謙東臨穎馳溯

弟名正具

前在都門快傾
蘭緒飫擾
郇廚銘謝無似別來瞬息年餘無日不深懷想頃接
瑤函欣稔
老先生文禧戀集雅興日增著嘉績於保障河流廣
搜羅於齊魯金石循吏儒林兼臻其至健羨何
如武梁祠畫像石刻聞在紫雲山未謝識可一

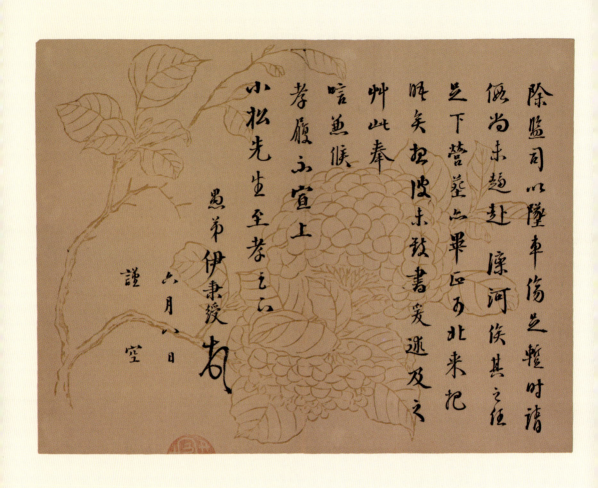

图版一五

159—2 伊秉绶致黄易札 收入《黄小松友朋书札》第二册

暮春接讀
手書并
惠寄新搜碑拓二本彌感～～
伏審
太夫人捐世吾
先生性過人哀毀骨立然
太夫人澤遠
貽嗣使百世以下仰
先生如歐趙如百世以下仰
太夫人如歐趙之母孝歌大焉
福滿壽隆况復夕感力扶
柩南旋歸之遠道還堂
節哀自愛弟羁樓日下未由
一致生芻歉仄實甚 淵如幇

前蒙厚遇走门下
先生雅情都拿己切感事生年文子
奉寿远胎稍以佐筐筥
稿筆之精眀次威云云之劳致謝々
近日尊人書画扇偶以成母子帖
先生与鱼山太史母中之者世叫拊膺々

陶君事此得石
近扇之信竹盧叶白运此之为译你
歴年所易鱼篆而今金可挦石岂不
为之怜愉碑傳重各曰喜之恶以自
坊日抚利碑釋竺
政彩傳叶绿禅之字 辛楷先生捉之

芙艳也
尊稿奶絶易自悔册以支人溳畫此器
新打扬拘子易正坐此病
先生则生易作家筆趣自述眼物心
厳云羹氏户府附人革魏铸之依懐多美
石纳奏度云先生到畫之怯

先生之寿豈一毫豈内边昌以筆豈
光自評史易此机吾目之者奉毫易
不以中止悦眀也每次致謝豈度
将来石偏 黄易
十月十者 頓首譯上
 犖楷先生捉々

目 录

前　言... 1
例　言... 1

1　张　素【1封】... 1
2　陈　灿【25封】... 2
3　吴　履【2封】... 16
4　陆　飞【2封】... 17
5　何　琪【10封】... 19
6　魏嘉穀【2封】... 28
7　王　复【6封】... 31
8　汪　焱【6封】... 36
9　储润书【7封】... 40
10　蒋宗海【1封】... 47
11　奚　冈【16封】... 48
12　程师圣【1封】... 56
13　仇梦岩【3封】... 57
14　张　中【1封】... 60
15　吴　璟【1封】... 62
16　周震荣【24封】... 63
17　赵　魏【27封】... 75
18　潘有为【17封】... 102
19　刘启秀【1封】... 116

20　郑　辰【3封】... 117
21　孔继涵【3封】... 120
22　吴之黼【2封】... 123
23　翁方纲【45封】... 125
24　胡德琳【2封】... 164
25　陈　焯【5封】... 166
26　方鹤皋【2封】... 169
27　宁　贵【1封】... 170
28　罗　聘【4封】... 171
29　朱　琰【3封】... 175
30　潘应椿【8封】... 177
31　朱　枫【1封】... 187
32　宋葆淳【3封】... 189
33　汪端光【3封】... 191
34　朱　筠【1封】... 193
35　陆费墀【1封】... 194
36　余　集【7封】... 195
37　潘庭筠【6封】... 199
38　读画楼主人【1封】... 202

39	钱 坫【8封】... 203	70	蒋 仁【1封】... 278
40	万廷兰【1封】... 209	71	沈升峤【1封】... 280
41	汪大镛【1封】... 210	72	王 增【3封】... 281
42	徐 坚【1封】... 211	73	孔继涑【8封】... 283
43	王凤文【1封】... 212	74	严长明【4封】... 290
44	龚孙枝【1封】... 213	75	姚 鼐【1封】... 294
45	魏成宪【8封】... 215	76	李衍孙【2封】... 296
46	盛百二【5封】... 223	77	蒋知让【1封】... 299
47	鲍廷博【4封】... 226	78	孙星衍【4封】... 300
48	张燕昌【5封】... 230	79	德 保【1封】... 304
49	张庆源【1封】... 234	80	徐观海【4封】... 305
50	董元镜【3封】... 235	81	洪亮吉【5封】... 308
51	周近仁【1封】... 238	82	吕星垣【1封】... 312
52	孙扩图【1封】... 239	83	何元锡【7封】... 314
53	江德量【2封】... 240	84	朱文藻【1封】... 321
54	陈崇本【1封】... 243	85	邱学敏【3封】... 323
55	沈启震【3封】... 244	86	史 本【3封】... 326
56	李东琪【4封】... 246	87	胡 栗【1封】... 328
57	姚立德【1封】... 252	88	张方理【3封】... 330
58	黄 童【1封】... 253	89	武 亿【5封】... 333
59	江 昉【1封】... 254	90	陆 绳【2封】... 338
60	邬玉麟【1封】... 256	91	金德舆【6封】... 340
61	沈可培【2封】... 257	92	钱五兄、李二兄【1封】... 345
62	李奉翰【3封】... 259	93	沈 默【1封】... 346
63	王 淳【1封】... 261	94	玉 山【6封】... 347
64	明 兴【1封】... 262	95	梁履绳【3封】... 351
65	李奉瑞【1封】... 263	96	卢又绅【2封】... 354
66	颜崇槼【6封】... 264	97	李翰□、李恩□【1封】... 356
67	梅 镠【2封】... 269	98	方维祺【1封】... 357
68	徐嘉毂【1封】... 272	99	卢荫文【1封】... 358
69	顾文铓【5封】... 273	100	王 毅【2封】... 359

101	张　埙【1封】… 361	132	方维翰【2封】… 438
102	庆　霖【4封】… 363	133	徐定远【2封】… 440
103	徐世钢【2封】… 366	134	王　昶【1封】… 441
104	冯集梧【1封】… 368	135	阎泰和【2封】… 442
105	徐书受【1封】… 369	136	张复纯【2封】… 444
106	龚　烈【3封】… 371	137	陈豫锺【1封】… 446
107	洪锡豫【1封】… 374	138	吴友松【1封】… 447
108	周厚辕【2封】… 375	139	朱友桂【1封】… 449
109	兰德滋【2封】… 376	140	梁肯堂【1封】… 450
110	钱大昕【4封】… 378	141	吴　衎【1封】… 451
111	李　翮【2封】… 381	142	阮　元【8封】… 452
112	汪用成【3封】… 383	143	印鸿纬【2封】… 459
113	吴人骥【3封】… 385	144	觉罗长麟【1封】… 463
114	邓石如【1封】… 388	145	徐　嵩【1封】… 464
115	翁树培【3封】… 390	146	邵晋涵【2封】… 466
116	周升桓【1封】… 393	147	巴树毂【1封】… 468
117	严守田【2封】… 394	148	钱大昭【1封】… 469
118	陆　奎【1封】… 396	149	李　琬【8封】… 470
119	钱　泳【6封】… 397	150	江　安【1封】… 473
120	王聘珍【3封】… 405	151	江　清【2封】… 474
121	朱锡庚【1封】… 407	152	瞿中溶【2封】… 477
122	桂　馥【5封】… 409	153	李鼎元【4封】… 480
123	唐侍陛【1封】… 415	154	刘锡嘏【2封】… 484
124	余鹏年【1封】… 416	155	庄贵甲【1封】… 487
125	丁　传【1封】… 418	156	黄　烜【1封】… 488
126	赵怀玉【4封】… 420	157	袁　枚【2封】… 489
127	归朝煦【3封】… 425	158	张爱鼎【5封】… 491
128	胥绳武【7封】… 428	159	伊秉绶【2封】… 496
129	黄　畹【2封】… 434	160	吴　骞【2封】… 498
130	潘逢元【1封】… 436	161	余大观【1封】… 501
131	陆文绅【1封】… 437	162	李锺沛【1封】… 503

163	松　茂【1封】... 504
164	蔡共武【1封】... 505
165	项　墉【1封】... 506
166	董　洵【1封】... 507
167	吴锡麒【2封】... 508
168	戴光曾【1封】... 510
169	唐仲冕【2封】... 511
170	潘奕隽【3封】... 513
171	何　锦【1封】... 516
172	梁同书【2封】... 517
173	郑震堂【24封】... 519
174	张映玑【2封】... 526
175	冯应榴【2封】... 528
176	蒋因培【1封】... 530
177	初彭龄【1封】... 532
178	邹蔚祖【1封】... 533
179	康仪钧【1封】... 536
180	查　淳【1封】... 537
181	陆　恭【1封】... 538
182	袁廷梼【2封】... 541
183	钱维乔【2封】... 545
184	杨元锡【2封】... 548
185	继　昌【1封】... 550
186	黄承增【1封】... 551
187	顾礼琥【1封】... 553
188	陶　樑【1封】... 554
189	戴　经【1封】... 556
190	伊江阿【1封】... 557
191	沈铭彝【1封】... 559
192	钱　樾【1封】... 560
193	李尧栋【1封】... 561
194	何道生【6封】... 562
195	赵辑宁【1封】... 565
196	陈廷槐【1封】... 567
197	王　洽【1封】... 568
198	徐日簪【1封】... 569
199	刘肇鑑【1封】... 570
200	蔡本俊【1封】... 572
201	王绩著【1封】... 573
202	袁秉钧【1封】... 574
203	黄锡蕃【1封】... 575
204	杨　骍【1封】... 576

附录一　作札人或收札人不明

【5封】

1　黄易致某人... 577
2　黄易致某人... 578
3　黄易致某人... 578
4　黄易致某人... 578
5　某人致黄易... 579

附录二　黄树穀、黄庭往来书札，其他相关书札

【22封】

1　裘尊生致黄树穀... 580
2　僧明中致黄树穀... 580
3　僧明中致黄树穀... 582
4　李错致黄树穀... 582
5　李错致黄树穀... 582
6　让山和尚致黄树穀... 582
7　黄树穀致湘中... 584
8　彭湘怀致黄庭... 584

9	彭湘怀致黄庭 ... 584
10	彭湘怀致包芬 ... 584
11	经泰致黄庭 ... 585
12	王凤仪致黄庭 ... 585
13	何琪致黄庭 ... 586
14	何琪致陆飞 ... 586
15	申发祥致洪哲燕 ... 587
16	潘应椿致陈焯 ... 588
17	张兑和致某人 ... 589
18	张兑和致某人 ... 589
19	张埙致潘有为 ... 589
20	蔡本俊致某人 ... 590
21	唐仲冕致吴骞 ... 590
22	某人便条 ... 591

附录三 诸友朋书札册所收而实与黄易无关之札【4封】

1	阮元致某人 ... 592
2	钱泰吉致小松 ... 592
3	何元锡致汪远孙 ... 593
4	吴锡麒致某人 ... 593

补 遗

奚 冈【4封】... 594

参考文献 ... 597

图版、插图目录 ... 608

人名索引 ... 611

前　言

在近年来的明清艺术史研究中，信札（亦称手札、书、札、尺牍等）越来越受到学者们的重视。信札因其私密性与琐碎性，往往留下许多难得的史料细节，为其他类型的文献难以比拟。有些细节当事人并不愿意为他人（更别说后人）所知，在信札的末尾，写信人常常有"览毕幸付祖龙"的要求。但是大量明清信札因为收信人的保留，并且在后代为收藏家递藏，幸运地流传到今天，成为我们欣赏与研究的对象。

文人别集有时也有信札专卷，有些文人甚至有专门的信札专辑，如晚明祝世禄《环碧斋尺牍》、清初钱澄之《田间尺牍》等。在明末清初，也出现不少信札选集，如周亮工、周在浚父子编纂的《尺牍新钞》《结邻集》《藏弆集》，李渔编纂的《尺牍初征》等。但收入文集的信札，大多重视其文学性而非史料价值，包括上款、年干在内的重要信息常常被删削一空，如王铎《拟山园选集》收入的数卷信札，多斩头去尾，只留下编者觉得具有文学价值的句子，今日读之常常不明就里。明清刻帖中也收入不少文人信札，有些与墨迹一致，有些则有所删节，甚至出现错简与舛误。就史料价值而言，这两种形式的信札皆不及稿本。

稿本因其书迹特点，无法转变为电子文本，需要有直接的阅读能力。而且信札中的称谓常常发生变化，有时又有省略，非对文本有相当的熟悉，则难以悉知。只有经过整理与考释，明确文本及所涉时间、地点、人物与事件，稿本信札才能发挥其应有的史料价值。2001年，陈智超先生出版《美国哈佛大学哈佛燕京图书馆藏明代徽州方氏亲友手札七百通考释》一书，该书对七百多通方用彬刻意保存的信札进行了整理与研究，著者的贡献并不止于告诉读者"是什么"，他还将所使用的证据、方法、论证过程全部展示出来，堪称一部示人以法、指导年轻学者学习处理第一手原始资料的著作。我因研究明清书法史，受陈智超先生的启发，一直关注与利用文人信札。如利用文徵明及周边文人信札，研究文氏家族的文化应酬；利用文彭信札，研究明代吴门文人篆刻活动中的自篆自刻问题；利用王宠信札，研究科举致贫及其晚年健康与书法的关系；利用祝世禄信札，研究他的"戒字"与"写字忙"的心理矛盾；利用王铎信札，研究工具材料与书法的关系；利用阮元信札，研究他的"南北二论"无关于提倡临摹北朝碑版……

本书所辑录的，是乾嘉时期钱塘人黄易（1744—1802）与友人之间的往来信札，其中绝大多数为稿本。黄易是清代金石学与艺术史中的一位关键人物，在大多数时间里，他任职于济宁运河厅，1786年八月，在经过山东嘉祥时他发现了著名的东汉祠堂武梁祠，并就地进行了复建，这是乾嘉金石学中的一个标志性事件。黄易所收藏的金石拓本，不仅数量富甲一时，而且其中有不少精拓本与旧拓本，为当日的学术界与艺术界所瞩目。他还绘制出独特的成系统的访碑图，在拓本之外，强化了金石学者与"原物"的关系，阮元称他"以秀逸之笔传达出邃古之情，得未曾有"。黄易的隶书与篆刻在当时也负有盛名，得到他的书画与印章，是友人们倍觉荣光的事。

2011年，故宫博物院主办"蓬莱宿约：故宫藏黄易汉魏碑刻特展"，许多黄易收藏的碑刻拓本第一次集中进入研究者的视野。2014年，故宫博物院出版了近百件黄易的往来信札，秦明与朱琪先生进行了初步考释。2017年，故宫博物院在济南举办黄易尺牍研讨会，除了新披露四册《小蓬莱阁同人往来信札》之外，辽宁省博物馆、山东省博物馆等单位也公布了他们庋藏的信札及黄易所藏铜器拓本。而在此前不久，国家图书馆在线上开放了黄易友朋信札等相关资料，读者可以远程访问。这些资料的不断公开，使得我们有机会更为细致地研究黄易的朋友圈以及黄易金石收藏的各个环节，进而对乾嘉时期的金石赏玩、收藏与研究风气有更为准确的把握。这些新资料对于黄易书画篆刻的研究，无疑也大有裨益。由于这些信札涉及不少买卖信息，在一定程度上还会推进乾隆后期文化商品消费与流通的研究。

大批黄易书札的陆续面世，让我意识到这是一宗极为有价值的材料，因此，自2016年开始，我几乎放下其他所有工作，全面搜集、整理黄易友朋信札。除故宫博物院2014年、2017年两次公布的信札，国家图书馆线上公布的信札，辽宁省博物馆、甘肃省博物馆等地公布的信札之外，一些图书馆、博物馆收藏的未刊稿本拍卖会资料、海内外私人收藏，以及清代金石书籍、尺牍集、文人别集中所收录的信札，我也尽力辑录，计得204人633札。此外作札人、受札人为黄易，惟受札人或作札人不明者5札，黄树毅（黄易之父）、黄庭（黄易长兄）所收信札及其他与黄易相关者22札，收入各种黄易友朋信札集册而实与黄易无关者4札。需要说明的是，在本书即将下厂印刷之际，我又见到南京博物院展出奚冈致黄易4札，这4札（11-3、11-10、11-11、11-15）的考释文字只能另置于本书的"补遗"，正文中只列出编号，并提示相应的页码。

这664封信札，既有黄易寄出的，也有他收到的，我们藉此可以了解黄易与众多友人之间双向的互动。而通过考证，许多信札中提到的信息可以建立起关联，从而重构出不少完整的事件，相比起那些虽有一定规模，但作札人、收札人过于分散的明清信札集册，这批材料更集中、更完整，也更方便研究者开发与利用。

这些信札的重要性也不言而喻。与黄易通信的，既有乾嘉时期的学术菁英，如王昶、钱大昕、翁方纲、孙星衍、洪亮吉、武亿、桂馥、阮元、瞿中溶等，也有散布各处的地方官员与布衣学者，从中我们可以了解乾嘉时期金石信息的获得方式，拓片的征集机制及其流动方向，而黄易作为一名低级官吏，他如何在全国范围内动员，又如何成为乾嘉金石学的标志性人物之一，这批信札也带给我们重新审视这些问题的机会。关于这批信札的初步研究，本人另有《古欢：黄易与乾嘉金石时尚》一书，2019年已由生活·读书·新知三联书店出版，有兴趣的读者可以参考。

本研究获得香港近墨堂书法研究基金会的特别资助，在图片资料的搜集过程中，又得到秦明、梁颖、陈红彦、田晓春、孙俊、卢芳玉、桑椹、陈超、刘鹏、张鹏、陈斐蓉、陈硕、蔡春旭、李俊、杨崇和、林永裕、张登凯、冯阳、方小壮、贺笑一、刘有林、田振宇、万新华等友人的大力帮助。信札释文中遇到疑难文字，王学雷兄时相商榷。特邀编辑张巍先生对本书贡献尤多。孙晓林女士则自始至终给予我最大的包容与鼓励。在此一并表达由衷的感谢。限于学力，本书在释文与考证中必有疏漏之处，诚望读者诸君勿吝赐教。

例　言

1. 本书以人物编次，依人物与黄易第一封通札的时间先后为序，通札时间无考者，暂置最后。

2. 每位人物先给出小传，往来书札按时间先后置诸其下，时间无考者居末。每札皆编号，如1—1，前一数字为人物顺序，后一数字为人物与黄易通札顺序。有关联之书札，在他处提及时注明编号，以便查核。

3. 释文一般接排，不依原札书仪格式。惟署款之后再有添加之文字，则另起行。有大段阙文者，以［前阙］［后阙］等标识。有疑问之字，在该字后标（？）。漫漶难识之字，以□标识。

4. 释文用规范汉字，包括简化字和传承字。根据情况，适当保留个别繁体字、异体字。避讳字予以回改。少量篆书及书写符号，以原文图片植入，以免造字讹错。补书双行小字，一律以（）标识。夹在原札、引文或题名中的订补、注释，为避免与原文内容混淆，用［］括出。每札收藏地在释文最后注明，以［］标识，更详细的信息，请参书末"参考文献"。

5. 除释读书札文字之外，有作书人钤印及笺纸名称者，亦一并释出，俾篆刻、笺纸研究者有所参考。

6. 本书考证着眼于书札写作时间与札中涉及的人、事，无上款但可考者则一并考证收札人。少量书札已有他人考证在先者，则尽力吸取，注明来源，有不同意见或有进一步考证者，于按语中揭出，读者可参看辨正。

7. 部分书札并刊实物图版，考证文字亦偶以图版相配合，冀收图文并茂之功。

8. 上款为黄易而作札人不明、作札人为黄易而上款不明者，编入附录一；黄易父兄往来书札及其他与黄易相关之书札，编入附录二；各种黄易友朋书札册所收而实与黄易无关者，编入附录三。各札亦作简要考证，以备参考。

I 张　素 【1封】

张素号悔堂，贵州铜仁人。乾隆十六年进士，选万县知县，二十一年八月调成都府华阳县令，至二十八年去任。精于书画。归休后主讲铜江书院。参见《（民国）贵州通志·人物志五》《（民国）华阳县志》卷六《职官二》。

张　素 1-1

《三体字石经碑》，在河南陈留县学宫。

成都南门外武侯祠后殿有汉隶断碑一片，俗名响石者是也。

用"翰香斋笺"。[《黄小松友朋书札》第十三册]

考：黄易页边书"华阳明府张君素所记"。约在乾隆二十三年至二十八年（1758—1763）间，时黄易偕其兄黄庭游幕楚北。参17-7黄易致赵魏札、154-2刘锡嘏致黄易札。

2 陈 灿 【25封】

陈灿字二西，一字象昭，号曙峰。浙江钱塘人。工为篆隶书，为丁敬入室弟子，间画山水及古松老梅丛竹之属，神味萧澹。不就科举，不事生产，以布衣终老。有《师竹斋稿》。参见《两浙𬨎轩续录》卷二十四。

黄 易 2–1

别时承情，不安之至。廿六日已到扬州，托庇平安。大哥与沈敬翁致云兄信俱交到，托云兄之书，看来可以有济，少迟弟当催寄。尊画尚未售去，稍缓再闻。馆事云兄说渠与汪宅正在商搬住屋，是以难定，弟当极力设法，且看下回分解。何夫子所命次第即力办也，并乞致之。愚弟黄易顿首，象翁大兄大人。八月廿七。

钤"尊古斋"。
用"秋影盦笺"。[《故宫藏黄易尺牍研究·手迹》]

考：朱琪考此札约作于乾隆三十九年（1774）或四十年的八月廿七日。按，此札当为乾隆三十六年黄易自杭州前往盐城伍佑场觅事，经过扬州时所作。其中涉及为陈灿售书、卖画及扬州江立、汪㳻处谋馆，及为何琪在伍佑场谋馆事。云兄即江立，字玉屏，号云溪。歙县人，旧籍杭州，寓居扬州。好古工诗词，擅山水，兼工兰竹。尝得宋刻赵明诚《金石录》不全本，因题其斋曰"金石录十卷人家"。沈敬翁即沈景良（一作景梁），字敬履，号菭町，仁和人。少好读书，不乐仕进，取舍介然不苟。年近四十，渐事杯勺，晚乃以酒代饭，而嗜茶如故，致疾不起。友人鲍以文多蓄古书，常借归手抄。

黄 易 2–2

接来翰，悉近履佳吉为慰。磁杯一物，江三兄云前同吴仲圭《竹子》令乃侄亲交大哥，细询乃侄亦如此说，江三哥信内已详之矣。所委觅馆、售画均未能报命，可愧之至。何夫子所托亦无机会，奈何？弟月底至场，不过设法支过，岁内再图馆也。此覆，兼候近安。何夫子、菘翁乞致意。象昭大兄先生，愚弟黄易顿首。

托售之书此时实不措垫，俟十一月间寄上，又及。

钤"黄九""小松"。

用"秋影盦笺"。［《故宫藏黄易尺牍研究·手迹》］

考：据"月底至场"，知札作于乾隆三十六年（1771）九月。时陈、何所托之事皆未就绪。磁杯及吴镇《竹子》当为黄易转交江氏托卖者，此际已由江立之侄交还陈灿。菘翁即沈景良。

黄　易　2-3

手肃。在扬时，乘沈祥之便，一函奉覆，想已收览。迩想大兄近履佳胜为慰。弟自扬来场，所谋之事徒成画饼。尊画一幅未售，奈何？弟尚无就绪，枯坐而已。江玉兄所欠之项及沈敬翁书价，渠订于十一月间寄杭，或不误也。所谕之事已告之雪礓、橙里，日内苦无机缘。云溪现在居止未定，前说乃郎就学之意，竟不妥矣，奈何？弟自当留心，但不可必。明岁之馆杭州，亦须预办，庶不两误耳。顺候。不一。曙峰大兄大人，愚弟黄易顿首。

沈敬翁乞致意，不另。

钤"黄九""黄""小松居士"。［《故宫藏黄易尺牍研究·手迹》］

考：朱琪考此札当作于乾隆四十年（1775）秋。按，此札承2-2，当作于乾隆三十六年九十月间。此际黄易已至伍佑场，因江立不拟延聘陈灿课子，黄易望陈灿预谋明岁杭州馆事，以免落空。汪恭字中也，一字雪礓，汪舸之子，歙县人，居扬州。能诗善画，精于鉴赏字画磁玉之类。佐江春幕，购马氏小玲珑山馆居之。江昉字旭东，号橙里，又号砚农，歙县人，寓居扬州。候选知府。善写生，工诗，尤善词曲。沈祥当为往来杭州、扬州、伍佑场等地的送信人。

黄　易　2-4

久不得信，渴念异常。松窗札中闻大令郎之变，大哥近境可想，达者善为排遣为妙，切切。云溪来杭，弟事兄必尽知，落落依人消磨岁月而已。近来好作画学书，苦于俗事不少，道心初定，魔障即来，信然。前弟欲售去之董香光《紫茄五咏》，承大哥雅意，许弟归赎，今寄一金奉还。闻此卷在松窗处，若另有质押，其价不敷，弟再当补上，或松窗甚爱，借弟三年何如，均在至好，或无难也。尊况甚萦鄙念，弟苦于有心无力，寄上一金，聊佐湖楼半醉，莞存为幸。弟寄画扇在西堂处，兄取其一，乞教示焉。菘町先生近来如何？念念。闻大哥在书局，有好机否？明岁馆事若何？乞示知。顺候近安。不备。曙峰大兄大人，愚弟黄易顿首。

钤"黄九"。

用"秋影盦笺"。[《故宫藏黄易尺牍研究·手迹》]

考：札中追问明岁馆事如何，很可能作于乾隆三十六年（1771）年底。松窗即魏嘉榖，西堂即陈恺，皆黄易里中友人。陈恺好古嗜奇，藏书画甚富。乾隆乙未（1775）春，黄易尝于吴门舟中为刻"晤言室"。同年重阳，又于南宫刻"西堂藏书画印""陈氏悟言室珍藏书画"。据札，此际陈灿长子去世。

黄　易　2-5

久疏音问，怀想正深，忽奉手书，如亲色笑，快慰之至。近况如此，深为可忧。弟僻居海滨，寥寂异常，以致所嘱之事托诸空言，负愧奚似？日前杨七兄买妾过伍，极念吾兄，弟将尊意托其留神，然不可必也，奈何奈何。弟近来虽在官廨，案牍不劳，身多萧散，无机械之心，有雅淡之趣，然窘况倍常，亦大不可奈也，如何如何。春来花不可见，柳亦不满数枝，斥卤之地，饮食皆盐，如弟淡人居此，无怪乎不合时宜也。耑此请安，余容续闻。不一。象兄大兄大人，愚弟黄易顿首。四月十八日。

奚九、以文、菘町诸君希致候。[《故宫藏黄易尺牍研究·手迹》]

考：此札很可能作于乾隆三十七年（1772）或次年四月十八日，黄易时在盐大使郑制锦幕中。陈灿所托诸事一无所成，此际又托杨某为陈灿觅事。奚九即奚冈，以文即鲍廷博，皆黄易里中挚友。

黄　易　2-6

沈祥七月四日到伍，获悉文祺多胜为快。承寄到书四十部，我哥之命极应脱去，奈此间不识丁者居多，于无可如何之中极力想法，只好留下十部，其价遵命，所少无多也（其价中秋后措寄），此中甚抱不安。然好此书好［按"好"字圈去］者甚少，且限于时地，奚九回杭，必知其详耳。鲍大哥得赐书，妙极快极。寒家有书不守，真可愧也。承鲍大哥所惠《犷园》，奚九在扬赠人，弟未之见，何夫子来，乞转求见惠。《读画录》重刻甚妙，《印人传》何不一并刻之？弟画甚劣，少间即奉寄也。匆匆藉复，并候日安。不一。曙峰大兄大人，愚弟黄易顿首。

虾油觅上，愧不多也。菘町先生乞致候。

钤"小松"。[《故宫藏黄易尺牍研究·手迹》]

考：朱琪考此札作于乾隆三十九年（1774）七月四日之后，《犷园》乃《狯园》之误，是。按，《狯园》十六卷，明人钱希言所撰小说，乾隆三十九年鲍廷博知不足斋刻本。本年七月二日，奚冈来伍佑场，王复有札托其带致黄易，参7-1王复致黄易札。此行奚冈携得《狯园》，然在扬州已经赠人，黄易因嘱何琪初冬来场时再带一部，参5-1黄易致何琪札。据札，鲍廷博此际亦赠黄易家旧藏佚失之书，故札有"寒家有书不守，真可愧也"云云。此际陈灿再寄《采遗集》四十部托售，参2-7。

黄　易　2-7

何夫子来，询知近履清胜，藉慰远念。《采遗集》止卖去六部，弟自留二部，所余二部实无销处，今托夫子带还，乞谅之。其八部合扬平每部一两一钱，共八两八钱。《狯园》十部（系由玉池处转寄者），每部九钱共银九两，乞查收。俗忙已极，不及多述，此请近安。不一。曙峰大哥大人，愚弟易顿首。

沈先生、魏五哥均候之。西堂不及札候，望致之。

钤"秋景盦"。

用"蕊珠轩"笺。[《故宫藏黄易尺牍研究·手迹》]

考：朱琪考此札当作于乾隆三十九年（1774）七月四日之后。按，据9-1黄易致储润书札，何琪本年初冬再至伍佑。仇梦岩《贻轩集》卷上《何春渚珠溪鼓棹图》有云："日归才几月，又作海东游。"即指此而言。此札有"何夫子来""今托夫子带还"云云，或已至年底。据2-6，陈灿寄《采遗集》四十部，黄易留下十部，此札告知销售情况，并予结算。玉池即陈鸿宾，浙江钱塘人，诸生，擅隶书，与黄易稔熟。乾隆癸未（1763）春，黄易尝为刻"陈氏八分"；乾隆辛丑（1781）仲冬，又为刻"金石癖"。

黄　易 2-8

　　西堂书来，知大哥抱恙，迩日定已痊好，念甚念甚，银五星聊佐一杯之需，乞存之。弟因主人出差，甚苦萧瑟。敬翁处未得少尽薄意为歉，画一幅，请雅教，并乞筱饮、铁生教我为幸。便候近安，希珍摄为妙。不一。二西大兄大人，愚弟黄易顿首。

　　钤"荷风竹露草堂"。

　　用"秋影盦笺"。[《故宫藏黄易尺牍研究·手迹》]

考：朱琪据札中"弟因主人出差，甚苦萧瑟"一句推测，此札约作于乾隆三十六年至三十九年（1771—1774）间。札上所钤"荷风竹露草堂"一印，为黄易为陆飞所刻。是。

黄　易 2-9

　　对子已写坏，另书一联一并送览。云溪处已致之矣。外画一张乃沈敬翁嘱画者，希存斋头，俟其来时交与可也。尊纸已画坏了，另画请教何如？曙峰先生，黄易顿首。

　　钤"小松"。[《故宫藏黄易尺牍研究·手迹》]

考：约作于乾隆三十六年至三十九年（1771—1774）间。

黄　易 2-10

　　胡凤兄来，接手书，领悉近况，极为攒眉，我兄如何当得起耶？所寄董浦集，中途车上烧去，仅存诗一部又半部，文则尽去。我兄当此窘况，岂可落空，弟当归价另寄。惟诗册所少自廿二卷至末卷廿六卷止，如可刷印，请代检取补寄，如不可，则弟已抄补矣。其画有佳者，有醉墨淋漓，弟知其妙而人不知者，容徐为题识装潢设法。看来不能多售，弟知兄贫，敢不尽力耶？承沈敬翁抄书极感，容再寄上。匆匆，附候近安。不一。曙峰大哥大人，愚弟黄易顿首。

　　北墅诸好友均乞致之。西堂扬州之书已取回否？念念。

　　钤"湘管斋"。[《故宫藏黄易尺牍研究·手迹》]

考：朱琪据本札中所钤"湘管斋"朱文印，乃乾隆四十二年（1777）六月一日为陈焯刻，推知本札作于此后。杭世骏《道古堂集》家刻本成于乾隆四十一年。按，2-11有"秋间徐图之"云云，此札应作于本年六月。时陈灿再寄画嘱售，沈景良则有为黄易抄书之事。北墅友人即北墅八子，包括顾怀雪、顾书台、严筠、陆飞、包芬、何琪、陈灿、沈景良等八人。

黄　易　2-11

前具札奉覆，谅已收悉。杭集虽火，弟必归价。方画尚未售，秋间徐图之，寒时必寄物应急也。如有信件希即付舍间，此时有人来北，然多书不能带，只可数部而已。率布候安，冗极，恕不多及。魏大兄愈否？念念。陈亦庭大哥书收回否？念念。沈先生乞致候。匆匆，不另札。何夫子已归否？家中诸事奉托，知感古谊也。曙峰大兄大人，愚弟易顿首。

　　钤"黄九"。[《故宫藏黄易尺牍研究·手迹》]

考：承2-10，作于乾隆四十二年（1777）六七月间。此际黄易将就选入都，故匆忙之极。方画，指方薰画作，时陈灿托黄易代售。方薰字兰坻，一字兰士，石门人，善画。魏大兄即魏成宪，陈亦庭一作奕亭，杭人，客扬州，黄易曾为刻"亦庭"白文小印。何琪乾隆四十一年重客扬州，故此札有归否之问。参5-3何琪致黄易札。

陈　灿　2-12

前寄上《道古堂集》并补诗、诗话，谅已入照览矣。老伯母大人贵恙及令弟十哥完姻，谅府报已悉，因不细述。沈菘翁于九月初二日化去，其一切皆募诸同人，冬间将营渠葬事，尚在不敷，我哥古道照人，定能少助，故敢奉闻，知不讶也。专此，并候近祉。不一。小松九哥大人文席，愚弟期陈灿顿首。重九后五日。[《黄小松友朋书札》第十三册]

考：札作于乾隆四十二年（1777）九月十四日，据"前寄上《道古堂集》"云云，知黄易夏间二札，陈灿皆未收悉，参2-10、2-11。据札，本年黄易母梁瑛染恙，弟黄童成婚。沈景良本年九月二日卒，友人为营葬事，陈灿乞黄易少助。潘曾莹《小鸥波馆文钞》卷二《沈菘町传》云："时己未十月，距菘町殁已二十四五年矣。"据此，沈卒于乾隆三十九或四十年，不确。

黄　易　2-13

《金乡石室画象》承大兄逐幅记明，自系问明拓工，感甚感甚。传是汉朱鲔墓石室，不知是否？乞命舍弟将《前汉》《后汉》取出，求大兄翻出《朱鲔传》，命舍侄照录全传一纸，即赐寄掷是感。碑中有五字曰"朱长舒之基"，未知是朱鲔抑别是一人，不知其详也。济宁甚热，馆中逼仄，如何是好，念切念切。匆匆候安。不一。愚弟黄易顿首，曙峰大兄。[《故宫藏黄易尺牍研究·手迹》]

考：乾隆四十九年（1784），黄易嘱金乡县令马于荃别朱长舒石室画像及题字，朱琪据此推知此札作于本年。是。按，本年四五月间，陈灿馆济宁，黄易在河工，嘱黄童查抄两《汉书》中的《朱鲔传》，以便考证朱鲔与朱长舒是否同一人。潘曾莹《小鸥波馆文钞》卷二《陈二西传》称陈灿"曾应黄小松司马之招，司马精鉴别，收藏金石及法书名画甚夥，君客任城三年，极友朋文字之乐，小松死，乃归，为童子师"，陈灿馆济宁在1783—1786年间，"小松死，乃归"之说不确。

黄　易 2-14

别后悬念之至。天气暑雨，小室中其何以堪，念切念切。赵兄来竟不得见，奈何奈何。汪公来字仍奉还，回帖一件望寄去，所要刻图书俟秋凉即报，望先致覆，汪公好古精鉴，素所钦仰。《张伯雨诗书》即芑堂物否？老莲画尤多，妙甚妙甚。钉书之王姓既系王殿卿之侄，不妨与王殿卿理论。求大兄谕小价向王殿卿问明伊侄姓名住址，如王殿卿肯招担寻觅，归还书籍，便可着落。若不归还，即寄信与弟，即当札致济宁州签返可耳。此时且向王殿卿一问为妥。外一纸说话更严，不妨与王殿卿一看也。鲍兄诗俟把玩数日再寄回。此请日安。不一。愚弟黄易顿首，曙峰大兄大人。

钤"小松"。[《故宫藏黄易尺牍研究·手迹》]

考：朱琪考此札作于乾隆五十八年（1793）之后。按，据"别后悬念"及待秋凉后再为汪公刻印章诸语，当作于乾隆四十九年四五月间，参2-15。此际陈灿在济宁黄易寓中，黄易则在豫工，因有"天气暑雨，小室中其何以堪"云云。汪公很可能是汪用成，此际求印，黄易请陈灿作札致覆。"赵兄来竟不得见"，指赵魏此时前往北京经过济宁，参11-6奚冈致黄易札。札中亦讨论书画，并钉书人偷书事。

黄　易 2-15

吾兄之事刻刻在念，奈此地人情慌急，无处借那。近来之事大非从前之比，弟家用缺薄至此，情非得已，想至好必鉴原于格外也。蟒袍只可代销六十金，书籍请再留几部，余者只可带回。弟今奉上二十金，聊作大哥盘费。其书袍之价，弟原欲借银垫去，奈实无借处，惟扬州有汪中兄存项，现着小价陈明走领，已嘱中也兄留下八十金，请大哥带回，俟弟卖去蟒袍并书，再补还中也之项。惟弟正当拮据，不能全行垫出，其余书价，如弟岁内有银，即当寄杭，万一不能，总于来春寄上，不致有误。至中兄之项乃属现成，且有小价同去支取，断不有误也。弟与兄可谓至好，乃有心无力至于如此窘迫，真乃意外。弟苟可打算，必为吾兄地也。寓中诸事简慢，总惟鉴谅。外以兄覆札乞致之，以兄康里卷子，弟欲以二十金求之，不知可否？岁内弟谋得此项，即奉商也。老莲《麻姑》弟别有用处，仍乞存之。我辈难得聚首，竟不得快谈十日，如何如何。贱体比出门时似乎面色略好，但仍然瘦弱，如此心境，那得一日舒眉耶？杭州、扬州诸亲友幸以弟近况告之。汪中兄因家兄之事十分仗义，尤为可感也。陈明到时恐大哥归心甚迫，须探明，如水路可走，则顺风尚可径下，万一难走，不如坐车至台庄，可同陈明商之也。弟心如乱丝，不暇多述，匆匆，敬候近安。后会有期，长途千万保重，临颖黯然。愚弟黄易顿首，曙峰大兄大人。九月初一日仪封具。

蟒袍乞交小价包好，即寄仪工，书亦寄两部来豫，余留济者或二三部可矣，多亦无用也。[《故宫藏黄易尺牍研究·手迹》]

考：朱琪考此札约作于乾隆五十四年（1789）九月初一。按，当作于乾隆五十一年九月一日，时黄易仍在仪封豫工。陈灿自济宁回杭时黄易在河南工次，作书与之告别。时黄易局促之极，自顾不暇，仍奉银二十两为盘费，并预支销售蟒袍及书籍银八十两。札中所及汪中兄即汪焜。"仗义"云云，盖黄庭捐赎事汪焜出力最多，客死之后亦由汪焜及江昉助力归葬，参8-1黄易致汪焜札。以兄即鲍以文，黄易欲以二十两银子购其所藏元文宗《永怀》卷。

黄　易　2-16

别后想念之至，承华翰，得悉安好为慰。大兄深情古韵，乃值弟贫困异常，不得奉迎聚首，此中何以遣怀耶？近日东省更荒，一切俱贵，日食维艰，不堪告知己。虽署通判，毫无意兴也。尊箧各件急欲寄回，苦无妥便，只可俟二月开坝时觅便耳。恽画求即裱就，其工价以内子买物之钱扣用可耳，奉托奉托。陈十兄所借十金，承东平州蒋公代为寄还弟矣。弟忙极，不及一一写信，见何夫子、魏上兄均乞道谢请安。鲍大兄、奚九兄常会否，念切念切。此候近安，并请大嫂安。不一。曙峰大兄，愚弟黄易顿首。十一月十三日。

钤"品画楼"。[《故宫藏黄易尺牍研究·手迹》]

考：乾隆五十一年（1786）八月，黄易已署卫河通判。据札中"虽署通判，毫无意兴也"云云，朱琪考本札作于其时。东平蒋公即东平州知州蒋基培，乾隆四十七年任。陈十兄不详何人。据署款，此札作于本年十一月十三日。

黄　易　2-17

手启。前具函奉覆，谅经收照。弟客岁夏秋在豫，值河防异常危险，竭蹶不遑，冬间又赴直隶，春正始返，车尘马迹，既不少休，而薪桂米珠，尤难自遣。以致知己处久无信函，且缘无便回杭，尊衣等件又不能旱路携带，以致迟迟。满拟开埧后可带，今遍问尚无便人，又有不相信者不敢交带，想大兄盼望甚切，弟深抱不安也。今幸何司马已补运河，与弟近在咫尺，此后正可带信，托奘九兄一问便知。不日何公有人回杭，弟当将各件陆续寄交，先以衣物早寄也。弟不知吾兄存交舍弟之物甚多，弟恐其遗忘舛错，甚不放心，今嘱其开一单寄去，乞兄点明存照为要。弟一贫至此，不能与大兄常聚，愧歉之情不能笔述。不知大兄今年如何布置，便乞示知为荷。频行谕题之《师竹斋图》，勉强应命，殊为可笑，第此次最要，特托何司马处带上，乞查收。托兄代裱之南田立幅，乞由何司马家寄弟，至感至感，弟盼之殊殷也。匆匆，顺候近安，并请大嫂安。不一。愚弟黄易顿首，曙峰大兄大人。

三世兄之变殊出意外，惟达人观空以处之耳。三月十八日具。

钤"金石交"。[《故宫藏黄易尺牍研究·手迹》]

考：朱琪考此札作于乾隆五十二年（1787）三月十八日。是。按，上年秋，陈灿自济宁南归时，曾倩黄易为题《师竹斋图》，此际应命，即《秋盦词草》所收《思佳客·用玉屏韵题陈曙峰〈师竹斋图〉》。汪舸乾隆乙酉（1765）亦有《题陈曙峰〈师竹斋图〉绝句二首》，收入《峢崌山人集》卷七。何司马待考。黄易为陈灿治印亦夥，如乾隆二十七年秋、三十五年夏分别为刻"师竹斋""师竹斋记"，二十八年秋自楚中归里途中，为刻"师竹斋印"。据札，陈灿第三子此前去世。

黄　易　2-18

手启。近年忙鹿异常，致疏奉候，不知大兄归后近况何如，念切之至。书价久不寄，想乡中未尝不知弟况也。鲍君知我，亦不致问，尤心感耳。兹找还六部书价银二十八两，又项画售银四金，一并送上，乞查收。弟托办一切，另开单交舍弟呈上，奉求大兄照拂代办。弟自离阳毂，办阿胶费事，包兄所托俟今冬再谋之。昨小价言及，吾兄归时曾云，若得一四十金之馆，即可屈驾而来，若是，则弟尚可勉力奉请，不但子女可以受业，而一切得兄襄助，实为妙事。特嘱舍弟相商，如可枉驾，即屈同舍弟而来，甚妙。弟必欲移寓，当扫榻以待耳。外微物伴函，统惟照入，并候台安。不一。愚弟黄易顿首，曙峰大兄大人。

家母内子嘱请大嫂安，余嘱舍弟代述。不一。

奕庭三兄何若？念甚。外二金代土物，乞致之，恕不札。

魏氏昆仲乞致候，不及作札，因发信在最忙之时故耳。

钤"小蓬莱阁"。[《故宫藏黄易尺牍研究·手迹》]

考：朱琪考此札作于乾隆五十八年（1793）之前。按，札问陈灿归后近况何如，又言此际欲延请陈灿来馆济宁，当作于乾隆五十二年夏秋之间。本札由黄童带回杭州。包兄即包芬，字采南，号梅垞，钱塘人，与陈灿皆从游于丁敬。

黄 易 2—19

故人阔别，结想弥殷，昨荷手书，深感存注，兼悉大兄嘉况为慰。弟昨在黄河备尝艰苦，须发苍然。今调运河，复患繁琐，未知何年稍得自如，与大兄笠屐湖山，遂我素愿，曷胜紫望之至。所命者，苦当羞涩，勉奉十金，可笑可笑。弟欲买诸书，附奉十金，希大兄代购交陈明带来，至感至感。弟襟肘之况，询陈明尽悉也。鲍绿饮大兄近况若何？念念。所藏冯犹龙《挂枝儿曲》如得借观，妙甚妙甚。弟近日得碑甚多，不但《范式》《武梁》等种，前人未见者层出不穷，且《嵩山三石阙》续得多字，快幸之至。只此一事可告知己耳。老母托庇甚健，两小犬渐大，其大者已攀姻兰垞侍御之媛矣。专此，顺候近祺，统惟雅照。不一。愚弟黄易顿首，象昭大兄大人。十一月十五日具。大兄明岁同舍侄到沛更妙。

用"小蓬莱阁笺"。[《故宫藏黄易尺牍研究·手迹》]

考：朱琪据札中"弟近日得碑甚多，不但《范式》《武梁》等种，前人未见者层出不穷"，推知此札大约作于乾隆五十一年（1786）十一月十五日。按，《武梁祠画像》黄易发现于乾隆五十一年秋；《嵩山三石阙》武亿乾隆五十二年为黄易拓取，参89—2武亿致黄易札；《范式碑》，李东琪发现于乾隆五十四年三月。当年闰五月二十四日，黄易长子元长与潘庭筠女订婚。参45—3

魏成宪致黄易札。故此札当作于乾隆五十四年十一月十五日。本年黄易升运河同知，札言"今调运河"，亦合。时黄易再邀陈灿次年至济。

黄　易　2-20

　　夏初接奉手函，深荷垂注。并承远赐古墨等物，祗领之余，感深五内。比维大兄大人近祉绥和，起居安吉，以颂以慰。弟在济上公事极繁，应酬浩大，支绌之情笔难尽述。所恃老亲健饭，合署托芘粗安耳。昨闻大兄赋闲在家，未知此时可有就绪否？素蒙知爱，极应力为说项，奈弟于浙中固无相知可荐之地，而东省又无置位之处。遥望清辉，殊深悬切。薄具十金，聊以将意，惟祈莞存，是荷是幸。专此奉候台祺，统希丙照。不宣。愚弟黄易顿首。

　　小女于归，蒙嫂夫人所赐多仪，谨已拜领。家母及内子俱嘱道谢，并问近安。又及。

　　十舍弟不另札，嘱问迩祉，并致拳拳。

　　陈鸿寿题：此一札是记室手笔，鱼目固不可以混珠也。曼生记。又题：秋翁以营葬南归，枉书索鄙人篆刻，及余游历下，翁在任城，邮筒往来甚数，赠画为途中人攫去，可谓忘年交亦文字交，顾终未得相见为欢，托之神交而已。尝辑其手札与澹川、铁生两君所遗合为一册，什袭藏之。今观此册，益重人琴之感矣。秋翁平生篆刻第一，画次之，隶书又次之，行狎书古淡天真，在作者极不经意，然非浸淫于金石之学，又安得纯任自然乃尔耶？俪金世讲其珍秘之。嘉庆甲戌闰二月，陈鸿寿题记。[《故宫藏黄易尺牍研究·手迹》]

　　考：札无受书人名，据朱琪考乃致陈灿者。彼时黄易母亲梁瑛尚健在，故此札当作于乾隆六十年（1795）闰二月之前。按，黄易女黄润嫁李大峻在乾隆末年，具体时间不详。

黄　易　2-21

　　张舍舅南还，带上寸函，谅经台照。弟从嵩山、洛阳畅游，十月返济，接大哥手书并老莲板对，兹江二世兄来东，又荷手书，知宋板书已托其带来。渠止将信函付济，其书物尚存沂署，想日内可到。吾兄信中云有丁先生字一幅，金扇面一个，不知交与何人？弟尚未收到，乞询示之。《祝卷》《云松巢卷》费神装就，感感。兄初一信云取书交寄，今信内云山舟先生题好，彼处交寄，未知已寄否？然此物带寄颇难，兹弟遣役代孙道台请朱朗斋先生来东，最为妥便，乞大兄问取二卷，托朗兄带此为感。梁四兄信来云仍交尊处带寄，谅必未寄。原札送阅。承汪八兄见爱之至，勉涂小幅送与一笑。弟游嵩洛得碑极多，画成二十四图，明年春仲登泰山又当绘图，带回与良友快观，何如？专此敬候近安，余再布。不备。象昭大哥大人，愚弟制黄易顿首。十二月廿五日。

舍间托庇平安，又及。并候诸世兄，又及。

汪八兄、杭雪兄乞候之。[《故宫藏黄易尺牍研究·手迹》]

考：朱琪据札中"弟从嵩山、洛阳畅游，十月返济"，推知此札作于嘉庆元年（1796）十二月二十五日。托陈灿装裱之《祝卷》即黄易所藏祝允明书《成趣园记》，《云松巢卷》乃黄易十三岁时篆书。是。按，此际黄易为孙星衍再次延请朱文藻来东，札中嘱陈灿取此二卷请朱氏带致。江二世兄即江凤彝。汪八兄当为汪廷昉，字小山，休宁人，乾隆丁酉（1777）拔贡，曾任苏州海防。参128-7胥绳武致黄易札。杭雪兄待考。

黄 易 2—22

役回，接展手书，藉悉大哥近履嘉胜，为慰。龙泓先生诗轴领到。拙书画何足重？因近日甚忙，少缓即报也。满拟领咨，今竟弗果，怅怅。其中委曲，陈明自必详述。敝同寅徐、袁二君欲觅送河宪之画件，必得装潢好者。今从赵道台会出银一百两（杭事之钱），奉烦大兄为弟买之。素佩大兄古道，所办必然妥协。如华秋岳之人物、花鸟名色不碍者（寿意更妙），每幅数金至十金以内竟买之。再求人代买好颜色美人二三幅亦可。王元勋之工致美人、福寿及寿意堂画，每幅数金亦可买。汪八哥处崔子忠《旌阳移家图》（约廿四金），沈石田山水条幅约十六金（夏珪卷十金），如肯割爱，为弟买之。类乎此者，价不甚昂亦可买，总要裱好者。奚九真笔，每幅一二三金亦可用，横披山水好者（要洁净不黑暗）亦可用。董思翁、梁山舟二家刻板对子（每副二千余文），买三四付。奚九哥之扇面（数星者买之），山舟先生真笔单款对子买二付。奚九兄云，王元章《红梅》有丁先生题字者，廿四金可得，虽黯亦欲买之，乞大兄代办，银不敷，弟即寄上不误也。梁山舟先生许题《祝卷》《墓图》，今具函送上，乞大兄向四兄索之。陈潋水兄云金君欲借《祝卷》刻石，亦不妨转借也。杭州如有堂画工妙者，价不甚可以交寄酌买。倘不用，交粮船带回亦便，乞留意。若假画及过贵者则无用也。前托《知不足斋丛书》，弟止买数本，余者王秋塍要者，如无，暂缓亦可也。匆匆敬候近安，余再报。不一。象昭大哥大人，愚弟禫黄易顿首。三月十四日具。

承购扇面，价五星，大妙，即于此数内扣算之。弟尚欲买书，另单开上。《沈文合璧》一册，内山舟先生之［跋］乞装裱于后。[《故宫藏黄易尺牍研究·手迹》]

考：朱琪据札中提及《祝卷》，后黄易又请梁同书题跋，杭州全德舆复借去摹刻上石，且札末落款"愚弟禫黄易顿首"，推知作于黄易除服之际，即嘉庆二年（1797）三月十四日。是。然朱释"河宪"为"何宪"，以为何宪即何道生。误。河宪当即东河总督李奉翰。此札委托陈灿为黄易同僚购送李奉翰之画件若干。其时黄易回杭领咨未果行，颇为怅惘。

黄　　易 2-23

前具一函奉复，想经照入。《花游曲》殊有风致，可见读书多者，发为文章，无往不妙也，今同原札寄还。书价俟措得即寄。舍侄老大无成，惟课其学书。弟在家时闻其在街游荡，大非所宜，是以起身时痛责之。此时同寅来豫云，敝寓子侄不时游荡，闻之闷闷。伏望大哥随时谕之，此子或能勉听教训，则家门之庆，感德不浅；倘执拗不听，仍然游荡，彼既不爱颜面，弟则惟有使蛮，又何事不可为耶？望大哥谕之，至感至感。至小价结交多事，甚至卖解妇人唤至寓中，甚属荒唐，闻之益为闷闷。匆匆作此，顺候近祉。不一。愚弟黄易顿首，曙峰大兄大人。

陈明业已荐出，不可留也，又及。[《故宫藏黄易尺牍研究·手迹》]

考：朱琪以 2-22 仍提及家仆陈明，而此札则云"陈明业已荐出，不可留也"，推知作于嘉庆二年（1797）三月十四日之后。是。按，黄易侄黄元鼎游荡之事，已非一日，元鼎岳丈何琪乾隆五十八年（1793）三月八日书致黄易，亦提及"渭符之事亦颇知之，仆以苦言劝解，鄙意老弟禁其无益酬，何如？"参 5-5 何琪致黄易札。

黄　　易 2-24

前月令郎世长乘粮艘过济，寄上寸函并毛头纸三十番。又奉贺大兄得孙之喜，微物表意，想俱收照。承兄代买之《梅竹合璧》，虽稍贵，然是家藏之物，如命十二金，又承代裱《梅卷》五千余文，又买扇面三四金，兹奉上银二十两，乞存筹可耳。所嘱子昂《马卷》，问之同人只肯出六两，弟不敢擅卖，暂存之，如可减值，弟当留心，否则明春寄还也。承大兄费神为弟觅得筱饮等迹，感谢感谢。弟所收扇面不拘新旧，总以书画有笔趣者为佳。筱饮《西渡图》妙不可言。至淡宣一幅虽工却不知其人，乞示知。弟现有之扇面令渭符录一清单带回，弟欲觅之扇面亦开一单奉阅，乞大兄留神。王元章《梅轴》如不肯退，乞奚九鼎力换扇面亦可也。先子书翰仰人收藏者不少，弟不欲再收，有人宝惜，散出何妨耶。承锁寿兄惠书，感感！涂数笔一纸奉报。童叙兄嘱画亦报之。捕河一缺或者可以借补，弟渐形老景，只愿闲小之地，聊以藏拙，然买山之资不易办也。因肺弱，苦不能饮，惟以书画消遣岁月而已。吾兄腿患已好否？念切念切。专此敬候近祺。临书驰想之至。不备。象昭大哥大人，愚弟黄易顿首。二月初六。[《故宫藏黄易尺牍研究·手迹》]

考：朱琪考此札作于嘉庆二年（1797）二月初六。按，嘉庆二年三月十四日，黄易作札托陈灿购王冕《红梅》，参 2-22。此札欲退此画，当作于次年二月六日。黄易借补捕河，亦在本年，《嘉庆帝起居注》"嘉庆三年十一月"条："[十二日辛未]是日，吏部议河东河道总督司马䭞等题兖州府捕河通判员缺，准以候补同知黄易借补一疏，奉谕旨：黄易依议用。"此际已有消息传出。

黄　易　2-25

承示诸画，虽无上品之物，却非赝迹，已于单内注明送上。《雪梅》一幅弟甚爱之，乞大兄代弟买之，数金可也，奉托奉托。章字言在，武林人，见栎园《读画录》。顺候日祉。不一。愚弟黄易顿首。

钤"黄"。[《故宫藏黄易尺牍研究·手迹》]

考：作札时间约在嘉庆初期。章谷字言在，号古愚。钱塘人。善八分书，其烘染尤工。周亮工《读画录》卷四称其萧然食贫，闭门作画，人恒重其品。

3　　　吴　履　　　【2封】

吴履字竹虚，号瓦山，浙江秀水人。少不甚知书，壮游山左，归能诗，多奇句。字学郑燮，精篆刻，工山水花卉，涉笔萧远，尤长于竹。参见《（光绪）嘉兴府志》卷五十三《列传·秀水》。

吴　履 3-1

不出城者三越月矣，闻湖上柳色已如深春，盖天时骤暖，人易多病，履欬嗽大发，两胁作痛，鼻舌眼耳火喷五十余日，苦状无量，惟饮食不减为幸。绿饮一病十日不起，近稍得安，今接妙绘，当霍然也。尊纪来，接手书，知得馆伍河，且审起居佳健，甚慰所望。每忆与足下纸窗竹屋，披图啸咏其间，此乃生平大乐事，尝一念及，不觉神往。今闻得观快意物极多，心甚妒之，恨不能同叹赏也。小松九兄大人足下，履再拜。[《小蓬莱阁同人往来信札》第一册]

考：据"得馆伍河"，知黄易已在郑制锦伍佑场幕中。札当作于乾隆三十七年（1772）春日，黄易去岁秋冬就馆。绿饮即鲍廷博。

吴　履 3-2

今因小香差仆至沛，奉到两扇，祈先生随意一挥，即落秋渔款，缘秋渔再四代致恳请，履推托不得也。运台时时念及先生，谓不能长相聚处为憾耳。履再拜。

《五客图》已领到。

钤"履"。[《小蓬莱阁同人往来信札》第一册]

考：吴履时在山东按察使阿林保幕中。所言运台，即运河道台沈启震，此际在济南，乾隆五十七年（1792）八月解职南返，参55-2沈启震致黄易札。札当作于本年沈启震南归之前。次年正月，阿林保调浙江盐运使，吴履亦随行。小香即仁和人黄畹，与吴履同在幕中。此札为秋渔求画扇，秋渔即钱塘人吴昇，时亦幕游山左，下月南还。参128-3胥绳武致黄易札。

4 　　陆　飞　　【2封】

陆飞字起潜，号筱饮，浙江仁和人。乾隆三十年省试第一。澹于仕进，著作日富。性高旷，家在湖墅江涨桥之北，题曰荷风竹露草堂。晚年于湖上自造游舫，榜曰自度航，颇饶幽趣。未几卒。工诗善画。参见《两浙輶轩录》卷三十一。

黄　易 4-1

[前阙]前似有不同，寄上一方，祈教之。多时不见尊画，饥渴之至，今寄上小幅纸求挥数笔，则千里如面也。保阳诸好友近来如何，希便中示知为荷。此请近安，并候潭祉。不一。筱饮二哥大人，愚弟黄易顿首。

并候瑶阶吾兄。

图书已落墨，此刻无暇刻就，缓数日同求画纸寄上，又及。此刻已刻就。

胡九哥、胡十哥乞叱候。

钤"黄易之印"。[私人藏]

考：汪师韩《上湖文编补钞》卷上《陆起潜诗集序》："乾隆乙酉（1765）君举乡试第一，偕计吏，道出保州，因得会合莲花池上唱酬，因继述斐然。壬辰（1772）君将南归，更示以全集。"《上湖诗纪续编》又收《送陆筱饮南归》。陆飞自保阳南归在乾隆壬辰秋，黄易此札当作于此前，很可能为1771—1772年，时馆于伍佑场。据潘庭筠《山东兖州府运河同知钱唐黄君墓志铭》，黄易在黄庭遭戕后尝馆直隶固安三年。其往固安在乾隆三十年（1765）冬日，中国嘉德2010年秋拍华嵒《九狮图》（真伪可议，信息可信），边绫黄易题云："乾隆乙酉冬，先兄梦珠有出塞之役。余负米游上谷，治装无术，典及琴书，秋岳先生此画，将非我有。因无款，人不之信，陆解元筱饮为题数语，始归于包梅垞。越廿[卅]年，余官河丞，读礼南还，购归珍藏。黄易记。"知此画原为黄易所藏，因乏盘缠，转售包芬。此行黄易经扬州，汪舸有诗，《送黄小松就馆北直（二首）》云："挟策去故里，遥遥向友生。关河燕蓟远，冰雪布裘轻。前路无他虑，先人多旧盟。阳春二三月，一马至京城。　青年赴莲幕，白首养萱帏。唯望频频信，翻期缓缓归。功名畿辅近，学问室家稀。进业兼修德，行行愿勿违。"收入《砺岵山人集》卷七（乙酉）。故黄易此札咨及保定旧友。札中应陆飞之请为刻印章，并求小画。乾隆壬午（1762），黄易尝为刻"陆飞起潜""筱饮"两面印；癸未（1763）三月一日为刻"卖画买山"。乙酉九月十二日刻"乙酉解元"。又刻"自度航"一印。瑶阶、胡氏兄弟待考。

黄　易 4-2

暮春之初，弟因家兄事至扬，晤陈五哥，得读手书。承赐妙笔妙文，开缄三复，如对清光，快极快极，谢谢。闻二哥将至广陵，下榻争延，自不乏友。近来邗江好事，江鹤亭外实无其人，然鹤亭差事太繁，无暇及此。能事者郑德启，与鹤亭居然牛李也。郑之令坦陆名尔炽，君家司马之少君也。吾哥来扬机宜，或与晋昭先生商之如何。家兄东还有望，昨已札闻捐例止须千二，今汪中兄在鹤亭处，近事极佳，承其关爱，为家兄图赎，恳鹤亭索各总公书至楚匦设法。有江志翁（讳兰之乃尊）在楚，承其关爱，可以垫费。据中兄云，此举可得六数。现在尚足至汉，有志翁大力，不须弟亲往也。此外中兄尚在设法，二三百金岁内可办家兄。近来馆地虽佳于前，因有眷属之累，仍系空囊，必得于内地设措齐全，方有所济，第此举必得弟亲往西边具呈。弟岁内尽力于扬州备就，大约所少四分之一。明春挈眷先归，即当北上。素蒙胡七哥高义，定蒙曲全其美。弟作札与七哥微言及之，其中更望我哥鼎言区画，切祷切祷。敬候近安。不一。筱饮二哥大人，愚弟黄易顿首。四月八日。[《故宫藏黄易尺牍研究·手迹》]

考：据"明春挈眷先归，即当北上"，很可能作于乾隆三十九年（1774）四月八日，次年黄易随郑制锦前往南宫。札中谈及陆飞此际欲游扬州，黄易告知江春之外，唯郑德启颇好风雅。郑德启女婿陆尔炽，乃陆飞族人。黄庭捐赎一事此际已有眉目，从中襄助者除江春、汪焘之外，尚有江兰之父江志山，以及一位胡七哥，即 11-7 奚冈致黄易札所称胡浩轩者，黄易前后二札皆提及胡姓多位兄弟，待考。

5　　　　何　琪　　　　【10封】

何琪字东甫，一字春渚，自号南湾渔叟、二介居士。浙江钱塘人。布衣，黄易业师。博学能文章，善书法，绝似董其昌，又工八分。有《小山居稿》。尝跋知不足斋丛书本《石墨镌华》。

黄　易 5-1

八月间奉到钧函，知夫子大人已旋里门，不胜欣快。郑公侧席已久，兹令薛凤具关聘束脩来迎，幸早惠临，以慰饥渴。此地距杭一水可通，十日以内必到也。主人三子一侄，课举业者已另有人，其诗字尚求训迪，此外欲求酬应诗文，此事希有，并不冗杂。主人溧水孝廉，虽不深知笔墨，而兴致豪雅，交情亦好。地虽近海，不甚寒冷，起居服食似不及家乡，胜北方多矣。酒则专取绍兴，歌亦时聆昆调。有高书办家颇有旧书，可以借阅，惟好事者无其人。扬州为来往必经之地，好友不少，夫子过邗时宜至雪礓、橙里、玉屏诸君处一晤，来价俱能引至也（江六先生赠一诗扇或一册子，妙极）。来侄今年工课不知若何，求夫子察明，如不佳，或与世弟同一馆更妙，切祷切祷。此请近安，诸容面禀。春渚夫子大人尊前，受业黄易百叩。十月初四日。

太师母、师母乞请安，并请大先生安候，世弟妹近好。主人嘱候，不另具启。

外聘金六两，先送脩金二十两，其盘费令薛凤自办。来人系易旧人，可令服伺。此间馆中亦复有仆也。又及。

钤"尊古斋"。［西泠印社 2007 年秋拍］

考：黄易在盐城伍佑场幕中，欲迎何琪就馆主人郑制锦家。9-1 乾隆三十九年（1774）九月黄易致储润书札有"何夫子于夏间归里，初冬复来，仍即归去"云云，知此札作于上年十月四日。参 2-6 黄易致陈灿札、6-1 黄易致魏嘉穀札。郑制锦字东侨，溧水人，乾隆二十五年恩科举人，就职盐大使，分两淮，历新兴、伍佑二场。总盐以卓异荐，迁直隶南宫知县，转清苑，寻擢深州知州，升真定知府，调保定，迁大名道，转清河道，擢甘肃按察使，未行，就补直隶布政使。后署仓场总督，卒于官。参见《（同治）续纂江宁府志》卷十四之三《人物》。札中所及雪礓即汪舸长子汪焱，橙里、江六先生即江昉，玉屏即江立，皆寓居扬州，为黄易挚友。来佺即黄庭之子元鼎，后为何琪之婿，其小字来官，参5-3。

何　琪 5-2

客冬书来，殊慰怀思，俗事鹿鹿，未果裁答，亮老弟不我责也。近状奚似？念念。北直之游决意裹足，亦未非计，但近地馆谷不识优于彼处否也？画学想更有进，幸肆力为之，不难到古人地位。仆近来一切荒落，贫使之然，无可如何耳。兹因羽便，率泐布候。不一。小松九弟，春渚琪顿首。

钤"何氏东父"。[《黄小松友朋书札》第一册]

考：9-1 乾隆三十九年（1774）九月黄易致储润书札有"郑公升任在迩，弟母老家贫，何敢远去，大约留邗别就踪迹，难由自主，如何如何"之语，本札有"客冬书来，……北直之游决意裹足"云云，很可能作于乾隆四十年上半年。据此知黄易随郑制锦前往直隶南宫县以前，曾打算留扬州觅事。

何　琪 5-3

岁华易迈，动别经年，可胜怅惘。立冬接阅手书及隶碑一通，具见吾弟好古殷怀，搜罗日富，石华翠墨，他日辑有成书，不数南濠都氏矣。去岁因许君之招重客韩江，所云闽游盖传之者妄也。今年四月赴邗，近于雪礓兄处见尊札，得悉老弟有捐分发之举，喜甚喜甚。斗升之禄，足以养亲，况吾弟年华强盛，门才素著，扶摇直上自可预卜。春间在尊府见令兄大哥来信，得悉近状，不识究竟何时得归？老弟定得实耗也。令侄来官在舍时尝一至馆中看视，大哥远在万里之外，只此一子殊为可悯，仆恨绵力，饮食教诲俱成虚愿，赖吾弟培植辛勤，翼而覆之，虽古人友爱之笃，不是过也。兹因便羽，率此布候迓绥。不宣。小松老弟，琪顿首。八月十四日。

外陈象兄书信，系四月带扬，因无便人，今特附上。郑公统希致候。

钤"东父"。

用"小山居"笺。[西泠拍卖 2018 年 3 月艺是网拍]

考：札中提及黄易捐纳事，又得黄易所寄隶碑（应为《祀三公山碑》），当作于

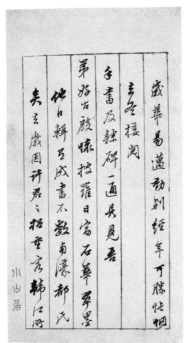

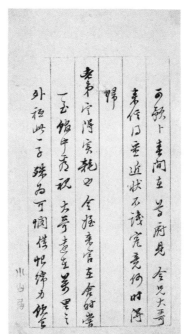

5-3 何琪致黄易札　西泠拍卖 2018 年 3 月艺是网拍
5-6 黄易篆刻"项墉私印""秋子"两面印　收入《篆刻全集》第四册

乾隆四十二年（1777）八月十四日。据札，何琪得知黄易长兄黄庭捐赎事已成，因询及归期。何琪此时有诗，《小山居稿》卷一《得黄梦珠轮台归信》："万里生还岂等闲，书来先遣慰慈颜。共怜古谊非怀璧，喜荷殊恩得赐环。跌宕禊期应尚在，轮囷肝胆可能删。他时秉烛重逢夜，相对真疑梦寐间。"黄庭、黄易游幕汉上时，何琪亦时有诗问，如《陆筱饮、黄梦珠归自汉阳，有偶耕之约，为赋此诗》《送黄生小松之楚兼呈令兄宝田》等，亦收入《小山居稿》卷一。何琪自上年起再次坐馆扬州，韩江即邗江。陈象兄即陈灿，字象昭，黄易里中密友。郑公即郑制锦。南濠都氏即明中叶苏州学者都穆，尝奉使至秦中，搜访金石遗文，著《金薤琳琅》二十卷。

何 琪 5-4

客夏，四令弟回东，附带一函，谅蒙览入。比稔起居迪吉，阖署康宁，欣慰奚似。吾弟长才卓识，深为上游倚重，屡膺卓荐，不次之擢，喜音在指顾间也，可胜忭庆。仆去岁松江修志之说，岁歉不果，枯坐至今，尚无就绪。正月间又嫁次女，小儿毕姻之费尚无着落。向平之累何时得了？兼以年来老友凋零，筱饮、槐堂相继下世，块然独处，谁与为欢，可胜浩叹。去岁吾弟所谕写呈毕抚军册页，因心绪欠宁，未曾拈笔。意者吾弟欲为仆于彼处谋一席乎？感感。前岁王秋塍兄欲约仆同赴陕西，渠亦因毕公风雅爱士，且王兰泉先生亦在秦中，近闻秋塍尚在彼处。倘今秋中州丰熟，不识老弟能为仆一图之否？便中希赐覆音。令侄汉符回杭后时值小考，渠颇欣然，文笔亦颇超脱，府考竟在前列，进学可望，而竟不果。志虽可嘉，然想此时谋生上策，何必套此头巾，吾弟以为如何？兹因魏同学宝传假满入都之便，顺附数行，布候升祺，并请伯母大人懿祉，贤郎福慧。不一。小松老棣台，姻同学何琪顿首。二月十九日。

无双老弟均此候好。小儿震伯禀笔请安。[《黄小松友朋书札》第八册]

考：魏同学宝传即魏成宪，亦何琪门生，此札乃其假满入都时带呈黄易。据魏成宪《仁庵自记年谱》，其以乾隆甲辰（1784）授刑部直隶司主事，七月乞假归省，丙午（1786）春二月假满北上，参45-2魏成宪致黄易札。知本札作于乾隆五十一年（1786）二月十九日。上年王复尝约何琪同赴陕西，此时何琪拟请黄易作介，于毕沅中州节署谋一幕职。札言筱饮、槐堂相继下世，筱饮即陆飞，仁和人，黄易早年尝从之学画。据《小山居稿》卷二《乾隆壬申九月招同王丈茨檐、陆筱饮、家东岭为西溪之游，筱饮作图记事，王丈题跋其上，距今甲辰三十二年矣。王丈下世已久，去岁筱饮又没，披对此图，恍如昨梦，赋此志感》，陆飞卒于乾隆四十八年，同书卷二收《哭陆筱饮二首》："我初病起君狂喜，共罪闲园秋树根。今日花前君不见，满头黄雪最消魂。　买田筑室兴偏豪，有子承家守自牢。莫咏上留田怅怅，小妻应解护枚皋。"槐堂即汪沆，钱塘人，藏书甚富，陆飞下世时亦有挽诗，《槐堂诗稿》卷十五《挽筱饮》："前传京洛去，惊报一棺归。死别毕生隔，无穷老泪挥。　才名秋榜冠，旷达古人几。尚想持杯日，酣嬉酒浣衣。"汪沆卒时已八十余，参见仇养正《未学斋诗集》卷四《哭汪槐堂先生》。汉符即黄元鼎，一字渭符。

何　琪 5-5

去冬曾泐寸函奉候兴居，并附呈拙书楹帖一联，谅俱览入。兹际椒花献岁，梅萼迎年，缅维老弟政祉增嘉，潭禧骈集，曷胜颙祝。昨岁承荐广信张刺史处馆事，深感关注。张公于十二月中旬到杭，并未过舍。月底从朱春泉广文处（朱公名钰，湖府教授，与张公旧交）寄到老弟手札，并言及老弟推荐，脩脯系二百金。张公之意言广信地近，仅肯百二十金，向春泉云，如此数可定，当即延请。春泉并属先往拜会，仆不得已，脱略车笠之谊，于二十四五两次往候，均未接见，并知张公二十六赴任矣。至正月初七日，敝本家春巢（春巢名承燕，候补训导，与方伯至亲，亦住如皋）来，送到关聘一副，上写金百二十两，管理笔墨事件，并无修志之说。春巢并云，广信公令兄方伯素常仰慕，知其延请之事，从中极力怂恿，刻送关聘，实系方伯之意也。方伯并约仆十五日往会，廿一来回拜，廿七请酒，是日偕春巢晋谒，草茅下士，深荷谦光，属仆束装相待，俟西江遣役来迎，再定行止。兹六小儿偕四舍侄赴直，道经济上，令其叩谒崇阶，先此肃函布达。六小儿初次远游，诸未谙练，素承挚爱，务望进而教之，倘能稍润行色，则拜德更无既极矣。顺候升安，统希雅鉴，临池神溯。不尽。姻同学何琪顿首，小松老弟台。

前寄王峙中兄求书画绢三幅，谅已照入，便中望即一挥，得即寄掷，感甚感甚。

朗斋三兄不另札，乞致候并道意。渭符之事亦颇知之，仆以苦言劝解，鄙意老弟禁其无益酬，何如？［《小蓬莱阁同人往来信札》第三册］

考：札中所及朗斋即朱文藻，乾隆五十八年（1793）正月十八日应黄易之聘赴济宁，参132-1方维翰致黄易札，本札作于当年三月八日，由何琪第六子前往直隶时带呈，参5-6。广信张刺史即张朝乐，字子长，号竹轩。初任湖南龙山、武陵、湘潭诸县，署武冈州，以卓荐授袁州府，调广信府，参见《（嘉庆）如皋县志》卷十七《列传二》。又《（同治）广信府志》卷六之一《职官》："知府：张朝乐，如皋监生，五十六年到任。"所云到任时间或有误，当为五十七年十二月。札中言及黄易推荐何琪坐馆江西广信府，然张朝乐颇傲慢，且脩脯止百二十金，何琪甚感无奈。朱钰号春泉，浙江钱塘人。何承燕字春巢，钱塘副贡，教谕。广信公令兄方伯，即张朝缙，尝为河南南阳守，调开封府，因与黄易相识。后升任广东按察使、浙江布政使。札中谈及黄元鼎勤于无益应酬，参见2-23黄易致陈灿札。

何　琪 5-6

去冬泐函奉候，谅登记室，迩维堂上吉庆，阖署凝庥，可胜欣贺。张公相延之事，其中曲折不能备述，令侄渭符自能转达也。今已定是月十二动身。藏经纸十三张带去，未知售否？何如？并此去契合与否，须听下回分解。惟是盛心推荐，感激之私匪可言罄。渎者：素有至好项金门兄，名墉，号秋子，工诗好古，王兰泉、袁简斋诸先生俱相结纳，来杭每主其家，朗斋三兄所知也。老弟书画图章金兄素所倾倒，兹有印石一方，托琪转求篆刻作两面印，一刻"项墉私印"，一刻"秋子"二字，敢恳推爱，稍暇务望奏刀，盖渠想慕已久。老弟或亦闻其风而重之，不至久稽案头也。又去冬寄上绢素，俱王峙中兄奉求八分对一副，山水一幅，便中亦望寄来，嘱嘱。专此布意，并候新祉。不既。小松亲家，姻同学何琪顿首。三月八日。

六小儿附粮艘至北直，大约五月初道出济宁，另有一札令其面呈，又及。

外澄心堂纸诗一首，兼请朱三兄正之，不另写。其纸在都转阿公署中出观，其真赝虽不敢必，然不能不信其真，惜大仅方寸耳。[《小蓬莱阁同人往来信札》第三册]

考：与5-5皆作于乾隆五十八年（1793）三月八日，此际何琪将动身赴广信府馆席。朱三兄即朱文藻。札中何琪委托黄易为友人项墉刻印，为王峙中作书画。项墉字金门，号秋子。钱塘贡生，候选同知。少以词赋擅长，往还多一代胜流。札中提及王昶、袁枚等至杭皆主其家。黄易曾为刻"秋子""项墉私印"双面印。所言都转阿公当即阿林保，本年初调任浙江都转盐运使。

何　琪 5-7

　　令侄来，接诵手书，兼承厚惠，感谢无既。小儿在署，搅扰不安，惟是初作远游，诸务未谙，敢祈锡以诲言，是所欣幸。至渠此来藉得枝栖，去从何适，尚望指南。前札□急之处，殊惭不揣，无如家累纷繁，复遭歉岁，性虽磊落，神不佑之，是以年来陈汤匄贷之事，不一而足。虽承良友多情，此心终耿耿耳。然思杜子春有呼天之悲，浣花翁有仗友之句，又未尝不借以稍慰也。来札云云，敢不仰体。顾水非江汉，终胜蹄涔；鹏翮摩天，不比病翼。定怜垂白，不烦饶舌于广长；倘荷回青，自必沾光于舍卫矣。临颖驰企，并候升祺。不既。小松九弟，姻同学琪顿首。

　　令兄《西域记略》鲍君以文刻入丛书，仆跋于后，另稿呈教。并请伯母大人老福无量，阃署康宁。

　　《西域记略》跋：西域自张骞凿空而后，遂通中夏，又得班、范两家载其山川风土，不啻了如指掌矣。今上平定西陲，所谓三十六国者悉入版图，轮台特其一隅耳。户口之蕃，物产之富，宜其视昔有加焉。黄君宝田戍是地十余年，凡所见闻，记其大略，盖喜国家幅员之广，身忘羁绁，而视同乐土，可知也。宝田与余居同里，其子元鼎，予婿也。闻君归有日矣，旋以病没。时令弟小松官山左，望风悲号，募人走万里外舁柩以归，并刻其《轮台诗》于保定。今年复命元鼎归葬其父，是编元鼎携带行箧，君故人鲍氏以文见而爱之，附刻丛书，庶几与诗并传，意良厚焉，为识数语于后。癸丑七月朔，何琪书于小山居。

　　钤"何""琪"。[《小蓬莱阁同人往来信札》第三册]

考：《西域记略》跋语款识为乾隆五十八年（1793）七月一日，札当作于同时。此际江浙歉岁，何琪困窘已极。其子时赴直隶，道经济宁，在黄易署中，参5-5。然夏日即已南还，参45-6黄易致魏成宪札。何琪本年三月赴广信府，据札似稍作逗留亦已归杭，参45-7魏成宪致黄易札。据《西域记略》跋，黄庭去世后，黄易尝募人舁柩而归，并在保定刻其《轮台诗》。本年黄元鼎归杭葬父，鲍以文见其所携黄庭《西域记略》，拟刻入丛书，由何琪作跋。

何　琪 5-8

　　关河间阻，音问久疏，常从府报中或于友人处藉悉老弟政祉增嘉，潭禧骈集，欣慰奚似。又闻公余之暇，情殷考古，搜罗碑版不遗余力，金薤琳琅，定充栋宇，虽欧阳永叔、赵明诚诸公亦不多让，将见风雅之名与金石并垂不朽矣，曷胜健羡！仆年来株守里门，一无善状，兼之食指浩繁，殊多竭蹶，笔墨所得，不敷家用，久拟买舟来济，于老弟谋一枝栖，藉申契阔。惟是年光老去，势又不能远游，兹特命小儿震伯嵩诚晋谒，实因坐食维艰，万难搘拄，兼际米珠薪桂之秋，不免时呼庚癸。令亲家潘兰公时同吟砚，种种苦况，渠所深悉也。务祈老弟解囊资助，以救燃眉，即望德音，是所祷切。嵩此布渎，并候升祺。并希叱名恭请伯母大人金安，顺贺潭吉。不一。小松老棣台，姻同学何琪顿首。三月四日。

再者：屡承厚贶，不能稍答万一，此刻小儿亦属罗雀掘鼠而来，又不能略修微物，少申敬意，惭愧无地。总之托钵情形，惟知己谅之。外诗册一个呈正。
[《小蓬莱阁同人往来信札》第三册]

考：作于嘉庆元年（1796）三月四日，参5-9。此际何琪贫甚，其长子震伯前来济宁求助，望黄易解囊资助。札中所及潘兰公即潘庭筠，黄易长子元长之岳父，时家居养母。

何　琪 5-9

六月初，心盦先生来杭，即承见过，晤对之下，古道照人，出示所选诗集，知其风雅多情，可胜敬佩。接读手书，藉悉善状，并稔三月间已得令孙，德门有庆，定卜宁馨，翘贺翘贺。嗣儿辈南回，又接翰言，并询悉一切，知老弟处艰窘之际，赠以盘费，重累清心，良深感佩。仆今岁仍在秋子处教读，脩脯所入，家用不敷。兹恳者，粮道张公近升浙江都转，渠与老弟有水乳之契，将来回浙时道出济上，务祈为大小儿震伯极力嘘致，俾得枝栖，仆感激更难言喻矣。专此布渎，即候孝履，并贺潭吉。不备。小松老弟，姻同学何琪顿首。

儿辈禀笔请安。秋子三兄嘱笔候好。月前陈无轩广文柱过，仆往答拜，言及芸台学宪欲辑两浙采风诗，似有延仆分纂之意，此事须俟秋凉，然尚未竟定也。六月廿四日。[《故宫藏黄易尺牍研究·手迹》]

考：朱琪考黄珍约出生于嘉庆二年（1797）前后，此札当作于本年六月廿四日。又称札中所言阮元"欲辑两浙采风诗，似有延仆分纂之意"，指阮元召集编纂《两浙輶轩录》之事，时在嘉庆二年，参见《故宫藏黄易尺牍疏证》，收入《故宫藏黄易尺牍研究·考释》（以下引朱琪考证皆出本文）。按，张映玑由粮道升浙江都转使在嘉庆元年八月，据"将来回浙时道出济上"，当指就任前进京觐见而言，何琪望黄易在张南归经过济宁时，为其长子何震伯关说,参174-1张映玑致黄易札。此际震伯已自济宁归杭,参5-8。李富孙《校经庼文稿》卷二《重构曝书亭落成纪事呈学使阮公元五十四韵》"采诗情缱绻"句小注云:"公方辑《两浙輶轩录》。"阮元修建朱彝尊曝书亭在嘉庆元年,编纂《两浙輶轩录》亦在此际。故本札作于当年六月二十四日。据札,黄易之孙黄珍生于本年三月。何琪时坐馆项墉家。陈无轩即陈焯,在张映玑幕中。心盦即黄承增,时选刻《今诗所见集》,在杭亦选何琪诗刻入,参186-1黄承增致黄易札。

何　琪 5-10

月之四日,接阅手书兼惠朱提,惭感奚似。贤郎近想学业益进,令孙亦福慧兼具,德门余庆,信而有征,欣羡何已。去冬闻有回杭起咨之信,满拟畅叙,而又不果,怅何如之。阮学使荐举之事,愧不敢当,已作诗辞谢矣。张公不一晋谒,车笠悬殊,未敢先之也。陈无轩亦因在张公处,不便往还。兹藉尊使之便,率布数行,并请阖潭福祉。不既。小松九弟,姻同学何琪顿首。四月十一日。
[《故宫藏黄易尺牍研究·手迹》]

考:朱琪考札作于嘉庆三年(1798)四月十一日。按,官员凡遇病痊起用,以及终养、丁忧服满请咨赴选者,均由本籍督抚验看,如果年力不至衰庸,查叙原咨考语,给咨,赴部引见,补用。札言去冬闻回籍起咨之信,而今不果,则当作于嘉庆二年四月十一日。札言举荐愧不敢当,已作诗辞谢一事,《雷塘庵主弟子记》卷一"嘉庆元年"条:"诏举孝廉方正,浙江举者十二人,……辞不就者四人:钱塘何淇春渚、奚冈铁生、朱彭青湖、鄞蒋学镛。"潘衍桐《两浙輶轩续录》卷十三"何琪"引《缉雅堂诗话》亦云:"嘉庆元年,阁学阮公荐举孝廉方正,不就。阁学赠诗有'清名已被左雄知'之句,先生盖狷者也。"何琪生平不妄与人交,又自负其狂,意有所不合,辄瞋目大骂,辞阮元之聘,其一例也。张公即张映玑,时何琪亦不愿前往谒见。据"兼惠朱提"云云,知此际黄易于何琪又有资助。

6 　　　魏嘉穀　　　【2封】

魏嘉穀，字尚爵，号松窗，浙江仁和人。秀才。魏成宪长兄。

黄　易 6-1

　　两接瑶笺，极感存注，俗事匆匆，不果裁答，近履多佳，自符远祝。宝传二兄图书刻就，愧不佳，转不如远度代公勇为妙耳。何夫子事分当筹画，今尚人具脩来迎，望大哥劝夫子早来乃妙。来人系小价，不妨缓待数日也。此间脩金之外，虽有节礼，不过赏人，似乎清苦。然来往扬州，弟尚有数友，或不致过于寂寞，总之笔墨人扬州尚可过活，如云溪是也。夫子此来或将来另有生机，不可知也。易箧中文敏墨迹上年回来俱已留家，舍弟又不能捡取，易近来学书颇爱此公笔墨，前存尊斋《苏黄四帖卷子》，乞交何夫子带还，以慰饥渴，切切、切切，顺请近安，候老伯大人安。不一。松窗大哥大人，愚弟黄易顿首。宝传二哥乞叱候。冗中幸恕草草。

　　钤"黄九"。

　　用"秋影盫"笺。［苏州笃斋藏］

考：黄易此时在盐城伍佑场幕中，欲迎业师何琪就馆。札当作于乾隆三十八年（1773）十月以后。参5-1黄易致何琪札。宝传二兄即魏嘉穀之弟魏成宪，札言此际为其刻印，当即魏氏常用之"魏成宪印""春松居士"。乾隆四十年十月，黄易在南宫时亦曾为魏嘉穀刻"魏嘉穀印"，"魏嘉穀""嘉穀私印""松窗"等印或亦彼时手笔。

魏嘉穀 6-2

　　嘉穀启小松九哥大人阁下。月之上浣接奉手教，具纫锦注。线缎抵领，知九兄早已购妥，中途沈搁，弟又疏于奉询，今转劳神，特为寄掷，弟益深感戢，愧谢交并。比稔九哥履候凝禧，高怀朗畅。上谷胜地，金石之刻伯仲关中，足下披

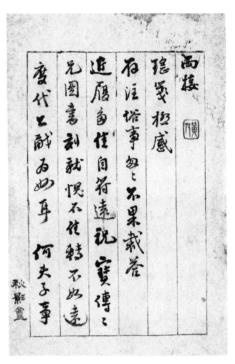

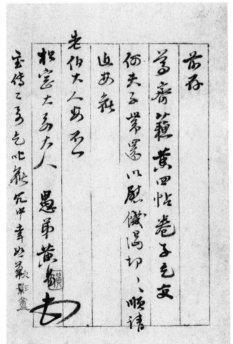

6-1 黄易致魏嘉穀札　苏州笃斋藏

剥莓苔，搜辑宏富，甚思幞被一行，饱观清閟之玩。兹以秋试及期，复理素业，兼之去秋患疡，缠染不已，至今犹以此身奉药垆也，未遂斯志。毛檄既奉，旌节尚滞，幽燕鹤望，伟人敷政，必有恺悌新猷，弟将操笔而咏盛治、扬美德耳。春渚先生今年又无就绪，此月杪拟赴邗上，依候补盐厅许勉斋兄谋一栖枝。寒士偃蹇，一至于此，兹因垂询，附笔奉闻。率此谨答，并请迓祺。余不尽。弟嘉穀顿首顿首。三月初八日。

　　钤"北墅""行修斋""二塍居士"。［《黄小松友朋书札》第十三册］

考：札作于乾隆四十二年（1777）三月八日，时黄易在清苑县幕。又本年乡试，故札有"秋试及期"云云。札中提及何琪拟于月底赴扬州，主候补盐厅许勉斋，参5-3何琪致黄易札。

7　　　王　复　　　【6封】

王复字敦初，号秋塍，浙江秀水人。早以善诗名海内，曾入毕沅西安幕府，后由丞擢令，殊有干济之才。乾隆末署鄢陵知县，又署临颍，实任武陟。调商丘，吏议解职，复任偃师三载。武亿称其为县有实。性爱金石，令偃师时以武亿有《偃师金石遗文录》四卷，因续补之，广为十六卷。参见《（道光）武陟县志》卷二十四《名宦传》《（民国）鄢陵县志》卷十四《宦迹志·县令》。

王　复　7-1

珠溪载酒，忽已经年，寤寐依依，时深驰溯。近稔九哥大人起居纳福，著作日增，可胜欣羡。去冬接读手书，即肃寸缄，藉使奉覆，谅已早达记室矣。玉几先生《听雨录》为友人携至豫章，今秋必归，俟其一来，即当寄上耳。弟今春来邗，滞留至刻下，兹将回，赴省试。适奚九兄来场之便，肃此奉候近安。江大哥近况如何？晤时并候。不一。秋庵九哥大人如手，愚小弟王复顿首。

去岁所见《潘湘云小照》，如能转恳奚九哥再临一幅，并题后诗词曲一并录付，则感荷无极矣。又及。

方公子昆季暨储玉琴大哥，晤时乞为致候，匆匆不另。立秋后一日。[《黄小松友朋书札》第一册]

考：此札既言"珠溪载酒，忽已经年"，则黄易在伍佑场时期。又言本年乡试，则必在乾隆三十九年（1774）七月二日。此际奚冈将往伍佑场，札由其转达。据札，江立、储润书等人其时亦在伍佑。乾隆三十八年秋，王复曾至伍佑，黄易为作《珠溪载酒图》，王复《晚晴轩词》收《买陂塘·同人宴集湖舫，黄小松为作〈珠溪载酒图〉，题词其上》。《听雨录》为陈撰所著，陈字楞山，号玉几山人，鄞人，寓杭最久。乾隆元年荐举博学鸿词，工书善画，皆入逸品。黄易曾临摹陈撰所作《瓶花》，见于中国嘉德2019年春拍。明妓潘湘云，嘉禾人，与姑苏生鲍有终身之订，后鲍落魄他乡，音书梗绝，湘云为母所逼，卒归武夫，郁郁不得志以死。其画像流传吴中，好事者以轻绡摹之，亭亭倩影，小坐玉梅花下，恍在罗浮晓月间。据札知奚冈曾有临本。

黄　　易 7-2

契阔四年，忽于都门聚首，拳拳挚爱，久而益深，快慰何可胜言。汲引之情，关切之甚，尤所心感。愧弟匆匆出都，未得一辞，至今犹耿耿也。廿三日抵保，俗事如海，有甚于长安车尘马迹，八字注定不得少休，无可如何耳。如日内东河不挑，则弟必再赴都门，仰藉指授者甚多。若廿外东河摺到，贱名未到吏部，则不及赴矣。王廷尉处已备小册并碑刻，乞二哥转致，如词句荒谬过甚，删去亦可。不学人动笔，可笑污目之至，惟知己教示为幸。汪芎圃尚未来省，亦未题出也。肃械候安，惟心照。不宣。愚弟黄易顿首。

好友如玉池、献之、芝山、然圃皆被屈，固是闷事，此外友人亦绝无得倖者，如何如何。弟若来京，总在九月廿以外，幸告之芝山、献之两先生，冗中恕不作札。芝山、献之印章俱刻成，候其来时面上。到京为兄刻印何如？

附钤二印："砚寿"，书"为陈银台作"；"小蓬莱阁"，书"为翁学士作"。[《故宫藏黄易尺牍研究·手迹》]

考：朱琪考受信人二哥当为王复，作于乾隆四十二年（1777）九月十七日之前。札中所及王廷尉为王昶，黄易与王昶订交始于王复之绍介。是。按，黄易就选，以本年七月入都，八月廿三日暂返保阳，九月二十日以后再次赴京，十月十六日出京。此札告知王复第二次入都时间，参7-3。黄易与王复相见于乾隆三十八年秋，至此恰好"契阔四年"，参7-1。本年乡试，陈鸿宾（玉池）、钱坫（献之）、宋葆淳（芝山）、陈焯（然圃）等皆不售。札言为钱坫、宋葆淳刻印，黄易此际尝刻"葆淳""芝山"等印。札中所及汪大镛字鸣盛，号芎圃，晚号楞伽居士，寄籍秀水。由云南曲靖府同知调景东，以铜厂亏帑事被谪，乾隆四十三年任沧州知州。参见《（光绪）重修天津府志》卷十四《职官五》《（光绪）嘉兴府志》卷六十一《列传·桐乡》。札言汪尚未来省，当是起复之际。札末钤黄易为翁方纲刻"小蓬莱阁"，及为陈银台刻"砚寿"，陈银台当为陈孝泳，字赓言，江苏娄县人，博雅工篆隶。仕至通政司参议，转副使，升光禄寺卿，以疾解任，乾隆四十四年卒。

王　复　7-3

飞埃蓬勃中一接冰雪襟怀，顿觉涤去俗尘万斛。然素年积愫，仅一握手而别，未免反增惆怅耳。顷役来，接读手书，得悉起居无恙，深为忻慰。自吾哥去后，廷尉公常在献之及弟前道及大名，深为倾倒。今寄来册页书帖三种，已为面致。廷尉云，图极精雅，词亦正宗，碑帖极承费心，渠自有札致谢，特附呈览。廷尉名位文章为当今之退之、永叔，虚心下士，世所希有，而待弟之意更觉肫诚，平生国士之知能有几人，言之可为感泣。献之失意而去，于十五日在都起程，日内谅必与吾哥相晤矣。献之学问于今为绝业，其于友朋之谊颇有古人意气，相好中甚不易得也。弟前得家信，知舍下诸多拮据，且内子抱病，意欲于月底南归一看，且俟明岁再来。如吾哥于二十后即来都门，尚可相晤。将来吾哥来时，竟可到廷尉处卸车，弟今日已面致之矣。匆匆奉覆，兼请安好，近刻二纸并呈教定。良晤不远，不尽缕缕。小松九哥大人，愚弟复顿首。九月十七日。谨空。

弟于癸秋承贵居停种种盛意，至今感佩，乞为致意候安，又及。

刻下检点案头，忽见献之与吾哥对联，不知何以遗失在弟处，今特附上，乞检收之。外竹庵札并致。[《黄小松友朋书札》第十三册]

考：王复居京，与王昶交厚，黄易欲加结纳，故委王复转交册页、书帖、碑刻。据本札，王昶于黄易多所嘉许。黄易乾隆四十二年（1777）七月入都，其间暂回保阳，九月二十日以后再次入都，札言"吾哥去后"，当作于本年九月十七日。所谓"献之失意而去"，当指钱本年科考失利，遂于九月十五日起程再入西安毕沅幕府，王复《晚晴轩稿》卷四收《重阳后四日述庵先生招同翁覃溪、朱筠河、程鱼门三先生暨赵少钝、陈竹厂、徐蔗林、黄仲则、张鄂楼饯送钱献之赴西安》。钱坫后以直隶州州判官于陕，累官知乾州，兼署武功县。竹庵即陈以纲，海宁人，诸生，此际在京校对《四库全书》。"贵居停"指郑制锦，所谓癸秋承其盛意，当即乾隆三十八年秋王复在伍佑时尝得其关照，参7-1。

王　复　7-4

去腊从吴大令处接读手书，是时适将北行，是以久稽奉覆。兹际韶光明丽，伏惟九哥大人顺时集庆，老伯母大人康健胜常，翘首铃斋，可胜抃颂。复于二月初八日引见，仰蒙恩旨，仍返豫中，现将到省候补。赋闲半载，加以往返长途，积累更重，茫茫前路，时深冰兢。素蒙培植提携，至深至厚，尚望时加训诲，俾有遵循，是所望切。在京逗遛匝月，时见述庵、覃溪诸先生并榖人编修辈，亦时有文酒之乐。诸公皆想念阁下不置，见阁下画册，覃溪、榖人俱有题句，甚精妙也。匆匆肃此数行奉布，敬请台安。不尽。秋庵九哥大人阁下，愚弟王复顿首上。[《小蓬莱阁同人往来信札》第一册]（见图版一）

考：王复调商丘后，以吏议解职，乾隆五十九年（1794）进京，二月八日引见，后到省候补，于本年七月任临颍，参7-5。王昶本年三月下旬举家南归，此际王复尚与之相见，则此札当作于本年三月左右。王复在临颍一年，即调偃师，孙星衍《岱南阁集》卷二《王大令复诗集序》："又数年，秋媵调任偃师，予出官东鲁，防河曹南，与中州隔一水。"孙官运河道在乾隆六十年，则王复调任偃师亦在此年。榖人即吴锡麒，钱塘人，乾隆四十年进士，时官编修。所云画册，或即黄易上年完成的《得碑十二图》，上有翁方纲、吴锡麒等人题诗。天津博物馆藏。

王　复 7-5

月初接奉手书，藉慰年余积愫。敬稔九兄大人起居安吉，潭署凝庥，欣慰奚似。复于月之十九日驰赴襄城，迎谒弇山夫子，一路送至兰阳，追随六日，畅所欲言。阁下清况已为细细告知，谈次屡屡提及，意甚关切，俟到东后阁下谒见时恳切言之，无不关照。并谈及朱朗斋先生现在铃斋，意欲延请课读。又自撰楹帖，欲索书八分种种，想当面言也。《受禅碑》在敝处之小樊城，离县四十里，所示碑额三字，屡托友人往查，俱称未见。复日前亲至其处，摩挲数遍，实有三字在上，现在命工摹拓，但此碑于数十年前土人纵火烧之，是以下半漫漶之至，殊为可惜。《上尊号碑》有阴而无侧，现亦揭取。但此邮递甚难，俟冬底或明春专价至节署，顺便送上。又覃溪先生云，陈留学内有《宋石经残本》，复已访得，俟揭得一并呈览。复本负重累，自七月中至临颍，事简途冲，累而又累，将来正不知作何结局。知己闻之，定必代为扼腕也。匆匆布复，顺请台安。余俟续布。不一。愚弟复顿首，上小松九兄大人阁下。[《黄小松友朋书札》第二册]

考：《（民国）重修临颍县志》卷五《职官表》："县令：五十九年（1794），王复，秀水监生任。"王复于本年七月到任，十月毕沅降补山东巡抚，王复自言"于月之十九日驰赴襄城，迎谒弇山夫子，一路送至兰阳，追随六日"，则本札当作于十月二十五日左右。上年黄易延朱文藻至济宁，据此札，毕沅有意延聘其课读，并索黄易隶书对联。三国二碑在临颍县小繁城（即札中所言小樊城），今所见故宫博物院藏《上尊号碑》，黄易题："乾隆壬寅（1782）二月拓本，临颍裘大令寄赠，黄易记。"《受禅表》，黄易题："旧拓本，得于济宁刘氏。"皆非王复所搨。陈留学中《石经残本》，王复以为宋碑，刘锡嘏颇有质疑，参154-2刘锡嘏致黄易札。

王 复 7-6

音敬久稽，怀思弥切。迩惟阁下起居安吉，鼎祉骈臻，定符遥颂。但未知业已荣补何处，便中望为示知。复于夏初忽患疮疡，近始就痊，偃卧秋窗，一无善状，西风萧瑟，颇动莼鲈乡思，而急切不能脱然，殊闷人也。虚谷早欲东来，因其家中有病迟迟，至今尚未束装，亦觉甚累耳。复所刻《偃师金石遗文补录》今特呈上一部，伏祈鉴定。肃此，恭请崇安，诸祈垂照。不一。七夕后三日，王复谨上小松先生大人阁下。[故宫博物院]

考：札边黄易题"偃师大令王秋塍二兄，此绝笔也，伤哉"数字。《偃师金石遗文补录》乃武亿所撰，王复续补。乾隆六十年至嘉庆二年（1795—1797），王复任偃师知县时，与武亿研求金石，此编为王复继武亿乾隆五十三年所作《偃师金石录》《偃师金石记》之后所得偃师碑刻，合前编续补而成。书成于嘉庆二年六月，当年九月二日王复卒于任上。武亿《授堂文钞》卷八《偃师县知县王君行实辑略》："……援例为国子监生，应顺天乡试，考授主簿职衔，对品改捐府知事。时故太子少保、兵部尚书、总督两湖镇洋毕公镇陕右，上谒，一见即大相引重，要置幕下，既而奏请留陕西试用。越岁乙巳（1785），移抚河南，仍奏请随往，又以改拨河工委用。君于是署濬县丞及鄢陵、临漳、武陟诸县事，实任武陟，又一署考城，寻调商丘。吏议解任，引见，得旨仍以知县用，既署临颍，遂授偃师。视事几三岁，遽遘疾以卒。……其卒盖以九月二日，年五十有一。"本札当作于嘉庆二年七月十日。札中除告知近状，咨询黄易服满补阙何处，亦告知武亿此际欲来山东，然其妻重病，不得束装。武亿妻于王复作札次日下世，参见陈鸿森《武亿年谱》。

8　　　汪 焱　　　【6封】

汪焱字中也，一字雪礓，汪舸之子。江南歙县人，居扬州。精于鉴赏字画磁玉之类。佐江春幕，江购马氏小玲珑山馆居之。参见《淮海英灵集》丁集卷四。

黄 易 8-1

昨得手书，稔悉近况。楚书承已发去，极感雅谊，谢之不胜谢也。所托余次翁店中事，无不仰体尊指。连日办灾，小暇俟面晤黄兄，商酌一切，自当留意耳。胡浩兄信来，关切家兄，特抄札寄西。家信未封口，乞大哥阅后代封加札，托畹翁速致。弟今年尚难归里，虽承胡公见招，第亲老家贫，何能远去，恐又不能践约也。家兄捐事尚未见报，前承大哥托畹翁向部查抄，不知有回信否，乞示知。昨晤陈五哥，知玉屏三哥至杭，迩日已归否？弟寄剑潭兄信一封，图书二方，望即遣交。耑此敬托，顺候近安。敬请伯母大人福安。不一。雪礓大哥大人，愚弟黄易顿首。

邻二哥均此。已移居，便望示知。

钤"小松""长相思"。[《故宫藏黄易尺牍研究·手迹》]

考：朱琪考此札约作于乾隆四十四年（1779）。按，札言托汪焱交汪端光印章二方，当作于乾隆三十九年九月之前，参9-1黄易致储润书札。此际黄庭捐赎事已有眉目，黄易托汪焱乞江兰（畹翁）向吏部查询结果如何，江兰时为兵部郎中。汪、黄二氏为世交，汪舸《沥嵋山人集》卷一收《哭黄松石》《黄梦珠自楚来邗促其归越》（1752）、《梦珠忆白杨梅偶成二绝句解嘲》《赠别梦珠二首》（1753），卷二收《送黄梦珠之孝感》（1754），卷三收《怀梦珠却寄孝昌》（1755）。汪焱于黄庭捐赎事出力最多，后黄庭客死塞外，亦由汪焱及江昉助力归葬，《秋盦诗草》所收《哭汪雪礓》小注云："兄与妾之棺返自塞垣，赖雪礓与橙里先生之力也。"江昉与黄氏兄弟感情亦厚，《晴绮轩诗集》收《送黄梦珠之楚》云："才教握手还分手，湘水湘云入远天。惆怅前期在何日，去帆烟没夕阳边。"邻二哥即汪焘之弟汪大宗，玉屏即江立，胡公当即胡浩轩，参11-7奂冈致黄易札，此人于黄庭捐赎事颇为尽力，时邀黄易前往直隶。

黄　易　8-2

前接手书，承寄到西边家信，谢谢。楚事费神已极，日内谅必有济，深承古道，勿烦颖祝。扬州近事闻已熨贴，欣慰之至。从来忠于事必招怨，持其柄必招嫉，陇西之后，不免更张。弟深虑如尤髯者复来，便有不可料之事。此君外刚内明，断无过当之举，可预决其无他。弟在扬时已倡言之，今则果然，所谓"千重浪里平安过，百尺竿头稳下来"，为贤东南额庆不已。从此一往，尽是佳境。大哥切勿以今昔异宜稍有芥蒂，世事本无实相，作空花观可耳，达人旷昧，谁得而窥测哉？至祷至祷。纳宠一事，久久迟疑，何以慰老亲？娶而适意岂不大妙，不适意遣之何妨？执意不娶，似觉过偏，骨肉弟兄不得不直言屡渎，伏希垂听是幸。《焦山鼎铭》非兄不能得，至祷至祷。封茅社墨乞见惠，弟自北来，墨已告尽。祈大哥转恳鹤亭先生随月读书楼小墨数笏，妙极，拜托拜托。来人系衙役，可以托寄，望赐回音是要。家信一函希遣交庄船带杭。顺候近安，敬请伯母大人福安。不备。雪礓、阪隐二兄大人，愚弟黄易顿首。九月十六日。

鹤亭先生乞候安。[《故宫藏黄易尺牍研究·手迹》]

考：朱琪考札作于乾隆四十四年（1779）。按，8-1有"特抄札寄西。家信未封口，乞大哥阅后代封加札，托畹翁速致"云云，本札则称"承寄到西边家信"，很可能作于乾隆四十年九月十六日，时黄易已至直隶，因乏墨使用，故向汪焘转求江春随月读书楼墨。阪隐即汪焘之弟汪大宗。所言"扬州近事"不详其原委，然此际风浪已过。札中黄易劝汪焘纳妾。

黄　易　8-3

中秋后具二函奉候，想经收照。久不得手书，怀念之至，近履佳安，自符远祝。差务甫兴，弟事极冗，尊处想更甚耳。闻南边甚荒，颇为闷闷。此间寄家信难极，兹幸主人遣价金陵，特将银信一函送上，若交庄船，诚恐迟缓，舍下未免悬悬。外具足费二金，求大哥、二哥觅妥足即为发去，取一回信存于尊处，主人之价不久过扬，仍可取信至北也，感极感极。近状一切及家兄前项均祈细示，以慰鄙怀，至祷至祷。弟苦无墨用，前札奉求者，求惠我为祷。十斛量珠，千丝结网，兄得其人否？念念。东巡差扬州，诸君来迎，兄必偕来，敝东在吴桥史家庄办水营，弟或至彼，如相距不远，弟可来把晤矣。率请近安，敬请伯母大人福安。不一。雪礓、阪隐两兄大人，愚弟黄易顿首。十月卅日。

  鹤亭先生、介亭先生均希叱候。外江三哥、罗两峰四兄札，乞致之。

  钤"江南春""大易""黄易之印"。[《故宫藏黄易尺牍研究·手迹》]

考：朱琪考此札作于乾隆四十四年（1779）十月三十日。按，8-2提及"弟自北来，墨已告尽。祈大哥转恳鹤亭先生随月读书楼小墨数笏，妙极"，本札亦云"弟苦无墨用，前札奉求者，求惠我为祷"。知二札前后相承，当作于乾隆四十年十月三十日。方和号介亭，善诗，与江昉等善。

黄　　易 8-4

  二嫂、两如嫂俱安，欣闻两如嫂诞麟在迩，不禁欣跃。家母、弟妇念切之至，嘱为请安，并乞即赐佳耗为望。来价起程匆遽，愧无伴函。不一。雪礓大兄、阪隐二兄大人。愚弟黄易顿首。八月初三日。

  用"小蓬莱阁"笺。[《故宫藏黄易尺牍研究·手迹》]

考：朱琪考此札作于乾隆四十五年（1780）八月初三。按，据8-6，当作于乾隆四十六年八月三日。

黄　　易 8-5

  刻间冗极。来价自豫而来，匆匆起程，何夫子、陆筱饮二哥、江玉屏三哥、鹤亭先生、应□翁均不及肃函奉候，乞叱名先为致谢，容数日续寄，一一致达也。愚弟易顿首。

  再：来价系接敝同寅原武吴公家眷，乃弟至好也。过扬关时，求大兄鼎力转托友人照应之，至感至感。家信一函，求付便船寄之。

  用"小蓬莱阁"笺。[《故宫藏黄易尺牍研究·手迹》]

考：朱琪考此札约作于乾隆四十四年（1779）前后。按，当作于乾隆四十六年八月，在8-4、8-6之间，即8-6所言"前因小价王玉为吴同寅接眷去南，曾寄寸函并字卷三件，想经台照"者。

黄　易 8-6

前因小价王玉为吴同寅接眷去南，曾寄寸函并字卷三件，想经台照。弟仍在济宁大差局内办事，家母以下托庇平宁，可慰远念。日内想两如嫂当已育麟，竚盼喜音也。顷接杭州何东甫夫子来札，知玉屏兄仙去，不禁痛悼。家贫子幼，如何是好？虽贤昆仲古道照人，自必代谋尽善，以全数十年骨肉至交。然侨寓扬州，大非易事，身后一切如何布置，甚切悬念，乞详示以慰。弟寄江世兄一札并赙分，乞致之。我弟兄近境渐佳，正可欢聚湖山，偿昔年夙愿，乃才人不禄，可胜叹惋。兹弟有寄天聚堂徐店要件，乃是转致郑居停家中之物，希命纪达之。今来敝同寅李六兄乃李河台之子，今南河河台之胞弟也，至南办贡，如有信件祈即交来为荷。渠乃知厅程公廷镜之妻舅，有信交程府最便也。专此，敬请伯母大人福安，二嫂近安，两如嫂安。不一。中也大哥、邻初二哥大人，愚弟黄易顿首。八月廿三日。

家母、内子、舍弟俱请伯母安。

鹤亭先生所刻《姜白石诗》，姚、陈两大人争而取之，弟箧中又无存本，乞再惠三四部，至感至感。

钤"大易"。

用"小蓬莱阁"笺。[《故宫藏黄易尺牍研究·手迹》]

考：朱琪据江立去世时间，考此札作于乾隆四十五年（1780）八月二十三日。按，札中所称同寅即李奉瑞，汉军正蓝旗，时为钜野主簿，亦在河幕。其父李弘字济夫，号湛亭，乾隆二十九年六月由淮徐道升任河道总督。其兄李奉翰乾隆四十五年二月任东河总督，四十六年正月至次年二月任南河总督。札称"敝同寅李六兄乃李河台之子，今南河河台之胞弟"，当作于四十六年八月二十三日。江世兄即江立之子江安。姚、陈两大人即姚立德、陈辉祖。姚立德字次功，号小坡，浙江仁和人，荫生，乾隆三十九年任东河总督，四十四年四月革职。继任者为陈辉祖，字雨亭，湖南祁阳人。荫生。次年二月调南河总督。《姜白石诗词合集》，有乾隆八年陆锺辉刻、三十六年江春补刻本，即札中姚立德、陈辉祖所争取者。

9　储润书　【7封】

储润书字玉琴，江苏宜兴人。乾隆五十四年充优贡生。尝馆扬州盐商洪氏，以诗鸣江汉间四十余年。所交如杭州吴锡麒、扬州汪端光、同郡洪亮吉、孙星衍，皆当世诗人。李兆洛序其诗，谓出入梅村、渔洋、愚山、初白诸公之间。参见《（道光）重刊续纂宜荆县志》卷七之三《人物》、《扬州画舫录》卷十。

黄　易 9-1

屡读手书，极蒙存注，迟迟未报，愧不可言。重九后日盼佳音，不意尔尔，为兄怅惘者累日。有毗陵家仲则兄亦剑潭好友，思兄颇切，赴试金陵，不知曾把臂否？渠亦未售，大可慨也。尊谕馆事，已商之明公，俟得当奉报。家兄托庇，已于塞外捐赎，因主人款留，三四年内甫归。郑公升任在迩，弟母老家贫，何敢远去，大约留邘别就，踪迹难由自主，如何如何。何夫子于夏间归里，初冬复来，仍即归去。尊命蕊珠轩笺纸奉上，恨不精工，其板存杭，续当另印再寄。日来灾务极忙，幸而无误。海峰于七月卒于家，闻信不胜痛感，其长子入闽未归，孙纪至伍，弟为之稍助其力，奈□农易心，无大济耳。剑潭印已成其二，即寄扬矣。匆匆，敬请近安，余容续报。不一。玉琴大哥大人，愚弟黄易顿首。嫂夫人前乞请安。

孙华云：方丈至杭大病，留顿未行。迩日不知如何？逸青未至东亭，大约为此故耳。又拜。

钤"长相思""尊古斋"。

附钤三印："剑潭""端光之印"，书"为剑潭作"；"画溪词客"，书"此印为兄作，留弟处用用"。〔上海图书馆〕

考：据札，本年乡试储润书、黄景仁皆不售，当作于乾隆三十九年（1774）九月，黄易时在伍佑。黄景仁字仲则，武进人。以母老客游四方，朱筠督学安徽，

屡读手书极蒙存注逢逢未罄怅不可言重失后日盼佳音不意竟为
兄怅惘者累日有昆陵家仲刚兄亦剑潭好友思
兄顾切赴试金陵不知曾把臂否渠来旧
太为慨切
尊论馆事亦商之明之侯得当奉报家兄
托
庇已于塞外指顶馈周足款四三年内当
郑公随任在通平安无冢贵何敢远立大约
尚邡别就踪迹难即自主罄之之何夫子
秋复间归墨初冬便未抑行归吉

尊俞蕊珠轩篆纸幸上恨不精己呈校存杭
债当另即再寄日来哭孙搬怅幸而无悦海
峰以七月辛於家问信不胜痛感长子人
陶米时称伊玉徵亦为之指助其力奉宏裘
易心悬七储方剑潭即已威且日常扬卖
如之奈诸
近安馀容续陈不一
盛琴太亲太人
嫂夫人前亦请安
愚弟黄易
为剑潭作

孙华立方夫至杭失为迢递未行迟日不知将
选书来至恩考先约为此如方少小

9—1 黄易致储润书札 上海图书馆藏

招入幕。后游京师，乾隆四十一年东巡，召试二等。武英殿书签，例得主簿。陕西巡抚毕沅奇其才，厚赀之，援例为县丞，道卒，年三十五。剑潭即汪端光。此际储润书亦拟觅馆伍佑，托黄易商之郑制锦。时郑将升任直隶，黄易不拟同行，欲留扬州觅职。此际为汪端光刻印二枚，将寄扬州汪焱转交，即札后所钤"剑潭""端光之印"，参8-1黄易致汪焱札。据札，黄庭捐赎事此际已成，然为幕主挽留，归里将在三四年后。逸青即方维翰。海峰待考。札末所钤"画溪词客"乃为储润书所刻，黄易亦曾为作《画溪春泛图》，见《虚斋名画录》卷十六著录《黄秋盦山水册》第三帧。仇梦岩有《甘州·集〈山中白云词〉题储玉琴〈画溪春泛图〉》，收入《贻轩集》。

储润书 9-2

南北迢遥，鳞鸿阻滞，遂使相好兄弟阔隔屡年，引领望风，能无劳结耶？遥想足下宾馆崇居，客怀殊畅，主宾之乐，图史之趣，所得实多。倘亦回念江南，忆及菰芦故人否耶？弟自春岩处散馆后，寄迹吴陵，陁穷困顿之形，况而愈下，平生知己，落落天涯，每一念之，愀然而已。侧闻清苑地属通途，想消息尚易相达，好音不惜，其有以示之，是所祷切也。因便率泐数行，敬请文安，诸祈神照，临池依溯。不尽。秋盦九哥大人，愚弟储润书顿首。十月十九日。

郑公处祈叱名候安，阁署诸公均希叱候。

钤"玉琴"。

用"九峰楼笺"。[《黄小松友朋书札》第三册]

考：据札，黄易时在清苑，很可能作于乾隆四十一年（1776）十月十九日。时储润书自伍佑场至泰州（吴陵）觅事。明新字春岩，汉军人，乾隆戊子（1768）举人，官伍佑场盐大使。当为储坐馆盐城时之主人。

储润书 9-3

小松九兄大人阁下，拜违岁久，想慕实深，每闻政祉增嘉，崇阶日上，望风额手，何可言宣。润书落拓芜城，依人碌碌，一无善状可慰锦怀。去秋荷学使沈云椒夫子垂青，谬遇优贡之选，现拟仲夏入都，道出济南，欣得晋谒铃斋，快申契阔之愫，幸何如之。兹有至好黄心庵三兄过东，附此申候。心庵奇才雅抱，各体皆工，倚声尤妙，今之梅村、玉田也。素慕吾兄，特嘱介言趋晤，倘入洛乏舟车之便，千祈加意照拂之，切祷切祷。渠向在归德府商丘令德公处，今仍赴彼，闻吾兄与德公亦属知交，一切定邀青盼也。谨此，恭请升安，临函依切。不备。愚弟储润书顿首。新正廿又八日。[《黄小松友朋书札》第八册]

考：据《(嘉庆)重刊荆溪县志》卷二《诸贡》，储润书为乾隆五十四年（1789）优贡，札言仲夏将赴试都中，当作于本年正月二十八日。沈初号云椒，浙江平湖人，乾隆五十二年以兵部左侍郎提督江苏学政。"归德府商丘令德公"，即德瑞，乾隆五十一年已在商丘任上。据法式善《八旗诗话》："德瑞字树庵，汉军人。乾隆戊子（1768）举人，官同知。有《于意云何斋集》。树庵令商丘，有善政，邑民多尸祝之。怜才好士，为侪辈所艳称。诗集得之歙人黄心庵。"黄心庵即黄承增。

储润书 9-4

秋庵九兄大人左右。敬启者，客腊一行驰谢为洪遥所稽，直至前月初始附便足，寄至济南，交候补令前署滨州汪廷楷家表兄处，嘱其转寄。内有汪容甫、法辛侣奉寄两启，又洪孟章奉寄一函，并湖颖四十矢、徽墨卅小匣，又友人黄雅南乞书对纸一联，并弟寄孙孝廉诗一幅，未识于何日递呈记室，不至迟滞否？顷接手函，并上冬承写《维舟话别图》收到，藉稔九兄大人政履绥泰，起居钧嘉，盘错多劳，与冰壶清况相似，正非碌碌从政者所可几及也。惟闻客岁有摧珠折玉之遭，令人不胜惋惜之至。达观善遣，勿过钟情，是所翘嘱耳。弟回扬后仍寄砚洪氏，一无好怀，浮沉于俗而已。洪孟章兄慕九兄之人品学问，积诚甚殷。其人好古虚怀，为邗城杰士之隽，弟与法八兄能安于洪氏者，以其所为至也。渠斋中所悬尽是前人笔墨，时流中只王梦楼与九兄所书柱帖两联，至其收藏书画琴砚亦复不少，他日相逢，与吾九兄必有针芥之合也。今渠欲乞九兄隶书横幅一纸，又欲乞九兄铁笔图章数方，嘱弟转请，云小松先生官尊而政恢，求其书法已属不情，更欲镌刻图章，无乃过于唐突，然目中无小松先生之隶书，箧内无小松先生之图章，均不免于伧父之诮。譬之聆千里之琴，邀子野之笛，风流相赏，古人有然，或不为大雅所呵责。今寄上滇黄石三方、青田石一方，素纸一幅，公余之暇，勉以应之，当亦吾兄所俯允耶。《随园诗集》八本、《文集》十本，系孟章案头之物，知吾兄急欲观之，特以赠上，乞查收。孟章有《韵香小照》，简斋先生题诗云："君是仙人卫叔卿，天教冰雪净聪明。也亏绝代丹青手，写得丰神如许清。　爱惜三余静掩庐，岁寒花竹镇萧疏。平生嗜好无他物，千树梅花一卷书。　三世交情四十秋，思量往事怕回头。披图为有斯人在，惹我扬州梦未休。"图中别无他景，只绕屋梅花，左琴右书，一童子捧茶侍立，梦楼即摘"千树梅花一卷书"之句题其签。弟等各拟作一诗，俟题就欲寄尊处乞题，幸勿却之也。《国山碑》之存者，为他友携去，昨已札致乡人觅之，随后奉寄可耳。《刘娘小册》亦俟随后附还。先此，布候台安，临颖驰企。不备。谷雨后一日，愚弟储润书顿首拜启。法辛侣兄嘱候，未另。

孟章图书石四方，乞以二者镌其名号（洪锡豫、建侯），以二者镌闲款。［《黄小松友朋书札》第七册］

考：札当作于乾隆五十五年（1790）三月十九日。上年储润书赴京，归途经过济宁，尝与黄易相见，黄嗣为画《维舟话别图》相赠。储润书表兄汪廷楷，字式庵，丹徒人。乾隆丁酉（1777）举人，以知县分发山东，初署滨州，又历署各厅县事。参见《（光绪）丹徒县志》卷二十八《宦绩》。札中储润书为其主人洪锡豫索隶书横幅及印章数枚，并为其《韵香小照》索诗。乾隆五十六年八月，黄易为洪孟章刻"建侯父"；五十九年又刻"洪孟章氏"。参107—1洪锡豫致黄易札。法辛侣即法嘉荪，丹徒诸生，博学工诗，时亦主洪锡豫家。汪容甫即汪中，江都人，乾隆四十二年拔贡生，著述极富。二人与黄易皆有交往。据札，上年黄易有子女去世。

储润书 9—5

秋庵九兄大人安启，顷接手札，并承寄新刻，欣领，谢谢。藉悉吾兄政履增胜，合署凝嘉，友朋文字之欢，益添佳话，既慰远忱，且多艳羡也。所寄黄白毛银件即欲发去，因见来单所需各种，他友处皆可购觅，且亦值无多，弟竟留下代为觅之，毋庸致彼矣。今先寄上汪士慎行隶书四纸，金寿门八分一幅，希查收，随后再当续寄也。昨于市上见有王虚舟先生行书四页，乃系致老伯大人之尺牍，不禁狂喜，归语于洪孟章兄设法购得之，今以奉寄，吾兄当必引为宝也。《国山碑》须俟弟旋里时入山访拓，方得善本，俟诸他日，决不食言也。兹有舍表弟潘孟阳，系汪剑潭之妹婿，书法与填词俱佳，向在曹县吴公处，今仍赴彼，道出任城，特奉谒吾兄，晤时自必垂青及之，即可知弟客况矣。匆此布请近安，余容续报。不一。愚弟储润书顿首。伯母大人前恭请金安，并请九嫂大人懿安。

洪孟章兄有二石欲求铁笔，亦随后寄上，兹不及矣。

《刘娘册子》随后再寄。

钤"罨画溪人"。［《黄小松友朋书札》第十一册］

考："曹县吴公"即曹县令吴华，浙江钱塘人，监生。据《内阁大库档案》，乾隆五十五年（1790）冬，吴华由莱阳调补曹县（登录号：094160-001）。据9-6，潘逢元字孟阳，扬州诸生。储润书表弟，汪端光妹婿。其前往曹县在九月望前。9-6亦提及唐观察，即唐侍陛，江苏甘泉人。荫生。据《（道光）济宁直隶州志》卷六之三《职官》，唐侍陛乾隆五十七年八月服阕，任山东运河道。故本札当作于乾隆五十七年九月十五日之前。时储润书为黄易在扬州购买汪士慎、金农等人书法，札中再为洪锡豫求印。

9-6 储润书致黄易札 收入《黄小松友朋书札》第十一册

储润书 9-6

望前舍表弟潘孟阳赴曹县，取道任城，托其寄上一函，并金寿门先生书一幅，汪巢林先生书四纸，又洪孟章大兄奉寄一函，内有王弱林先生尺幅四页，想俱收到矣。唐观察处人回，接到手示，悉近履安祺，阃署绥吉，欣慰何似。所觅各件，现在留心访购，随后寄上（现有数种，索价过昂，少平即可行也）。兹贵宗黄雅南三兄奉赠冬心先生八分书一幅，雅南书法极佳，所藏前人墨迹多可赏玩，而心慕吾九哥之铁笔与画与字，钦仰已非一朝，前曾乞书联句，现已镂板。今有青田石二方，奉求九哥为渠镌作名号，以为临书之用。务祈推爱，拨冗为之奏刀，即付妥便寄来为要。外二石系洪孟章大兄奉求（闲文可也），亦希加意是荷。统此奉达，即请升安。余容续报。不一。秋盫九哥大人，愚弟储润书顿首。九月廿又一日。

外寄上巢林先生分书二幅，《简斋先生文集》一部，并查收。[《黄小松友朋书札》第十一册]

考：与 9-5 相承，作于乾隆五十七年（1792）九月二十一日。札中再为黄雅南、洪锡豫求印，并为访购书画。

储润书 9-7

昨贵役回东，一行奉复，匆次未及细陈，想可鉴谅也。随园尚未有回音，端砚与画幅已觅有一二，俟《随园诗话》寄到，即由唐观察奉寄也。兹有友人孙正斋先生，品学兼醇，尤精于青乌之术，访友来东，道出任城，丐弟一言以为晋谒龙门之介，幸祈推爱嘘植之，感佩何似。顺此，布候近安，兼颂升祉。不备。小松九哥大人，愚弟储润书顿首。八月初二日。冲。[《小蓬莱阁同人往来信札》第三册]

考：本札很可能作于乾隆五十八年（1793）八月二日，唐侍陛本年署山东兖沂曹道。据札，储润书此际仍为黄易觅购画作及文房，《随园诗话》则为袁枚寄赠。札中介绍堪舆家孙正斋前来济宁，望黄易为之吹嘘。参 141-1 吴衔致黄易札。

10　蒋宗海　【1封】

蒋宗海字春农，江苏丹徒人。乾隆十七年进士，以中书直机务，二十三年丁艰归。不赴补，年未逾四十。工文绩学，善鉴别古书。四库馆开，两淮进书最富，皆出宗海遴择。累主乐仪、梅花书院。距家仅一江，终年不归。参见《（嘉庆）甘泉县续志》卷六《寓贤》。

蒋宗海　10-1

手书道谢，重以嘉珍，实属惶赧不安之至。特先生篆刻精妙，最所心折，屡拟转求而未敢出诸口者。荷承教赐，如获百朋，谨对使拜领，永永藏之箧笥。蜀锦仍原封奉缴，伏冀检纳。先生高情雅量，一见如故，将来交契，岁月方长，勿拘此些小形迹也。谨此复谢，并候余晤。不一。上小松先生，学弟制蒋宗海顿首。[《明清名人尺牍墨宝》第二集卷五]

考：据署款"制"，知为蒋宗海丁忧时所作札。考其时间，当为丁内艰时。沈大成《学福斋集》文集卷九《蒋太夫人九十寿序》："吾友蒋春农舍人由进士选入中书省，外艰归。服阕，以太夫人春秋高遴申列乞养，报可，其年戊寅（1758），太夫人八十一。至今丁亥（1767）寿九十矣。"丁亥为乾隆三十二年，蒋母九十，以九十五左右下世计，本札当作于黄易佐幕伍佑场，往来扬州时期。蒋宗海时主扬州书院。

II 奚冈 【16封】

奚冈字铁生，安徽黟县人，流寓钱塘。工诗善画，隶书、篆刻亦精妙。为人放纵不羁，豪于饮，人目为酒狂。旷达耿介，虽要津投刺，非人不见。诗笔超然绝俗如其人，举孝廉方正不就。著有《冬花盦诗集》。参见《（光绪）重修安徽通志》卷二百二十五《人物志·文苑》。

奚 冈 11-1

明日成行否？不及走送，罪罪。委裱册子、修幅等物及与云兄札、印、小册、箑子计大小十四件，望检明，为祷。秋盦九哥览。

鲍大兄要吾兄之西洋圆幅小画二幅起病，前岁见过，今特相恳。《聊斋》二部，陈奕兄呈到否？

鲍大兄又云：洋画意欲借观，如吾兄不得工夫寻觅，可不必矣。又及。

册子价计一两二钱，锦套价四钱，细纸裱画共七帧，每幅价一钱八分半，共银二两八钱九分半，作钱二千零廿六文，收过银一定，作钱九百八十三文，除收，净该钱一千零四十三文，望即付去，缘渠大病故耳。[《小蓬莱阁同人往来信札》第二册]

考：此札作于乾隆四十年（1775）春日，此际黄易自杭州前往南宫。次年春日，赵魏致黄易札有"去岁里门聚首，倐忽年余"云云。参17-1赵魏致黄易札。札中告知黄易需带画作及裱工价目。云兄即江立，陈奕兄即陈奕庭，鲍大兄即鲍廷博。

奚 冈 11-2

《汉三公山碑》。丁酉七月，铁生为秋影庵主题签。

钤"奚九"。[《黄小松友朋书札》第十三册]

考：据款识，书于乾隆四十二年（1777）七月，当为黄易剪裱本所题。乾隆甲午（1774）秋，《祀三公山碑》发现于元氏县，黄易属知县王治岐移置"龙化寺"，并刻"小松所得金石"一印。

奚　冈　11-3　　见补遗（本书594页）

奚　冈　11-4

　　首春四日，令侄渭符兄来济，曾附寸函，谅登记室。迩时伏审体履安胜，阖署增庆，慰怀无既。前所须灯，今已在料理一切，刻缘梦华三兄过济遽甚，不及附寄，俟后次奉去可也。曾忆足下前信欲冈之姜实节画册，不知此册早已为云溪要去，前札匆匆，未得奉答耳。姚三兄修白雅慕足下，冈曾言之矣，今特写柏竹小帧奉供清赏，不识以为何如？此君从冈学不数年，而笔墨大进，亦畏友也。足下倘能推爱刻小印一二枚与之，则冈之拜惠也。谨此上溴，并请伯母大人福安。冈顿首，小松九兄大人足下。〔《奚铁生手札不分卷》〕

考：作于乾隆四十九年（1784）春日。"首春四日"当为"首春五日"之误记。札云"刻缘梦华三兄过济遽甚"，知此际何元锡曾到山左，此札由其带致。参见11-3。姚嗣懋字修白，善画，山水取法宋元，花卉学恽南田法。其人时从奚冈习画，奚冈札中附寄所作小帧以结交黄易，并倩黄易为刻印章。

奚　冈　11-5

　　柴先生还里，得辱手书，蔼然满纸，恍如披对，欣慰欣慰。并承谕为张公作图，不知立轴册卷，故未着笔，尚冀教下。晋斋札子致去，迩时彼在过江，因无报书。尊体欠和，竟至十围之躯忽成瘦鹤疏松，不料冈奉牍之际亦正在卧疴匝月之后，何千里故人竟有相同若是者耶？柴先生过舍，首讯起居所处，屋不过数椽，用有所进，兼倍之出，猬集之事，病后之躯，荣升在迩，又成缓局，其人其境，是大有不可处者。然读足下书，觉英峻之气、尚古之心、金石书画为头目脑髓，更有增于昔日，此所谓足下能自养其浩然之气也。如冈者落落疏慵，贫居陋巷，惟于书画结习未除，近以重资购得黄鹤山樵《松壑高贤》，宋纸修幅，烟岚蓊郁，行笔设思，竹垞先生所云如篆籀者，洵神品也。又得九龙山人《常良〔良常〕山馆图》、刘完庵小轴、西庐老人临大痴笔、莫秋水草书、董宗伯书画袖册，精妙不可言者，李日华修幅，真逸品也。此冈之赏心快目自娱之事耳。其所苦者，贱名忽辱诸大宪见知，速迫特甚，冈故益纵情诗酒，佯狂自若。昔人云：逃名而名我随,避名而名我追。区区微末小子,岂竟不许遨游岩穴,上奉二老,下保一身者耶?冈自丧妇已来,楼居一室,惟卖画奉亲,读书养志,饮酒忘机,三者之外悉不与世俗营营相关切也。因赋五言自述诗一首,七言自赠诗四首,录呈教,虽蚓鸣蛙噪之音,不足以发大雅一笑,然亦足见冈之近状云尔。友人陈二西苦贫特甚,旬日前买舟过足下处以谋生计,欲附数行,奈病后目昏,不能握管。兹复得柴先生之便,聊修寸函,因述阔怀,并请老伯母大人福安暨尊嫂阃吉。临纸不尽。愚弟冈顿首启上小松九兄大人侍史。

钤"奚"。

《闲居自述》一首、《自赠诗(并引)》四首[按,今并不录],款识云:"鹤渚弟奚冈呈稿。"

钤"奚冈私印"。[《奚铁生手札不分卷》]

考:札言"友人陈二西苦贫特甚,旬日前买舟过足下处以谋生计",乾隆四十九年(1784)夏,陈灿尝馆济宁,来济当在春日。作此札时陈灿已在北行途中。又,札有"奉牍之际亦正在卧疴匝月之后"云云,奚冈自本年三月八日患病,故本札当作于闰三月。参11-6。晋斋即赵魏,此时过江乃北发京师,经济宁时尝与黄易相见。札中所言"荣升在迩,又成缓局"当指升东平州同知一事,次年黄易得以升迁。札中奚冈备言所购画作,如元人王蒙《松壑高贤》、明人王绂《良常山馆图》以及刘珏、莫是龙、董其昌、李日华、王时敏诸人手笔,上年重阳,奚冈曾临王蒙《松溪高逸图》赠黄易,今藏无锡博物院。黄易此时托奚冈为张公作画,张公极有可能是张爱鼎。据札,黄易此时正当病后,身体欠佳。柴先生待考。

奚　冈　11-6

冈顿首启秋盦九兄足下。冈自今岁三月初八日一病,百有余日尚不能脱体,虚气上逆,肺火炎蒸,至耳塞不通,嗽作不止,羸瘦殆甚,服药如石投水,亦可哀叹矣。教函、石刻、银镪之惠,知感知感,诸信物俱已领明。晋斋兄初夏送其姑母入都,还赴兰泉先生所荐毕秋帆抚军之招,盖为金石之事耳。委致晋斋信当交去,至无轩、芑堂二信当于冈处转交可也。承赐印刻,苍古极矣,尚欲敢求小者一枚,系于箑头册子上所用耳,然可勿急急也。小儿蒙长者之赐,更增感谢。九兄冗忙,冈颇深悉,然丈夫肆志于要津,更宜进退留神,所谓观于海者难为水也。冈与足下骨肉至好,不敢不以直言奉告。如冈林泉野人,近复病废,真不足为故人道也。二西大兄安否？不及另劄。前寄杭信物旋即交其世兄带回矣，至所要拙墨俟贱恙少可，当即奉寄，乞转致候，并申鄙意。何雨村二兄晤时亦望致声，所要拙墨亦俟痊好时寄去。匆次作书，不能多及，率此请安。不尽。伯母大人前请安，九嫂阃吉。愚弟冈力疾再拜，秋盦九兄大人足下。五月廿一日。冲。

家严命笔候安，不另简。

钤"蒙泉外史"。

又钤"奚冈"朱文印，书"此巴君所刻也，奉求大以是刻为式，仍用'蒙泉'等字。巴君《刘熊碑》已得其双钩本矣"。[《奚铁生手札不分卷》]

考：信中详细报告病情，又称赵魏四月入都，因王昶之荐前往陕西巡抚毕沅幕府。当作于乾隆四十九年（1784）五月二十一日。此际陈灿已在济宁，故札中及之。因黄易此际迁升同知受阻，奚冈力劝"进退留神"。札中提及收到黄易为治印章，极苍古可意，再求扇面册页上所用小印，刻"蒙泉"等字，大小以巴慰祖为奚所刻"奚冈"朱文印为度。何雨村待考。

奚　冈 11-7

去冬过辱雅惠，且委作梧生先生画及《秋影庵图》，比时即写就奉交令侄世长兄寄上。笔墨虽劣，然一种生疏之致，颇出自家意思者。今年复接到手书，方悉尚未之寄去，殊为怅怅。千里山川，一音难达，更增渴念之私。即今欲寄此书，竟无一便者。且冈疏懒性成，不喜过富儿贵客之门，是以官于济者皆不能往托寄书，苦何如之？今者往讯令侄所寄何人，得报云，去年冬间寄胡浩轩之侄胡六兄之家人王姓者，此人系吾兄素常属渠寄信、往来极妥当之人。故寄有潭报一封，属冈奉上，以便足下向伊主查之。冈自去年老父辞世后，落落无善状，幸以笔墨稍不寂莫，庶可支持过去，然一贫字终为我辈知己，大可交也，足下于此兄想亦不敢得罪于他否，笑笑。晋斋交此兄更深切，近闻兰泉先生将官江西，彼或可一往耳。足下前信云有帖数种寄彼，今尚未到，何也？大约总是洪老作祟耳。汪用成七兄（即小坡先生之婿）前寄上松烟并信物，未识到否？彼属同声，彼亦念足下不置耳。冈近号散木居士，又曰北潭渔长，或曰懒渔，吾兄偷暇时乞为我作小印数枚（以小为妙）。近观山舟丈处素二兄得吾兄所刻印，又一变也。倘更有八分小对寄我，则更感矣。作札至此，适晋斋过我，云务欲问兄究竟此日官于何地，乞示知，以便下次寄书，要紧要紧。肃此并候，恭请伯母大人福安暨九嫂阃吉，诸郎君好。愚弟制冈稽首，上启小松九兄大人足下。

此日里中出榜，中者殊少，冈知者殊多，尤快者孙三、梁二。不得意事，令太师母何老伯母辞世，应叔雅死一女一子，其子年十四，《十三经》《廿一史》俱读遍，文章亦佳，可惜可惜。纸尽，不多渎矣。[《故宫藏黄易尺牍研究·手迹》]

考：朱琪据札中提及"近闻兰泉先生将官江西"，推知此札当作于乾隆五十三年（1788）五月以后，本年三月王昶授江西布政使。参95-2梁履绳致黄易札。按，札中谈及乡试出榜，当作于本年八月底九月初。梁履绳为梁敦书次子，孙晋宁字在鉴，号半峰，皆本年中举，与札中所言"此日里中出榜，中者殊少，冈知者殊多，尤快者孙三、梁二"合。据札，知奚冈父上年下世。何琪母卒于本年。应澧字叔雅，仁和人，工诗善画，杭世骏之婿。"梧生先生"即龚孙枝，江宁人，乾隆十七年举人，五十二年十月补授运河同知，黄易时嘱奚冈为作画。奚冈此际再向黄易求印及隶书小对。黄易为奚冈刻印极多，如"奚冈之印""蒙道士""奚""振衣千仞"（1775）"一笑百虑忘"（1776）"鹤渚生"（1779）"萧然对此君""冬花盦"等。此外，乾隆五十九年十月，陈豫锺过奚冈冬花盦，为黄易所刻"鹤渚生"补款："余素服小松先生篆刻，于丁居士外更觉超迈。与铁生词丈交最善，为制刻章特多。此印亦其所作者，当时未曾署款。偶过冬花盦，词丈命余识之，亦不没人善之意云尔。甲寅（1794）十月，秋堂。"

奚　冈　11-8

去冬宋芝山从郑三云处寄足下九月书来，正一年于兹矣。拜惠茧缎，甚以为感。晋斋书物一一致去。芝山作官半年，仍游都中，殊是脱略，近有友从都中来云，颇念吾等。晋斋欲从兰泉翁游，不料内升，复作缓计。足下升官大是快事，伯母在任荣养，康泰倍增，阃署蒙庆，殊慰鄙怀。冈自今年先君出引后，又料理一妹出阁，囊中卖画之资为之一罄。然忙忙砚北，甚是为累。奉谕作梧生先生小画如数，复呈去一纸，系绢幅，似较前觉差好耳。命作花卉一纸附上，不识有合赏音否耶？倘有笔墨生色处，尽可寄来，聊为润色，此即足下之所助耳。成斋时抱鼓盆之切，所有花青在后寄上，顷属笔致意。二西、春淇［渚］俱自有信，晋斋出场后竟未之晤，闻近亦料理一妹出阁耳。时缘雨村服满赴任之便，敬修数行请安，灯下不多述。小松九兄大人足下，重九后二日，冈顿首。

钤"蒙泉外史"。[《奚铁生手札不分卷》]

考：札作于乾隆五十三年（1788）九月十一日。本年秋日乡试，赵魏与焉，故札有"出场后竟未之晤"之语。本年三月，王昶改任江西布政使，赵魏拟从之游，然王旋奉调入京，任刑部右侍郎，即本札所云内升，故不果行。此札乃回复黄易上年九月一书，"足下升官"当指黄易于乾隆五十一年升任卫河通判。黄易尝倩奚冈为龚孙枝作画，又倩周震荣为作书，参16-22周震荣致黄易札。成斋即汪用成，此际丧妻。雨村不详何人。

奚　冈　11-9
明少参寓林黄先生尺牍。[《黄小松友朋书札》第十三册]
考：当为奚冈所题，在乾隆五十六年（1791）以后。黄汝亨尺牍为郑辰本年七月四日所赠，参20-2郑辰致黄易札。

奚　冈　11-10　见补遗（本书594页）

奚　冈　11-11　见补遗（本书595页）

奚　冈　11-12
小松九兄阁下，冈自别后，相思殊殷，有从北来者每讯足下起居，闻违和治事，甚念之至。今得辱手书，并蒙雅惠及八分楹帖，拜领之下，感愧交深。且悉动止安吉，阃署蒙庆，慰怀无既。承谕作拙墨，尊纪纲止有三日之留，而天时溽暑，今年省中较他时尤酷，因以东方未白即起，研北括括，役其五指，兹已俱得就绪。惟山水一纸系他人者，将挪应用，故不能双款矣。澉水本拟四月间进都，以有事不果行，亦时过我，晤时当为致意。玉玲珑一峰，高几二丈，以暑日之下难于拓字，然字有数行，皆后人所刻，亦皆漫灭，字复下劣，无足取者，晤修白时属其图之呈寄可也。粗笺四握，皆挥汗乱涂，不足供笑。梅老《竹石》揭本非近日之翻刻，乃舍亲曹雪泉（此人精藏尺牍，明人者几有五六千纸）得之石五枚，又于菜圃村舍中得之三枚，是真竹懒家物也，顷奉一册，二者聊以伴函。冈家居甚闲，只有笔墨山积，腕几欲脱耳。须已皤然，精力大非如昔。且喜老母八十尚健，二子已出考试，家下百凡粗遣，不足为故人道也。使还，草此问安。不尽。小松九兄大人阁下。令郎、令孙均为道候，愚弟冈顿首。
钤"奚""老九"。[《故宫藏黄易尺牍研究·手迹》]

考：朱琪据札中提及黄易之孙黄珍，并称黄珍生于嘉庆二年（1797）三月，又札中提及"且喜老母八十尚健，二子已出考试"，奚冈两子奚濂、奚澧约在嘉庆六年前后染白喉而逝，推知此札书写时间很可能是嘉庆二年三四月间。按，黄珍出生于嘉庆元年三月，参5-9何琪致黄易札。据11-13，札有"别后"云云，当作于本年五月。潏水即陈希濂，竹懒即李日华，曹雪泉待考。

奚　冈 11-13

前严二兄还杭，得辱教言，并多楹帖扇头，一一分致，皆欣喜无量。五月间即附二兄寄上一书，并有拙画，想蒙垂鉴。墨竹不佳，未尽冈之能事，盖以奉法家之赏，作时不无欲求过妙，翻成拙劣，当于暇时得兴再行写寄。迩来比审九兄起居清胜，阖宅绥和，停杯赏古之余，课子弄孙，定增多吉。冈亦落落粗遣，得茂京司农一卷之后，又得一帧，修几五尺，崇山复岭，爽秀苍深，非复常时之作，冈乃倾囊购之，真快事也，恨不与九兄一见耳。修白属言致谢，并申企仰之情。慈柏余二兄尚想佳作，望九兄不拘惠与，书画皆妙妙也。秋堂三兄有信并铜印六枚，属冈奉寄，实无便羽，今托成斋七兄觅便上达，因修寸楮，用请文安。小诗一首录呈一笑，临池不尽神驰。愚弟冈顿首再拜，小松九兄大人教下。

钤"奚冈之印"。

《秋夜闻潮有怀黄小松》：势欲撼秋城，潮闻江上声。梦难凭酒力，人自满离情。见说山东水，争如浙右晴（时里中旱）。西风怀远道，寒雁又南征。八月二十日，铁生弟冈再拜呈稿。[《奚铁生手札不分卷》]

考：本札作于嘉庆元年（1796）八月二十日，"五月间即附二兄寄上一书"即11-12，"修白属言致谢"云云，当即黄易为姚嗣懋刻印事。此际又为余锷求书画，余字慈柏，亦钱塘人，工诗善画。"严二兄"当即严守田之弟甫田，乾隆五十六年（1791）任济宁仲浅闸官，参117-1严守田致黄易札。茂京司农即王原祁，奚冈此际得其一卷一轴，急切告知黄易。札中所及秋堂即陈豫锺，此时为黄易搜得铜印六枚。

奚　冈 11-14

春间接读手书并画册、法书等件，旋为致与汪七未山、余二慈柏，俱各欢喜无量，彼时即欲奉函，以九兄有还杭在迩之信，故作缓计。兹复辱远颁翰教，得悉体履安胜，深慰鄙怀。且审九兄以山水书画纵情放策其间，惊奇骇异，使冈闻之恨不能置身君侧，同为叫绝也。二西札来，云九兄欲得姚氏所藏煮石翁画梅，今特寄上，俟惬雅赏，再行定夺。其价值多少，托二西作札上闻。冈迩时笔墨忙极，几欲断腕，是以九兄欲拙笔数纸，只好在后再寄，先此请安，余墨不尽。小松九兄大人至谊。冈弟顿首。

  钤"翠玲珑""奚冈言事"。[《故宫藏黄易尺牍研究·手迹》]

考：朱琪据"有还杭在迩之信"，推知此札作于嘉庆二年（1797）。按，上年八月，奚冈作札尝为余锷求画，此际收到黄易书画作。本年三月十四日，黄易尝托陈灿、奚冈购王冕《梅花》，即姚嗣懋所藏者，参 2-22 黄易致陈灿札。故此札当作于嘉庆二年夏日以后。

奚　冈　11-15　见补遗（本书 595 页）

奚　冈　11-16

［前阙］小松九兄大人足下。闰月八日灯下。

外有小扇一握奉赠令侄渭符世长大兄，求致与。有近作二首书后，可发一笑也。如有惠音，望之望之。

  钤"奚冈私印"。[苏州笃斋藏]

考：时间无考。

12　程师圣　【1封】

程师圣生平不详,因自称学弟,或黄易钱塘友人,游寓扬州。

程师圣 12-1

昨同二汪兄奉候,因知文旌尚非一二日启行,此番二三旧雨各负俗累,求一夕如曩者对榻论心、挑灯夜话而不可得,良可慨已。偶检微物数种,甚便行笥,不揣报颜出手,幸哂存之。如不即行,当再图握别。松兄先生,学弟程师圣顿首。[《黄小松友朋书札》第一册]

考:此札或作于乾隆四十年(1775)五月黄易自扬州往南宫时,程作札并奉礼
　物与之作别。二汪兄当即汪焱、汪大宗。

13　　　仇梦岩　　　【3封】

仇梦岩字秋人,江南歙县人,诸生。游幕盐城、扬州一带,有《贻轩集》《贻轩词》。

仇梦岩 13-1

《摸鱼子·赠别九哥京华之役,并希订正》:"这些儿、旧怀难写,惊心又歌南浦。可怜张绪门前柳,隐隐烟痕如注。归来许。又却是、秋城自有芙蓉主。天涯倦旅,纵认得乡山,斜阳古道,寂寞汉南树。　　漫延伫,修竹依依日暮。催残客里时序。今年因甚无诗到,试托醉乡分付。吟思苦。奈一寸、闲心不是安愁处。欢游再数。但回首当年,水流云在,孤艇且休去。"集玉田句,乙未天贶节稿。

钤"同心而离居"。[《黄小松友朋书札》第十三册]

考:据款识,札作于乾隆四十年(1775)六月六日,时黄易将随郑制锦前往直隶。词收入仇梦岩《贻轩词》卷下,题《摸鱼子·集〈山中白云词〉,黄秋盦客游京洛,以词寄赠,写别怨焉》。仇梦岩与黄易伍佑场共事,感情甚笃,《贻轩集》卷上《黄九小松监浚海河携樽过其寓斋小饮》有云:"鹿鹿依人事,相携且暂停。海天深款洽,异地共飘零。"嘉庆七年(1802)二月黄易去世,次年仇梦岩有诗伤之,同书卷上《哭黄小松司马》:"金石书成遽令终,已垂不朽继欧公。千秋事业搜罗富,一代才名考据工。能起古人重表见,为开后学费研穷。济宁宝气冲牛斗,汉碣秦碑半泮宫。　　负却西泠无限春,淹留半刺奉慈亲。渠成功绩褒王景,河润贤能纪郭纯。在制三年仍在任,居官卅载尚居贫。只今山左思遗爱,继起还看有后人。　　忆昔论交母教闻,梅花香里诵清芬。相知最喜诗文契,耐久尤难贵贱分。漫道多情谁似我,愧无丽泽补于尹。云霞气谊堪千古,薄俗悠悠那足云。　　岂料参商廿八年,每来尺素意缠绵。前盟未践嗟何及,后会难期今果然。春树怀人离别恨，黄炉感旧死生怜。有灵元伯余应梦，执绋无由泪涌泉。　　黄公小松，余素心友，去年春闻公没于官舍，不觉哭之失声。暇时检箧中公之手书，尚存三札，每一临文，流连感慨交并，因装成小册，用志永离，留于子孙，俾知公之贵不易交，相期如一，有非世人之所能及云。"所谓"参商廿八年"，即指二人自乾隆四十年夏日分别之后，再未相见。

仇梦岩 13-2

情同胶漆，别若参商，十有余年，渴怀何限。近阅邸报，敬悉九哥大人荣升司马，莅任中州。虽膺半刺之迁，实属三公之望，知弟与台台夙好者无不为弟庆幸。即弟雀跃之私，不禁喜而不寐，恍如身受殊荣也，只自顾更增惭恧耳。乙巳、丙午所附程太史、洪舍亲之书，想已浮沉矣。今春附书于福中堂幕乐公，由河库道转递。四月又附朱文宸兄宅相沈君书，伴以松烟画条，不卜曾一达否？年年书邮觅寄难若登天，我劳如何？兹弟之胞侄润书在下南河同知朱舍亲署中，朱公与舍侄系属渭阳之好，刻接其信，云与贵治不远，特托者舍侄幼孤而又家贫，甚蒙渭阳提掣，并望台台视弟之情回光照之。弟自场事灭裂，十年息影蓬庐，去岁洪舍亲有约（名范，现在福中堂幕中），将有京华之行，舟次邗江，又为友人所误，此行不果。兹承江制川兄之招，仍来伍佑，虽一毡有托而半百将衰，自分无能为也已。海滨荒陋，风雨惟有，怀友思乡，而于雅谊深情一日不能去诸怀者也。伏祈勿吝德音，胜若躬聆玉屑。片笺布勒，岂尽所怀？恃在垂照，临纸依切。秋盦九哥大人阁下，愚弟仇梦岩顿首。己六月十一日。

江制川兄、申文炳兄、黄在山兄、吴耦梅兄嘱候。[《黄小松友朋书札》第八册]

考：据款识，"己"当为乾隆五十四年己酉（1789），此际黄易升兰仪同知，故札有"莅任中州"云云。黄易自乾隆四十年六月与仇梦岩分别，故札称"十有余年"未见，参13-1。札言此际再馆伍佑场，并以舍侄仇润书相托，《贻轩集》卷二收本年所作《再游珠溪呈明春岩明府》《珠溪送八侄润书往济宁》。开封府下南河同知专管祥、陈、兰三县河道工程，朱公待考。又洪范字养泉，歙县诸生，入福郡王康安营幕，佐平后藏，剿荡苗疆，歼除白莲教。由县丞升松潘厅同知，升同州知府。丁艰起补曹州，升山东运河道。道光元年（1821）改部郎，旋卒。参见《（光绪）重修安徽通志》卷一八七《人物志·宦迹》。江锦字制川，歙县江村人，运判，署浙江嘉兴府通判。申文炳、黄在山、吴耦梅当为黄易伍佑旧友，待考。

仇梦岩 13-3

去岁舍侄回南，曾具书报谢。嗣又附朱文兄一缄，想尘签室。无由晤教，我劳如何？伏稔九兄老先生政祉增佳，潭禧集庆，曷胜颙祝。弟在伍阜笔耕糊口，瞬又三年，而家累之深，未能拂拭。窃虑生计如萍，老境渐臻，将来作何究竟，托契如阁下，不知何以拯拔之。客中抑郁，惟以古人金石自遣，特苦此乡荒陋，绝无见闻。阁下搜集日增，切希不时寄示。思念妙绘尤渴，旧作《秋水人家图》日悬案头，披对赏心，尚多望蜀之想，极知贤劳鞅掌，不敢溷干，但念企慕之殷，可能检赐一二？舍侄今将往豫，闻伊囊箧尚存贵署，得便祈附寄之。略陈夙悃，敬候升安，诸惟朗照，临书无尽。秋庵九兄老先生阁下，愚弟仇梦岩顿首。辛亥上巳。老伯母太夫人、嫂夫人均请福安。[《黄小松友朋书札》第十二册]

考：据款识，札作于乾隆五十六年（1791）三月三日，仇梦岩时在盐城伍佑场。承13-2，此云"瞬又三年"，合。黄易在伍佑时屡为仇氏作画，《携琴访友图卷》款识云："携琴访友图。秋人五兄属，小松黄易画于珠溪官舍，辛卯（1771）九月一日。"钤"黄九"印。后系仇梦岩题诗，又陈栻、何琪诸家题，均梦岩所嘱。又《秋水伊人图》，款识云："琴书半室，向桂边偶然，一见秋色。如心翁置酒桂下，秋人属小松画《山中白云词》。壬辰（1772）腊月十有五日。"钤"黄易之印"。皆藏故宫博物院。据札，黄易还曾为作《秋水人家图》，而此际仇氏又求新作。又，黄易尝为仇梦岩刻"仇梦岩印""鲁英父"两面印。

14　张　中　【1封】

张中字亚黄，秀水人，乾隆间坐馆直隶灵寿县。余不详。

张　中 14-1

数月以来辱承先生种种费神，感激之私，惟有铭之心版。灵邑事固简少，所喜可以藏拙，惟主人甫经莅任，一切尚当部署，不无碌碌耳。承嘱搨取古碑，其渤海太守一碑碑额略有字迹，碑文剥落不堪，模糊已极，兹已搨有一纸送上，不过仅存其名。至《北齐赵郡王碑》，据礼书云：二十八九年，上奉文搜搨古碑，曾经搨过，并无显有一字。因在深山僻远，稍费跋涉，容俟再令试验另覆。羽便，泐候近禧，希鉴不备。冯均翁先生祈叱候。贵东郑老先生恳为候安。小翁老学长先生，学弟张中顿首。

用"文德斋笺"。[《黄小松友朋书札》第十三册]

考：黄易页边书"秀水张先生亚黄，时在灵寿"。札中提及为黄易搨二碑，《小蓬莱阁金石目》皆收入："《大魏故渤海太守张府君之碑》，正书并额，兴和三年。在直隶灵寿县城内佛寺，易见陆清献公《县志》载此碑。乾隆乙未（1775）拓得。""《大齐赵郡王□□□之碑》并额，俱正书，天保八年。右《高叡碑》，在直隶灵寿县祁林院，见陆清献公《灵寿县志》。乾隆乙未拓得，地僻多虎患，不可复拓。"黄易拓本后曾为武亿所假，参见武亿《授堂金石文字续跋》卷二《张府君残碑》《赵郡王高叡碑（正书，天保八年，在灵寿县祁林院）》。札言坐馆灵寿，主人当为聊城人邓锺岱，举人，乾隆三十九年至四十五年（1774—1780）任灵寿知县。作札时邓莅任未久，诸碑张中尚未搨得，当作于乾隆四十年。时黄易在南宫，贵东郑老先生即郑制锦。冯均翁当指冯廷丞，字均弼，直隶代州人。乾隆十七年举人，后官湖北按察使。翁方纲跋《张府君之碑》云："小松寄是碑来，鹿鹿未得细觇。

今年春，陈子无轩自保定来，出所钩摹是碑见示，其尾有无轩自识云：'小松将之官，其友张君中自灵寿寄此……'"见《复初斋文集》（稿本）三。所言张中寄碑拓时间，与《小蓬莱阁金石目》不同，待考。

15　　吴　璟　　【1封】

生平不详。乾隆四十年任直隶南和知县，四十四年八月调补丰润知县。

吴　璟 15—1

会城把晤，畅聆教言，诸蒙青拂，至今铭泐不忘。承委隶文碑记，今得敝邑东岳庙中有隋之开皇、大业二碑，形迹虽已剥落，然而尚堪墨搨。弟处苦无纸墨，不能代为办理，幸望将二物寄掷，即可以报命矣。草此奉闻，附候文祉，诸惟霁照。不宣。小弟吴璟顿首。[《黄小松友朋书札》第十三册]

考：据《小蓬莱阁金石目》："《大隋洺州南和县澧水石桥碑》，八分书，篆额，开皇十一年；《大隋邢州南和县澧水石□桥□累文碑》，八分书，篆额。右二碑在直隶南和县儒学。乾隆乙未（1775），县令吴璟拓寄。碑阴有嘉靖十一年易宗周二诗并子梦图篆书题字。"知此札作于乾隆四十年（1775）。会城即省会保定，此前二人曾相见。

16　周震荣　【24封】

周震荣字青在，号笯谷，浙江嘉善人。少受经于父沣，乾隆十七年举于乡，丙戌大挑，以知县拣发安徽，三十二年补青阳令，三十五年调合肥，旋以被议左迁清苑丞，四十年以清苑丞摄曲阳令，四十二年任永清令，五十五年擢永定河南岸同知。居官以廉干称，而未尝一日废学。与章学诚为挚友，尝延请编撰《永清县志》。参见《（光绪）重修嘉善县志》卷二十四《文苑》。

周震荣 16-1

素册希以左忠毅公印章见示，《万卷楼印谱》明日询明奉覆。小松先生，震荣叩首。

钤"不作无益"。[《黄小松友朋书札》第一册]

考：据"明日询明奉复"，此札当作于与黄易同在清苑时，约在乾隆四十年（1775）。据札，左忠毅公印章似为黄易所藏，然翁方纲《复初斋集外文》卷四《跋左忠毅公六印》云："公六世孙燽钤于册，以遗笯谷周君，君属方纲题其后。"《万卷楼印谱》不详。

周震荣 16-2

奔走半年，扶病而返，未能趋候。昨晤郑明府，知眠食佳胜。所命书联对，力疾为之，益软弱不足观，知我者不我罪否？小松大兄先生左右，笯谷弟震荣拜手。廿又六日。

钤"武水"。[《黄小松友朋书札》第一册]

考：约作于乾隆四十年（1775），周震荣、黄易皆在清苑。

周震荣 16-3

此间一无所事,间有之,亦一日不能销两时也。所谕碑版,已得唐五通,外得北宋三通,则王禹偁、陈彭年、韩魏公也。专人来省购墨纸,将来可供箧中第二物也。郑明府所刻《天瓶诗》已竣工否?可惠三通否?来役即日回此,有德音即付之。郑明府乔梓希叱名候起居。小松大兄先生,弟震荣拜手。十二日。[《黄小松友朋书札》第三册]

考:唐五通当为《小蓬莱阁金石目》所收《大唐北岳府君之碑》《大唐北岳祠碑》《大唐北岳神庙之碑并碑阴》《修北岳祠碑》《大唐北岳恒山封安天王之铭并碑阴》,皆在曲阳北岳庙。又据同书:"《行唐邑龛妙法莲花经观世音普门品》,八分书,开皇十三年。后刻龛主韩长秀名。在直隶曲阳县少容山。乾隆乙未(1775),周司马筤谷摄曲阳令时拓得。"诸唐碑当拓于同时。札作于本年,时黄易在郑制锦幕,故周震荣问候郑氏父子。《天瓶诗》当为郑所刻张照诗帖。周震荣本年自清苑县丞摄篆曲阳,《嘉善县志》缺载。

周震荣 16-4

判袂以来,两月间顿成两岁,此番相左,殊非意中所料,辄为悯悯。所谕《兰亭》已属山茨矣,弟则笔极村笨,东施捧心,已为千古笑柄,况村野丑妇耶?俟十年后乃下笔耳。南溪作《金涂瓦诗》,殊古雅,但其图书恶劣,系琉璃厂不识一丁俗工所刻,断断不可用。今以一石求刻"南溪"两字,庶不污册页也。外又二块,则弟再三之渎,不知能俯容否?仲春必至此,另悉一切。小松九兄侍史,弟震荣拜手。丁酉人日。

钤"生于庚戌"。[《黄小松友朋书札》第三册]

考:据款识,札作于乾隆四十二年(1777)正月初七,周震荣时调署永清。山茨即周震荣弟周升桓。札中乞黄易为己及南溪刻印,此际黄易获金涂瓦,裱成一册,倩周震荣为征诗。南溪即何飞熊,字渭纶,江西金溪人,乾隆二十七年举乡试第一,凡七试礼部,卒不第,以挑选补定南厅学正。参见《(同治)金溪县志》卷二十四《文苑》。钱泳《金涂铜塔考》收何飞熊《题黄小松所得金涂塔搨本后》:"钱王作塔金涂瓦,敛怨为德羞陶冶。一朝纳土来汴京,北邙烟花遍青赭。塔颓瓦亦恣飘零,传来一片白石生。晋仙诗句清且丽,铺陈象教何铿鋐。转瞬江山时势换,巨笔峥嵘表忠观。刻石犹难保不亏,区区一瓦谁为玩。岂知宝蓄自有人,千年犹为揭其真。怀古深情那可道，荒凉铜雀搜荆榛。小松居士世家子，风流儒雅无与比。装成拓本忆涂金，芳春恨满西湖水。"

周震荣 16-5

承示《金涂瓦》搨本，勉成七言长句，又考吴越王所作佛寺及塔，为序一首塞白而已，不足供喷饭也，倘赐绳削，则见直友之益矣。弟震荣拜手，丁酉正月廿八日。[故宫博物院藏]

考：据款识，札作于乾隆四十二年（1777）正月二十八日。此际周震荣为黄易所藏金涂瓦拓本册题诗并作序文。钱泳《金涂铜塔考》收周震荣《金涂塔拓本歌》："凤皇山前万松岭，碧波云鹤空遗亭。表忠观但存二石，金涂塔况余千龄。深宫五夜范金土，西域如来留影形。白莲迹古僧难问，白石斋头诗可听。家山梦远桐乡好，雅事人传翠墨灵。坐想临安千载上，笃生异人五季丁。弩却胥涛楼叠雪，排衙石笋山围青。万姓依王王佞佛，佛身千亿干穹冥。蜀汉同时纷割据，触蛮一角悲燐萤。丛丛谁衣山头锦，戚戚终怜牛角觝。翠钿紫陌春花辇，私第黄金海物瓶。还乡唱罢王孙去，保叔崔巍月入棂。乌井荒祠遗老拜，北邙宿草东风醒。君去更寻掘发殿，苍苔败瓦或有功臣型。"

周震荣 16-6

拙诗聊应命耳，无足观也。江西何解元同作一首，欲突过周晋卿，苦图章不佳，弟恐污目，屡尼其写正。前所留石，如蒙镌刻，幸即付以慰饥渴。震荣拜上。丁酉二月朔。

郑明府乔梓乞候。[《黄小松友朋书札》第三册]

考：据落款，札作于乾隆四十二年（1777）二月一日。再为何飞熊求印。

周震荣 16-7

层读手书，知无日不忆弟也。弟十六日回署，因抬夫差迫，不及赴省。蒙赐图书，未获接到，殊怅怅也。如已付听差，祈指示来役往取，否则即付来役为荷。舍弟匆匆出塞，属道相思之意。小松九兄先生，弟震荣拜手。三月廿日。
[《黄小松友朋书札》第一册]

考：乾隆四十二年（1777）春，周震荣弟升桓署广西按察使苍梧驿盐道，以知府秦某移狱事星议，谪戍阿尔泰军台。札中提及其匆匆出塞，当作于本年三月二十日。时黄易已应周震荣所请，为治印，参16-4、16-6。

周震荣 16-8
舍弟山茨奉到《心经》一本，乞查收。震荣拜手。十四日。[《黄小松友朋书札》第一册]

考：可能作于乾隆四十二年（1777）春日周升桓谪戍前后。

周震荣 16-9
欧碑不可不搨，蒙分二十通，非知我者能如是耶。谨奉到五两二钱，搨工费用也，希收入。暑溽尚甚，伏惟珍摄。不宣。小松九兄先生，弟震荣拜手。六月十又七日。冲。

钤"周氏青在"。

信封：黄师爷启。[《黄小松友朋书札》第十三册]

考：欧阳询小楷《九歌残石》、草书《千文残石》，皆发现于丰润，潘应椿《周秦汉魏六朝隋唐金石记》收《欧阳率更〈九歌〉〈千文〉石刻残本》："丙申（1776）冬，余令丰润，得此二石，《千文》仅存五百余字，《九歌》已逸其六，石刻两面。……及余拓本初出，远近来乞者无虚日，故拓至百本乃已。此为最初本，余用曹素功紫玉光墨拓之。盖至三十本后，'九歌'二字已损矣。"札作于乾隆四十二年（1777）六月十七日。黄易时在郑制锦幕中，故信封称"黄师爷"。

周震荣 16-10
二十后有入京之役，莫为槐花黄否？郑公子同去否？八月二十左右想仍来此，撞破烟楼在此举矣，贺贺。欧阳碑何时可得，渴汉想梅只想吃耳，岂一望便可止耶？此间雨已优渥，不知保定一带同之否？郑明府乞问讯。小松九兄执事，弟震荣拜手。

钤"手肃"。[《黄小松友朋书札》第十三册]

考：乾隆四十二年（1777）七月，黄易入都，八月二十日左右将返保定，其后再次入都。札作于本年七月二十日之前。所谓"撞破烟楼"，乃子胜于父之意，盖其时黄易即将捐得一官。欧碑《九歌》与《千字文》，本年六月十七日周震荣已奉拓工费用，然二十通拓片尚未收到，参16–9。郑公子即郑制锦之子郑垲，字于门，举乾隆四十四年顺天乡试，选授广东西宁知县，改江西贵溪知县，迁丰城，擢浙江衢州府同知。参见《（同治）续纂江宁府志》卷十四之三《人物》。

周震荣 16–11

迢迢百里，兀坐万峰之中，知有佳文，不得伸纸一读，俗吏可为耶？近又购古碑版否？昨晤笥河学士，殊企足音，不知在都曾走会否？又有嘉定钱公子，系晓徵先生犹子，亦癖于古，王廷尉极称之，兄见之否？奉到旧青田一方，仰求铁笔，渎不止再三矣，不挥之门外否？郑公子不另札。或以元作先示，真快事也。山中早晚已袭，不知城市何如？乞以时珍摄。不宣。小松九兄南元，弟周震荣拜手。八月廿四日。冲。[《黄小松友朋书札》第十三册]

考：本札作于乾隆四十二年（1777）八月二十四日。笥河学士即朱筠，本年七月，黄易入都与相见，同访汉印于市肆，黄易所购《宋拓汉石经残字》，十月一日朱筠亦有题跋。参34–1朱筠致黄易便条考。钱公子即钱坫，钱大昕侄，本年九月出京赴陕。札中周震荣再度索印。

周震荣 16–12

起居何似，伏惟万福。《宋祥符北岳醮告碑》新从曲阳搨归，谨呈一通，其文其字非元以后所有，不知可备箧中珍藏否？外石二块，一系舍弟所恳，伊号"山茨"，得款为妙。一则弟所求者，恃爱屡渎，不以为厌否？弟周震荣拜手，小松先生九兄侍史。初七日。冲。

外石二，一刻"梅花里"，一刻"生于癸丑"。[《黄小松友朋书札》第三册]

考：《北岳醮告碑》在曲阳北岳庙，此札言碑搨自曲阳，很可能仍在任上，或甫调永清。据《（乾隆）永清县志》所收《职官表》、《（光绪）续永清县志》卷五《职官表》，周震荣任永清令在乾隆四十二年至四十五年（1777—1780），本札很可能作于乾隆四十二年某月七日。黄易后为周升桓刻"生于癸丑"朱文印，边款云："《穆王坛山字》，今所传虽北宋重刻，而峭拔古劲，与《石鼓》并妙。山茨先生命作此，略师其法。钱唐黄易并识。"

周震荣 16-13

［前阙］来矣，鹿鹿往返，恐不足数生平欢也。谨拟十八日仰攀旌旆，作半日清谈，知不却耳。震荣叩首。十七日。

届期希临俪紫轩。［《黄小松友朋书札》第十三册］

考：札作于乾隆四十二年（1777）以前，具体时间不详。俪紫轩在保阳，为周震荣、黄易等人寻常聚会之所。

周震荣 16-14

与大兄别久矣，俪紫轩中昔时唱和侣俦，申止庐已赋归田，梁午楼化为异物，时共梅皋、芗圃沽酒促膝，未尝不思足下，不识足下亦念及故人否耶？鱼雁稀疏，又未悉旆旗所在，心如辘轳，一日万周。附到杭纬两匣，乡物也，足下亦动乡关之思耶？弟今春举一孙，名之曰县师，心窃乐之，外此则无可为知己道者。小松大兄先生侍史，愚弟震荣叩头。辛丑十一月廿又三日。

来山右之候补州同曹名淦阶，弟同学友也，其才其学俱可供大幕捉刀，若以大兄齿颊春风，得调河工，则楼台近水，叨沾润之力不止西江升斗矣，伏乞留神。震荣再拜。［《黄小松友朋书札》第四册］

考：据落款，札作于乾隆四十六年（1781）十一月二十三日。周震荣报知四十二年分别之后，保阳一地旧友凋零，并绍介友人候补州同曹淦阶，乞留河道幕中，将来得调河工。曹为浙江秀水人，嗣于乾隆五十四年任平度州同，五十九年任黄县知县，参见《（道光）重修平度州志》卷四《职官表》、《（光绪）增修登州府志》卷二十七《文秩三》。梁梦善号午楼，钱塘人，乾隆癸酉（1753）举人，官蠡县知县。梅皋即万廷兰。芗圃即汪大镛。申止庐待考。

周震荣 16-15

去春梅皋西归，止庐、曲江相继化为异物，每至省城，对人噤不敢吐一语，未尝不思足下也。郑刺史，忙人也，相晤谈亦未暇足下。幸实斋主莲池讲席，往往作竟夕之语，刺刺娓娓，僮仆僵卧，无第三人可参者。然求如曩日友朋众多，俪紫轩拥炉暖酒之欢，不可得也。陈观察去冬厉志修《永定河志》，仆以实斋荐之，欣然延请，酌定章程，业开局矣。忽有县丞李光理者（今升固安知县），大声疾呼，以谓此文人著作之体，非官府修志之格，马班旧法，不可复用，于是尽取实斋章程，颠倒改变，又不能自作机杼，则依附近日庸劣恶滥、卑鄙不通之府州县志以其根柢，外貌饰以实斋之眼目，雅固不雅，俗又不纯乎俗，以此媚于观察，朝浸夕润，观察竟为所惑，实斋旋即立身事外，仆亦不敢再过问。承示灏灏不同之处，实斋原本早辨之，今不知何似。不如意事常八九，古今美举往往有物败之，诗文著述尤甚，所可惜者兰河帅创始苦心耳。仆近因幼儿读毕《左传》，令其仿《东莱博议》学步古文，自去秋至今，竟略成片段，乃取南宋逆溯至唐、至《国策》、周秦诸子，评骘其用笔用意，得四百篇，命曰《文先》，所以作八股之先也。又取八股之可法者三百首评之，命曰《文继》，继古文之后也。半年以来，心力颇劳，此三家村学究本来面目，不足供嗜古宏儒一哂，所以言者，欲使足下知仆公事余闲，不以博弈耗废光阴耳。小孙生四岁矣，教以字，尚能记忆。远颁铜章，谨令佩之，他日晋谒长者，庶得预末座，备门下士之名也。拜阅石刻，如对端人硕士，不敢作亵容狎语，足下益我多多矣。华亭宗伯《临争坐位墨迹》，暮年书也，经绎堂学士鉴定，旧腊购于京师虎坊桥庙市，聊以备箧笥中一物。外附河帅禀一，曹司马札一，均乞致之。秋雨未已，伏惟珍摄。震荣再拜，上小松大兄先生我师。六月廿又四日。雨霁又阴。

　　有便人，或得寄阿胶三四斤，殊感殊感。

　　梅皋大公郎名承绍，字念亭，以按经分发山东，去年闻署莒州州同，今年闻署平原县丞，今来伊一信，乞便转交。或已衔平原事，并求觅便的交，尤所感切。筐谷又启。

　　钤"海阔天空"。[《黄小松友朋书札》第七册]

考：郑刺史即郑制锦，时为保定知府。实斋即章学诚，时主讲莲池书院，与周震荣为知己交。兰河帅即河道总督兰第锡，陈观察为永定河道总督陈辉祖，陈本已延聘章学诚修《永定河志》，为固安县丞李光理搅局。札言李光理"今升固安知县"，查《（咸丰）固安县志》卷五《官师》，李初署知县在乾隆四十九年（1784），故札当作于本年六月二十四日。此前，周震荣知永清县，尝延请章学诚纂修《永清县志》，县志卷首周氏上直隶总督英廉等禀文云："自乾隆四十二年六月开馆，讫乾隆四十四年四月成书。"据札，黄易此际为周震荣小孙刻印，周酬之以董其昌《临争座位墨迹》，且经沈荃审定真迹，参69-1黄易致顾文铣札。梅皋、止庐已见，曲江亦当为黄易在直隶时之友人，待考。札言万廷兰子万承绍，"去年闻署莒州州同，今年闻署平原县丞"，万为南昌监生，署任州同在乾隆四十八年，与前引资料合。参见《（嘉庆）莒州志》卷六《职官》。

周震荣 16-16

三月晦日，伏读谕言，至"盈盈带水"之语，不觉黯然。震荣于津差坐卧账房二十一日，风寒侵骨，未遽霍然。承命书联，愧不能即日呈正（必不敢忘，阿胶妙极感极）。站图谨奉二册，供官曲耳，不值雅人喷饭也。见在探听河宪赴固日期，走谒行辕，乘此可图良晤，稍罄别后悰曲，想知已亦所欣愿。豚犬辈不知根柢学问，虽不入游荡，却无日进之机，纵有所成，总不离目下所谓名士派头，震荣且不惬心，况于大通人之前耶？辱蒙齿及，故敢云云。震荣再拜上。孟夏朔日。

汪君名彝铭，副榜，馆满分发河南，以州同试用。诗赋古文迥出时下名流，其渊源则出其胞兄康古先生也。大兄试与一晤，必惜之，且爱之。与秋塍亦总角文字世交，或可因屋乌之故拂拭提携，转之清波，如秋塍之例，其功德不可思议。焦山《金刚经》何日了此因缘，盼望盼望。[《黄小松友朋书札》第六册]

考：此札作于乾隆五十一年（1786）四月一日，黄易时在商丘，周震荣知永清县。

周探听河东河道总督兰第锡赴固安时间，若黄易同行，则可相晤。汪彝铭为周震荣舍亲，嘉兴籍休宁人，乾隆四十一年东巡招试，入四库馆效力。此际分发河南，以州同试用，周震荣希望黄易能加以照拂，俾转入仕途。参16-17、16-18。其兄汪孟鋗字康古，乾隆三十一年进士，官内阁中书。

周震荣 16-17

腊尾离筵，倏又夏首。烧灯次日赴差，三月晦日回署。诸公衮衮，而株守被褐之夫曾不得与鸡犬末行，略舐鼎汁，故人怜我耶？笑我耶？几簏破书，是做秀才时老伴，一日六时与二时相对，亦颇有新得。因思足下所辑金石书，其碑之原文断断不可不全载，尾则详识所在地方、所得年月、所由来谁某，其款识、其高广尺寸，一一不遗，已足传后，况博雅又加以考证耶？兹因汪舍亲之便，附到《金轮石幢》搨本一、志部一书、箨石画一、周芷岩竹器一。震荣叩头，上小松先生侍史。丙午四月望。

钤"筤谷"。[《黄小松友朋书札》第六册]

考：据落款，札作于乾隆五十一年（1786）四月十五日。"腊尾离筵"云云，知周震荣与黄易上年暮冬曾相见。据札，黄易此际正编纂金石书，周震荣谕以全录碑文，再加考证。《金轮石幢》在永清县。蒋石即钱载，浙江秀水人，乾隆十七年进士，官至山东学政，善画。周芷岩即周颢，江苏嘉定人，竹器名家，亦善书画。汪舍亲即16—16所及之汪彝铭，时任禹州州判。

周震荣 16—18

震荣拜手，上小松先生侍史。五月十又二日接谕言并谷园先生墨宝，欣慰无似。十三日即赴南天门治道，六月七日还署，儿子以勋、以忻相继而病，病且殆，殆而复安，药石支持，子夜忘寝。女弟于中间物故，我寡兄弟恻伤于心，是以报章迟迟，非敢忘也。承示孔氏帖单，内所须者八种，谨依来单付库平纹银十三两一钱五分，乞转恳谷园，即检石刻寄付，为祷。梨里《九歌》，不知何时入石？钱少尹之《吴兴卫生歌》亦所难得，不可错过，能玉成之乎？郭巨事俟考再闻。阿胶愈多愈妙，尤以示价为妙，盖徒手而得，私心不安，且不可为继，尤非所以爱我也。蒋石画、芷岩竹器，又石幢，前托河南挑发州同汪公带交，不知何日收得？焦山张即之《金刚经》何时可得？谨候兴居。不宣。震荣再拜。六月十又七日。

钤"筤谷"。[《黄小松友朋书札》第六册]

考：本札提及钱载画、周颢竹器与《金轮石幢》拓本，乃承16—17，作于乾隆五十一年（1786）六月十七日。谷园即曲阜孔继涑，善书，刻《玉虹》《谷园》诸帖。时黄易转赠其书作，周又向孔购买刻帖八种。梨里《九歌》《吴兴卫生歌》，待考。

周震荣 16—19

昨因汪汛员调赴东河，曾撰十四字属舍弟山茨书之，与通才共赏。嗣闻汪汛员又入都，设措行李，未知何日得呈左右矣。谒罗观察，知运河一缺烦剧殊常，而足下考古勤学勇于往昔，未稔金石一书已竣事否？想搜罗益富，稽核无穷。前年仆妄献一得，谓必抄录原文，不遗只字，再加跋语，庶几石有时泐、金有时毁，足下之书长留天地，则古人翻藉后人而存，愿足下勿置此言也。舍侄以燿为罗观察半子，依其娖属寓于济宁，春间在仆署，勉以古训，尚不甘于暴弃，倘走谒阶墀，幸以父执赐之教言。芸谷所刻《尔雅》，坊肆苦无购觅之处，亦祈付之一部。仆脱簿书之累，得居不竞之地，所不足者朝夕仆赁之资，他无所戚也。霜雪凋年，惟摄养为祝。震荣拜手，上小松先生侍史。嘉平八日。[《黄小松友朋书札》第

九册]

考：罗观察即罗煐，乾隆五十四年（1789）四月调直隶永定河道。此札当作于本年十二月八日，时周震荣将升永定河南岸同知，故有谒见罗煐之事。黄易此际升运河同知，罗告知周震荣此职事务繁剧。札中周震荣绍介其侄周以煋，为罗煐婿，此际依其眷属寓居济宁。周在济宁，与顾文铓善，乾隆五十六年立秋，周有《芦汀先生将有魏昌之行，以诗集见示，即题卷后》七律二首，以赠远行。见于北京百衲2016年春拍。《尔雅》有孔继汾乾隆二十九年刻本，非孔继涵所刻。

周震荣 16-20

昨尊忤去后，自悔多言。继而思之，阁下知我者，可无大尤，然终不愿阁下之毋漏言也。龚司马对联，京师善书人多，不患不写，但其语太不雅驯，妄改之云："骏马名姬不朣道貌，残杯冷炙未误儒冠。"似较原本略为蕴藉，且原本态字杜撰，古无是语，尤不可用也。书生故习，遇赏音便舌不能钳，足供左右一喷饭耳。贱吏震荣拜手，上小松先生阁下。仲冬十又八日，呵冻。[《黄小松友朋书札》第六册]

考：札作于乾隆五十六年（1791）十一月十八日，参16-22。龚孙枝时委黄易求周震荣书联，震荣以为其语殊不雅驯，为改之。

周震荣 16-21

震荣拜手上启小松先生侍史。与足下别久矣，闻北来之信，如饿夫见饭甑溢，五脏神亦曲踊欲出。倘迁延明春，饥肠难耐矣。颁惠手书，怡神悦志，阿胶正值所需，石刻则置我于俎豆尊罍之侧，忘念俗肠，不知消归何所，良友佳贶，至斯极耶？仆夏秋大病，病而不死，近者强起坐立，须鬓尽白，老丑日增。回思弱冠至今四十余年，缀缉陈编，颇不甘于自暴，略加收拾，亦须七八年安眠健饭之身。鲰生穷骨，以是为目之瞑与不瞑也。舍侄缕述近况，立言不朽，仆甘居足下之后，彻骨奇穷，足下亦不让仆一人独步，仆诚不解矣。九九寒来，伏冀以时珍摄。不宣。震荣再拜。嘉平朔。

钤"簠谷震荣""生于庚戌"。

图书二方，曦南所送昌化根也，要求黄小松一刻，恐忙不暇，闻伊有二小厮皆传其技，可乱真，较之他手终胜。只要小松自篆，亦无不可，与之说明。

钤"山茨启事"。[《黄小松友朋书札》第九册]

考：周震荣有印"庚戌生""生于庚戌"，知其生雍正八年（1730），札言弱冠至今四十余年，知作于乾隆五十五年（1790）以后，五十七年十月去世以前，很可能是五十六年十二月一日。札后所附为周升桓致周震荣者，乞黄易为曦南刻印，并称若黄易不暇，只要他自篆，可付代刀人镌刻，据此可知黄易刻印身边或已有人捉刀。曦南即周以炳，嘉善人，以永宁吏目升全州州同。与周以燿当为兄弟行，亦周震荣之侄。

周震荣 16-22

震荣拜手白，小松先生足下。去腊高轩枉过，饫我清谈，富我鸿笔，贫人得此度年，辄换瘦为肥，何其幸也。命书梧生司马楹帖，不敢藏拙，更献新词，乃复效颦，舍其故步，不审司马以为何如耳。附到素册一本，并拙笔书亡内事稿，逝者骨朽矣，求不朽于巨公之笔。业蒙金诺，毋靳银钩，他日寿之贞珉，四海遂增奇宝，岂特寒家之福耶？又对一副并对语、跋语，则筚门借以生辉者，仆之求无厌矣，非足下妙手古心，亦未能召之也。春寒殊甚，想南中稍可和煦。翘望德晖，难罄尺素。震荣再拜。壬子烧灯节，呵冻。

宋僧参寥碑刻，如架上有之，幸惠付。又及。

钤"庚戌生"。[《黄小松友朋书札》第九册]

考：据落款，札作于乾隆五十七年（1792）正月十五日，时周震荣在永定河南岸同知任上。据札，上年十二月，周震荣在济宁曾与黄易相见。札中附寄为龚孙枝所书楹联，参16-20。时又有素册乞黄易为隶书其亡妻事文，以备刻石。此外又求对联。

周震荣 16-23

潦暑早而又盛，兀然端坐，挥汗如雨。惟大兄优游画室，尘寰器上，静若神仙，此境于仆辈尤不易得也。仆入春来精力虽亦支持，而看书不能满四页，作字不能满十行。仆于此道向来乐此不疲，今疲矣，非疲于书与字，疲于看与作耳。伏汛伊迩，罗观察于十三日上堤防护，仆行将与役夫为伍，大兄谓仆乐否耶？前求大笔书内子事实，倘邀俯允挥翰，贞之金石，得藉不朽于巨公之笔，徽幸感泐，曷其有极。所赐镜铭为友人夺去，且索者纷纷，仆不敢为他人请，得再赐一二页，仆之餍足矣。敝亲家鄂楼大兄，旧交也，挑赴滇南，才殊可惜，今先挈眷口回里，道经济宁，所有溜差等事，大兄必为之一一熟筹之，毋俟仆之赘言矣。此请近安，不尽依依。小松大兄先生，愚弟周震荣叩头。壬子五月十日。

［《黄小松友朋书札》第十一册］

考：据款识，札作于乾隆五十七年（1792）五月十日。罗观察即永定河道道台罗焕。札中再次催促黄易书写其亡妻事文，并乞再搨镜铭。周震荣亲家当为归安人张彤，字虎拜，号鄂楼。石韫玉《独学庐五稿》卷三《山东按察使张公家传》云：乾隆"丙午（1786）举顺天乡试，充景山官学教习，期满引见，奉旨以知县用。壬子（1792）四月，云南请拣发知县四员，公与其选，遂需次于滇，历署宜良县、恩长［安］县、元江州、昭通大关同知，所至有声"。后仕至山东按察使。

周震荣 16-24

震荣启小松先生侍史。违侍以来，裘俄更葛，想疏河荒度，二守四防，不遑安处。仆旧索书多矣，其中有书《故妇事文》一首，将寿贞珉，使后进学隶家知有大宗，而寒家遂藉以永永长久。至王文成《客座私祝》，又云耳远孙耳提面命之宝。足下于白露后报赛安澜，偷闲写之，仆所冀也，非所敢请也。云亭观察因足下去冬法语力办，牛眠已有成局。此翁于官中事无所不了，而于先人大事又不欲稍稍俭薄，寸肠耿耿，两袖空空，事胜心劳，颇形憔悴，不可及已。足下成人之美，亦古者所难能也。匆忙工次，热客如梭，纸墨不能称意。率问兴居，不尽欲言。震荣再顿首上。壬子六月十日为中伏之第八日，四野晴霁，水波不兴。

钤"庚戌生""福礼堂""中隶"。［《黄小松友朋书札》第十册］

考：据款识，札作于乾隆五十七年（1792）六月十日。所催促之《故妇事文》，参16-22、16-23。此外又求书王守仁《客座私祝》。云亭观察即罗焕，《（光绪）重修嘉善县志》卷二十五《侨寓》："罗焕字禹光，号云亭，上虞人。"罗焕以乾隆五十四年自运河道调任永定河道，其眷属俱在济宁，故其父上年去世后，以黄易出力觅得好坟地，札中所言"因足下去冬法语力办，牛眠已有成局"，即此意。

17　　　赵　魏　　　【27封】

赵魏字洛生，一字隶生，号晋斋，浙江钱塘人。少好远游，搜访古刻，在陕西按察使王昶西安幕府两年，于市中潜收瓦当数品，土人不知重。同幕多通材，渐物色之，关中人以可得重值搜求益力。嘉庆初，佐阮元为《两浙金石志》。藏碑三四千通，有《竹崦庵金石目录》五卷。参见张廷济《清仪阁题跋》。

赵　魏　17–1

春来阴雨连绵，无日不在淋漓泥泞中。忽得知己长函，读之一畅，正东坡所云"如醉而醒、如瘖而鸣"时也。去岁里门聚首，倏忽年余。弟辈兀坐故庐，不失吴蒙故态，而吾兄历青扬，骋燕赵，高情逸韵，直薄层云。公余之暇，又得稽古搜奇，畅所素志，从此山巅水湄，长林丰草，皆不虚往，弟窃具执鞭之慕焉。远惠佳揭，拜贶实深。诸碑皆所习见，惟《三公山碑》允称奇宝，欧赵所见皆光和中隶书碑，在此石之后，此则安帝元初时立，拙跋一纸录以附政，祈为改定。揭手惜劣，不能发其精彩古劲之趣。大凡揭碑，纸须白而薄，墨宜淡而轻，以细绸裹毡绵软物，如妇人粉扑状，蘸干墨扑之，则轻均如蝉翼矣。此碑如可再得，乞为广致数本。元氏古碑如《封龙》《无极》，邈矣无存，《金石志》载有《唐李公绪碑》，想亦在传不传间，然得此亦足以豪矣。《南宫令碑》亦称仅见，宋君何幸而得遇兄耶？开示碑目，汉隶已称大备，又得汉杨氏二碑，望而知其为宋揭矣〔按，"矣"字点去〕，外此大率流传旧本无石者，帖友得之，皆索高价，非数金不得一种，弟一时绵力，当徐徐图之，不难也。今寄上诸碑，皆弟所藏，聊供清赏，余当续上，何如？碑目中有《孔宏碑》，按《隶释》乃《鲁相谒孔庙残碑》，宏自有碑，不传矣，望兄改之。《敦煌太守碑》于帖友处见一揭本，描摹失真，以地无善揭手，皆就碑上用墨钩出，可为喷饭。如札致令兄，可教以薄纸轻墨，不钩描者为佳。《王君碑》寄上，弟处所无，兄如再遇，祈为我致之。《双钩娄寿碑》及《随开堂疏》，便中寄观。《屏风碑》弟处所有，《元魏刁氏志铭》则尤所欲览者。汪韩门先生于春间忽患风疾，病卧不起，已有日矣，无庸往谒，当俟平覆后再见之可耳。赵荣禄书《道德经》一本兄曾见过，祈代为弟觅一销处，五十金亦可售矣。《苍蝇赋》弟偶刊以易金石者，今寄上二十本，价二星，如可销则销之，否则掷还无妨。"颂酒斋"额，张子苍堂赠兄者，存弟处已久，今并附上。篆刻拜登，仿元人法一洗其柔媚之习，兄其进乎道者。然无厌之求亦自此始，再上三方，暇时作之，知不以我为贪也。《天发神谶碑》弟亦就纸本录之，前后未能考正，闻顾亭林先生有释文次第，惜未之见。元氏县封龙山西吴村有《唐开业寺碑》，涿州学有《范阳文宣王庙碑》，楼桑村蜀先主庙有唐残碑，京师秀峰寺有《贞观廿二年淤泥寺心经》，又有《大足元年心经》，皆见存者，兄如往觅，祈为留意。《石鼓文》有旧揭者，亦为我收一本，祷切祷切。千里相思，把臂何日？肃缄敬问台安，统祈清照。不宣。小松九哥大人足下，愚弟赵魏再拜上。

外《金石志》一书，赵真迹一部，帖二十付，旧碑十五种，额书一，跋一，目一，图书三方，姚三兄书一。

甘肃哈密卫马骔山望乡岭石宪上有汉李陵题字，见《宋史》，可致令兄一搜罗之。宣化府闻有《汉燕然山铭》。此二种皆无人见过。《王君碑》兄处现存一额，便中见赐，以慰渴思，何如？二月十三日。魏再书。

《岣嵝碑》《郃阳残字》《少室石阙》《长安瓦文》《衡方额》《魏郑艾碑》《后魏吊比干墓文》《李仲璇修孔庙碑》《始平公像碑》《孙秋生等造像碑》《北齐孔庙碑》《武平造像碑》《随龙藏寺碑》。

《王君碑》附还。

钤"赵氏晋斋"。[《黄小松友朋书札》第三册]

考：《小蓬莱阁金石文字》所收《祀三公山碑》下录赵魏跋："今年春，吾友黄小松贻余元氏古篆碑，乃《祀三公山文》，出光和前，读之惊且喜也。"赵辨出第二行"御语"二字，三行"□奠"，"奠"前面一字，释为"敬"，后黄易、孙星衍、顾广圻等皆从之，然赵将五行"东就衡山"之"就"释为"龙"，翁方纲、李东琪皆指其误。赵魏释五行"卜择吉□治"，"吉"下一字为"土"，翁方纲、王昶等释作"与"，后俞樾《读书余录·汉碑四十一条》引《礼记·礼器》"因吉土以飨帝于郊"，为"吉土"连文之证，始成定谳。赵魏跋文款识云："丙申（1776）二月初六日，晋斋赵魏书于竹崦庵中。"本札提及获赠《祀三公山碑》，并为作跋，当作于乾隆四十一年

（1776）二月十三日。据札，黄易上年初曾回杭州，与赵魏等人相聚。关于《祀三公山碑》的发现时间，有1774、1775二说。黄易"小松所得金石"边款云："乾隆甲午（1774）秋，得《汉祀三公山碑》于元氏县，属王明府移置龙化寺，作此印纪之，小松。"《小蓬莱阁金石目》云："汉祀三公山碑，篆书，□初四年。碑在元氏县野中。乾隆甲午易始得拓本，谋于县令王治岐，移置县城龙化寺。"《小蓬莱阁金石文字》亦云："乾隆甲午，三通馆方辑《金石略》，长吏搜古碑上之朝，关西王君治岐宰元氏，得此刻于城外野坡。石高四尺，广二尺，篆书十行，行十七字至廿四字，剥泐几不可辨。吴兴杨君鹤洲诧其奇，命易辨识，得一百九十字，阙疑六字，知为汉□初四年《祀三公山文》，书法劲古，与《开母》《少室》诸篆刻相类，是东汉中叶书。《集古》《金石》二录有《汉三公山碑》，乃隶书，立于光和四年，今不存。此刻在隶碑之前，尤可贵也。黄易记于南宫弹琴室。"然黄易所绘《得碑十二图·三公山移碑图》题识则系之1775年："元氏有封龙、三公、无极、白石诸山汉碑。今惟《白石神君》一碑尚在。乾隆乙未（1775），余客南宫时，吴兴杨鹤洲馆元氏，烦其访碑，得□初四年《祀三公山文》，书杂篆隶，文复简古，与《隶释》所载光和四年《三公山碑》不同，盖东汉中叶所刻也。属县令王君治岐移置龙化寺，与《白石神君碑》共存焉。"《秋盦诗草》亦收《杨兄鹤洲购赠元氏赞皇石刻，有汉篆〈三公碑〉甚奇，喜极，复求沈君愚溪觅之》一诗，云："……杨兄元氏来，古物欣所聚。启箧见百幅，如涉山阴路。……《坛山》强弩张，《白石》神虎步。《封龙》残字四，亦得褚欧趣。最奇《三公碑》，琳琅汉玉箸。虫蚀二百字，瘦蛟蟠老树。疏密任意为，篆隶体兼具。……绝类五凤砖，证字亦有鲁。欧赵录不同，或未身亲遇。我见诚奇缘，狂喜不能语。平生嗜古癖，于此得饱饫。汉代六名山，元氏碑尤著。便欲策杖探，羁栖苦难越［赴］。官阁有休文，神交托心素。遥结岁寒盟，可同金石固。驰求三百番，疗我烟霞癖。"又《秋盦题跋》所收《汉三公山碑》："余客南宫时，寄书杨君鹤洲搨元氏诸刻，旋得古篆碑一通，磨泐已甚，细辨乃《汉祀三公山篆文》。永□四年，常山相冯君到官，承饥衰之后，祀三公山之神，甘雨屡降，吏民刊石纪焉。元氏之山如白石、无极、封龙、三公咸得法食。洪氏《隶释》有《三公山碑》，乃八分书，与此不同。此碑久在野中，前人所未录，恐致湮没，亟烦元氏令王君移置城内龙化寺，与《汉白石碑》同置一处，为王君作《寿古图》记其事。"本札提及黄易发现《南宫令碑》,《小蓬莱阁金石目》收入:"《大隋南宫令宋君象碑》,八分书,篆额,开皇十一年。在直隶南宫县城内尼寺。乾隆甲午七月,易见邢太仆侗所撰县志载此,访得拓之。碑侧刻邑人张道素等名。"札言"篆刻拜登",当为乙未四月所刻"赵氏金石"一印,边款云:"晋斋笃好金石文字,古人翠墨,搜访无遗,与德父、子函真堪鼎足。故作是印以赠。"此外,黄易还曾为刻"赵魏私印""赵氏晋斋""竹盦盦"等印。札中所及汪韩门即汪师韩,号上湖,钱塘人。雍正癸丑(1733)成进士,翰林编修。乾隆改元,师韩以才名经掌院大学士奏直起居注。丁母忧,服阕,尚书张照为武英殿总裁,疏荐校勘经史,旋督学湖南,降调,复入都,大学士公傅恒荐入上书房。落职后客游畿辅,制府方观承延主会城莲花池讲席。师韩少以文名四方,中年以后一意穷经,诸经皆有著述,于《易》尤邃。参见《(乾隆)杭州府志》卷九十四《文苑》。姚三兄即姚嗣懋,尝从奚冈学画,参11-4奚冈致黄易札。

黄 易 17-2

林价北来,当[尝]具寸函奉复,谅已收照。满拟今岁归杭,冀与吾哥畅叙,讵身不自由,遂尔中止。天厓寥落,名利皆灰,然又不能撒[撒]手,如何如何。碑刻又得数种,并大哥所要之碑均寄上,另单开明。惟《娄寿》双钩本,弟应酬作书往往临此,故未寄耳。前承远惠诸刻,妙极,感谢感谢。尊斋有《石经遗字》,秦友本耶?抑他本耶?弟渴慕之至。兄钩碑软搨之法,超绝千古,求大哥钩一册寄惠,俾获至宝,不则妒念深矣。《华山碑》京师有完本,今归朱竹君先生,弟必得见。邗江《唐拓武梁祠像》,弟将归杭,当至扬假观与兄一见,不更妙乎。孔庙弟可尽得,不须再觅(因圣裔孔太史荭谷交好,自能尽致。荭谷博雅君子,好古亦类兄者)。尊藏碑目弟缺者甚多,仍录一单附上,伏希留意。《三公碑》一经品题,顿觉纸贵。弟欲得佳拓,饥渴之至,正定拓《秋碧堂帖》之匠甚佳,昨专倩此人携薄楮精墨往搨多张,约在中秋必得,当择其尤者奉寄,何如?济宁新出汉碑一种,已札致翁覃溪先生代觅矣。西边有残碑(只"济木萨"等字),巴里坤有《敦煌太守碑》(人云在关侯庙,其光若镜,乃厚碣石也),又北打版有《唐吴[姜]行本纪功碑》,均托家兄搨取矣(六月二十八日)。顷得翁覃溪学士书,所跋《三公碑》与兄稍异,并长歌抄录奉览。有孔荭谷先生,乃圣裔最好古者,云济宁新出土汉碑乃《王君庙门断碑》,许弟即有,一到即奉吾

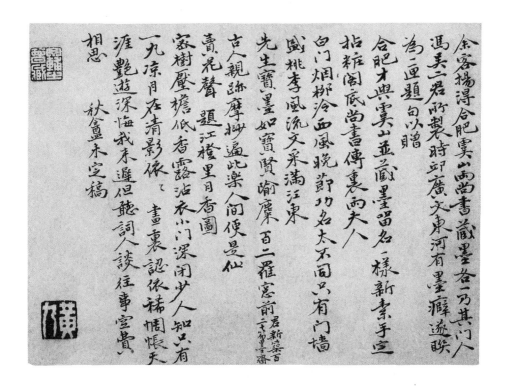

17—2 黄易《诗稿》 无锡博物院藏

哥也。赵文敏《道德经》尚无售处，且存弟处，容另报命，岁底再无人要，弟当寄还。《苍蝇赋》弟留四付，余十六付奉还。弟有银存奚九哥处，请大哥先取十两应用，余俟岁底赵册如卖去，弟当找寄，如退册，前项为弟购碑并作《苍蝇赋》之价可耳。近日更忙，图书无暇刻就，容另寄。匆匆敬候文安，统惟雅照。不宣。晋斋大哥大人，愚弟黄易顿首。七月初三日清苑署中寄。

姚三哥不另札，均此奉候并候范三先生。有二墨致东河，甚妙，兄可赏之。

钤"小松"。[《故宫藏黄易尺牍研究·手迹》，原迹残本及张廷济录本]

考：张廷济录本颇多讹脱字。朱琪据札中"济宁新出土汉碑乃《王君庙门断碑》"，即乾隆四十年（1775）李东琪于古松下所访得《胶东县令王君庙门断碑》，后移置明伦堂。另札中"《三公碑》一经品题，顿觉纸贵"，"顷得翁覃溪学士书，所跋《三公碑》与兄稍异"云云，乾隆四十一年二月初六日，赵魏于竹崦庵中为黄易《三公山碑》题跋；夏五月，黄易以《三公山碑》拓本寄翁方纲，六月初八日，翁方纲为之题跋。可知此札作于乾隆四十一年七月三日。按，翁方纲与黄易初未相识，寄赠《祀三公山碑》拓本乃结缘之始。

翁方纲详尽考证此碑，并作《三公山碑歌》以报。乾隆五十四年翁方纲《两汉金石记》刊行，卷十一即收录了对此碑的考释。乾隆四十六年闰五月十三日，黄易跋《白石神君碑》拓本有云："右《白石神君碑》，在元氏县龙化寺，顾氏《隶辨》云：'碑在无极县。'非也。地僻无佳工椎拓，故传本甚少，即有，亦楮墨粗恶，且不拓碑阴。余知正定府城有赵姓，素为梁氏搨《秋碧堂帖》，颇精善，遂烦友人倩令至元，拓取此碑并《三公山篆碑》及《庞履温碑》数十纸以归。蝉翼轻匀，果异他拓。数年来多为友人索去。《白石碑》惟此一本耳，至宝至宝。"私人藏。与札中所言"正定拓《秋碧堂帖》之匠甚佳，昨专倩此人携薄楮精墨往搨多张，约在中秋必得"，合若符契。札末称"有二墨致东河"，东河即邱学敏，二墨当为黄易在扬州所得龚鼎孳、钱谦益墨，此际寄赠邱氏。黄易《余客扬，得合肥、虞山两尚书藏墨各一，乃其门人冯、吴二君所制，时邱广文东河有墨癖，遂联为一匣，题句以赠》（未定稿），书诗三词一，无锡博物院藏。诗即《秋盦诗草》所收《题邱铁香太守百十二家墨》，首诗稍异，夹注云："时方得龚、钱两尚书墨，邮书寄之甬上。"亦收入邱学敏《百十二家墨录题词》卷二。

黄　　易 17—3

秋气已深，乡书转少，怀君有梦，归计茫然，如何如何。薛价送上诸碑，定经法鉴，两月来续得数种，有副者寄兄，无者开上，兄欲时示取可耳。家兄信云《裴岑碑》在巴里坤，距迪化千五百里。兹俞军门往彼阅兵，托其幕中人胡君代拓，约明春必得。又云乌什外有石壁刻大将军霍、方士某某名，文字残缺，疑汉武时迹，惜不能搨（已抄其文在都中明君处，昨往求矣）。又有《唐姜行本纪功碑》亦在巴里坤，昨托人拓取，一有当即寄兄。弟承孔荭谷见知，许以东鲁之碑与弟相易，大都可以尽得。中州金石已托学使及卢氏令，或可不虚。蜀中金石托成都太守（烟客先生之孙，汉阳旧主人也）。喜是地邮致甚便，可遂其志，惜事忙匆暇，终觉草草耳。尊藏《石经残字》《华山残碑》，希双钩以惠。尊藏唐碑，希开目速寄，使弟知其所缺，以便广致。闻梁玉立孙枝有古帖二箧，质于库，欲售五十金；又闻《衡水古钟》有开元之铭，若是皆扰乱心曲者。去年闻永平城楼有二漏壶极古，疑有款识，百计求之，卒云无字。若是之类极多，真孽障也。兹因周绛屏先生南归，附此候安，统惟玉照。不宣。晋斋大兄知己，愚弟黄易顿首。

范三先生、姚三哥均此奉候。图书未刻，随后再寄。九月二十日。

赵册百计求售未妥，俟再报。

外奚九哥一札，乞同韩门老伯札交之。

钤"小松"。[上海图书馆，《故宫藏黄易尺牍研究·手迹》为张廷济录本]（见图版二）

考：朱琪据札中云"家兄信云《裴岑碑》在巴里坤，距迪化千五百里。兹俞军门往彼阅兵，托其幕中人胡君代拓，约明春必得"，黄易于乾隆四十一年（1776）托黄庭拓寄《敦煌太守裴岑纪功刻石》及《唐姜行本纪功碑》，故此札当作于本年九月廿日。黄庭所得《敦煌太守裴岑纪功刻石》木刻翻刻本与石人子真石本，分别于乾隆四十三年、乾隆四十五年寄至黄易。是。按，札中所及赵文敏书册为赵魏托黄易售卖者，参17-1。成都知府王游涂为王时敏孙，昔在汉阳，为黄易兄弟之幕主。河南学政为大兴人邵庚曾，本年由刑科给事中提督河南学政。卢氏令为莱阳人赵钧彤，乾隆四十年进士，本年任。梁氏所藏古帖或即宋拓《淳化阁帖》十册，绍兴国子监本。《衡水古钟》，参18-7潘有为致黄易札考。

赵 魏 17-4

金石之交，天涯宁几，乃南北暌违，参商岁月，此碧落翁妙用，广其搜罗，非故深其云树也。每于手书特至一快慰之方，周二公来杭，诸惠俱已拜领，铭感奚似。寄到《裴岑碑》，兄书以为信而可征，但以所存原本较之，迥然不同。聪明绝世如兄者且信之，弟复何言？乌什石壁既云有字，恐不难搨，惟有心人力致之耳，抄文乞观为妙。《丰润鼎文》与吾杭旧志所载三茅观中宋绍兴时《赐汉鼎文》绝相似，但志较多十六字。韩门先生辨《丰润鼎》为宋铸而未引此，岂《丰润鼎》仿此而删去十六字欤？但志云高尺有九寸，广尺，两旁出曲上三尺，牛首，未知款式符否？望细察之。易州《道德经》《梦真容碑阴》《景龙二年道经》，又《唐刻道经》，获鹿县《李如珪碑》《唐刻石幢》，曲阳诸碑阴、《王璠清德颂》《庞履温碑阴》《龙藏碑阴》《金刚经》《心经》《柳州残碑》《欧阳九歌》，衡水《开元钟铭》，楼桑村《蜀先主庙碑》，皆弟所无，有副者乞掷下，无则徐图之可耳。《欧阳九歌》，此希世之宝，如石可得，当不惜重资购之。此事当与薛氏宝《兰亭》并传千古也，兄其勉之。孔林诸碑，弟已备有，所阙者尚有《韩敕礼器后碑》，石坛上太和、大中时唐人谒林题名二种，《景福元年灭黄巢纪功碑》，未知皆存否？便中乞与芸谷太史商之。梁氏古帖为蕉林书屋旧藏，必多明吴恭顺及退谷古帙，兄如不欲为弟致之，当奉上价也。《东观余论》可抄则抄之，不甚秘也。《隶释》二书见在吾杭汪氏开雕，极其精善，年终必有拓本，无庸再写。韩门先生未去世时已卧床年余，故书帖皆未致也。松雪书不必亟亟，如无售处，不妨寄还。苕堂兄《金石契》尚在补跋，刻成当有赠也。弟碑目几五百种，宋以下不列焉，容场后暇日书达。《柳敏碑》呈览，《北齐阳文碑》当觅收送。跋书庸恶，聊以应命，俟再书之。耑此，敬候近安，神驰。不一。小松九兄良友足下，愚小弟赵魏顿首。六月十八日。冲。

钤"赵魏私印""晋斋"。

奚九题签未知书否？当另上。无轩之书乞致之。

外碑十种。

寄上诸碑：《后魏薛灵藏造像记》《隋贺若谊残碑》《唐明皇御书孝经》《中宗卢正道敕》《窦居士神道碑》《张希古墓志》《冯宿神道碑》《碧落碑》《碧落释文》《敕内庄使牒》。[《黄小松友朋书札》第十三册]

考：言《裴岑碑》而不及黄易长兄黄庭，当非黄庭所觅寄者。又札中言及欧书《九歌》，为潘应椿乾隆四十一年（1776）冬日发现，故当在此后；乾隆四十三年六月黄易收到潘有为所寄《金石契》，此札云《金石契》尚未刻成，故札当在此前。札中又有"场后"云云，则必作于乾隆四十二年六月十八日。吴恭顺即崇祯间恭顺侯吴国华，退谷即孙承泽。札中提及杭州汪氏开雕之书，即汪日秀据传是楼抄本所刻《隶释》《隶续》二书。

赵　魏　17-5

前月间接读手书，得悉起居清吉，不胜遥慰。弟缘居处上下无常，或时作越游，屡接书未报，知己必不以我为疏也。前札与碑此日谅呈览矣。《裴岑碑》拜赐有日，反覆审之，恐非原刻，兄当再察之。覃溪先生重摹《石经》本即弟所存本，即兄所见吴山本，虽称古劲，绝少精彩，断非鸿都旧迹。世所存惟北海先生《盘庚》百余字为最古，今亦不知流落何所矣，摹本容场后补上。金石之缘至兄而四通八达矣，弟安得不妒？然亦不必妒，兄之余即我之所有也。排山先生古金古瓦，乞为弟谋致之，所存本木刻故耳。苕堂兄日已来杭，嘱笔问好，《金石契》补跋尚少六七十页，冬间告成时奉赠也。川中贡院内有古碑卅余，近闻金川得汉刻三通，已移置成都府内矣，并祈留意。庭桂将残，燕云自远，奈何奈何。小松九哥大人，愚弟赵魏顿首。七月廿七日。冲。

钤"赵魏私印"。

间有数碑，俟后总上。又及。[《黄小松友朋书札》第十三册]

考：札作于乾隆四十二年（1777）七月二十七日。本年乡试，故札中有"场后"云云。此际黄易尚未得其兄所寄《裴岑纪功碑》，所示赵魏者当为翁方纲所赠二本之一，参17-4。赵魏以为伪作。翁方纲翻刻《石经》以赵魏藏本为底本，亦非汉迹。排山即朱枫，芑堂即张燕昌，详后文。

赵 魏 17-6

月桂峰头，黄花篱落，怀人千里，燕赵云山，远隔良朋，惟深怅悼。所幸羽鸿时便，得悉起居。弟株守旧庐，一无善状，吴蒙故态，不卜可知。以视兄高材逸足、动协时宜者，不啻有鹦鹏之别。前月间林价北来，知兄已登仕籍，上足以慰藉高堂迟暮之思，次亦足兆我辈弹冠之渐。来书未言，以弟为不欲闻耶？讵知弟之热中更甚耳，曷胜欣贺。蒙颁佳搨，过于百朋。天壤寥寥，得此同志，从此山陬海澨，断碣残碑不难入吾手矣，快何如之？赵文敏书弟本欲作卒岁之计，廿金左右亦可去矣，承许以十金应用，谢谢。奈奚九兄近况颇艰，应酬日剧，笔墨生涯半为米盐零杂之需。而我辈财运未亨，所入不偿所出，大约如斯。故十金之说，未知年终得归楚否？奚九书应自言之，无容缕颏也。《三公山》临本甚精，识兄苦心，列及谬语，殊增汗颜。覃溪异同，俟更定之可耳。此碑自兄发之，又自兄广之，爱惜古人，正当如是。但漫漶已甚，呵护宜亟。或置之学宫，或砌之县署，覆以亭、跌以石为要。安得五丁巨灵趋负而归，为东南翠墨之冠耶？直隶今存碑刻弟需者尚多，另单呈览，乘便致之。济宁新出汉碑，应是《胶东令王君庙门断碑》，未知尚存若干字，乞惠一纸。《汉石经残字》细审之，不甚佳，定为翻刻无疑，明眼人不必以此劳梦寐也。尊处有二杨碑，亦足以豪矣。西边二种及《吴[姜]行本纪功碑》皆所愿见。《隋开堂疏》缘一时未有考据，俟续跋寄上。唐碑十种附来，不甚佳，聊备种数而已。尊斋所藏，祈开一总目存弟处，以备补寄。缘前来一单偶尔失去故也。张芑堂二哥未至杭城，且《金石契》一书未毕刻事，当俟另日索寄。彼处有《元康铜鐎光》一柄，有铭字二行，搨二本存弟，今奉上一纸，倘有所见款识，亦祈留神。姚竹似三兄五月间已他出，故无书。所存图书无容汲汲，择其雅而致者先作之，拜惠不浅。又前乞兄作《竹崦盦图》小帧，亦望于风日晴美时一挥洒之，无厌之求，不以我为贪也。张文敏书甚佳，惜刻者于毫芒陡健处未能理会耳，然行世之帖已有余矣，便中乞寄十余部可也。颙此，请候近安，统惟文鉴。不宣。小松九哥大人，愚弟赵魏顿首。重阳前四日。冲。

钤"赵氏晋斋"。

《道德经》，易州。

《淤泥寺心经》，京师秀峰寺，贞观时，又大足元年本。

《唐陵光业寺碑》，隆平县王尹村。　托周肯堂寄归矣［按：此一句为黄易书］。《王璠清德颂》，隆平县治西。

"攀龙鳞附凤翼"六大字，赵州柏林寺。　此刻不精，非真虞书也［按：此一句为黄易书］。

《庞履温碑并阴》，元氏县西，又封龙山西吴村有《开业寺碑》。

《钜鹿时侯墓志》，蓟县燕夏乡海王村。

《本愿寺碑》，获鹿县。

《蜀先主庙残碑》，涿州楼桑村庙中。

辽碑绝少，有乞致之。［《黄小松友朋书札》第三册］

考：乾隆四十二年（1777）秋，郑制锦等为黄易报捐，后筮仕东河。既云"燕赵云山"，札当作于本年九月五日。《小蓬莱阁金石目》："《胶东令王君庙门断碑》，八分书，黄初五年。在山东济宁州儒学。乾隆乙未（1775），李铁桥得于古松下，移置明伦堂。"黄易所示《汉石经残字》，当即此际所得董元镜宋拓的钩摹本，赵魏以为翻刻无疑。姚竹似无考，黄易尝为刻"一字值百金"。参25-2陈焯致黄易札。札中所及二杨碑，当为《杨震碑》《杨著碑》，黄易收藏后曾临摹，然终有怀疑，故《小蓬莱阁金石目》于二碑下皆注："此拓疑伪作。"此际黄易亦精临《祀三公山碑》，并抄录赵魏、翁方纲等人跋语于上，二人于是碑释文颇有歧义。参17-2。

黄　易 17-7

前二函尚未寄，四月十有八日得大哥来书，知移居于保佑桥。新斋必雅洁，惟弟足迹未至，梦中但依依竹崦庵也。远惠《启母阙》足本，逾于百朋。弟两得此本，皆中心尺许，左右阙焉，施太守嗤此败纸何用，再求无益。今得此并两室阙，足以自豪。虽少两额及画，他时尚可觅补。《东阙题名》并《季度铭》，李铁桥云是褚千峰伪托，再亲按之乃信。昔日千峰与董金瓯、今时秦柏崖与巴瘦生伪作皆不少，好利好奇，同一病也。西岳庙三阙中砌碎碑极多，正恐郭香察书尚有片璧，已托钱献之力谋之矣。成都武侯祠有俗名响石者，阴处靠墙有汉隶七八字，张华阳言之凿凿，托成都太守觅之，但寄《鲜于里门》唐碑一种而已。前云汉碑得自金川，实无其事，王大廷尉最好金石，弟曾问过，无有也。金乡朱鲔墓有汉画人物，甚古，约有七八幅，弟得一部，甚宝惜，今托蓝公子往谋，俟有必寄我兄。山东非直隶可比，古物必有。弟《石经》保护无恙，可慰廑念。外二函希致之，乞催回信交舍是感。晋斋大兄大人师事，愚弟黄易顿首。

钤"小松具札"。［上海图书馆，《故宫藏黄易尺牍研究·手迹》为张廷济录本］

考：朱琪据札中"金乡朱鲔墓有汉画人物，甚古，约有七八幅，弟得一部，甚宝惜"，认为黄易初得《金乡朱鲔墓汉画》在乾隆四十二年（1777），黄易结识王昶也在是年九月之后，故作札时间当在乾隆四十二年以后。按，施诚任河南府知府在乾隆四十一年至四十三年；钱献之即钱坫，乾隆四十二年九月赴陕，此际已在关中，故札当作于次年四月。17-5有云："闻金川得汉刻三通，已移置成都府内矣。"黄易此札有所反馈，亦是一证。张华阳云云，参1-1张素致黄易札。蓝公子即蓝嘉瑄，字瘦竹，浙江定海人，寓居济宁。嘉庆元年（1796）九月，黄易尝亲至中岳访碑，《嵩洛访碑图·中岳庙》："庙前双石人，比曲阜汉鲁王墓者稍杀，冠冕执殳，制作皆同。久埋土中，武虚谷疑身间刻字，易遣人出之，摹其形以归，信为无字矣。兹见东石人冠顶一'马'字，八分书，真是汉刻，莫详其蕙。"故宫博物院藏。翁方纲《两汉金石记》亦云："此文从来不见于著录，牛氏《图》亦无之。先是，黄小松来札云见此拓本，略摹数字见寄，未之详也。逾月，毕秋帆中丞于中州拓寄此本，连上方之额，乃知是太室阙之后铭，而小松处拓本适亦寄来，二本互对，才辨四十七字耳。"但此前黄易已数次获得拓本，比较集中的一次当为武亿倩人所搨，参89-2武亿致黄易札。褚千峰即褚峻，陕西邠阳人，著《金石经眼录》。《巢林集》卷四《书褚千峰〈金石经眼录〉后》云："邠阳褚子癖无比，半生足迹几万里。搜寻周秦两汉字，峨峨山岳胸中峙。穷碑古阙各殊境，国学石鼓焦山鼎。到处挏搨置怀袖，广阔纵横记最准。永昼深宵旅店荒，高张名迹生光芒。心摹手追得形似，缩成碑样如圭长。圜者锐者肖其形，残者缺者传其真。太平有象人有铭（西汉石人腹上有'篆书铭'三字），土花埋没经千春。吴门梓人镌勒好，一一无差成墨宝。苔斑字蚀气磅礴，宛似千年风雨澡。吁嗟兮！金石流传亡八九，千载一时今复有。开图熟视真奇观，太息褚生堪不朽。"后牛运震即此书补说，增以巴里坤新出《裴岑纪功碑》，改名《金石图》，运震未至西域，仅得模糊拓本，所摹颇失其真。《侍中杨公阙》，钱大昕即定为褚氏伪作。董金瓯，洛阳人，康熙时庠生，锐志于古，精书法，尤工篆隶。收藏汉碑及古瓦拓本甚多，尝于嵩山搜剔石阙，其仲子菽宪亦工篆隶，尤好金石碑刻，罄家购之，所得甚夥，筑友汉堂贮之。秦习谦字栢崖，亦邻阳人，为当日有名帖贾，《王基碑》乾隆初洛阳出土，秦声称上方尚有朱书粲然。巴瘦生待考，或即巴慰祖。

黄　易 17-8

前月托关汉兄带杭信、摺，计必披悉。顷得秦中钱献之书，寄来新出《曶鼎铭》，分一纸奉赏。尚有花塔寺诸唐拓，兄若缺少，当开示补寄。《光孝铁塔文》已得精拓矣。数言候安，不尽神往。愚弟黄易顿首，晋斋大兄知己。五月十日具。[《故宫藏黄易尺牍研究·手迹》为张廷济录本]

考：朱琪据乾隆四十三年（1778）毕沅于秦中得曶鼎，故此札当作于乾隆四十三年之后不久。参39-2钱坫致黄易札。按，洪亮吉《卷施阁集》卷四《周曶鼎联句》小序云："乾隆戊戌岁（1778），巡抚公得于长安，属坫为释文，土花历录，不尽识也。既命工镂剔，字迹显露，因以偏旁证之古籀，而可辨者咸得焉。巡抚公矜此幸存，与同幕士更唱再和，成联句一首。"钱坫此际亦曾寄《曶鼎》拓片给翁方纲，《复初斋诗集》卷十六收《为沈毡尊题所藏乙卯鼎铭后三首》夹注云："昨钱献之自陕西见寄《曶鼎铭》，凡三段，亦钟鼎款识所罕见者。"诗作于乾隆戊戌春。此札很可能作于当年五月十日。

黄　易 17-9

四月、五月两具荒械并碑刻寄上，想俱收到。迩时嗜古意味何如？渴想渴想。弟载笔幕下，行当随至豫中，河干不知有古刻否？闻有水淌之古钟，疑汴水所没复出者，当物色之。今有济宁普照寺阶上汉画一幅，唐石幢一面，孔庙汉尺一条附上，今日发杭。冗不可言，恕不多及，小价秋间来济，希即示覆。《金石契》务必觅一部与我。冗次，率候近安。不一。愚弟黄易顿首。

刻间蓝公子致来隋砖，亟拓一纸，并南记砖附上，忙中作冷事，不觉失笑。六月初十日节署寄。

钤"小松具札"。

用"小蓬莱阁"笺。[上海图书馆]

考：札无上款，当致赵魏者。作于乾隆四十三年（1778）六月十日，寄自开封。

此际黄易在河帅姚立德幕，往来豫东。前一年，黄易屡屡向赵魏索张燕昌《金石契》一书，本年闰六月十七日，张燕昌托潘有为自京寄至，参48-2张燕昌致黄易札、18-9潘有为致黄易札。《小蓬莱阁金石目》："汉画像：在普照寺大殿西阶下。乾隆戊戌（1778）易与李铁桥搨得。"即本札所言汉画。隋砖当即隋大业三年砖文，《山左金石志》卷十三："大业砖文：大业三年刻，正书。黄小松司马得于济宁乡中，今赠李铁桥。右砖题'大隋大业三年遵德乡故人郭云铭'，凡十四字，三行，字径寸四分。"参18-6潘有为致黄易札。南记砖，《山左金石志》卷十三收录："南记砖文：无年月，篆书。砖高一尺一寸，广六寸。在济宁州东门城垣。右砖文'南记'二字，径三寸，传为唐刻，黄小松得其一。"

赵　魏 17-10

画家乡所见虽多，恐入目者少，且囊无余钱，难于广办。今来磁铜十余件，开价奉览，稍为增益亦无不可。惟宋炙砚希世之物，弟本不欲去者，知己能为我谋一善价，亦可作御冬之计。伫候伫候。秋间使来，能假我数十金为转输之术，则他书画物件可多搆矣。弟近况平平，兼之米盐凌杂，清兴亦复少减。良朋千里，把臂何时，惟祈惠我好音，慰吾渴思耳。使还，附候福安，并请伯母大人暨合潭近祉。不一。小松九哥大人，愚弟赵魏顿首。四月初三日。冲。

钤"赵魏"。

鸟篆戈铭一，迟伯敦铭一，汉镜铭三，唐镜铭一，六朝镜铭一，金承安镜铭一，节墨刀铭一，砚铭三。

魏墓志一，齐造像一，阳文碑一。

寄到魏碑乃太安二年《寇天师修中岳庙碑》，弊斋已有，今特附还。此碑尚有阴，兄能致之否？

钤"晋斋"。

用"竹崦庵手简笺"。[《黄小松友朋书札》第四册]

考：据17-11，札作于乾隆四十五年（1780）四月三日。札中除了寄各拓本，亦委黄易为销磁铜诸物及宋炙砚。

黄　易 17-11

肃启。夏间接手书并铜磁各件，即拟奉覆，乃数月来因随观察南北奔驰，迨无虚日，致疏候笺。各件原欲代为货去，而赏音绝少，宋炙砚殊美，苦少多价，是以数月来未售一件，恐久稽无益，仍俱奉还。惟董文敏楷册，书势微嫌软弱，似可充旧，且为暂存，如可用去，俟冬间照数寄价可也。《裴岑》真拓，家兄已为觅得壹本，碑虽泐甚，而波磔宛然，与平日所钩纪晓岚本悉合，惟纪本作"立德祠"，褚钩本并《金石图》作"立海祠"，今弟所得亦俨然"海"字，是褚本不为无据，惟文义则不可解，乞教示。又口外二唐碑残石甚妙，惜无副本。弟今新得肥城县郭巨墓前魏碑大隶，特奉上。又见碑客觅来汉残碑阴，有"李孟初"字，疑即西岳所出，大哥曾见否？承惠诸拓，谢谢。外无轩兄一札，乞致之。兹遣人南归，如有可销书画如赵文敏册之类，乞交来代图，他物则不必矣。匆匆候安，临书驰溯。不既。愚弟黄易顿首，晋斋大兄大人。九月初十日。

钤"黄""黄易之印"。[《故宫藏黄易尺牍研究·手迹》]

考：朱琪据札中所言"《裴岑》真拓"即《裴岑纪功碑》原拓，为乾隆四十五年（1780）黄庭自塞外所寄，"肥城县郭巨墓前魏碑大隶"即本年黄易于山东肥城县孝堂山所访得之《孝堂山石室画像题字》，故此札作于本年九月十日。按，郭巨墓前魏碑大隶，即《北齐陇东王感孝颂》。检国家图书馆藏黄易旧藏《裴岑纪功碑》拓本，黄易跋云："□□□□□梦珠兄觅以见寄，时在清苑，□□手装成册，□□□□□□□□地军营所刻。原石在苦寒之郊，毡蜡□□□□□木有断烂剥蚀之状，拓出以应求者。纪阁学□□学士所述如此，当得其实也。是刻为汉石鸿宝，真品在塞外，久不能致，故存此木本，亦古人收骏骨之意耳。己亥（1779）□□书于济宁西郭旅馆。"钤"小蓬莱阁"印。又："右《汉敦煌太守裴岑石刻》真迹，乾隆庚子（1780）□□珠兄在迪化城觅此寄示，云此石近甚剥落，凸处光滑如珠，□不易拓。来年仲秋蒙恩放还，计过巴里坤正严冬风雪之时，恐难拓取，故觅此先寄。塞外荒寒风景，闻之黯然。细辨此碑，波折劲古，与昔从纪晓岚阁学处双钩原本校勘，无不悉合。惟纪本作'立德祠'，褚千峰《金石图》作'立海祠'，今观此拓，颇类'海'字，则褚本似有所据，然文义又不可解，存以俟考。余思得此碑十有余年，一旦获之，何异夜明入手，殆与明年弟兄握手同此欣庆也。黄易又识于任城尊古行斋。"钤"小松"印。前跋在翻刻本后，后跋在原石本后，与札中所言一致。参见冀亚平、卢芳玉《国家图书馆藏拓中的黄易题跋述略》。册后又有李东琪跋："《裴岑纪功碑》，家大人藏者褚千峰双钩本，余自就塾时即宝爱之，三十年来，梦想一见原搨而未能，今睹此本，真平生快事。乾隆四十五年岁在庚子秋九月之三日，任城李东琪书于海粟书屋。"钤"铁桥寓目"。孔继涵亦考证"立海祠"云："……至碑云'立海祠'，考苏尔德《回疆志》曰：'哈木哈玛尔淖尔在巴里坤城西四十里尖山子，地方南北十余里，东西六七十里，每天晴气朗，日西睨之际，远望淖尔中城垣屋阁，彩霞闪烁，逾时而息，如海市然。'则碑言'立海祠'，正谓是也。木本不得其说而改之，误矣。癸卯（1783）之夏，假观二本，留于微波榭者累月，爰考证如右，正于小松九兄先生，并请询之西归银鹿，得目验以证实。孔继涵。"钤"诵孟"。拓本后经庄缙度、梁启超等人收藏。庄缙度字眉叔，号裴斋，江苏阳湖人。道光丙申（1836）进士，历官户部主事、山东运河同知，藏碑版甚富。黄易、李东琪所蓄汉碑旧搨本皆归之，著有《裴斋碑目》。

赵　魏 17-12

胶漆之谊，忽疏音问者匝年，兄忙弟懒，正不藉尺书为面谈耳。近读手缄，得悉起居为慰，鹏程万计，故人日切弹冠也。所惠怙价并诸刻，顿解然眉，谢谢。前存董字小册之值已作札致意，望即寄到为要。尊藏目中所开如《金乡画像》《高湛志》《水牛山佛经》《渤海太守张君碑》《郭巨画像》主副并《永平题字》，如可致得，更望为弟留神。《仙集留题》在蜀中，兄得自何处？抑旧搨否？《凉州刺史魏君》是原碑否？篆书《王君碑》潘跛云得自蜀中，弟近获一本，细视之疑亦千峰辈狡狯也。近得明人双钩李斯《会稽颂》篆书一本，出《绎山碑》之上，意欲重摹公世，无如绵力，兄能助我否？外《泛舟禅师塔铭》一本在安邑县，系宋芝山兄搜出，自古无入录者。西唐山人小帧一，仿古墨二丸，为吾兄强仕之祝，谅亦笑存之也。耑此，并请合潭福祉。不宣。秋盦九兄大人，愚弟赵魏顿首。九月初四日。冲。

令弟十哥在署，凡尊藏小铜器款识，乞精搨一付见赐，为祷。陈暎兄书付到。张芑兄已亲晤令弟过矣。

钤"赵魏"。[《黄小松友朋书札》第四册]

考：强仕为四十岁代称，赵魏以高翔（西唐）画及仿古墨为黄易四十岁贺礼，当作于乾隆四十八年（1783）九月初四。札中据黄易藏目，开出若干碑刻，要求黄易为其留神。另请黄童精拓黄易所藏小铜器款识。宋芝山即宋葆淳，陈暎兄即陈焯，张芑兄即张燕昌。

赵　魏 17—13

六月间抵济，满拟畅叙历年契阔，而驾先至梁园，吾侪会合良有定缘，遂偕二西访铁桥而归。时随粮艘过闸，遂回舟次，初意欲作数日留也。读留札，雅爱拳拳，兼蒙多礼，谢谢，并望致意二西大兄也。弟株守多年，近因兰泉先生之招，遂偕舍亲船北上，拟六月即往关中，孰知一路迟延，六月底方到都中，西师凯旋，尚须数旬，近复闻有临雍开科之典，诸好友皆欲投辖，留弟都中，窃思屠门舍嚼，大是诧人，而白战无材，又增内愧。且家中尚须照应，半载洛生吟，家下不知几嗷嗷耳。鸡肋牵人，思之维谷。大约中秋前后束装西行，献岁再定观光之局，总以正月为断耳。吾兄年终有人回府，务须假弟一二十金，偕寄至家中，以应年终之须，回陕时当即奉赵也，至嘱至嘱。刻于芝山大兄处接读手翰，访得《朱龟》《谯敏》《西门豹》诸碑，吾兄古缘，弟辈皆可安坐而得。弟于都中与芝山访得唐贞观时《心经》，惜已开凿，搨得当奉致也。《得石图》秋史、毅堂题后即到九月之期。不及一晤，思之欲死，奈何奈何。崦此问好，余容后述。不既。小松九兄大人足下，愚弟赵魏顿首。八月初六日。冲。

钤"赵魏"。[《黄小松友朋书札》第七册]

考：本札作于乾隆四十九年（1784）八月六日，九月十八日赵魏即往西安，入王昶幕。赵魏六月经济宁，黄易在河南工次，未得一面。陈灿时在济宁，因偕访李东琪。赵魏在京尝拜谒翁方纲，并赠《心经》拓本，《复初斋诗集》卷二十九《京城内西南淤泥寺〈贞观弍十二年心经〉石刻，三改式字，顾氏〈金石文字记〉所疑年误者，予曩游此寺，未拓其文，今晋斋来京，辄拓以饷予，赋诗报之，时晋斋将之陕》（甲辰）。《得石图》乃黄易为李东琪所作，并在京中为征友人题诗，如《复初斋集外诗》卷十五《〈得石图〉歌，图为黄小松画济宁李铁桥于州学古松下得〈汉胶东令王君庙碑〉事也，事在乙未夏，予已有诗》；张埙《竹叶庵文集》卷十七《黄小松主簿易画〈得石图〉，为李君铁桥东琪在济宁学宫古松树下掘得〈汉胶东令王君庙碑〉作也，小松寄图乞题此诗》。

赵　魏 17—14

年终接到手书，得悉起居安吉，潭府凝和，远怀一慰，未识迩来大兄升任何所？弟从前挪借之说，不过为甲辰家中卒岁，今时可无需矣。然雅谊拳拳，感谢无已，愧愧。关中之游，已历二载，廉使虽括目，无如人满堪虞，所入仅足两地敷衍，刻下将渐次作归计。而路途颇称梗涩，奈何奈何？廉使欲令七月始行，弟意则在夏间也。弟购得汉玉二件，可得数百金，意欲于归时往刊［邘］上一谋，彼处吾兄相好正多，祈作札寄我，以便往谋。再：沔县李公讳衍孙者，闻与吾兄甚好，亦望作札致彼，以照应弟，何如？吾兄屡得汉碑，皆宋搨本，可羡可羡。关中古刻有日沦之势，即兄所开列如《富平造像残刻》《豆卢恩》《雷神庙佛座记》《梁罗墓志》《终南舍利铭》《常丑奴》《华山残字》《龙光寺塔铭》《韦氏墓志》《杨凝式题名》十种，今已无存。照单所有，先附上十种，余再觅寄也。《西门豹碑》未知在何县，荥泽《郑曾碑》有副本否？《吕国题名》奉到一纸，据《隶续》当在《天井道》后，而以《西狭颂》末一行校之，毫忽无二，而《西狭颂》题名《隶释》所载止二行，复与此不同，何也？当觅一搨工问之，方可释疑。刻廉使以山左未得之碑共列一目，寄缪方伯，弟亦录一本寄兄，此中多弟所未有者，乞留意焉。关中古物甚多，廉使得《建昭雁足灯》最佳，弟得汉瓦为多，就中十二字一枚，不独排山老人未见，即古人亦未见也。"裨将军"银印一、六朝"宜侯王"印一，皆极佳，先搨奉览，余款识等物极多，每为之浩叹而已。龙门、白马及济宁之行，弟所甚愿，然不敢请也。此中有天缘，徐图之耳。二西大兄暨令弟十兄尚欲归数金，当再寄，并乞为道意候安，不外启也。目外可寄之碑尚多，缘包封不可过大，当再寄到。吾兄所得希有搨本务恳先尽弟存，则感泐尤切矣。瓦头尚须精搨，容再致。《金乡画像》尚祈觅得也。吾杭光景亦属平常，同人中更不知浮沉何若也，念念。颛此，敬候文安，惟祈即示教音，为祷。小松九兄大人知己足下，弟赵魏顿首。正月廿二日。冲。

钤"赵魏"。［《黄小松友朋书札》第五册］

考：赵魏关中之行在乾隆四十九年至五十一年（1784—1786）。札言"关中之游，已历二载"，又言"刻下将渐次作归计"，当作于乾隆五十一年正月二十二日。此际李衍孙自南郑改任沔县，于二月履任，赵魏作札倩黄易致书求其照应。参76-1李衍孙致黄易、76-2黄易致李衍孙札。札中所言《建昭雁足灯》，乃王昶所得，《小蓬莱阁金石目》："《雁足灯文》三种，建昭三年，侍郎青浦王公兰泉得于西安。"又十二字瓦文，即《小蓬莱阁金石目》："十二字瓦，篆书，文曰'维天降灵，延元万年，天下康宁'，仁和赵晋斋、嘉定钱献之各得一片。"其余赵魏、钱坫所得瓦文，《小蓬莱阁金石目》著录甚夥。王昶《春融堂集》卷四十四《跋伊墨卿藏"汉并天下"瓦当砚图》有云："乾隆癸卯（1783），余以按察使西安，见瓦当，爱之，因令访于咸宁、长安、淳化诸县土人,而嘉定钱州判坫、钱塘赵上舍魏助余求索甚力,于是瓦当出者多至三四十种。"缪方伯当即山东布政使缪其吉,安徽芜湖人,贡生,乾隆五十年八月至五十五年六月在任。参《(道光)济南府志》卷二十九《秩官七》。据札,赵魏拟本年夏间返杭。

赵　魏 17—15

前月奉读手书并诸搨本,得悉春祺,备铭雅谊。内有述庵先生所要者,已致到,嘱谢。月初有友人抵豫,有信一函、碑十种附交秋塍兄转致,此时谅达记室,中有要言,祈即示下。弟入关二载,虽较株守为有余,然不甚绰绰,刻欲作归计,而居停不喜人归,所谋亦复迟滞,奈何?此时南旋,一路甚难行走,济宁之游,大抵来年畅叙。家乡荒旱终年,近复有审办大案,米珠薪桂之时,而我辈以翰墨为缘,剜苔剔藓,日有所得,谈空设有,不值外人一笑,惟素心人为千里首肯耳,呵呵。《朱龟》等碑,此当享以千金者。弟所得"延年"汉瓦,廉使欲夺不可得。献之、渊之[如]诸兄亦为之惊绝。又于西岳庙中搜得篆书五字,皆前所未见,此春来快事,吾兄闻之,亦当大叫也。《天井题名》已托南郑李公搨致,《唐君房碑》亦李公所惠,搨手极恶,李公当有佳搨本,吾兄作札往索之,并须留一佳本与弟也。中州诸刻,已开单交渊如大兄,谅可得一二。东平有苏源明《小洞庭诗》,滕县武后时《造桥碑》,金乡《画像》,诸祈留意。西岳汉篆已先交渊如兄处矣。孙、洪二兄渴欲晤兄,如进谒中丞时当面告中丞,庶不为人所止也。二西大兄近来起居若何?乞为致候。兹乘渊如兄返豫之便,特此敬候日安,并请老伯母大人暨潭府福祉。余不一。小松九兄大人契好,愚弟赵魏顿首。三月十七日。冲。

　　钤"魏"。[《黄小松友朋书札》第五册]

考:札作于乾隆五十一年(1786)三月十七日。据"孙、洪二兄渴欲晤兄",孙星衍、洪亮吉此际尚未与黄易相识。本年六月,黄易至中州,毕沅、邵晋涵、严长明、蒋知让、洪亮吉、孙星衍、徐坚同观《宋拓成阳灵台碑》于中州节院;七月,毕沅、孙星衍、钱坫、徐嵩、洪亮吉等为黄易所藏《宋拓汉石经残字》题跋。滕县武后时《造桥碑》,当即《小蓬莱阁金石目》所著录《割牛沟小石桥之碑》:"行书,篆额,圣历元年,在滕县西瀼陵桥华祖阁门前,乾隆乙巳(1785)易过此拓得。"延年瓦,钱坫亦得之,《小蓬莱阁金石目》:"延年半瓦,篆书,文曰'延年'。钱献之得自汉城,琢为臂阁。"

赵　魏　17-16

久沉音问，时切怀思。未识吾兄近履奚似？伯母暨潭府谅多凝祉，为慰。弟游已越二载，刻因试事即拟南旋，客囊虽未充足，较家居稍为润色，惟金石古缘为之大畅。汉瓦搆至卅余种，较排山先生所得尚阙一二种，而十二字一种尤为至宝，案之知为延元、延年二殿物。近又见"高安万世"瓦二，其全者为献之搆去，弟得其半，是董贤赐第瓦，亦一奇也。今具搨寄，祈吾兄品题致我也。又得《天和造像石坐》一，《开元尉行忠妻造像铜残坐》一，今削为碑，几与尊藏《天宝造像》埒，而工致不及耳。唐以前新搜获者约得五六十种，残幢居其大半，造像居其半，丰碑绝少，惟耀州令狐父子二碑，今往搨，尚未至。时所传《天井题名》十二行，询之碑工，实在《西狭颂》后，《颂》上有"惠安西表"四篆字，《五瑞图》下有下禄上辨题名三行，深潭峭壁，搨者绝少。闻沔县李公名衍孙者与吾兄善，作札索之，且闻又在搜天井摩崖时也。奉到碑一单，祈察入。三月间托渊如大兄寄到碑六种，内有《华岳题名》一套，不识收览否？刻已夏秒，吾兄应有梁园之行，拟过开封，未识一获把臂否？二西大兄近履若何？家乡荒歉，抑能不掣肘耶？候候。《王君断碑》《郑季宣》《郑固全搨》《金乡画像》俱望为弟精搨一本，常搨数本，诸城《延光刻》搨数本，以应友人之索，年终寄交家下，为祷。此时河间中丞在豫搜碑，吾兄所得谅不少，祈留意与弟。再：弟在华岳庙石人身上搜得汉篆"西岳神道阙"五大字，浼渊如寄来，未识到否？如无，可向孙公索之，盖搨正难也。特此，敬候文安，余容再述。不既。小松九兄大人如手，愚弟赵魏顿首。六月廿八日。冲。[《黄小松友朋书札》第五册]

考：札作于乾隆五十一年（1786）六月二十八日。赵魏此际拟返浙参加乡试。黄易时往来于济宁、开封之间。赵魏欲经过开封时，与黄易相见。又毕沅时在河南巡抚任上，拟作《中州金石记》，由孙星衍董其事，所搜碑刻多有寄黄易者，参78-1孙星衍致黄易札。札所云神道阙，《小蓬莱阁金石目》："西岳神道阙字，篆书，隐隐有神道等字。赵晋斋得于华阴县西岳庙。"

赵　魏　17-17

两载燕秦，思君若渴，而动辄参商，可望而不可接，缘悭遂至此耶？去冬接读手书，得悉兴居，并搜得汉诸碑，沉霾千载，忽遇吾辈出之尘土中，能不令人教绝耶？所恨关中沉薶尚多，自廉使升任，我辈裹足，遂不能发其幽光耳。《武梁祠画像》同人欲得者多，未知徙至何所，抑便于摹搨否？《张公碑》已出否？

所索《黄帝祠宇》《表忠观》容觅致，外附上李书《天清地宁》《契苾明碑》二种。刻下将欲为滇南之游，未知更有所得否。汉瓦搨本，前寄四十番，刻下诗歌跋语裒然成集矣，惟不获兄一题品为怅，务恳作一畅跋寄我，以便付梓，至嘱至嘱。献之未知仍在中丞幕否？一札烦致之。洱县李公衍孙闻丁艰回籍，闻有《天井道碑》，通札时乞为弟索之。近来新获若何？亦望示下。兹因舍舅唐步兄过济之便，率此，顺候崇安，并请潭府吉祉，诸祈文照。不备。小松九哥大人，愚弟赵魏顿首。三月三十一日。冲。

令弟十兄，弟尚欠砚价，乞道名致安，容后上也。[《黄小松友朋书札》第一册]

考：黄易发现武梁祠在乾隆五十一年（1786）八月，札中提及，又有"去冬"云云，知作于乾隆五十二年三月三十一日。"廉使升任"，指王昶由陕西按察使升为云南布政使，时在乾隆五十一年闰七月七日，参见《清高宗实录》。赵魏此际已回杭州，计划前往滇南。札中提及洱县县令李衍孙丁艰回籍，望黄易作札索《天井》诸碑。

黄 易 17—18

承借《姜遐断碑》，细校一过，妙不可言，比《金石萃编》多出三四倍，且《萃编》为剪贴本所误，以为合葬于昭陵之旧茔，中间无"神迹乡"三字，大发议论，观此方决其言之大不然也。蒙惠种种，拜登，谢谢。雨中过邗上，舟次临得《武氏碑》一本，奉高明赏之，当一笑也。晋斋先生，愚弟黄易顿首。四月廿六日。[《袁氏藏明清名人尺牍》]

考：字不真，内容或可信。据临《武氏碑》，知作于乾隆五十二年（1787）以后，然具体时间难详。据札，黄易此际曾到扬州。《金石萃编》卷六十一著录《姜遐断碑》："碑广四尺四分，仅存下截，高四尺二寸六分，三十三行，字数无考。正书。在醴泉县昭陵。"王昶跋云："按《金石录补》称此碑祖父子姓之名尚备，以天授二年十月十日葬于昭陵神迹乡之旧茔。今此碑自祖蕃以下文俱不存，其葬处但有葬于昭陵之旧茔，未见有'神迹乡'也。……此碑虽文多磨泐，然葬于昭陵之旧茔，文甚分明，此七字中不能再容'神迹乡'三字，其'昭陵'上空二格亦例所应尔，非关阙泐，是《金石录补》之语犹未确也。"札中议论正对此而发。《金石萃编》嘉庆十年（1805）刊行，黄易所见当为传钞本。

赵　魏　17—19

　　闰五月间，曾致一椷，由陈世兄寄达，谅邀清览。遥忆心知，秋深落木，不识吾兄若何贤劳也？弟自了完场屋，迄今榜犹未放，此事付之度外，亦听之而已。然明岁北行之计已决，契好如兄，谅有以援我也。家居无所见，唯搆得大通梁砖一由耳，此砖旧读"天监"，愚意以为"大通"字似确。"保定""武定"系摹刻本，存之以备一种。《晋侯鬲》则新搨得者，器不甚工致，然铭文绝佳，当与扬州《太仆槃》共装之。弊友陈浚兄称我辈同志，渴慕吾兄文章学问，属弟先容，所刻印章附求教政，公暇得赐诲言，则尤妙也。弟近况株守，刻下唯芑堂、藕船、梦华诸君朝夕聚谈为乐耳。铁詹此时未识得地否？诸祈示我。特此，敬候台安，并伯母大人暨潭府福祉。不尽。小松九兄大人，愚弟赵魏顿首。重阳后一日。冲。[《黄小松友朋书札》第八册]

考：据本年乡试，据闰五月，知作于乾隆五十四年（1789）九月十日。因明年乾隆八十大寿，本年乡试改恩科，正科则移上年。札中所及沈振名字藕船，嘉兴人。精绘事，山水宗王原祁，书法逼真董其昌，尤工篆刻，著《求是斋印存》。申兆定字绳斋，号铁蟾，阳曲人。乾隆庚辰（1760）举人。善诗歌，工八分。入王昶幕，尝任潼关同知、定边知县，著《涵真阁汉碑文字跋》。参见《（道光）阳曲县志》卷十三《人物列传》。梦华即何元锡。陈浚兄待考，此际藉赵魏向黄易求教篆刻。据札，赵魏计划明年北行，望黄易有以援之。

赵　魏　17—20

　　二月得桐乡朱毓山先生书，知吾兄尊使已于去岁抵苏，拳拳鄙人，俾以大衍，足佩知己之感。本拟偕行，缘遭先慈之变，尚在十旬之中，且约鲍绿饮偕行耳。刻下尚约亳州陈少君之事，俟彼信到，即可北行，天中节候定当把臂耳。近闻谷园已归道山，弟颇有欲刻唐人之迹，吾兄谅能致彼妙手，到济时共商之。《金涂塔》一，陈少君所得，与芑堂《金石契》所刻字号异。泰宁二砖，近时杭人所得，搨以奉览。梦华兄刻有归眷之行，恐兄悬望，特此先声，并候福安，统惟照察。不备。小松九兄阁下，赵魏稽颡拜言。三月廿八日。冲。

　　伯母暨潭府俱请安，又及。[《黄小松友朋书札》第七册]

考：札言"近闻谷园已归道山"，孔继涑辛于乾隆五十五年（1790）十二月，参见梁同书《频罗庵遗集》卷九《谷园孔君家传》。此札当作于次年三月廿八日。据札，赵魏之母春日下世，赵魏计划营葬之后，于端午前抵济宁。鲍绿饮即鲍廷博，拟与赵魏相偕北上。又，何元锡此际将往曲阜携眷归杭，赵魏托其带札及拓片与黄易。陈少君待考。

黄　　易　17—21

去冬托桐乡朱毓山先生由淮城带银五十金赴杭，交至尊处，部署赴东，谁知过淮时未经带去，弟闻信，复差役取银交明朱公，自已早到。此时一水可通，吾兄定必即来，不特《唐搨武梁本》弟已得秘诸箧笥，武宅山近日又出有字一版，无字者多版，晋《太公庙碑》下段已有，至快之快。吾兄来此，正可清赏也。兹小价之便，特令趋叩，如可同来，更妙。至奚九兄有信件亦可带来。忙中顺候近祉，余面悉。不一。晋斋九兄大人，愚弟黄易顿首。[北京保利2015十周年秋拍]

考：仿本，内容可信。札言已得《唐搨武梁》，乾隆五十二年（1787）汪焘殁于吴门，参见江昉《练溪渔唱》卷下《渡江云·丁未秋悼雪礓，殁于吴门，张玉田〈琐窗寒词〉所谓长歌之哀过于痛哭也》。五十六年正月，汪焘弟大宗将《唐搨武梁祠画像》寄赠黄易；又言"武宅山近日又出有字一版，无字者多版"，当为乾隆己酉（1789）秋七月李克正、刘肇镛督工建祠时续得者左右石室画象一石，隶书一百六字，李、刘等人题刻收入《上海图书馆善本碑帖综录》，肇镛当为肇鑑之弟；又言"《太公庙碑》下段已有"，乾隆五十六年秋日，黄易得《太公吕望表》下段，《小蓬莱阁金石目》："《齐太公吕望表》，八分书并碑阴，太康二年，卢无忌文。此碑原在河南汲县太公泉，明万历年移置府治，久失。易于乾隆丙午（1786）获上段于卫辉府署舆人小室中，辛亥（1791）秋间又得下段，合而为一。"故本札当作于乾隆五十六年秋日之后。据札，上年冬日黄易即开始安排赵魏来山东事，然赵终未成行。

赵　　魏　17—22

月来未获教言，殊深遥企。使至，读谕并蒙隆仪之馈，即备牲楮，用祝先慈，不独家君暨诸弟辈交感也。附束致谢，不尽所言耳。弟本即欲赴济，无如家中尘事夆起波翻，必须办清，方可脱然，一出武林门，则当置之度外，未敢爽约，亦不得不然。总之必来，吾兄不复有他疑也。日来新得建安中所造《八神四灵镜》，颇为快事，绝无尘翳，字字可读，搨以奉览。余二面则他人之物，五马、千羊尤称瑰丽耳。济宁闻有新出之碑，皆吾兄所访得者，闻之心喜。七月中，孔府之纪回济，有装好奚九画十帧附寄，谅已检收，恳为布置。前梦华所携，或者难销，乞存尊处，容弟来再商亦可。陕人董清基来，得获河内诸刻，想尊藏已先入矣。惟光和之砖已无余本，闻兄处存四五翻，乞留一纸，以惠我也。古泉近获颇多，如有重出者，亦为我留之。孔氏刻手最佳，弟有明人双钩颜文忠《风赋》一册，海内奇觏，当来与兄谋刊之，知必有子云也。使旋，藉鸣谢悃，并候尊安。书不尽言，统祈鉴察耳。小松九兄大人足下，制愚弟赵魏稽首。[《黄小松友朋书札》第七册]

考：此札承17—21，当作于乾隆五十六年（1791）秋日以后。此际赵魏原拟赴济，然家中事未了，尚不能成行。本年赵魏屡有画件托黄易代销。

黄　易　17-23

正月七日接手书并惠碑种种，感谢感谢。《宋元碑目》有误，乞更正见示。《郑道昭》等碑俟觅得即寄。此外得碑甚多，今匆匆发信，不及捡寄，下次必寄。古钱弟拓出二册，亦俟再寄。所得颇可观也，小品随意捡呈。朱朗兄来，乞搨本见惠，至望至望。毕中丞大办金石，吾兄能一游否？翁公来信必问兄也。此候近祉，诸容再报。不一。晋斋大兄，愚弟黄易顿首。

钤"黄九"。[《故宫藏黄易尺牍研究·手迹》]

考：札中有"朱朗兄来……毕中丞大办金石，吾兄能一游否"云云，乾隆五十八年（1793）春，黄易曾招朱文藻游山左，阮元、孙星衍皆莅任青齐，各倾箧商考，且命工匠广拓摩厓穹碑。札中又言及"古钱弟拓出二册"，黄易曾于乾隆五十九年拓所藏古钱为《泉文》四册，数量较札中所云二册更多。朱琪据此推测本札约作于乾隆五十八年春。是。按，札中提及"翁公来信必问兄也"，乾隆五十五至五十七年，翁方纲来札屡屡询及赵魏是否已来山东，参23-17、23-18、23-19、23-21、23-22、23-25翁方纲致黄易札。又，桂馥为黄易张罗椎搨《郑文公碑》等在五十七年十月。

黄　易　17-24

前札所需诸碑，弟当留心访觅，如有即携回也。余伯扶曹州之馆已辞，是否赴试，不知消息，尊札且存之，俟来时交明。阮公办《金石录》，已有武虚谷、段赤子、江二世兄三位，今又添朱朗斋，定可搜出多种也。青州碑二种奉送。弟新获铜器、八棱，似绳鞭流星之类，款曰"永昌"，当是晋元帝时物，王敦弄兵，部将造器，宜有之也，但不知何名，拓本呈请考定。又启。［上海图书馆为残本，《故宫藏黄易尺牍研究·手迹》为张廷济录本］

考：朱琪据札中云"阮公办《金石录》……今又添朱朗斋"，推知此札作于阮元编纂《山左金石志》之际，故应在乾隆五十九年（1794）之后不久。是。按，段赤子应为益都人段赤亭，名松苓，张廷济抄录错误。其人笃好金石文字，翁方纲督学山东，搜访石刻，青州一府得之松苓者为多，阮元继聘其辑《山左金石志》。江二世兄即江凤彝。余鹏年，字伯扶，怀宁人，博学工诗，坐馆山左。本年乡试，故有"是否赴试"之说。黄易所获铜器，《山左金石志》卷三收录，云："永昌椎：永昌元年二月四日小将申雨造。济宁黄司马易得一铜器拓本见贻，并寓书曰：近得铜器，有'永昌'款，上有孔，可贯索击人，若流星绳鞭之类。永昌著年不一，此似晋元帝时物，与武虚谷亿所拓《太康釜》正同。其时王敦弄兵，部曲小将造兵刻款，事或有之。"

黄 易 17—25

八月间舍表舅张秉钧南还，带上寸函、碑刻，谅俱收到。久不得兄信，怅惘之至。阮学使来函云，浙省金石，吾兄与梦华办有眉目，搜出吴越王及东坡题名甚多，妙妙，弟急欲得拓本也。弟于七月赴丰县，八月杪携拓工二人由开封、汜水、荥阳、巩县、偃师至嵩山，住山中十日。又至洛阳，游龙门，住六日，与偃师王大令秋塍、武虚谷盘桓极畅。龙门古刻甚多，觅工尽力广拓，初欲拓二分，继因日促碑多，止拓一分。归由孟县、卫辉返洛［济］，往还四十日，得碑四百余种，可谓快事。《少室阙铭》下又得一"伊"字，其上其前及阙侧五行，弟拓得。中岳庙前两石人前拓无字，今从东石人冠顶上得一分书"马"字，真是汉迹，弟行千里得此一字，虚谷云此是千里马也。拓二十纸，今已分尽，止留一纸与兄。弟正月赴抚军署臬之约，畅游千佛山，归途登岱岳，游灵岩，春杪回杭领咨，便可与诸兄快谈，并有副本一一带呈。弟一路得碑，绘成《访碑二十四图》，先寄翁公题字，明年带杭传观也。敬候近祉，余俟续布。外信乞转致之。何梦华三弟即此附候，不另启。晋斋大兄，愚弟黄易顿首。

姚虎臣近况妙否，弟前寄扇并香想已达之。十二月廿三日任城具。

弟遣工细拓《郭巨石室画象》，又多出建安二年高令春题名、武定二年南青州刺史郑伯猷题名、天保九年刘章题名，已钩出，欲付梓也。［《故宫藏黄易尺牍研

究·手迹》为张廷济录本]

考：朱琪据此札详述嵩洛访碑之事，并绘成《访碑二十四图》，寄翁方纲题跋，又述及明年正月将赴新任山东巡抚伊江阿臬署之约，游千佛山，归途登岱岳，游灵岩，春杪回杭领咨之安排。黄易嵩洛访碑在嘉庆元年（1796）秋日，故札当作于当年十二月廿三日。又考姚之麟字虎臣，号南溪，钱唐人，为阮元幕客。是。按，《嵩洛访碑图·少室石阙》："少室双阙在邢家铺西荒原，画象甚多，褚千峰所图弗确也。西阙北面篆文曰'少室神道之阙'，南面刻篆铭，余前遣工细拓，'蕺林'一行之前有直格，尚露字脚，上层有字。今验东侧五行亦露字形，'蕺林'一行下隔二石，露一'伊'字。东阙八分题名，'李容'验是'李客'，其后直格，隐隐有字，昔人所未见。命工人搨阙文整幅以归，张诸四壁，不异游嵩扪石也。"又故宫博物院藏《汉石室太阙铭》，黄易跋云："中岳庙前两石人，汉制也。东石人冠顶上有'马'字。嘉庆元年九月，易游嵩山访得。"可与札中所言参证。札中提及"阮学使来函"，谈到赵魏、何元锡协助两浙搜碑，参142-4阮元致黄易札。又，《岱岩访碑日记》："[正月]三十日。至泰安郡城府县……晚饭金太守斋，肥城程大令与幕中冯、唐、黄三君谈宴欢甚。余欲移肥城孝堂山石室内郭巨塑像于外，露室后石壁，俾得全拓诸刻。金、程二君欣然许之，果成亦金石奇缘也。"又，《山左金石志》卷七于《孝堂山画像》之末有阮元记曰："此书编纂已毕，将付刊矣，丁巳（1797）三月，得钱唐黄司马易书云，郭巨石室尚有建安二年高令春及天保九年刘章、武定二年南青州刺史郑伯猷题刻，乡未见者。又云近日济南、泰安一带新出六朝、唐人石刻甚多，皆未录入，待好古者勒为续编。"知末段所言之事在下年二三月间，张廷济抄录缀此札之后，怪甚。

黄 易 17-26

久不得信，渴想已极，闻大兄有南粤之行，今已返里，近况何如？念甚念甚。广东有佳拓本否？如九曜否？《七星岩题名》殊妙，不知有副本否？安阳新出汉碑四，弟已由阮公寄梦华，想可得见，其最妙之《永初子游残碑》一纸及新得拓本，俱奉赏。弟游嵩游岱有碑之地，悉图之，今寄杭求题，令舍侄送兄一阅，乞题数语为荷。叶石公《金石随录》如录出，乞付还为荷。吾兄有新得否？乞示知。浙录此日尚未得见，深望吾兄高捷也。桓香居然第著，快事快事。《碑释》刻成五册，今寄兄一部，乞赐正。并候近祉。不一。愚弟黄易顿首，晋斋大兄大人。八月廿九日具。

钤"黄易印信"。[上海博物馆藏]

考：此札裱于黄易赠赵魏《汉安阳残石四种》册末。札中提及乡试，并言江凤彝（秬香）中举，当作于嘉庆三年（1798）八月二十九日。黄易获知赵魏游粤已返杭州，因有此书。本年四月二十五日，安阳令赵希璜得汉碑四种于西门豹祠内，黄易获拓本后旋寄阮元转何元锡，《永初子游残碑》为四碑之一，此札附赠拓本。札中又提及《嵩洛访碑图》与《岱麓访碑图》，黄易时已寄杭州倩诸友人题诗，札中又索赵魏题语，今所见二图册有梁同书、奚冈、何琪、吴锡麒诸人题，然未见赵魏所题。叶石公即叶树廉，字石君，吴县人，清初藏书家，《金石随录》即其所著《金石文随录》，赵魏此前借抄，此际黄易索还。《碑释》即《小蓬莱阁金石文字》，此书上年已有刻本，参128-2胥绳武致黄易札。赵魏得此信后似未作复书，故17-27中仍有"传闻大兄入粤已还"之语。

黄　易　17-27

金石相知，多时不通音问，其为怅闷不可名言。传闻大兄入粤已还，谅来因贫之故，不知近日稍得顺叙否？念切念切。弟服官至今，贫病交深，欲拂袖而去，奈家无担石何？恋此一官，真是万不得已。几乎右体不仁，服参药二年，始得渐好，然作画刻印竭蹶之至，只有翻弄碑帖、扇面自为娱悦而已。无意中揭《衡方碑》，得其碑阴，正面末一行之下精拓始见"朱登字仲条书"，翁覃溪先生以汉碑自署书者甚少，得意之至，赋诗纪事，特精拓各一通寄赏。近来癖嗜扇面，而相好朋友之迹尤为宝爱，祈大兄一书一画扇面见惠，以便入册，至要至要。宋芝山兄在杭好否？近况何若？几时北来？乞示知。顷匆匆发函，王兰泉先生处不及具禀，乞为请安。李铁桥有《得石第二图》在王大人处求题，屡次禀请未得，求大兄代为乞取交寄，感不尽言。《衡方碑》止一副本，不及多寄，随后多揭另上。吾兄在粤中得拓本乞分惠，粤碑弟与铁桥甚少也。晋斋大兄大人，愚弟黄易顿首。

陈秋堂、何梦华诸君子乞叱候。

钤"小松"。[《西泠八家の书画篆刻》]

考：札中以拓得《衡方碑阴》"朱登字仲条书"诸字相告，并赠精拓本。黄易《得碑十二图·贺碑图》，黄易题识云："嘉庆己未（1799）十月得《汉衡方碑阴》，十九日又与铁桥醉赏，亦贺碑也。秋盦题记，时年五十有六。"嘉庆五年（1800）正月翁方纲有《〈衡方碑阴〉歌寄黄秋盦》："衡君小隶之碑阴，已近千载嗟湮沈（宋洪、赵诸家皆未见）。钱塘黄子别苔手，武阙不止搜岨嵚。郑尉氏阴秘其半，张巫斋屡低回吟。借君毅力发光怪，郑范石并开重霳（《郑固》《范式》）。岂知郕临汶水上，此石屹立完至今。其阴有字世莫问，三面日积苔花森。衡君服官历南北，会稽北平颍与任。门生故吏遍海内，朱登碑尾仅可寻。洪家释隶独指此，耿耿尔日悬精忱。撰邪书邪或变例，系名系地谁知音。二十年前过汶上，归以囊笈夸同岑。桂四隶书专是效，玉箸云可该悬针。况此阴书更遒古，崇牙树羽锵球琳。黄子病起力如虎，蛟龙缺齾拗断金。纸边释文作小草，笑与洪赵遥规箴。邀我作书并寄桂，晴窗雪后添摹临。挂之苏斋客争讯，商彝夏鼎知何琛。最熟之碑最新拓，高枝喜听嘤嘤禽。"收入《复初斋诗集》卷五十四。札言翁方纲赋诗纪事，当作于此后不久。又，伊秉绶《留春草堂诗钞》卷四《题〈衡方碑阴〉同覃溪先生，寄桂未谷大令》："盛汉富文藻，罕载书碑名。礼器金乡师，但云七人成。《华山》之郭香，察书义甚明。粤惟建宁年，二颂标厥称。《西狭》仇靖创，《郙阁》仇绋仍。然而不始此，始诸《卫尉卿》。尉卿垂贞石，辉映汶水清。千有六百年，其阴委榛荆。好事推黄九（小松司马），搜出方瑶琼。会稽有故吏，任颍多门生。借问书者谁，朱氏其名登。欧赵所未见，见之适然惊。熟碑最新拓，笑倒翁北平（最熟之碑最新拓，覃溪丈诗句）。因思桂大令，南诏烟岚蒸。亦复念贱子，未必来都京（未谷寄苏斋书有云：墨卿想未来京）。岂知声相应，胜赏同挑灯。维衡与伊氏，同祖商阿衡。似宪贫非病，学由闻斯行（用碑中句）。贱子窃慕之，百本临摹曾。临书何足道，阴出疑神灵。据阴考书家，于以知乐陵。滇云逝油油，春鸟鸣嘤嘤。送君长安陌，六十才称觥。十年君老矣，应梦东山青。请以乐石寿，千觞计犹能。"札中黄易还向赵魏报告身体状况，并提及近期癖嗜扇面，请赵见惠书画扇各一。其时赵魏已自广东返杭，故又要求分惠粤地之碑。

18　　潘有为　　【17封】

潘有为字卓臣，号毅堂。其先为福建人，入粤，籍番禺，居河南龙溪。乾隆三十五年中顺天举人，三十七年进士，官内阁中书。久宦京华，以校四库书例得议叙，与权贵忤，卒不调。退居林下，足迹罕入城市。参见《（同治）番禺县志》卷四十五《列传十四》。

潘有为 18-1

无轩先生入京，得接手示及宝书，名贵不可言说。顽石烦铁笔，兼勒印跋一则，奖借有加，叨增惶汗。妄托神交，邀青睐，恐有过当耳。向从无轩口述，稔悉先生古雅绝伦，非今所宜有，而即以无轩取友卜之，相念可知也。札内谦称未免堕流俗，宜珍赵。屡惜宝翰，不忍舍去，奈何奈何。此候文安，相期渊宥，不尽欲言。同学弟潘有为顿首，小松先生足下。三月廿二日。

钤"臣拙无比""惶恐再拜"。[《黄小松友朋书札》第三册]

考：此札当作于乾隆四十一年（1776）三月二十二日。时陈焯入京，转交黄易书札及隶书、篆刻，潘有为复书。下年秋黄易候选入京，与潘相见。据黄易旧藏《宋拓汉石经残字》李威跋："乾隆丁酉（1777）十月既望，雪中乌程陈焯、龙溪李威集番禺潘有为寓斋，送小松之官山左，观此叹绝，威记之。"今藏故宫博物院。

潘有为 18-2

顷与芝山自厂肆归，得接手翰，兼惠金石种种，灯下展阅，精美莫状，喜慰何俟鄙言。第屡承厚爱，图报之意未能免俗。觉胸中常有宿物，只管不好过去耳。《石经》一册，敝师覃溪先生跋尾，精而详，副页十数幅挥之殆尽。念生平奇遇，当嘱芝山于行笈中加倍珍重，雅意已理会得，毋劳致嘱也。《裴岑碑》经面达茌谷先生，余石印俱分致讫。铁刀收到，谢谢。欢宴未终，离情接踵，灯影炫目，芝山复在座右，欲言百未申一。容续布，特候日祺。不宣。弟有为顿首，九先生足下。

外附《石鼓》《云麾》《王母宫颂》，乞检收。

钤"有为白笺"。

《秋影庵图》现在兰公前辈处奉题，当赶赴芝山带寄也。湘管斋主人想随沈观察办差去，匆匆不及另札，晤时希道意，千万千万。芝山"宝墨斋印"，顷得佳石，以新易旧云云。孔庙汉隶二种，已用六金购得矣。并谢费心，又及。九月初一夜。

钤"惶恐再拜"。[《黄小松友朋书札》第十三册]

考：札作于乾隆四十二年（1777）九月一日，此际黄易暂返保定。翁方纲所跋《石经》，即黄易本年秋日在京购自董元镜者。札言"余石印俱分致讫"，当为黄易为京中友人所刻印章。秋影庵为南宋姜夔故宅，黄易以之为号，陆飞为作《秋影庵图》，何琪、江立、江昉、袁枚、翁方纲、王复、方薰、吴嵩梁、郭麐等皆有诗词，如何琪《小山居稿》卷一收《题黄小松〈秋影庵图〉》，江昉《集山中白云词句》收《满庭芳·题黄小松〈秋影庵图〉》，翁方纲《复初斋诗集》卷十六收《题黄小松〈秋景荠图〉（陆解元飞画）》（1777年九月），朱彭《抱山堂集》卷十二收《〈秋影庵图〉为小松题》，郭麐《蘅梦词》卷二收《迈陂塘·题黄小松〈秋影庵图〉，用江玉屏韵》，方薰《山静居遗稿》卷四收《题黄小松司马〈秋景盫图〉》等。据此札，潘庭筠等人皆有题诗。湘管斋主人即陈焯，沈观察当为运河道道台沈启震。潘有为转交孔继涵之《裴岑碑》，当为黄庭所寄木刻本。孔以本年冬日奉养请归曲阜。

潘有为 18-3

秋色清霁，怅念佳安不置。日前附邮筒寄去候札，内缄碑刻两通，青田石一枚，谅得接受，为念。秋榜无轩与芝山均落孙山，令人咄咄作书空怪事。知己多不售，恒涕泪及之，无轩固其尤切也。《石经》一册，由覃溪师处递与芝山带致，蓬莱阁韵事，不胜健羡耶。昨偶得《南海神庙碑》一通，即附寄，倘得佳本，再行续致。芝山行色匆匆，附问兴居，临颖依结。秋荠先生文侍，弟有为顿首。九月十四夜。

舍弟嘱笔问安，又及。

钤"有为""心心相印"。[《黄小松友朋书札》第十三册]

考：札作于乾隆四十二年（1777）九月十四日。本年乡试，陈焯与宋葆淳皆不售。所言《石经》，即黄易倩翁方纲题跋者。青田石，即宋葆淳嘱黄易重刻"宝墨斋印"者，此际宋有保州之行。参18-2。

潘有为 18-4

顷闻明日即带领引见，非乾清宫则养心殿也，大喜大喜。银鼠风毛皮袍一新一旧，即烦尊使带缴，敝之无憾，何必计两色也，来札殆未能免俗耳。有为顿首，秋葊先生左右。[《黄小松友朋书札》第十三册]

考：札作于乾隆四十二年（1777）十月，时黄易在京，将带领引见。

潘有为 18-5

今晨捧接手翰，远承关爱，怀怀不去于怀。而金石之缘，屡叨嘉贶，目睫若不暇接。先生厚我，则报称愈难可知也，惭谢惭谢！付到各札，朝晡即分致讫，此时俱未奉有回书，明晨当遣力走索，奈何？颜真卿书廿七字，结构精严，炯炯宝光夺目，珍意奚取百琲，第此必无副本，受之增不安也。册首十五字笔力亦遒劲可喜，是否中郎书何必介意？且俟暇日详考。日前献之寄存一项，约廿金，谨候札至，为转付可耳。《韩敕碑》阙字处经裁截填补，惜不能精搨，仍不能满意，幸假期为觅便补寄，惶惧惶惧。严冬冒风雪，途次诸惟调摄，春风努力，到济望锡玉音为念，临颖依依。有为顿首，秋庵先生文侍。腊月三夜灯下呵冻，匆匆。

钤"潘氏卓臣""有为白笺"。

敝本家兰公前辈有札来，道及足下亟须《校官碑》，嘱为为转致（渠处已告尽了，可知金石亦时尚也，呵呵）。兹将阴、额全副寄上，望察收为嘱。舍弟属笔问安。述堂舍人均此致意，又泐。

兰泉前辈、覃溪夫子均有札，乞检收。四日饭后又及。

兰公前辈今晨遣人索得回书，并呈阅，朱、余俱无札也。

钤"毅堂"。[《黄小松友朋书札》第十三册]

考：札作于乾隆四十二年（1777）十二月三、四日，并附王昶、翁方纲、潘庭筠诸人回书。此际黄易将前往济宁任职，故札有"到济望锡玉音"云云。《校官碑》在江南，潘庭筠委潘有为寄赠全副拓本，参37-1潘庭筠致黄易札（即本札所云"回书"）。乾隆辛亥（1791）仲夏，黄易又得淮阴程从龙（荔江）所藏《校官碑》拓本于陕人碑簏中，今藏国家图书馆，有黄易跋。述堂即李威，福建龙溪人。少登贤书，深于六书之学，为朱筠高弟。乾隆戊戌（1778）成进士，官中书。朱、余当指朱筠、余集。

潘有为 18-6

握别倏忽冬春，相念无已，两接翰教，稔悉德履安和，可胜欣慰。喜闻投辖帅府，暇复娱情金石，韵事添增，遥想知遇之隆，芳馨未艾，相期嗣我好音，且暮延伫而已。承惠《郭云砖拓》，珍玩不已，又劳代镌石印两枚，谨谢谨谢。为别后多不如意事，薄技料必不售，颇能洒然，弗复介意，第惭难为知己引慰耳。《西清古鉴》遍觅书肆无有，武英殿向有官书发售，昨诣求之，亦告罄。来札须之甚亟，怅触不可言状，奈何奈何！只合缓期商之耳。春波双鲤，浩淼靡涯，何由解吾饥渴？匆匆草此，问请迩祺，临颖洄溯。学弟有为顿首，秋蕈先生文侍。四月三日。晚谦谨璧，谢罪谢罪。

钤"有为白笺"。

附钤"六松居士"，书"如此印，安得不可人？见之如见良友也，珍重珍重"。

[《黄小松友朋书札》第五册]

考：据"握别倏忽冬春"，知札作于乾隆四十三年（1778）四月三日。札中"投辖帅府"云云，指黄易入东河总督姚立德幕。据札，黄易此际为潘镌石印两枚，即札上所钤"有为白笺""六松居士"。黄易所赠隋大业三年《郭云砖拓》，出于济宁。除寄赠潘有为外，张燕昌等亦收到拓本，《神州国光集》第七集刊唐风楼藏拓黄易题识云："近出济宁乡间，云铭似郭君之名，非铭额也。"张燕昌题识云："钱唐黄小松从济宁邮寄京师，乾隆戊戌（1778）夏日，燕昌识。"

潘有为 18-7

前月廿六日得接来翰，敬悉一切。承寄到《武荣碑》，上月即具札奉谢，兼致《南汉铁塔铭》全副，计大小廿五张，未审曾邀青盼否？昨承寄《兰亭》一纸，亦精美可爱，惜搨手不工，不得其神气也。所寄覃溪师《太白酒楼记》甚佳，未知能分惠一二否？渴念渴念。札示新得种种金石，如同梦寐，颇惓怀不置，且妒且喜，或者君之余即为我之有也，如何如何？无轩先生前月尽由保定来京报满，适患痈，卧病敝庐，现幸十愈八九，将来廿外可望回署也。渠捐项业行凑足，秋冬间作归计，准备春盘苜蓿，供一饱耳。承示急须洋刀，发箧得两挺，皆非市中物，宜珍视之，恐续寄不能得其佳者，幸勿被人夺去也。为新得青田石数枚，其质颇文，屡思倩人捉刀，自晤足下，而观海者难为水矣。百忙中又增此不情之请，真不自安，第迫于中，不能自禁，幸恕一切，惶汗惶汗。为新得汉铜印六百余颗，暇当全印以报君惠耳。顺候佳安。不备。弟有为顿首，秋盦九兄先生文侍。六月十三日。

钤"心心相印""六松居士"。[《黄小松友朋书札》第五册]

考：陈焯此际报满在京，适卧病潘宅。札作于乾隆四十三年（1778）六月十三日。《秋盦题跋》收《武荣碑》："碑材甚大，文字仅书其半，与《韩仁铭》相类，碑侧有曹仲经题名一行，金农题字二行，皆墨书也。"又《跋南汉铁塔字》："金石之文，传于世者金最少。是塔远在岭表，拓本尤希，荘谷农部以易有金石癖，从南涧先生假得寄示，乃获欣赏焉。十国之主佞佛铸金，若吴《太安寺铁香炉题名》、钱氏《金涂塔绘像》之类，不可悉数。然范金之字，比石为难，易藏《金涂塔瓦》拓本有二十余字，近拓《衡水古钟》隐隐有'贞元元年'字，皆丑拙无足取，益信金文不可多得。此拓书虽不工，饶有古趣，且只字必收，多前人所未见。金台倦客累日摩挲，何多幸与。"所题乃孔继涵藏拓本，孔时已家居。据札，黄易自潘有为处获铁塔铭全副拓片。

潘有为 18-8

为月余愁绪万端，笔墨一味偷懒。前敝本家于十三日回任城，札成，遣小力追至彰义门外，竟不及赴。乃托贵居停之东床转寄，未审曾接到否？昨灯下重得手书，似《西清古鉴》尚未收到者，怅念怅念。承惠济宁六碑及新得二砖搨，精美已极。为于金石一道梦寐与俱，得淡拓，其宝贵可知也，谨谢谨谢，九顿九顿。闻足下赴洛，洛为金石之薮，百忙中亦不宜错过，慧心人当许斯言也。倘能沾丐余波，日夜延伫。札示欲得《快雪堂帖》，补清秘阁所藏，续得佳本，即当速寄。无轩先生卧病敝斋，今已十愈八九，昨损项已完，慰甚。渠有札付寄。另芝山一札，留无轩处已久，兹与芑堂札并缄封，曹皇后玉印拓本，芑堂所赠也。为新得泉范一纸，另铜镜铭、古鼎篆、古钱，共五纸并上，不足一哂也。为所藏秦汉铜印，前后共得八百余颗，其气味稍涉唐宋以后者，即不入选，以此尚存七百廿余颗，足下仅以三百颗羡余，或亦轻量天下士耶？刻下甚忙，稍暇即当印寄，敝斋中一长物，颇不敢轻贱也。吾兄能抽暇为我多作数印，则以此报之矣。

恶赖恶赖，罪过罪过！许久不晤足下，不觉茅塞。有为顿首，秋盦先生文侍。匆匆走笔。不备。

芑堂新赠芝山明人尺牍一百余幅，健羡健羡。又赠我汉铜印两三枚，皆可宝也。便此奉闻，又及。

钤"六松居士"。[《黄小松友朋书札》第五册]

考：本札所称"十三日"曾寄札，即18-7。"贵居停之东床"，即姚立德之婿汪用成。本札当作于乾隆四十三年（1778）六月中下旬。本年春间，陈焯尝自故城寄《西清古鉴》与黄易，故潘有为有此问，参25-4陈焯致黄易札。据札，此际黄易将有河南之行。本年秋日，黄易曾在仪封河上刻"定斋"一印，与此合。又黄易索《快雪堂帖》，或为孔氏刻帖张罗。潘有为在札中还告知京中友人陈焯、宋葆淳、张燕昌近况并附寄诸人手札及所赠拓本。

潘有为 18-9

午后接读手书，百忙中抽暇作此长札，千里故人，晤对如初，看篆楼中不曾寂寞也。无轩经于前月尽回保定去，昨得渠札，具道无恙。述堂已决计南归矣。为羁居燕邸，乡思奈何？付来各札经转致讫，芑堂有回札，内缄或即《石经》暨《金石契》，未可知也。覃溪师前有一札，申刻又付一札来，并检交，望察收，为嘱。为处所藏汉印，缘印谱之名未定，印格未经付梓，而用印复不得人以代，以此少稽。且为终日鹿鹿，为它人作嫁衣，校对甚忙，不得休息，入秋后或冀精神稍定耳。转忆去年聚首，时乎不再，赖此片札以通契阔，怅触何如？造次，尚祈节重。匆匆，灯下草此问安，瞻恋无已。弟为顿首，秋盦先生文侍。闰六月十七夜。

附钤"看篆楼"，书"芑堂先生作"。

又另纸钤"看篆楼"二，书"此芑堂先生所作之章也，逊君数筹矣，将来欲觅径寸之石，而石必青田中之精美者，乃敢奉烦，谅亦首肯也。谨订"。

信封：秋盦主人台升。[《黄小松友朋书札》第五册]

考：据18-8及48-1张燕昌致黄易札，此札作于乾隆四十三年（1778）闰六月十七日，潘有为乞黄易为刻"看篆楼"一印。时陈焯已先回保定。

潘有为 18-10

前月接手示，来人约延一二日来取信物，后不果至，及遣奴子前往，已返中州矣。正纳闷不了，而尊札续又来，喜慰可知。泉、刀二品不料如愿之速也，谨谢谨谢。河工未肯葳，当局者较难为情，可胜怅触。闻此番开口，官民多遭不测，数日思足下尤切，顷得玉音，岂同常慰耶？期努力期节重。余话前札已详之矣。有为再拜，秋阴莽先生左右。十二月六夜。

前月未到之信物附缴，乞查收。

钤"潘氏卓臣""六松居士"。[上海博物馆藏黄易《功德顶访碑图》卷后]

考：乾隆四十三年（1778）闰六月，黄河在河南仪封十六堡地方决口。当年八月，上游洪水又至，塞而复决，堤坝崩塌二百二十余丈。其后河堤屡堵屡决。此次堵口，历时两年，乾隆四十五年二月工程始竣工。据"中州""此番开口，官民多遭不测"云云，很可能作于乾隆四十三年十二月六日。是札后有吴湖帆一跋，云："潘毅堂号大松居士，下角小印可证，故不称'小松'，而曰'秋阴莽'，事之凑合有如此。"吴辨此印为"大松居士"，误。据是印首字左右下角皆有屈曲，知为"六"字。又《（宣统）番禺县续志》卷四十《古迹·园林》："六松园在花埭栅头村，乾隆间潘有为筑以奉亲者。风亭水榭，并有老荔两株，自闽移至，今尚存。园后归伍氏，易名馥荫。"

潘有为 18—11

有为与足下别，冬春两易，眠食思深，每接文翰，反复沉吟宴笑，宛如昨日，饥渴之感，复何能忘？去秋以来，辄念足下，思以札慰问兴居，而中州、历下忽忽两无定踪，笔墨以此疏懒。叠奉手书，非遇病中，即俗缘萦绊，及抽暇将伸纸少道诚意，而去鸿远矣。自问罪其可逭耶？承惠各金石，种种精美绝伦，《瘗鹤铭》太宝贵，感谢感谢！春初舍舅自铜仁郡来就婚其岳家，即南田画史之后，远宦遵化州同，虽荆钗无以具嫁娶，为悉任其劳。其时兰圃先生来京，匆匆仅一晤，不能少运螳臂，惭悚惭悚。近再接谈，才华蕴藉，风度大佳，诚当代士也。飞腾直上，意在转盼间。足下所友，即为予友，然订终身交恐不余许也。承代镌"看篆楼"一印，尤朴茂，文房上品，譬之升堂入室，苣堂当厕两庑矣。予粤人，不识柎纸，可发一笑也。来示明切，为终在梦梦，幸发纸式封来，当寄粤购之，想自易易耳。看篆楼所藏秦汉印七百余，苦无印色，是以迟迟。近日砾砂已得，有同年恒益高者善制，制成当得佳本奉寄。兹为略印数印呈阅，枕上卧游，君当作道逢麴车想也。吾家兰垞几欲成佛，诗画懒应酬，庶常功课间一为之，特适其性情而已。芝山前月闻其尊人讣，已西归。董小池亦南行。马香君在京，不予来往。无轩作广文去。苣堂留东昌，闻俱晤面，不具述。余悉无恙。为暇日多雠官书，败精疲神，瘠瘵不复自如，文酒之会日减，诚无以对知己，赧仄奈何？昨为相好迫挟代撰《泉谱》，数月来颇搜罗古泉币刀布等物，尊藏无所不有，幸沾丐余光，分惠一二以佐见闻，更感更感。兹乘羽便，外附洋刀一持、洋巾一幅、椰珠弦带一条、扇一柄，秀才人情，略见大意而已。许久患目，灯下草此，问请近安。积时不言，欲言百未申一。弟为顿首再拜，秋葊九兄先生尊前。四月十四夜。

钤"有为""六松居士"。

再闻吾兄补阙商丘，喜慰万状。伯母大人须速迎养，谨嘱谨嘱，千万千万。又所恳代觅古钱如汉泉目中所罕见者，幸留神，毋庸赘及。其余自唐以下所欠者另单寄阅。痴人作渴，谅之谅之。为又顿。

钤"六松居士"。［《黄小松友朋书札》第五册］

考：据别后"冬春两易""补阙商丘"，札当作于乾隆四十四年（1779）四月十四日，时嘱黄易为留意古泉币刀布，盖此际潘有为为他人代撰《泉谱》一书。本年二月九日，张燕昌自京南归时曾过济宁，参48-2张燕昌致黄易札。黄易为刻"看篆楼"，潘有为以为远胜张燕昌所治，参18-9。芝山、无轩、董小池，即宋葆淳、陈焯、董洵，皆黄易友人。

潘有为 18-12

半岁不奉德音，饥渴无已，忽接手教，不自觉眉舞色飞也。闻宝眷来济，太夫人精神康健，足下乌私克遂，昔人捧檄而喜，于吾子期之，以手加额颂祝当何如也。比莅阳穀，较商丘谅增喜色，念念。承远寄《式古堂帖》，是曩所渴欲一见者，得之，百忙中翻阅不去手，珍重可知。《麻姑坛帖》此拓亦少，可宝之至。古泉十三枚，北宋之景德、天圣，不足贵，余俱精美绝伦。内一种两字模灭不可辨，其九府圜法也。为撰《泉谱》未成，得此不殊嘉珍，谨谢谨谢。东土搜寻尚易，乞留意，倘续有后命，尤珍感，且跂切不已。来札述尊藏古钱拓本十二册，在孔荭谷农部处，问予欲一见否，是何异示饥人而故阻之以粒食也，其何怪愁如者转增剧耶？幸设法寄京，为亿万致祷。番禺相国手书蝇头楷，此潭府所珍也，承命为识其尾，旬日踌躇，苦于雠校纷烦，深夜不得少息，精力疲困，双目几就盲矣。又值天气凝寒，笔砚俱冻，不敢孟浪，请暂留小斋，俟春融勉力完此举，何如？素栝纸，吾粤省城无此物，想出于加应，未可知。向见裹程乡茧多用此，

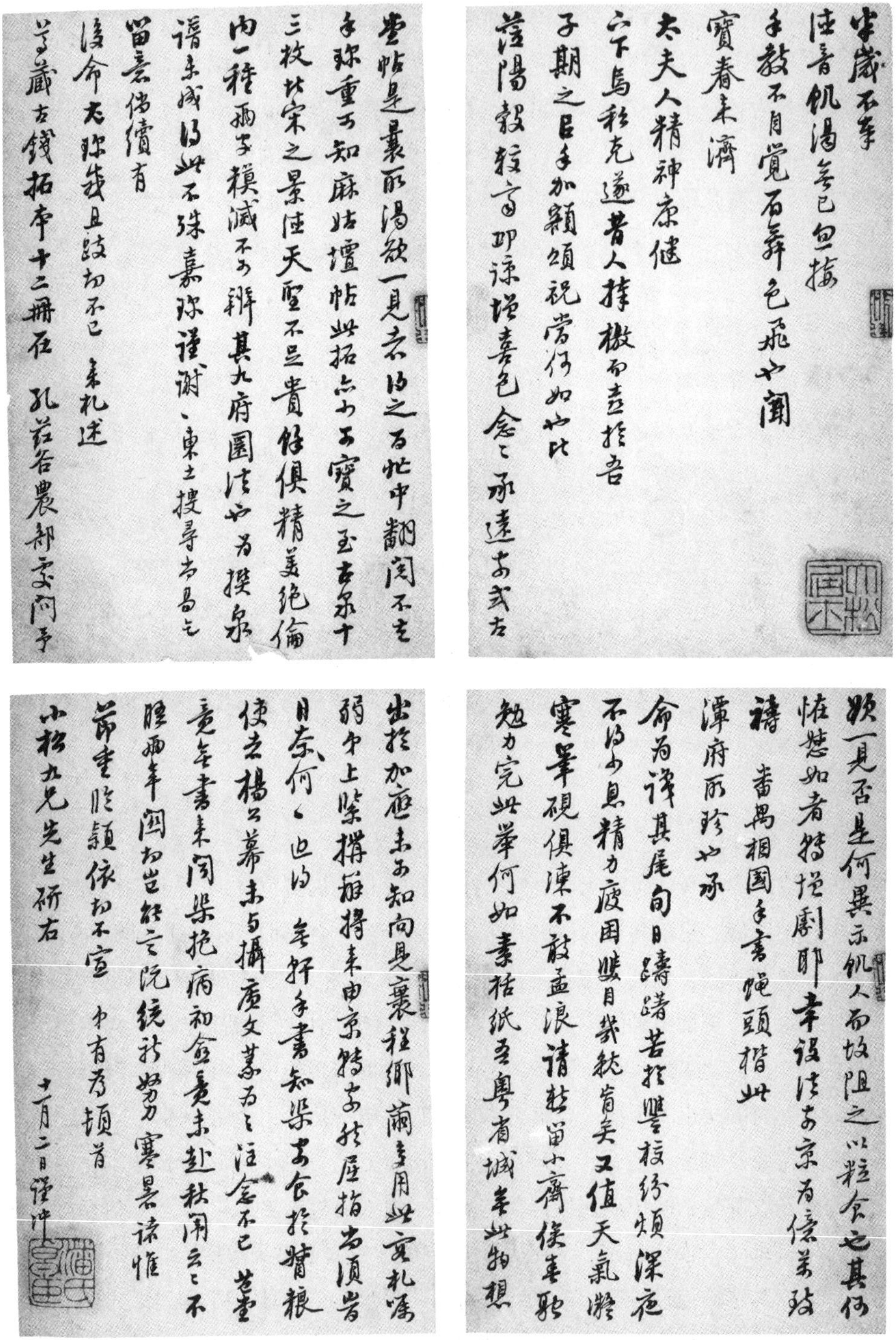

潘有为致黄易札（收入《黄小松友朋书札》第四册）

容札嘱弱弟上紧搆办，将来由京转寄，然屈指尚须时日，奈何奈何。近得无轩手书，知渠寄食于督粮使者杨公幕，未与摄广文篆，为之注念不已。芑堂竟无书来，闻渠抱病初愈，竟未赴秋闱云云。不晤两年，关切岂能言既？统祈努力，寒暑诸惟节重，临颖依切。不宣。弟有为顿首，小松九兄先生研右。十一月二日。谨冲。

钤"潘氏卓臣""六松居士"。[《黄小松友朋书札》第四册]

考：札言张燕昌"未赴秋闱"，盖指乾隆四十四年（1779）恩科顺天乡试，又言与黄易"不晤两年"，当作于本年十一月二日，时黄易已从河南商丘调山东阳穀，家人亦已接至济宁。番禺相国当指乾隆间大学士庄有恭，黄易有其书作，时倩潘有为作跋。

潘有为 18-13

春三月得手示，来使具告，回信交全浙馆司阍者转给，当不误。弟正与芝山接谈，偶欲有所赠，亟询使者归期，遣人追之弗及。次日属奴子侦其下落，而横街及土地庙斜街两馆地皆无有，以此未能报命。芝山彼时亦要发信，无由达也。昨七夕再接手书，具悉安善，欣慰之至。弟自与窥中秘，据案五年，日夜皆有一定章程，精力疲瘁。昔人作《解嘲》云：半折援之以（手），全昏请问其（目）。弟之憔悴良有过之。足下以《得石图长歌》相属，此册初在鱼门先生处得观，自忖断无余隙完全雅意，即力恳家兰垞兄为补此空，图可以谢乃责也。不料辗转相递，至今尚未归赵，是弟之图谢责而责转深矣。足下有札向兰垞兄催取，大妙大妙。芝山自去秋由教习馆迁出城，即以弟寓为寓，弟公课忙，居停与阔别无异，至今夏乃能数晨夕。又幸晤晋斋茂才，订金石交。回忆多年校雠之苦，远殊泾渭，止恨吾兄及然圃学博不得共团栾为增感耳。弟本月十一日有津门之行，归时总在八月，因速报札，其《得石图册》经谆托芝山代催，封寄足下，候兰垞兄一缄，弟昨往投，未能晤也。来信云寄示《永建刻石余字》一纸，细检无有，想偶忘封入，未可知。然在芝山案头饱观，深惜已漶漫，微欠神采，备一种而已。古泉币数年不暇搜罗，今夏大有所获。铜印尚未满千，尊藏能足岳添流，更感。《张文敏小楷》玉虹楼已付梓，其墨迹还我看篆楼中，大望大望。《武梁祠堂汉画》自足千古，愿沾丐其余。参商出没，瞻跂多情，顺时珍摄。不既。弟潘有为顿首，小松先生文侍。七月九夕。冲。

钤"看篆楼""六松居士"。

玄青红毛羽缎长褂料一端，今春要奉寄者，顷闻差官系贵相好，就便托致，乞检收为祷，想当不误也。有为又顿首。[《黄小松友朋书札》第七册]

考：赵魏乾隆四十九年（1784）秋日在京，九月往西安，入王昶幕，参见17-13赵魏致黄易札。宋葆淳时为满汉教习。札当作于本年七月九日，潘有为两日后将有天津之行。《得石图》为黄易为李东琪访得《王君庙门断碑》所作，时征诗于京中友人。程晋芳字鱼门，号蕺园，歙县人。乾隆三十六年进士，官吏部主事，以校勘《四库全书》改编修。所及《武梁祠堂汉画》，当为《郭巨石室画象题名》，参见18-14。

潘有为 18-14

七月望前告假发津门，恰好重阳回都，晤晋斋、芝山，已有三秋之感。契阔如吾兄，可胜言念耶？再得示，怃慰当不具言也。石拓已收到，谢谢。细审镜文内有精绝者，宝贵之至。弟收古镜三十余面，间亦有可观，容抽暇拓寄。芝山以弟寓为寓，榻前悬汉画像六幅，皆奇古可爱。询云《武梁祠堂刻石》，弟因之札乞，不料竟是《郭巨石室象题名》，惜已漫漶掩真矣。曩见陈章侯人物，每把玩不释手，近始悟从汉画脱稿，而天分与学力两造高深，故独臻其妙。倘得一全副澹墨拓本，平生之愿足矣，惟兄惟能慰我饥渴。弟集铜印千枚，择其气味稍差与模糊欠真、不入赏鉴者割置百余，以此尚未盈千，必加意拓之，就正有道。《得石图册子》已索还，少顷始得纵观，惜两月辞春明，归时谭谐络绎，精神未定，而使者已迫不及待，止可将原册寄去，留为后日负逋一佳话也。芝山倩赵君刻汉画，大有趣，惟隶书精采不出，其过不在刻者，良可惋惜。晋斋兄十八日有关中之行。欢序未畅，离愁将继，其何以为情？茝谷作古人矣，鱼门先生嗣之，良友萧索增恸，奈何？特此问安。能拨冗乞小画一幅，不异百朋。小松先生吾师，弟有为顿首。九月十四夜。冲。

钤"六松居士"。[《黄小松友朋书札》第七册]

考：札与18-13连续，作于乾隆四十九年（1784）九月十四日，时潘有为已自天津办差回京。赵魏将于四日后前往西安。札中言及孔继涵、程晋芳先后下世。按，孔继涵上年卒，程晋芳本年卒，与札合。据札，《得石图》册子潘有为未及题诗，此际已寄还黄易。宋葆淳据摹本请赵君刻《武梁祠画像》一事，参见23-12翁方纲致黄易札。

潘有为 18-15

昨廿四日接手示，兼承寄赐铜章四十枚，内有精美非常者，顷与芝山细赏，不能去手，古之朋锡其何能过此？可胜道意耶？《得石图册》前书就来使专函封致，芝山亦有大字长札，未审何故不得接收，仍乞查示，以慰悬望。满拟足下荣擢来都，畅叙离悰，今又愆期，空切延伫。匆匆布谢，陈春晖书联一付伴函，特候文祺。临书深念。不宣。弟有为顿首，秋盦先生侍史。十月廿五日。冲。

钤"六松居士"。[《黄小松友朋书札》第七册]

考：本札与18-14相属，作于乾隆四十九年（1784）十月二十五日。时黄易因潘有为之请寄赠铜印四十枚，参见18-13。本年九月潘有为自京中寄出《得石图册子》，然黄易尚未收到，潘氏颇为悬怀。据札，黄易次年升东平州同，本年冬日尝拟赴京，似未果。陈春晖即陈邦彦，浙江海宁人，清康熙四十二年（1703）进士，乾隆初官至礼部侍郎。善书工诗，浙西词派领袖。

潘有为 18-16

春间曾托蔡君带致西洋画、挂屏、书信等件，并有青田石乞铁篆，至今未到，颇增疑诧。闻升任东平州司马，庆慰之至。足下精神大于身，咫尺腾达，此其小试耳。汉印检出一枚奉上，转盼便不合用，仍归我斋，亦佳话也。《朱龟》《灵台》《谯敏》等碑，宝光炯炯，吾师覃溪先生及诸君子跋尾亦复绚烂，已无庸续貂矣。留寒斋一昼夜，与芝山细细品评，设想如此等汉人面目，得一见即万幸矣，颇嫌聚讼无益，先生其许我否？内弟光远浪游，从何处得相见？此子大为人所弃绝，冬底闻仍到兰河台处抽丰，真不成事体，令人为之怅恨。以其十余年不归，闲无一事，唐六如印章有"烟花队里醉千场"之句，此其得意笔也。乘便率泐布贺，兼候近祺，余容续致。不一。愚弟有为顿首，小松九兄大人如晤。七月廿八日。冲。

钤"六松居士"。[《黄小松友朋书札》第六册]

考：黄易乾隆五十年（1785）升东平同知，札当作于本年七月二十八日。潘有为此札或附寄汉印"东平司马"一枚为赠，故有"汉印检出一枚奉上，转盼便不合用，仍归我斋，亦佳话也"云云。作札当日，宋葆淳等人在潘有为斋观黄易所藏汉碑，观款具见，《朱龟碑》拓本："乾隆乙巳（1785）七月廿八日，安邑宋葆淳、长宁赵希璜、钦州冯敏昌同观于番禺潘有为京邸寓舍，敏昌记。"两日后又观《小黄门谯敏碑》拓本："篆额小字甚精，黄字亦有致，小松得此，正可取以作印也。乾隆乙巳七月卅日，安邑宋葆淳题于三十四汉瓦斋。"今皆藏故宫博物院。又钱泳《履园丛话》卷九《汉成阳灵台碑（建宁五年）》："此碑是黄小松司马所藏，翁覃溪先生定为重刻本，近亦不可多得矣。碑中字数与《隶释》相符，惟笔画间稍有讹处，江秋史侍御尝释出数字，可补洪氏之阙。"札言"聚讼"，当就此而论。《履园丛话》卷九又收《汉小黄门谯敏碑（中平四年）》："是碑前有额曰'汉故小黄门谯君之碑'九篆字，亦小松所藏。"此数碑皆所谓宋拓，乃泰安赵国麟旧藏，本年黄易得之于友人王淳及张玉树，详下文。札中所及兰河台当即兰第锡，字素亭，山西吉州人。乾隆庚午（1750）举人，四十八年四月由永定河道升任河东河道总督，五十四年二月调江南河督。

潘有为 18–17

别足下十余年矣，梦寐深思，昼夜相接。许方伯从都还，得尊札，曾浼桄榔客贩北者由京转覆一缄，宋四哥到来，未蒙述及，岂此信又属浮沉耶？览手画济廨一图寄阅，待留一席见邀，骨肉相爱之情，触绪哽咽。弟因母老多病，决计不复出山。十五年虚度薇垣，宦途参透，亦复了了。惜目下粉榆金石之契，莫过于吾兄，而不获重听旧雨，徒以纸笔代喉舌，为增感耳。比晤李弨甫先生，再接文翰，并缄金石及新刻各种，读之不忍释手。询知官况清苦，幸伯母大人精力康健，觞举融和，克慰颙祝，且盼升迁之信，尤不能去怀也。弟自归粤后，频年赴闽经营先君葬地，心剿形瘵，缭悷莫状。偶觅书画及碑帖，俱无有，物力尽而眼亦穷，羡足下搜罗翠墨，希有之珍尽归囊匣，宁不令人生妒。鱼山滞官吏部，芝山返解州，德园大兄归武林，朗斋、晋斋、苣堂、无轩俱久不得音问，药房解组后旋即弃世。离群索处，安得好怀？思之惘然而已。闻尊处亟须天青大呢，兹奉寄一板，约四十尺有零，随意剪用。天青软羽要寄一板，值青黄不接，市中力索无得，所存货脚不合式，不便上，捡笥中仅存一套（袍系京酱色），幸哂及之。印谱多年鹿鹿，未暇拓得，屡札需此甚急，谨将案头手披底本专上。另有新购汉印数十枚未补，俟有定本，续寄何如？顷乘羽便，特械奉候文祺，未竟之言，纸尽不能缕悉，会面料自有期，诸凡节重。不宣。愚弟潘有为顿首，小松先生文侍。

弟处搜求古钱，尚乞洪熙、正统、天顺、成化四种，专乞留意，谨及。

钤"六松居士"。[《黄小松友朋书札》第十二册]

考：鱼山即冯敏昌，广东钦州人。乾隆四十三年（1778）进士，改翰林院庶吉士，散馆授编修，大考改官主事，补刑部河南司主事。嘉庆元年（1796）遭父丧归，遂不复出，参《复初斋诗集》卷四十八《送冯鱼山归钦州》。札言"鱼山滞官吏部"，必在乾隆年间。药房即张锦芳，广东顺德人。乾隆五十四年成进士，改庶吉士，明年散馆授编修，充万寿盛典纂修官，未几告养归，卒于乾隆五十七年闰四月，年四十六。札言"药房解组后旋即弃世"，当作于此后。许方伯，当即浙江德清人许祖京，乾隆五十年迁广东布政使，五十九年五月乞养归里。作札当在其归里之前。又，札言"宋四哥到来"，乾隆五十八年春宋葆淳尝访赵希璜于安阳，随即入都，《四百三十二峰草堂诗钞》卷十一收《宋芝山自安邑至》，故必已于上年自粤返乡。此札当作于乾隆五十七年闰四月至年底间。札言"印谱多年鹿鹿，未暇拓得"，其谱实成于乾隆五十二年。《（宣统）番禺县续志》卷三十著录《看篆楼印谱》，潘有为辑存，家藏本。程瑶田《序略》云："番禺潘舍人毅堂与余同年举于乡，毅堂官京师，余数以会试至，遂相友善。毅堂博洽多闻，尤精玄鉴，藏法帖名人书画皆神妙品，惟其能辨真赝，赝者必斥去，故所收虽宝金白玉不啻也。又以谓六书之学为文字之权舆，而古文若奇字则又六书中之最先者也，后世隶楷递兴，而篆籀文存什一于千百者，吉金贞石二者而已，然石之所存又不如金，岐阳《石鼓》七百字，今其存者犹不及半，他如《诅楚文》《泰山》《峄山》《之罘》《秦望》诸刻石，欲求一古拓本已邈不可得，而金之存于世者，若《乙卯盘铭》，三代时物，三百四十有九字，无一字漫漶，岂非金之寿视石尤长，而求六书古义者舍是将安归乎？毅堂之从事于此也，得钟鼎尊彝诸器有款识者甚多，其不可得而有者则留其墨本，以资考订。好之不已，浸假而及于泉布，其在三代者尤多古文奇字，见则哀而藏之。而犹未已也，浸假而及于印章，虽别为一体，而中多前世古文，毅堂蓄之多至千有余事。丁未（1787）中秋，邀余往鉴焉。时阳城张君古余、安邑宋君芝山皆主于毅堂，遂相与发其箧而遍观之，已乃搨之为谱，人各获其一，所谓《看篆楼印谱》者也。"张敦仁字古余，山西阳城人，乾隆四十年进士。县志同卷又著录《听帆楼古铜印谱》四卷，潘正炜辑存，家藏本。"谨考：潘有为原辑《看篆楼印谱》，无卷数，有为殁，从子正炜增辑之，编为四卷，名曰《听帆楼古铜印谱》。"

19　　　刘启秀　　　【1封】

刘启秀字怀芳，一字养图，贵州都匀人。乾隆二十八年进士，历灵寿、新乐、玉田知县，工诗，以才调自喜，逸藻翩翩，有晚唐人意境。尝与袁枚倡和。参见《（民国）贵州通志》。

刘启秀 19-1

　　清苑署中获瞻雅范，快聆教言，古心逸致，至今未忘也。两月来尘坱鹿鹿，未一致书，春色渐佳，眠食多胜，无任心祝。拙句二首敬尘座右，希为订踬寄和。陈无轩一章并砚价四金，即祈转达。肃此布候。小松学长先生吟几，同学弟刘启秀顿首。

　　拙句奉寄小松先生吟席：风雨半生怀旧友，烟波十载洗文章。一囊古锦天涯客，不贮今人贮汉唐。　三公山石少人知，古隶摩挲幼妇词。记得去年冰雪夜，西窗剪烛赏心时。刘启秀拜草。

　　钤"启秀"。[《黄小松友朋书札》第三册]

考：乾隆四十年（1775）黄易随郑制锦至南宫，旋转清苑，四十二年循例报捐，次年筮仕东河。据札及诗，二人上年冬日曾在清苑署中相见，且《祀三公山碑》已经发现，又言春色渐佳，很可能作于乾隆四十一年春，时刘启秀玉田知县任上。陈无轩即陈焯，时在直隶任教职，详下文。

20　　郑　辰　　【3封】

郑辰字薇北，别字三云，浙江慈溪人。充贡，四库馆誊录。服阕抵都，议叙布政使理问，分发江南，历署苏松常别驾，扬州司马，督运苏太漕粮抵通，议叙加三级，运道经东省派办事宜，又奉委护送安南夷目，抵广西，冒风雪前往，其时已患目疾，归而益甚。补徐府经历，力辞以归。参见戴殿泗《风希堂诗集》文集卷四《布政使理问郑三云墓志铭》。

郑　辰 20-1

廿四日偕近蓬母舅、东河中表、萝龛九兄乘兴走访吾丈，乃会逢驾入城，不得一晤，竟兴尽而返。今日得家问，趣弟亟理归棹，大约月朔必渡之江。雨甚，不得再过尊所话别，吾丈邗上之役想不出端阳节后，后会定在何日？临楮正不胜黯然。所求册子、图章如已脱笔，望即检发平头。余续简。不备。教小弟郑辰顿首，上小松先生研北。

东河中表属笔致意。晤西堂、二西两先生，并望叱致之。[《黄小松友朋书札》第一册]

考：此札很可能作于乾隆四十一年（1776）四月二十四日稍后，黄易时在清苑幕中，办差扬州，郑辰访黄易不遇，将回浙江，因作札求书、印。东河中表即邱学敏，二西即陈灿，西堂即陈恺，萝龛待考。参85-1乾隆五十一年黄易致邱学敏札，该札有"别十一年矣"云云。据札，黄易在扬州将勾留至五月初。

郑　辰 20-2

愚弟郑辰顿首，上小松九兄司马大人阁下。客秋抱疴济上，蒙驾从过临，屡拜佳贶，感甚感甚。只以有腼面目，不克登堂展谢，歉仄之怀，今犹弗释。讷观察寄到台函，殷拳关注，厚谊隆情，不知何日图报也。别后弟于八月间抵常，养病一月，九十月间即有安徽、粤西两省差使，今夏五月初始归。因途中积受风湿，左目蒙瞖，一无所见。现告假医治，尚未复光，受累滋甚。秋帆先生石刻业经中止，其中真赝、美恶混出，未称完本。且搨本亦无从购觅，容购得再行寄奉。白斋近来以砚田糊口，竟无暇日。金石小品如得过眼，必为九兄代购也。山左新出土诸石，如《郑季宣碑》《郑固碑》《范式碑》《武斑碑》之类，皆九兄苦心搜罗，前人所未见者，倘可各搨赐一本，奉为秘笈之珍，幸甚幸甚。兹因武进谭明府红山二兄卓异入京，顺解关饷之便，肃泐布谢，谨请升安。并呈贞父先生尺牍五通，惟祈鉴入。不备。辰载顿首。七月初四日。

钤"郑辰""寿石""三云启事"。[《黄小松友朋书札》第十二册]

考：郑辰《使粤草》有其自题："粤西游草。乾隆庚戌（1790）十一月初六日起，辛亥（1791）某月某日止。"札中提及去年"九十月间即有安徽、粤西两省差使，今夏五月初始归。"则本札作于乾隆五十六年（1791）七月四日。谭明府红山当为谭大经，《（光绪）武进阳湖县志》卷十八《职官》："武进县令：谭大经，广东新会人，进士，五十四年二月任，五十六年三月去任。"札言谭卓异入京亦在本年。札中所及诸碑，最晚出者《范式残碑》，乃前年三月由李东琪在济宁发现。《经训堂帖》为乾隆五十四年毕沅撰集，由钱泳、孔千秋勒石。《写经楼金石目》第三册"经训堂帖十二卷"条："余于乾隆五十二年十月应毕秋帆尚书之招，始至河南幕府。尚书于政事之暇，酷嗜翰墨，因有刻帖之举。旋市石洞庭，至五十三年五月始得双钩起手。是年六月荆州大水，尚书调两湖总督。至五十四年泳又往湖北，先后凡三年。所刻晋唐宋元明人书略备，其中惟徐季海《朱巨川告身》、怀素《千文》、蔡君谟《自书诗稿》、陈简斋《诗卷》、赵松雪、邓善之、虞伯生、张伯雨、钱惟善、陆宅之、白湛渊诸帖为最精，其功尚未竟也。尚书没后，家产入官，此帖终无头绪。现在所传之本，是尚书侄名裕曾者略为编次，散于艺林间，非完书也。"又，《梅溪先生年谱》（述祖德堂稿本）"乾隆五十三年"条："先是，先生在汴梁时，公命先生选刻晋、唐、宋、元诸墨迹为《经训堂帖》，将欲上石，公已往楚北矣。先生因馆于乐圃中治其事。"郑辰任职苏州，故黄易向其打听此帖，并索拓本。《（道光）苏州府志》卷五十六《职官四》："管粮通判：郑辰，乾隆五十二年十二月十三日署。"据札，乾隆五十五年秋郑辰督运漕粮曾过济宁，嗣后奉差安徽、广西，得目疾。

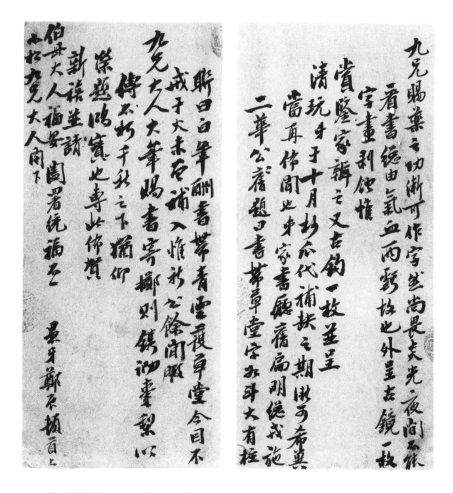

20—3 郑辰致黄易札 收入《黄小松友朋书札》第一册

郑 辰 20—3

九兄赐药之功，渐可作字，然尚畏炎光，夜间不能看书，总由气血两亏故也。外呈古镜一枚，字画剥蚀，惟赏鉴家辨之；又古钩一枚，并呈清玩。弟于十月杪瓜代补缺之期，渐可希冀，当再布闻也。弟家书厅旧扁明总戎施二华公题曰"书带草堂"，字如斗大，有柱联曰："白笔酬书带，青云护草堂。"今因不戒于火，未曾补入，惟祈公余闲暇，九兄大人大笔赐书寄掷，则镌泐枣梨，以传不朽，千秋之下，犹仰荣题鸿宝也。专此布贺新禧，并请伯母大人福安，阖署统福。不一。愚弟郑辰顿首，上小松九兄大人阁下。[《黄小松友朋书札》第一册]

考：郑辰自广西归，患目疾。据"赐药"云云，此札承20—2之后，作于乾隆五十六年（1791）十月底之前。瓜代补缺，当指徐州府经历一职。札中求书柱联，并赠古镜古戈，据《小蓬莱阁金石目》："众神镜，篆书，文已磨泐，止'明吾'二字可辨。慈溪郑三云赠。"即此。

21　孔继涵　【3封】

孔继涵号荭谷，山东曲阜人。乾隆二十六年进士，官户部河南司主事。以母氏心疾，遽移告归养，三年其母故，又三年继涵亦归道山，年甫四十有五。于天文、地理、经学、字义、算术之书无不博读，集唐汉以来石刻千余种，与经义史志相比附，著述宏富。遇藏书家罕传之本，必校勘付锓以广其传，刻《微波榭丛书》。参见《（民国）续修曲阜县志》卷五《人物志·乡贤》。

孔继涵 21-1

继涵启，承惠寄《永初四年祀三公山碑》，与《曹全》《裴岑》鼎峙矣。大著《释文》望再寄，同好三四人索之也。赵晋斋引永初"二年"当是"五年"，字误，羌人扰攘起于元年，故碑云尔，范史可案。封龙、无极、灵山、白石，俱有刻石，即唐所谓都望八山，在八都坛内者。《白石神君碑》在元氏龙化寺，恳与城外西寺《庞履温碑》及碑阴搨寄，如赐双南，其余显晦，俟高人历林峦问之。灞云徐编修言欲得《孔元上碑阴》，兹同《竹叶碑》往，先之以《建初尺字》《铜戈铭》《居摄坛石》《五凤二年刻石》四种，共六繙，资大雅考鉴。汉石人字俟异日。行笥自多人间未经见之本，何时展良觌，快质所闻也。结念之至，损鉴小松世长先生侍史，继涵。丙申夏六月十七日。

钤"孔继涵印"。［私人藏］

考：据款识，作于乾隆四十一年（1776）六月十七日。本年，黄易将多本《祀三公山碑》分寄友人。《白石神君碑》，汉光和六年立，在元氏县龙化寺；《庞履温碑》，唐开元二十四年立，在元氏县西寺。《颜氏汉残碑》碑阴，在曲阜，缺蚀似竹叶状，又名《竹叶碑》。《孔元上碑》即《孔彪碑》，《居摄坛石》《五凤二年刻石》，皆西汉刻石，俱在曲阜。孔继涵《斲冰词》卷下收《哨遍》四首《汉铜尺，重十八两，广一寸，厚四分，铭曰"虑虒铜尺，

21-1 孔继涵致黄易札 私人藏

建初六年八月十五日造"……涵观于侄孙昭焕处,为赋一阕》《五凤石,石侧刻"五凤二年鲁卅四年六月四日成",金明昌二年得之太子钓鱼台基下土中,提控修庙朝散大夫开州刺史高德裔有记,镌其后》《先子子思子墓前坛石二由,一镌"上谷府卿□坛,居摄二年二月造",一镌"祝其府卿□坛,居摄二年二月造"。雍正壬子移置庙之西庑》《鲁城东南六七里,有石人二,皆西向,一镌"汉□乐安太守麃君□",一镌"府门□□",字皆在绅下。壬午三月涵往观焉,赋此》,此数碑皆本札提及者。灞云徐编修即徐天柱,浙江德清人,乾隆三十四年进士。

孔继涵 21-2

莫公《古文四声韵》送到一册。岁暮想公务稍暇,然酬应之事亦未能免尔。相隔三舍,未能谒晤,怀想何如?肃请近安。不一。秋景庵主人赐览,世弟孔继涵顿首上。己亥除前一日泐。[《明清名贤百家书札真迹》]

考：据款识，作于乾隆四十四年（1779）十二月二十九日。《古文四声韵》为宋夏竦撰，莫公很可能是翁方纲门人、鱼台县令莫元龙，参 23-10 翁方纲致黄易札。

孔继涵 21-3

小松先生自济驸寄此本，适有北去之人，遂封寄覃溪学士、耘门编修、石公秘检，越月余卷还，乃克展观。为装潢家截断十四字，脱去十七字，例：一"厌"字及"流、以、荡"三字误装在"德是与拜渔"五字之上，虽审谛未精，实磨灭过半也。然皆与洪氏释合，应即洪氏所见时本矣。翁补释七字，继涵补释"公丘"二字。末题名十六人缺其二，盖题名四行之四人，先其上列，乃及其次列，洪释亦然，装者则眠行之先后为序，故错综亦夥。何以明之？题名之人先尚书令，次刺史，次太守，次议郎，次令，次尚书郎，次长，次□，□计之本秩然矣。其郡县有弘农、宜阳、河南、巩、梁国、砀、沛国、公丘、东莱、黄，而北海郡朱虚者一人，淳于者一人，剧者三人，不冠以北海者，疑碑为北海人立也。惟并州刺史、尚书郎、海阳令不出郡县，亦洪释然耳，此石漫漶，无从证也。弟孔继涵顿首，小松九兄侍者。十一月初二日。谨空。［故宫博物院藏《宋拓魏元丕碑册》后］

考：乾隆癸卯（1783）夏，王淳得《宋拓魏元丕碑》于济南，转赠黄易。旋即由孔继涵寄京中，倩翁方纲等人题跋，今故宫博物院藏《宋拓魏元丕碑》册后有翁方纲六月十日题跋，张埙、吴名晋、凌廷堪、江德量等人观款，及十二日张埙题跋、十三日郑际唐题跋。本札作于收到翁氏寄回拓本之后，当在乾隆四十八年（1783）十一月二日。本年十二月十八日，孔继涵卒。据札，孔继涵为释出"公丘"二字，并辨出装池时错误若干。又从署名推断碑为北海人所立。张埙《竹叶庵文集》卷二十二收《小松藏宋拓〈范巨卿碑〉，荭谷借寄京师，乞同人题咏，碑未还而荭谷已殁，覃溪装其遗札碑后，并寄小松二首》，今孔札实裱于《宋拓魏元丕碑》之后。

22　吴之黼　【2封】

吴之黼字竹屏，江南歙县人，寓居江都。贡生，官按察使。工画兰竹。官关中时，搜罗碑碣殆遍。归田后，坐小阁摩挲跋尾，人谓有赵明诚之风。参见《（民国）歙县志》卷十《人物志》。

吴之黼 22-1

十年旧雨，不胜离索之感。顷诵手函，得悉故人消耗，何快如之。令兄在西有时，天恩浩荡，定当赐环，以慰倚闾之望也。承示佳刻，好古信求，深为敬佩。弟在楚七载，縻禄无补，一督厂关，两署臬篆，昨于前月十六日卸司印务，二十日即匆匆就道，趋赴阙廷，所幸年来平稳无尤，皆赖张养园、魏卓庵两先生襄助之力。此日天气暑热，又值薄暮，想公暇追凉，未敢入城启动。归日不远，当图良晤。贵居停前乞道意。谨此布覆，并候近祉。不宣。小松世长兄，同学愚兄之黼顿首。

拙书未必能佳，俟到京时当写呈也。［《黄小松友朋书札》第一册］

考：按吴之黼履历，乾隆三十四年（1769）任分巡汉黄德道，四十三年任抚治郧阳等处都御史，四十五年任陕西陕安道，四十七年任川东兵备道，旋调江西按察使。札称"在楚七载"，此次进京述职当在乾隆四十一年夏日，时黄易在清苑，札当作于此际。张养园、魏卓庵当为吴氏幕僚，无考。吴氏与黄易兄弟为世交，故札称"十年旧雨"，此次进京未能相见，吴氏拟回程图晤。参22-2。

吴之黼 22-2

两世通交，十年阔绝，寸心千里，萦绪万端。往者见赠"清风来故人"小印，时置案头，把玩不已，犹想见在保阳莲院殷殷捧袂时也。前年过济，正值文旆公出，归棹匆匆，未得良晤，深觉怅然。比来自安耕凿，眊而勤学，恐时不我与，其奈之何？儿辈秋间归，述世长二兄故旧不遗，联情眷注，又蒙手翰远将，附以佳刻，博古信今，真足宝藏。时当长至之交，为殷保厘之颂，顺此羲和，为宜珍重。兹因三儿赴直之便，肃此申候，并志感怀。《唐律碑石纪元汇考》板片缘宦游久而未模印，谨就现有者奉纳，容当与拙笔书画再寄。尊书久所爱慕，竟无一字见赠，似为缺典，若有便，不拘大小联幅，寄下为荷。统惟照察。不宣。小松世长二兄足下，世愚弟吴之黼顿首。

钤"吴竹屏""生于丁未""清风来故人"。[《黄小松友朋书札》第十一册]

考：乾隆四十一年（1776）夏，吴之黼自湖北进京述职，回程访黄易于保阳莲池书院，"清风来故人"一印，当作于斯时。札云前年过济，当为乾隆四十九年进京时路过济宁，时任江西按察使吴之黼遭革职。王先谦《东华续录》乾隆九九："[乾隆四十九年五月癸未]至藩司冯应榴、臬司吴之黼、广饶九道额尔登布均有奏事之责，乃于巡抚贪婪劣迹并不据实奏闻，且曾馈送银两，岂可复胜司道之任。冯应榴、吴之黼、额尔登布应与馈送银两之盐法道杜宪、抢[粮]道舒希忠、吉南赣道边学海一并革职……[戊申]将冯应榴、吴之黼、额尔登布发往军台效方[力]赎罪。"故此札作于乾隆五十一年冬至前后，与"十年阔绝"之说相合。据"比来自安耕凿"，知吴此际已回原籍。

23　　翁方纲　　【45封】

翁方纲字正三，号覃溪，直隶大兴人。乾隆十七年进士，选庶吉士，授编修。擢司业，累至内阁学士。先后典江西、湖北、顺天乡试，督广东、江西、山东学政。嘉庆四年左迁鸿胪寺卿，十二年赐三品衔，十九年加二品卿，又四年卒。方纲精研经术，尝谓考订之学，以衷于义理为主，著《经义考补正》。尤精金石之学，所著《两汉金石记》剖析毫芒，参以说文正义，考证至精。所为诗，论者谓能以学为诗。参见《清史稿》本传。

翁方纲 23-1

小松先生足下。屡承金石之惠，又以佳题属赋，昨所寄上《金涂塔》《帐构铜》二册，想已收到矣。今日荭谷处将《三公碑》裱本送来，敬为还上。附拙刻《汉石经残字》十二叶，求诲正之。太和《兰亭》止言其略，不足言跋也，亦附上。藉候近祺。不一一。余详在致无轩书中。

至惠欧书二种，至今未获报命者，盖考核未审，不敢辄下笔。凡今之名流，皆以善断制为笔法，弟则以阙疑为主，必如是而复不敢跋者，皆其□然可信者已。[《复初斋文集》（稿本）二]

考：《翁方纲题跋手札集录》过录，未全。翁方纲《复初斋文集》卷十九《跋吴越金涂塔字》云：“吴越钱忠懿王弘俶金涂塔瓦，高三寸，阔二寸许。其阳面作三层，上层圆光，中佛一，旁二人，下一人，又二犬豕之属，下层佛三。其阴款云：吴越国王钱弘俶敬造八万四千宝塔，乙卯岁记。……钱塘黄小松上舍得拓本，……上舍寄此本属题之明日，苕溪张芑堂文学适又寄赠一本。”《复初斋诗集》卷十五收《吴越钱忠懿造金涂塔瓦拓本（款云：吴越国王钱弘俶敬造八万四千宝塔，乙卯岁记）》：“黄书张赠同日至，一月印出千潭奇。”《魏景初帐构铜字拓本》：“秋盦手录樊榭诗，使我摩挲仲將字。"知二拓皆黃易委題者。詩皆作于乾隆四十一年（1776）夏。此二種亦同時寄孔繼涵，孔氏有"丁酉（1777）四月，……黃九小松易寄觀《錢弘俶金涂塔瓦》拓本、《魏景初帳構銅》拓本，把玩周復，殊快也"之語，轉引自葉昌熾《緣督廬日記抄》卷四。孔繼涵《紅榈書屋詩集》卷四收《魏景初帳構銅拓本，款云"景初元年五月十日中尚方造"，長一丈，廣六尺，澤泰平坐，帳上廣構銅重二斤十兩二首》。《小蓬萊閣金石文字》所收《三公山碑》翁方綱跋云："丙申（1776）夏，錢塘黃君以《三公山碑》拓本見寄，……既爲歌之而并跋于後。六月八日，大興翁方綱書。"參21-1 孔繼涵同年六月十七日致黃易札，孔時任户部主事。知此札約作于本年夏日。無軒即陳焞，時亦在保陽，黃通過陳向翁方綱等人寄送《祀三公山碑》拓本，《得碑十二圖·三公山移碑圖》翁方綱對題有"始自無軒子，傳來上谷書"云云。又，札中提及跋太和《蘭亭》，翁方綱《復初齋文集》（稿本）二："右小松見示太和《蘭亭》，字體拙劣，後云'太和十二年九月廿三日'。宋理宗所藏一百十七種内皆無此者，而近人著録《蘭亭》考辨又皆未言及之也。自昔以'太和'紀年者凡九，惟北魏高祖太和有十二年，當南齊武帝之永明六年戊辰，是時上距右軍修禊之歲，甫一百三十五年。按桑世昌《蘭亭考》云：《蘭亭序》梁亂出外，陳天嘉中爲僧所得，至大建中獻于宣帝，不聞前有刻本。況今所傳石刻最古者，若開皇之本，亦皆首尾無缺。而此本獨缺二十八字，與今穎上本同，惟第九行有'之'字，而第五行'流觴曲水'脱去'流'字。假若是北魏之刻，其時去晉未遠，斷不至疏謬若此。況第十五行末旁若隱隱有'僧'字，'僧'是梁僧權署名，則非北魏之刻可知。而他朝别無'太和'之號，抑安南黎濬于明正統時嗣立稱'太和'，至天順三年被弑，獨此一處應有十二年者，是則未敢臆斷者矣。"本札由陳焞轉交黃易，翁方綱此際致陳焞書云："《金石契》内有《天寶造像題名》，□款小楷五十餘言，聞是小松尊甫先生所藏，敢請小松，或可得其拓本歟？"亦見《復初齋文集》（稿本）二。《金石契》摹入《唐天寶造像題名》時，録入黃樹穀跋文："甲寅（1734）秋，余得一造佛題名小銅碑，大可二寸，寬八九分許，額以雙龍蟠其上，負重在其下，僅鑄前半身而中刻小字如半粟。……虚舟吏部令嗣孟堅雅愛之，欲豪奪，不可。"

翁方纲 23-2

昨接尊札，即到朱兄处问之，云未在其斋，及问之荭谷，则尚未送与朱兄也。是此次尚未得寄上，容再时时催之。先此布候文祉。不一一。弟方纲顿首，小松先生足下。廿六日。[广东崇正 2017 年春拍]

考：书法可议，内容可信。朱兄当为朱筠，荭谷即孔继涵。所言孔继涵尚未送者，当即《祀三公山碑》拓本。朱筠《笥河文集》卷六《汉三公山立坛刊石文跋尾》："乾隆丙申（1776）七月，钱塘黄子易小松以《汉为三公山立坛刊石》拓本寄予，云：岁甲午（1774），陕西王某知元氏县得此刻于城外野坡。石高四尺二寸，广二尺。黄子为之释文，阙六字，余辄为之补释，异同几二十字，别录一本，止阙二字。"札当作于乾隆四十一年（1776）七月以前。此际翁方纲、孔继涵、朱筠等皆为黄易《祀三公山碑》题跋，参 23-1。

翁方纲 23-3

金石神交，屡邀翠墨琳琅之惠，印章二方逼古，可宝可宝，辄赋小诗求政。《邢敦》之文，闻原父仅有其盖，未知是否？如拓本可借观，更为冀幸也。余容再悉，肃候近祺。不一一。弟方纲顿首，小松先生道契。十二月四日。

外荭谷信一封，拙诗二件，三纸。[广东崇正 2017 年春拍]

考：书法可议，内容可信。札作于乾隆四十一年（1776）十二月四日。本年黄易寄赠翁方纲《祀三公山碑》等，但未尝谋面，故札有"金石神交"之语。此际黄易为翁方纲治印二方。札中提及周《邢敦》，有铭文，原父即北宋刘敞，博学于文，尝得先秦彝鼎数十，考其铭文，因知三代典章制度。

翁方纲 23-4

初四之话乞早来为幸。再：弟新摹《石经字》上石，必须仍以原拓本在旁对看勒之乃肖，乞借数日，为祷。并天宝小铜碑亦乞借数日，或可俱于初四携来，妙甚。秋庵九兄，弟方纲顿首。[鲍昌熙摹《金石屑》第二册]

考：乾隆四十二年（1777）七月，黄易入都，八月廿三日暂返保阳，九月二十日以后再次赴京，十月十六日出京。《复初斋诗集》卷十六收《小松以所得〈汉石经残字〉属题，方纲既摹上石，自扁其屋曰"小蓬莱阁"，今日小松书来，云：先少参读书南屏处名小蓬莱，欲搆小阁刻此。不谋而合，洵一奇也。因为题其〈石经〉卷首曰"蓬莱宿约"，赋此四诗奉柬》，又《〈唐天宝造像铜碑〉为小松赋（"大唐天宝五载五月廿日，上为皇帝，下为一切苍生，又为七代先亡，今为见存父母，敬造阿弥陁佛一铺，佛弟子张虔万一心供养"，正书六行，并额凡五十字）》有云："松石先生好奇古，获斯铜碑手为跋。厥嗣小松珍秘之，曾虑虚舟嗣君夺。"《天宝造像碑》乃黄易之父旧藏。诗皆作于本年九月，此札很可能作于八月初，时黄易在京。

翁方纲 23-5

今日毅堂送来手札并碑六，并"诗境"印，俱收到，百忙之中深荷注念也。北齐一碑得之如此其艰，幸承惠及，曷敢不敬藏之，且必当作题跋或诗以请政也。《仓颉庙碑》，献之有寄兰泉一分四纸，较兄所收两峰之本，已模糊甚矣，盖亦搨手不精之故耳。北岳庙《张嘉贞碑》上下二纸，弟至今尚未得。又《李克用题名》一纸，亦无有矣。此二种若兄能于知好处得一二搨本更妙。临荣行时，更尔渎陈，殊不情也。武昌《怡亭铭》已再三托洪素人、姚雪门拓之，大约来春必得也。弟所翻刻《石经》，天冷匠迟，屡催未全，竟须再寄矣。兄东行后有奉寄之信，于何处寄上为便？乞示知，以慰悬念。日内校勘极不暇，故草草至此。两犬子附请升禧。临颖驰切。不一一。弟方纲顿首，秋盫九兄先生足下。十一月廿一日。

外附上鱼门诗笺二纸。

钤"覃溪""诗境""小蓬莱阁"。［上海图书馆］（见图版三）

考：《翁方纲题跋手札集录》过录，有误字。札作于乾隆四十二年（1777）十一月二十一日，此际黄易将自保阳前往济宁赴任。《怡亭铭》在武昌，《（光绪）武昌县志》卷十《金石》："《怡亭铭（并序）》，唐李阳冰篆序，裴虬撰，李莒八分书。"姚颐字震初，又字雪门。江西泰和人。乾隆三十一年进士，授编修。历侍读，充方略馆，纂修《四库全书》处总阅，四十二年督学湖南。参《（同治）泰和县志》卷十八《列传》。洪朴字素人，江南歙县人，乾隆三十六年进士，擢用主事，洊升吏部郎中，四十二年视学湖北。参《（道光）歙县志》卷八之二《宦迹》。《张嘉贞碑》《李克用题名》皆在曲阳北岳庙。本年秋日，黄易在京得宋拓《石经》，翁方纲借以翻印，由张燕昌摹刻，次年夏日始竣工。翁方纲二子即翁树培、翁树崐。献之即钱坫，时已至陕西毕沅幕中。鱼门即程晋芳，歙县籍江都人，乾隆二十七年钦赐举人，时为内阁中书。黄易在京时皆曾晤面。

翁方纲 23-6

接读手札，备悉近祺。承惠隋砖拓本并篆印，谢谢。济宁诸碑，最要者《郑季宣》之前面也（今反在背）。又《太白酒楼记》是篆书者，亦恳留意。其武昌《怡亭铭》一得即封寄也。外有献之奉寄一函附上，奉候日祉。不既。弟方纲顿首，秋盦九兄文侍。三月廿八日。

钤"宝苏室"。

用"梦诗帖笺"。[《小蓬莱阁同人往来信札》第二册]

考：札作于乾隆四十三年（1778）三月二十八日。其中提及《郑季宣碑》碑阳，嗣翁方纲一再促黄易升碑，详下文。《李太白酒楼记碑》，元至元三十年杨桓以唐沈光文书篆刻石碑，共四面。篆文六行，行十八字，在济宁州太白楼上，吴玉搢《金石存》著录。据札，《怡亭铭》此际尚未搨得，参23-5。

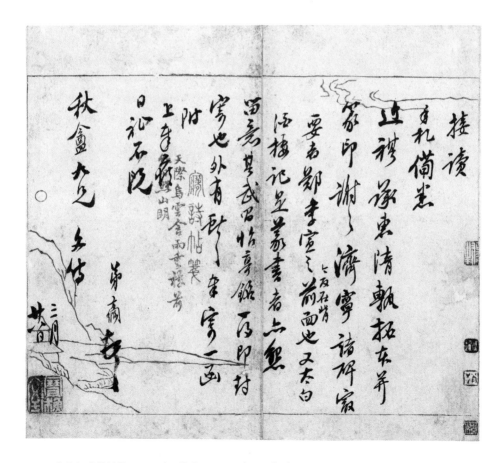

23-6 翁方纲致黄易札　收入《小蓬莱阁同人往来信札》第二册

隋砖即隋大业三年《郭云砖拓》，参17-9黄易致赵魏札、18-6潘有为致黄易札。黄易屡为翁方纲治印，如乾隆四十一年十一月在保阳刻"覃溪鉴藏"，四十二年八月七日在京刻"苏米斋"，至济宁后刻"石墨楼"等。钱坫此际有书札托翁方纲转寄。

翁方纲 23-7

两次来缄，未得奉报，兹复承惠寄《太白祠碑》，谢谢。昨献之自陕寄拓《唐明皇西岳华山碑》只余半字者四，极可宝，辄双钩一本奉呈（是驾、如、阳、孕四字）。又汉隶《自然之性》一碑，于近日虞山叶氏所著《续金石录》中见之，文与兄藏本同，亦云不知其姓名矣。所贻汉画石刻残本尚未暇考证，余再悉。暑喝，保摄为要。临颖驰切。五月廿八日，方纲顿首，秋盦先生九兄侍史。

外小诗一纸奉政。

钤"文渊阁校理"。

用"玉连环　燕誉笺"。[《小蓬莱阁同人往来信札》第二册]

考：翁方纲《复初斋文集》卷二十二收《唐玄宗〈西岳华山碑残字〉跋》，《复初斋诗集》卷十七《唐玄宗〈华山碑残字〉歌（钱献之拓寄）》"精诚如闻驾可接，一气孕育阴含阳"句小注云："仅可辨者，驾、如、阳、孕四字。"诗作于乾隆四十三年（1778）五月，故此札当作于五月二十八日。23-6一札向黄易索《太白祠碑》，此际已寄到。札钤"文渊阁校理"一印，翁方纲于乾隆四十一年奉命任此职。

翁方纲 23-8

顷读手札，快若面谈。武昌《怡亭铭》前已托潘毅堂致札内封寄一纸，想未接到也。今再寄此一纸。有山西浮山县史惟则书《金篆斋颂》一纸，虽不能追步汉法，然较陕石《大智禅师》之作尚不十分痴肥耳。《西岳华山碑》弟虽已双钩寄陕，而勒石拓寄尚无定期。今商丘陈伯恭出赀雕木，亦是有缘。惟跋字甚多，一时未得竣工。今先将碑本并额奉寄，祈鉴定之。弟所刻《石经残字》后又多数行题字，谨以拓本奉览。金石之学，真知笃好无若九兄，彼此各有新得，时时通问，亦天下第一快事也。藉候升祉。不既。弟方纲顿首，秋盦九兄先生文侍。二月廿一日。

钤"长毋相忘"。[《明清名人尺牍墨宝》第二集卷五]

考：乾隆四十三年（1778）翁方纲摹勒《西岳华山庙碑》足本，由陈崇本雕木，次年秋日成，参23-9及54-1陈崇本致黄易札。札言陈镌《西岳华山碑》尚未竣工，当作于四十四年二月二十一日。此际翁方纲已得《怡亭铭》，并两次寄赠黄易。翁方纲双钩《西岳华山碑》寄陕西巡抚毕沅，然勒石未果，《复初斋诗集》卷二十五《题严道甫〈玉井峯莲集〉后》"重摹勒石竟何日，疑信纷纷见闻窄"句小注："予以所见王山史、宋漫堂二家所藏《汉延熹西岳华山碑》旧拓本，双钩寄陕西，中丞将重勒之矣，会有疑其赝者，竟不果勒。"诗作于四十七年冬日。

翁方纲 23-9

久知吾兄在豫河于役，是以不克致书。《郑固全碑》尚未得善拓，而济宁《郑季宣碑》靠墙者乃其正面，向来拓手不佳，必得博雅为一谋也。陈伯恭出赀刻弟所摹《华岳碑》，今日因无轩起身甚迫，不暇精印，即以工人呈样之一二纸奉上乞教，以□不及并尺样三纸，余容再致一札，已托无轩奉上矣。临颖渴驰之至。秋盦先生九兄文侍，弟方纲顿首。十二月十二日。〔甘肃省博物馆〕

考：移录自曾雪梅《翁方纲致黄易手札考释》。札作于乾隆四十四年（1779）十二月十二日，此际黄易在商丘豫河工次。札中再趣黄易拓《郑季宣碑》碑阳。陈崇本刻翁方纲手摹《华山庙碑》成于本年秋日，《复初斋诗集》卷十八收《伯恭刻予所摹〈汉延熹华岳庙碑〉，赋此代跋》。本札乃陈焯带致。

翁方纲 23-10

因乏便鸿，久未致候，遥稔九兄先生祉与日新，且翠墨璘㻞，弥切公余之乐，以企以羡。连次奉到《仓颉碑》诸佳本，尚未奉谢。新寄之汉画是在济宁否？又见芝山处有济宁石刻汉画，亦吾兄所得，而与昨所寄者不同，如尚有拓本，可见寄一纸否？统俟详考以报也。前闻兄说《武梁祠像》在汪氏者，上年曾再三托敝通家江秋史往借看而不能得。昨湖北学使洪素人还都，以其同里巴君所贻新出汉隶数种见示，《杨孟文石门颂》《王府君造石蕱碑》《杨伯邳碑》皆是一手赝作，惟《永平九年开通褒斜道碑》，又《景元开通褒斜道碑》，此二种长斜错落古拙之致，颇不似伪作者。而永平九年一碑系磨厓之文，乃忽有碑阴一纸，是宋绍熙甲寅刻，亦以汉隶为之，其伪无可疑矣。弟年来所得金石，除《王稚子阙》只得一纸，俟续拓寄来奉上。外所有前岁于江宁手剔诸碑，曾有《金陵访碑略记》五卷草稿，亦尚无力付劂，其花田村梁碑二通又《吴平忠侯》反刻一通，则竹垞、青士两公徘徊其下而不能拓者，皇象碑则弟篝灯审视，多出一跋。又摄山《明征君碑》。凡五种，以奉雅鉴。弟近得《化度寺碑》真本，的是宋搨，有潘陋夫及蒋宗元题跋甚多，即蒋所藏者。蒋号小山，又号金粟（宜兴人），似与湘帆一家者。兄知此人否？兄如有考证《化度碑》之条件，惠教为幸也。鱼台令莫君有为弟刻《济宁碑释文》之意，此书张力臣只一卷，弟今充广补正，分上下二卷，不知济学内除新出土者外，尚有可补入之件否？亦乞教之。有信即交鱼台令莫君寄京为便也。莫君起身，匆匆不及细述。肃此，上候眠食并阃闱清吉。伏惟丙照，不宣。临颖驰切。弟方纲顿首，秋盦九兄先生侍史。二月廿一日。

外宋芝山一札查收。

钤"秘阁校理"。[上海图书馆]

考：《翁方纲题跋手札集录》过录，有误字。乾隆四十四年(1779)六月，翁方纲奉命充江南乡试副考官。据"前岁于江宁手别诸碑"，本札当作于四十五年二月二十一日。翁氏赠碑见于《小蓬莱阁金石目》者，如："《梁故散骑常侍司空安成康王之碑》，正书，碑额八分书，右《萧秀碑》，在江南江宁府摄山道中。《梁故侍中司徒骠骑将军始兴忠武王碑》并额，俱正书，右《萧憺碑》，徐勉撰，贝义渊书。在江南江宁府摄山道中。以上二碑翁宫詹覃溪典试两江时拓寄。"黄易所藏《萧憺碑》拓本今藏故宫博物院。竹垞、青士即朱彝尊与周篔，曾访碑金陵摄山。朱彝尊《金石文字跋尾》卷四《跋唐明征君碑》："岁在辛酉（1681）十月，予与金陵郑簠、常熟王翚、嘉兴周篔、平湖曹彦枢暨予弟彝玠同游是山，留信宿，各搨一通以归。"《曝书亭集》卷七十二《布衣周君墓表》亦云："岁在辛酉，予典江南秋试，榜既发，……游摄山，道见石碑邪立草中，穹碑二丈余，将仆，人不敢近。君骑驴径诣其下读之，知是刘孝绰所制《梁安成康王秀碑》也。是日投山寺，客皆倦，君登绝顶赋诗，于是上元郑簠以分书题名于壁，常熟王翚为绘作图。"札言"《仓颉碑》诸佳本"，翁方纲《两汉金石记》卷十一《仓颉庙碑》云："右五字又半字，黄秋盦寄书来云：《苍颉庙碑》阴穿之上尖角处有此数字，摹以相寄。秋盦此札甫至，适又得见一稍旧之拓本，则此数字之前后似尚有字，而皆泐坏不可识矣。"又言上年由江德量居中借看汪杰藏《武梁祠画像》不得，汪氏嗣后曾寄摹本，翁方纲藏《肥城汉画并题字五段石本册》（黄易拓赠）后有翁氏乾隆丙午（1786）四月十六日跋"大王车"

画像及题字一段，云："《武梁祠堂画象拓本》今藏邗江汪雪礓处，雪礓尝摹以寄予。今得此拓本，亦何减《武梁祠本》耶。"台南私人藏。又，札中提及洪朴乾隆四十二年视学湖北，本年还都。其同里巴君，当即巴慰祖，官候补中书。精篆刻，弆藏金石书画甚夥，亦时伪作古器。其贻赠洪朴之《石门颂》《杨淮表记》等，翁方纲以为一手赝作。札云近得《化度寺碑》真本，当即汪中藏本，《复初斋诗集》卷二十一《购得〈化度寺邕禅师塔铭〉宋拓本，次刘后村韵四首》夹注有"潘陋夫题"云云。潘宁字仲宁，号陋夫，康熙间浙江山阴人。工各体书，兼善摹印，尤精碑帖。蒋宗元，札云号小山，又号金粟，乃金坛蒋衡族人，待考。鱼台令莫君即莫元龙，翁方纲门人。曹振镛《诰授光禄大夫绩轩莫公暨配王太夫人墓志铭》云："莫氏为河南卢氏县巨族。公讳元龙，字广陵，中年取学犹绩也意，号绩轩。以进士授郓城知县……莅任六年，……调任鱼台。"参见《（光绪）卢氏县志》卷十六《艺文》。莫元龙任鱼台知县在乾隆四十三至四十六年间，参见《（道光）济宁直隶州志》卷六之四《职官》。

翁方纲 23-11

都门奉别，转瞬三载，近维得意胜常为祝。委书楹联，俱以俗冗未即报命，今始作得，亦以隶体为之，失之薄耳，寄呈鉴正，勿笑是幸。尊藏《化度寺舍利塔铭》乞借一观，校对后即奉缴，不稽误也。弟近状苦楚，差幸贱躯托芘粗适，可无远念耳。前惠元光砖研，已命工制就，起墨益毫，洵称至宝，谨谢。不尽。《孙秋生等造像》拓本，仆人得之于琉璃厂，有重复本，谨寄上备阅。草此即候升安。不尽一一。弟方纲顿首，秋盦九兄司马执事。小儿树培侍笔请安。廿四日。

钤"翁方纲""覃溪"。[上海图书馆]

考：《翁方纲题跋手札集录》过录，有误字。墨迹字不佳，内容可信。据"都门奉别，转瞬三载"，知札作于乾隆四十五年（1780）秋冬之际。本年二月，翁方纲自汪中处购得《化度寺邕禅师塔铭》，因借黄易藏本对校。作札时应黄易之请，为作八分对联。芷兰斋藏一内容相近之札，云："都门奉别，转瞬三载，比维得意胜常为祝。委书楹帖，俱以俗冗未即报命，今始涂抹，徒增出丑耳，寄呈鉴正，勿笑是幸。尊藏古碑帖极繁富，不识有原刻《化度寺舍利塔铭》否？如有，即望寄我，校对后当即奉还也。《孙秋生等造像》搨本并苏书《姑熟帖》谨附还，乞照入之。草此，顺询升安。不尽一一。弟方纲顿首，秋盦九兄司马执事。"钤"覃溪"。字亦存疑。

翁方纲 23-12

方纲顿首，秋盦九兄左右。接诵手翰，并惠寄汉画拓本四纸，并释永建字，俱拜领。"平原濕阴"，"濕"即"漯"字，徒合切（音沓），与"燥湿"之"湿"不同。此条弟已入《两汉金石记》，而其卷前统系年月一篇，尚未录清正稿，容再寄呈也。太山磨崖上之额大字二尺许者，弟竟不知是何字，是隶是楷，求示知以广见闻，不敢遽借其拓本也。前所借看《武梁祠像》摹本一册，极精，因与宋芝山看之，渠高兴，必欲刊刻。弟意八分必待九兄覆示钩本乃可入刻，而渠不能待，竟以原摹本映油纸入刻矣，所以此册今尚在芝山馆中。今芝山即将所刻一纸寄览，想兄意亦与弟同也（弟今不得已，每幅自摹八分一行与之，使修改，然亦不能肖原本也）。既有芝山此刻，竟望兄速寄八分钩本来矣。华碑木板久未刷印，今只得剩此一分奉寄，容下次多寄也。外芝山奉寄褒斜谷中碑一包（另有单开件）。半载以来，弟无新得，惟获《大观帖》真本弟六卷半册，极肥厚而锋全，始知向来所见《大观》皆伪耳。前年曾借赵子固《落水兰亭》，手搨成卷，此近年第一大快事，兄宜为弟篆"手搨落水兰亭"六字一印，拜恳拜恳。石不须太厚，以便札中封入也，至恳至恳。专此，上候升祺，余容续致，临颖驰切。秋盦九兄先生侍史，弟纲顿首。四月廿四日。

钤"秘阁校理""三任广东学政"。［枫江书屋藏］

考：札作于乾隆四十八年（1783）四月二十四日。据陈鸿森《翁方纲致黄易手札册考证》，翁方纲跋宋葆淳所摹《武梁祠像》刻本云："《汉武梁祠堂画像》，吴门陆贯夫绍曾摹自旧拓残本，凡一十四幅，安邑宋芝山葆淳倩友人赵君锓诸木。乾隆癸卯（1783）秋七月，北平翁方纲记。"又："癸卯春，秋盦借吴门陆氏摹本寄予，予因手摹一本，并详记其画像。"《翁氏家事略记》"乾隆四十七年"条："是年秋，得宋拓《大观帖》第六卷，始自题其屋曰晋观堂。"此帖今藏南京大学文物馆。又，乾隆四十六年四月廿七日，翁方纲自曹文埴处假所藏赵子固《落水兰亭》卷，以天目山房宋拓本对校，费时一月，响拓成卷，闰五月十日，赋《落水兰亭响搨本匝月成之，歌以志喜》一诗记事，札言借此卷在"前年"，亦合。

翁方纲 23-13

　　方纲顿首，秋庵九兄先生侍右。接读手教，快若晤言。又承寄示新得汉碑三通，令人叹羡不已。连日坐卧其下，如在叔度千顷陂中也。又接得手札，云已得旧搨《王稚子阙》，何精灵聚合有如是邪？《稚子阙》之阴有刘泾巨济题字，俟见此册时当临写于后耳。前日于顾八兄归济之便曾奉恳《随铃释文》全本，未知已捡出否？取札人日内即归，不及缄缕。专此，肃候近祺，临颖驰切。不既。弟方纲顿首。

　　钤"正三""苏斋"。［鲍昌熙摹《金石屑》第二册］

考：《复初斋诗集》卷三十《次瘦同韵题顾芦汀所藏文衡山缩临〈兰亭〉即送芦汀归济宁二首》其二："君居济上忆江湖，题扇书裙兴不孤。试写春阴寄黄九，流觞图后别碑图（适为芦汀题陈白室《修禊图扇》，因寄语小松共谋刻《范巨卿碑》也）。"时在乾隆五十年（1785）四月初。札当作于顾文铦回济宁后二日。黄易得《王稚子阙》旧搨，亦在此际，参 74-1 严长明致黄易札。本年冬日，翁方纲观此拓曾有题诗，《复初斋诗集》卷三十一《王稚子阙旧拓本为黄秋盦题》："……几秋二阙失其一，阙字半泐遑论它。前者驰讯陈廉使，碑阴数画昏傍戈。今兹册装字二十，翳比寒镜晨初呵。洪家所藏想正尔，淳熙已误浓墨磨。塔影园中老文学，定未获此勤切磋。娄机弗辨灵与置，《佩觿》漫捡陂作颇。百年又到黄氏阁，小蓬莱句谁共哦。秋盦工书复工画，要补汉迹穷隶蝌。叫绝旁观有顾八（芦汀），寄书试傲桂（未谷）与罗（两峰）。待我苏斋摹本出，气压宋搨千九螺。"本札又乘顾文铦之便向黄易索《随铃释文》，《复初斋集外诗》卷十九《〈郑季宣碑〉歌寄小松》有"秋盦藏弆倍欧赵，周槃、汉鉴兼隋铃"云云，知隋铃亦黄易所藏。

翁方纲 23-14

　　方纲顿首，秋庵九兄先生几右。接诵手札，并拓致《郭巨》《朱鲔石室题字》，谢谢！春前拟与兄快聚，已约瘦同、秋史辈联吟，作一轴相待矣。继而知兄不果来，其轴尚未奉寄，是以今将新作写入。《东阙铭》张慕青有之，寄即借来钩一通。尚有它零件，一总托陈君奉寄也。今因便先致此数字，以道渴怀。又有一事奉恳者，《尉氏令郑季宣碑》正面实本有额，而今未见之，兄务必为亲手摩挲，验其正面额尚存否（非背面"故吏处士人名"云云）？假使已泐，亦必用极宽长之纸拓其正面，连上下四旁之靠边（若得一样二纸，更足以对审之）。闻其靠墙最难拓，此非善工莫能办也。兄惠办此一件，为功匪细，弟当详叙于拙著耳。至恳至恳。弟方纲顿首，秋盦九兄先生侍史。四月八日。［广东崇正2017年春拍］

考：书法可议，内容可信。札作于乾隆五十一年（1786）四月八日。本年三月，黄易寄翁方纲《郭巨画像题字》拓本，《肥城汉画并题字五段石本册》翁方纲签题款识云："乾隆丙午（1786）孟夏，秋盦自济宁寄来，北平翁方纲审定襟册。"册后翁手书《寄酬小松见惠肥城汉画石本》古体一首，款识云："丙午夏四月三日稿，既书于赠小松诗轴内，因并录于石本册后。"札言"其轴尚未奉寄，是以今将新作写入"，所书当即此诗。黄易本年初春拟往京师，故翁方纲、张埙、江德量等联吟以待，然不果行。沈津《翁方纲年谱》本年六月十三日条系翁方纲《寄怀秋盦九兄，同石公、秋史作，禁用金石碑刻语》，所据为苏富比拍卖图录，此拍品或不真。石本册后有翁方纲题跋数则，其中二则提及黄易前后来札，一云："此画未寄来之前，二月小松札来，云金乡画壁为黄流淤塞，极力疏排，幸还旧观，即当遣拓相寄也。"一云："小松又札来云：郭巨石室字画，今年命牛空山［即牛运震］之小史往拓，正面为神像所掩处拓出二面，皆作巨屋人物鸟兽之形，外细刻有武定、开皇等年之字，三石柱复有唐宋人题名，梁下有日月乌蟾之形，并一人纺织状，皆昔所未见。恐尚不止此，今秋或可全拓也。丙午六月十日。"又"胡王"画像及题字一段后，翁跋云："右二隶字一行，王字波法与前段同。此数段画并题字皆秋盦前岁寄来拓本内所未有者，盖秋盦今亲至其地，始拓得之。"台南私人藏。又，本年八月，黄易升《郑季宣碑》并题碑侧云："《汉尉氏令郑季宣碑》正面向壁，其下久埋土中，翁詹事方纲欲显全文，属卫河通判黄易升碑向外，乃与知济宁直隶州事刘永铨、州判王所礼成其事，碑字复全，殊可快也。乾隆五十一年八月十六日，黄易题记。"收入《两汉金石记》卷八。又跋云："右碑在济宁州学宫戟门之东，正面向壁，碑阴向外，碑额曰'尉氏故吏处士人名'，下半久埋土中，康熙年间山阳张力臣著《济州学碑释文》已称碑字半没，亟宜出之。乾隆丙午夏，翁詹事覃溪欲易拓致正面碑额，碑去壁不盈尺，工人伸纸颇难，上方剥落深寸许，额字不复见，詹事复趣易升碑甚力。"收入王昶《湖海文传》卷七十二。跋中"乾隆丙午夏，翁詹事覃溪欲易拓致正面碑额"云云，即本札所言者。升碑之后，是碑多出七十余字，《秋盦题跋》收《尉氏令郑季宣碑》："《郑季宣碑》，易既扶升嵌置，多出七十余字。碑前有横纹一线，方知额为阳文。石质极松，难免剥落。此本存字无多，恐他年漫漶，即此亦不可再得，宜珍宝之。"张焘字慕青，江南宣城人。乾隆二十八年进士，官编修。

翁方纲 23—15

前月下旬，弟回南昌省城，始得将《重修武氏祠题名册子》并《七佛偈》拓本奉上。迩惟九兄先生道履胜常，以慰以祝。兹因北上人便，奉到拙撰碑文五纸，篆额一纸（即可用此入石，不消另描）。其勒石时随石横接，不拘行次皆可，缘未知伐石尺寸，是以用此式耳。并《探碑图》一册并弟及儿子及赵、谢、熊三分题名钱折银亦附上。南昌城中大安寺香炉字甚古，朱竹垞集中有跋，而竹垞但得其拓本，未知其在何地，又款识内"铁及钱"，"及"字竹垞误看作"仄"字，乃云"铁仄钱"者，非也。连日阴雨，未得佳拓本，今先以一分奉鉴。弟所撰《两汉金石记》才刻出一卷，大约须一年方竣工也。前札奉恳借看《唐公房碑阴》，若有此，则汉碑罕所遗漏矣，惟《樊敏》《柳敏》二种为未有耳。闻汪容甫得《刘熊碑》旧本，内有数字洪所未释者，而其索价甚昂，无力致之，但不知能归江秋史否也。陈芳林树华所藏《蜀石经》凡六纸，正文之外有注，其字体似欧而太板，弟已手摹出矣，若有暇即当上石重开也。明岁夏秋在省城送科，意欲买石重摹《汉石经》三段于南昌学宫，松江王氏所藏本较尊本又多出二字，云是孙退谷本，然则尊本或是汉时原石，而损本是洪丞相越州本也（此语是何义门说）。弟惟用力于汉碑，唐以下不暇悉究，惟《化度》一碑朝稽夕考，颇有心得，惟祈尊兄有所见闻辄以惠教也。闻曲阜王氏家（颜氏之戚）有《化度》旧本，未知谁可得见之？江右无一谈及此者。寡陋日甚，深切奉怀，诸惟鉴照，不尽驰切。弟方纲顿首，秋盦先生九兄左右。十一月十七日。[故宫博物院]

考：札作于乾隆五十二年（1787）十一月十七日，时翁方纲在江西学政任上。上年黄易发现武梁祠，并于本年重建，札中所言"碑文"，即《重立汉武氏祠石记》，篆书碑额，正文款识云："乾隆五十二年岁在丁未冬十月朔旦，通奉大夫、日讲起居注官、文渊阁直阁事、詹事府詹事、翰林院侍读学士、提督江西学政大兴翁方纲撰并书。"碑后刻捐资各人题名，当即札中所及之《重修武氏祠题名册子》，据札，翁方纲、翁树培及赵、谢、熊三分题名钱皆折银附寄。今按石刻，翁方纲题名："提督江西学政、詹事大兴翁方纲　钱二万。"翁树培题名："翰林院庶吉士大兴翁树培　钱三千。"赵、谢、熊，当即内阁中书武进赵怀玉（三千）、宁国府知府南康谢启昆（三千）、汝宁府知府铅山熊枚（三千）。题名俱见碑阴。黄易《紫云山探碑图册》，翁方纲亦于此际题就，诗后系跋云："秋盦先生《紫云山探碑图》寄来南昌阅半岁矣，予自信江试士归，始为题此。北望惓惓，不获与担石之役。意欲先生再画一轴，挂之宝苏室也。丁未仲冬望日，北平翁方纲。"画为端方《壬寅消夏录》著录。札中言及重刊《蜀石经》《汉石经》及刊行《两汉金石记》诸事。信末则咨询曲阜王氏所藏《化度寺碑》旧本，盖翁氏此际正考证此碑。

翁方纲 23-16

鹿鹿久未奉书，念切念切。兹因鸿便，寄上拙刻《汉石经残字》一分，此刻于南昌府学者也，拙著之《两汉金石记》大约今秋可呈鉴矣，惟《樊敏》《柳敏》二碑不可得见，未知尊藏有此，可见借否？目录一卷未刊出，是以未得逐一奉教也。迩日有何新得，幸以见示，或寄京，或寄江西，皆妙。临颖驰切、临颖驰切、驰切。弟方纲顿首，秋盦九兄先生侍右。五月十三日。[广东崇正2017年春拍]

考：书法可议，内容可信。乾隆五十三年（1788）九月，翁方纲于南昌县学宫摹《石经遗字》立石，本札寄赠拓本，当作于次年五月十三日。又云《两汉金石记》"今秋可呈鉴"，是书刊印亦在本年。八月初，翁方纲即回京复命，故札有信寄京寄江西皆可之说。

翁方纲 23-17

顷奉手教，深慰渴怀，迩惟尊兄新禧懋晋为祝。昨因宋芝山之便，奉到拙著《金石记》二部，今闻赵晋斋兄即来，因更寄上《金石记》一部，乞为转致，并道相念之深也。《吴越书画录》儿子处久稽未致上，今藉使附到。汪氏之《武梁古刻》是否旧本？谅无能逃吾兄精鉴者，祈早示知，以慰渴饥。所愿金石精灵，凡有求者皆必得耳。诸惟心照，不尽驰切。弟方纲顿首，秋盦先生九兄执事左右。除夕前一日。[《明清名人尺牍墨宝》第二集卷五]

考：札作于乾隆五十五年（1790）十二月二十九日，黄易次年正月获《唐搨武梁祠像》，此际已有消息通报翁氏。次年十一月，黄易寄观此拓，翁有《秋盦得武进唐氏旧藏〈汉武梁祠堂画像〉旧拓册子，寄求赋诗》，收入《复初斋诗集》卷四十二，参23-18。本年冬日黄易安排赵魏来济，然未果行，参17-21黄易致赵魏札。此际翁方纲赠黄易、赵魏《两汉金石记》刻本。

翁方纲 23-18

接诵手札，快若晤谈。迩惟尊兄先生道履绥嘉，羡祝羡祝。昨于友人处闻兄有荣迁之信，未知确否？然今得汪氏所藏《武梁祠像》旧本，其乐岂止于迁擢耶？《观碑图诗》当即约王、玉二公为之，第此二公者近亦极忙，王述庵日日不在家，每一相见则缕缕谈金石旧约不置，及其办事时多，则亦实无此暇矣。玉公擢入内廷，日日上直，亦匆匆之至，且此数月间其母夫人有恙，渠昆仲心力不暇，虽寻常一二笔墨亦皆谢绝矣。江秋史已丁艰南旋，然王、玉二公处弟必为兄极力催其题此耳。寄来纸不甚佳，是以弟用此极薄之镜面高丽纸写之，兄酌裱入可也。赵晋斋兄此刻想已来尊署，乞代弟致候，为感。拙著《两汉金石记》寄晋斋者未知收到否？现在改板一处（第六卷末页所录之碑侧一条删去，此是原底之误也。第六卷之卅二页末页第五行以下划去），此外尚有续补者尚未付刊。弟此刻案头件绪太多，每隔一日进署批本，竟匆匆之极。扈跸热河名单，已蒙圣恩改派，王述庵亦不随往也（玉公已派往）。尊兄北上在几时，便中先示知。铁桥兄代为致候。弟方纲顿首，秋盦先生九兄侍史。四月廿七日。

钤"内阁学士"。［济南市博物馆］

考：是札收入《明清名人尺牍墨宝》第二集卷五，《翁方纲题跋手札集录》将一札误作二札，且迻录有讹漏字。札中问及赵魏有无收到《两汉金石记》，当承23-17，作于乾隆五十六年（1791）四月二十七日。本年黄易以实授运河同知，将入京引见，因有几时到京之问。王述庵即王昶，玉公即玉保，上年三人曾扈跸至济，王昶《春融堂集》卷二十《将至济宁寄黄同知小松易，次振三韵》："书札频年属雁臣，百朋惠我拓贞珉。汉唐宝刻搜残本，欧赵风流得替人。河岳正当临胜地，琴樽端可浣行尘。属车清暇同连袂，旧侣新知意倍亲。"在济宁，黄易作《看碑图》，并倩翁方纲促王、玉题诗，翁言王昶、玉保近来极忙，诗未及作，将极力催促。参23-19。札言"江秋史已丁艰南旋"，江德量父江恂于三月下世，翁方纲《苏斋题跋》卷下收本年四月一日跋《宋拓醴泉铭》有"既为霁毂作前跋后阅月，门人江秋史侍御读礼南还，以其所藏宋拓本留予斋"云云，与此合。参见杨国栋《济南市博物馆藏翁方纲致黄易〈荣迁〉札略考》。

翁方纲 23-19

方纲顿首，秋盦九兄先生侍右。兹因侯官郑阁学（耘门，名际唐）道出济上之便，致此奉候日禧。郑公能分隶，人亦笃实嗜古。若于武氏阙有缘，亦可书名出钱在上耳。弟所补之《两汉金石记》此时约有二卷尚未能付梓也。兄所得汪氏之旧本《武梁祠刻》急拟一见，未知何时得附题跋之末，饥渴特甚。题《看碑图》诗，王、铁、玉三公俱已代求，尚未得见其稿。特晋斋兄何日来济？念念。更有何等新得，示知为快。炎暑，伏惟珍摄，临颖驰切。不既。秋盦九兄先生左右，六月二日，方纲顿首。铁桥兄乞代致候。敬冲。〔甘肃省博物馆〕

考：移录自曾雪梅《翁方纲致黄易手札考释》。黄易藏《宋拓汉石经残字》《唐拓武梁祠堂画像》有乾隆辛亥（1791）七月侯官郑际唐于黄易济宁署中观款。本札当作于本年六月二日。札云"若于武氏阙有缘，亦可书名出钱在上耳"，乃指《重立汉武氏祠石记》碑阴刊捐资者题名，郑际唐亦有捐资之意。据札，此际翁方纲尚未寓目《武梁祠像》旧搨本。《看碑图》乃黄易为纪念上年三月十六日翁方纲、王昶、玉保等扈跸，顺道至济宁观碑所作，札中所寄"王、铁、玉"当即王昶、铁保与玉保。《复初斋诗集》卷三十九收《济宁学宫观碑歌》，又收《秋盦署斋观所藏金石，秋盦为作图，同赋三首（三月十七日）》："张弨、郑簠同来否，片石摩挲意不传。多少精微待亲质，等闲抛却十三年（丁酉与秋盦别，至今十三年矣）。　任子城阴接海潮，蓬莱几客托山樵。月明梧竹疏疏影，又借秋盦识铁桥。　山城驻马傲鄙阳，石阙重开记武梁。半晌茶烟千载事，汉碑图画出文章。"卷四十二《〈观碑图〉为秋盦题二首》："济宁扈跸去年春，宝墨衙斋似不贫。并辔恰来同志侣（述庵、阆峰），对谈况是别碑人（铁桥）。摩挲郑、范苔痕古（《郑季宣》《范式碑》皆君所手剔者），想像曹、张墨色新（州学戟门汉碑石侧有曹仲经、张力臣手题字）。竟夕徘徊香篆绕，空庭藻荇月如银。　黄子别来今匝年，此情此境倩谁传。对挥棐几人无寐，不触屏风仆亦贤。我辈侑觞皆卷轴，个中真气贯山川。回环古墨扬州梦，早晚飞腾到眼前（扬州汪氏所藏《唐搨武梁祠碑》，今为秋庵所得，云即寄来鉴赏也）。"当作于此际。又，铁保《梅庵诗钞》卷四《题黄小松〈小蓬莱阁看碑图〉》："我来坐小蓬莱阁，如入米家书画船。古搨心迷虫鸟迹，残诗泪洒鹣鸰篇（图有阆峰弟题句）。半生性命留金石，垂老功名剩椠铅。自笑迂疏真好事，数题小字附前贤。"阆峰即玉保，满洲正黄旗人，乾隆四十六年（1781）进士，授检讨，官至吏部左侍郎。赵魏本年曾计划来济宁，故翁方纲此际书札屡屡询及。

翁方纲 23-20

方纲顿首，秋盦先生九兄执事。前月承寄到《唐揭武梁祠象册》，并外又三册，俱如命题就。今因来使奉缴，复拜饷佳味并新拓册，感刻感刻。伏稔尊兄入觐荣禧，兼得晤都门一二旧好。两峰新绘《坡公药玉船》，定邀兄同作腊月十九坡公生日之集，但旧游之侣益寥寥耳。新镌一本尚有数处应再致精审者，如后面龚蘅圃小字一跋下之方印，竟未清楚，所当更为料理者也。金乡县有唐人八分书《赠歙州刺史叶慧明碑》，即道士叶法善之父。方纲尝考定此碑是韩择木书（系衔半缺矣），韩之分隶存者，此碑为第一妙迹。顾宁人《金石文字记》明说今在金乡县，弟于甲辰岁尚见新拓本，则其石尚存无疑。而昨访诸金乡学官，坚辞无有，务祈兄就近一访之，失今不访，将来益难觅耳。专此，上候升禧。附寄拓本四种（庾公碑并小题、刚城村幢三面、长清县坡书二种）奉鉴，余容续致，临颖驰切。弟方纲顿首，秋盦先生九兄左右。辛亥十二月望日。

钤"督学山左"。[枫江书屋藏]

考：据款识，札作于乾隆五十六年（1791）十二月十五日，时翁方纲督学山东。黄易此际将有入觐之行。据陈鸿森考，翁方纲《书化度碑后》云："此本与《武梁祠象》拓本，并一时名著邗江。己亥（1779）冬谋欲介江秋史借《武梁象》册来观，而未能遂。既而秋史为购致此本于苏斋，今一十二年矣。今予按试沇郡，得从小松借《武梁象册》来，同展此本，晴窗对玩，古香袭袂，岂复羨邗江文燕也！书此以志快幸。辛亥（1791）十二月十日。"又，翁方纲以《唐赠歙州刺史叶慧明碑》为韩择木见存分隶第一妙迹，说见《复初斋文集》卷二十三叶碑跋文。按，札言"新镌一本"，当指黄易翻刻《武梁祠画像》分赠友人，龚翔麟题词之下原有一印，然镌本并不清楚，翁以为需再作料理。

翁方纲 23-21

昨接九兄手教，稔知新岁荣禧，忭慰曷似。郑碑四分并永元洗文收到（此洗妙极，更求拓数付）。弟现在按试曹郡，于二月三十日起程前往沂郡，三月二日可抵嘉祥，初三到济宁也。不知是日兄在署否？若因公他往，自不能因弟之来而废公务耳。如无他务，即妙极矣！然弟亦仍宿公馆，而自己单舆到兄衙斋作午谈，亦不能似前岁谈至夜深也，竟要巳刻即到，谈至将篝灯时仍回公馆，则亦可抵前岁夜深之谈矣。弟舆中亦略携一二求跋之件，仍用苏米雍丘故事，对案作书，一偿数年来积渴之怀，何快如之！然又有一层须先请教者，不知是日河帅李公在署否？若李公在署，则弟岂有径先到尊署者？又有道台亦须酬应，如此则分我光阴，奈何奈何！抑还是再须匀出一日否？然若李公、沈公俱在署，则虽匀多一日，而二处势必俱要应酬，况且尚有南池、浣笔泉诸胜，则李、杜二公处又要分我胜致之晷刻，又将奈何！此皆须先请兄代为筹计，应如何分合前后，即求先示一信，以便早为计定之，亦断不能勾留至三日之久者也。先此，敬候升禧，即求回示。临颖驰切。不一一。弟方纲顿首，秋盦九兄先生左右。二月十七日。

　　再求示者，弟到济之前一日，欲到武氏石阙处（前已告知邑宰刘君矣），但不知紫云山在何处？还是先到紫云山，而后至嘉邑？抑是先县而后紫云山？求示知，以便计算是日路程也。如兄代筹已定，即求便中先通知嘉祥刘君一声，尤妙耳。弟又及。

　　晋斋兄来否？铁桥虽本处人，然济宁已试毕，似亦不妨晤之，即先恳致意也。附上拙刻一册，余再致。

　　钤"苏斋""内阁学士"。[《故宫藏黄易尺牍研究·手迹》]

考：沈津《翁方纲年谱》系此札于乾隆五十七年（1792）二月十七日。朱琪同之。是。按，翁方纲作札时在曹州按试，将于二月三十日起程前往沂州，三月二日抵嘉祥，三日至济宁，期与黄易相见，并观览武梁祠。河帅李公即李奉翰，时任东河总督；沈公即沈启震，为运河道道员；邑宰刘君为刘翰周，直隶丰润举人，乾隆五十二年任嘉祥县令，后兼署金乡县令。所言郑碑即《郑季宣碑》，由翁方纲督促黄易于乾隆五十一年八月升碑。

翁方纲 23—22

　　敬候秋盦九兄日祺，清和芳月，遥稔新得定增胜概，企羡企羡。昨过高密，拟镌郑司农像，闻淄川有石本，兄知之否？敬祈示教。昨接辛楣少詹书，有奉候一缄，今谨致上。外并致沈观察、窝巡使二缄亦恳代致。诸城坡题一小件附鉴，临颖渴切。不既。晋斋有信否？弟方纲顿首，秋盦先生尊兄左右。四月九日。

[广东崇正 2017 年春拍]

考：书法可议，内容可信。札作于乾隆五十七年（1792）四月九日，时翁方纲视学莱州、登州。郑司农像即郑玄像，参 122—2 桂馥致黄易札。沈观察即运河道沈启震，窝巡使即巡视东漕给事中窝星额。翁方纲此时转寄钱大昕一札。

翁方纲 23-23

昨钱梅溪来，持所重勒《会稽秦篆碑》（只一纸，无副本）留弟处，欲弟于李郡伯（绍兴太守名亨特）系衔之下石空处缀一小跋。札致芗林河帅，为于家信中托其并跋上石，而再多拓数纸见寄，则益可分惠同人，此甚妙也。第不知河帅之令子郡伯其尊字是某称，以使系于小跋，赞颂其勒此之美也（若不称颂其美，而专考古迹，则太直率矣）。未审兄可便中向顾进士辈探知其尊字否？再闻河帅现在出巡，此事必须其暇时致之，乃为有益，约在何时可以致之，亦候吾兄示知，而后致之为妙耳。至恳至恳。梅溪处所得旧摹《石经》乃是出于徐树丕（字武子）墙东老人，此明末一分隶名家也，昨面问始知之，不可没其实也。闻济上郑君支宗刻汉瓦，果否？汪临《兰亭》小卷，弟亦欲以蝇头缩本《兰亭》附后耳。《建武泉范》妙甚，容再审玩旬日即缴。王实斋一字，求遣人代致，感感。秋盦先生九兄左右，弟方纲顿首。六月廿日。〔甘肃省博物馆〕

考：移录自曾雪梅《翁方纲致黄易手札考释》。乾隆壬子（1792）夏六月，钱泳尝于济宁观黄易所藏《宋拓汉石经残字》，嗣又至济南访翁方纲于贡院。本札作于当年六月二十日。芗林河帅即李奉翰，绍兴知府李亨特父。《会稽刻石》于康熙年间为工磨去，乾隆五十七年（1792）闰四月一日，李亨特嘱钱泳以申屠氏藏本重勒于绍兴府学。札中翁方纲请黄易代为打听李亨特之字，以便作跋，并由李奉翰家书中代寄亨特（时已调杭州知府），于石上再刻翁跋。顾进士当为顾礼琥，吴县人。乾隆甲辰（1784）进士，李奉翰闻其名，延致幕府。郑支宗号鲁门，济宁人，承家学，善篆隶刻印。毕沅曾售其铜铙刁斗铜雀古瓦。乾隆五十二年十月翁方纲撰书《重立汉武氏祠石记》，即其人摹刻。王实斋即王聘珍，在翁方纲济南幕中。汪士鋐临《兰亭》及翁方纲蝇头缩临，参23-24。

翁方纲 23-24

河帅李公札奉求转寄（内四件，共一总包）是祷。所恳其少君绍兴太守拓秦篆碑，如寄到时弟已北归，即恳兄拆看，如有秦篆碑多副一二纸者，即留一纸，而以其余封包，觅便见寄也。《金石记》二部，求致顾芦汀八兄（芦汀云，或即交付其尊眷处，然或兄有便札致之更妙）。铁桥扁一纸附到。《苏诗补注》一部二本奉呈九兄雅诲（中秋前后再有刷印拙刻一二种寄呈也）。《泉范》一叶附小跋在内。小《兰亭》一卷（并袱并匣）并奉缴，小《兰亭》卷若再觅题识，非极

小之字不可，若用指顶外之行草，即不称矣。方纲顿首。［甘肃省博物馆］

考：移录自曾雪梅《翁方纲致黄易手札考释》。札作于乾隆五十七年（1792）七月二十二日左右。此际已题就《琅琊台碑》，倩黄易交河督李奉翰转寄其子李亨特，并恳刻成后多搨数纸。时又有《两汉金石记》二部托交顾文铉，本年春日顾曾访翁方纲于济南，后往正定。翁方纲《苏诗补注》乃乾隆四十七年春苏斋刻本。《泉范》即23–23提及之《建武泉范》，时翁已为题跋。翁方纲缩临《兰亭》，缀汪士铵临本之后，《苏斋题跋》卷下收《苏斋自临小字〈兰亭〉（黄小松司马藏）》："秋盦九兄以汪文端公缩临《兰亭》属为题尾，不揣弱劣，辄亦效作于后。乾隆壬子（1792）秋七月二十有二日识于小石帆亭，方纲。"

翁方纲 23–25

《父子趋直图》一卷，非至好相爱者不敢乞题，而尊兄翰墨尤所珍秘，幸勿吝教（其尺寸纸样在小诗后）。大题后，如再求铁桥兄作分隶数语，亦妙耳。晋斋兄有来信否？何梦华大约岁底可来，兄所藏钱范虽出梦华所赠，然梦华竟未释全也。此月内弟竟甚忙，满任在即，笔墨亦极匆匆，恳仄恳仄。秋盦九兄先生左右，弟方纲顿首。七月廿八日。［甘肃省博物馆］

考：移录自曾雪梅《翁方纲致黄易手札考释》。札作于乾隆五十七年（1792）七月二十八日。翁方纲、翁树培父子皆供奉翰林，为文学侍从之臣，因有《翁方纲父子趋直图》之作。此作见于中国嘉德1998年春拍，吴焯绘，洪亮吉题引首，翁方纲、翁树培、黄易、李东琪等题诗，翁诗三首：《十月二日，上御乾清门听政，方纲以学士承旨、儿子树培以检讨侍班，敬述》（1790）、《再用前韵题〈趋直图〉示树培（十月二日）》（1794）、《甲寅十月二日，上御乾清门听政，方纲跪直墀左，适女婿王编修宗诚侍直右砌下，归而赋此，以示树培，作此图之后四年也》（1794）。前二首收入《复初斋诗集》卷四十、四十六。黄易接信之后，题七绝四首："簪毫同直拜恩光，瑰题文章重庙堂。我却羡公金石富，老欧阳又小欧阳。　校书先后照藜青，叶扫秋宵课不停。报国寸心犹未尽，更教士子尽研经。　诗境轩前乔梓荣，客来惟听读书声。今看冠珮銮坡上，还似趋庭把卷行。　玉堂草制拂鸾笺，书体家传上讲筵。天上坡仙知亦羡，立朝未得共斜川。"款识云："题请覃溪阁学大人诲正，乾隆壬子（1792）仲秋，钱塘黄易。"诗即《秋盦诗草》所收《题翁阁学父子〈趋直图〉》。据札,何元锡年底将至山东。

翁方纲 23—26

《十月二日,上御乾清门听政,方纲以内阁学士承旨、儿子树培以检讨侍班,敬述》:"先公检讨嗣尚书,未得彤庭接佩裾。以尔承恩三载后,忆余入直戌冬初(甲戌至今庚戌,三十六年矣。方纲是年闰四月授编修,甫半年耳;今树培己酉四月授检讨,至今始得侍直。盖近岁数科已来,词林人数倍多也)。一门感较前贤倍,十月心铭拜祀余(前一日率儿展先墓也)。咫尺廿年簪笔地,日华五色丽前除。"此前年庚戌之冬绘《父子趋直图》,因录示儿一律求诸知好和作,题于画卷。其画卷未携来,高一尺二寸许。随便求以纸写大作见惠,恳赐一二训迪之语,幸勿赞美也。方纲拜恳。

钤"苏斋"。[枫江书屋藏]

考:与 23—25 同时寄出,今分散两地。此即该札所云"其尺寸纸样在小诗后"。

翁方纲 23—27

敬候秋盦先生九兄近祉。承惠借诸拓本并祝卷,今谨缄封奉缴,内祝卷至宝也,赞叹不尽,赞叹不尽。今又闻新得宋克书《七姬权厝志》,弟梦想此书廿年矣,急欲快观,亦所谓口门恨窄,赞叹不尽者也。但济宁未必有装裱手,可否即寄来(或弟专差人来奉借,可否)?省城当有一家略可者,弟当代为料理,兼修眼福耳。明岁弟于四月初间始过济宁。王元美云,得一卷真迹先告知汪象先,使伊夜眠不着,想兄必不忍使弟久废眠也。一粲。《王基碑》能得更妙。外寄上坡书"读书堂"一纸,拙书拓本二纸。秋盦九兄先生侍右,弟方纲顿首。十一月二日。[甘肃省博物馆]

考:移录自曾雪梅《翁方纲致黄易手札考释》。据明岁四月初过济宁,札当作于乾隆五十七年(1792)十一月二日。祝卷即黄易所藏祝允明《成趣园记》,本年三月,翁方纲在济宁曾与黄易同赏是册,题字。秋日还济南后致札黄易借归细观,此际璧还。又借黄易所得停云馆旧藏宋克楷书《七姬权厝志》搨本,题跋云:"钱塘黄秋盦所藏,北平翁方纲借观于济南使院,壬子仲冬雪窗记。梦中想像此帖者三十年矣。"又题诗六首,款识云:"乾隆五十七年岁在壬子冬十月借此册来,日日展观,雪后晴窗复为书此,方纲。"札中所及《魏王基碑》,新出于洛阳。

翁方纲 23-28

　　承专使寄到惠借《七姬权厝志》，赞叹不置，自当承诿题后页。闻吴下今有重刻本，未得见，然承借此本必当敬玩旬日方不负也，第未审可于来岁春末夏初道出济上之便，面缴可否？《王基碑》亦欲跋数语，或有便人先奉还也。《周公见成王》石本领到，谢谢。昨于济南府学得赵松雪题"研溪诗"一石篆书，不佳，曩于他处曾见松雪篆，实是如此，意颇疑之，今得此，乃知松雪篆不及其真行远矣。吴门石墨以《权厝志》为第一，其次则文衡山所书《文太仆配吴夫人墓志》最为难得，因此附闻，必亦有缘获赏耳。《经义考补正》三部附上（拙刻《小石帆亭著录》凡六卷，专为阐发渔洋诗说，大约年底可竣工，即刷呈也）。并候日禧。不宣。秋盦九兄先生侍右，弟方纲顿首。十一月廿日。[甘肃省博物馆]

考：移录自曾雪梅《翁方纲致黄易手札考释》。承23-27，作于乾隆五十七年（1792）十一月二十日。此际收到黄易所寄《七姬权厝志》《王基碑》拓本，并受委题诗（跋）。《七姬权厝志》乃停云馆旧本，后有翁方纲乾隆壬子（1792）仲冬题记及诗若干，十二月十一日题跋三段。黄易《杂书册》曾临《七姬权厝志》一过，并录翁方纲所题诗，寄印鸿纬，时在乾隆五十八年晚秋。乾隆六十年黄易归杭葬母，又得丁敬旧藏拓本，黄易录厉鹗题诗，并跋云："右拓本昔藏丁敬身先生家，乾隆乙卯（1795）得于乡中，嘉庆六年（1801）黄易补书厉樊榭山人诗。"此本亦有翁方纲嘉庆元年五月望日一跋："秋盦初得停云旧本，虽摹刻天斜，正可与原石印证。今复得龙泓馆所藏真本，山谷老人所谓松风之梦故在者耶。龙泓此本盖即樊榭所题者也。……愚手搨此帖前后二本，皆以淳古为主，而后及于丰神，此为品宋仲温书之弟一要义也。后有更谋重勒于石者，正须知此意耳。"并题三诗。翁方纲《经义考补正》《小石帆亭著录》，皆本年刻成。

翁方纲 23-29

　　方纲敬候秋盦先生九兄新禧。接诵手札，并承寄惠永元洗及拙诗拓本，谢谢。拙诗本丑劣，而敝署友人竟欲得之，未知可再拓一二否？兹有一极妙题目欲求大笔者，七年前弟在詹事署，有纳兰少詹者持一砚见示，背有七篆云"万里桥西一草堂"，下云"余奉使西川，得此砚于杜工部浣花草堂，因以杜句题之，河津薛瑄"（无年月，今考之，是景泰初年）。字既古雅而砚亦真蕉白，况有河汾夫子手迹。纳兰少詹云是其令亲某某处家藏，欲求题咏，弟因为赋长歌记之，此乙巳夏间事也。昨吉抚军入觐回济南相晤，云家有藏砚，背有篆题，弟叩以可是"万里桥西一草堂"否？吉公云何以知之，弟具言昔年所见，吉公因出相视，如见故人，吉公即慨然见赠。弟因考之，此是薛文清公督理黔饷过四川时所镌字，而薛文清公遂以礼部左侍郎视学山东，至今济南城北大明湖渚有薛公祠，且大明湖之西北今题"小沧浪"者，即旧志所云"百花潭"也。弟因续镌八分七字于薛镌篆七字之旁，云"百花潭水即沧浪"，恰好杜句凑合，天下岂有如此之巧者乎！今拟即绘薛公祠并全湖小沧浪之景。昨因阿运使（雨窗）欲画小沧浪，有嘉禾吴君所构一稿，弟因借来，但彼意以小沧浪为主，故坐北向南，今弟意以薛祠为主，故坐南向北，此须将吴君稿倒转即明白也，是以另用竹纸粗写一式样，其纸须矮而不必高，然吴君纸却横展太窄也。盖弟欲将砚背篆题拓其字装于卷前，则此画须略与砚（砚高六寸七八分）相称，不能太高矣，是以就此一张竹纸为式，不过照此之高，足矣。其拓本，现在工人过年未暇，再过一二日即先拓出奉鉴也。大约此画以薛祠为主，其全湖小沧浪之景不过略见大意，虽不似亦无妨，总以兄之胸次笔墨随意为之，无乎不妙耳。极知兄新节甚忙，不敢以此相迫。然弟今改于二月初一日始自省起程，按试东昌、临清，乞大笔构得即早惠寄为感也。"大明湖"三字虽旧称，然今只应称"明湖"（或并"明"字亦删），或尊款内题记数语，更妙更妙。琐渎缕缕，驰切驰切。秋盦先生九兄侍右，弟方纲顿首。初五日。

砚侧新题附录于此："百花潭水即沧浪。沛南学政署在城北湖上，湖有薛公祠及百花、沧浪诸胜，盖薛文清视学于此。之后四百年为乾隆壬子，除夕北平翁方纲于使院得此研，因题记于侧。"［甘肃省博物馆］

考：移录自曾雪梅《翁方纲致黄易手札考释》。据翁方纲研侧题记落款，札当作于乾隆五十八年（1793）正月五日。本年二月初，翁方纲将起程按试东昌、临清。札中所及少詹即纳兰晓枫，翁所赋诗即《薛文清公研歌为晓枫少詹赋》，收入《复初斋诗集》卷三十，作于乾隆五十年夏。薛瑄为明初理学家，曾以礼部侍郎视学山东。吉抚军为山东巡抚吉庆，满洲正白旗人，乾隆五十七年任。阿运使雨窗即阿林保，乾隆五十三年擢山东盐运使，五十五年署山东按察使。嘉禾吴君当即吴履。翁方纲此际倩黄易为作薛祠图。《秋盦题跋》收《为翁阁学作〈薛公祠图〉跋》："薛文清公督饷过蜀，得一砚于浣花草堂，篆杜诗'万里桥西一草堂'七字刻之，嗣以少宗伯视学山东，后人敬慕正学，建薛公祠于济南城北湖滨，在今学政署之外。覃溪先生在都时见此砚,曾赋长歌,今亦以少宗伯督学来东,中丞吉公适以此砚相赠,学署前百花潭上有小沧浪诸名胜,先生复刻'百花潭水即沧浪'七字于砚旁,地名恰合,官复相同。先生喜甚,手奉斯砚拜谒薛公祠,复嘱余作图,联砚铭为一卷,以纪盛事。余未历济南,图中结构想像为之,恐未能悉合也。先生以品学受主知,莅东后惟研经复古,勋励多士,与薛公《读书录》后先辉映,四百年来河汾再见,他日齐鲁诸生定以先生配薛公,学海同源,征于斯砚矣。"黄易《岱麓访碑图·大明湖》翁方纲对题亦云:"戊午(1798)二月望日,以南村写《明湖卷》对看。昔于此湖上得薛文清所藏浣花草堂古研时,时正属秋盦为我作《湖祠拜研图》。"即指《薛公祠图》而言。故宫博物院藏。

翁方纲 23-30

前札匆匆,未将砚铭拓本寄上,今先拓出样本并稿(《谒薛公祠》草草未及自写)呈海。此刻因雨窗运使之官武林,甫为然圃陈二兄致书,但未知然圃近署何缺耳,欲托雨窗一切为之留意,结此一重翰墨缘也。想兄必深知然圃近况,此后弟可时时由雨窗处致札,亦庶几千里外续城南看□,一临风味尔。余容再致。不宣。秋盦九兄先生左右,弟方纲顿首。灯夕后一日。[甘肃省博物馆]

考:移录自曾雪梅《翁方纲致黄易手札考释》。承23-29,作于乾隆五十八年(1793)一月十六日。此际阿林保调浙江盐运使,参128-3胥绳武致黄易札、129-2黄畹致黄易札。翁方纲欲为陈焯在其处谋一幕席,然不知陈焯现署官何处,因咨及黄易。

翁方纲 23-31

奉到妙绘《小沧浪薛祠图》,感谢感谢!弟日内临清试竣,正在傲装间,得接九兄手翰,愉快奚似。临清大宁寺旧有米书"宝藏"字,石已泐毁,弟今为伐石重勒,日内才得拓样一本,即以奉鉴,并《七姬志》(连外匣)、《王基碑》均藉使奉缴,乞检入,专此复谢。敬候九兄先生隆禧,弟方纲顿首,三月十七日。

再有商者,吴中陆氏篆刻《书画录》内有十余条颇关考据者,欲借至箧,属小胥一抄。从前原想自己另购一部,今再三访问,京中书店绝无矣,是以不得已而有此商。其每条不过三数叶,通计不过数日可以写毕,极不费力,且不消此时借也。意拟四月廿五六到尊斋时,即面借至舆中,俟试毕兖州,或托颜六兄专差妥人寄还，抑或弟回省专差妥人奉上，必不迟误也。先此恳祈，琐渎琐渎。弟方纲又顿首。万勿因有此商，而兄将此书掷还也。若不肯留此书，则弟亦竟不敢借抄也。

钤"内阁学士"。［甘肃省博物馆］

考：移录自曾雪梅《翁方纲致黄易手札考释》。承23-30，作于乾隆五十八年（1793）三月十七日。黄易藏停云馆本《七姬权厝志》有翁方纲当日一跋："癸丑（1793）三月十七日将发于临清，因缄此册以归秋盦，重为展阅，是日惟嘉定钱晦之题识于后。"又同日钱大昭题跋。时翁方纲将自临清往曹州按试，收到黄易所作《小沧浪薛祠图》，并拟四月二十五日至济宁过访黄易。札中商借《吴中所见书画录》，并作摘抄。此书乃翁方纲过往所赠者。

翁方纲 23-32

今日自曹郡起程，于沙土集旅舍得接九兄手札，备荷关注一切，并接到碑刻等件，握谈不远，不具套述。弟定廿五日晨自嘉祥到安居时附尊舟早饭，不必设蔬，只酱瓜足矣。至济宁拜各位后，即约敝署诸友同往学宫看碑，即同至尊署奉扰。此次又有钱辛楣之令弟令侄乔梓皆嗜金石，相聚快谈，又得朱朗斋、李铁桥、何梦华偕来畅叙，又非仅苏米鸡邺之约矣，当札致阮詹事辈，使夜眠不着耳。但诸友既多，万不可多费，且弟现在不吃厚味，惟嗜酱瓜一样而已，若得有一碟酱瓜，配以一豆腐一白菜，谢却肥厚之味，以称此段清章法，岂不妙甚，至恳至恳。薛文清研亦携在行箧，但一到济宁，尚未开箱，匆匆如何取呈李公之处，亦乞兄酌定之。或安居船上开箱亦妙，即上岸可自带往，则可以先呈之也。或俟晚间李公到弟寓，而后开箱取出面呈（此似过迟耳），则又未免过迟矣。若一到即欲取呈，又似忙迫。是否如何为妙，统希裁示。先藉伻纪奉复，余容面，草草不恭。秋盦九兄先生侍右，弟方纲顿首。四月廿二日，沙土集旅舍，用号房笔研，附缴尊束。［甘肃省博物馆］

考：移录自曾雪梅《翁方纲致黄易手札考释》。札作于乾隆五十八年（1793）四月二十二日。钱大昕之弟钱大昭、大昭子东垣，时皆为翁方纲幕宾。三日后，诸友会于济宁，翁方纲有诗，《复初斋诗集》卷四十四《四月二十五日，由南池、太白楼、浣笔泉至济宁学宫及普照寺观碑四首》小注："乾隆五十五年春三月十六日，刑部侍郎王昶、内阁学士兼礼部侍郎玉保、翁方纲奉命祭告复圣颜子、宗圣曾子、述圣子思子、亚圣孟子庙，既蒇事，观碑，会宿于济宁运河同知黄易署斋。后三年，方纲按试复来，题记此段已选工填朱，欲刻于运河同知署之别建曾子祠王澍仿褚书碑之阴，今日量石，竟弗果刻。"据札，薛文清砚台，翁方纲欲以赠之李奉翰。

翁方纲 23-33

方纲顿首，秋盦先生九兄侍右。昨者道出任城，荷招署斋，珍馔丰羞，备承款洽，半日之欢，一洗积渴，并诸友无不欢感，专此深谢。兹弟于月之廿八日已抵泰安，适逢曲阜颜衡斋以得子之喜来虔叩谢岱神，因来衙斋小叙。而江西敝门人吴兰雪，江右第一诗人也，亦恰来相聚数日，与钱可庐、王实斋辈忆昨高斋风味，企想曷罄。衡斋新得《开皇铜佛座》（非座也，是小像连座耳），极精，拓其文奉鉴，余容再悉。愚弟方纲顿首，秋盦先生尊兄侍史。廿九日。［广东崇正2017年春拍］

考：书法可议，内容可信。乾隆五十八年（1793）四月二十五日，翁方纲与友人在黄易济宁衙斋小集，二十八日抵达泰安，与颜崇槼、吴嵩梁、钱大昭、王聘珍诸人相聚。札作于次日。兰雪即吴嵩梁，谢启昆《树经堂诗初集》卷八收《题吴兰雪〈岱云会合图〉（兰雪访翁覃溪师于泰安使院，黄小松为作此图）》，知此际黄易尝为吴、翁相会作画。

翁方纲 23-34

方纲顿首，秋盦先生九兄近祺。弟在山东又将二载，日深惶愧，弗敢即安。兹得受代北归，惟是惓念高斋同嗜之癖，益难忘耳。兹于七月八日北上，因王实斋过济之便，托其赍奉老伯大人像一轴、《吴越所见书画录》一函（六册）、《国山碑》一大纸，奉归邺架。并济宁州王莲湖小照连袱并匣，托为代致，实未得一题，俟后补耳。河帅李大人并诸当事俱匆匆不及专札，相见时便中叱名代为致候。此后彼此所有新得，仍可觅便相寄，不虚高斋对案之初约也。徐理堂年兄如有代弟所觅小种旧本金石之类，更祈便中相寄，至感至感。缕缕不罄，驰切驰切。愚弟方纲顿首。七月四日。

王实斋过闸，幸推谊付一溜子，感感。

钤"苏斋"。［枫江书屋藏］

考：札言在山东将二载，此际即将北归，当作于乾隆五十八年（1793）七月四日。陈鸿森《翁方纲致黄易手札册考证》据《翁氏家事略记》"乾隆五十八年"

条:"六月廿三日,奉旨来京供职。七月初七日部文行知,初八日自济南起程。……二十四日回京。"此札托王聘珍带致,并"赍奉老伯大人像一轴",盖黄易以乃父像属题,翁方纲是年五月撰《张得天、黄松石合像赞》,疑即此。叶启发《华鄂堂读书小识》卷二著录覃溪手稿《国山碑释文》:"首有〈国山图〉,……次抄吴兔床《国山碑考》及《国山碑》全文,再次为考订跋语及各书所记载之有关者。……阁学此考,以兔床据碑贬史为失,然于其审核精当者则悉以采入;又旁征博考,以补不逮,知阁学造诣之深,固在兔床之上矣。"参160-2吴骞致黄易札。翁方纲返京,王聘珍省其兄于济宁,翁方纲请黄易给予放行文书。参23-35。

翁方纲 23-35

昨因王实斋省其兄于济宁,谨将老伯尊照并《书画录》《国山碑》俱已托实斋代为面缴矣(实斋依依不忍去,是以俟过初八方自省起程也)。今接兄手札,并承厚意,何以克当,感愧感愧。弟已定初八日起程北上,此时笔砚皆已收拾,匆匆写此奉复,不恭之甚。梦华正在此,甫得一谈,竟无片晷之暇,奈何奈何。弟尝谓于兄斋有屡过雅集之缘,使阮詹事辈闻而生羡。今阮公竟自来践,此亦一异也。昔坡公于季常有三岁四至之咏,而弟于高斋亦已四岁三至,中间蕴藉正复何减前贤,竟要作《四岁三至诗》奉寄,当属阮公和作也。敝署吴春畦、钱可庐乔梓亦已留荐于阮公幕中,想来年仍续前集,必有见怀之作耳。请容回京后再致谢外,先此敬服,上候升祺。言不尽意,临颖驰系。秋盦先生九兄左右,愚弟方纲顿首。七月六日。

内王莲湖小照手卷并匣,今已面交矣。专此专此。弟方纲又顿首。

昨见梦华处亦有《建武泉范》一本,其拓法不及也。然谛审次行上列之末,仍似有一字未看出者,安得精拓本对之。[甘肃省博物馆]

考:移录自曾雪梅《翁方纲致黄易手札考释》。札作于乾隆五十八年(1793)七月六日,二日后翁方纲即返京师。札中告知,王聘珍因不忍分别,欲待翁氏北上后方南下济宁省亲,并向黄易转交翁方纲所还书籍、碑刻及黄树穀画像等件。参23-34。吴嘉穀字映帆,号春畦,嘉兴秀才。时亦在翁方纲幕中。《复初斋诗集》卷四十四《同诸友小沧浪作二首(六月十日)》其一"南话江湖并"句小注云:"可庐乔梓及春畦也。"诗作于乾隆癸丑(1793)六月十日。吴嘉穀与钱大昭、东垣父子前皆依翁方纲幕,此际已荐留阮元幕，阮本年接替山东学政。札中提及《四年三至诗》，见《复初斋诗集》卷四十五。

翁方纲 23—36

弟已奉派扈从天津，于三月十三日出京，廿四日到天津，廿四至廿八此数日皆在天津，至四月初七日，随圣驾回至圆明园。此间如有惠寄之件，仍寄交京中敝舍小儿收入为妥。王述庵于三月十三日恭送圣驾之后，即束装南归（大约在三月底），兄当于四月间相晤也。徐理堂年兄乞代致候，未及专札。恕具。

钤"内阁学士"。[枫江书屋藏]

考：札作于乾隆五十九年（1794）三月初。陈鸿森《翁方纲致黄易手札册考证》据"奉派扈从天津，于三月十三日出京"，检翁方纲《翁氏家事略记》"乾隆五十九年"条："三月十三日，扈跸天津。……四月七日回京。"与此札所述扈从天津时日正同。又，王昶于乾隆五十八年十二月以老病乞归，翌年春日南还，《述庵先生年谱》"乾隆五十九年"条："三月二十二日，巡幸天津起銮。先生先赴黄新庄，二十三日清晨送驾，上领之。四月初一日，赴通州。"

翁方纲 23—37

敬候秋盦先生九兄近禧。捧读手示，并寄妙绘一幅及小金石等，俱领讫。阿胶并《任城夫人碑》俱收到，谢谢。手札来时，弟正在圆明园住宿，恭候圣驾明晨幸玉泉，于道左叩首也，十六日奉旨降补内阁侍读学士，想抄报必详之，是以舍间小儿匆匆十七日早谢恩，奉旨知道了，然尚未迎驾叩头也。拙于奉复直，待弟得尊札已是十七日灯下矣。兹先将所题《元文宗卷》奉上，余容再觅便续致上也。此刻先即遣价告知小儿，先封此一件，恐误伻使归期。笔研红纸皆在园中借用，是以草草若此。驰切驰切。妙绘容即以小诗奉报耳。愚弟方纲顿首，二月十七日二鼓。[甘肃省博物馆]

考：移录自曾雪梅《翁方纲致黄易手札考释》。据《清高宗实录》"乾隆六十年（1795）二月八日"条，内阁学士翁方纲前在山东学政并不能约束家人，着降补内阁侍读学士，仍带降二级从宽留任。札中提及此事，当作于本年二月十七日。《任城孙夫人碑》拓片，为乾隆五十八年五月泰安知府江清拓赠黄易，此际黄以副本饷翁氏。札中提及"兹先将所题《元文宗卷》奉上"，《元文宗永怀卷》乃五十九年五月鲍以文自里中寄赠黄易者,参47-4鲍廷博致黄易札。同年十二月,黄易寄至京师,翁方纲、余集、冯敏昌等俱有观款,又有翁方纲一题。该卷摹入《金石屑》第四册。

翁方纲 23-38

[前阙]札内所说西域《张骞碑》,章老先生竟坚决不肯承认,奈何?《泰岱图册》内云有《元遗山题名》,可借看否?又前札说《岳麓寺碑》后多出一行字者,亦北海之迹,并乞借看。匆匆,不暇多述,诸惟心照,临颖驰切。弟方纲顿首。正月六日。

钤"覃溪"。[北京瀚海1999年春拍]

考:书法可议,内容可信。札作于嘉庆三年(1798)正月六日,此时《泰岱图册》已寄至翁方纲处。《张骞碑》在新疆伊犁西南卡伦外那林河草地,相传为汉张骞所立,松筠任伊犁将军时,曾遣人摹拓,字在有无之间,不可辨识。借看《岳麓寺碑阴》及《元遗山题名》,参23-40。

翁方纲 23-39

再有恳者,承兄录示嵩山新出阙铭一纸,约四十许("囗光四年"云云),今者未见拓本,难以考订。乞暂将此纸借来一看,须用细纸包固,有妥便之人寄京,不过一二日即可由妥便寄缴也,至恳至恳。秋盦九兄侍右,方纲再拜。[甘肃省博物馆]

考:移录自曾雪梅《翁方纲致黄易手札考释》。嘉庆元年(1796)九十月间,黄易访碑嵩洛,尽揭嵩山三阙。据《岱麓访碑廿四图》"开元磨崖铭"翁方纲对题云:"秋盦适又寄其前秋游嵩所拓太室、少室、开母三阙全纸巨幅,挂于予斋,通计凡十丈许,邀诸友同观,题记其侧,实天下拓本之巨观矣。戊午(1798)三月廿日记。"札当作于此前不久。

翁方纲 23-40

方纲顿首,秋盦先生九兄近禧。接诵手札并寄新锓钩摹古刻五册,谢谢。前借赏之《嵩阙》全幅,通计十丈有余,计所见人家房宅无能容者,十笏小斋更形局脊矣。因分数间,内外四面悬挂,日日与坐客谛观,咸谓如游嵩山也。谨已逐处涂鸦,并拙诗另写一幅连原布袱呈缴。又尊作岱东一册,亦题就奉上。弟年来亦渐有收心专壹之意，是以金石虽其夙癖，而大致归于二条，一则有关考据者，一则有益书法者。其有关考据，如介休《郭有道碑》，原石的闻有之，盖已被人磨去，希冀拓来，或谛视露一半字也。乃祝令前来京，弟不知也，及其还任，一日晤曹侍御，云曾见祝公，面询此事，祝云现存庙中有汉隶者翁公不要，而郭墓之石竟无一字，要拓之何用？此在翰林出身之贤令尹，其言尚且如此，则何怪古刻之日湮乎？现已急写札往，云郭墓之石虽无字亦必拓之，但不知其肯拓否耳。安得嗜古精心如吾兄者乎？李北海书《卢府君碑》竟非其得意之作，所以因见此碑而愈珍惠赠之《岳麓碑阴》，是北海小行楷最佳者矣。又北海《灵岩碑》，其石今不可觅，弟竟至今未见此拓，傥得借尊藏《灵岩碑》赏鉴数月，快何如之。现在承借之《元遗山二种》，细看过亦仍即奉缴耳，诸祈珍摄，伏惟心照。不宣。愚弟方纲顿首。

　　尊刻双钩各种妙甚，谨题首一纸，不知可用否？若兄意要弟作序文，则另为之。再附商者，《石经·论语》"所损益"，损：此手旁下一画似有穿过右边之意，似不可，此处直画不应一直迳下，是否？益：此中间八，其左一笔原本不甚分明，似乎今双钩太著痕迹，此一笔当如何？求兄再细酌之。此刻匆匆未及逐字细审，姑就鄙见先说此二字，恐册内尚有欲商订处，求兄再逐字细审之。惠寄刷印精工，纸墨俱好，而阙弟一叶（《石经》"斯害也已"起，阙前弟一纸），便中乞补寄此叶，更妙。弟方纲又顿首。

　　设或要刻拙题之一纸，则名后之印不刻为是。

　　钤"苏斋""翁方纲"。［故宫博物院］

考：据23-41，此札作于嘉庆三年（1798）六月。黄易寄《嵩山三阙》全幅并索题跋（诗），在本年三月，参23-39。本月二十二日，翁方纲作札招集赵怀玉、伊秉绶、罗聘诸友同观，上海图书馆藏翁方纲《与赵怀玉》云："小松寄来全嵩巨幅，择其有铭可读者亦止横五丈许，尽小斋之四壁，恰得挂满矣。请兄枉过一看之，但尚有分拓各纸及岱顶巨幅亦同看为妙，必得兄诺定一日（早晨蔬、茗极粗，过午则近炎也），方可往约两峰、墨卿也。弟每单日得暇，而廿五日兄必晨送稚存，则廿七日可否，专求示定，以便恭候，月底月初恐小松来取也。廿二日。"此札亦刻入《小长芦馆集帖》。观碑当日，翁方纲、伊秉绶等皆有诗，《复初斋诗集》卷五十一《秋盦拓嵩山太室、少室、开母三阙全文为巨幅，总十丈许，寄来挂于嵩阳真迹之斋，与诸友同观作歌》有云："小蓬莱主真好事，长啸骖鸾不施鞚。翠屏明月正中峰，昏黑扪星遍岩洞。……三阙谁期一合璧，巾箱暗与真形通。那知屯云是纸墨，但觉积翠来鸿蒙。十笏之斋观顿改，障湿淋漓动真宰。"《秋盦为墨卿作〈少室访碑图〉》"又起一画稿，诸友题碑时"句小注亦云："秋盦尽拓嵩山三阙，字画上下相连，作十二巨幅，寄来挂于吾斋，请诸君题之，是又当作图也。"伊秉绶《留春草堂诗钞》卷二《黄小松司马拓〈嵩阳三阙文〉寄苏斋索题》："……黄君更欲探灵迹，凌寒冒雪膏辖车。攀援幽险苦搜剔，毡蜡在手冰生须。驰将束笋入京国，尽以所得夸吾徒。苏斋忽变嵩阳观，凭空列嶂分郭郛。……'丛林芝'下向无拓，露一'伊'字审不诬。北平学士（翁覃溪先生方纲）为摹研，笑谓此字应归余。……黄君嗜古有谁匹，归装饱压牛腰粗。嗤余半世看墨本，几时蹑屐辕辕纡。坐卧三阙三昼夜，墨华呼吸神清腴。"札又言"尊作岱东一册，亦题就奉上"，乃指当年正月寄到之《岱麓访碑图》，《复初斋诗集》卷五十一收《秋盦游岱图六首》，皆题于《岱麓访碑图》上，《后石屋》一幅对题："戊午（1798）春，此册寄至苏斋，午晓晓霁，对客披赏者两月余矣，愧题六诗，拙劣不称此画耳。三月廿一日，方纲。"又《开元磨崖碑》（三月廿日）、《岱顶》、《对松山》、《岱庙》、《灵岩寺》、《龙洞》（三月九日）、《冈山》（二月十二日）、《孟子庙》（二月六日）、《大明湖》、《孔林》、《孔子庙》、《大汶口》诸幅皆有翁方纲本年春日对题。此外，四月十日翁方纲还曾将画册送赵怀玉，《与赵怀玉》云："秋盦《游岱画册》，求随意题字，字愈小愈妙。所求题嵩拓全幅之诗，便中付下，以便乘便寄去也。初十日。"今《对松山》一幅有赵氏对题，在四月二十日。又，"新锓钩摹古刻五册"，指黄易所寄《小蓬莱阁金石文字》，黄易寄赠同时，索翁方纲题首，即今见《小蓬莱阁金石文字》所刊者，隶书题识云："钱唐黄秋庵小蓬莱阁所藏金石，就其罕传者双钩锓木，以公同好。北平翁方纲题。"又行书题诗云："两卷岱嵩三宿梦，千年分隶一苔岑。槎枒渴笔秋灯影，尽是低回念我心。小诗奉题秋盦先生汉隶摹本，方纲。"札云"名后之印不刻为是"，今本无印，乃遵翁氏之意。又论《石经·论语》"损益"二字钩摹须再细酌，类似问题或多。札又谈及介休《郭有道碑》，"祝公"当即祝德全，《（嘉庆）介休县志》卷五《职官》："县令：祝德全，直隶吴桥县进士，嘉庆元年任，[嘉庆三年]升潞安府同知。"同卷《宦迹》："祝德全字午桥，由翰林院庶吉士改令文水，调任介休，廉明公正。……莅介二载余，政平讼理，升潞安府同知去。"曹侍御即曹锡龄，别号定轩，山西汾阳人。以进士起家，授编修，擢御史，迁户科给事，转吏科，曾受业于朱筠。参钱东垣《吏科给事中定轩曹府君传》，收入《（道光）汾阳县志》卷十三《艺文》。翁作札之前，曹正在京，《复初斋诗集》卷五十一收《曹定轩侍御〈踏雪访梅图〉三首》《曹定轩招同蓼堂、时帆、莲府泛舟二闸二首》。北京文津2016春拍见同样内容书札，系伪作，然多出以下一节："阮侍郎元自浙得五凤五年砖，吾竹房琢为研，此砖极古，今日阮公携来，借留小斋，命儿子拓以奉鉴。五凤只四年，其次年改甘露元年，然甘露元年夏四月黄龙见，应劭注以为黄龙改元之事，此甘露之改元则当在春三月以前，可知也。汉都西陕，海盐为地隔远，或春间海盐尚未知有改元之事，而称五凤五年，亦不妨也。又及。"文字信息可信。本年冬日翁方纲为作《五凤五年砖歌》，收入《复初斋诗集》卷五十二。

翁方纲 23-41

秋盦先生九兄近禧，昨于伻使来京之便，将《嵩阙》全拓并《岱游图册》又《岱顶从官姓名》一册俱缴上，想此时早已鉴入矣。兹接手札，欲买石青绢笺十三张，昨夕接此已晚，今早遣奴子到前门文宝斋买此，据云无更高于此者，弟实不谙也，今将奴子所持店内开单及所剩余银俱包入此内奉鉴，诚不知所办是否，而来使云明日即行，是以不能更请教于明白此事之人，即照其所买所开封寄矣。安阳新出汉碑四通，大快之事，弟已细检《隶释》《隶续》，实为从前所未见者，前月安阳令赵生寄愚父子各一付，嫌其纸墨不精，于二付八通内拣择纸墨精者，仅得一付四通。正值伊墨卿典试湖南，道过安阳，即写覆札与武虚谷，俾乘墨卿役还之便，多拓见寄，其时与墨卿商而踌躇再四，若得京中选善工带往则妙矣，竟未果也。今见兄寄来三通，则亦不精，俟墨卿役还，若能多拓，再选其稍精者奉鉴也。《元孙》一碑，最前一行"奉承"二字拓手不精，则竟似"承承"二字。其允字子斿一碑，后有"肖"字，左半是"彡"否？尚未敢定。此皆拓不精之故也。岁辛酉一连三小纸之碑，后铭内有"简在帝心凡之"，"凡"字不知是何字，乞兄示知，"凡"字于文义未肖也。弟得此碑时作一长歌寄安阳矣，今日匆匆封札，竟未得写寄，容再奉上。诸惟鉴照，不尽驰切。愚弟方纲顿首。六月廿六日。［故宫博物院］

考：札作于嘉庆三年（1798）六月二十六日。安阳新出汉碑四通，即《刘君残碑》《子游残碑》《正直残碑》与《元孙残碑》，本年四月二十五日安阳令赵希璜得于西门豹祠内,参见《苏斋题跋》卷上《汉子游残碑》。札中提及得此碑时曾作长歌,当即《复初斋诗集》卷五十一《安阳新出四汉碑》:"安阳城北神祠庑,汉四残碑齐出土。其一分为左右二,何减昔说任城五。汉碑最著充与济,褒斜、石门太修阻。安阳近在河豫间,何人尚穴为楹础。……前年黄子与何君,杏坛二刻重扶树。近来我辈金石癖,果邀造物精灵聚。十年不得赵生书,三段记摹欧帖贮。……徐、柴二子力勤涤,武君三礼功同剖(偃师武虚谷与徐、柴二君同剔此石也。武君著《三礼义证》及《金石考》诸书)。附之三传证六书,寸许八分雄万古。释文岂但续洪、娄,作诗寄赵兼酬武。墨卿使节过安阳,定拓百本充橐褚。擘窠题作四碑斋,嘉庆三年岁戊午。"诗有"墨卿使节过安阳"句,与是札"正值伊墨卿典试湖南,道过安阳"合。按伊秉绶出都在六月十日,《复初斋集外诗》卷二十三《送伊墨卿典湖南乡试》夹注云:"墨卿六月十日出都,而初九日同人集梧门所居积水潭作李西涯生日,绘《移竹》《赏荷》诸卷,待君归补题也。"

翁方纲 23-42

方纲顿首,秋盦先生九兄近禧。前所还上《嵩阙》全拓及《岱游册》,想已收入矣。兹因董六兄过济上之便,奉缴前所借观二碑(前小札所借,是武虚谷奉赠之《超化寺元遗山题名》,非此二碑也)。安阳新出汉碑四通,已连札属赵生精拓,尚未寄到。而界休祝君拓来郭墓之石,正背俱实有穿,是汉碑无疑,而磨去竟无一画半画可辨者矣,虚费吾辈一段怀想之意也。钱梅溪春间北上,中途忽以私事还归,大约秋应南闱也,未知其此后仍游浙幕否?而所诺于吴门双钩《化度》《孟法师》二碑,及重镌勒《李秀碑》事,则未知果能践约否耳?外粗拓四,拙书极劣,不足道也。余容续致,诸惟心照。临颖驰切。不既。愚弟方纲顿首,八月朔。

钤"覃溪"。[枫江书屋藏]

考:嘉庆三年(1798)六月,翁方纲寄出为黄易所题《嵩阙》全拓及《岱游册》。本札询及此事,又言秋试,当作于本年八月一日。安阳新出汉碑四通,此际翁已委赵希璜(赵生)精揭。介休《郭有道碑》,县令祝德全揭来,并无一字。参23-40。钱泳此际在浙江转运使幕中,本年来京中途而返非为参加乡试,《梅溪先生年谱》(共读楼写本)"嘉庆三年"条:"三月将赴京师，至清江，闻太安人病，先生星夜回家，奉侍一月而愈。"《复初斋诗集》卷五十一《西涯图四首》夹注："适驰札托钱梅溪于吴门缪氏双清堂钩摹所藏褚河南《孟法师碑》真本，而予得藏坡公《松屏赞》及西涯《种竹诗画卷》，因自题'松竹双清书屋'也。"又收《钱梅溪为我手摹〈云麾将军李秀碑〉，将勒石于吴门，寄赠二首》，皆作于上年秋。

黄　易 23-43

黄易谨禀大人阁下。前易遣役入都，以北海《灵岩寺碑》呈阅，谅荷垂鉴。前谕之元遗山《超化寺诗》，今始检得，特此呈赏，易另觅不难也。《安阳四残碑》内二块者有"国之裔"句，赵渭川以为《刘君残碑》，其下"凡"字，易疑是"民"字，与上句"国之裔兮"句作对，笔画虽简，而字形却类"民"字，恐刻者省漏之故，伏希训示。"凡"之下作"止"，似乎"民之慈父"等文也。梅溪北来，至淮而还。芝山自粤至杭，闻今冬北上。晋斋自粤还浙矣。专此，敬请

23-43　黄易致翁方纲札　收入《故宫藏黄易尺牍研究·手迹》

福安，余容再禀，易谨禀。八月十三日具。

钤"黄"。[《故宫藏黄易尺牍研究·手迹》]

考：札无上款，秦明《故宫藏黄易〈北海札〉考》考为翁方纲。承23-42，作于嘉庆三年（1798）八月十三日。安阳四汉碑为赵希璜本年发现，得精拓本之后，翁方纲再有诗咏，《复初斋诗集》卷五十二《安阳访碑图（其一今辨是《刘梁碑》，故作是诗以补前所未及）》："我题安阳四碑后，复得精拓豁我胸。又观访碑绘横卷，如披烟树寻遗踪。谛审铭文'国之裔'，一字剔尽莓苔封。……四碑五片一朝聚，使君不愧良石农。墨卿、莲府又继往（适闻莲府奉使河南），千里和我揩吟笻。"又收《又题安阳汉残碑四首》。赵希璜《四百三十二峰草堂诗钞》卷二十《和覃溪师题〈访碑图〉原韵》有云："四碑横卧西门庙，双扉乍启青泥封。徐（方于）柴（望之）竟日手亲剔，郊岛吟苦风鸣冬。近复审出'凡''彦'字（于《刘君碑》残泐处复剔出"彦"字之半，当是"凡之彦兮"为句），似铭国裔该初终。"黄易此札辨"凡"为"民"，与赵希璜意见不同。参23-44。札中告知钱泳、宋葆淳、赵魏诸友行踪。

翁方纲 23-44

元遗山《超化寺诗》妙甚，但此石不知在何处，兄知之否？不则便中札问虚谷也。弟近日颇研究《褚临兰亭》，谬撰《褚临兰亭考》，图为谱系，支派井然，窃谓世传褚本惟神龙本可据，而神龙本有先后入石，有有诸印者，有无诸印者，此有辨焉。其苏太简本米老所最称，然世所行未有真者。尊箧所收神龙本及苏太简本凡几种，可便中借对否？至于颍上本实米老所为，徐坛长以为茧纸真迹，误也，颍上本亦有真伪数种，弟皆有之，此外褚本皆不足言矣。明陈缉熙所摹褚本，竟有用旧纸充宋拓者，即一褚临而不易得真本，焉得不详辨之？李北海《东林碑》是后来重上石者，然秀劲处尚存其概，记得向来疏漏，此件未经奉鉴，苦于江西无善工椎拓耳，附上一纸。"凡"字弟意正与兄同，但亦未敢确定耳。方纲顿首。[中国嘉德2011秋拍]

考：仿本，内容可信。此札无收信人上款。札承23-43，翁方纲赞同黄易"凡"当为"民"之说，然未敢坐实。秦明引罗振玉著、萧文立编《雪堂类稿·戊编·长物簿录》，翁方纲嘉庆三年（1798）八月得赵希璜寄来《刘君残碑》精拓本，九月一日在拓本上题跋四段，其中第一段："二石〔即刘君残碑]在西门君庙门左右,穿作门关。……初拓此铭,'国之'下一字不可辨。及再精拓,审视是'裔'字也。此行下'凡'字,究不能定是何字,黄秋盦云,当是'民'字,镌刻有误。此未敢遽定。"此跋亦见罗振玉《雪堂所藏金石文字簿录》。故本札当作于本年八月十三日至九月一日之间。据札,翁方纲此际拟作《褚临兰亭考》,欲借黄易藏本。

翁方纲 23—45

方纲顿首,秋庵先生九兄近禧。接读手札,快慰之甚。寄示《河南碑目》,即邮致小婿,随时拓之,若有陆副本必奉上也。但学政欲拓碑,总视所遇地方官何如耳。《天一阁碑目》恳暂借一抄,抄毕奉缴也。弟因丁小疋兄寄来天一阁所庋《神龙兰亭》一石(有"丰道生印"),是丰道生所刻,此视外间所行神龙本颇胜,兄所收神龙本想是此本乎?及昨见冶亭侍郎新得一神龙旧本,则胜丰刻十倍,弟断以为即宋时刘无言所刻,非米所为也。请即以五字损本内之"帶"字言之,中二直,右一笔顶极长,左则低,其两旁二直则最前一项稍次,最后一项极低。此实是茧纸原迹如此。又米老所审定"懷"字,内折笔、抹笔、扁锋具存,真不可多得者也。其外间所行神龙本,则"帶"字中间右直与前一直顶长短相似,此后人之谬耳。可见神龙原本的出褚临,至于《余清》《秋碧》所刻张金界奴本,则米老所为也。安氏记云:苏太简本今不知流落何所(盖今所传米跋之本,安氏不信之耳)。此言至当,安得苏家原帖一寓目乎?"暢"字(前一"暢"字)左顶多一折,此是原本如此,乃颖井本故缩之使短,此则米老所为耳,今知颖井本之不足据也。弟撰《神龙兰亭考》一小卷,尚未改定。何义门每称丹阳孙仲墙《金石考》,此书竟无处可问,必见好书,乃知好帖也。余容续致,余容续致。十二月十二日,弟方纲顿首。

钤"覃溪"。[故宫博物院]

考:承23—44,作于嘉庆三年(1798)十二月十二日。札中所称小婿,即王宗诚,字莲府,安徽青阳人,尚书懿修子。乾隆五十五年(1790)一甲三名进士,授编修,历官礼部、工部侍郎,工部尚书,终兵部尚书,兼顺天府尹。王宗诚提督河南学政在嘉庆三年八月,翁方纲《复初斋诗集》卷五十二《送莲府婿之河南学使任四首》其四云:"更增三体释,不独四碑新(安阳新出汉碑四)。"得安阳四碑精拓与王宗诚赴豫中,乃同时事。又,同卷《题旧本法帖四首》其四《褚临〈兰亭〉刘无言摹本》云:"扁锋马式孰良工,'懷'

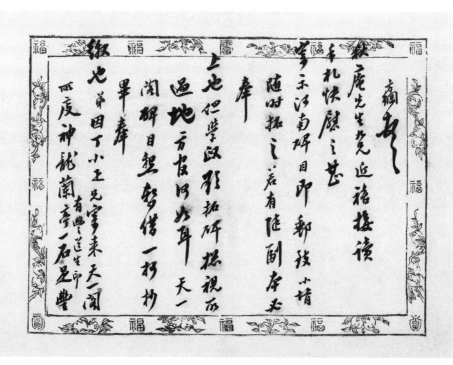

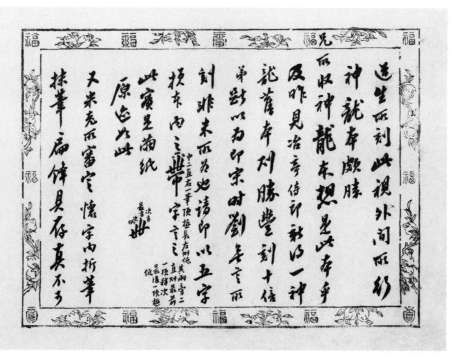

23—45 翁方纲致黄易札　故宫博物院藏

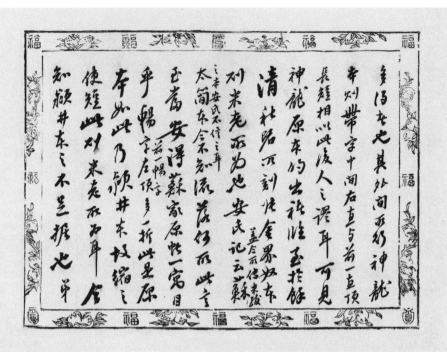

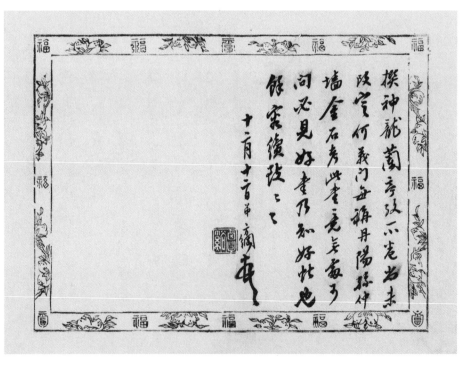

字今看冀北空。不借神龙书府印，果然羊薄出江东（米老云："懷"字折笔转折扁而见锋，今日他本所无也）。"作于本年秋冬，所论"懷"字即本札所述。札中所及小疋即丁杰，字升衢，归安人。乾隆四十六年进士，官教授，肆力经史，旁及六书、音韵、算数，长于校雠。补正《经义考》凡一千八十八条，即翁方纲为山东学使时与丁杰、王聘珍等共成。冶亭即铁保，满洲正黄旗人，乾隆三十七年进士，时任礼部左侍郎。何焯，康熙时长洲学者，人称义门先生。孙桢字仲墙，号石云，明嘉靖间丹阳人。收藏书画甚富，精于鉴别考证，著《金石评考》。杨宾《大瓢偶笔》云："褚中令《千字文》，余见宋拓旧本，疑米海岳临摹。海岳最喜赝作古人书，而中令为尤多，究之于古人无一笔是处。唐太宗《哀册》刻本，从吴江史明古家钩出者，余向疑为米元章临本。今见孙仲墙《金石评考》，乃知此说由来旧矣。"何焯曾得孙氏所藏《夏承碑》，华氏真赏斋本李宗翰题《汉淳于长夏承碑》云："惜哉未见义门本，得自丹阳少剥损（义门得丹阳孙仲墙本，剥损仅二十余字）。"

24　　　胡德琳　　　【2封】

胡德琳字书巢，先世江南休宁人，其父行贾于粤，因家临桂。乾隆十七年成进士，尝任历城，擢济宁州知州，累官东昌、莱州、登州知府，署山东粮储、济东泰武登莱青各道事，皆有惠政。性耽书，虽历任繁剧，未尝废卷。尝聚书充栋，因自号曰书巢。官山东二十余年，大江南北诸名士皆乐与交游。缘事被议，后掌教曹州书院。参见《（嘉庆）临桂县志》卷二十九《人物二》。

胡德琳 24-1

　　生平赠缟班荆于武林诸君子甚夥，嗣以一行作吏，远隔西湖，博雅如先生惜不得一见。昨于无轩札中得悉高谊，即拟一械申意，而风尘鹿鹿，未遑也。顷承瑶札，词翰之美与先施之雅，皆非近日所有，古人所谓"闻声相思、千里神交"者，殆为我两人设也。承许铁笔，幸何如之？近有人赠林铁箫句云"秋风凉月一声箫"，仆甚爱之，欲镌一印，未知肯为赐教否？附上唐摩厓碑一副，希查收。其《琅琊台秦碑》、济宁新出汉碑、乐陵刘氏《元魏刁遵墓铭》、李阳冰篆《庾公德政碑》，仆俱有之，但留东郡寓中，取至再当奉寄。数行顺覆，并候兴居。不备。琳再拜。[《黄小松友朋书札》第三册]

考：此札很可能作于乾隆四十一年（1776）上半年，时胡德琳自东昌知府转任青州知府，故称碑刻仍留东昌寓中。据札，黄易先有书致胡德琳，求山东等地碑板，并允为治印。北京匡时 2018 年秋拍见黄易"书巢"白文方印，边款署乾隆四十一年夏，当亦此际应胡氏之请所刊。札中提及陈焯曾道及黄易高谊，黄、陈时皆在清苑。胡德琳与陈焯相识于乾隆三十五年，《湘管联吟》收《书巢太守以济宁学汉碑拓本五种见助斋中，叠前韵奉谢》，即本年冬日陈焯至济宁谒孙扩图时所作，胡德琳时牧此州。乾隆四十年，宋葆淳为陈焯所作《湘管斋图》，友人题咏甚富，陈辑有《湘管联吟》。胡德琳题诗《次宋芝山韵题无轩〈湘管斋图〉》亦收入其《碧腴斋诗存》卷七。

胡德琳 24-2

客秋阅除目，知足下拣发河东，可图把晤，心窃喜之。腊初因公至任城，询之则文驾尚尔未到，深以为怅，然于河宪前说项者屡矣，河宪亦云与足下有世旧之好，意一见定有针芥之投。新正接手书，知足下到济后即蒙留寓署中，欣慰奚似？承寄摹《石经》三段并《鼎考》，古香袭人，真可宝贵。朱子子起一札亦收到，谢谢。弟奉宪奏委奔走海壖，鹿鹿无所短长，阅河宪禀可悉其概。倘能同事一方，固所愿也。专此布复，并璧谦柬，顺候升佳。不一。琳顿首。

钤"书巢"。[《黄小松友朋书札》第十三册]

考：乾隆四十三年（1778）正月，黄易抵济上，有书与胡德琳，胡随即复书。河宪即河东河道总督姚立德，浙江仁和人，为黄易之父执。朱依韩为胡德琳同乡，字子起，号秋岑。乾隆三十九年举人，镶蓝旗官学教习。游豫章、京师、山左，所至名流耋宿，恒引重焉。此际当在山左，故委黄易转寄书信。胡德琳时任海防盐捕水利同知（加一级），故有"奉宪奏委奔走海壖"云云。参见《（乾隆四十二年秋）缙绅全书》。

25 陈 焯 【5封】

陈焯字暎之，号无轩。浙江乌程人。乾隆贡生，历官镇海训导。少有文名，受知于韩城王杰，挈之入都，得一时名公卿引重。以国学积分为山长，历诸县教职十六任。嗜古博物，所居湘管斋具图书、彝鼎、竹木、花药之盛，有知其所好者，往往出所藏名迹助供赏玩，遂作《寓赏编》。参见《（同治）湖州府志》卷七十六《人物传·文学三》。

陈 焯 25-1

《汉三公山碑》释文乞惠一二册，欲以寄我素心人也。不次。八月九日，愚弟焯顿首，秋盦九兄先生足下。

钤"陈焯私印"。[《黄小松友朋书札》第十三册]

考：此札很可能作于乾隆四十一年（1776）八月九日，二人时在保阳。本年长至后四日，黄易曾刻"我生无田食破砚"赠陈焯，边款有云："寂处官斋，欲与然圃论古，终朝杳不可得。"

陈 焯 25-2

晋斋手翰把玩不释手。寄到唐碑及《元康铜鐎光柄铭》，令人想慕之至。今将来札奉缴。看明日大媒躬领彩舆、同观花烛时，或得脱空一出，作冷淡话言，亦未可定。弟近日亦集得素心师友各书，凡二册二本，奉呈雅鉴，将来意欲择其尤雅者泐石，置诸素心阁壁间，苍蝇附骥，实所欣慕焉耳。佳刻二印接到后摩挲半夜，次早即寄与翁学士去矣。闻九兄现为周苍梧作印，可赐示否？顺候佳安。不次。愚弟陈焯顿首，小松九兄先生忙处。廿三日。

钤"我生无田食破砚"。[《黄小松友朋书札》第三册]

考：陈焯所奉缴者，乃赵魏乾隆四十二年（1777）九月五日札，其中提及赠与唐碑十纸及《元康铜鐎光柄铭》，参17-6赵魏致黄易札。此札当作于本年九月二十三日。据札，此际黄易为翁方纲治印二枚，由陈焯转寄。周苍梧当为周升桓，曾分巡广西苍梧。参16-7周震荣致黄易札。

陈　焯 25-3

李宓字羲民，福建龙溪人，家万松关下，明万历间以书学著称，梵宇琳宫，多其遗迹。华亭董文敏爱慕其书，曾具币求之云。焯向年在闽见其小楷《黄庭内景玉经》，极精妙，是手刻于龙池片石者，为山东海丰张外郎穆庵购得之，今藏其家。承询及，敢以所知对。陈焯又白。

钤"梦游玉华洞天"。［《黄小松友朋书札》第三册］

考：《秋盦题跋》收《跋汪雪礓摹禊帖缩本》："贾秋壑玉枕定武已奇，李宓所缩尤更小更奇，雪礓兄两摹之，不差毫发。谁云今人不及古耶？王虚舟吏部初得李宓刻石于燕市，不知其人。吾友陈照［然］圃［即陈焯］自闽来，云：李宓字羲民，闽之龙溪人，家于万关下。明万历间以书名，梵宇琳宫多其遗迹，董文敏慕其书，每具币求之。事具邑乘。陈君曾见小楷《黄庭内景经》，手刻于龙池片石者，极精妙，为海丰张外郎穆庵购得之，藏于家。其说可信。……余生也晚，未见吏部，不能以陈君之言相告，一为称快。然有雪礓兄知之，亦良慰矣。"题跋中所录与陈焯所书大同小异。约作于乾隆四十二年（1777）。张穆庵即张映玑，山东海丰人，时任刑部员外郎。

陈　焯 25-4

前寄《西清古鉴》于故城，有一详札，又五月中托翼田寄去一函，不知均入台照否？弟于廿四日赴监报满，并办捐事，初三四已拟返保矣，不料忽患悬痈，卧床至今，大约尚得数日调养，深赖毅堂中翰照拂矣。前承寄东平处宝物，至今未有音，亦甚以为念，祈九兄查问的确，不致失落为祝。居停与章运台会办截漕于油坊，弟尚未能前往，倘得到彼，亦不远清光，何快如之？至弟得照后亦不能遽行，大抵在秋冬间定夺，余毅堂中翰详之。并嘱代笔作此，附候近祉。不宣。小松九哥，愚弟期陈焯顿首。十三日。

此札庭筠代为握管，顺候九兄近佳，悾偬，不另札。

钤"湘管斋"。［《黄小松友朋书札》第五册］

考：札作于乾隆四十三年（1778）六月十三日，时陈焯由保定来京报满，患痈，养疾于潘有为所，参18-7潘有为同日致黄易札。翁方纲《复初斋诗集》卷十七亦收《无轩病中以诗来借吴中新刻〈书画录〉，次韵奉酬》，作于其时。黄易为陈焯刻印甚多，如乾隆四十二年六月一日为刻"湘管斋"于保定，边款云："无轩二兄以湘管名斋，有图有记有诗，友朋美其事，韵语投赠卷帙益多。独余不能诗，乃赠此石。无轩每诗必印，印与诗长留天地间。石不能言，亦自幸得所主矣。"本年（1778）立夏，黄易在济宁再为摹徐渭"湘管斋"一印。此外，乾隆壬寅（1782）六月，黄易于商丘梁园为陈焯刻"宜身至前迫事无闲愿君自发封完印信"，边款云："然圃书来，属余仿汉人封完印。石在余处久矣，许我蔡有邻书《尉迟总管碑》。今承见赠，亟摹以报。溽暑炎蒸，挥汗作此，不自知其苦也。乾隆壬寅六月，刻于梁园。小松黄易。"陈焯时在督粮使者杨公幕中，即札中所谓居停者，参18-12潘有为致黄易札。章运台即运河道道台章辂，浙江富阳人，监生，乾隆四十一年任。参见《（道光）济宁直隶州志》卷六之三《职官》。

陈　焯　25-5

节前自鉴湖旋省，获接手书并与纪纲相见，曾泐一函并法帖释文、碑帖等件交穆庵都转，于价旋时奉复矣。请咨之事，都转公上下关会，计不日可得，自即驰呈。弟此时缘贱眷来杭，挈之赴署，将来渡江东西较为便益，亦因时制宜也。兹有德清两徐君，为苹村宗伯曾玄，亦竹林诸贤咸籍，弟与尊叔、尊人世交至好，今以风云之会，作水衡之思，投效东河，已蒙奏准。惟是初登仕版，仍是书生，于一切工程似难即时谙习，因念九兄大人著绩河工，为帅府所倚重，仰望者何止天际真人，为介一言，惟希推爱，不吝指南，俾获得陶者之型，感同身受矣。专此布悃，恭候台安，余悉前函。不备。愚弟陈焯顿首，小松九兄大人侍史。

芑堂、梅溪均在运署，真一时嘉会，亦与芸台阁学、苏潭方伯时讲金石之学，弟则瞠乎后矣。陈纪行，当均有物致，又拜。[《故宫藏黄易尺牍研究·手迹》]

考：朱琪据札中张燕昌、钱泳与阮元、谢启昆"时讲金石之学"，考本札约作于嘉庆二年（1797）阮、谢商议并合辑《两浙金石志》之际，时陈焯在两浙都转盐运使张映玑幕中。按，嘉庆元年十一月，谢启昆由山西布政使调任浙江布政使。札言张映玑为黄易请咨之事上下关会，很可能作于下年初。苹村宗伯即康熙间侍读学士德清人徐倬，尝擢礼部侍郎衔。陈纪即黄易家仆陈明。

26　方鹤皋　【2封】

方鹤皋字于野，江南歙县人，监生。曾任通州州同，升漕运通判，后任苏州总捕。有《余事偶存》。

方鹤皋 26-1

连日候谒上官，未得趋教，为怅。究之投刺良久，尚不能了事，此中散所一不堪者，想闻之亦为捧腹否？《庾公德政碑》遗价赍还，祈先照入，弟候酬应毕，须再晤谭，以开茅塞。并请日安。不一一。小松先生讲席，同学弟方鹤皋顿首。十六日午刻匆具。[《黄小松友朋书札》第三册]

考：此札约作于乾隆四十一年（1776）秋，方为通州管河州同，黄易时在清苑。《庾公德政碑》为唐人李阳冰篆书，原石早佚，金贞元三年山东宁阳县县令宋佑之重刻。方鹤皋所借之本很可能为胡德琳所赠，参24-1胡德琳致黄易札。

方鹤皋 26-2

别后于十月中有津门之行，奉派赴部，领运帑项。自前月十八日到京，守候将匝月矣。不得时亲博雅，离索之感良深。恳者，近晤舍亲金殿撰名榜，偶谈碑揭，询及《三公山冯君碑》，弟因告以先生考订之详，极为佩服。特金君亟欲得此揭本，无从购求，据云亦由翁处一见耳，未识先生可否分惠一幅，释文一本，即给来差带回，代为转致，磁石引针，谅不归咎于弟也。天气严寒，数年来未有之事，手僵研冻，凭楮凛然，率此布渎。小松先生文席，教弟鹤皋顿首。腊月十四日，都门具。[《黄小松友朋书札》第三册]

考：札约作于乾隆四十一年（1776）十二月十四日，方鹤皋时在京"领运帑项"。所云"别后"，乃承26-1保阳相见晤谈而言。据《（道光）歙县志》卷八之五《文苑》："金榜字辅之，岩镇人。乾隆壬辰（1772）进士，授修撰，未几移疾归。少工文词，以才华为天下望。"札云金榜在翁处一见《三公山冯君碑》，翁即翁方纲，黄易本年曾寄赠拓片。

27 宁 贵 【1封】

宁贵,镶白旗包衣。乾隆三十三年举人,四十一年至四十三年任直隶南雄州知县。参见《(道光)直隶南雄州志》卷四。

宁 贵 27-1

得奉教于湖澥名士数月,自问有缘有幸矣。而别后至今,未通尺素,溯洄之情,又曷能自已耶。幸从一二相知得悉九哥先生客祉泰然,稍慰鄙愿。弟在省一年,毫无善状可为知己言者,兹于廿三日束装返舍矣。所有前次奉求铁笔小石三块,尚希觅便寄来。秋水怀人,未始无藉乎此也。长白同学弟宁贵顿首,上小松九哥先生。顺候迓安,明春再晤,不尽依依。[《黄小松友朋书札》第三册]

考:本札很可能作于乾隆四十一年(1776)岁暮,二人相见则在数月之前,时黄易在清苑。

28　　　罗　聘　　　【4封】

罗聘字遯夫,江南歙县人。以家近天都、莲花,因自号曰两峰,又号花之寺僧。学行渊雅,工诗善画。居扬州,从金农游,所学益精。已而遍走楚越齐豫燕赵之地,三至都下,所主皆当代巨公。多写佛像,庄严清净,画人物、山水、花卉、梅竹,无不精妙。鬼趣图尤为著名。参见《(民国)歙县志》卷十《人物·方伎》。

黄　易 28-1

寿门先生《兰亭》求搨一二幅,石民□所画《琵琶美人》兄能割爱否?弟慕之甚殷,兄不妨再求另画,似可令我真个销魂也。有信交汪大哥处,即有便人带北。天涯羁旅,惟良友尺素可以慰之,此意谅曲鉴之。肃候文安,临械驰溯。两峰四哥大人,愚弟黄易顿首。

四嫂前乞请安。

钤"尊古斋""易"。[《故宫藏黄易尺牍研究·手迹》]

考:朱琪考此札作于乾隆三十九年(1774)秋或稍晚。按,据28-2,本札作于乾隆四十一年,时黄易在直隶。上年黄易自杭往南宫,五月经过扬州,曾为刻"罗聘""遯夫""两峰""香叶草堂"诸印。石民即张四教,占籍扬州。性冲素,喜翰墨,家藏法书名画甚多,得华嵒指授。参见《(民国)甘泉县续志》卷二十六《列传第八》。四嫂即罗聘妻方婉仪,字白莲,受诗于沈大成。汪大哥即汪焘。黄易与罗聘熟识于扬州,嗣后罗聘获黄易父书砚铭卷,乾隆四十五年翁方纲曾为题跋,《复初斋文集》(稿本)三收《跋黄松石各体书集古研铭卷》:"右钱塘黄松石书集古研铭,凡十有一,自周、汉讫于元明,而古文、篆、隶、正、行、草、章备焉。两峰罗子得之,属予题后。予不及见松石,而得交其令嗣小松,以小松之精考金石,即松石可知也。两峰其持是卷以视小松,小松必当重其先人手泽,以名心绝品易之，予言将为之息壤矣。庚子（1780）初冬，北平翁方纲。"乾隆五十五年六月，罗聘曾过访黄易于济宁，陶樑《红豆树馆书画记》卷七著录罗聘《兰竹》，款识云："乾隆庚戌六月六日，过小松九兄署斋，作此。"乾隆五十六年冬，黄易为罗聘《墨幻图卷》隶书题引首三字，方濬颐《梦园书画录》卷二十三著录。

黄　易　28-2

两函奉候，未得复音，岂洪乔故事耶。兄移居后，轩窗四拓，图史杂陈，清谈挥翰其间，此乐即仙。若弟簿书丛杂，呕心欲碎者，视兄如天上人矣。直隶碑十得八九，最奇之《三公碑》并释文寄正。弟欲得尊画及石民《琵琶美人》、寿门先生《兰亭》，务求即赐，交汪大哥寄北。感情无既，天涯羁旅，望故人手书不啻万金，此意知己自鉴及也。梁三先生有屈驾北来之意，果否？弟不知其详，幸□示知。肃候近安，临书神溯。两峰四哥大人，愚弟黄易顿首。

四嫂前乞请安。

钤"小松"。[《故宫藏黄易尺牍研究·手迹》]

考：朱琪以此札中提到黄易寄《三公山碑》拓本，因乾隆三十九年（1774）秋黄易得《汉祀三公山碑》，推知此札作于本年秋日或稍晚。按，《三公山碑》，元氏县令王治岐发现于乾隆三十九年，黄易得到拓本则在次年，向友人寄赠拓本与释文皆在乾隆四十一年及以后，本札当作于是年。

黄　易　28-3

抵直后三札奉候，未蒙一复，相思之至，何以为情耶？今有的候北来，幸即示慰。前求种种，惟留意。翁学士与弟莫逆，然未面也。新得金石，可恨兄未见之耳。敬候近安，惟玉照。不宣。愚弟黄易顿首，两峰四哥大人。请四嫂安。

钤"秋影庵"。[故宫博物院]

考：前札言"两函"，本札称"三札"，知承前札，作于1776年以后。所言"新得金石"，主要是《祀三公山碑》。虽未谋面，黄易已自称与翁方纲交情莫逆。

黄　易　28-4

僧庐小集，彻夜快心，至为快事。承四兄大人垂爱拳拳，曷胜感荷。长安居大不易，弟愧无力相助，买画稍余之件留为尊用，不必言矣。近想四兄兴致更

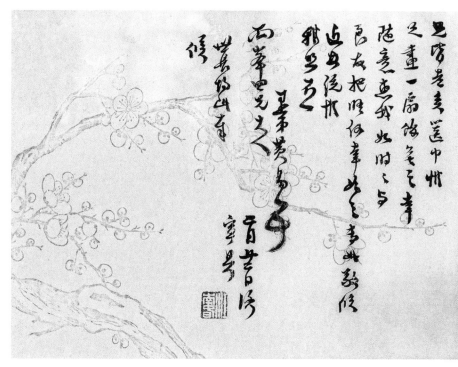

28—4 黄易致罗聘札　私人藏

佳，二侄得有际遇否，念甚念甚。弟此番到京，无快意之画幅，欲四哥临金、丁二先生小照及繁枝梅花，再：钱箨石先生画最妙，弟尤爱前见尊处水仙竹子条幅，后屡托人求画，总不如志。昨见尊斋之菜花亦可观，不知能割爱见惠否？不则借观一二，俟四兄归途再还亦可。弟与兄皆老矣，箧中惟兄画一扇，余无之，幸随意惠我，如时时与良友把晤，何幸如之！专此，敬候近安，统惟雅照。不一。愚弟黄易顿首，两峰四兄大人。世长均此奉候。二月廿二日，济宁具。

钤"黄""江南春"。［私人藏］

考：此札作于乾隆五十七年（1792）二月二十二日。上年十二月黄易以实授运河同知进京觐见，参《乾隆帝起居注》"乾隆五十六年十二月十三日"条。僧庐当即罗聘居所，此次在京，罗聘尝邀黄易同作腊月十九坡公生日之集，参23-20翁方纲致黄易札。札中所谈皆与买画、求画有关，知黄易此际于金石之外，收藏书画亦不遗余力。所言金、丁二先生，即罗聘之师金农与丁敬。钱箨石即钱载。世长指罗聘长子允绍，字介人，号铁砚。二侄指罗聘次子允缵，字练塘，号小峰，别号梅痴。二人皆以善画梅花著称。札中提及"俟四兄归途再还亦可"，罗聘最后一次南归扬州在嘉庆三年（1798）秋日，翁方纲《复初斋诗集》卷五十二收《送两峰归扬州二首》，《复初斋文集》卷十二收《送罗两峰南归序》。法式善《存素堂诗初集录存》卷七亦收同题诗三首。

29　　　朱　琰　　　【3封】

朱琰字桐川，号笠亭，又号樊桐山人。浙江海盐人。乾隆丙戌进士。覃精艺苑，鉴别金石缣素。授直隶阜平令，为政廉慎。及卒，旅榇萧然。著《笠亭诗集》《陶说》。参见《（光绪）嘉兴府志》卷五十七《列传·海盐》。

朱　琰 29-1

春初鹿鹿，未及札候为歉。先生佐理繁剧，更以余暑收拾秦汉遗碑，真神仙才也，健羡健羡。弟自去冬怡堂先生辞去，案牍劳形，苦无闲趣，每念及先生，自愧益甚。今以元氏同寅言，延请湖州姚蘋洲先生到署，此后当稍稍息肩，公暇可理故业，亦一快事。无轩二哥信来，示弟近作，有与先生倡和诸篇，未识可便中赐读否？程老六近可得地否？甚念之，不另札，乞为转候。姚先生日内到阜，如缺车，恳为传谕，得官雇为妥，附渎。贵东甚忙，故以此致先生也，希恕。诸不尽。小松先生，愚弟琰顿首。[《黄小松友朋书札》第三册]

考：据《（同治）阜平县志》卷三《职官》，朱琰自乾隆四十一年至乾隆四十四年（1776—1779）任阜平知县。此札很可能作于乾隆四十二年春日，时黄易在郑制锦清苑县幕中。无轩即陈焯，朱琰曾为作《素心阁图》，《湘管联吟》收入朱氏《宋芝山明经为无轩写〈湘管斋图〉，题七言古诗一章于上，无轩示余，不觉兴到，为补作〈素心阁图〉，即次明经原韵题之》。怡堂、姚蘋洲前后为朱琰之幕客。

朱　琰 29-2

今日有一札附正定札中转寄，谅需便未到。所恳者，前谕和作《金涂塔》诸诗，原作留案，为友人携去，不得原委，乞示知并题事来历详晰开明，生发更易。风尘俗吏，旧学荒芜，兼以山僻陋逼，无一善状，以此陶汰坌杂，滋养性灵，如在暑热中赐服清凉散也。老哥佐理繁邑，不废韵事，深服通才，可有著述赐教一二？祷切祷切。并候小松九哥，愚弟琰顿首。

来价即日回阜，有札可付之也。又拜。［《黄小松友朋书札》第十三册］

考：此札作于乾隆四十二年（1777）七月黄易赴京以前，参29-3。其时黄易得吴越王《金涂塔瓦铭》拓本，裱册广征友人诗跋，朱琰亦其中之一。

朱　琰 29-3

日前奉到翰教，知先生有京洛之游，想台驾已回保城矣，念念。蒙示《金涂塔瓦册》，名章稠叠，未敢下笔。然爱古之心，弟与人同，朝夕展玩，此中勃勃不能忍，聊写所见为诸公之殿，尚祈先生降心观之也。弟自夏秋间痰病甚剧，两手发颤，涂鸦更不成字，性又不耐倩人，竟污册上，恕罪恕罪。先生搜罗之富，弟心折甚久，奈以山县荒陋力孱，不得时时上省乘便请教，此一大憾也。诸不尽。小松大哥，弟琰顿首。八月廿一日。

外《金涂塔瓦册》附缴。

用"樊桐山房笺"。［《黄小松友朋书札》第十三册］

考：札言"京洛之游""已回保城"，当作于乾隆四十二年（1777）八月二十一日，时朱琰已题讫《金涂塔瓦册》寄还。朱琰《题黄小松所得金涂塔搨本后》云："五代十国兵未戢，临安一隅偏安集。至今人思吴越王，关心旧物谨收拾。不然塔瓦冶金涂，聚敛民财委残劫。胡为得此竟护持，皈依不在佛僧法。四王三世八十年，真主一出土早纳。东朝安堵十四州，那惜金钱供渔猎。晨钟暮鼓喧十方，聒耳不比军钲急。保土功勋信足夸，穹碑久为表忠立。昔年赐券范铁书，天台孙支藏什袭。圣帝南巡到浙江，念旧挥毫为题匣。王家功德重人间，一瓦流传偶相及。试看遗迹在西湖，宝所还称保叔塔。"收入钱泳《金涂铜塔考》。据"名章稠叠"，知此册友人题诗跋甚夥，今所知者有翁方纲、周震荣、何飞熊、朱琰、阮元等人。

30　　　潘应椿　　　【8封】

潘应椿字皆山，一字讷之，安徽歙县人。乾隆二十四年举人，知直隶宣化府怀来县，调玉田、丰润，秩满以忧去，服阕擢安州知州，未一岁改蓟州，会他事削职，责耕丰润营田，期满起知广宗县，在任七年，卒于官，年六十七。酷嗜古人法书名画及金石文字，自三代款识、先秦两汉，下迄明代，凡经见者必录其原文而系跋于后，其若干卷，名之曰《锲镂录》。参见沈赤然《五研斋诗文钞》文钞卷六《知广宗县事前蓟州知州潘君墓志铭》。

潘应椿 30-1

古鼎一歌，自惭笔力孱弱，特呈斧削。过承奖借，益深颜恧。蒙惠尊刻，对之如睹法物，拜领，谢谢。率更《九歌》石刻旋署当多搨数本，以供雅鉴。至先生摹印之文，仰慕已久，不敢冒昧以请，兹荷俞允，喜出望外。明日当拟数字，面求大教。附上分金二封，共八两，连去单一并奉缴，希为转致居停汇送。愚弟应椿顿首启上小松先生侍史。廿一日病指草草。〔《黄小松友朋书札》第三册〕

考：黄易《丰润古鼎考》收潘应椿乾隆四十二年（1777）夏五月病指后手书一诗，则此札很可能作于本年五月二十一日。潘应椿《周秦汉魏六朝隋唐金石记》收《丰润牛鼎铭》："乾隆乙未（1775）秋，灵石何圣容宰丰润，应椿从母兄程瑶田莲饮客其署，手拓《牛鼎铭》见寄。"程瑶田字易田、易畴，歙县人。乾隆三十五年恩科举人，五十三年大挑二等，为江苏嘉定县学教谕。与戴震同师事江永。黄易《丰润古鼎考》识语云："上湖先生［即汪师韩］考辨此鼎，可谓精确，然未历浭阳，仅见搨文耳。皆山明府令是邑，鼎经摩挲，所作长歌雄豪该博，与先生后先媲美，使天下后世好古之士识此鼎面目之真，无复异议，是可快也。为摹其文，以付梨枣，钱塘黄易。"汪师韩号韩门，钱塘人，雍正十一年（1733）进士，曾客游畿辅，主讲莲花书院。又

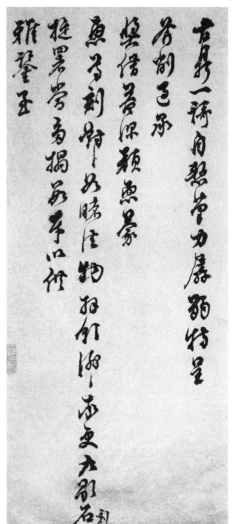 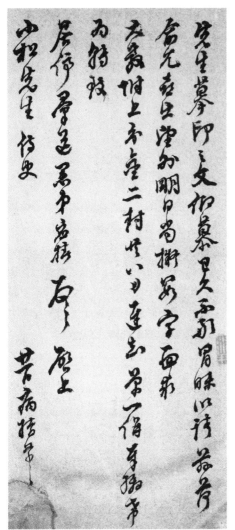

30—1 潘应椿致黄易札 收入《黄小松友朋书札》第三册

陈焯跋："丁酉（1777）六月，与吾友黄君欣赏累日，漫识于后，乌程陈焯。"又有翁方纲同年八月十二日诗跋。

黄 易 30—2

前得欧书《千文》，具函复谢。附上拙印，知承雅照。是晚得远惠《九歌》三本，先生好古信友，可谓深笃，接翰钦佩不尽，非独古帖可玩，足欣快也。《九歌》小楷初视平正无奇，愈寻愈有意味，是知古刻可贵，非若时制一览易尽。退翁云《九歌》石南宋已不存，博雅如王虚舟，酷嗜欧书，搜考不遗，惟云小楷《千文》有覆本，《九歌》无之，则南宋后不见此书久矣。易藉先生力而得，可谓大幸。跋《千文》之周越，疑为宋人。顷见姜白石《兰亭考》所载唐名手传搨《兰亭》，乃周越所藏，越名与米海岳辈并列，必北宋人。此石或刻于京西，或附《石鼓》而北，不可知也。周越为白石所称，必有事实可考，客中无书，良足浩叹，幸高明开示为荷。迟二日先刻"病指生"印，余再上。获鹿新搨唐经幢二，唐《金刚经》一，金《李如珪经幢》一，《本愿碑》一，皆可观，惜字泐太甚耳。《祈福碑》细辨其字，乃裴元瑶复为鹿泉令，吏民感恩祈福之幢，大书唐中宗帝后尊号于上，可笑，非中宗自制文也。俱止一通，未敢分寄，向雪怀索之不难耳。藉候文祉，临书驰仰。黄易顿首，皆山先生吟席。[《故宫藏黄易尺牍研究·手迹》]

考：朱琪据新得欧书《千字文》《九歌》拓本，推知作于乾隆四十二年（1777）。按，30-1求印，此札言"附上拙印"；30-1有"《九歌》石刻旋署当多搨数本，以供雅鉴"云云，此札称"得远惠《九歌》三本"；此际潘应椿病指，此札有云："迟二日先刻'病指生'印"，知应椿续有所求。此札当作于本年五月以后不久。欧阳询小楷《九歌》残石、草书《千文》残石，皆发现于直隶丰润县，据潘应椿《周秦汉魏六朝隋唐金石记》所收《欧阳率更〈九歌〉〈千文〉石刻残本》，知得于乾隆丙申（1776）冬日。《秋盦题跋》收《跋欧阳小楷》云："欧阳率更小楷《九歌》，董香光、孙退谷有宋拓本。《庚子销夏记》云：石刻于长沙，南宋后已不存。乾隆丁酉（1777）丰润明府潘皆山告余，丰润人获欧书四残石，为王君安昆所得，余亟遣工拓致，乃《九歌》六段，《千文》六十四句耳。后有宋人周越子发跋，宋刻无疑。是长沙本否，不可知也。世传率更《千文》只有大楷，此草书，莫可考。然书体清润，襄阳所云直到内史，良非虚誉。惜虚舟老人已往，不能使之一见，穷源溯委耳。"然《小蓬莱阁金石目》云"乾隆乙未（1775）易与县令潘应椿拓得"，乙未当属误记。又，国家图书馆藏黄易旧藏《千字文》《九歌》拓本，有乾隆四十四年二月廿三日黄易一跋："欧阳率更小楷《九歌》刻于长沙，孙退谷有此拓本。世传《千文》惟大楷，今草书，载籍未见。二种近出丰润，为平浦王君所得，潘明府皆山谋于易，为遣工拓致。《九歌》二石凡六章，《千文》二石皆中断，周越题后，又有跋语未竟，不知何人书。按周越宋庆历、天圣间以书名，补写《黄庭》五行者是也。此帖笔精气静，为书学津梁，宋刻无疑。退谷云，《九歌》刻石宋时已不存，今乃得于丰润，当时恐不止长沙一刻也。《九歌》拓数本后，首二字敲损，易尚有未损本，不减赵子固所宝《禊帖》矣。乾隆己亥（1779）仲春廿有三日，钱塘黄易

30—2 黄易《烟柳柴门图》卷 中国嘉德 2018 年春拍

识于兰阳官舍。"钤"黄""易""小松"。札中所言"退翁"即孙承泽。欧书《千字文》颇类李怀琳书,周越跋文云:"此欧阳询草迹也,所谓如旱蛟得水,毚兔走穴,信不虚耶。周越题。"其后未竟之跋云:"自京西南路提点刑狱,被召入为尚书司封郎中,僦居光化坊梁氏之第,阅旧书……"拓本多处钤"小松所得金石"印。雪怀即获鹿县令唐奕恩,《(乾隆)获鹿县志》卷七《职官志》:"知县:唐奕恩,山东历城人。庚辰举人,乾隆三十五年任。"其去任在乾隆四十三年十一月。其时黄易尝为作《黄叶书林图》并填《南楼令》一首,册后左大治(戊戌秋日,1778)、董元度、陈焯、吴焕、管榦珍(戊戌秋杪)、管世铭、万廷兰题诗。上海博物馆藏。董元度诗即《题〈黄叶林图〉为唐雪怀明府》,收入《旧雨草堂诗》卷八。又《秋盦诗草》收《烟柳柴门图(为唐雪怀画)》。此作见于中国嘉德 2018 年春拍,黄易题诗于卷左,款题"雪怀先生正,秋盦黄易"。拖尾唐氏友人周震荣、徐定邦、余鹏翀、王嵩高(诗即《小楼诗集》卷七《黄小松画〈烟柳柴门图〉为雪怀明府题》)、万廷兰、何飞熊、□攸(号忆泉)、张若淳等人题诗。余

鹏翀题诗在乾隆辛丑（1781）冬十月九日，画当作于此前。□攸跋云："雪怀大兄十余年历宰畿辅紧要，买村居城东，饶林水之趣，作《烟柳柴门图》，自诧渊明三径矣。宿逋所迫，转复卖去，图故在也。北上谒选，人携以索题，为书四绝句。……乾隆乙巳（1785）夏五，忆泉弟攸。"又有唐奕恩自题："《烟柳柴门图》，余向令获鹿时作也。去官后贫无立锥，梁伯鸾乃遂依人庑下矣。长安需次，展阅凄然，感题二绝，不复自计工拙也。乙巳新秋二日，枫岩居士识。"上海博物馆亦藏黄易《明湖秋水图卷》，据陶喻之《清黄易〈明湖秋水（烟柳柴门）图卷〉本事暨背后逸事索解》，黄易画上题诗款识云："癸丑（1793）仲春，客都门，酒集于梦华斋中，灯炧夜阑，顿动别思。时雪怀先生将之济南，同人属为画赠行，此日取小卷略加点染，以结墨缘。小松黄易画记。"当是伪作。

黄　易　30-3

前具函并翁学士鼎跋，交陈无兄带差所面致，嗣知未值，仍藉邮中寄上，想收悉矣。日来差竣，想已东还，道履多福，自如远怀。翁跋已刻就样本，寄上，工人需价已令向贵书酌付矣。昨日覃溪先生寄到《石经考题》，博雅希世之珍，俟先生来省快读之。易因东河揭到，现又赴都，寓延寿寺街柴儿胡同鄱阳会馆，万一文旆过都，希示知，当诣候也。蜗角小事，得失不足计，借此与好友盘桓，亦是快事。惟酬应过多，不可耐耳。敬候近安，惟神照。不宣。黄易顿首，讷之先生吟席。

欧帖催之至再，今始上壁，迟日必有也。又及。[故宫博物院]

考："讷之"为潘应椿之字，参30-6所附潘应椿《赠欧湖王秀才理堂七古，录呈秋庵主人雅政》落款、钤印皆为"讷之"。陈无兄即陈焯，字无轩。据"东河折到，现又赴都"，札当作于乾隆四十二年（1777）九月二十日左右，时黄易再自保定赴京。翁方纲《复初斋诗集》卷十六收《小松以所得〈汉石经残字〉属题，方纲既摹上石，自扁其屋曰"小蓬莱阁"，今日小松书来，云：先少参读书南屏处名小蓬莱，欲搆小阁刻此。不谋而合，洵一奇也。因为题其〈石经〉卷首曰"蓬莱宿约"，赋此四诗奉柬》《书丰润鼎铭后》《题黄小松〈秋景莽图〉（陆解元飞画）》，皆作于此际。所言"翁学士鼎跋"，即黄易《丰润古鼎考》所收翁方纲本年八月十二日跋并诗，其时"已刻就样本"。"欧帖"云云，此际黄易正谋翻刻。

黄 易 30-4

前托贵书寄上一函并《鼎考》、裱帖等件，想经收览。易交代之事已有眉目，深苦羞涩，未得束装，拟大府寿诞时起程，不知果否？数十日应酬鹿鹿，几无宁晷，昨筼谷先生来聚俪紫轩三日，可谓畅矣，不识能与先生一别否？金石古欢，世有几人，能不神依左右耶？翁学士刻二种、旧拓《曹全碑》一册，附奉清赏。此去济宁，学宫有汉碑六，当刷净精拓，苦无松烟，尊藏有次等者便希寄惠，则所得佳搨亦不敢私有也。欧阳二种，都中一时纸贵，易所有数十部为人尽索去，告求先生于续拓时寄惠十数部，不啻百朋之锡。易之《石经》，必临一本，三日内可以寄上，图书亦必践约也。书此奉别，并候升安。临械驰溯之至。黄易顿首，讷之先生大人。十一月廿六日保定寄。

钤"小松"，书"江太守恂所刻"。[上海图书馆]（见图版四）

考：札作于乾隆四十二年（1777）十一月二十六日，时尚在保定，将赴任济宁。筼谷即周震荣，周札中屡屡提及俪紫轩，参16-13周震荣致黄易札。欧阳二种，即欧阳询《九歌》及《千字文》刻石，在丰润。黄易先得数十部已为人索去，兹再索十数部，且许诺为潘应椿临所藏《宋拓汉石经残字》，并为镌印章。此际黄已计划精拓济宁学宫六汉碑，乞潘应椿寄惠椎拓所需松烟墨。

潘应椿 30-5

比于易州龙兴观中得唐景龙、景福《道德经》两石刻，皆一碑两面，似前人所未见，今以副本附饷。又唐山县宣憝山有贞观石刻佛经并北魏碑，亦皆著录家所未及收，拟再命工拓取，容后再寄。鲁公《家庙碑》及《宋广平碑》，尊处如有未经裱剪副本，便中望各惠一通，此时不必亟亟，不敢以此扰乱孝思也。应椿再拜。

钤"讷之"。〔上海图书馆〕

考：札作于乾隆四十年至四十二年（1775—1777）间，时潘应椿知玉田、丰润诸县。潘应椿《周秦汉魏六朝隋唐金石记》收《唐景龙石刻〈道德经〉碑面并阴（中宗景龙二年正月）》："右碑在今易州龙兴观西阶下面，面刻《道德经》一卷于题额之下，正书，字径六分，卅二行，行七十二字，每终一章空一字。……碑阴《道德经》一卷，卅三行，行八十字至八十一二三四五字不等。"按语云："余得此刻，又得景福石刻一本。"

潘应椿 30-6

金石铭心，倏忽千里，停云载咏，我怀如何？残腊缘有会勘之件，不及一踏省门，与君握手一别，殊切依依。岁杪连接手书，《曹全》旧拓以及张书、翁刻，种种拜嘉，百朋之锡，感何如之？去年所拓欧帖尽为人索去，近又揭得数十本寄回南中，尚存十部，今分六部奉饷。又：弟近得古研一方，长不盈尺，高则六分其长而稍杀之，石质虽不甚佳而古色盎然，确然宋制无疑。其左方刻《赤壁图》，右方及首刻坡公《前赋》，书法朴拙，不类恶札，今并拓一通附呈雅鉴。惜后无款，不知其为谁何之笔，想高明必有以辨之。外附极品松烟半斤，聊供拓石之需。俟南中寄到，当多多奉饷也。正月杪到省，晤无轩，知文旌一抵河东，即蒙大府招致幕中，为之喜心翻倒。董香光谓骨董中有逸品，如幽人逋客挫兀土室茅茨之下，与樵夫牧竖相处，沙盆瓦缶共蓄，忽遇好事者过目之，顿成绝世奇珍，斯言殊可味耳。弟比来益复无聊，兼之差务坌集，终日鹿鹿，岂特鄙吝复生耶？春初有《赠王秀才七古》一首，附录麈正。王亦工于摹印者，而愚者之寄意，则不在彼而在此矣，我知己以为何如？肃此，敬候升安，临纸依溯。不一一。愚弟应椿顿首，小松大兄先生阁下。

钤"研斋"［圆印］、"潘氏伯子"。

《赠欧湖王秀才理堂七古，录呈秋庵主人雅政》：欧湖王郎善摹印，八体缪篆称最工。双钩碾金如碾玉（王工铜章），昆吾刀切丹阳铜。君然运腕得古意，名与诸葛传江东。有时青田斲山骨，花乳石映桃皮红。年年青袍嗤氍毹，卖文莫救八口穷。朅来鼓刀走燕市，比于屠狗谁遽雄。群公衮衮多赏击，一时名士倾诗筒。百金倘许酬一字，小技宁敢辞雕虫。攫金白昼遭胠箧，旅人焚次占丧童（王方即次，其仆窃其金去）。饥来煮字对空案，酒钱市上何由充。严冬冒雪走过我，手携一卷重锦蒙。琳琅金薤盈秘笥，古文籀文能兼通。吾闻秦汉铸私印，镂金琢玉声摩空。菊花钢针安用此，芒刃不钝三锲奢。会稽王出始用石，灯光巧劚玉珑璁。吴下周生工范土，官哥窑制余春冬。矜奇复有老道士，枣心寸方争中锋。疾已标名复兼姓，朱文两面分初终。读书堂倾小印出，至今犹识陈王宫。古人偏旁辨体势，作伪宁许从同同。师心摹古差点画，当头棒喝三日聋。琴卿作印米老篆，毫端不惮剪削功。嗟余好奇生已晚，病指近复烦小松（君曾为余作"病指生"印）。他年学书得古法，与君一一摹鼎钟。讷之应椿草稿。

钤"病指生""讷之"。[《黄小松友朋书札》第五册]

考：札与30-5相属，作于乾隆四十三年（1778）二月，时黄易已在东河幕中。《秋盦题跋》收《跋欧阳小楷》云："箧中佳拓为友人索尽，戊戌（1778）春在河东幕府，晤容照兄，出此欣赏，遂赠之。此拓僻在边鄙，他时不易致也。"容照很可能是嘉兴人曹垲，擅丹青，乾隆丁丑（1757）、壬午（1762）两次圣驾南巡，曹垲皆供奉画绘。黄易所赠或即潘应椿此次所寄者。据《续印人传》卷三，王燮字理堂，号小山，安徽芜湖县人，游戏于篆刻，师法程邃，得其遗意，挟三寸铁，楚尾吴头、燕南赵北，踪迹殆遍，有《理堂印谱》八卷。

潘应椿 30-7

数年契阔，结想时萦梦寐，九月望日丰润魏孝廉寄到手书，并承惠石刻，狂喜如获珍奇，置之怀袖，匪直三岁字不灭已也。弟自己亥之夏，先子见背，流离困顿，不可名状。客冬蒙恩仍留直隶，新正到省，三月即补安州，虽免守候之苦，而此地疲瘵甲于通省，整理殊非易易，近状不足为知己道也。唯自归里之后，两年来所见法书、名画及金石遗文甚夥，随时寓目、诠次、登记，已得八卷，命曰《客窗过眼录》，窃忆此书之成，必藉高明细为订正，方免贻讥大方，所恨天各一方，未能昕夕就正耳。鄙意此书欲仿洪丞相《隶释》义例，首录原文，后缀跋语，庶令览者一目了然。第所见虽半得之友人，多有未录全文，或所收非善本，又残阙失次，必须雠校，凡此非吾九兄不能玉我于成也。且俟稍有就绪，再行邮政。再：尊处所得多前人未见之物，请于暇日随笔登记，另为一册，他日倘得并原本寄我，俾一过眼，斯集当更成大观矣。奉上《古铜盘铭》一通，篆法古雅，不减《石鼓》，相传春秋时物，盖盟会歃血时所需器也。盘存敝乡徐氏，前年归里，索得二纸，此其一也。此铭江君德量及敝乡汪稚川、程易田、山东孔㧑约俱有释文，似皆未甚确，敢祈考正，另释示我，千万千万。松烟二匣（又自制墨二种，另一包）附呈，即候台安。不一一。愚弟应椿顿首，上小松九哥大人侍史。十二月四日。

客岁于山东道中偶得《曹子建墓志》一通，乃隋开皇间人刻石者。金石著录诸家多未见收，想系近年出土者，未知此刻现在何地？吾兄必知其详，希示知。又汉隶中曩者最爱《华山碑》，然从未见真本，尊处藏有善本，便中能借一观否？先子行状并传二本附览。应椿再拜。[《黄小松友朋书札》第四册]

考：据札，潘应椿丧父在"己亥（1779）之夏"，以丁忧归里，则在次年（详下文），札言"归里两年"，当作于乾隆四十七年（1782）十二月四日。本年正月，潘应椿到保定，后补安州知州。《乾隆帝起居注》"乾隆四十七年六月十一日"条："吏部议直隶总督郑大进奏安州知州刘宽患病属实，准其回籍调理，所遗员缺，准以候补知州潘应椿补授一疏，奉谕旨：依议，潘应椿依议用。"《客窗过眼录》未见著录，或即国家图书馆藏潘应椿辑《周秦汉魏六朝隋唐金石记》（亦即《镂锲录》）二十卷（除卷一外，皆不署卷数）。卷一起首《古铜盘铭》即《散氏盘》，潘氏札中赠黄易者即此。潘氏跋云："乾隆庚子（1780）应椿以忧归里门，吾友方承培仰松赠余《古铜盘铭》拓本，并汪氏肇龙、孔氏广森两家释文。……岁丁未（1787），应椿复从从母兄程莲饮得江成嘉［即江德量］太史所为释文。余时方著录金石文字，特以此铭弁诸集首。……戊申（1788）秋九月廿又一日，皆山潘应椿书。"按，《小蓬莱阁金石目》："《周太仆盘》，文曰'周太仆散邑乃即散用田自渭洮以南至于大河'等字，十九行。在江南扬州徐氏（傅溪徐厚庵）。"又武亿《授堂文钞》卷三《与孙季逑书》："某前岁过济宁，黄小松检所藏周《西宫襄戎夫盘铭》[即《散氏盘》]拓本一纸赠某，冗迫未及寻读。比抵京师，得阅阁下释文，盖于诸家中推稽独核要矣，而字之稍涉微似者，亦姑献其疑，以资后人寻讨。故以某之鄙识，亦敢出所愚以求正于阁下。"札中所及汪稚川即汪肇龙，程易田即程瑶田，孔拗约即孔广森。又，《曹子建墓志》实为《曹植庙碑》，潘应椿自歙县回直隶时经过山东，得拓本，《周秦汉魏六朝隋唐金石记》收《陈思王曹植庙碑（隋文帝开皇十三年）》："乾隆辛丑（1781），应椿服阕赴铨，道出东阿，购自逆旅。询之土人云，碑为近时农人耕地所得，今在东阿王祠中。故不但欧赵以来未见，即今时诸峻千峰《金石图》亦未著录也。"《小蓬莱阁金石目》亦云："曹子建祠碑，正书，开皇十三年。在山东东阿县渔山祠内。"

潘应椿 30-8

廿年暑弟之交，别久会稀，时劳梦结。比复闻问阔焉，尺素莫达，缅怀叔度，我怀如何？顷应椿因公谒晤常山郡伯邱铁香先生，并于其座次获观手简，询悉履绩胜常，益追古欢，想金石之储充溢清閟，引领东望，曷任神驰。应椿以患难余生，不知自量，漫为冯妇之出，两载以来，备极艰辛。去夏待罪西经，方冀道旁苦李，可以藏拙，不意瘠土连侵，补救无术，愁城坐困，日唤奈何。近状恶劣，不堪为知己道也。唯金石之契，与先生颇有同好，所恨索居以来闻见日浅，仅将平生所蓄者稍稍铨次，录其原文，缀以跋语，自唐以前才得四卷。谨将《录目》钞尘法鉴，如此中无有者倘蒙惠赐一观，俾得增入集中，即拜百朋之锡。至唐后迄于胜国，鄙者所收当余十卷，此刻且不暇及此也。昨在沙丘得观古鼎，友人拓铭属为考释，漫为之说，然蠡测之见，正恐臆断非是，谨录请点正，详为指示。又《元守纪瑞碑》一通，双钩其文，妄作跋语，一并附呈，伏候鉴教。此间距东不远，音问当可常通，第未审蜺旌常驻济城，可许末吏数数问讯耶？附上蜡笺，敬恳分书楹帖，以光蓬荜。藏墨数枚，聊供染翰。应椿凤辱惠知，不敢复作官场俗套，唯先生恕其狂瞽。愚弟潘应椿顿首谨白，小松先生九兄大人宪台阁下。五月□□。敬冲。

钤"病指生""皆山""松心""菱渠老农"等。[《黄小松友朋书札》第十册]

考：潘应椿乾隆五十六年（1791）任广宗知县，西经为广宗旧称，札云"去夏待罪西经"，当作于次年五月。邱铁香即邱学敏，乾隆五十六年任正定知府。详下文。所云《录目》，当即《客窗过眼录》之目录。

31　　朱　枫　　【1封】

朱枫字近漪，号排山，浙江仁和人。性高洁，不妄与人交。独与桑调元、丁敬相契。工诗文。中岁游陕西、河南，搜访金石文字，穷崖荒店，徘徊竟日。古文奇字，应口成诵，证明史书多前人所未及。又得秦汉古瓦及古泉刀，列为图，辨正其同异。著《秦汉瓦图记》《古金待问录》。参见《（乾隆）杭州府志》卷九十四《文苑》。

朱　枫 31-1

尊公先生蓄书万卷，名动江关，以未得晤交为怅。今得先生书，暌隔千里，如接麈谈。远寄《三公山》拓本，考释甚精，弟老而嗜古，今有同好矣，钦慕高雅，不胜拳依。弟同小儿薄游关中，得金石文字颇夥，广搜秦汉瓦头，客中间有吟咏，积成卷帙，小儿竟以付梓，殊非所愿。乃承先生齿及；奖许过情，且感且惭。兹有光属巡司麻君之便，附拙刻三种，聊供雅鉴。《瓦图记》俟印出续寄。承询车君聘延，系揙手之工者，向在关中与之往来，近久不通信，未知其在何所。并覆，恭候近祉，附璧尊谦，临池神溯。小松学长先生，同里弟朱枫顿首，时年八十有三。小儿并此候安，不另札。

《瓦图记》刻已印出，今附寄上。[《黄小松友朋书札》第三册]

考：《排山小集》陈浩序云："癸卯[桑调元]与余亦皆以乙亥生。"据序中"尝与君修同甲之会"，款署"同庚弟陈浩拜书"，知朱枫与陈、桑二人同龄，生康熙三十四年（1695），作札时八十三岁，为乾隆四十二年（1777）。黄易此际有书并《祀三公山碑》拓本、考释寄朱枫。札中所言"客中吟咏""小儿竟以付梓"，当即朱枫《排山集》（1766年自序，桑调元1766年序，陈浩1769年序）。朱氏所著书，除诗集外，尚有《雍州金石记》十卷，乾隆己卯（1759）秋日自序；《古金待问录》十卷附补遗，乾隆己丑（1769）春自序；《秦汉瓦图记》十卷附补遗，乾隆己卯仲秋自序，补遗作于丁亥（1767）春日,甲午(1774)冬日题诗。《秦汉瓦图记》此际再印,因附寄黄易。此书自序云:"岁辛未(1751),大儿家濂任醴泉,余亦继至,暇甚无事,访所谓甘泉宫者,在今淳化山中,去醴百里而近,求之数年,忽得一枚,不胜狂喜。……适濂儿移咸宁,未几丁内艰,留滞未归,所居地与秦之阿房、汉之未央诸宫不三四十里,于是遍访故宫遗址,日与田夫牧竖问途探径,畚土壤,诛草茅,披砂砾,间有所得。……二三友朋以余好之笃,凡有旧藏搨以见遗。积之数年,所得甚夥,乃择其尤者,得十五种,又文同而书法小异者亦十五种,各为图记之,以公同好。"从中可窥朱枫访碑勤劬之一斑。札中所言小儿,即其长子家濂,字性之,乾隆十六年进士,先后任陕西醴泉知县、咸宁知县、河南祥符知县、开封府清军同知署南阳府知府、光州知州,朱枫依居。光属巡司当为金刚台巡司,在商城,属光山,麻君无考。顷张巍惠示中华书局藏《雍州金石记》乾隆刻本,有黄易题语、眉批多条,目录后题云:"乾隆丁酉(1777)六月,排山老人从光州官署远寄上谷,乃获欣赏。小松记。"字迹为仿书,然必有所本,故信息可靠。又,台北傅斯年图书馆藏《雍州金石记》孔继涵抄本,即从此本抄出,孔跋云:"乾隆丁酉六月,排山老人从光州官署同《汉瓦考》《货泉录》远寄黄小松于上谷。七月,小松寄京师见示,抄此福本。"《货泉录》《汉瓦考》当即朱氏《古金待问录》《秦汉瓦图记》。因知本札作于乾隆四十二年六月。

32　宋葆淳　【3封】

宋葆淳字帅初，号芝山，山西安邑人。以优贡入太学，充八旗教习。乾隆四十八年顺天举人，授隰州学正，旋告归。生平不图仕进，好名山游。博极群书，工诗善画，山水尤臻绝境，名噪京师。素博古，辨晰历代名物，前贤奇器，悉凿凿有据。每从败土中获奇珍，一经辨识，人始知其异，一时名公巨卿争相结纳。参见《（光绪）安邑县续志》卷四《人物》、《墨香居画识》卷五。

宋葆淳 32-1

廿一日取得《石经残本》，即送呈覃溪先生处，至今尚未取归，容来保时亲携奉上也。附便寄去青田石一方，祈作"宝墨斋印"四字，余俟到保面谢。不一。小松先生近安，宋葆淳顿首。

钤"心心相印"。[《黄小松友朋书札》第十三册]

考：本札提及《石经残本》及"宝墨斋印"，当作于乾隆四十二年（1777）八月底。参 18-2 潘有为致黄易札。时宋葆淳将往保阳。

宋葆淳 32-2

屡接华翰，未得奉复，甚念甚念。晋斋拟于十八日西行，尚有数日聚也。《得石图》都已题满，尚欠毅堂一首，拙作已脱稿，有数字未妥，毅堂已许为弟斟酌。随后寄上。《孝子堂画像》只得六纸，晋斋云有七纸，能得淡墨精拓一全副否？细观有象驼之一幅，上有"成王"二字（小八分）甚精，是汉人刻像时所书（想别幅还有），其间尚有数字，若得精拓，则其字必多，远胜于《永建题名》。代购之瓦研，其人已出都，瓦砚非面晤不相授。《武梁画像》重刻本呈览，其中题字是敝老师书，非原本耳。今冬报满，明岁可以出都，当再图良晤也。九月十四日，葆淳顿首，小松九兄先生。

外拓本《高阳戈》一件，《好畤鼎》一件，《蓝田鼎》《胡宫灯》一件，《吉羊洗》一件，《建安弩机》一件，并查收。济宁吴氏古铜印作何下落？有印本否？［《黄小松友朋书札》第七册］

考：本札作于乾隆四十九年（1784）九月十四日，参18—14潘有为同日致黄易札。《孝子堂画像》为乾隆四十五年黄易于山东肥城县孝堂山访得，宋葆淳期得全幅。此际宋葆淳亦在京倩人重刻《武梁祠画像》。宋葆淳屡寄黄易拓片，如《小蓬莱阁金石目》："卫字瓦，篆书，文一字。仁和朱排山以为阿房宫秦瓦，海盐张芑堂以为汉卫寺之瓦。安邑宋芝山赠易一片。拓本凡七种，皆得自陕西汉城。""延陵显仲造像铭：正书，武定七年。宋芝山拓寄，云此像为田铁舟所得。"故宫博物院藏《黄易集秦汉瓦当》，中有宋芝山拓寄一册。札言"今冬报满，明岁可以出都"，宋葆淳时为汉教习，本年底将以教职用。《乾隆帝起居注》"乾隆四十九年十二月十二日"条："又带领年满汉教习宋葆淳引见，奉谕旨：宋葆淳着以教职用。"

宋葆淳 32—3

二月间有一信从巡漕寄去，想已收到矣。弟于明日入广，所有扇、印等件俱交薛衡兄处，可差人持银到彼取之。今托驾堂先生带去铜戈一件，何缓斋扇面十册，旧牙籤印章盒一件，旧甸漆印章盒一件，查收。弟冬间可以回扬，再寄信奉闻，余不尽言。并候小松九兄先生大人孝履，制葆淳顿首。三月初五日拜。［《故宫藏黄易尺牍研究·手迹》］

考：朱琪据札中有"弟于明日入广"、23—43黄易致翁方纲札"芝山自粤至杭"推测，此札作于嘉庆三年（1798）八月之前，很可能是嘉庆二年三月初五日。薛铨字衡夫，扬州画家，罗聘亲家。驾堂先生即周厚辕，一字驭远。江西湖口人。按，上款称"孝履"，知黄易正在居丧。据《（道光）南海县志》卷二十五《艺文略一》著录谢景卿《汉印分韵》四卷，自序有云："会安邑宋君芝山丙辰（1796）游粤，相与论打印篆，出所携袁予三先生选集《汉印分韵》手稿，叹未曾有。"可知本札作于本年三月五日，宋葆淳第二次入粤前日。何天衢号缓斋，字在山，以廪生钦赐举人，嘉庆间官广东廉州知府。参见《（光绪）亳州志》卷十二《宦迹》。

33　　汪端光　　【3封】

汪端光字剑潭，江南仪征人，十余龄为国子监生，乾隆三十六年顺天举人，南巡召试授国子监学正，后选授广西百色同知，历署柳州、平乐、庆远等处知府。参见《（道光）重修仪征县志》卷三十一《人物志》。

汪端光 33-1

命题雅照，勉强成阕，殊不足以称此图也，希为斧教是荷。何日荣发，乞示知，以便走送。特上九兄大人。愚弟端光顿首。廿八日。[《黄小松友朋书札》第一册]

考：此札作于乾隆四十二年（1777）九月二十八日，下月十六日黄易出京。雅照或即黄易此际得《汉石经遗字》时小像。据《复初斋文集》卷十三《黄秋盦四十九岁像赞》云："丁酉（1777）写像，初持《石经》。"此像很可能为罗聘所作。又，罗聘上年秋日为汪端光写照，黄易亦有题诗，仇梦岩《贻轩集》汪端光序云："忆丙申（1776）秋罗子两峰为予写照，秋人以隶书题帙首云'疏窗金粉六朝人'，其爱余特甚。一时明子春岩、黄子小松、朱子豹泉、储子玉琴、吴子凤诏、方子笠塘暨家兄绣谷皆在焉。"

汪端光 33-2

文驾匆匆出京，未得畅叙，耿耿何似。此时春水方生，苇柳安排，知劳心计。公余清兴，定可拈毫。所许图章，便祈寄我。蒋香雪在京，弟为作合相见，已蒙披沥相待。今束装东来，一切俱望指南，俾无差谬，如弟身受然。斯文骨肉，知足下定许推诚，不待丰干饶舌也。尚此，顺候兴居。好风如便，尚望时寄尺书，以当觌面，何如？小松九兄大人，愚弟汪端光顿首。

钤"端光之印"。[《黄小松友朋书札》第八册]

考：据"春水方生"，此札作于乾隆四十三年（1778）春。蒋香雪即蒋知廉，乾隆四十二年贡士，署临清州同。据《(民国)临清县志》卷十四《秩官志》："蒋知廉，江苏[西]铅山蒋心余之子，乾隆间以拔贡署州同。"黄易上年在京，曾与汪、蒋相见，此时蒋氏南来就职，汪端光嘱黄易关照。

汪端光 33—3

　　七月廿三，正何梦华起身来东省，未及裁候。廿四日奉到手书，快慰之至，弟近况碌碌，梦华当能述之。意兴阑珊，毫无生人之趣，尝戏语人曰：笃信而不好学，守死而不善道。客无不为鼓掌者，兄闻之，当喷饭耶？余实无可述，惟有天末凉风，念君子如何而已。草此奉复，容再报。不宣。小松九兄大人，愚弟端光顿首。[《小蓬莱阁同人往来信札》第一册]

考：何元锡曾多次到山东，札言"七月廿三"起身，很可能是乾隆五十四年（1789），本年冬日，何在曲阜剔碑，所得甚多。据《山左金石志》卷八："《鲁相史晨奏祀孔庙碑》：乾隆己酉（1789）冬，何梦华将跌眼有字处凿开，于二行下见'崇'字，三行下见'毕'字，四行下见'自'字，五行下见'孝'字，六行下见'明'字，七行下见'归'字，八行下见'祀'字，九行下见'而'字，十五行下见'鲁'字，十六行下见'经'字。后碑亦多六字，从此全文复显，殊可喜也。""《鲁相谒孔庙碑阴》：乾隆己酉冬，钱唐何梦华洗涤孔庙诸碑，始为别出，并得碑侧有唐人题名云。""《竹叶碑》：在曲阜县颜氏。右碑向来只见碑阴题名二列，乾隆己酉冬，何梦华洗石精拓，始知阳面有字七行，漫漶殊甚。惟首行第七字是'之'，二行第六字是'祖'，三行第二字是'造'，余皆不可辨矣。"

34　　朱　筠　　【1封】

朱筠字竹君，直隶大兴人。乾隆甲戌进士，选庶吉士，授编修。由赞善大考擢侍读学士。辛卯督安徽学政。诏求遗书，奏言翰林院藏《永乐大典》内多古书，请开局校辑，又摘取缮写，《四库全书》自此始。未几，坐事降编修，寻复督学福建。归，卒，年五十有三。朱筠好金石文字，谓可佐证经史。诸史百家，皆考订其是非同异。参见《清史稿》本传。

朱　筠 34-1

大兴朱筠；竹君甫；笥河居士；梧月松风之室。［故宫博物院］

考：乾隆四十二年（1777）秋，黄易以候选入京，与朱筠相识。黄易此际购得《宋拓汉石经残字》，当年十月一日，朱筠获观并为作跋，云："乾隆丁卯［酉］秋，余同钱唐黄易小松访汉印于京师留守卫曲巷之草庵，小松从客购问《汉石经残碑》，已而得之，凡《尚书》今文《盘庚篇》五行，《论语·为政篇》八行，《尧曰篇》四行。……古刻之在者稀矣，宋洪氏石且亡，毋论汉蔡君，藏者贤于故窑碎玉远哉。"据跋，二人还曾在京共访汉印。此便条为朱氏倩黄易所刻之印文，有名、字、号及闲章。

34-1
朱筠便条
故宫博物院藏

35　　　陆费墀　　　【1封】

陆费墀字丹叔,号颐斋。浙江桐乡人。乾隆三十一年进士,历官清秘,四库书籍之役,校雠排纂,无不与焉。故不次超擢,官至礼部左侍郎。参见《(嘉庆)桐乡县志》卷七《列传》《两浙輶轩录补遗》卷六。

陆费墀 35-1

太上琴心。硻士求。[《黄小松友朋书札》第十三册]

考:黄易页边书"陆少詹丹叔"。硻士亦陆费墀字,参见汪启淑《续印人传》卷二《陆颐斋传》。"太上琴心"当为其所求印章。据《陆费墀传》,陆费墀"丙申(1776)晋詹事府少詹,提举文渊阁"。便条很可能写于乾隆四十二年(1777)秋日黄易就选在京时。乾隆五十年秋,陆费墀曾与张埙、江德量等于翁方纲苏斋同观《宋拓成阳灵台碑》,翁方纲跋云:"丹叔、瘦铜、秋史在苏斋同看,潺雨新霁,适秋盦札来,寄瘦同小印也。"

36　　余　集　　【7封】

余集字蓉裳，号秋室，浙江仁和人。乾隆三十一年进士，三十八年与邵晋涵、周永年、戴震、杨昌霖同荐修《四库全书》，授翰林院编修，累迁至侍读学士。

余　集 36-1

敬求篆刻，倘于保定即寄，不俟荣赴后，更感。何日准行，再当奉送也。黄九老爷，愚弟集顿首。

京寓无石，不求佳者，得妙刻足矣。

贱名或加之印、印章、私印等字，贱字或刻蓉裳，或秋室皆可，白、朱俱可。

再求对子上用二方，引首一方，俱不必过大，约方六分。疏华馆、杭州余集、香风吹到。[《黄小松友朋书札》第十三册]

考：据札，黄易时尚在京，故有"何日准行，再当奉送"之语，当作于乾隆四十二年（1777）十月十六日黄易出都之前。札中向黄易求印章若干，并画出大小式样。最后所列三方，为写对联专用，俱图示印文排布方式。

余　集 36-2

九兄两进都门，仅邀一觌，积思未罄，新忆转增矣。正在渴怀，忽奉手简，承惠佳刻，谢慰兼至。荣行在即，练日何时？到东之后，新莅何地？尚望示知，以便报书。匆匆草复，诸惟珍重。不尽。小松九兄，学愚弟余集顿首。

学晚附璧，谦光以后不必，又拜。

钤"秋室"。[《黄小松友朋书札》第五册]

考：札承36-1，作于乾隆四十二年（1777）冬日，时黄易将赴济宁就任。此前在京，与余集有一面之缘，此时应余集之请为刻印章。

余　集 36-3

使来，接读手书，兼披雅照，如聆绪论，如近霁光矣。匆促之际，遵谕□□、钱两公□□□，弟亦谬附于后，所谓疾行无好步，真可笑来也。弟近状如故，不堪觥缕。承寄厚贶，祗领敬谢。兹因使还，率覆并寄粗纸，以供染翰。不尽之言，统容续布。并候升安，诸惟丙照。上小松九兄大人，愚弟集顿首。初八日。冲。

读画楼主人已作古，其店事尚不知其仍旧与否，并闻。

附纸片：外对笺十副、钱寄对一、图石一、书一、尊照册一、朱札一、寄朱书一。小松九兄手展。弟集。

钤"宜身至前迫事无闲请君自发再拜封完"。[《小蓬莱阁同人往来信札》第二册]

考：所称雅照，当为黄易三十四岁得《汉石经遗字》时小像，钱坫等人亦皆有题跋。札当作于乾隆四十二年（1777）冬日。札中所及钱、朱，当为钱坫、朱筠。黄易五十岁生日画像，余集亦有题赞，《秋室学古录》卷二《黄小松小影赞（时年五十，癸丑十月）》："秋盦居士当揽揆之令辰，写雅范以自淑，远寄京域，命为赞辞。辞曰：名未登甲与科，而英辞妙墨颉秦、张而比肩，则鲁直之鸿篇也。足未越齐与燕，而爬搜残缺陋欧、赵之戋戋，则伯思之精研也。倾墨渖之淋漓，扫螺翠于遥天，则子久之画禅也。浑清浊于澄清，使鄙悋之胥捐，则叔度之当年也。朗照若月，冲抱如渊。琳琅金薤，供养云烟。开左司起香之寝，放南宫贯月之船。禄以逮养而干，名以乐志而全。人以为练干之吏，吾以为翰墨之仙也。"

余　集 36-4

郑三云以押运出京，曾肃小函奉候九兄大人近佳，已知呈览矣。并寄到太初《宸垣识略》，奉烦转递念湖明府署中，刻接念湖来札，知已蒙寄到四十部，极费清神，感谢之至。但弟交三云奉上系五十部，不知此十部是尊处留下，抑三云所交本系四十部？便中幸示知之。比想起居嘉善胜常，搜罗益富，倘得所未见，亦欲先睹为快耳。太初三兄春间赴豫，此刻已抵楚南，闻有札致吾兄，谅已悉其近况。鲍绿饮大兄近况不佳之至，闻北上之意，未知确否？瑶华道人慕兄篆刻，在弟前每每言之，倘得暇作一二小印见掷，亦足慰其饥渴也。惟尊裁之。兹因念湖差便，顺候近安，诸惟丙照。不尽。小松九兄大人，弟余集顿首。九月廿一日。[《黄小松友朋书札》第九册]

考：据36-5，本札当作于乾隆五十四年（1789）九月廿一日，参20-2郑辰致黄易札。郑三云即郑辰，时任苏州府管粮通判，往来京师。太初即吴长元，浙江仁和人，余集表兄，所著《宸垣识略》刻于上年。念湖即吴人骥，天津人，乾隆三十一年进士，余集同年，本年署崞县事，后任历城知县、东昌同知、济南知府。鲍绿饮即鲍廷博。瑶华道人为康熙帝之孙弘旿，钱载《箨石斋诗集》卷三十七收《题瑶华道人所藏王翚画十二首》，小注云："瑶华道人为仁庙诸孙，名弘旿，职在御前，能诗画书，上加恩王，后爵以贝子。"

余 集 36-5

伻来，接读瑶函，辱承存问，感慰之至。并悉九兄大人起居康吉，荣调后事繁禄啬，展布维艰，清况可想。然此不过暂为借径，指顾定有殊遇，不似弟辈之终年作无米之炊也。郑三云带去书籍本托念湖同年俵散，乃承留十部，致费清神。远颁书价，今已照数收领，感谢之至。念湖处亦承赐以朱提，接有覆信矣。总之故人情厚，远念清寒，格外舟旋，彼此均铭心版也。吴舍舅在豫，景况平常，业已税驾楚南，另图游计矣。承许小印，得暇时仍望制赐，以慰饥渴。当日书画家非得龙泓印不可，今则舍明公而谁属耶？瑶华主人亦同此情也。敬此布覆，并候升祺。附致羊毫笔二匣，乞检入。余容续悉，便中尚望时惠德音。有书就楹帖，亦祈赐教一二联。为祷。小松九兄大人，愚弟余集顿首。十月廿三日。冲。[《黄小松友朋书札》第九册]

考：荣调很可能指黄易调兰仪同知，事在乾隆五十四年（1789）。札言其舅（吴长元之父）由豫往楚，其时黄易常在河南，故及之。此札当作于本年十月二十三日。瑶华道人弘旿善草书，与余集交善，参见余集《忆漫盦賸稿》所收《瑶华道人醉墨轩》。黄易应余集之请，尝为刻"瑶华道人""端居室"。

36-5
黄易篆刻"瑶华道人"
收入《篆刻全集》第四册

余 集 36-6

久不接手书，正在驰念，乃荷朵云飞下，并惠嘉贶，披读祗领，欣慰之至，感谢之至。弟于盛夏出使，今年淫雨遍天下，在炎歊蒸郁之际，以致途次染患后重下血之疾，医药不便，迁延至撤棘之日，尚未平复，甚矣其惫，亦且多参苓之耗，此书生之命耳。归途贱体稍健，至十一月初四日复命，托芘妥善。秦蜀山川雄秀甲于天下，然以病躯日在艰难登顿之中，自顾不暇，竟不能领其奇趣矣。蜀中小住六七日，往还诸公无一留心金石之人，仅有汪君毅亭赠我《东坡像》及《马券帖》而已，然此二种皆不足著录也。承询及，赧颜之至矣。朗斋三兄参订山左金石，真快事也，不知其已复来否？成书后以先睹为快耳。顾南原《隶辨》所收颇阙略，插架所得汉碑甚富，若仿其体例补之，亦可喜也。弟曾与巴晋堂、夏芳原言及，今巴公殁而夏君远在汉上，又久不得信也。兄其有意乎？使还，附去舆帘一具，此蜀产也，晒存以供夏月之用，颇可观。并候近安。不一。小松九兄大人，弟集顿首。十二月十七。

付去《马券帖》《东坡像》，魁卷一本，舆帘一卷，唐碑两侧画一副（此虽石刻，然真唐人画也，亦可附庸汉画）。[《黄小松友朋书札》第二册]

考："盛夏出使"云云，指本年余集出任四川乡试副考官，《乾隆帝起居注》："乾隆五十九年（1794）岁次甲寅六月初一日丙辰，礼部奏请钦点四川、湖南正副考官一疏，内阁奉谕旨：四川正考官着范鏊去，副考官着余集去。"又本年冬日，阮元于济宁跋黄易所藏《宋拓范式碑》旧拓，提及商略《山左金石志》之撰，将聘朱文藻（朗斋）来东。札当作于本年十二月十七日，时余集已回京师复命。札中所及巴晋堂即巴慰祖，字予籍，歙县人。少好刻印，务穷其学，旁及钟鼎款识、秦汉石刻，遂工隶书。上年卒。夏芳原即夏之勋，号石癯老人，江西籍，徙居汉上，酷嗜金石文字，藏书画鼎彝碑板甚夥，以篆隶名，兼工设色花卉。

余　集 36-7

久不奉书，驰念之至。去年九兄丁艰回南，弟得信后无便，未及稍致束刍奉唁，后此又恐不便远寄，无礼之甚，抱歉多矣。闻台驾重赴东郡，想窀穸之事已办就，故仍北来耳。兹有沈大兄名柟，吴兴茂才，醇谨可交，乃鲍以文大兄故人，弟之相识亦缘以文兄札来始定交耳。今沈大兄以京师居无可图，且离家乡较远，甚属不便，而又不能不仰给砚田以资事育。倘山左有一席可假，幸九兄代为推荐，则沈大兄亦不遽南归也。沈大兄倾企已久，嘱弟小札以为奉谒之地。特此布渎，诸惟垂照。弟之近况，问沈君亦当悉其一一也。小松九兄大人，愚弟集顿首。八月十九日。[《黄小松友朋书札》第二册]

考：据"去年九兄丁艰回南"，知札作于嘉庆元年（1796）八月十九日。札中余集向黄易介绍吴兴人沈柟，望能为荐一馆席。

37 潘庭筠 【6封】

潘庭筠字兰公,号德园,浙江钱塘人。黄易亲家。乾隆三十六年由内阁中书入直,复中四十三年进士,翰林院编修,乾隆五十五年考选陕西道御史,以终养乞归。

潘庭筠 37-1

翰教盥读,知荣任在即,从此飞黄腾达,曷胜颙颂。颁到汉碑,纸墨精妙,如获鸿宝。谢谢。《校官碑》毅堂已经奉寄,无庸邮上,将来别有他石可供清赏者,另当汇一二种寄呈也。前在都,种种歉情,想大雅幸无督过,临池不胜惭仄。肃此请安,频企德音。不一。小松老先生知己,愚弟庭筠顿首。嘉平四日。

钤"庭筠""德园""兰公"。[《黄小松友朋书札》第十三册]

考:此札作于乾隆四十二年(1777)十二月四日,此际黄易将之任山左。本年秋冬黄易在京候选,尝与相见。所云汉碑,当为《祀三公山碑》。《校官碑》云云,参18-5潘有为致黄易札。黄易尝为潘氏刻"潘庭筠印"。

潘庭筠 37-2

姻愚弟潘庭筠顿首拜启小松亲家大人台席。恭稔济川硕望,康阜豫邦,庆祉席之胥安,欣荣戟之仚建,曷胜颙颂。蒙采冰言,不弃寒素,筠即禀于家父,家父札来,云小孙女得字于高门庆胄,仰攀之喜,舍间大小俱各庆幸,命筠敬遵台命。今者尊使贲临,恭接华简,问名之礼既隆且渥,弥以寒素为惭。谨遵台择吉辰,端肃奉简,敬书筠女年庚,上配贵公子,订百年卜凤之欢,遂嘉耦乘龙之愿,当即于家父处禀知也。谨具不腆,愧乏琼瑶,诸惟慈鉴。并祈于姻伯母大人、亲母大人前恭申欣悃,敬请福安。临颖心溯,肃贺升祺。不宣。庭筠顿首拜上。[《黄小松友朋书札》第八册]

考:黄易长子元长与潘庭筠女订婚在乾隆五十四年(1789)闰五月二十四日,参

37-3 潘庭筠致黄易札　收入《小蓬莱阁同人往来信札》第三册

45-3 魏成宪致黄易札。本札当作于 37-3 之前，具体年份不详。据札，结儿女亲家，乃出于潘庭筠之请。潘庭筠父汝发，以子贵封翰林院编修。

潘庭筠 37-3

顷接手书，敬悉太亲母大人福履延禧，亲翁大人升祺懋庆，潭署福绥，欣忭之至。渭大兄荣行时，嘱面达一切，想俱蒙朗鉴。承谕吉期，谨遵台命可也。惟惭寒素，不能稍备薄奁，悚恧之甚。所示六月间行聘之事，弟与亲翁九哥多年好弟兄，承爱许附葭莩，竟可不须费心，若衣饰之类，随分数件，只消尊纪携至，不必如俗间过盘，不但省诸浮费也，小女将来在膝下，尽可随时赏赐。今蒙见谕，意趣相同，敬佩之至。大小儿同来，弟到临期酌量，可来则来，若俗事较繁，则未定也。家父读台翰，深为欢悦，命笔恭候，统惟慈照，并请近安。不备。姻愚弟潘庭筠顿首。四月二十三日。［《小蓬莱阁同人往来信札》第三册］

考：四月二十三日，潘庭筠与黄易拟定六月间下聘礼，谈及不必过费。本札作于乾隆五十四年（1789）之前，具体年份不详。渭大兄即黄易之侄元鼎，字渭符。参 5-5 何琪致黄易札。

潘庭筠 37-4

姻弟潘庭筠顿首谨启小松亲家大人台座。纪纲至，得手教，知移节任城，升祺增庆，并悉太亲母大人万福，潭署均禧，翘忭羡颂。远蒙垂注殷拳，兼之隆贶，实深感戢，谢谢。弟忝厕台中，无识无闻，不敢妄有所陈，惟益加悚慎，幸惠我教音，俾无陨越也。寒荆旅榇尚无力南还，思之痛心，锦厘垂询，感不可言。倘得谋归，尚冀福照，存没俱深环结耳。肃布寸函，敬请台安。临池心溯，曷胜依驰。庭筠再顿首。[《黄小松友朋书札》第九册]

考：札言"移节任城"，即乾隆五十五年（1790）黄易调运河同知，时潘庭筠由翰林院编修考选陕西道御史，故云"忝厕台中"。

潘庭筠 37-5

尊纪至，接奉手书，恭稔亲家九兄大人升祺增庆，福履荣嘉，太亲母伯母大人万福金安，亲母大人暨令郎福安，欣忭之至。承惠，谢谢。弟近状如常，不敢务名，自揣识见庸陋，定见诮于大君子也。兹有渎者，弟有世交之侄张公，吴人，年二十五岁，人颇诚谨，颇勤于事，以之照料工程杂务甚属相宜，特荐之亲家，亦可佐指臂之使也。幸示德音，当嘱其驰谒崇辕耳。使旋，肃奉寸函，恭贺太亲母大人万福新禧，亲家大人新禧，亲母大人新禧，潭署均庆，曷胜鹊企。外附参政一品，聊以伴函，临池心溯。不备。小松亲家九兄大人台席，姻愚弟潘庭筠顿首。[《黄小松友朋书札》第九册]

考：札当亦作于乾隆五十五年（1790）以后，潘仍为御史。此札向黄易举荐世侄张某，期以之料理工程杂务。

潘庭筠 37-6

别后又两月矣，亲翁一路平安到沛，想亲母大人暨姑爷、小女俱各纳福，添孙之喜正在此时，念甚念甚。闻亲翁今往历下，定知名士轩头又多倡和之作也。弟二月即往云间，渭兄束装甚速，匆匆奉札，希恕简略，并请台安。不备。秋盦九兄亲家大人，姻弟筠顿首。

家父及儿辈俱请安。[《黄小松友朋书札》第二册]

考：乾隆六十年（1795），黄易归里营葬，与潘见面当在此际。札言别后两月，黄易已回到济宁，当作于嘉庆元年（1796）正月。据札，黄珍之生当在本年春日，与5-9何琪致黄易札"并稔三月间已得令孙"之说合。参128-7肯绳武致黄易札。

38 读画楼主人 【1封】

生平不详。

读画楼主人 38-1

陈章侯人物册,一本,银十六两。张白苎山水册,一本,银十两。潘南田梅花卷,一个,银八两。明僧䇹山水画,一轴,银六两。共银四十两正。上黄九太爷,东读画楼具。

钤"读画楼"。[《黄小松友朋书札》第三册]

考:东读画楼在京中。张问陶《船山诗草》卷十收《六月二十八日,偶与亥白兄过东读画楼,与宋芝山同访罗两峰,两峰欣然拈笔,取亥白兄手中扇写墨兰一丛,相与诵芝山金涂塔新诗而别》。乾隆四十二年(1777)冬日,读画楼主人去世,36-3余集致黄易札中尝及之。札当作于本年秋冬之际,其时黄易在京,或曾从读画楼购画。张白苎即张庚,浙江嘉兴人,精鉴定,善山水。潘是稷字南田,江南常熟人,一说毗陵人。工花卉,善干皴法,为钦定十二名家之一。

39　　钱　坫　【8封】

钱坫字献之，号小兰、十兰。自署泉坫。钱大昕族侄。江苏嘉定人。乾隆三十九年顺天副榜贡生。游京师，朱筠引为上客。又游西安，入毕沅幕，与洪亮吉、孙星衍讨论训诂地理之学。补乾州直隶州州判，监修西安城。后历署兴平、韩城等县，又以乾州兼署武功县。得疾归，卜居吴门大井里，卒。工小篆，晚年风痹，以左手作篆。金石著作有《十六长乐堂古器款识考》《浣花拜石轩镜铭集录》等，俱考证精核。参见《（道光）苏州府志》卷一百八。

钱　坫 39-1

过保时诸承盛德，谢谢。《仓颉碑》已得，犹欲佩一幅否？《慈恩寺题名》《华岳庙宋人石幢题名》《宝室寺钟铭》三事先附上，有所得当陆续送去也。兹有友欲得东坡《雪浪盆口字》及《李克用题名》，祈各搨三副寄来为妙。元氏《三公山碑》承赐四副，都为人取去，且搨本平庸，若拣选一清楚本分惠最好，勿忘之也。"阅音"印想已刻好，外求名字小印一副，约方三分，未知肯许我否？永清处也有欲送之物，摺差不便，俟贡差上京时将从大理处转之也。有信去，祈候祈候。不一。坫顿首，小松先生良友。

闻赵州大石桥底下唐宋人题名甚多，何不遣人视之且拓之耶？并闻。

钤"阅音亭长"。[《黄小松友朋书札》第十三册]

考：乾隆三十八年（1773）钱坫到京，馆严长明侍读，参翁方纲《复初斋诗集》卷十一《篆秋草堂歌为钱献之赋》。次年举顺天乡试。四十二年七月，黄易至京，钱坫曾与相见，并为题小像云："乾隆四十二年岁在丁酉，钱唐黄易三十四岁得《汉石经遗字》时小像，嘉定钱坫题。"后摹入《金石屑》第二册。九月十五日钱坫自都启程，第二次前往陕西毕沅幕府，经保阳时，再与黄易相见。参 7-3 王复致黄易札。札作于本年冬日至陕之后，所赠诸碑皆在陕西。此际钱坫亦有《仓颉碑》拓本赠翁方纲，参23-5翁方纲致黄易札。《唐李克用题名》在曲阳北岳庙；苏轼《雪浪石题字》，在定州。

钱 坫 39-2

别来又几五月矣，日居月诸，去人甚驶。求如都门聚首，酣饮快谈，又不知定在何候也。然以大兄之才，而一行初试，后来如虎头馅蔗，正当节节换佳耳。弟于斯事死灰不复然矣，少时以病累致胃积，阅今约有廿年，近日大作，而心疾复挚，谆谆者如赵孟矣，遑计及他乎？然于著作一事，则不肯自懈，金石亦且成癖，此时之乐、后来之事，全在于是也。济州有李姓者，又有赵姓者，系东昌秀才，开骨董铺于州，于此道皆明白，想必见之矣。荩谷想亦常见。兹附上《周眉鼎铭》二副，外一副祈转致荩谷。所赐物并于春政领讫。不一。坫顿首，上小松大兄良友。二月十日西安书。

钤"献之"。[《黄小松友朋书札》第五册]

考：乾隆四十二年（1777）九月，钱坫赴西安经保阳与黄易曾相见。札言别后五月，当作于次年二月十日。札中所言李姓者，当即李东琪。赵姓不详。荩谷即孔继涵。所赠《周眉鼎铭》拓本，鼎为其主人毕沅所有，《小蓬莱阁金石目》著录《眉鼎》："湖广总督镇洋毕公秋帆收藏。"

钱 坫 39-3

戊戌二月廿又六日，钱坫顿首，上小松先生足下。东西间阻，莫便邮鸿，欲寄素缣，又屡中止，然驰溯之心与日俱递，殆刻刻萦回左右也。近者敝躯多病，客中惟清斋禅坐而已，他一无所为也。间有人以金石至，则诉然读之，然新奇可喜者甚少。《裴岑碑》见亦不可得，或得，必专寄良友。有相离者必有相合者，如足下与我辈合，合久而离，今与孔公则合矣。近闻都中亦落落，诸辈多奔走散，兰泉亦有暂假之说，好古者恐绠汲不可续。如仆之茕处青门，又曷论耶？足下近兴何如？彼此有相通之处，总存在覃溪家为眇也。又宜刻刻通，亦望以此转致孔公。有人欲得石人胸字，祈附一副来。此新得数种，一分送孔公，一分足下自用。孔公不复寄书，见时祈致意。"吉金乐石之斋"六字扁祈为一书，约横二尺十分尺之五，直只用五分尺之三，隶书。再作跋语，亦隶书。承许刻约四分小名字章，亦亟欲得。仆以今秋冬交定南归，八月前能到陕则妙，否恐阻滞也。瘦铜已到陕矣。此闻足下，坫顿首上。谨空。

钤"献之""阅音亭长"。［私人藏］

考：据落款，札作于乾隆四十三年（1778）二月二十六日。上年冬日，孔继涵以奉养回曲阜，故札言"今与孔公则合矣"。孔继涵出都时，翁方纲有《送孔荭谷农部请养归曲阜二首》，收入《复初斋诗集》卷十六。"石人胸字"，在曲阜鲁王墓前，钱坫托黄易向孔继涵转求。札中再向黄易求扁及名印，并望在八月前寄到，盖钱坫计划本年秋冬之际南归。瘦铜即张埙，前一年冬日赴陕，《复初斋诗集》卷十六收《瘦铜将之陕西，因毕秋帆中丞修岳庙属予重摹〈延熹碑〉勒之石，系以诗》。据札，此时张已到西安。

钱　坫 39-4

去夏家兄路过任城，荷九兄大人多方照应，感佩殊深。只以鲁秦间阻，未得修械伸谢，甚为歉仄。然如弟之沉滞于兹，谅知已亦不见责矣。前有人从青、齐来，颇述足下好古不券，日坐贞珉翠墨之中，不胜艳羡。而弟则因旧业多未收拾，辟迹左冯，两载于兹，所有马迁《史记》、班氏《地里志》皆已脱稿，凡驳证前人处几万余条，自问即不能为班马功臣，亦不致如张守节、颜籀等之徒，作二氏蟊贼也。弟于地里之学，向所致详，今则皆遵本朝州县为准，山经水道，今古变迁，无不备考。所惜者汉时侯国尚有几处未能查悉，如今青州府诸城县有故侯国数十，今则仅得其七八，或有便时，万希足下觅彼府志见寄，以凭再核，则良友百朋之惠，不是过焉。此间碑石皆经前搜尽，兹于蒲城县地方得一唐刻，附呈以添大架之一，何如？又所得周鼎拓文亦上。顺请近禧，并虔请伯母大人福安。不一。弟坫顿首，上小松先生足下。二月十五日。

钤"十兰""吉金乐石之斋"。

《泾渭洛三水经流》（拙著）附送，其《江河东西二汉余流》亦已脱稿，尚未刻出。［《黄小松友朋书札》第十册］

考："家兄"即钱塘，字学渊。乾隆四十五年（1780）进士，改教职，选江宁府学教授。于声音文字、律吕推步尤有神解。其经过任城，很可能是当年夏日南回时。札言"去夏"，当作于乾隆四十六年二月十五日。钱坫至陕次年（1778）尝寄黄易《周智鼎》拓片，《小蓬莱阁金石目》著录。参39-2。该书又著录鼎一："文曰惟□有一年三月初吉壬戌王在周康宫迟太室等字十行，嘉定钱别驾献之搨本。"或即本札所言周鼎。据"辟迹左冯"，钱坫其时已在乾州通判任上两年。

钱　坫 39-5

别后忽忽三载，无日不念及足下，想彼此同之耳。然我生未识再阅几多三载，亦再作几回会面，聚散之故，亦有数定耶？前岁定武李君来，颇得足下消息。后尊使至，一接手书，稍慰远怀。祥符周二十五来，亦云与足下相识。及读李君诗稿，乃知李奉足下为圭臬者。足下本仆之畏友，而为李君之友，李君为足下之交，亦即仆之交矣。李尝自云：平生所见三绝，谓足下分隶，周二十五印章，及仆小篆，仆自愧不伦也。仆年四十有一，与足下同岁生，而月在足下之先，肌肉渐退，笔力渐衰，视身世茫茫如也。此时虽为邑中之黔而奔走劳苦，无时或息，我辈不过为衣食起见，知之而又行之，行之而又悔之，未免为行路所笑矣。去冬秋塍来此，时相聚，甚乐。兹有石门汉碑一、魏碑一、华岳庙汉唐宋残碑共一束附上，祈检收之。周二十五令弟归汴，特此附候近好。千里之思，短幅难罄，幸惟珍摄，并惠远音，至望至望。愚兄钱坫顿首，上小松二弟大人门下。上巳后十日。[《黄小松友朋书札》第四册]

考：札言钱坫与黄易同岁，本年四十一，则札作于乾隆四十九年（1784）三月十三日，此际黄易在开封。据札知钱、黄二人四十六年曾谋一面。周二十五即祥符人周世绍，字仲启，善篆刻，时亦在陕西，乾隆五十一年任靖边县知县。武定（按：札作定武，盖误）李君当为李衍孙，尝署南郑，后升沔县县令，参76-1李衍孙致黄易札。札言"此时虽为邑中之黔而奔走劳苦，无时或息"，当指监修陕西城事，参《国朝汉学师承记》。秋塍即王复，此时在毕沅幕中，后为陕西分发府知事，升河南濬县县丞，又升武陟、鄢陵、偃师等县知县。

钱　坫 39-6

二月中获奉瑶笺，殷殷惠教，不啻侍樽俎、接神姿也。兹者莲衣泛水，蘋叶漂风，想拂序凝禧，抚时集庆，曷胜欣慰。九兄大人博古芳衷，素所仰企。近者秦中新出瓦当，有"甘泉上林""甘林亭师"之当，"转婴柞舍""长乐万岁"、"乐"字、"宫"字一字之瓦，"长乐未央千秋万岁"八字之瓦，皆前人所未见者。并商周彝器甚多，如东省需用，附札来秦，即可多得。兹因羽便，泐叩金安。统维钧鉴。不宣。愚弟钱坫顿首。[《黄小松友朋书札》第九册]

考：此札作于钱坫在陕西时，约1783至1786上半年间。

钱　坫　39-7

两接手书，如亲觌面，十年知己，藉以稍罄阔悰，何幸如之。然旋聚又将旋散，九十月间，拟从制军由长江南下耳。行李车尚未到，约望后可以专差附送。然箧中所带金石甚少，惟西魏《歧法起》、北周《王瓮生》二像铭石，仆已载来，可同瓦当拓本一并送览也（外尚可得十余种）。仆又得汉未央宫砖一，约方一尺，厚二寸，上有"长生未央"四篆字，作：長生未央，字长四寸，宽二寸，拟倩工人作砚，足下可为仆赋之并即望寄示也。潮暑饮食皆不宜人，日同稚存、渊如、师退三君说不要紧话，颇不寂寞。足下以何时来汴城？可豫报否？望之，此候
［后阙］

有全椒人俞肇脩，号竹居，酷慕足下分书，今有来册十二幅，专祈仆转求，特此呈送。其人现在西安，亦好古收碑访瓦人也。晋斋亦识之。又拜。

用"绛华山馆笺"。［《黄小松友朋书札》第六册］

考：无作札人姓名，当为钱坫。乾隆五十一年（1786）钱坫自西安至开封，因毕沅六月自河南巡抚擢湖广总督，此际又打算九十月间随其至湖广，行前谋与黄易一见。据"潮暑"，札当作于本年夏末。此后不久钱坫于开封节署观黄易所藏《宋拓汉石经残字》拓本："乾隆丙午（1786）七月九日，嘉定钱坫从长安来，获再观于大梁节院。"《小蓬莱阁金石目》："《歧法起造像铭》：大统十六年。嘉定钱献之得此石于陕西咸宁县兴教寺，携至河南，归巡抚毕公弇山。"又："长生未央砖文，篆书，右四字斜角各二，余皆花纹。钱献之得于西安。""长生未央砖文，篆书，嘉定钱坫得于陕西。砖碎，琢为两砚。"当即札中"拟倩工人作砚"云云。此砖砚钱坫亦尝请翁方纲题诗，《复初斋诗集》卷三十二《钱献之得汉未央宫砖，琢为研，拓其铭来求诗》："朱老误题五凤石（五凤二年石，竹垞题曰砖，误也），钱郎此研乃真砖。四围径尺中容墨，一例丰碑样有穿。自篆自铭丙午岁，长生长乐二千年。陶甄却借成今手，多谢分书代我镌（研上勒予名，是以戏及之）。"稚存即洪亮吉，渊如即孙星衍，师退即蒋知让，时皆在毕沅幕府，详下文。

钱　坫　39-8

三十年知己又作一番会聚，亦为至幸。然如弟之沉疴，恐以后遂成永别，复凄怆可哀也。此次大承盛情，感极感极。但为日甚久，费用不支，尽勾渡河南行，终不能啸歌于江浼，奈何奈何！今日才抵台庄，贵役之差已敷，恨不能稍尽

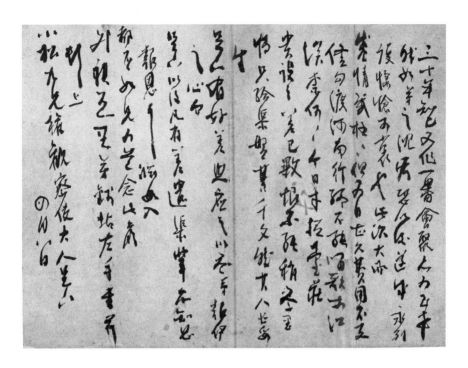

39-8 钱坫致黄易札　收入《故宫藏黄易尺牍研究·手迹》

愚情。只给渠盘费千文，然其人甚妥，望足下有好差照应之，以尽弟报伊之心。而足下以后凡有差遣，渠辈亦知恩报恩耳。渊如入都否，如见可道念。此候升祺。不一。愚弟钱坫左手书并顿首，上小松九兄权观察使大人足下，四月八日。

[《故宫藏黄易尺牍研究·手迹》]

考：朱琪据札中"愚弟钱坫左手书"云云，查陈鸿森《钱坫年谱》，知钱坫于嘉庆四年（1799）冬因军务积劳，病风痹，右体偏废，作书改用左手。故此札当作于嘉庆四年之后。按，札称黄易"权观察使大人"，当作于嘉庆六年四月八日，时钱坫南归经济宁，与黄易相聚，及其行，黄遣人护送至台庄。本年二月，钱坫曾过赵希璜于安阳，赵氏《四百三十二峰草堂诗钞》卷二十四《寄怀钱献之同年》云："怜君已抱偏枯病，过邺犹留左手书（献之于二月内挈眷南归，过邺见访，留住七日）。七日屡陈生死别，十年此会笑谭余。也知老去官如寄，岂但眠时梦是虚。我尚欲归归未得，一帘风雨故人疏。　小松足竟同余足，行则需人扶掖行（献之自沸上来札云：黄小松司马病足，与余同）。已是咨且惟却步，那堪贫困复呼庚。夔怜戏寄南华意，蟹走难逅公子横。株守有谁来笑矍，抱关差慰一身轻。"据诗中小注，黄易此际亦患足疾。又，札中讯及孙星衍，星衍服阕后，以大母时年九十有三，道府无亲老告近例，恐简放远省，不能迎养，有不欲出山之意，故迟滞不赴补。参见《孙渊如先生年谱》本年条。

40　万廷兰　【1封】

万廷兰字芝堂，一字梅皋。江西南昌人。乾隆十七年举顺天乡试，联捷进士，由庶吉士改直隶怀柔知县，初政卓然，调宛平。丁内艰，服阕，补献县，调办永定河堤工，事竣，擢通州牧。三十二年因邻邑事株连，系请室十五载，日吟咏自娱。四十八年奉特旨省释回里，后益潜心经籍。参见《（同治）南昌府志》卷四十五《人物》。

万廷兰 40-1

三年前即读诗词，心仪盖至今也。俘囚不足以辱名贤，而箧谷、莆堂盛称淹雅，坦白近人，吴苏圃亦时述芳躅，则不可不一晤也。图书收到，其藉以不朽耶？率此先谢，并候小兄先生史席，羁人兰顿首。

汪札领悉。

钤"崛强犹昔"。[《黄小松友朋书札》第五册]

考：万廷兰乾隆二十八年（1763）任通州知府，三十二年因事株连，四十七年十二月从宽释放。本札自称"俘囚"，则万廷兰尚系狱中，黄易时在清苑县幕，为万氏刻名印。据"三年前"云云，此札可能作于乾隆四十二年。吴璟字苏圃，南昌人，乾隆举人，由内阁中书外转象州知州，移左州，后调宛平，卒于任。参见《（同治）南昌府志》卷四十二《人物》。箧谷即周震荣。莆堂待考。汪札当为汪大镛托黄易转寄之书，参41-1黄易致汪大镛札。

41　　汪大镛　　【1封】

汪大镛字鸣盛，号芎圃，晚号楞伽居士，寄籍秀水。以诸生入太学，试北闱不售，援例官云南曲靖府同知，调景东，缘事被谪。再起官直隶广平府通判，迁知通州、冀州，终顺天东路同知。喜为诗，兼工绘事，倜傥自喜，慨然有四方之志。参见《（光绪）桐乡县志》卷十五《人物下》。

黄　易 41-1

保阳屡接兰芬，快聆雅教，曹、朱尺牍割爱见贻，许窥清閟之藏，兼赏评之约，风尘俗客何修得此，感甚感甚。昨奉手书，极感远注，所询者主人尽已具复，此后有所闻必速布也。梅皋一札即致去矣。尊藏无不萦心劳梦，尤念者《禊帖》五字未损本，不知何时驾临，颙望颙望。尺牍亦愿拜观，赵迹更所怀企。统惟鉴恕，慰其诚恳为幸。耑此敬复，并候文安。不备。黄易顿首，芎圃先生吟席。

钤"小松"。［上海图书馆］

考：梅皋即万廷兰，"梅皋一札即致去矣"即40-1万廷兰致黄易札所称"汪札"，故此札当作于乾隆四十二年（1777）。汪大镛时为直隶广平府通判，次年即升任沧县直隶州知州。札中所称主人即清苑知县郑制锦。汪氏所赠曹、朱尺牍，当为曹溶与朱彝尊书札，二人皆秀水籍。据札，汪氏所藏《兰亭序》五字未损本、尺牍及赵孟頫书法皆黄易所不能忘怀者。

42　　徐　坚　　【1封】

徐坚字孝先，号友竹，又字緄园，江苏吴县人。少贫苦而好学，凡诗文书画摹印皆能自辟门径，追踪古人。年八十八而卒。参见钱泳《履园丛话》卷十一下。

徐　坚 42-1

相距匪遥，图晤不易，停云兴感，谅有同心也。弟此番游况，大是岑寂，久留于此，甚觉无谓。拟于初一日入京一省家姊，当西上大同，盖缘郡守吴公素称至契，或可丐其润色耳。承示汉碑二种，素所未见，正可补弟前此所临者之阙，苦无油纸，又逼束装，敢恳吾哥代为一临，秋间过此面领以谢。帖签题就，深愧布鼓雷门也。对一联，姑取其意与吾哥有合，另一联乞转致恽先生。不及告别，更祈原鉴。道署若于卅日来县中，要二套车一辆，即是弟乘坐者，望吾哥加意留心，不至有"我马瘏矣"之叹，感不浅矣。草此布渎，并候近安，余惟后晤以悉。小松学长先生，学弟徐坚顿首。廿七日灯下。[《黄小松友朋书札》第十三册]

考：黄易页边书"徐友竹先生"。《宋拓朱龟碑》拓本有徐坚题识："小松黄九，予之石交也，自上谷分手，忽忽十年，中间仅一通问讯，而无由见面，每怅念之。兹来大梁，始获把晤，相看无恙，意气如初，喜可知也。……乾隆丙午岁（1786）夏六月五日，邓尉樵者徐坚时年七十有五。"又，《宋拓成阳灵台碑》徐坚题识："曩客淮阴时，吴氏山夫曾以拓本见诒，亦重刻本也。……丙午夏六月五日识于大梁节署，邓尉山澡雪老巢徐坚时年七十有五。"据此可知徐坚与黄易保阳一别已经十年，则二人最后见面在乾隆四十一年（1776），"中间仅一通问讯"即指本札，很可能作于本年或次年，时黄易、徐坚皆在直隶，徐坚将往大同，郡守吴公即大同府知府吴辅宏，安徽歙县人。参见《（乾隆）大同府志》卷十一《职官》。黄易则于四十三年分发济宁。黄易所示汉碑，或即《祀三公山碑》及《白石神君碑》，皆在元氏县。

43 王凤文 【1封】

王凤文字仪亭,山东诸城人。乾隆二十四年举人,三十五年以试用知县署南宫,三十六年任饶阳,后调补静海知县,升晋州知州、云龙知州。有《竹轩文稿》。参见《(道光)诸城县续志》卷十。

王凤文 43-1

连日聆教,大畅积怀,今违叔度,鄙吝复生矣。倘不见外门墙,旧作佳章便中检一二通赐读是祷。奉上石刻二种,土物也,未知有可采取否?希检存。肃此专布,并候嘉祉。弟凤文顿首。[《黄小松友朋书札》第十三册]

考:据"连日聆教",黄易此时在保定,札作于乾隆四十一至四十二年(1776—1777)间。

44　龚孙枝　【1封】

龚孙枝字梧生，江南江宁人。乾隆十九年进士，以母忧归，起复，补贵州理苗同知。三十九年山东王伦为乱，孙枝来东办理军务，事平补授东昌府同知，寻坐事被议，河帅特疏奏留河工办事，补授运河同知，调任曹单同知。未几以疾告归。精于鉴别，所蓄书画最富。参见《（嘉庆）重刊江宁府志》卷三十九《仕迹》《小沧浪笔谈》卷二。

龚孙枝 44-1

自在书巢太守处窥见制作，几令人有生不同时之叹，不图臣里乃近在肘腋间也。前接名刺，如获球璧，重以先施，荣感复何如耶？时事沸羹，谋面尚未知何日，即会面，又未必遂有闲情逸致作晨夕数番。铁笔之妙，声臭俱无，深所爱慕，再欲少待，惟恐失之，谨尚役走恳，非敢搪突，意在摩挲手迹，如见古心耳。伏惟悲悯，鉴而谅之。肃布，尚请安祉，并缴套柬。不备。弟名全肃。［《黄小松友朋书札》第四册］

考：黄易页边题"龚司马梧生"。据《（嘉庆）东昌府志》卷十五《职官一》、《（道光）济宁直隶州志》卷六之三《职官》，龚孙枝任东昌府同知在乾隆三十九至四十九年（1774—1784），五十二年十月任运河同知，两年后黄易接任。札言"书巢太守处窥见制作"，当作于乾隆四十三年黄易任事运河之初，参 24-2 胡德琳致黄易札。札中向黄易求铁笔，黄为治印则已在二年以后，"无字山房"朱文印边款云："梧生司马爱易刻印，走书来索，易方有事济州，马迹车尘，不得少息。"

44-1
黄易篆刻"无字山房"
收入《篆刻全集》第四册

忽忽二年矣！闻司马官斋如水，笔砚之外，多蓄古人名迹，久思载酒问奇，乃数过东昌，不能一窥清閟，俗吏可为耶！刻此塞责，殊无足观也。黄易并识。"《小蓬莱阁金石目》著录《崔敬邕碑拓本》，为龚孙枝所藏，知二人嗣有拓本交流。

45　　　　　魏成宪　　　　　【8封】

魏成宪字宝传，号春松，浙江仁和人，与黄易同学于何琪。乾隆四十九年举进士，官刑部主事、员外郎、御史。嘉庆三年任扬州知府，八年任兖沂曹济兼管黄河水利兵备道。

魏成宪45-1

昨邀秋赋，适上春明，席帽黄尘之状，停云落月之思，无有好怀，聊复自遣。逢禾郡施孝廉，琅函下贲，述覃溪翁太史锦注弥殷，猥以散材，过蒙嘘植，实有心于磁引，更难喻夫感矶也。吾兄缣素怡情，《石经》入手。收罗风月，时复倚声。供养烟云，人从乞画。即今吏隐，依然鸾凤之栖；永固河防，大吐风云之气。颂成德水，新猷喜听莺迁；诗赋平台，上客群推倚马。忆昔西山游屐，北郭吟樽，或选树以听泉，每看花而命酒。借秋阁上，观百八番贝叶之经；秋影庵中，披百二本《兰亭》之揭。晨星易散，旧雨难忘。春渚师托迹韩江，玉池丈远留燕邸。而弟则春风报罢，夏课届期。为问适从何来？长安米贵，作计不如归去；京洛衣缁，近惟息影田园。寄怀翰墨，怅无良友共订古欢耳。弟前于义学藏书乞借《石经考异》，深惭久假，我尚荒经，谨附完归，君能鉴古。语长心重，凭尺素之报章；古谊今情，冀垂青之朗照。此日鳞鸿远信，正瞻云树以相思；明年尘土劳人，拟向官河而话旧。上小松九哥大人，门愚弟魏成宪顿首。六月二十一日。

　　钤"鹤山后人"。

　　用"春松吟屋笺"。[《黄小松友朋书札》第四册]

考：据"春风报罢"，知魏成宪本年会试下第。《仁庵自记年谱》"乾隆戊戌（1778）"条："礼部试，报罢。"札中提及"逢禾郡施孝廉"，得黄易手书，45-2亦有"戊戌中春，施孝廉入都，接手书"云云。知此札作于乾隆四十三年（1778）六月廿一日。札中提及黄易《石经》入手，为上年事。又，春渚师即何琪，乾隆四十一年起重客扬州，参5-3何琪致黄易札。

魏成宪 45-2

　　弟魏成宪顿首言，小松九兄大人执事。忆自乙未之秋与阁下别，讫今十有二年矣。戊戌中春，施孝廉入都，接手书，顷犹在箧中也。是年秋，弟还南，曾裁函奉报（附德门姚舍亲处），并以前所假《石经考异》寄纳典签，度已久尘鉴察。甲辰初冬，弟道出济宁，遣伻问讯，知吾九兄于役工次，复以同舟催发，不克迟留，心殊耿耿。昨日造门肃谒，满拟畅叙离怀，适驾从有石佛之行，未及一面。少陵诗云："人生不相见，动如参与商。"诵此二句，益叹萍流鲍系不能自由为可惜耳。晤令弟老十，敬稔北堂老福，潭眷恒和，兰玉森罗，琅琅诵读，真令人健羡不置。九兄雅度鸿才，为时钦仰，建牙开府，指日可期。前在古城舟次，遇青斋沈公，昨又见观察罗公，具询阁下近状，无不推重叹服。一岁三迁，定属意中之事，颙贺颙贺。令侄会符兄英英露爽，有大阮风。今春郡试，名列前茅，院试亦在备卷，培之愈深，发之愈茂，洵是后来之秀。九兄爱侄之心有什佰于第五伦者，闻之必以为快也。弟十年之间奔走道路，计程不啻万里。滞畿南者二年，客西江者三载，负米之行不敢告劳，中间惟匡庐之游，浮彭蠡之壮，望岳之奇，搜金华山洞天之幽邃，为平生得意之举。前年倖售南宫，蒙特恩授以西曹，未娴读律，只益悚惶。乞假南归，值此歉岁，不免饥驱。是以上年暂就婺州主讲之聘，今春摒挡入都，左支右诎，甫获登程。二月二十一日自杭傲装，阅七十日之久始抵济宁，迟留劳费倍于曩年。索米长安，正不知作何撍拄，惟祝安迅抵都，早为供职，凡事亦随分过去。辱荷至好，用敢缕言。承赐琅函，展读之下，具仰爱怀，谢谢。九兄公余之暇，著作等身，八法六法，方驾古人，赏鉴日增，搜藏日富，惜未得作竟夜之谈，亦缘舟人赶闸，弟竟不能自主也。家江上年积旱，西湖如带，竟作葑田，即七八十老翁亦云前所未睹。石米价值四千，他物亦不少贱，生计实难，流离载道，设立粥厂，所司颇实力奉行，哀鸿稍慰。自今年二月初得大雨后，人心甫宁，春花有望，未知此日何如，殊切远念。至弟途次见闻，笔难详叙，惟二麦可以倍收，最为称快。此时再获甘霖，庶大田有济耳。春渚师屡作近游，竟无长局。际此谷贵钱荒，穷愁无俚，世兄有一教读之席（楷法绝佳），补苴实难，未识吾兄可为何师谋一善局否（秋帆中丞处乞留神，弟至京亦当为作曹丘）？家松窗况屡试屡诎，兼以家事支持，上年石田之累，尤觉掣肘。玉池五丈化去三年，良可痛惜。其子十六岁，能读父书。筱饮二丈归道山后，其嗣君瑶偕复于去秋即世，此时书画、庄田半已卖去，两世嫠孤，家无储粟，荷风竹露草堂亦欲求售，言之黯然，亦吾兄所念不到此也。西堂寥落偶居，象昭馆于汪氏，铁生烟云供养，豪兴如常，绿饮移家桐乡，架有万卷，囊无一钱，颜鬓亦俱老矣。十年旧雨，景状如斯，能无怀旧之思耶？欲为阁下言者无穷，行舟欲发，缄寄匆匆，伏惟渊照，临书驰切，不尽欲宣。成宪再顿首。五月初四日。

钤"鹤山后人"。[《黄小松友朋书札》第六册]

考：札言自乾隆乙未（1775）之秋与黄易别，至今已十二年，当作于乾隆五十一年（1786）五月四日。又魏成宪乾隆四十九年举进士，授刑部主事，札言前年售南宫，与此合。此际魏成宪假满还都就职，经济宁未遇黄易，《清爱堂集》卷四《任城访黄小松易不值，次日舟次柳林却寄》："南池昨日小停桡，为访吟朋不自聊。欲折疏麻愁似缕，却乘清济健于潮。长风送客双帆饱，旧雨分襟十载遥。记否西湖前度别，酒痕红映第三桥。　寓林家世剧风流，才调如君未易俦。《金石录》中征博古，《河渠书》里重防秋。花深自洁兰陔膳，曲罢频斟药玉舟。此际开函远相忆，柳阴初上月如钩。"札中告知近年情状及师友何琪、陈鸿宾、陆飞、陈恺、陈灿、奚冈、鲍以文诸人近况。据札，去岁江南大旱，米价腾贵。

魏成宪 45-3

闰夏望前二日，接读手书，正拟修答，旋于十七日纪纲至京，复奉琅翰，敬稔台候迪和，侍奉万福，新猷式焕，指日崇迁繁要之区，上游倚重，以鸿裁兼综一切。凡百恒绥，实深额忭。令嗣绮岁英姿，为德园大兄快婿，凤好新盟，洵称双美。承示诹吉传红，寄到福庚礼帖，自珍饰上币，以逮吉祥。花果华妙精工，至周且备。兹于二十四日庆成典礼，并延沈眉峰中翰偕弟执柯，眉峰即德园联袊也。所有回盘八种，德园深以不腆为惭，定荷渊涵，无俟赘致。庚帖双书，此家乡旧礼，以祝同谐耳。弟于四月中旬授室，言贺殊不敢当，乃蒙吉语远颁，厚叨雅贶，却之不恭，受之增愧。勤拳古谊，铭泐无涯。近申公私，藉芘粗宁，无厪远注。使旋，谨此鸣谢，兼道贺忱。伯母大人暨嫂夫人前恭询壸祺，颙请升安。四舍弟附申心贺，伏惟朗照。不宣。小松九兄大人，闰夏二十五日，愚弟魏成宪顿首。[《黄小松友朋书札》第八册]

考：据"闰夏"，当作于乾隆五十四年（1789）闰五月二十五日。前一日黄易之子黄元长与潘庭筠女订婚礼成，媒人除魏成宪外，尚有潘庭筠连襟沈扬，字廷扬,号眉峰,仁和人,乾隆庚子(1780)举人,官福建台湾知府。札言四月中旬授室,《仁庵自记年谱》"乾隆己酉(1789)"条:"在西曹。夏四月,继室秦恭人来归,乾隆丙戌进士、国子监司业潮公女。"亦合。

魏成宪 45—4

小松九兄大人阁下,自上冬一函奉达典签,未驰尺素,弹指一年。春间同事杨君六士东围旋京,具言阁下政祺嘉胜,且于行帐之中赠以铁笔,并蒙念及鄙人,殊拳拳也。以阁下练才通望,指日建牙,仰邀天眷,凡在同好,无不日夕颛祝。比日更得多少金石文字?新词妙句,又必有几许可传之作。软红奔走之人,想望风采如神仙矣。弟公事如常,夏间题晋一阶,得贵州司缺。此公相破格栽培,自问实为过望。敝寓粗安,家大人里居健泰,知承关注,用附以闻。世兄读书精进,其□□□□□□□□□□□□□□□□□上,况属屡颤省闱,颇增落莫。陈曙峰跧伏衡门,未有佳状,一函寄候,祈鉴及之。弟近住横街之盆儿胡同,日夕可见西山。入秋至今,得诗颇不少,以无足观,不敢附览。案牍小闲,惟此事自怡也。兹因唐同年发信之便,呵冻数行,用布积愫。敬请老伯母大人寿安,恭候□□暨嫂夫人壸安,世兄辈文履,诸希朗照。不宣。十二月十二日,愚弟魏成宪顿首。谨空。[《黄小松友朋书札》第九册]

考:魏成宪晋刑部贵州司郎中在乾隆五十五年(1790),《仁庵自记年谱》"乾隆庚戌(1790)"条:"夏五月,题授贵州司员外郎。"此札当作于本年十二月十二日。札中所及杨六士乃魏成宪同僚杨梦符,《(光绪)武进阳湖县志》卷二十七《寓贤》:"杨梦符字六士,浙江山阴人,寓居武进,以绍兴籍中式。乾隆五十二年进士,历官刑部员外郎,谳狱仁恕,多所平反。尝随侍郎玉德按狱奉天、直隶、江西、浙江,谢绝苞苴,同官服其严正,工诗及骈体文。"据札,黄易与杨梦符相见时尝为治印。

魏成宪 45—5

小松九兄大人阁下。腊八前二日接读手缄,欣惟侍奉万福,政履一一顺畅,并悉春中奉寄诗函已尘记室。虽时书问,不解阔怀。青斋先生归林之日,满拟弹冠志庆,竟虚鄙望。然此席非公莫属,定可旦夕期也。大世兄舞勺之年,英英露爽,指日霄关,拭目以竢。若嘉礼早成,一堂四叶,喜气春长,洵为快事,容专札兰公妥商也。弟于小春十日已得一索之男,景升豚犬,差可解嘲耳。汉碑二种，古香可爱，遵谕即致伊墨卿，墨卿属谢，并云承索闽中碑，公车带至，当续奉上。眉峰直务甚忙，嘱笔致声。渊如处大会知名士，又一年矣。清辉在望，我怀如何。附上《肃府淳化帖》一部，湖笔十枝，聊以伴函，乞笑存之。专候升安，伏惟朗照，临颖神依。愚弟魏成宪顿首。嘉平十日。

钤"春松居士""白云仙吏"。[《黄小松友朋书札》第十册]

考：乾隆五十七年（1792）沈启震卸任运河道，本札作于本年十二月十日。札中谈及黄易长子元长与潘庭筠女婚事，将作札与潘庭筠妥商。舞勺之年，指男子13—15岁。乾隆五十四年黄、潘订婚，魏成宪为媒人之一。当年魏成宪亦续弦。参45-3。据札，本年十月十日魏已得一子。"渊如处大会知名士，又一年矣"，指乾隆五十六年黄易以卓异入都，与伊秉绶、魏成宪等在孙星衍处聚会。黄易赠伊秉绶汉碑并索闽碑，参159-1伊秉绶致黄易札。

黄 易 45-6

屡奉华函，备承关爱。前闻大兄有得麟之喜，即思专械奉贺。因沈青斋师南返，接任者局面豪华，不知恤属，弟首厅多费，何堪又添重累，以是年余以来，心境恶劣，握管稀疏，至好如大兄亦缺报笺，寸心惶愧，不可名言。金刑部过时，询知春间吾兄所患甚重，幸即痊可，此后谅已康强。今年京察，必首邀荐剡，无任欣颂。沈眉峰三兄过时，虽得把晤，因其患恙初愈，不能登岸，未得快叙也。何五世兄与陈象昭大兄夏间过我，俱留住敝斋，极力图维，百无一就。而老五归心益迫，急欲南归，因各赠四十金而去。然摒挡出门，已非易事，弟深劝其到省或力图书启一席，以为夫子菽水之计，无如老五体弱，到晚头眩，窥其意恋家甚切，总欲近地得馆为妥，故不复相强，听其束装，惟切嘱浙中二三友人为之吹荐而已。家乡亲友如康氏昆季三舍亲到此三次，三次俱不甚满意，盖其到署目击困苦情形，始各他往。地当水陆交冲，支持不易，近年河工更困，自上至下，无不患贫，迥非前数年之比，想长安索米更复不易，此时不独京中与河工境况萧瑟，即地方府州县亦属甚难，上司强干，属员之奉令承教固属难支，上司慈厚，则民情必刁，属员亦属甚难。屈计中外服官无一好处，弟官兴渐阑，然家无薄积，退步良难。转辗思维，善□□少。今幸归观察莅任，体恤备至，日内心境稍宽，与朱朗斋三兄扪碑为乐，兴复不浅也。兹遣小价入都，附奉代仪廿金，鹅毛之意，伏希□纳。外杨六士大兄信件乞致之，闻其甚病，念切念切。小儿顽钝之至，惟赖朗斋□训也。肃此，敬候□禧。临书神溯。不一。愚弟黄易顿首，

□□大兄大人。十一月十八日具。

钤"小松"。[《黄小松等书札》]

考：上款泐，当为致魏成宪者，参45-5。据《（道光）济宁直隶州志》卷六之三《职官》，沈启震卸任在乾隆五十七年（1792），龚士烓曾两次护理，当年八月唐侍陛接任，黄易札中称其不知恤属，乾隆五十八年归朝煦接任后，则体恤备至。此札作于本年十一月十八日。金刑部即金德舆，秋冬之间曾过济宁。所云魏成宪春间得疾，《仁庵自记年谱》"乾隆癸丑（1793）"条："春二月抱剧疾，濒危数四，阅两月乃瘳。"何五世兄即何琪之子震伯，陈象昭为陈灿，本年夏日二人曾访黄易于济宁。朱文藻跋《唐拓武梁祠画像》云："乾隆癸丑长夏，馆于黄小松司马沛宁运河署斋，出示此册，摹录一过，遂志岁月。晨夕同观者，吾友陈灿二西、何震伯竹君，皆同客沛上者也。仁和朱文藻谨识。"知何震伯字竹君。

魏成宪 45-7

小松九兄大人阁下，岁事将阑，冷云满砚，忽闻剥啄，快接手书，兼拜《见怀二十韵》佳什，故人如山中春信，催放梅花，遂使饯腊筵前得笼兽炭，欢喜赞颂，笔所难宣。承寄隶幅，古劲苍雅，八分一字百金直，悬之壁间，不啻千万素封矣。春暖墨融，更望惠我楹帖一二，不贪为宝，弟则不免于贪，以吾阁下之翰墨至可宝也。属闻绩茂风清，即辰超擢，开府屏藩，为吾邺增光宠，可以预贺。弟去腊为人波累，上公知己即以专章奏，邀恩准留部题缺。此次察典格不合例，当路亦以为无可如何。安命奉职，不敢告劳。同列如孙渊如、伊墨卿，良友则穀人、味辛辈，诗酒之乐颇足豪也。令郎嘉礼，弟得信已迟，未克先贺，歉何如之。蓬莱最小之仙，齐眉绕膝，喜洽重闱，一家春霭，执柯人亦鼓掌称快耳。春渚师今年七十寿辰，家居无趣，承荐西江一行，不久而还，书来极颂爱不置也。初诏启序，伏惟升华万福，庆侍万福，顺贺尊嫂、世兄、世嫂一一多庆，并鸣谢忱，诸希朗照。临颖驰切。不宣。门愚弟魏成宪顿首。嘉平望日。

附寄敝同年丁运台札，乞转交，又托。[《黄小松友朋书札》第二册]

考：《仁庵自记年谱》"乾隆癸丑（1793）"条："冬十二月，以失察四川省遗漏秋录情实人犯一名，自行检举，经吏部议，降二级，因级不敷抵，仍降一级调用。相国阿文成公谓予素性孤介，必无力捐复原官，即以熟悉谳务面奏，随与各堂官具折保留，照所降之级补用，仰蒙恩旨，准留刑部。"

札言"去腊为人波累,上公知己即以专章奏,邀恩准留部题缺",可知作札在乾隆五十九年(1794)十二月十五日。黄易荐何琪作馆广信在乾隆五十八年,不久即还,札中亦及之。惟称何琪本年七十,或为误记。按,赵怀玉《收庵居士自叙年谱》"嘉庆十年(1805)"条:"二月至上海,观察相待颇殷,客自远方至者坐恒满。同修书者何征君琪、林处士镐。"又,《亦有生斋集》诗卷二十一《何征君琪〈小山居图〉,亡友方处士薰笔也》云:"芜城一分手,忽忽廿三载(癸卯冬,晤征君于扬州)。君今七十六,鬓发青未改。揭来海上同为客,风雨过从数晨夕。"嘉庆十年何琪76岁,则其生在1730年,本年65岁。参11—15癸冈致黄易札。据札,黄易长子元长本年成婚,乾隆五十四年闰五月二十四日,黄元长与潘庭筠女订婚,魏成宪为媒人之一。"丁运台"当为魏成宪同年进士丁暟,通州籍山阴人,时任山东盐运使。

魏成宪 45—8

小松九兄大人阁下,大东往复,极荷爱怀,匆促星奔,犹蒙俯临舟次,慰唁勤拳,感不可喻。弟兼程南返,七月廿八抵署,九月十二扶护至家,大事艰巨,迷瞀勿胜。沉痛之余,入山觅地,幸已得桐扣片壤,择吉经营,冀负土种松,一切粗就,则穷饿家居非所计矣。每念起居,日深驰结,以不祥姓氏,未敢率尔奉书,正切歉忆。刻接十月望间手札,兼拜盛仪,二十韵诔章全轴捧领展陈,叩头泣感。阁下近中清况,弟所稔知,乃垂念椿灵如此,其厚且挚,令人局踏难安,益纫古道,得仁者之粟以为祀,衔结寸心,图报未有期也。后会不知何日,阁下千万自爱,勿费心力,日加强健。海内文章性命之友,亦甚寥寥,系心之至,谨此布展感私。家慈命谢,舍弟各各申颂。伏希珍重。不宣。门愚弟制魏成宪九顿。二月十三日。

何师甚健,兰公侍御府中一一安好。惟奚九近况苦极,可谓命途多舛,但胸次旷达,笔墨之兴不减耳。又及。[《故宫藏黄易尺牍研究·手迹》]

考:朱琪据《仁庵自记年谱》,嘉庆五年(1800)六月初九,魏成宪之父魏银河逝于金陵官署,推知本札作于次年二月十三日。是。按,据《年谱》,嘉庆五年正月,魏成宪赴江宁任督粮道事,四月督运北上,六月二十六日,魏成宪在张家湾水次闻讣,交篆星奔旋署,秋八月奉母扶护回里。故札有"大东往复,极荷爱怀"之语。黄魏二人此前的交往,在嘉庆三年五月。《嘉庆帝起居注》"嘉庆三年正月二十九日"条:"扬州府知府员缺,着魏成宪补授。"当年五月,魏成宪出守扬州,舟次任城,尝访黄易于官舍,《清爱堂集》卷八《舟次任城访黄小松司马易,因与邓兰溪漕使再馨、孙渊如观察星衍偕游南池,觞咏竟日。小松用余丙午北上过沛奉赠元韵赋诗二章,并作〈南池话旧图〉见贻,叠韵答之》:"才思争推下水桄,开函城记仲连聊(舟次聊城得小松书)。散花滩住邻张雨,择木书工配李潮。小别前番惊电过,故人几辈望云遥。此行曾是君游地,明月垂杨廿四桥。 难得樽前集胜流,花南砚北旧吟俦。坐来亭子莲宜夏(南池亦名莲亭),话到园翁麦正秋。为我早悬徐孺榻,即今如上李膺舟。图成菱熟蒲荒句,荷叶皴从淡墨钩。"邓再馨,字兰溪,贵州普安人,乾隆甲辰(1784)进士,本年任巡漕御史。浙江省博物馆藏黄易《山水图册》后附魏谦升钞本《山东兖州府运河同知钱唐黄君墓志铭》(魏成宪撰),跋文亦及此事。魏成宪此际诗尚有《渊如廉访招同兰溪侍御、小松司马游浣笔泉,即用壁间木兰山人刘浦荻江氏诗韵》《午日石佛闸守风,小松适至,畅谈竟日,即景写图见赠》《得小松书却寄》诸诗,皆收入《清爱堂集》卷八。

46　　盛百二　　【5封】

盛百二字秦川，号柚堂，浙江秀水人。乾隆二十一年举人，三十三年任淄川知县，退食之暇，不离书史，盖以文学为政事者。三十四年丁忧。晚居齐鲁间，主书院十数年，多所成就。著《柚堂笔谈》等十数种。参见《（乾隆）淄川县志》卷四《宦迹·秩官》。

盛百二 46-1

别后贱体患腹泻及胃痛，未及一函申候，接手书，深蒙垂注。所致李铁兄札系空函，亦未封口，尊意当转达也。《郑固碑》埋入土中者每行又多九字，并非尉氏也。《范式碑》额于前月廿六日胶西崔墨云得之学宫西南水口石岸之下，惜碑身竟不可得。传闻流落民家，为捣衣用，正在悬赏以购，恐难必也。想老哥闻此当喜而不寐矣。顺候升祺，不尽驰溯。小松九哥先生，同学弟百二拜。闰月十六日。

晚、尊谦敬璧。[《黄小松友朋书札》第五册]

考：孔继涵《杂体文稿》卷二《〈范式碑额〉跋》："任城学宫旧多汉人碑刻，今存者五。乾隆乙未（1775）之夏，李铁桥东琪得《王君庙门断碑》于大成殿西阶下柏树根间；戊戌（1778）之夏，胶西崔墨云儒眎得《故庐江太守范府君之碑额》于学宫西南龙门池水口石板之下，吾友盛君秦川皆邮以寄示。"盛君秦川即盛百二。崔儒眎发现《范式碑额》在乾隆四十三年（1778）六月二十六日。本札作于当年闰六月十六日。此际盛百二为济宁任城书院山长，参订《济宁直隶州志》。黄易在仪封工次。《山左金石志》卷八《庐江太守范式碑》录翁方纲跋云："乾隆丙申岁（1776），胶州人崔儒眎初得是碑篆额于济宁龙门坊水口，遍求碑身未得，越五年，黄司马易得泰安赵相国家藏宋拓本，双钩付梓。又六年，州人李铁桥竟获原碑残石于学宫，虽存字不及宋拓本之半，而碑阴四列即洪氏所误载之《鲁峻断碑》阴也。数百年沈薶之迹一旦复出于世，实为快事。"又，《秋盦题跋》收《郑固碑》："《郑固碑》久碑为二段，州人李浩斋得其下段，嵌明伦堂，其子复将上段嵌入座内之字出之，多每行十余字，此本联接装裱，较康熙年间张弨释碑时字数稍多也。"《小蓬莱阁金石目》："《汉故郎中郑君之碑》，八分书篆额，延熹元年。右《郑固碑》，碑为两段，上段在山东济宁州儒学戟门下，州人李化鹏鲲于雍正戊申（1728）得下段于泮池，嵌明伦堂壁间。其子铁桥东琪见上段之足嵌入座内，出之，得字九行，行十二字。"即本札所云"《郑固碑》埋入土中者每行又多九字，并非尉氏也"。可知李东琪出《郑固碑》上段，亦在此顷。札中所及"李铁兄"，即李东琪。

盛百二 46-2

三日前接奉尊札，已转致铁桥，伊此时未得闲暇，适有崔墨云拓就者，先以送上，尉氏碑止此而已，前日瘦竹误记也。普照寺金刚脚下探之无字，惟有"元贞二年"四字而已。井中古碑，求之尚未得，如有，定行飞报前去也。顺候。上小松九兄阁下，百二拜手。[《黄小松友朋书札》第五册]

考：本札承46-1，作于此后不久。蓝嘉瑄字瘦竹，浙江定海人，时在济宁，黄易称其别驾，或官州判。据《（道光）济宁直隶州志》卷九之二《艺文》，《郎中郑固碑》插入地尺许，乾隆戊戌（1778）由蓝嘉瑄提出，然犹未全。据46-1所引《秋盦题跋》及《小蓬莱阁金石目》，出《郑固碑》上段者乃李东琪。又，蓝嘉瑄在济宁访碑，与黄易多所交流，《小蓬莱阁金石目》："《遵德乡砖文》，正书，大业三年。右砖定海蓝别驾瘦竹得于济宁乡间，乾隆戊戌赠易，今归李铁桥收藏。"普照寺亦在济宁。

盛百二 46-3

秋来苦雨，自来所无。闻工上之信，甚为挂念。及得手书，始为释然，但贤劳在此不免耳。乔公札当日即送去，外荭谷先生一札今日寄来，奉上，并候近祺。不一。尊谦附璧。小松九兄先生，弟百二拜手。七月廿一日。[《黄小松友朋书札》第五册]

考：此札很可能作于乾隆四十三年（1778）七月二十一日。本年闰六月，黄河在河南仪封十六堡地方决口，故有"闻工上之信，甚为挂念。及得手书，始为释然"云云，参18-10潘有为致黄易札。荭谷即孔继涵，乔公待考。

盛百二 46-4

临清守王公系敝同乡，颇能书法，甚慕大名，昨来纸二幅，嘱弟转恳隶书，想高明不吝也。顺候晨禧。不一。百二拜，上小松九哥先生。［《黄小松友朋书札》第五册］

考：所言王公，当为嘉兴人王湘，乾隆二十一年（1756）武举，据《（嘉庆）东昌府志》卷十九《职官五》，王湘任临清卫守备约在乾隆四十四至四十五年，札当作于其间。

盛百二 46-5

月前许公枉过，接奉手书，深慰饥渴。十种《算书》内有数种久已无闻，今忽出世，又有荭谷先生为之板行，真快事也。迩惟九哥先生近祉休嘉，福随时茂，收罗金石富有日新，惜济阴一水之隔，未得纵观，一扩眼界，为憾。平阴、肥城相为唇齿，地域瓜分，古今沿革不同，无可疑也。拙著《问水录》，令小儿带至南中，姑俟场后开雕，此时欱助之项尚未集也。曹州孤陋寡闻之地，一切书籍皆不可得，何况其他？适有晋帖一通，为傅青主所重修者，聊奉清玩。专此，奉候升祺，余令小儿口述。不尽。百二顿首，上小松九哥先生阁下。四月九日。冲。［《黄小松友朋书札》第四册］

考：所云十种《算书》，即《周髀》《九章》《海岛》《孙子》《五曹》《夏侯阳》《张丘建》《五经》《缀术》《缉古》。《缀术》亡，《数术记遗》旧附十书之后，继涵又附以戴震《九章算术补图》《策算》《句股割圜记》三种，刊入《微波榭丛书》，名之曰《算经十书》。又，盛百二《问水漫录》，乾隆四十九年（1784）刊，本札提及乡试后开雕此书，很可能作于四十八年四月九日。孔继涵卒于本年十二月十八日。据札，盛百二时寓居曹州。

47　　鲍廷博　　【4封】

鲍廷博字以文，号渌饮，一作绿饮，安徽歙县诸生，寓居浙江桐乡。乾隆朝诏开四库馆，采访遗书，廷博集其家所藏书六百余种，命其子士恭由浙江进呈，曾经御题。嘉庆间，廷博以家藏本刊刻《知不足斋丛书》。卒年八十有六。参见《（同治）湖州府志》卷九十《人物·寓贤》。

鲍廷博　47–1

　　春间接读手书，欣悉九哥先生已拜简发河东之命，为之快慰。嵇懒性成，尚稽裁贺，荷蒙眷注，再辱瑶华，亦自愧其疏逖也。所需书籍，谨附纪纲呈上。惟《南宋小集》，因年来校刻丛书，近复恭刊武英殿聚珍版各种，一时不遑兼及，尚未有以报命也。小儿去秋本以藏拙不就院试，学使王公误以为引嫌，见许代为纳粟入监，期望甚深，第恐朽木粪墙不堪雕饰，惧深负此知遇耳，屡承垂询，实切惶愧。近得杨忠愍公在狱中为应养虚先生所书巨册，历经名贤题识，希世之宝，颇自珍袭，此则亟欲为知己告耳。承惠洋画，得未曾有，欣谢之怀，匪言可喻。巨册之寄，引领望之。蕚岩、长青二君每见必动问起居。至去岁寄画及书，曾未谈及，晤时当亟询之。使旋拜覆，谨候升祺。不尽。小松九哥大人，教小弟鲍廷博顿首。闰月廿九日。

　　外书四件，单一纸。

　　寄上：

　　丛书三集三部，第四集现已刊竣，俟印成附便续寄。

　　重刊聚珍版书第一单三部，此书共计三十九种，约有十四函，现在刊竣者已得二十四种，俟刷印进呈后即当续寄。

　　《蛮书》四本，此系孙少宰、王惺园先生委刻者，共有十种，尚未刊竣。

　　《汪水云集》一部，旧刻。

《林和靖集》二部，新购版。

以上俱舍下藏版，切勿寄价外我也。

《十六国春秋》一部，价一两六钱。

《隶释》一部，价三两二钱，《隶续》尚未刻竣，在冬间寄上。[《黄小松友朋书札》第五册]

考：札言简发河东，事在乾隆四十三年（1778），当作于本年闰六月二十九日。自乾隆四十一年清廷颁发聚珍版于东南各省，并准所在锓木通行。江宁、浙江、江西、福建等地先后承命开雕。据札，知鲍廷博知不足斋受命刊行武英殿聚珍版图书。洋画云云，参11-1奚冈致黄易札。萼岩即金德舆，长青即方薰，皆与黄易稔熟，方薰《山静居遗稿》卷二收《寄黄小松（时访余桐乡不值，篆石留赠而去）》，卷四收《题黄小松司马〈秋景盒图〉》。杨忠愍公即杨继盛，明嘉靖间上疏力劾严嵩父子，后遇害。养虚即应明德，嘉靖间授刑部云南司主事。杨继盛在狱中，适明德视狱，亲至枕侧抚摩存问，检医药，视饮食，杨狱中有书报之。此巨册时为鲍廷博所获，因亟告黄易。

鲍廷博 47-2

南北殊途，关河迢递，复又疏懒性成，以故候简缺如。八月间，令弟素庭兄南还，辱蒙云翰下颁，临风展读，如与晤言。并稔循声懋绩，益以好古弥笃，以致上游倚界，不次荣擢定在指顾间也，曷胜颠颂。弟之近状落落殊甚，二西兄谅能缕述，惟是丹铅之癖不减曩时。承委购书籍，先将随有者附呈，余具别纸，并希察入是荷。因风布悃，未抒所怀，诸惟丙鉴。肃此，敬请升祺。不一。愚弟鲍廷博顿首，上小松九哥大人阁下。重九后一日辰刻。敬冲。

《永怀卷》，留于桐乡金云兄处，容即取归，附北上公车友寄览可也。

钞本书五种，卷帙繁重，现在觅友写录，随时陆续寄呈。

《隶续》《十六国春秋》，此二种乃省中汪氏藏版，现在刷印未毕，十月内一并寄上。

聚珍书各种，此版公家分散已久，现在无从补印，兹将原单奉缴，并希查入为祷。[《黄小松友朋书札》第四册]

考：札作于乾隆四十八年（1783）九月十日。二西即陈灿，本年至济宁，参2-13黄易致陈灿札考。次年春日会试，故札有《永怀卷》"附北上公车友寄览"云云。金云兄即金德舆。素庭为黄童之字。

鲍廷博 47-3

村居荒僻，音问久疏。屡辱手书，情意恳挚，金石之投，不一而已，深喜故人不我遐弃也。迩惟伯母大人兴居多福，足下莱舞之余，重以尊彝图史，日佐魏国之欢，此乐自欧阳公之后未易有也，敬贺敬贺。弟濒年颠沛，去冬更被郁攸之灾，生事益落，所幸文史半存，聊自宽慰。丛书已刻十有六函，迩日尚事校雠，妄冀有所增益，几忘日之暮、途之远矣，足下得毋悯其愚而哀其遇耶？《石林金石录》失而复得，元文宗《永怀卷》偶逃劫火，若有天相，明春萚岩北上，附邮奉赠，以表区区。比因匆遽到省，不在行箧中耳。使旋谨复，恭请伯母太夫人金安，并候升祺。不既。上小松九哥先生，愚弟鲍廷博顿首。十一月廿二日。[《黄小松友朋书札》第十一册]

考：乾隆五十六年（1791）冬，鲍廷博知不足斋遭火灾。此札提及去冬"郁攸之灾"，当作于次年十一月二十二日。萚岩即金德舆，次年北上尝过济宁。《石林金石录》当为叶梦得《石林金石类考》。

鲍廷博 47-4

二西南旋，蒙惠手书，兼分清俸，高情厚谊，何感如之？顷来省城，复于二西札中见九兄为弟区画一切，情词真挚，尤令人感激无地也，谢谢。兹届九兄五十荣诞，谨以旧藏《永怀小卷》并叶石君钞书五册，敬代春酒一卮，幸一哂存之。去使匆匆，不尽欲言，再容缕述。上小松九兄先生知己，愚弟鲍廷博顿首。朗斋三兄处乞先致意，另容札候。[《小蓬莱阁同人往来信札》第一册]

考：本札提及黄易五十岁生日，鲍廷博寄赠元文宗《永怀卷》。黄易重装此卷并跋云："《书画谱》载元文宗临唐太宗'永怀'二字赐嵝嵝子山，《黄文献公集》云：文皇以佩刀刻芦菔根作'永怀'二字，模赐近臣，翰林学士承旨哈剌拔都儿入侍，曾被是赐。此卷亦斯时所赐。吾友鲍以文宝玩多年，乾隆甲寅（1794）五月从里中寄赠，可感也。黄易重装谨记。"故此札作于乾隆五十九年（1794）五月。黄易得《永怀卷》后，旋寄京师，翁方纲于十二月望日题诗三首及跋；十九日，荆溪陆致远、钦州冯敏昌、临川乐宫谱与金溪陈珵于苏斋之诗境轩观摩，署观款；廿六日，余集又有题跋："此卷向藏鲍以文氏知不足斋，以文今年六十有七，一切嗜好淡然无所系，举此

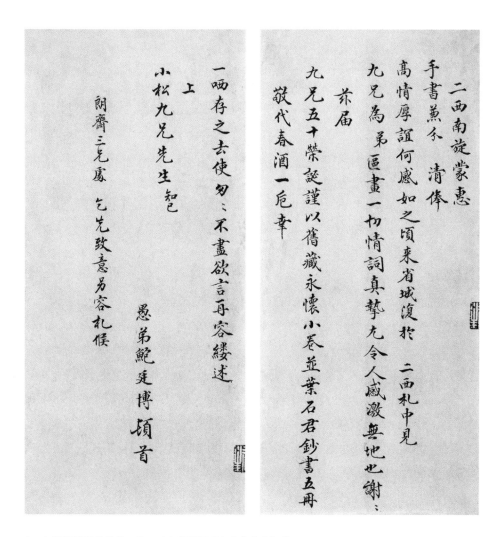

47-4 鲍廷博致黄易札 收入《小蓬莱阁同人往来信札》第一册

以赠吾友小松司马。小松嗜奇好古,不让以文,于此卷感石交之雅好,喜旧物之有归,远寄京师见示,因得再一展阅。"具见《壬寅消夏录》,摹入《金石屑》第四册。原作今传世,参见马成名《海外所见善本碑帖录》。札中提及上年夏日,陈灿过访黄易后返浙,参45-6黄易致魏成宪札。时朱文藻在济宁,札中亦及之。

48 张燕昌 【5封】

张燕昌字文鱼，号芑堂，浙江海盐人。乾隆四十二年贡生，生平力学好古，尤嗜金石，搜罗甚富，尝自摹吉金贞石文字为《金石契》，又登范氏天一阁，摹北宋《石鼓文》勒石于家，著《石鼓文释存》。参见《（光绪）海盐县志》卷十七《文苑》。

张燕昌 48-1

接读手教，知欲得拙著《金石契》，想晋斋已有印本奉寄。但前所刻者仅十之五六，今载板来京，又补雕数十页，如《建初尺》并《柚堂先生笔谈》一则，亦已纂入，再迟十余日便有印本奉上也。又《石经残字》弟已付梓人，用枣木摹之，约一月后告成。来书云《金乡汉人画壁》已物色得之，未知可搨一二本分惠否？《唐周君墓志》跋录得奉正。柚堂先生前为弟道候，余容续布。不一。愚弟张燕昌顿首，小松九兄大人。

济宁南门内古董店有郑鲁门者，家世工书，鲁门亦善汉八分，幸为弟一访之。昌又拜。

钤"燕昌""金粟山人"。[《黄小松友朋书札》第五册]

考：札中所及《金石契》，有乾隆三十六年（1771）自刻本，四十三年重订，嘉庆年间再次订正。该书收金五十三种，石二十二种，皆附图像缩本。《汉熹平石经残石》亦刻于乾隆四十三年。此札作于四十三年闰六月以后，时张燕昌在京，参18-9潘有为致黄易札。札中提及黄易已觅得金乡汉人壁画，然最终剔搨则在乾隆四十九年。柚堂即盛百二。郑鲁门名支宗，为书家郑居实子。乾隆五十一年冬，黄易得《孔子见老子画象》于嘉祥武宅山，移济宁州学，时监立石刻者为郑支宗、李东琪。阮元《小沧浪笔谈》卷二称郑支宗"精于镌刻，手摹秦汉官私印文五百种，几欲乱真"。《秋盦诗草》收《郑鲁门得停云馆遗砚》。乾隆六十年，黄易为其作隶书"古今文友周秦汉，金石录追欧赵洪"联，今藏故宫博物院。

张燕昌 48-2

前有《石经》印本并芝山兄印石寄呈。晤铁桥兄，知已奉达。弟二月七日从曲阜来济宁，谒适斋老师。接手书，垂注之情溢于楮墨，并蒙隆贶，谢谢。《金石契》托毅堂舍人转达，未识捡收否？顷自来东，登泰山，谒孔林，瞻仰庙貌，摩挲古刻，为平生快事。于济宁与诸名流盘桓，亦颇兴会，惟郑鲁门兄贫病不能晤，而行囊羞涩，不能厚赠，为歉仄耳。此公有品，知交中须广为设法，毋使为境累。芦汀先生赠弟古戈一枚，上有篆文"〇公戈"三言，的是三代物。史虹亭先生赠弟铁隐几，制作绝佳。但日受好友所赐，不能报效，奈何。花朝前三夕，泊舟太白酒楼下，水光月色，双白印心。小松九兄大人侍史，门弟张燕昌顿首。
[《黄小松友朋书札》第五册]

考：乾隆四十三年（1778）秋冬之间，张燕昌自京南归，翁方纲《复初斋诗集》卷十七收《送芑堂归海盐三首》。燕昌先于曲阜勾留，次年二月七日自曲阜至济宁拜访孙扩图，参52-1孙扩图致黄易札。札作于二月九日，即花朝（二月十二日）前三日。去岁张燕昌尝托潘有为寄《金石契》等书，故札中询及。

张燕昌 48-3

门弟张燕昌顿首，小松先生侍史。久阙音问，念何如之。昌株守里巷，惟闻先生事业日隆，声名藉甚，以余力搜求金石，使海内好古之士得睹未见之迹，诚胜举也。昌所模之《石鼓文》，因笔意未能神似，是以未敢广布，然欲再刻一本，殊未易易。今将搨本并《释存》呈正，幸不吝指教，不啻百朋之锡也。兹乘何梦华兄来东之便，顺候近祉。不宣。重九前一日，燕昌再拜。

钤"金粟山人"。

用"烟波宅笺"。[《黄小松友朋书札》第八册]

考：札约作于乾隆五十七年（1792）九月八日。何元锡本年底至山东，参23-25翁方纲致黄易札、83-5何元锡致黄易札。张燕昌《石鼓文释存》，清乾隆五十三年刻本。

张燕昌 48-4

门弟张燕昌顿首，小松先生侍史。前蒙兄刻印并惠金石小品，弟因疟疾三年，诸多懒散，去冬十一月间又转他病，几不得生，幸而不死，然医药之资大费矣，寒士岂堪当此？今病虽愈，精神尚未复元，是以株守里门也。每见兄所模《唐搨本武梁祠象》，精甚，万望寄一二本，百朋之锡也。弟念兄时形梦寐，今敢直陈近状，弟家刻数种如《石鼓文》《瘗鹤铭》《明人墨兰》皆堪把玩，此时因病余，家中乏人毡蜡，是以未及搨奉。又《金石契》数年来有所订正，并增一卷，近已脱稿。又《石鼓文释存》向曾刻版，今又增数十条，自喜较胜宋元诸刻。又性喜飞白书，与好友陆贯夫同捡简策中善飞白者，得一百余人，名曰《飞白录》，昔年申铁蟾明府助资付刻，工才半，又得龙泓师《飞白录》未竟之稿，复增入数十条，今已录有稿本，亦渴欲谋梓，惟俟风雅如兄者登高而呼，则此等事便得次第告成矣。春间朱朗斋先生来署，曾有《瘗鹤铭》及《兰花》搨本附上，想登记室。舍表弟徐定远诗学清丽，在济宁幕府，想常相见，倘有惠函，可托其转寄。专此，恭请尊太夫人老伯母大人台安万福，并贺升祺。不宣。五月五日，燕昌再拜。[《小蓬莱阁同人往来信札》第四册]（见图版五）

考：乾隆五十八年（1793）正月，朱文藻至济宁。札言春间托朱文藻带致《瘗鹤铭》及《兰花》拓本，当作于本年五月五日。《唐拓本武梁祠象》，黄易乾隆五十六年春日获赠，嗣钩摹付梓，札中及之。参见《小蓬莱阁金石文字》"武梁祠像唐搨本"条。乾隆四十四年十一月，黄易在任城曾为张燕昌刻"张燕昌印"，此际又有赠印。据札，张燕昌著书多种，与陆绍曾合撰之《飞白录》倩黄易助刊。申铁蟾明府即申兆定。

张燕昌 48-5

去冬文驾枉顾，失迓为怅，而寒舍乏人应门，种种开罪，知大度定能见容也。承赐大刻并双勾古碑、白金一函，一一领到，谢谢。然临风驰想，至今犹抱不安也。兹奉寄《汉圉令赵君碑》一轴，聊表微忱，哂存是祷。前云张文敏所撰老伯大人《飞白书赞》，或寄搨本，或先钞示，再请略叙老伯大人小传，以便载入《飞白录》耳。顺候道履。不宣。小松先生九兄大人侍史，门愚弟张燕昌顿首。三月八日。

钤"张燕昌印"。

用"石鼓亭制笺"。[《故宫藏黄易尺牍研究·手迹》]（见图版五）

考：朱琪以张燕昌寄赠黄易《汉圉令赵君碑》在嘉庆元年（1796），推定此札作于嘉庆元年三月八日。札中提及"去冬文驾枉顾，失迓为怅，而寒舍乏人应门，种种开罪，知大度定能见容也"，当指乾隆六十年（1795）黄易回杭营葬返程时途经海盐，访张燕昌不值一事。札中所言《飞白录》，为吴趋陆绍曾、海盐张燕昌同辑，同里黄锡蕃参订，嘉庆九年擘荔轩梓行，卷下有黄树穀条，称其"飞白深得唐人笔势"。是。按，《小蓬莱阁金石文字》收《汉故围令赵君之碑》有云："乾隆辛亥（1791）秋，嘉定钱少詹辛楣先生与公子星伯过易运河署斋，出所藏旧搨整本悬诸素壁，易同李铁桥叹赏题识。今年海盐张明经芑堂寄惠整幅，与钱本同，上方侍讲梁公山舟朱笔释文，旁有侍郎钱公蓱石题字。扬州马征君半槎后人有翦裱本，江郑棠、朱朗斋两君为易作缘购得。……易所收汉刻今时碑石尚存者皆搨两本，一整幅，一裱册，无石者一本且难遘，安能兼有？兹碑居然两本，壁悬几展，古香袭人，诚可乐也。……嘉庆元年七月，黄易。"《小蓬莱阁金石目》亦云："《汉故围令赵君之碑并额》，俱八分书，初平元年。原石在河南南阳府，今佚。此宋拓未翦本张君芑堂寄赠。"张照与黄易父黄树穀为挚友，文敏为其谥号。

49　　　张庆源　　　【1封】

张庆源字崑白，号愚髯。浙江秀水人。乾隆二十六年进士，官山东莱芜知县，调沅陵。通五经，兼工真草。参见《两浙輶轩录补遗》卷五。

张庆源 49-1

日前晤书巢太守后，脚疾陡发，一步不可行，拥炉枯坐，如入定僧。目下渐渐痊可，尚未出门。每于闭目趺坐时，追想九哥绪论，如抽茧剥蕉，咀味不尽。又追摹所观《石经残字》，令人作十日想。寒威可畏，得罗、张二君雪中之惠，顿觉黍谷生春矣。灶养马林，拙而不染时习，可驱策，客寓食指繁多，令其趋侍左右，试用之，何如？愚弟张庆源顿首，十一月十三日。[《黄小松友朋书札》第四册]

考：札作于乾隆四十三年（1778）十一月十三日，时黄易在济宁，张以厨工马林相托。此前张庆源曾于东昌知府胡德琳处与黄易晤面，并观摩黄易新得《石经残字》拓本。乾隆三十年七月，张庆源署莱芜知县，本年调任湖南沅陵知县，参见《（同治）沅陵县志》卷十九《职官》。

50　　董元镜　【3封】

董元镜字观我，号石芝。汉军正黄旗人。耽六书古文，终日临池，沉研八体，专以汉印为宗，兼师文氏纯正一派。乾隆十三年春，特旨开盛京赋篆字馆，总裁汪由敦举荐上馆，效力数年，议叙，铨授大理寺笔帖式，继又以汉文应试，得茂才，升都察院都事，历户部陕西司员外。参见汪启淑《续印人传》卷四《董石芝传》。

董元镜 50-1

接道朵云并二刻，谢谢。弟于篆隶幼曾讲求，而功力不到，未窥古人奥奥。前札乃述旧闻于师友者，聊以质疑耳，乃来教谦抑过当，至有正中其病、今后当留意云云，顿使鄙人深为颜甲，然如此虚心笃学，直造昔贤妙处，不难也。弟三十余年小市所得，仅唐诸家篆隶颇多，第贱性寓意于物而不留意于物，往往随得随失，《王母宫颂》系陶谷之文，宋天圣间上官佖重书，俱系小篆，法律严整，未可以宋人而忽之。缘拓于大册子内，难于邮寄。兹遵谕奉到《碧落碑》一种，篆法奇古，盖宗《石鼓》大篆者，上充赏鉴，异时倘得合并，尚沽斗酒赏奇析疑，以慰寸心也。奉候安祺，临风翘企。世弟董元镜顿首覆小松世长兄先生至好。

钤"观我镜一字用晦""戊戌乙卯壬子庚戌""异见异闻心之所愿"。［西泠拍卖 2018 年 3 月艺是网拍］

考：札后钤"戊戌乙卯壬子庚戌"一印，分别指 1778、1735、1732、1730 四个年份，意义不详，然于此可知本札作于乾隆四十三年（1778）以后。此札讨论篆隶，口吻亦似二人相识未久。乾隆四十二年八月，黄易自董处购得《宋拓汉石经残字》，《得碑十二图·诗境轩赏碑图》题识云："乾隆丁酉（1777）八月，就选入都，董户部石芝云，曩得《汉熹平石经·〈尚书〉〈论语〉》残字三段，装为一页，置书册间，久寻不得。余屡求弗已，石芝检出见赠。

50—1 董元镜致黄易札　西泠拍卖 2018 年 3 月艺是网拍

携至翁学士覃溪先生诗境轩，与三五同志快观，莫不美神物之难遘也。"然王昶则称《汉石经残字》拓本乃黄易购自董氏，《金石萃编》卷十六："乾隆丁酉秋八月，黄司马易购得《汉石经残字》，……[翁]方纲手摹，属海盐张芑堂燕昌勒之石。"又云："孙氏岘山斋本后流传今户部郎中董君元镜所，黄君见而借之，会董方嫁女，贫甚，黄为置奁具，直白金数十两，董君无以偿，遂举《石经》归之。董，汉军正黄旗人，工分书，尝预修《西清古鉴》，先任大理寺评事，为昶属官，故道其颠末如此。"董元镜善书，精刻印，赵翼《瓯北集》卷三《题董石芝印谱》有云："辽阳董生有篆癖，《凡将》《爰历》恣检披。壮夫不羞雕虫技，直以顽石为肝脾。囊携百钱入小市，鸡鸣而起何孳孳。收得烂铜章数片，归来把玩忘调饥。以之能事擅殊绝，一枝铁笔名京师。生平妙制一千五，汇成巨谱索我诗。"

董元镜 50—2

顷接手教，如获面谈。不独语长意重，而一种奇古之趣令人读之忘倦，不忍释手，先生真能移我情也。遥忆斑衣起舞，春酒介眉，公余抚楮，与古为徒，虽蓬莱仙吏，何以加诸？□领五云，欣然神往，所恨天各一方，金石图书，科斗文字，不能赏奇析疑，一豁老眼耳。小儿仰蒙宪恩，重隶宇下，实出望外。然闻汶丞极为繁剧，恐非小儿凡材所能胜任，惟有属其倍加谨慎，毋负栽培，仍求老先生格外训示，俾得诸事遵循，期无贻误，则铭感益无涯涘。兹因来使，敬候升祺。余不既。太夫人老伯母前乞叱名请安，世兄辈均此，不另字。小松世老长兄先生阁下，千叟宴中五百四十一甲子人董元镜再拜。

《韩仁铭》《太公吕望表》二碑，皆本朝出土者，尊斋如有多者，祈各惠一纸是望。镜又白。[《小蓬莱阁同人往来信札》第四册]

考：本札作于乾隆五十年（1785）以后。款署"千叟宴中五百四十一甲子人"，当指乾隆五十年正月六日，乾隆帝在乾清宫所办千叟宴。据《钦定千叟宴诗》卷十五，都察院都事董元镜与焉，时年六十二。又据《（道光）济宁直隶州志》卷六之三《职官》："济宁州判：董有恂，汉军正黄旗人，恩监生。[嘉庆]二年（1797）三月由汶上县丞署任。"董有恂即董元镜之子，由汶上县丞署济宁州判在嘉庆二年。其任汶上县丞，当在董元镜作札前不久，故札中有"小儿仰蒙宪恩，重隶宇下，实出望外。然闻汶丞极为繁剧，恐非小儿凡材所能胜任"云云。所称"宪"，当指河东河道总督兰第锡。

董元镜 50-3

阔别多年，时深梦想。接读手教，如见故人。小儿来京，备述老世长老先生旧雨情殷，提撕谆切，实深铭感。又蒙寄汉隶及杭纬、阿胶诸珍品，拜登之余，益增颜汗。老世长家学渊源，好古不倦，而又天假之缘，俾以捍御堤防，身勤道左，既使古人之遗迹不泯，复令后人之取法有资，即此见造物生才必非无意也。弟马齿日增，豪无善状，过蒙厚爱，神与俱驰。冠首加荣，仰经纶之条理；药笼备用，识胶固之真诚。小儿才见平庸，谬蒙嘉许，惟属其努力自爱，以期无负栽培。兹伊差旋之便，敬修寸函，兼鸣谢悃。并寄秦瓦研一圆、笔桶一座，希查收。顺候升祺。不既。千叟宴中人世弟董元镜顿首。

钤"石芝叟"。[《黄小松友朋书札》第九册]

考：黄易所寄汉隶，当即《小蓬莱阁金石文字》，卷首即双钩自董处所购之《宋拓汉石经残字》，故札有"冠首加荣"云云。本札作于嘉庆二年（1797）以后，时董有恂公差至京，还济时带致。本年六月六日，阮元亦收到黄易所寄《小蓬莱阁金石文字》，参 142-6 阮元致黄易札。

51 周近仁 【1封】

生平不详,当为南河河工。

周近仁 51–1

　　昨冬家母寿辰,仰承挚爱,远锡款联,兼贻厚分。不敢蹈自外之愆,谨拜领以志深情。前因匆促东旋,未遑申谢,迄今犹以为罪歉也。春和初布,伏惟九兄大人政祉崇佳、与时俱懋为颂。弟于上元后复奉调来工,于行馆趋事,碌碌庸流,无尺寸之微劳以裨巨工,愧极恨极。仪封引河将竣,现将埧工遵旨儹筑如兜袖式,睿谟指授,必当于月内告厥成功也。乘风肃候春祺,并达谢悃,余缕缕。不尽。小松九兄大人如手,愚弟周近仁顿首。

　　王厚存附请安福。[《黄小松友朋书札》第四册]

考:本札作于乾隆四十四年(1779)正月,时黄易补商丘。《清高宗实录》"乾隆四十年正月下"条:"[壬寅]寻奏仪封坝工遵用兜袖法,已成新斜坝台八丈,并将新下一埽及新坝台加厚,高旧坝台数尺。随复下一埽,溜势逼开,由北而东,绕东坝根入口门。其引溜沟西一带北滩屡有塌动,惟东坝稍着重,此时暂停下埽。俟西坝埽过东坝头一二丈,水势渐成回溜,再将东坝进一埽、或两埽,即可相机合龙。"即札所谓"遵旨儹筑如兜袖式,睿谟指授,必当于月内告厥成功也"。

52　孙扩图　【1封】

孙扩图字充之，号适斋。山东济宁州人。乾隆丙辰举人，两中明通榜，授乌程知县、缙云知县，有善政。归田后，手一编，哦斗室中，遇文士至，纵谈不倦。好接引后进。尝主莱州北海书院、温州东山书院讲席，所成就多一时名士。参见《（道光）济宁直隶州志》卷八之四《人物》。

孙扩图 52-1

客秋承札见存，旋闻荣授之喜，僻处荒村，无从修贺，兹复瑶函远贲，欣以增歉，惟冀调升接近，得以时挹清芬耳。无轩现在舍间，银、信两宗当即交收。芑堂尚未来，再当面致也。肃此覆候小松足下，图再拜。[《黄小松友朋书札》第五册]

考：札作于乾隆四十四年（1779）二月七日前，时张燕昌将自曲阜来访孙扩图，参 48-2 张燕昌致黄易札。本年黄易补商丘，故札有"荣授之喜"云云。无轩即陈焯，为孙扩图任乌程时门生，此际在孙宅。上年三月，孙扩图曾为其湘管斋作记，《一松斋集》卷一《湘管斋记》云："湘管斋者，陈生无轩之友所营为无轩藏贮笔墨之所也。……斋之四壁潇湘，则沈子芥舟之所绘也。于是以湘管额其上，盖兼取湘东品第之义云。"记亦收入陈焯辑《湘管联吟》，款署"乾隆四十三年戊戌季春"。

53　　江德量　　【2封】

江德量字成嘉，一字量殊，号秋史。江苏仪征人，安庆知府恂子。拔贡生，乾隆四十五年联捷进士，廷试一甲二名，授编修，改御史，历掌浙江江西道。两次居忧，年甫逾四十，卒。生平邃于经术、小学、金石、古文，善诗工书，尤习篆隶。参见《（嘉庆）扬州府志》卷五十一《人物·文苑》。

黄　易　53-1

客腊得手书，如对颜色，满拟早抵商丘，便图促膝，讵知今日尚客兰阳，近日水益大，亳境如何？念切念切。《郑固》下方、《范式碑额》已烦李君铁桥拓取，许于数日即寄。普照横嵌一碑，有元［按，疑夺贞字］年号者，至今未出。《金乡石壁［室］像》弟无副本，喜此地为济宁往来之地，当徐图之。箧中所有已捡上。北岳诸碑原不难致，然碑阴、碑侧唐宋人题名，每一碑多至十余种，竟不可胜计。弟在直谋之最力，所得者随手散失。今清河观察为致全本，捆负而来，高盈二尺，无一复本，可知其多矣。如张嘉贞篆额，每字径一尺，亦仅见也。钱献之在关中，乘华岳修庙之际，得金石五百种，唐以上百种，云留一分与弟，妙极妙极。潘恬庵先生碑半为李铁桥所有，弟惟有《瘗鹤》《郙阁》三四种而已。尊藏金石，便中乞开目示知，有缺者或可分寄，如何如何？顺候文安，临械驰想之至。量殊大兄大人，愚弟黄易顿首。二月十有六日。

承惠诸幢，甚妙。鹿邑唐碑，俟徐图之。

钤"易""小松"。

用"小蓬莱阁"笺。［《小蓬莱阁同人往来信札》第二册］

考：札云《郑固》下方、《范式碑额》，皆乾隆四十三年（1778）为蓝嘉瓒、崔儒眕发现；《金乡石室画像》孔继涵四十一年尝赠黄易一本，黄易别出此画像则在乾隆四十九年。札当作于乾隆四十四年二月十六日，时黄易调任商

53-2 江德量致黄易札　上海图书馆藏，收入《虚斋藏清朝名贤手札》

丘。此际钱坫在关中。又，普照一碑，即46-2盛百二致黄易札中所云"普照寺金刚脚下探之无字，惟有'元贞二年'四字而已"。潘恬庵即潘兆遴，济宁人，康熙二十九年（1690）举顺天乡试，授天长知县。生前藏碑甚多，此际多为李东琪所得。又，札云为致北岳诸碑者乃清河观察，即沈鸣皋，江南元和人，监生，本年署清河道，参见《（咸丰）固安县志》卷五《官师》。

江德量 53-2

德量顿首拜启上秋盦九兄阁下。两峰先生来，承以《武斑碑》精拓一本见惠，并示续得《武氏画像》，感极感极。司马冠石舍人博雅嗜古，极意搜罗金石拓本，钟鼎款识尤渴，适有便人，嘱德量专札奉致，乞将尊藏吉金贞石、断戈碎甓文字每种精拓一纸寄之，永为宝玩，用结墨缘，千万至恳。德量近搜辑得宋人墨迹尺椟约及五十余纸、元人三十余纸，附以奉闻，当为我称贺也。始寒，诸惟慜护。不具。愚弟德量顿首上。十月朔黎明书。〔上海图书馆〕

考：《小蓬莱阁金石目》："《敦煌长史武君之碑》，八分书并额，建和元年。右《武斑碑》，易于乾隆丙午（1786）八月二十三日访得于嘉祥县紫云山。碑阴刻正书'武氏碑'三大字。"黄易《小蓬莱阁金石文字》（黄易写刻本）《敦煌太守武斑碑跋》："乾隆丙午秋八月，大河恬顺，归经嘉祥，见《县志》载紫云山汉太子墓前碑一通，中有一孔，碑既有穿，意必古物，亟遣工人掦致。八分书，漫漶殊甚，额曰'敦煌长史武君之碑'。"此札很可能作于本年十月一日。司马冠石即司马亶，江宁人，官中书舍人，藏金文极多，《小蓬莱阁金石目》著录甚夥。

54　　　陈崇本　　　【1封】

陈崇本字伯恭，河南商丘人。乾隆四十年进士，授编修，为《四库全书》纂修官。嘉庆间由太常寺少卿升光禄寺卿，改宗人府丞。工书画，在京与翁方纲考订金石。

陈崇本 54-1

积怀已久，稽而未申，前捧到手书，即欲裁复，缘《华山碑》尚未告竣，坐是迟迟。翘企南云，徒深驰溯耳。敬惟大兄学术才华为一时所推重，兹下车敝邑，叨荫良多。遨听循声，倍深额庆。前在济南［宁］时，于前人碑帖想搜罗益富，便中惠寄一二，以广见闻，感甚幸甚。覃溪先生手提风雅，大江南北当庆得人之盛矣。《华山碑》送呈吟案。风顺，率候文祉，余容再布。不一一。小松大兄先生，愚弟崇本顿首。［《黄小松友朋书札》第四册］

考：乾隆四十三年（1778），翁方纲手摹《华山碑》足本，由陈崇本校刊上石。《秋盦题跋》收《汉西岳华山碑》亦云："余昔在学士［朱筠］家见之［华阴本］，浓墨精搨，光彩奕奕。……宋氏［宋荦］所藏本不知落于何处，有钩本传世，吴江陆封翁虙实摹写数百本，吴门、历下两有刻石。……近时翁宫詹覃溪摹朱学士本，陈编修崇本用枣木刻于京师，诸跋俱备。闻陕西毕中丞又刻于华阴庙。原石虽亡，后来摹刻可谓多矣。"札言"《华山碑》送呈吟案"，当作于乾隆四十四年秋日，参23-9翁方纲致黄易札。黄易本年调任商丘，故陈札有"下车敝邑"之说。又，翁方纲本年任江南乡试副考官，札因有"覃溪先生手提风雅，大江南北当庆得人之盛"云云。

55　　　沈启震　　　【3封】

沈启震字位东,浙江嘉兴人。乾隆二十五年举人,三十九年中正榜,由内阁中书、军机处行走升刑部主事员外,山东运河兵备道,护理河督,加按察司衔。参见《(光绪)嘉兴府志》卷六十一《列传·桐乡》。

沈启震 55-1

接来翰,知署中诸事俱费清心。仆南路查工已竣,现在星驰回沛,大约初四日晚间可到,诸俟面谈,此复。名心具。[《黄小松友朋书札》第四册]

考:黄易页边书"沈观察",知作札人为沈启震。沈启震任运河道有两个时期,乾隆四十四年(1779)十月至五十年十二月;五十四年四月至五十七年七月。作札当在两个任期内,具体时间难详。在任期间,黄易尝为刻印,如"青斋"边款云:"乾隆庚子(1780)六月十有三日,钱唐黄易谨刻。""沈启震印"边款云:"汉印有沈性、沈延年、沈颐、沈子卿诸章。阴文双边,亦汉人法也。属吏黄易谨刻于济宁之尊古行斋。"

沈启震 55-2

前接手字,知体中渐健,宪待甚优,极为慰藉。足下蕴蓄长材,正当及时宣布,将来成就自未可量。愚虽量移省会,而朝夕所系念者惟此二三旧同事,能令人极不忘耳。夏秋之交,贱体多有不适,而老人桑梓之怀更切,如何如何。羽便布复,附问日祉。不一。青斋手泐。六月二十四日。[《黄小松友朋书札》第四册]

考:本札很可能作于乾隆五十七年(1792)六月二十四日。此际沈启震身体不适,拟迁地方官,然下月遽解任回籍。据札,黄易此际亦患病,李奉翰待之甚厚。

沈启震 55-3

鲁桥话别,黯然于怀,想文驾归途安好,为慰。愚于朔日抵台庄,即日行出东境，晚间当泊河清闸矣。舟次应酬颇杂，此后可期清静。康公处已遣弁护行，一路自能妥适，幸勿厪怀。率此鸣谢，并以志别。顺候近佳。不一。松庐震手泐，小松足下。九月朔，孟林庄舟次寄。

  诸同人均此道别，不及一一作札矣。［《黄小松友朋书札》第十册］

考：札当作于乾隆五十七年（1792）九月一日，时沈启震自运河道解任南还，舟至孟林庄。"康公"即南河总督康基田，与黄易亦交好，黄曾为作"康基田印""茂园"，印稿见于西泠拍卖 2014 年春拍。沈启震行，黄易相送至鲁桥闸，在济宁州境。时亦有诗，《秋盦诗草》收《送青斋师归里》。

56　李东琪　【4封】

李东琪号铁桥，山东济宁人。父名鲲，字化鹏，号浩斋，雍正六年曾得《郑固碑》缺石于泮池中。铁桥好古善隶，能继家学。有金石之癖，尝访得《胶东令王君庙门碑》《范式碑》，有《碑目》二卷。参见《（道光）济宁直隶州志》卷八之四《人物》、阮元《小沧浪笔谈》卷三。

李东琪 56-1

岁朝往来，两不相遇。新年酬应甚繁，未及请教。前柚堂先生札云，城固县新出《唐公房碑》，所见册后有翁太史题跋，想拓本既传之都中，谅吾兄必能致之也，未卜何时始得见之，徒令人梦想不置。弟岁内已得李阳冰《般若台》矣，为王三进士所赠，适有人索杨桓《酒楼记》甚急，尊处若有副本，祈暂借以应之，俟再拓奉还。并候新禧。不一。愚弟李东琪顿首，上小松九哥大人。新正九日。
[《黄小松友朋书札》第四册]

考：札所言《唐公房碑》，即《小蓬莱阁金石目》（稿本）第一册所著录《仙人唐君之碑》：八分书，篆额。无年月。在陕西城固县墝乡。乾隆四十八年（1783）六月，黄易曾赠李东琪一件拓本，李在酷暑时节裁贴成册，并作释文，曾见于西泠拍卖2019年秋拍。《复初斋文集》卷二十《跋唐公房碑》云："右《唐公房碑》，在今陕西汉中府城固县西北三十里。……是碑拓本甚少，近日顾蔼吉作《隶辨》亦未见此碑。张瘦同舍人拓十纸，托友人寄京，而其人见谓模糊，遂毁去其八。舍人以其一赠罗两峰，此一本乃最清楚者以见贻，轴而藏之，附以诗。"诗作于乾隆四十四年底至次年正月间。此札很可能作于乾隆四十五年正月九日。瘦同即张埙，柚堂即盛百二。《李翰林酒楼记》，元人杨桓篆书，在济宁。《般若台碑》，唐人李阳冰篆书，在福建乌石山。黄易在济，与李东琪交莫逆。武亿《授堂文钞》续集卷十《致孙伯

犧牲玉帛黍稷稻粱神降嘉祉萬壽無疆子子孫孫永永甾昌

臨漢白石神君碑

精通誠至祀祭之福乃案經傳所載原本所由銘勒斯石垂之于後

臨漢西嶽崋山廟碑

乾道不繆唯
謙是親既多
受祉永享南
山千祿无疆
子子孫孫

臨漢篙陰令張君表頌

奉爵稱壽相
樂終日於穆
肅雍上下蒙
福長享利貞
與天無極

臨漢魯相史晨孔廟後碑

渊（四）》有云："过济宁见李铁桥否？此君家贮古刻本最富，又善八分，通医理，黄小松与之往还莫逆，执事想不见遗斯人也。"翁方纲《复初斋诗集》卷三十八《李铁桥于济宁学掘得〈范式碑〉，赋此奉寄兼呈小松》亦有"任城宝墨熊光起，天意助成黄与李"之句。《秋盦题跋》收《跋李铁桥小照》云："济宁学宫汉碑，向止五通，李兄铁桥初得《胶东令王君碑》于庙门古松根，继得《庐江太守范式碑》于棂星门墙下，余为作《得石》两图。吴竹虚又图其事，属为题识。……我铁桥对酒读书以外，惟扪碑为乐。铁桥好碑，碑亦屡出。"除两次为画《得石图》外，又有《縠原诗意册》十三开，黄易跋云："李铁桥寄素纸一卷，欲余作画已三年矣。今秋船窗无事，读王比部縠原《丁辛老屋诗》，喜其句中有画，因取其意为铁桥涂就数幅。旋赴都，席帽黄尘，无复清兴。腊月归来，扫除丈室，拂纸涤砚，亟足成之。画与书，乐事也，强之则苦。回忆长安，贵人纷纷来索，不得已而篝灯达曙，心力交疲，稍塞其意，比此时境味，大不侔矣。然结构粗率，不免浙人面目。余簿书而外，勘碑为急，书画自不免草草。铁桥知余独深，且嗜碑过于书画，其工拙固不足深计耳！戊申（1788）季冬，黄易并识。"又跋云："此册作于张秋［即阳穀县］，时方盛年，官闲心逸，欣然命笔，近日繁忙多疾，不能复作，对之慨然，因重为装背还之。嘉庆五年（1800）六月，黄易题于济宁官廨之小蓬莱阁，时年五十有七。"见于西泠拍卖2010年秋拍。此外，《秋盦词草》又收《为李铁桥画扇铭》。

李东琪 56-2

醉酒饱德，兼承金石之惠，感何如也，谢谢。覃溪先生新刻《两汉金石记》，可谓精博可传，自古集录之家皆不若是之详也。弟迩来日间鹿鹿，每夜必静坐读之，其中不无微憾耳，兹录《三公山碑》数字呈教，第蒭荛之言，未必有当耳。特此布谢，并请鸿禧。不既。治愚弟李东琪顿首，上秋盦九兄大人侍史。廿九日。

钤"李铁桥"。

用"海粟书屋"笺。[《黄小松友朋书札》第八册]

翁阁学《两汉金石记》内《三公山碑》释文尚有可商者，谨录出请教。其中"☐"定为御字，极是，豪无可疑者矣，汉碑"御"内从"先"者甚多。其"醮祠☐☐"，"希罕"二字无可疑者。下接"☐☐☐"，鄙见疑是"咎

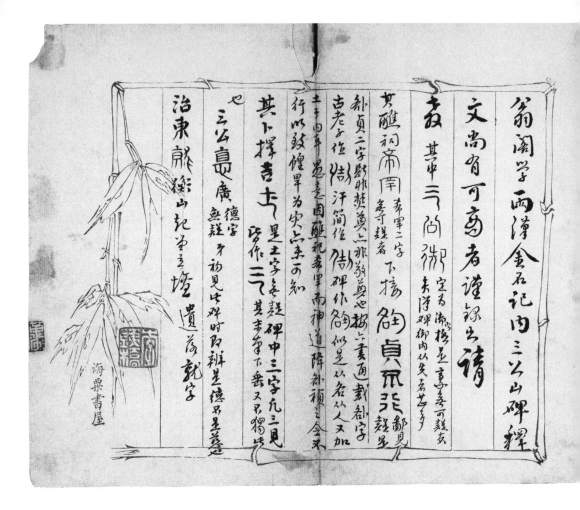

56-2 李东琪致黄易札 收入《黄小松友朋书札》第七册

贞"二字，断非"焚奠"，亦非"敬奠"也。按《六书通》载"昝"字，古《老子》作[字]，《汗简》作[字]，碑作[字]，似是从各、从人，又加土于内耳。愚意因醮祀希罕而神道降昝祯之令不行，以至蝗旱为灾，亦未可知。其"卜择吉[字]"是"土"字无疑，碑中"三"字凡三见，皆作[字]，其末笔下垂，又不独此也。"三公[字]广"，"德"字无疑。弟初见此碑时即辨是"德"，不是"慈"也。"治东[字]衡山起堂立坛"，遗落"就"字。

钤"李铁桥"。

用"海粟书屋"笺。[《黄小松友朋书札》第七册]

考：两纸分在《黄小松友朋书札》两册，当为同一札。翁方纲《两汉金石记》刻于乾隆五十四年（1789），札当作于此后不久。《祀三公山碑》，发现于元氏县，《秋盦题跋》收《汉三公山碑》："余客南宫时，寄书杨君鹤洲搨元氏诸刻，旋得古篆碑一通，磨泐已甚，细辨乃《汉祀三公山篆文》。……

洪氏《隶释》有《三公山碑》，乃八分书，与此不同。此碑久在野中，前人所未录，恐致湮没，亟烦元氏令王君移置城内龙化寺，与《汉白石碑》同置一处，为王君作《寿古图》记其事。"

黄　易 56-3

前日退亭在此饱看碑刻而去，捡出重本奉上，乞察收。顾玉昨晚已回，得一画象，甚妙，摹出先奉兄看，暇时即祈来看。小铁山经文又拓许多，妙极妙极。铁桥三哥，愚弟制黄易顿首。［辽宁省博物馆］

考：嘉庆二年（1797）正二月间，黄易携婿李大峻岱麓访碑，嗣后留家仆顾玉拓邹县铁山《石颂》等各山摩崖。此札署款"制"，郭丹、张盈袖《〈秋盦书札〉考及相关问题》推算，作于嘉庆二年二月初六岱岩访碑回到济宁至五月初五期间。是。按，札言"顾玉昨晚已回"，当在 56-4 稍前。退亭即李伊晋，山东钜野县廪生。性嗜奇好古，为督学阮元、粮道孙星衍所器重。嘉庆元年举孝廉方正，居家授徒。参见《（道光）钜野县志》卷十三《文学》。

黄　易 56-4

顾玉搨碑已还，有以奉赠。铁山之经后颂言竟搨，今可以快读，且有篆额，兄不可不速看也。弟此刻与江宁严先生至学宫观碑，如兄得暇来此同观，偕至敝寓观碑何如？送李铁桥三老爷，愚弟制黄易顿首。［辽宁省博物馆］

考：此札在 56-3 稍后。所言江宁严先生当为严长明之子严观，字子进，一字述斋，好金石文字。著《江宁金石记》《金石待访目》，参见《（同治）上江两县志》卷二十四中。严长明已于乾隆五十二年（1787）去世。

57　　　　姚立德　　　　【1封】

姚立德字次功，号小坡。浙江仁和人。乾隆元年由荫生主事迁山东泰安府，调济南，三十年任运河道，三十六年擢山东按察使，署布政使，旋署东河总督，三十九年二月实授，四十四年四月，仪封漫工合而复溢，革职留工效力。四十五年八月发往南河，以同知用，补淮安府里河同知，四十八年正月因病解任旋里，十月卒。参见《（道光）济南府志》卷三十七《宦迹五》。

姚立德 57-1

来字已悉，画扇事记得史名云烝者，亦能着色写生，往在上北赵丞处见过，如能，亦一帮手也。差上事如入境后有所闻，望随时寄知。兰泉副宪一札附上次包封，曾收到否？［《黄小松友朋书札》第四册］

考：页边黄易题"姚大人"，即姚立德。据《（道光）济宁直隶州志》卷六之三、六之七《职官》，姚立德于乾隆三十六年（1771）八月任河东河道总督，四十四年四月以仪封漫工合而复溢，革职留工效力。此后袁守侗、陈辉祖曾短暂调任，至四十五年二月李奉翰继任。又据《清高宗实录》，王昶乾隆四十四年十二月任左副都御使。札称"副宪"，很可能作于四十五年年初。58-1 黄易致黄童札有"大人又以画山水贡扇五十柄见委，须得一日一柄，已乡居闭门为之"云云，或即本札所及画扇之事。黄易与姚立德交厚，乾隆四十三年十月，尝于济宁节署刻"姚立德字次功号小坡之图书"，又刻"立德""小坡""河南山东河道总督之章""大司马总宪河东河道总督章"诸印。黄易亦为姚立德作画，《秋盦诗草》收《唐卢颢然嵩山草堂有倒景台、樾馆、枕烟庭、云锦淙、期仙磴、涤烦矶、冪翠庭、洞玄室、金碧潭诸胜，所图十志，旧藏谢樗仙，手摹颇得幽深之趣，此册后归姚制府两［雨？］人，嘱画册为图，此一段鸟倦知还、安居最乐，吾两人之志也，并示以诗》。上北赵丞，很可能是上北河同知赵载元，浙江仁和人。后升淮扬道。

58　　　黄　童　　　【1封】

黄易之弟，字素庭。

黄　易 58-1

前接手书，以冗未覆。今又读来示，细悉近况，为之攒眉不已。贺公所荐馆事已覆之矣。七级既不可久居，而作急另图栖止亦不可缓。承命种种，兄理宜速办，但兄近日不独差幕之事忙不可言，自辰及暮无片刻之闲，而大人又以画山水贡扇五十柄见委，须得一日一柄，已乡居闭门为之，偷暇仍至道署办事。实在杜门谢客，所以觅屋一事兄实万难也。最要者，自当尽力寄助，而此时兄用度益大，无日不典质，日日如过除夕。今年三月矣，而家用未寄，心急如焚，虚言非人类也，以是徒深浩叹。然老弟境界乃尔，兄岂可不问？容再布置以寄，然亦可笑之至也，恐不济大事。兄从不言穷，今则实穷矣，如何如何。姚大人已具摺谢恩，阿公亦关切，尚未奉存旨意。李大人于月底工程完毕，始来泉河，无升信。潘奕翁亦未来，顾三表叔亦未来。匆匆率覆，并候日安。不一。愚兄黄易顿首。初二日。[《故宫藏黄易尺牍研究·手迹》，刻入《小长芦馆集帖》卷九]

考：李大人即李奉翰，乾隆四十五年（1780）二月任河道总督，四月姚立德勒令回籍，《清高宗实录》：[乾隆四十五年四月]辛酉谕曰：……乃姚立德于前仪封决口一事平日不能留心查勘，未雨绸缪，以致因循贻误，屡筑屡冲，是以将伊革任，仍留工次效力赎罪。……姚立德着勒令回籍，并将此通谕中外知之。"参57-1姚立德致黄易札。札作于乾隆四十五年三月二日。此际黄易冗忙且穷窘，于乃弟觅屋之请亦无从措置。朱琪考阿公为阿礼布。按，阿公当为大学士、军机大臣阿桂。

59　　江　昉　【1封】

江昉字旭东，号砚农，别号橙里。江春同祖弟，安徽歙县人，寓扬州。工诗词，家有紫玲珑馆，集四方名流觞咏其中，著《随月读书楼词钞》《练湖渔唱》等。子振鹭，字起堂，工词。参见《扬州画舫录》卷十二。

黄　易 59-1

仲春之初，曾致片械并隶书小联请正，谅已青及。春风吹面，易感乡思，而于紫玲珑阁尤惓惓也。有王谦谷先生，天长名宿，吏隐河干，澹于宦情，引疾南返，因楚中制府旧雨情殷，行将题襟汉上，虽有登高之呼，而其间介绍玉成，非志翁不可。谦翁与易莫逆之交，求六先生推爱赐札，切致志山太翁，俾其得济，易感同身受，恃邀至爱，知不靳齿芬也。易仍栖河帅幕府，必承厪念，敬闻并请近安，统惟玉照，临笺瞻企。黄易顿首上橙里先生词伯。

蔗畦先生与易前在王大廷尉席间，偶及倚声，廷尉极慕尊制，欲求稿汇刻，谅有札托玉屏兄也，又及。三月十五具。

起堂大哥、石沧、礼门先生乞致候。

钤"秋盦""大易"。

用"小蓬莱阁"笺。[《故宫藏黄易尺牍研究·手迹》]

考：朱琪据札中提及"易仍栖河帅幕府""谅有札托玉屏兄也"，推知作于乾隆四十三年至四十五年（1778—1780）江立去世期间。按，据"仍栖河帅幕府"，此际河帅似易人，查乾隆四十五年二月，东河、南河总督互换，陈辉祖调南河，李奉翰调东河。札或作于本年三月十五日。江兰字芳谷，号畹香，官至云南巡抚，其父江进字志山。江振鹭字芑堂（按，与起堂音谐，明清人称名字类如此），号玉华、昉子，盐运同知衔。江立字玉屏，号云溪，工词，与昉齐名，称二江，为厉鹗弟子。札言王昶欲刻汪昉等人诗集，江立卒后，其遗集《小齐云山馆诗钞》确为王昶所刻。江恂号于九，字蔗畦，一字邻竹。歙县江村人，居仪征。历官凤阳知府，迁徽州知府。好金石文，多所搜缉。徐柱字石沧，新安人，游邗上，山水点染精妙。陈振鹭字礼门（按，与里门音谐），号春渠，钱塘诸生，往来扬州。王锡庶，天长监生，乾隆三十七年至四十一年任濬县县丞，时张符升署卫辉府事，张符升《苏门山人诗钞》卷三收《秋日书怀和王谦谷韵二首》，谦谷当即王锡庶之字。

60　邬玉麟　【1封】

邬玉麟号者亭，满洲正红旗人，原任海州知州邬承显子。因犯法发配新疆，在都统索诺木策凌衙门幕中，后缘事被处绞刑。

邬玉麟 60-1

[前阙]上外济木萨古城挖出古印一个，此地无识者，亦附呈一纸，以供赏鉴。再：弟去岁在伊犁时闻得南山有张骞旧碑一座，距伊城二百余里，为夷人游牧地，华人鲜有至者，故不能得。此碑剥落，仅存二十字，亦无知者。欲谋一章，以博清玩，竟不果，容留心，以俟良缘耳。猝遇急使就道候书，匆匆率致，并候台祉，临池曷胜依切。小崧九哥我师，愚弟邬玉麟顿首。

札上附钤古印一枚。

用"石竹笺"。[《黄小松友朋书札》第十三册]

考：济木萨古城在新疆，距乌鲁木齐约三百里。据《清高宗实录》乾隆四十七年（1782）七月："戊戌谕：前据明亮等参奏迪化州知州德平等自乾隆三十九年以后俱有采买粮石、侵蚀银两之事，当经降旨派令刑部侍郎喀宁阿前往乌噜木齐，会同明亮查办。据喀宁阿等查明德平、瑚图里等各犯经手采买、侵吞银两属实，并索诺木策凌历年在都统任内俱有收受德平等银两礼物之事，当即降旨，将案内各犯革职查抄，并派侍郎福长安驰往盛京，将索诺木策凌挐解行在审讯。……邬玉麟系缘事发遣新疆人犯，在都统衙门夤缘办事如幕宾，胆敢向各州县交结勾通，私纳贿赂，所得赃私至三千余两，情节甚为可恶，……邬玉麟……俱着如议即行处绞。"又，李衍孙《炊菽亭诗》收《〈得石图〉诗为家铁桥作即示黄九》（李佐贤亦辑入《武定诗续钞》卷七），小序称黄易与李东琪乾隆四十五年七月见过寓斋，"结想日复遍人境，余力差可穷边陲"句小注又云："邬参军者亭云，伊犁南山有《张骞碑》，时小松道及之。"则邬玉麟告知黄易这一消息当在此前。本札姑系此年。

61　　沈可培　　【2封】

沈可培字养原，一作养源，浙江嘉兴人。乾隆三十七年进士，授上高知县，以疾告归。丁父忧，服阕补安肃县，寻以署宝坻事被议降调，历主潞河、洙源、云门诸书院。留意书画及金石文字。参见《（嘉庆）嘉兴县志》卷二十三《列传三》。

沈可培　61-1

　　仲春别后，不胜离索之思，想吾兄有同情也。弟已领到咨文，昨来沛，值台驾公出，闻戴村民埝已经告竣，然未知何日言旋耳。前赐诸珍，铭谢何既。今带得《曹全碑》一本，背有《御史台精舍碑》一张，东坡《马券碑》一副，梅花道人竹字石刻八幅，留在张先生处，祈为收照。弟现已雇定船只，即日北去，至好睽违，殊深驰结。统俟出京时面谈。不一。肃此，候请近安，顺贺升祺。小松九兄先生我师。弟可培顿首。八月初八日。[《黄小松友朋书札》第四册]

考：《乾隆帝起居注》"乾隆四十五年（1780）九月三十日"条："原任江西上高县知县沈可培引见，奉谕旨：沈可培着发往直隶，以知县用。"札或为本年八月八日北上引见时所作。所谓戴村民埝，《清高宗实录》本年七月下："又谕曰：国泰奏东省汶河因今年雨水过多，水势陡长，七月十七日又值大雨，东平州戴村坝民埝被水冲漫，流入大清河，民田庐舍均无妨碍。现在督饬道府厅州修筑民埝，加桩培厚，以期巩固。"黄易与沈可培为知交，曾为治名印。

黄　易　61-2

　　客夏曾布尺书，并托寄颜衡斋、桂未谷之信，虽久不得先生音问，而未谷已有复音。遥想绛帐春风，满门桃李，济南名胜之地因执事而山水争光，凝望之余，无任欣快。易客冬引见赴都，知令亲家杨大兄署篆保郡，谨通一札，未得把晤。兹青斋师复临山左，上下俱添喜色，易之欣幸更可知矣。先生近来得新碑否？乞分惠。易得者随手捡送。武定李味初二兄不知到省否？晤时乞道意。承其许栈道之碑，望之弥切，寿张县距此三十里，在省信函易达也。专此候安，顺贺新祉。不备。黄易顿首，养源先生师范。［《西泠八家の书画篆刻》］

考：乾隆五十四年（1789）九月沈启震再任东河河道，同年冬日，黄易引见入都。既言"客冬"，则札作于乾隆五十五年。沈可培时在济南泺源书院，沈启震为其族兄。本年黄易赠张玉树《载书图册》，款识云："荫堂大兄无他嗜好，俸钱惟买书耳。宦辙所至，捆载以随，虽多费弗靳也。今一麾出守，又将载书而往。余钦其高致，因为作此，兼志别忱。乾隆庚戌（1790）九月八日，黄易时在袁口舟次。"复系题诗三首，即《为张荫堂兄作〈载书图〉并题》，收入《秋盦诗草》。册后友人题诗，有翁方纲、沈可培、玉山、王杰、冯应榴、宋鸣珂诸人，《壬寅消夏录》著录。味初即李衍孙，山东武定府惠民县人。黄易从索汉中栈道之碑，参76-2黄易致李衍孙札。

62　李奉翰　【3封】

李奉翰，字香林，汉军正蓝旗人。李弘之子。乾隆四十六年二月任江南河道总督，五十四年二月调河东河道总督。

李奉翰 62-1

径致者，来章十二方，希照拟句于公余时铁笔一镌，又题旧墨诗一幅，即照来纸尺寸写小隶书，以便发刻是荷。此恳，顺候日佳。不一。香林拜手。

钤"本存居士"。

江月随人影、皆大欢喜、清适道成、李奉翰章、戒之在得、连得（小篆）、艻林、予亦何人、宁静、山花趁马蹄、实慰我心、听雪居士（此系按图章排列次序）。[《小蓬莱阁同人往来信札》第三册]

考：李奉翰任东河总督在1780年二月至1781年正月，1789年二月至1797年九月再任。札中命黄易为刻印章十二枚，并作小隶题旧墨诗，很可能作于第一段任期。

李奉翰 62-2

启者。图书石十五件，并稍大者九件，希捡收。应用何篆？如何配合？衡鉴定雅。小件者拟单一纸，仍祈斟酌镌之是荷。此达，拜候。不一。香林拜手。

钤"本存居士"。

用"碧云斋制"笺。[西泠拍卖2018年3月艺是网拍]

考：札中谈论印石及委托刻印二十四枚事，作札时间约同于62-1。

李奉翰 62-3

行办就寄来，则叨荷雅爱靡既矣。此复，并候升佳。不一。名心泐。

附寄贡烟、名绘二种，聊以伸意，希为鉴存是荷。香林又及。[《黄小松友朋书札》第二册]

考：本札当作于东河总督任上，具体时间难详。

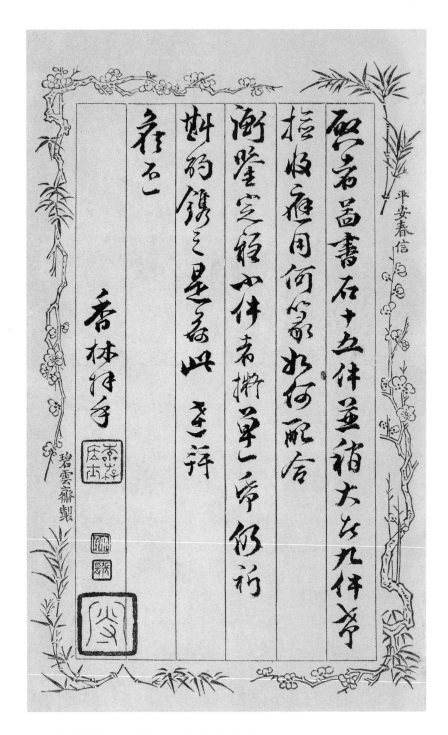

62-2 李奉翰致黄易札 西泠拍卖 2018 年 3 月艺是网拍

63　　王　淳　【1封】

王淳号古愚，余不详。

王　淳 63-1

杨秋浦兄来省，读手教，备荷注存，感甚。恳题《东坡像》并未收到，尚望索回，别觅妥便寄掷为要。聂君秋末在省，已将尊意转述，渠意必须淳同往，而淳又急切不能束装。淳拟明春赴济，当邀其同往。渠所藏汉碑二十余种，亦无《魏君》《范式》二碑，惟《刘衡碑》亦系罕见之物，明春可预备百金，俱可为先生所有也。续得《魏元丕碑》，其模糊与前碑相同，惟后有邢侗、李沧溟、周栎园三先生跋语，为可贵耳，秋间为长山县聂品垒兄借去双钩，约定明春送还，容当呈寄。所得济南各碑并无可观。郭君所藏汉碑，东省所存者俱备，其中惟《郑固碑》尚有"逡""遁"二字，余亦较今存者各别，现在装裱，欲求椽笔作跋，并恳寄覃溪先生作跋，明春即可寄览。嗣后如有信物，勿再交菊泉转寄。肃此，复请升安。不备。小松先生，从吉王淳顿首。十一月十三日，灯下。敬冲。[《黄小松友朋书札》第四册]

考：黄易藏《宋拓范式碑》，今藏故宫博物院，黄易跋云："右《庐江太守范式碑》，与《凉州刺史魏元丕碑》共装一册，签题曰：汉碑十。相国泰安赵公所藏。乾隆癸卯（1783）夏，王古愚得于济南，割爱见贻，装为二，寄都门翁宫詹覃溪题跋。乙巳（1785）五月，知胶州张荫堂从聂剑光处得《灵台》《朱龟》《谯敏》三碑，赠易。晴窗展对，与《范》《魏》二碑装池同出一手，修短悉符，延津剑合，不胜狂喜。因共为一函，题曰汉魏五碑。"王古愚当即王淳。张玉树字荫堂，乾隆四十九年（1784）任胶州知州。王淳赠黄易《范式碑》《魏元丕碑》宋拓本在乾隆四十八年夏，此前尝为黄易谋聂剑光所藏汉碑二十余种，此札很可能作于上年十一月十三日，据"从吉"，王淳此际甫除丧服。王淳生平不详，此际当在济南游宦或是坐馆。余集《秋室学古录》卷一尝提及少年同学王古愚，并序其《行远集》，或即此人。聂品垒、郭君当是山东藏碑人，俱无考。

64 明 兴 【1封】

明兴,满洲镶黄旗人,姓富察氏。乾隆三十四年由户部八品笔帖式授直隶保定府理事同知,调热河同知,擢天津知府、天津道、直隶布政使,四十七年四月擢山东巡抚,五十二年二月授刑部侍郎,四月命赴山东督浚河道,七月工竣,授山西巡抚。参见《(道光)济南府志》卷三十七《宦迹五·巡抚》。

明 兴 64-1

来函具悉,承书粗扇,亦已领到。屡费清神,殊抱不安耳。此谢,并候升祺。不一。明兴具。[《黄小松友朋书札》第五册]

考:明兴自乾隆四十七年(1782)任山东巡抚,五十二年七月调任山西巡抚。札当作于山东巡抚任上,具体时间难详。

65　李奉瑞　【1封】

李奉瑞字梦白,奉翰弟,汉军正蓝旗人,乾隆四十五年任山东钜野县主簿,四十七年任滦州州判。

李奉瑞 65-1

　　两次趋谒,未及把晤,为怅。弟约于初六七北旋,尚可图叙。沧酒少许送上九哥哂存。家兄择于申时起身,并闻。即候履祉。不一。梦白弟奉瑞顿首。

　　钤"梦白呈草"。

　　用"贻经堂制"笺。[《小蓬莱阁同人往来信札》第四册]

考:据"北旋",李奉瑞此际很可能已经在滦州州判任上,即乾隆四十七年(1782)以后,具体时间难详。

66　　颜崇槼　　【6封】

颜崇槼字运生，号心斋、衡甫。山东曲阜人。光敏曾孙，懋企子。乾隆三十五年举人，官曲阜四氏学教授，喜考订金石，兼有墨癖，搜罗藏弄不遗余力。值翁方纲、阮元先后督学山左，皆以文字相商榷，谈燕之风一时称盛。嘉庆初官江南兴化县知县。参见《（民国）续修曲阜县志》卷五《乡贤·文苑》。

颜崇槼 66-1

两次惠书并领到，《陈涉江画册》妙绝，谢谢。缘抚宪在曲，匆匆酬应，未及裁答，罪甚。旧拓《衡方碑》向藏有四本，一赠覃溪先生，一赠芝山，一赠未谷，今只此一本，不得不归小松先生矣。尚人奉上，伏惟哂存。芝山获隽，竟出覃溪之门，尤可喜也。此布并候。不一。弟颜崇槼顿首，小松九哥先生。

用"十三行　磨墨亭白笺"。[《黄小松友朋书札》第四册]

考：宋葆淳顺天乡试中式在乾隆四十八年（1783），翁方纲为副考官，本札及之，当作于本年秋日以后。陈涉江即陈丹衷，上元人，明崇祯癸未进士，尤工书画。抚宪当为山东巡抚明兴，满洲人。

黄易 66-2

前具寸函，并王实斋交来书籍单，想已收照。价回，知六兄匆匆赴省，未得手复。昨沈二香过此云兄已返仙源，未谷有信件交尊处寄弟，特专人走取，希付之。顷有人觅书画及宋板，备送礼之用，曲阜有欲销此种否？乞六兄留心，或开价即付来人带回更妙。尊处曾见王雅宜《小楷卷》、李秋锦《灌园图》，尚在否？如可借观，至幸至幸。此候日祉。不一。愚弟黄易顿首，心斋六兄。

钤"黄""金石癖"。[辽宁省博物馆]

考：郭丹、张盈袖《〈秋盦书札〉考及相关问题》考此札作于乾隆五十四年至

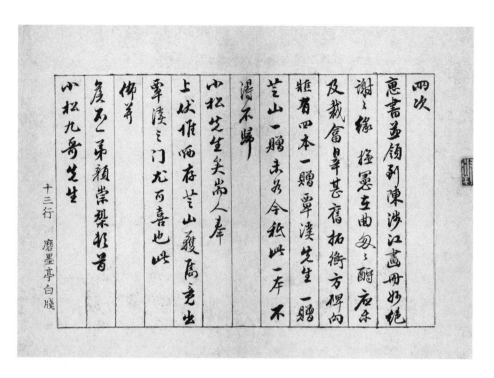

66-1 颜崇槼致黄易札 收入《黄小松友朋书札》第四册

六十年（1789—1795）间。按，王聘珍字实斋，尝在山东学政翁方纲幕中。《复初斋文集》卷一《经义考补正序》："丙申（1776）春，与丁小疋晨夕过从，相质诸经说，见所校朱氏《经义考》，积数十条，录存于箧。后十二年（1788）秋在南昌，重校是书，欲汇成一帙而未暇也。又后三年，方纲按试曹、沂、登、莱诸郡，而门人王实斋来相助，重加校勘，因录所补正，凡千八十八条，为一十二卷。"王聘珍乾隆五十七年二月曾至济宁拜访黄易，参 120-1 王聘珍致黄易札。此札或作于此后不久。王雅宜即明正德、嘉靖间苏州书家王宠，李秋锦为李良年，明末清初秀水诗人。

颜崇槼 66-3

行年五十有三，甫诞一雏，敢遂谓足万事哉？辱承关注，衔佩殊深，兼惠佳酿，既旨且多，启罂浮白，曷啻百朋之锡耶？所存古刀布等件，谨如命拓就，伏惟检入。附呈《孔君碑》乙通，视前搨者较胜。学宪尚有题字，俟刻出后再精拓续寄。又研铭乙纸，此研今存黄左君处，九哥大人须峕札致之，或以它研相易，当可必得耳。家叔托庇，已渐就痊。古愚一函，容即觅便寄去。溽暑惟珍摄，为国自爱。不宣。小松九哥大人钧座，世愚弟颜崇槼顿首。六月六日。

钤"颜崇规印""长毋相忘"[瓦当形]。

用"十三行　磨墨亭白笺"。[《黄小松友朋书札》第十二册]

考：《孔君碑》，何元锡与颜崇槼发现于乾隆五十八年（1793）三月，阮元时任山东学政，嗣有题记："《汉孔君碑》，其目见于《金石录》，证其'元年乙未'之上当为'永寿'二字。乾隆癸丑（1793）三月，钱塘何元锡、教授颜崇槼于圣林红墙外见之，移置圣庙同文门，别列碑以志其处。□月扬州阮元书志。"石上又有"北平翁方纲记""钱唐黄易同观"诸题刻。此札当作于本年六月六日。黄左君即黄钺，《（光绪）重修安徽通志》卷一百九十三《人物志·宦迹》："黄钺字左田，当涂人，家于芜湖。乾隆庚戌（1790）进士，授主事，签分户部。时和珅管部务，钺告归。嘉庆四年（1799）仁宗睿皇帝亲政，以安徽巡抚朱珪荐召见养心殿，……奉命懋勤殿行走，由主事改擢赞善，直南书房。……由赞善洊擢至礼部尚书。"古愚即陆绳，详下文。

黄　易 66-4

昨接手书，承拓寄新汉碑，并知此石已移出，将来置于圣庙，妙极妙极。何不将永寿元年一碑同置耶？阮学使之跋想已刻就，请谕小价顾玉多拓数纸带回是荷。学使前已将六兄之好事乐古言之矣。承许寿门联，欣望欣望。昨江都汪君赠弟寿门先生第五研，铭曰："锐头且秃，不修边幅，腹中有墨君所独。"是先人手书，至宝至宝。吾兄云先少参之研在都中，何处乞详示，以便求之。此候日祉。不一。世愚弟黄易顿首，心斋六兄。冯大兄均此奉候，外一联乞致之。

钤"黄易私印"。[上海崇源2002年首拍，收入《清代名人手札甲集》]

考：此札为66-3之复书。"新汉碑"即《汉孔君之碑》，乾隆五十八年（1793）三月颜崇槼、何元锡发现于孔林，嗣阮元题刻于石。所询都中之砚，即黄钺所藏者，乃黄汝亨（寓林）旧物。冯大兄当是曲阜县尉冯策，《熹平二年残碑》有其题名，参153-4李鼎元致黄易札。

黄　易 66-5

令侄回时，肃函布复，想经雅照。近体定已健壮如常，想念之至。昨在南芗斋中见尊札，知六兄新得古泉，妙妙。此数种弟俱有，六字一刀，头尾齐吉货中间有"端"字，致莫能辨。吾兄一字钱有䇝字三枚，弟无之，未识能分惠一枚否？近得九字汉印，拓一纸附阅，疑此人孔姓，名□未知，阙里谱中汉有此人否？乞留意。敝署朱朗斋、陈曙峰两先生博雅好古，来游阙里，急欲见六兄，味古论心，一窥清秘为幸，六兄韵人，自不相拒也。几时可过敝斋，当储陈酒相待，专此。顺候近祉，统惟雅照。不备。世愚弟黄易顿首，心斋六兄大人。八月十四日具。

令侄先生均此奉候。

钤"大易"。[北京艺术博物馆]

考：南芗即歙县人吴文徵，善书画，兼工篆刻，诗亦清拔。尝客山东巡抚伊江阿署，负一时盛名。札作于乾隆五十八年（1793）八月十四日，乞颜氏分惠新得泉布。此际陈灿、朱文藻皆在济宁，将游曲阜。陈本年返浙。参45-6黄易致魏成宪札。

黄　易　66-6

济上碌碌终朝，久疏问候，接春松太守来书，言及近履佳胜，关切六兄，极言其悃愊无华，水乳之至，深为钦快。兹于十月四日接手书并陈明兄信，当为转寄，藉知治疆岁不丰收，而催科费力，以此殊难布置，奈何奈何？弟几乎调办曹工，总局因睢工之事曹口易合，运河纤道即须动工，是以不复赴曹。然挑工已届，大工将兴，绵力支持，更非易办也。弟新得安阳新出四汉碑，虚谷、渭川所获者。又买得天统五年造象，鎏金精妙，拓一纸奉赏。尺牍未在行箧，无可设法。弟此间仅获黄虞稷、杨文骢二札，已寄山舟先生矣。竹虚在署聚首，大妙，今有覆札，乞致交。又是上年围炉暖酌之时，去年荷惠佳蟹，令人想煞，冬间倘有便人，幸惠一二，感甚感甚。六兄所得款器，急求拓本一见也。芝山在杭，北来当必与见一见，如有信，乞示知。枉香已中北闱，妙妙。兴化郑板桥、李复堂之迹易得否？弟欲觅板桥大横幅竹子及复堂猪藤卷，不知有所遇否？乞留神。专此，顺候台安，敬璧谦称。不备。衡甫六兄大人，世愚弟黄易顿首。十月初四日。[《内藤湖南藏清人书画：关西大学图书馆内藤文库所藏品集》]

考：据《苏斋题跋》卷上《汉子游残碑》，知安阳四汉碑乃嘉庆三年（1798）四月廿五日安阳令赵希璜得于西门豹祠内，偃师武亿及徐、柴二君为助力洗剔。虚谷即武亿，渭川即赵希璜。札中提及枉香即江凤彝，本年举北闱乡试。札当作于十月四日。颜崇槼上年调兴化知县，《嘉庆帝起居注》"嘉庆二年六月初五"条："广东四会县知县颜崇槼，着调补江苏兴化县知县。"

黄易因托觅邑人郑板桥、李复堂画作。竹虚即吴履，时在兴化，详下文。春松即魏成宪，本年任扬州知府，为颜崇椝上级，故札中有魏成宪"关切六兄"之语。《秋盦诗草》收《春松刑部昔年赴官过济州南池，承留赠二律，嘉庆三年夏刑部出守扬州，重经斯地，漕使者邓公兰溪、观察孙公渊如攀留话旧，为作此图，并和原韵》。据札，此际宋葆淳将由杭北来。

67　　梅镠　　【2封】

梅镠字既美，安徽宣城人。其父左都御史梅毂臣致仕，奏请移籍江宁，因随父居江宁。性孝友，不慕荣利，不为俗学。不应科举，闭门绝客，时人后生无识其面者。通小学，工八分。参见《(嘉庆)重刊江宁府志》卷四十二《流寓》。

梅　镠 67-1

嘉平廿日，孔户部书中邮到瑶函，且疑且信，急启读之，且感且愧。先生以仕宦之身，公务旁午，乃于千里外之新知应答如响，何气谊之笃如是哉，真镠之大幸矣。更蒙汉碑及《金石史》之赐，拜谢拜谢。谕及吴山夫《金石存》，向惟于友人帖上抄一二跋语，久觅其全书，不得一见，使其见之，断无《天玺碑》之刻矣。江太守宋揖《校官碑》亦未得闻，故前与邓石如妄生臆测耳，凡此尤相知恨晚者也。读《小蓬莱阁帖目》，经先生搜罗物色而现者累累，令我敬之羡之。盖斯文光怪，原非弃掷埋没所得销蚀，特非我之精神至诚无间，则不足以相感召。此古人中所希觏，先生躬尝试之，且屡行之，信今而传后，复何疑者？镠头颅半百，业无一成，顾迂癖之性偏嗜隶书，秉烛夜行，其效可睹，亦聊以自怡悦耳。前因徐四兄所冒渎，幸留意焉。目外金石，不敢忽略，兹先寄上古泉文廿余种，惟照入之。素性寡交，惟邓子石如相契，其印篆虽不能尽入秦汉，然魄力特强，愈大愈佳，其得意处可与何主臣相抗，书法篆居一，隶次之，真行又次。以彼天分之优，好学不倦，但苦亲老家贫，四十未娶，先生将无爱而悯之乎？何缘得一枝之栖，令其挟艺而游，亦好古怜才者所当置之意中者也。附上印稿数方，征其一斑矣。适徐四兄在省度岁，谓此信仍由吴门寄曲阜，宁迟迟，可不浮沉。徐四兄为谋馆地，三番来此，迄无成说，可叹可叹。肃此奉覆，兼候近祺，临风神往。秋庵九兄先生千古，教弟梅镠顿首。正月十八日。

钤"柳下第五"。[《黄小松友朋书札》第七册]

考：据 67-2 及 68-1 徐嘉穀致黄易札，乾隆四十八年（1783）冬日黄易有复书与梅镠，此札当作于次年正月十八日。又，邓石如娶潘氏在乾隆二十五年，二十八年九月潘氏卒，四十九年春由徐嘉穀（即札中所称徐四兄）绍介，继娶沈氏。梅镠正月作札，言其"四十未娶"，与实情合。徐嘉穀与梅镠、邓石如善，其父山东布政使徐铎卒于江宁，梅镠铭墓，邓石如书丹。吴山夫即吴玉搢，山阳人，乾隆十年岁贡生，究心六书，博通群籍，旁及金石彝器，著《说文引经考》《金石存》等书。《金石史》为郭宗昌所著，郭为明末清初陕西华阴人，殁后王弘撰梓其《金石史》于金陵。郭书以《天玺碑》为牛鬼蛇神，然吴书录文考证，梅以为若郭氏得见此书，对《天玺碑》必不至评价若斯。孔户部即孔继涵，转寄黄易复书之后不久即下世。

梅　镠 67-2

己酉之冬，徐攈盫致到手函，奉覆之札，是交舍侄准寄上。邓石如南归，传命致《古篆寿文》一册，尔后有所惠，载沉载浮，使珠玉罄欸，云天情谊，不得承奉而弆藏之，恨惋何极？顷拜正月廿日教言，承赐《唐搨武祠画像》橅本并新出汉碑，感激之至，模勒镌鋧工至于此，何必下真迹一等耶？老先生好古之心通于神明，东省古迹未出者方有待表阐，故暂留外任，不得回翔台阁，辅贰公卿，如《集古录》之欧文忠，续隶图之洪丞相，然而网罗之勤，著录之富，固已超二公而上之矣。镠伏处牖下，一子糊口在外，唯朝夕课两小孙句读而已。自分薄福，无缘造清閟亲近大雅，而每蒙远颁珍秘，荣幸直逾等伦。攈盫曾嘱代购李复堂、华秋岳画片，汉铜章等。二家之画伪作颇多，又或大轴虽真，不便邮寄，兹以铜印两枚、《景君碑》一本，是旧藏者，又《黄叔度碑》一纸先寄上，其他俟从容留意，不敢忘也。武祠画刻向惟惠《孔子见老子》一纸，尚望便中全赐。新出之碑闻尚有一种。又瓦头北地极多，然南中少见，倘蒙割爱一二乎，即残缺不圆，无妨也。乘便布覆，顺请台安，无任惓惓。秋盫老先生阁下，教下梅镠顿首。二月十六日。

钤"梅生"。[《小蓬莱阁同人往来信札》第四册]

考：徐攈盫即徐嘉穀，据己酉（1789）之冬得徐嘉穀转寄黄易手札，则本札作于此后。乾隆五十六年（1791）正月，黄易收到扬州汪氏所赠《唐搨武梁祠画像》拓本，尝手自钩摹，制作摹本付梓，分诸同好，《小蓬莱阁金石文字》收《武梁祠画像》黄易跋："[雪礓]许以此本见赠，未及寄达，旋

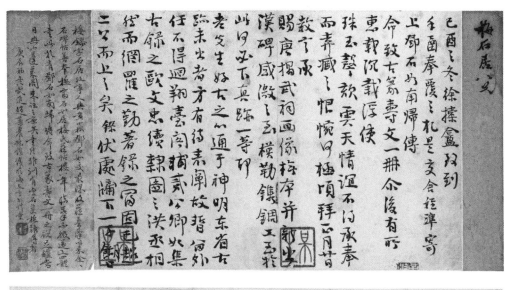

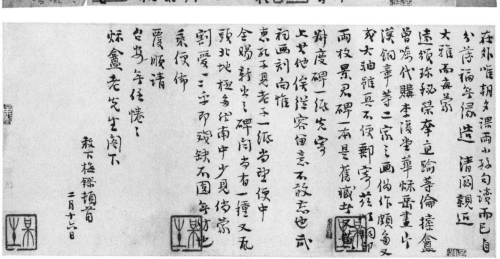

67—2 梅镠致黄易札　收入《小蓬莱阁同人往来信札》第四册

归道山。其弟邻初践兄宿诺，竟以归易。……谨藏小蓬莱阁以志盛谊，复手摹付梓，俾海内好古之士咸欣赏焉。辛亥（1791）十月，钱塘黄易识于济宁官廨。"札中提及赠予摹本，知梅镠亦其分赠友人之一，当作于乾隆五十七年二月十六日。

68　　　　徐嘉穀　　　　【1封】

徐嘉穀字大田，号攞盦，江苏盐城人，山东布政使徐铎次子。国子监肄业生。为人刚毅果直，练达老成。生雍正甲寅，卒嘉庆甲子，年七十一。著《趋庭文集》《趋庭诗集》，未刊行。参见道光二十五年刊《盐城徐氏宗谱》卷五。

徐嘉穀 68-1

梅八兄去冬接得手书，感佩之至。奚九哥近况闻说大好，可喜之至。孔荭谷忽归道山，骇极痛极。穀又启。

钤"嘉穀"。

用"磐渐山房笺"。[《黄小松友朋书札》第七册]

考：黄易页边书"四兄徐托庵"。据翁方纲《复初斋文集》卷十四《皇清诰授朝议大夫户部河南司主事孔君墓志铭》："君生于乾隆四年（1739）正月二日，卒于四十八年十二月十八日。"札言孔继涵"忽归道山"，当作于乾隆四十九年年初。徐嘉穀父徐铎曾任山东学政、山东按察使、布政使，尝指授孔继涵、孔继涑两兄弟书法。

69　　　顾文铤　　　【5封】

顾文铤号芦汀，江南长洲人。顾嗣立之后。乾隆三十六年寓居济宁。本善隶法，与黄易、翁方纲友，考访碑板，而隶法益工。尝聚汉唐古镜至百二十枚，以百二宝鉴名其轩。拓鉴背文与周秦各代古泉刀币文，镌诸石，考其源流。重刻《敦煌太守碑》《娄寿碑》。终日刮磨金石，摹访名人笔墨。搜汉章盈千。后归苏，以鬻画为活。参见王宗敬《我暇编》。

黄　易 69-1

距白露只有九日，归期不远，欣幸欣幸。《金乡画像》极力搜揭，不但画好而多，且有"朱长舒之墓"五字。永清周公寄赠董文敏七十六岁书《争坐帖》二段，有沈绎堂长跋。《纪信碑》碑阴、碑额拓到数部。西门豹祠中《北齐八分碑》字径二寸，已移至安阳县城内城隍庙内，华公亲见此碑，现托其拓致，但拓工总不好，即《纪公碑》亦拓得不好，将来托碑友另拓也。赵晋斋带来《刘熊碑》双钩本、新刻《隶续》，甚精，均俟回日与高明欣赏。先此布候近祺。不一。黄易顿首，芦汀先生。［上海图书馆］

考：乾隆四十九年（1784）夏，黄易与金乡县令马于荃剔朱长舒石室画像及题字。据"距白露只有九日"，知札作于本年七月十四日，黄易时在河工，将回济宁。《金石萃编》卷二十一《朱长舒墓石室画象题字》收录黄易一跋："朱长舒画象之末幅，下有八分一段，隐隐可辨者数字。向求揭本多纸，汇成一册，逐行审辨，仅露数笔。新得拓本一纸，比前清朗，'汉鲔可万祥'等字，灼然无疑。相传为朱鲔墓，不得其实。今得一鲔字，孙渊如云鲔字颈长也，长舒或即鲔之号，亦未可定。"翁方纲及阮元皆以为此画与沈括《梦溪笔谈》所载《朱鲔墓石室画象》不侔。永清周公即周震荣，赠黄易董其昌《临争座位帖》事，参16-15周震荣致黄易札。《小蓬莱阁金石目》著距白露只有八日歸期不遠將來之金姊畫像極力搜揭不但畫好而多且有朱長舒之墓亦崇清閣上喜贈董文敏之去歲畫奉生悔之除有沈爹非普長亞絕佳得之隋碑歡拓到墳新西門趵祠中此書八分碑字經二寸已擇亞安陽枚撮内城隍廟内

華亭親見此碑覺把書拓致但相工搨石好所把之碑毎拓得若好將來徊碑長芳拓完趙晋齋等未有此碑隻鈎庫鄣刻縣傷其諸如倭回目与

高師吹恵兄此候
少穎名不
黃易頓首

蘆江先生

69—1 黃易致顧文鉷札 上海圖書館藏

录《汉忠烈纪公碑》并碑阴："俱八分书，篆额，长安二年。卢藏用文并书。在荥泽县纪公庙。"华公即华灿，无锡人，时任县丞，参见《（嘉庆）安阳县志》卷三《职官表》。赵魏本年赴京，经过济宁，参17-13赵魏致黄易札。王宗敬《我暇编》"黄小松"条："拣发东河，于乾隆戊戌年（1778）到济宁，由朱豹泉托顾芦汀为之嘘拂。时芦汀寓舍下。"顾文镔"依所亲［即王宗敬］居汶泗之间"，约自乾隆三十六年始，《云林小砚斋诗钞》卷三《怀乡口号十首》其九有"七年济水叹侨居"云云，诗约作于四十二年。武亿《金石一跋》卷四："《北齐比丘道朏造像记》：朱豹泉得此石寄黄小松，琢背为砚，而小松复以遗予。"又，《金石索》石索五《北齐天保造像碑》："王兰泉先生云：此石从沛宁普照寺发土得之，石存而像无考矣，后转徙藏于正定佛寺，朱瀑泉煌得之，以赠黄小松司马作研材，小松又赠偃师武大令虚谷，今所见者拓本也。"朱豹泉即朱瀑泉，名煌，曾与黄易、仇梦岩同在伍佑场，仇梦岩《贻轩集》卷上收《次韵酬朱瀑泉见赠三首》。国家图书馆藏《道朏造像记》拓本，据陆和九录黄易刻跋，砚为乾隆戊申（1788）重制，参见冀亚平、卢芳玉《国家图书馆藏拓中的黄易题跋述略》。

黄　易　69-2

前承借看《泉志》，意欲抄录一部，不识可以稍假岁月否？乞示之。承惠大诗，妙妙，敬谢！无米无屋何以布置？弟正在忙苦之际，愧无绵力，勉奉青蚨两千，可笑可笑。此候日祉。不一。易顿首，芦汀先生。

红铜欲作古色，如前作建初尺相仿，不知用何物为之？然不须积绿色也，乞示知。又及。［辽宁省博物馆］

考：郭丹、张盈袖《〈秋盦书札〉考及相关问题》据《清史稿》卷十九《灾异志五》："［乾隆］五十一年（1786）春，山东各府、州、县大饥，人相食。"又综合黄易此际其他信札，皆提及生活困顿，定此札作于乾隆五十一年或稍晚。是。按，洪遵《泉志》一书成于南宋绍兴十九年。

黄　易　69-3

王新建书、周公瑕单条，实价几何？乞问明示知。其余物非不好，愧无力多购耳，俟尊纪来此取去。闻尚有旧墨书画，再乞取示为荷。此候日祉。不一。易顿首，芦汀先生。［辽宁省博物馆］

考：郭丹、张盈袖据此札所用信笺与69-2相同，推知作于前后。是。顾文铦癖嗜金石，尝手摹《娄寿》《裴岑》二汉碑刻石，曾赠黄易拓本。《小蓬莱阁金石目》："《重刻娄寿碑》，八分书，熹平三年。原石在湖广光化军，今佚。易有明人赵灵均［即赵均］摹本，长洲顾芦汀摹刻。"此拓钱大昕尝于黄易处见之，《潜研堂文集》卷三十二《跋玄儒娄先生碑》云："《娄先生碑》，曩见赵灵均临本于钱唐黄小松郡丞许。"据札，顾氏此时亦为黄易绍介明人王守仁、周天球等人书法，屡有交易。

黄　易　69-4

近来繁与窘皆造其极，以致久疏奉候。昨荷手书，并惠枪头，感谢感谢。荫堂古道，感佩之至，惟愿早得枝栖为妙，如果归去亦妙。总之事有定数，非人力能强也。张文敏书，乞示一观。弟明日赴南阳，十五六间偷暇邀先生来此一谈。弟已得《唐拓武梁祠象》，不可不见也。此候日祉。不一。黄易顿首。［辽宁省博物馆］

考：此札无上款，郭丹、张盈袖考为致顾文铦者。以札言已得《唐搨武梁祠象》，又言有南阳之行，当作于乾隆五十六年（1791）正月至中秋以前。盖《唐搨武梁祠象》得于本年正月，又济南文物商店藏黄易《蓬窗雅集图》作于南阳，时在八月十六日。是。按，荫堂即张玉树，乾隆五十五至五十八年任云南临安府知府，参《（嘉庆）临安府志》卷十一《秩官》。此际顾文铦或计划从张玉树得一馆席，黄易以为即不成，回故乡苏州亦为善计。顾氏寓居济宁，贫病交加，《云林小砚斋诗钞》盛百二乾隆四十一年序有云："长洲顾子芦汀侨居任城河干之弯槐树，与予居相近也，而素不知。惟闻芦汀善赏鉴，凡有古器书画者，必就正之。……近岁依所亲居汶泗之间，贫与病交攻，悠然境遇之外，不以动其心。"卷三《蓝瘦竹嘉瑄过访询及近况，诗以答之》亦云："比来贫病两相兼，好月当窗不卷帘。……仅存厨内书兼画，典尽闺中素与缣。"

黄　易　69-5

前接手书，知近状之难，深为扼腕。至王介兄本属武人，勉强亲文，其薄情之□不足言也。弟自去冬一病几殆，幸服参苓，半载而愈，然劳瘵已久，衰相愈增，今春今夏两次病危，几乎长别，此日体中似健，然精力远不如前，凡刻印、作画竟不能办。且自龚爽堂仙后，弟又调补原缺，忙不可言。甚思早遂初服，得与诸君子文酒留连，以养余年，岂不大快，然一身是累，近日河官更苦，日在愁城，日□不遑，宁暇买山哉？终日奔忙，偷暇未尝不赏碑读画，然而兴致大减矣。兹闻有陈贯霄先生精于篆刻，乃下问拙作，何敢匿丑，谨以弟刻自用之印印出一册请正，乞寄之。《汉印谱》及诸拓本俟陆续再寄。原邓州严公凌霄之三世兄名清垣，乃敝门人也，投效河工，不日来此，嘱其至先生一问，大泉五十范及先子书砚如可价得，托其代购，望先生玉成之，弟固无力，严兄亦非宽裕，若索多值则不能成也。专此，顺候近祉。不备。学弟黄易顿首，芦汀先生。十月十五日具。

弟本有武平、天统及开皇、仁寿、大象等造像，近日又得大同造像，内□乐卧汉灯一种，如此而已。《衡方碑》竟有碑阴，此大快事也。扇面已有三百余面，四王之画已有，甚思汪退谷、姜西溟、查初白等人一幅，不可得耳。[北京艺术博物馆]

考：黄易发现《衡方碑阴》在嘉庆四年（1799）十月，参见《得碑十二图·贺碑图》题识。龚爽堂即龚士烓，嘉庆三年六月任运河同知，次年卒于任上。嘉庆四年十一月二十七日，大学士暂署吏部尚书户部三库事务正蓝旗满洲都统庆桂题覆："应如河东河道总督吴璥所请，兖州府运河同知龚士烓病故遗缺，准以熟悉河务办事详慎之同知借补兖州府捕河通判黄易调署。"见《内阁大库档案》（登录号：000597-001）。札言"自龚爽堂仙后，弟又调补原缺，忙不可言"，当作于本年十月十五日。据札，黄易自嘉庆三年冬日罹病，本年春夏间两次病危。陈贯霄名仲飞，彭蕴章《松风阁诗钞》卷三《陈仲飞贯霄索题所镌印谱》："吴钩切玉龙虎章，谁其著者陈与张（友樵）。张生采药从岐黄，陈生独立追浑茫，奇文盘挐森剑光。铮铮直上斯冰堂，鸿毛蚕丝屈曲详。一发满控千钧强，五丁凿山通夜郎。离娄抉眦穷毫芒，行间瑟瑟飞秋霜。如君一技终擅场，吾侪还羞锥处囊。呜呼君技今莫方，三桥雪渔古颉颃。"黄易晚岁大搜扇面，此际托顾文铉为留心汪士铉、姜宸英及查慎行书扇。门人吴县严清垣将投效河工，黄托其代购大泉五十范并其父黄树穀书砚。清垣之父凌霄，监生，历任灵宝、武陟、信阳诸县。王介兄，或为王介亭。

70　蒋　仁　【1封】

蒋仁字山堂，号吉罗居士。浙江仁和人。原名泰，字阶明，后得古铜印有蒋仁字，遂易今名。布衣终身，罕与世接。工篆刻，尤善书法。诗亦洒然，无一俗语，孤冷之气见于眉间。参见《两浙輶轩录》卷三十四。

蒋　仁 70-1

与足下别匆匆十载，中间时得消息于陈君二西，然足下割程取李之八分、入汉出秦之篆刻，旧雨中优钵昙华，安能一日忘足下乎？仁频年授经广陵顾氏，近顽夫归道山，其子幼，亲友驵侩猥薄，不欲伍绛灌，归家两月余矣。危楼破屋，釜可游鱼。苏季子无负郭田，颜平原有《乞米帖》，而琴言酒座，湖舫山程，意气十倍曩昔。头颅四十，白发盈梳，牛马任呼，万念灰烬，何暇复与裙裾少年争汝南月旦哉？足下爱我，哂之乎，抑怜之也？承篆"罨画溪山"小印，妙甚；又"冲寂观"印，为奴子凿坏，前年托二西寄上，倘拨冗不靳另篆，何幸如之。春渚先生北上，顺问政履，余惟珍重。不既。九月十六日雨中，仁顿首，小松先生足下。

尊处印色佳极，肯寄惠些微否？当以他物奉报。来帖数种谨护箧中，待他年昼锦归来，面纳何如？暇日望八分书《金人铭》小立轴寄赠。仁年来自署其室曰"磨兜坚室"也。又及。

钤"仁"。[《西泠八家の书画篆刻》]

考：据"与足下别匆匆十载"，此札很可能作于乾隆四十九年（1784）九月十六日。乾隆四十年黄易前往南宫前，蒋仁尝为刻"小蓬莱"朱文印，边款云："小蓬莱在雷峰塔东，稚川招隐地，则贞父黄公读书寓林其地也，公六世孙小松属篆，并录公诗于右。乾隆乙未（1775）二月朔，□山民蒋仁。"次年春日，黄易自南宫寄赠"罨画溪山院长"一印。1780年起，蒋仁往来扬州，主顾廉家，很可能本年顾廉去世，蒋仁七月自扬州归杭，九月乃有此札。札言"头颅四十"，本年蒋仁四十二，当为概称。此札托何琪带呈，据知何琪此际曾赴山东。磨兜坚室，约使用于乾隆辛丑（1781）以后，如"吉祥止止"（1781）、"扬州顾廉"（1782）、"无越思斋"（1783）边款皆署磨兜坚室。

70—1
黄易篆刻"罨画溪山院长"
收入《篆刻全集》第四册

71 沈升峤 【1封】

沈升峤字方李，一字舫蠡，号辛斋。浙江归安籍南浔人。乾隆三十六年举人，任城书院山长、候补知县。参见《（道光）济宁直隶州志》卷末《志原》。

沈升峤 71-1

别来已几匝月，想工次一切备极劳神，伏维起居珍玉。弟于月之三日始得上船，缘家兄又有札来，嘱弟暂为等候一两日，大约明日总得成行矣。别绪匆匆，惟祝睢工如期堵合，旌斾即日旋济。弟于花朝前后亦便东来，藉图快叙，实深颙祷。率此奉别，并候屦安。顺附到玉虹主人书一函，希检收。余不一。小松九兄执事，升峤顿首。龚、傅二少尹即此道念，不另启。冬至月四日，天井闸舟次灯下。[《黄小松友朋书札》第七册]

考：札作于乾隆四十九年（1784）十一月四日。本年八月，豫省睢工漫口，至十一月开放引河后，黄河水头于初十日入江南境，自十七日合龙，丰、铜一带水势加长，大溜畅行。参《清高宗实录》本年八月、十一月条。黄易时在睢工。"茧园老人"边款云："乾隆甲辰（1784）九月，睢州行馆刻寄茧园老伯大人正。钱唐黄易。"玉虹主人即孔继涑。天井闸在济宁。

72 　　王　增　　【3封】

王增字方川，浙江会稽人，乾隆三十六年恩科会试榜眼，任编修，五十年任湖南新田知县，五十二年任怀庆府粮捕水利通判。

王　增 72-1

钦仰久矣，未敢冒昧致言，而爱慕铁笔之情，莫能自已。因托知好转求，蒙赐二方，捧观惊喜，重兹教言，弥自愧俗陋之见，不先专函拜求，乃高怀旷度，不以为罪，反承奖借，冲挹异常，不胜悚厌。近以贤劳鲜暇，明岁尚有无厌之求也。弟笔墨久荒，深惭不称耳。终朝馆局，竭蹶时形，无以自致于雅人之前，幸曲谅也。草此奉谢，顺请近佳。不具。小松先生师事，弟王增顿首。[《黄小松友朋书札》第四册]

考：王增于乾隆三十六年（1771）举进士，授编修，五十年五月任湖南永州府新田知县，参见《清代官员履历档案全编》第21册。据"终朝馆局"，知此札当作于乾隆五十年以前。

王　增 72-2

二十日，愚弟王增顿首，上书小松九兄大人座下。数月未经肃候，想道履吉绥，无任企仰。弟以奉调入闱监试，素餐一月，撤棘后冀可请咨。又以祥任核减四百余羁迟，萧条旅况，典质一空，不堪为知己告。所谕《东坡生日诗》，稿本在家，回时写呈斧正。有山东各信，罕遇便人，惟兄处寄去为便，恳乞加封付去，此殆洪乔所不屑为者，以渎吾兄，自知负疚深，恃知爱有素，不我督过也。虚谷一信并呈。草此奉问近佳，临书驰结。增再拜。

钤"增印""方川""安心是药"。[《黄小松友朋书札》第八册]

考：乾隆五十二年（1787），王增升署怀庆府粮捕水利通判。次年秋日，奉调监顺天乡试，徐书受《教经堂诗集》卷十一（戊申）收《题王方川闱中食蟹歌长卷后（时方川为内监试）》，知本札作于五十三年九月二十日。所云请咨诸事俟考。

王 增 72-3

廿三日，愚弟王增顿首，上小松九兄大人座下。弟不才，以滥差酿命被劾，幸无余事，得以脱然，益以笔墨自娱。细思不由篆隶中过，终属外道，此时加功已迟，略得一分，亦可免俗。吾兄收藏甚富，倘插架所余，或检付数种可为根本者，又六书书如《隶释》《说文系传》等，吾兄多有之，或可见惠，更感无既。又需两图章，非巨手不可，曰"拙"、曰"慵"，每方一字，圆亦可。草此附问近佳。不既。增再拜。

钤"方川"，书"如此大足矣"。[《黄小松友朋书札》第七册]

考：据《内阁大库档案》，乾隆五十六年（1791）九月八日吏部移会稽察房，河南巡抚穆和蔺奏："河内县民人许敦济与许百朋争占墙基，赴分防清化镇通判衙门控告，经通判王增滥差酿命，请旨革职。"（登录号：095816-001）札当作于王增罢官以后。

73　　孔继涑　　【8封】

孔继涑字葭谷，号谷园，孔子六十九代孙。世居山东曲阜。乾隆戊子举于乡，家居养母。兄孔继汾著书案发，前后为出赀一万七千金捐赎。幼聘张照女，张照书名海内，能得其笔法，中年进而学苏黄学米，晚更学欧虞颜。性嗜古人墨迹碑版，鉴别精审，所刻《玉虹楼帖》《鉴真帖》《摹古帖》《国朝名人法书》《张文敏瀛海仙班帖》并行于世。参见梁同书《频罗庵遗集》卷九《谷园孔君家传》。

孔继涑 73-1

六月二日，接五月七日示函，不谓九十里之隔通札之难如此。计文旌此日当由豫旋济耶？《伏波祠诗》实黄书至佳，昔孙退谷评《松风阁帖》在《阴真君》之上，墨迹刻《三希堂官帖》内，向曾重摹。《官帖》收涪州甚富，敝斋所刻黄帖半出其中，惟《送四十九侄诗》以字大不能入帙，现又钩勒在《伏波诗》后，再数日可竣也，竣则先呈搨本。张于湖书曾见《金刚经》三部，又内府不全经数十册，又大字二卷，虽师承南宫，却别开生面，最以逸趣胜，又与吴云壑不同。山谷有《夷齐庙碑》，另为一派，闻说碑石在山左，不能记其县名，老先生交游至广，能为弟访得一拓，则拜德良多矣。所委研村张司马索联，谨奉上，但不得佳，奈何奈何。天瓶《临祭侄文》因刻手少，未能限期而勒，尚需羁留时日，然专爱护，无烦厪怀。外附摹古黄帖二卷，若已见过，则留在斋头为酬应之用可也。拙性最爱山谷，数年来略得其百一，至于［按，"至于"点去］其他嗜古之心未尝不盛，奈无所成就何？无由面谈，拈笔刺刺不休，不觉累纸，可笑可笑。顺候台履，临楮驰企。不宣。小松世老先生侍史，世弟孔继涑顿首。六月三日具。

钤"孔继涑印"。[《明清名人尺牍墨宝》第二集卷五]

考：札中提及摹勒刊刻黄庭坚、张孝祥诸宋人帖及张照《临祭侄文稿》（底本为黄易提供）等，并祈黄易为访黄庭坚《夷齐庙碑》。孔继涑又应黄易之请，为张爱鼎书联对。张爱鼎任开封下南河同知在乾隆五十年（1785），黄易与之同僚，此札很可能作于本年六月三日。

黄　易 73-2

端节前接荷复函，蒙赐法书七纸、《梅花赋》拓本，感谢无似。侄旋随节豫中，三四月来，黄流骄目，笔札纠纷，以致久疏具候。嗣见《邸抄》，知十老伯之事已荷圣恩宽准，定可及早归来，足慰棣华之爱。惟缴项过多，真非易办，又可念也。前面言之《郁冈斋帖》，内中苏书《九辨》最精，《万岁通天帖》刻手尚好，老伯曾云借看，是以向商虞朱别驾处借来，今特送阅。别驾名文照，号逊堂，欲求法翰单条一幅，不知可否？《郁冈斋帖》内如有可摹采者，且存尊处，徐徐再返可耳。近日有新刻之帖否，神往神往。侄日内兼署泉河，拟于月半前后查泉，往来便可再图领训。惟此日署中尚难分身，莫必也。谨此，顺请近安，临笺驰溯。不既。谷园老伯大人，世愚侄黄易顿首。

　　钤"小松"。[《故宫藏黄易尺牍研究·手迹》]

考：朱琪考本札作于乾隆五十一年（1786）端午前后。按，黄易端节前接孔继涑札，旋即"随节豫中"三四个月，作札当在八九月间。本年八月黄易自河南办差回济，自《邸抄》得知孔继汾（即十老伯）已获宽准。继汾因《孔氏家仪》一书有违碍内容为族人告发，拟充军，经其子广森捐纳赎锾，本年获宥，然八月六日，客死杭州梁同书家，黄易尚不知情。归德府商虞通判朱文照，时革职留南河河工效力，《清实录》乾隆五十二年十月："革职留工效用通判朱文照在工效力已将二年，颇知奋勉，请俟明年大汛后，如勤慎无过，即奏请录用。"据《（嘉庆）东昌府志》卷十五《职官一》，朱文照，江苏太湖厅监生，乾隆五十五年任管河通判。据札，黄易从朱处借得王肯堂《郁冈斋帖》供孔继涑选摹上石，因为朱求条幅一件。

孔继涑 73-3

顷接手书，如亲光霁，顿慰驰忱。并悉升任卫河通守，仍留节署辅理一切，欣忭无似。素稔长才理剧，上游引重，伫见荣祺懋介，骏业日新，今日莺迁，特发轫之始耳。侄森长途三月有余，感冒暑湿深重，疟痢并作，刻下虽已调治渐痊，但元气大衰，只宜静摄，而河南之信至今杳然。倘毕制军处必须再亲自谒

須接
手書如親
光霽頓慰馳悅至忱
陞任衛河通守仍留節署輔理一切欣忭無似素檢
長才理割 上游引重佇見
榮祺懋介駿業日新令日鶯遷特發戟之始耳
長途三月有餘感冒暑濕深重瘧痢迭作剋下雖
已調治漸瘥但元氣大衰袒宜靜攝而河南之信
至今杳然備單剌軍裝必須再覿自謂見則
久病之餘何堪復車馬勞頓耶以此日來心緒頻
悶殊不堪為
知已告也永清 周公帖價銀已如數領到現在鶴
工之人故舊刻數種外附益者無幾謹呈鍾帖一
卷即拳古帖之首也又天䰟跋澤州園池四首
皆近來所辦唐宋元明雜帖一卷再送全部外
尊古第二取 三希內之曹娥續刻得二跋正文完畢
蒙帖一卷甫得一張名附上以觀其大略

來銀所取照單寄上云為轉交是荷 張司馬
喬梓既係貴相知自非世俗之比但弟僻處
多年少所聞見竟不能遍其袱里行誼除
有便郵希再
賜一詳示如何便旋再復藉候
榮禧臨緘馳切
小松世老先生
          世弟禫孔繼涑頓首
          八月十三日

见，则久病之余，何堪复车马劳顿耶？以此日来心绪烦闷，殊不堪为知己告也。永清周公帖价银已如数领到，现在镌工乏人，故旧刻数种外附益者无几，谨呈《锺帖》一卷，即《摹古帖》之首也。又天瓶《临洋州园池廿四首》皆迩来所办，《唐宋元明杂帖》一卷再送全部，此外《摹古》第二取《三希》内之《曹娥》，才刻得三跋，正文未完。汇《蔡帖》一卷，甫得一张，各附上以观其大略。来银所取，照单寄上，乞为转交是荷。张司马乔梓既系贵相知，自非世俗之比，但弟僻处多年，少所闻见，竟不能道其族里行谊，际有便邮，希再赐一详示如何？使旋肃复，藉候荣禧，临缄驰切。小松世老先生，世弟禫孔继涑顿首。八月十三日。冲。[《小蓬莱阁同人往来信札》第二册]

考：札作于乾隆五十一年（1786）八月十三日，时黄易升卫河通判，仍在河帅幕中。时孔初除母丧，因署"禫"。张司马乔梓，即张爱鼎父子。据73-5，本年秋月黄易受爱鼎委托，求孔为书其父张符升墓志铭，相关求恳亦参73-4。本札提及永清令周震荣购买刻帖八种，参16-18周震荣致黄易札。所言侄森即孔继汾子孔广森，号㧑约。乾隆三十六年进士，选翰林院庶吉士，散馆授编修，嗣告养归乡。以父所著书为族人评讼，将西戍塞外，因扶病走江淮、河洛间，称贷四方，纳赎锾，父因之获宥。孔继汾本年八月六日客死杭州，孔继涑尚不知情。嗣后广森亦卒，年仅三十五。札言"毕制军处必须再亲自谒见"，谒见湖广总督毕沅，当为纳锾事。

黄　易 73-4

前于卫辉兑漕之际，草草率具寸函，谅经台照。昨随河帅返济，见辛斋先生，知前求张司马尊人之传，称呼未协，种种率略，此皆侄俗事倥偬之际，料理未妥之故，惶愧已极。侄因张氏父子交情莫逆，其平日仰慕最诚，专使至侄处，嘱其如何恳求，侄因其葬期已迫，不能再迟，所有刻石式样一切，难以往返问询，因毅然代其酌定，竟照云南李中丞一传，求大书以垂久远。今知其称呼而写衔实在不妥，书撰皆以人重，何在头衔称呼？即李中丞传内亦无衔称也。敬求老伯大人俯鉴寸忱，慨赐一书，不独张氏存殁均感，侄尤叨至爱非浅。惟当府第多事之时，又值岁暮，为此不情之请，蒙老伯推念小侄，曲为允从，实切感激之至也。张君信来，云另为泥首奉谢。诸托辛斋先生代述，伏希原鉴。辉约太史竟至于此，闻讣之余，不胜怆痛。侄羁留节署，不能亲吊，谨具薄奠于十老伯乔梓之灵，伏祈原照。侄此时不即赴豫，仍在济宁，常可寄达尺素也。昨在毕中丞处见蔡君谟《诗稿》，即老伯重摹《秋碧》之原迹，神光烜赫，致为幸快。后有元人十数跋未经刻石者，顺以奉闻。署内纷沓之时，草率奉书，幸恕不恭。专此，敬请近安。不备。世愚侄黄易顿首，葭谷老伯大人。初五日灯下。

钤"金石交"。[《故宫藏黄易尺牍研究·手迹》]

考：朱琪据张符升逝于乾隆五十一年（1786），考此札作于本年十二月初五日。辛斋先生即沈升峤。是。按，本年八月孔继汾卒后，孔广森哀毁过度，亦卒。故札有"辉约[按，与拗约音谐]太史竟至于此，闻讣之余，不胜惋痛"之语。沈升峤时为任城书院长。张符升去世后，友人苏去疾为作墓志，嗣张爱鼎托黄易倩孔氏书丹。

黄 易 73-5

役回，接荷老伯大人复函，敬知张柳州之传已蒙慨许书写，感激之至，易当转告张氏，另为图报，其刻资四十金复承寄回。当此岁忙，又届启行之时，扰渎实所不便，敬候书写，至日即在济宁上石。但易因河帅有入觐之事，易于二十内恐防起身，如书就幸即示知，当专人走领，未敢专人即往也。苏太史知系吴人，未知其县，今已往询，恐不及待，或不必用地名，只写其名。至于葬期，今已问来，伏求于文内添写，不拘几字皆可。济宁石工平常，略具字意而已，倘曲阜外边有可觅之工，更妙，伏求指示。如万分无法，只可济宁觅矣。易于七月接张君委托，其时即经具函奉求，不料此数月内人事变迁一至于此。易承朋友之托，实无可诿卸，幸蒙老伯俯听，于百忙中允书，感佩宁有既耶！匆匆，奉候台安，统惟涵照。不一。世愚侄黄易顿首，葭谷老伯大人。[《故宫藏黄易尺牍研究·手迹》]

考：朱琪据札中有"当此岁忙"之语，推知此札作于乾隆五十一年（1786）岁末。是。按，此札承73-4，此际兰第锡将入觐，黄易为备贡件将至直隶。参85-1黄易致邱学敏札。2-17黄易乾隆五十二年致陈灿札亦云："弟客岁夏秋在豫，值河防异常危险，竭蹶不遑，冬间又赴直隶，春正始返。"苏太史即苏去疾，字献之，江南常熟人。乾隆癸未（1763）进士，由庶吉士改刑部主事，出为知州。与世龃龉，遂谢归。参见《（道光）苏州府志》卷一百二《人物·文苑七》。

孔继涑 73-6

久未修函奉候，每深企念。比稔道履佳胜，为慰。前承示天瓶二文稿、八札，皆具有天趣，精神远出《临苏黄卷》之上，现在入石，才竣得《楞严正脉序》一段，先寄拓本呈政，俟全完，同题跋稿册子齐奉缴。《群玉堂帖》暨《成趣园记》俱于六月内方能全毕工，宝墨归赵匪遥矣。惟选帖须秋末乃能奉还耳。肃此，藉州役之便，顺候日安，临楮驰溯。不宣。小松世老先生，同学弟涑顿首。闰月廿一日。冲。

昨从武林觅得《方圆庵记》，真乃无用之物，盖真帖久亡，好事者赝作，且已漫漶矣。又及。

钤"曲阜孔继涑印"。[《明清名人尺牍墨宝》第二集卷五]

考：据"闰月"，当作于乾隆五十一年（1786）闰七月或乾隆五十四年闰五月，又据"久未修函"，当以后者为是。札中提及正在刊刻张照书帖、《群玉堂帖》及祝允明《成趣园记》，底本皆黄易所提供。

孔继涑 73-7

伻来，捧读翰简，欣悉世老先生福履绥嘉，为慰。家刻得借名书，以光卷帙，何乃翻云谢耶。弟俗冗碌碌，毫无善状，漕帅所言毋乃太过实矣。至于生子之望，已无其心，虽置诸姬，不过娱老以毕余年耳。老先生庭前玉树森森，官况浓蔚，真所谓富贵神仙，仰望之间，何啻相悬霄壤耶。承谕各种帖，另单呈览。昨见龚楚兄所收香光书《赠广陵妓王脩微诗词》一卷，笔法墨法俱见，因借摹刻，□门行后，谨寄拓本。又世泽堂家刻临董《别赋》，昨始刻完，亦奉上一拓（入《瀛海仙班》部中者）。肃此奉复，有客在坐，冗中草草，幸恕不恭。小松世老先生，世弟孔继涑顿首。

钤"谷园""出入大吉""谷园孔继涑""玉虹楼"。[《明清名人尺牍墨宝》第二集卷五]

考：漕帅当指漕运总督管幹珍，乾隆五十四年（1789）六月接任。札当作于此后。管与黄亦相熟，参见81-2洪亮吉致黄易札。"家刻得借名书"云云，当即73-6提及的黄易所借各种法书底本。龚楚兄即龚烈，所藏董书此际亦为孔继涑借以入刻。董其昌所书江淹《别赋》，今藏清华大学博物馆，孔继涑刻入《瀛海仙班帖》者，乃张照临本。

孔继涑 73-8

捧诵函示，意兴甚佳，想尊恙已全愈耶，但不知是肺气上升耶，抑喉间有疮耶？若喉间有疮，弟向得一方，平淡无奇，颇验而又能不再发，谨录呈备用，且可传人以济众。发来《天瓶诗稿》十三纸如数收到，当斟酌妥装。委补前幅自当遵教，但就管见，竟非真笔。天瓶运苏米法极雄奇，而总有一段静气，故成一代名家。向闻七律有《生老病死》四偈，或即《大归》四律耶？不知何为《折臂》五古，在昔甲子春曾坠马，折右臂，蒙古医治甚苦，或即述此耶？七古底稿不知有若干首，此间只有《题画诗》一卷，比来稿将及倍之。昨较对亦有不尽同处，如《题蒋虞山杂花诗六首》，内府《天瓶斋帖》刻本较原稿颇有改句。古来为现在臣子刻帖者甚少，钦定十册刻藏天府，真千载盛事，惜乎办得极不佳，徒有其名耳。至于己亥年所刻之八柱兰亭，又在向时所办之下矣。帖跋中有金坛述"上论文敏"一段，甚奇，不知曾见未？谨录寄一阅。舍亲寄来前大册，可分为三本，内有黄白二小幅，大小与竹纸本同，拟移入之，共为一册，此十三种亦可自成一册，内中择其可镌者比《沛上人寿序》之例勒成一帖，则传于永久。弟于先哲遗迹必极敬重护持，而从不夺人所好，不但云烟只可过眼，且人品所关，交友而信，非细事也。来联一句［此处缺页］杉枋极承照拂，兹特遣车领取，并申谢悃。使旋，藉候近安，临楮草率，惟恕不恭。上小松世老先生，世同学弟孔继涑顿首。六月七日。冲。

钤"玉虹楼"。［故宫博物院］

考：孔继涑幼聘张照之女，书法亦颇肖。黄易以所得张照诗稿倩孔氏补书、装潢，孔氏回札以为诗稿非张照的笔，并承诺择黄易所收张照大册之尤者刻入《玉虹堂帖》。乾隆二十二年（1757）张照所书《钦定天瓶斋法帖》十卷奉旨模勒上石，首三卷皆奉敕书及恭录御制诗文，四卷至八卷恭刻御笔墨兰并御题一则，及杂临各帖，九、十两卷则其自书。然孔继涑札中对此帖之摹勒刊刻极不满意。信末"杉枋极承照拂"云云，当为孔氏自江南所购者，已自运河运至济宁。札有缺页，信息难周，当作于乾隆五十六年孔氏去世之前，具体时间待考。

74　　严长明　　【4封】

严长明字冬友，一字道甫，江南江宁人。乾隆二十七年以献赋召试，赐举人，内阁中书，入军机办事。是时军机有数大案赖长明在直任其劳，获成议。擢侍读，连遭丧归，遂不复仕。乾隆三十八年应毕沅之邀，出游秦楚、大梁，乾隆五十二年卒于合肥书院。参见《（嘉庆）重刊江宁府志》卷四十《人物七》。

严长明 74-1

接奉手缄，旷若覆面，蒙寄《朱鲔石室画象》，知向同人中转求以示者，先生好古，洵不可得，兼以好事，尤今人所难也，感谢感谢。《王稚子阙》奉上，适有人去江宁，即将尊札及所直付去，并令索其手书来也。此间频岁不登，今年被旱地方更广，幸六月初三、初五两日河南北并获甘霖，大田俱已布种，此后少有暇刻，仍将料量故业。中州金石自黄玉圃先生书外，倘有见闻，祈开目录见示。关中有好拓手，八月间当令其来汴，如有所需，尽可拓取奉寄也。《金石记》前已向关内友人索取，刻下尚无以应命，皇愧皇愧。日来气候炎歊，诸惟珍玉。匆次布复，并致谢忱。临楮依溯。不具。弟严长明顿首，上小松老先生侍史。六月十四日。冲。

钤"道甫问讯"。[《黄小松友朋书札》第六册]

考：《小蓬莱阁金石文字》收《王稚子二阙》，黄易跋云："越八年乙巳（1785）之夏，严侍读道甫为易作缘，遂归小蓬莱阁。"此札言奉上《王稚子阙》，当作于乾隆五十年（1785）六月十四日。武亿《授堂金石文字续跋》卷一《王稚子阙》："黄小松所藏旧拓本，字尚显存，惟线字损剥。"当即此本。黄叔璥字玉圃，顺天大兴人，康熙四十八年（1709）进士，著《中州金石考》八卷，刊行于乾隆六年。《金石记》当即毕沅所主持的《关中金石记》，乾隆四十七年刊行。严长明时在毕沅幕府。

严长明 74-2

于秋塍处接奉手缄，旷若覆面，并承寄示《魏元丕》《范巨卿》二碑，以资眼福，何幸如之。《巨卿碑》曾见于朱思堂太守处，为友人聂剑光携来者，今已十三载矣。未知老友存没，幸祈咨访消息见示。今太守史君，弟旧好也，当思所以存问之者。寄示碑目一本，蒐采宏富，多平生所未见者，物聚于所好，信然。至关中所有汉碑未著于录者别开目录呈览，赵晋斋在彼，无难购觅也（暂存一两日，即觅便寄上）。再泰山石刻有七，原石亡于乾隆庚午，沈君凡民曾以两本见惠，纸墨精好，为王虚舟先生故物，当分其一以冠翠墨之首。刻下有人南归，中秋前后可取到矣。来人正剧，又以体中小极，率此布候近祺，临楮依溯。不具。弟长明顿首，小松先生足下。七月望日。冲。

钤"终岁不夜四时长华"。[《黄小松友朋书札》第十三册]

考：乾隆五十年（1785）秋，毕沅及其幕友在中州节署观黄易藏《宋拓魏元丕碑》及《宋拓范式碑》，前者毕沅等题："《汉魏元丕碑》，光和四年立，久佚不存，小松司马有其打本，可与鸿都残字同为传世之宝。乾隆乙巳（1785）七月望前一日，抚豫使者镇洋毕沅观。""乾隆乙巳秋七月，江宁严长明道甫、阳湖洪亮吉稚存、孙星衍渊如、秀水王复秋塍同观于大梁节署。"后者亦有毕沅等人观款："乾隆乙巳秋七月，予与严侍读道甫、洪孝廉稚存、孙明经渊如、王参军秋塍同观于大梁节署，因跋其末。灵岩山人毕沅。"严长明跋云："是册癸巳岁获观于泰安守朱思堂座上，摩挲竟日，未及借临，今十三载矣，复为秋景庵主人所得，圭璋之色，干莫之光，尚宛然也。年来衰病侵寻，万事不挂心眼，独于此碑玩索不能释手，信乎古物之移人也。时乙巳秋七月望日，江宁严长明道甫。"此札当作于本年七月十五日。朱思堂即朱孝纯，乾隆三十九年任泰安知府，撰《泰山图志》《泰山金石记》。聂剑光即聂鈫，泰安人，著《泰山道里记》一卷，《四库存目提要》云："前有自序，称生长泰山下，少为府胥，性嗜山水，每攀幽跻险，探稽往躅，因读刘其旋《泰山纪略》、成城《泰山胜概》，其中有一地两称，或名同地异，岩谷深阻，题刻为苔藓所蔽者，间遗而未录，近乃架梯刮磨垢蚀而求之，虽风雨寒暑弗惮其劳，又质之野老，参考群书，竭半生精力，汇成一编，提挈道里，为纲领，分之为五，合之为一，曰《泰山道里记》。末有其从孙学文跋，称其搜讨金石之文，阅二十余年，凡诸纪载所未详者，如石经峪刻《金刚经》，据徂徕刻石，辨为北齐王冠军书，唐《纪泰山铭》

下截剥落，叶彬补书百八字，宋《述功德铭》，唐勒岱巅镵毁原碑，字犹存，介丘岩分水溪及古明堂均失核蓄疑。又肃然山奉高城季札子墓，与白骡冢俱误指其地，汶泮三溪诸水皆牵混源流，岱背琨瑞、灵岩诸山因隶他县而未录，并逐加考验，辨讹补阙。盖以土居之人，竭平生之力以考一山之迹，自与传闻者异矣。"黄易所藏《灵台》《朱龟》《谯敏》诸宋拓，皆聂氏旧物。"今太守史君"当即史传远，《内阁大库档案》乾隆五十年七月四日吏部移会稽察房奉上谕："山东泰安府知府员缺，着史传远补授。"（登录号：090679-001）沈凡民即沈凤，江阴人，监生，任安徽徽州府同知，七摄县篆，善八分书，工画山水，尤工篆刻，古丽精峭。著有《谦斋印谱》，金坛王澍序之。参见《（道光）江阴县志》卷十八《人物·艺术》。沈凤所惠《泰山石刻》即王澍（虚舟）故物，《小蓬莱阁金石目》："泰山残石：篆书，右秦二世诏二十九字。原石在山东泰安府岱顶，今佚，易有王给谏虚舟手搨本。"

严长明 74-3

前信发后尚有暇刻，因将碑目略为校勘付去，中有数种弟所未得，大率非原石在尊斋即在济宁者，另单呈上，幸祈陆续惠寄，则百朋之锡不是过矣。附候日安。不一。弟长明再顿首。

钤"道甫"。

《汉中太守鄐君开石门道碑》（永平六年，八分书），在褒城县石门内（此种甚奇且伟）；《仙人唐公房碑》（无年月，八分书，有阴剥落），在城固县升仙里；《魏荡寇将军李苞题名》（景元四年，八分书），在石门潘宗洛题名后（完好）。

[《黄小松友朋书札》第十三册]

考：与74-2作于同时，亦在乾隆五十年（1785）七月十五日。魏景元四年荡寇将军李苞题字之后，有晋太始六年潘宗伯韩仲元题字。康锐《国图藏严长明致黄易三札系年》以"潘宗洛"为"潘宗伯"之笔误，是。

严长明 74-4

两月不面，驰溯方深，忽奉手书，如亲晤语，并蒙惠示金刻种种，所谓饥十日得太牢，感谢感谢。《泰山石刻》秋间已取到，藉使呈上，上面之印，乃元安西王玉押（纽上有字），虚舟先生尝以印书画帧首，今已入大内矣。日来颇形碌碌，兼以目疾，生意索然。来岁中丞接驾正定时，拟为嵩洛之游，登封石阙其时庶可拓取。至今县令曾经札致，复云：查志，有启母庙，尚存未阙，盖误以石阙为残缺之缺也，无从说起也。河台入都，大兄偕往与否？幸乞示知。日者春回缇室，藉使奉贺节禧，并缴谦称。临楮依溯。不具。弟严长明顿首，上小松大兄老先生石契。十一月十六日。冲。

稚存已南归，孙亦即赴西安矣。又及。

钤"道甫问讯""长庆老郎"。[《黄小松友朋书札》第六册]

考：札作于乾隆五十年（1785）十一月十六日。本年二月，毕沅调河南巡抚，严长明、洪亮吉、孙星衍皆在中州，此际洪已南归，孙则赴西安。严长明赠黄易《泰山石刻》拓本，乃王澍手拓本，参74-2。据札，严长明计划次年乾隆巡幸五台、毕沅前往正定接驾时，可得暇作嵩洛之游。《清高宗实录》"乾隆五十一年二月十一日"条："上谕：据毕沅奏请前赴行在接驾一折，朕此次巡幸五台，回銮经由正定。该处与中州境壤毗连，毕沅请俟旋跸时趋赴行在，往返固属不远，但豫省卫辉一带上年被旱较重，归德、陈州等处又有应办展赈事务，且该省入春以后，尚未得沾雨雪，朕心正切悬注，毕沅自当在豫省督率抚绥，虔求雨泽，何必拘例前赴行在。将此传谕知之。"又史善长《弇山毕公年谱》"乾隆五十一年"条："三月，趋赴正定行在迎銮，蒙恩赏穿黄马褂，并赐御制诗一章，公奏谢，敬和恭进。夏四月，诣登封，报谢嵩岳。"札中提及"河台入都"，当为本年新任之罗焕，沈启震时守制回籍。

75　　姚　鼐　　【1封】

姚鼐字姬传，安徽桐城人，刑部尚书姚文然玄孙。乾隆二十八年进士，选庶吉士，改礼部主事。历充山东、湖南乡试考官，会试同考官，所得多知名士。四库馆开，充纂修官。书成，以御史记名，乞养归。沉敏博达，于学无所不窥，善古文词。乾嘉中学者多尊汉人训诂而卑视宋学，独鼐卓识冠世，折衷论断，一归于和平粹然。参见《清史稿》本传、《（道光）续修桐城县志》卷十五《人物志·儒林》。

姚　鼐 75-1

自往昔扬子江舟中得与贤兄弟瞻对，倏忽几三十年，中间辱赐手书、刻印及汉碑拓本俱至，欣荷无已，欲以一函奉报，而不得详晓游寓，茫然四海。鼐自抱疾江津，亦已十载矣。交游零落殆尽，追想贤兄，邈隔千古，人生如梦，良可叹慨。而即今如吾二哥辈莫不暌隔，消息稀少，寂寂独居，略如穷谷病僧与木石为伍耳。昨家春溪叔自河上回，偶言及二哥，乃知近仕豫中，并得佳好之况甚详，为之快慰。顾念二哥博闻耽古，目中罕见，岂与今世上车不落者较其优劣，而反辱栖下僚，强营吏事，有上才而无贵仕，乃自古伤之矣。然佳士抗心，自有怀抱，区区名位，何足论哉？奉寄拙书一幅，性本不工书，加又苦臂痛，第展阅以当须臾言笑可耳。暇时更希惠闻问，此间近状，家春溪叔自为悉陈之。冬寒，惟保重。不备。弟姚鼐顿首，上小松二哥先生。十月六日。

钤"臣鼐私印""惜抱轩翰墨"。[《黄小松友朋书札》第七册]

考：乾隆四十年（1775），姚鼐以疾请归，《姚惜抱先生年谱》"乾隆四十年"条："先生年四十五岁，春正月，自泰安还京（见《游灵岩记》）。旋即南归（有《乙未春出都留别同馆诸君》及《汶上舟中》诗）。"札言"抱疾江津，亦已十载"，很可能作于乾隆五十年十月六日，时黄易由卫粮调捕河权下南同知，在开封。黄易兄弟游幕汉阳时与姚鼐相识，至此"几三十年"，亦合。"家春溪叔"即姚仲，初任山东汶上袁口闸官，转原武主簿，调钜、嘉，擢河南睢州判，从事河工先后十余年。署卢氏、尉氏、巩、郏诸县，皆有政声。擢河南怀庆府黄沁同知，卒于官。参见《（道光）续修桐城县志》卷第十三《人物志·宦迹》。

76　　李衍孙　　【2封】

李衍孙字蕃升，号味初，山东惠民人。乾隆乙酉举人，中己丑明通榜。出宰关中，补沔县令，调任蒲城，历有惠政。工书法，善画兰竹山水。参见《（咸丰）武定府志》卷二十五《人物·文苑》。

李衍孙 76-1

睽别芝颜，倏经七载，每忆杏坛载酒，畅聆九哥玉屑，令人神智顿增。几时再奉清尘，稍舒积悃耶？比阅《缙绅》，得悉吾哥大人于前岁又晋一阶。长才伟抱，见重上游，指日联膺特诏，拔擢不次，遂听好音，亦离索中一乐也。伯母大人尊体定多康泰，萱堂祗奉瑞霭，庭闱曷胜欣藉。弟代庖南郑，几及两年，今春二月始履沔任，毫无展布可告知己。去腊遴纪迎请老亲，尚未能即来，约秋后始可束装。弟日内新成小筑，思备高堂游息，栽花树，并移竹数百竿，已长新笋。额以"春晖山馆"，肯觅鸿寄赠一联，奚翅百朋之锡。委摄汉中、成县各石刻已如命办全，为献之兄行期太促，邮致一函聊道远忱，诸古物仍俟便另呈，先此布请近安，嫂夫人懿祉，伯母大人尊前叱名请安。愚弟期李衍孙顿首。端午前二日。[《黄小松友朋书札》第一册]

考：李衍孙《炊菽亭诗》收《〈得石图〉诗为家铁桥作，即示黄九》，序云："铁桥吾宗步任城学宫，殿西阶下得片石于古树根，遂出之土。石久剥，仅存隶书二十余字，辨为《胶东令碑》，汉物也。钱唐黄小松写《得石图》纪之。庚子（1780）秋七月，两君见过寓斋，铁桥出此索诗。率题三十韵。"知黄易与李衍孙见面在乾隆四十五年（1780）秋，札云"睽别芝颜，倏经七载"，当作于乾隆五十一年五月三日。按《（民国）续修陕西通志稿》卷十八《职官九》，记李衍孙以乾隆四十九年任沔县知县，五十一年去任。然李因署南郑，至五十一年二月始自至沔县履任。札云"得悉吾哥大人于前岁又晋一阶"云云，乃指黄易升东平州同知一事。钱坫字献之，此际自陕西前往

76—1 李衍孙致黄易札 收入《黄小松友朋书札》第一册

河南巡抚毕沅幕府。其在陕时，与李衍孙有交往。《（民国）山东通志》卷一百四十五上《艺文》著录李衍孙《哀劬堂稿》一册，钞本，乃钱坫所评。札中李衍孙请黄易为所构"春晖山馆"书联，并告知已为搨汉中与成县所有石刻。李衍孙亦好藏碑，李佐贤辑《武定诗续钞》卷七《得〈华山碑〉记事》云："纸本峥嵘在橐櫜，胜于□选青铜钱。暇日摩挲一相赏，置身恍入逍遥篇。头脑清爽谷神跃，醍醐灌溉沈疴捐。……书佐笔妙擅斯邀，邕云嗣响森比肩。此书不落作者后，全体骨肉相绵延。……古拓间出如电掣，往往求剑空流连。一本曾落郭髯手，周鼎晋牺供几筵。……华阴再传竹君续，石墨楼手工磨镌（翁覃溪学士有翻刻本）。……我生夙有金石癖，汉上搜剔心力殚。《石门颂》泐《郙阁》坏，风霜残蚀终茫然。丑冬残腊花飞雪，归人甫整青丝鞭。……痴奴看碑复绑几，怪叫不绝同鸣蝉。寒不可衣饥莫食，问我宝之奚取焉。"据"丑冬"，李得此碑在乾隆五十八年冬日。

陈文述《颐道堂文钞》卷七《扬州阮氏重刻〈西岳华山庙碑〉书后》亦云："桂未谷长垣本跋谓吴江陆绳在西安见两本，一售惠民李衍孙，一未蒻本。"

黄　易 76-2

　　[前阙]□，益增□□，翻想春晖山馆，喜□慈颜，致为欣羡。弟之老母托庇清健，舍弟亦挈妇而来。弟有一子二女，又继续兄女二人，绕膝熙熙，颇足慰老人之意。惟常在幕内，不能料理甘旨为愧耳。承示知，各种汉碑已全拓，欣幸之私莫可言喻。《西狭颂》有"惠安西表"四字之额，世所罕见，知二兄已得，且闻各种有精拓之本，艳羡之至。新出之《耿勋碑》（首曰"汉武都太守"云云）《天井题名》，弟尚无拓本。其《西狭颂》《五瑞图》《唐公房碑》并碑阴、《郙阁颂》亦少佳拓，惟石门内之《鄐君》《杨淮》《杨孟文》《王远》《李苞》等种已有，近日又得《杨孟文碑额》也。想汉中一带摩崖古刻不少，以二兄博雅，必有新得之古刻出人意想之外者，尤所急望，未知何时赐我，以饱其馋眼，盼望之至。今程竹坡司马已调任上南同知，住于荥泽县，县尹朱公士和由河工升补，亦弟之交好。想荥泽为自京至陕必由之路，尊处有信当交荥泽送至程司马处与弟，则妥当极矣。故人千里，合并何时！西望秦云，曷胜怅结！专此敬候迓祺。不一。愚弟黄易顿首，味初二兄大人。七月三十日仪封具。[辽宁省博物馆]

考：郭丹、张盈袖考黄易授兰仪同知在乾隆五十四年（1789），当作于本年。又，程竹坡即程国檠，已调任上南同知，住荥泽县。按，此札为76-1之复书，作于乾隆五十一年七月三十日。黄易自上年升东平州同知后，由卫粮通判调张秋捕河通判，又权开封府下南河同知，故往来豫东，其发现武梁祠即在乾隆五十一年八月自豫还东途中。札中有"且闻各种有精拓之本，艳羡之至"云云，乃得自赵魏的报告，参17-16、17-17赵魏致黄易札。程国檠竹坡，顺天宛平人，监生，据《乾隆帝起居注》，乾隆五十三年九月二日，河东河道总督兰第锡奏请朝廷实授程国檠上南河同知。札言"调任上南同知"，当指试署此职。据《（乾隆五十三年春）缙绅全书》，乾隆五十一年闰七月，程国檠尝调要缺上北河同知，加一级。其试署上南河同知或在此前。

77　　蒋知让　　【1封】

蒋知让字师退,号藕舫。江西铅山人。乾隆四十五年南巡召试,钦赐第一名举人。赴礼部试,不遇,毕沅延为上客。以知县分发直隶,署安肃篆,旋调房山,再补授唐县。积劳卒。参见《(同治)广信府志》卷九之二《人物》。

蒋知让 77-1

玩爱手迹,因以想见其人,几十年矣。今既识面,又得隶法五十二字,乐可知也。拳拳下怀,重晤何日耶?肃兹申谢,上问近安。六月廿七日,蒋知让顿首,小松先生阁下。[《黄小松友朋书札》第五册]

考:札当作于乾隆五十一年(1786)六月廿七日。此前黄易与洪亮吉、孙星衍、蒋知让等于中州节署相见。

78　孙星衍　【4封】

孙星衍字渊如，江苏阳湖人。毕沅抚陕西、河南，星衍尝入其幕。乾隆五十二年一甲二名进士，授编修，散馆改刑部主事。寻授山东兖沂曹济道，署按察使。丁忧归，主浙江诂经精舍讲席。服阕，补山东督粮道，署布政使，旋引疾归。参见《（光绪）武进阳湖县志》卷二十三《人物·文学》。

孙星衍 78-1

得手书，深慰。炎暑逼人，奉到诸碑如服清凉散一齐，感铭之至。中丞又属弟札催各县碑碣，《中州金石志》一书谅可成就，所得亦已可观也。偃师新补送数碑，今寄呈数种，其《窦叔向碑》及《周公祠碑》记尊处已有，故不以奉寄也。来人立等发书，献之高卧，不复唤醒之矣，俟索渠续寄音也。献之新得瓦在行李中，尚未到，俟来时搨本送石经寄上也。中丞已言当撰《湖广金石志》，此诚胜赏，但恨中州求之未尽，濬县《张公神碑》及《崔双文墓志》亦已访得，早晚如来，并当奉览也。稚存在左傍，属笔奉候。专此布复，并请升安。不一。秋盦仁兄阁下，弟星衍顿首。初八日。

钤"以赀为郎""星衍白事"。

用"绛花山馆笺"。［故宫博物院］

考：乾隆五十年（1785）毕沅任河南巡抚，次年擢湖广总督，札言编《中州金石志》，又云毕沅欲撰《湖广金石志》，当作于乾隆五十一年盛夏，时孙星衍、洪亮吉与钱坫皆在中州幕中，访碑有所得，时与黄易交流。札中提及偃师、濬县新得碑刻，并称黄易"早晚如来，并当奉览"。本年六七月间，黄易在大梁，六月廿七日，毕沅题《宋拓汉石经残字》有云："小松家藏金石甚富，每获宋搨本，必索余跋尾，并以属幕中好古之士，翰墨之缘，亦一时之盛也。"七月十三日，孙星衍为《宋拓汉石经残字》题诗，时黄易将

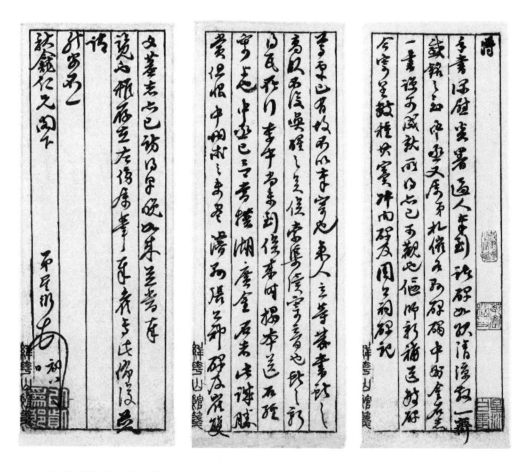

78-1 孙星衍致黄易札　故宫博物院藏

返济宁，行人催发。又，钱坫在陕，得瓦甚多，孙星衍亦藏瓦，偶亦有赠，如《小蓬莱阁金石目》："'汉并天下'瓦，篆文，文四字。阳湖孙刑部渊如赠易一片，拓本二种。""'宝庆寺瓦'文，篆书。在咸宁县花塔寺。阳湖孙星衍携此瓦见赠。"故宫藏《清黄易集秦汉瓦当》，中有"万岁富贵"拓本："薄太后陵瓦，孙观察渊如尊甫封公令河南时所得。"黄易与孙星衍交善，曾为刻"孙星衍印""伯渊""季逑父"等印。

黄　易 78-2

储玉琴来，接兄与稚存兄手书，并询知大兄近祉嘉和，兴怀顺适，无任欣慰。弟繁累已极，幸吉金乐石日有所得，武宅山又得有字者一版，太康晋碑下段已得，且有碑阴，中州金石如有续刊，宜补入也。汪中也兄之《唐拓武梁祠画象》是唐襄文公之物，今归于弟，实为快事。冬间弟入都引见，当携此与好事者共欣赏耳。顷于分水口舟次见令大阮，附此奉候起居，途间未带拓本，续行附上。稚存兄宝眷想早已抵都，前经附信，兹不再启。渊如大兄大人，愚弟黄易顿首。

[《小蓬苍苍斋藏清代学者书札》]

考：黄易得汪焘所藏《唐拓武梁祠画象》在乾隆五十六年（1791）正月。《小蓬莱阁金石目》著录《齐太公吕望表》，"易于乾隆丙午（1786）获上段于卫辉府署舆人小室中；辛亥（1791）秋间又得下段，合而为一。"札又言冬日入都，乃卓异引见，参125–1丁传致黄易札。可知此札作于本年秋日。札中提及储润书至济宁，洪亮吉家眷入都，参81–4洪亮吉致黄易札。大阮或指孙冯翼，改名彤，字凤卿，承德人。以荫生官至通判、候补郎中。嗜藏书、辑佚古书。

孙星衍 78–3

两奉手示，并承先路之导，足征挚爱，闻冬中驾即来东，先至敝署一叙阔衷为望。浙中《宋石经》及《七十子画象》能为觅佳拓本来否？吾兄所到之处又多创获古物也。弟自拜今职，因足被车伤，断而复续，直至八月廿七日始在省城接印，九月初八日行抵兖署。兹于十三日到沇宁，谒见河帅，并觅李铁桥一晤，惜足力尚不甚强，不能走访古碑、古迹，然见州志，知兄搜辑苦心也。抱经先生在浙，想晤，前有札属钱翰林寄去，未知到否？河帅已下诸宾好风雅可交者，诚如兄所言。弟此来意欲辑鲁中古迹、金石成一志，以配《齐乘》，俟兄来助我成之。草草奉答，附候近履。秋崟兄丈足下，弟星衍顿首，九月望日。

钤"留春草堂"。[关西竞买2017年春拍]

考：乾隆六十年（1795）五月，孙星衍升山东兖沂曹济，兼管黄河兵备道，因堕车伤足，迟至九月初方到任。札作于本年九月十五日。孙星衍在济宁谒见东河总督李奉翰，时黄易在浙营葬，计划冬日返回济宁。孙星衍到任时，正黄易南归葬母之时，故札中请黄易在杭代搨《宋石经》及《七十子画象》。本年底，黄易返济宁，次年正月，陪孙星衍访武梁石室，《沸上停云集》收《正月十一日同黄小松司马至嘉祥山中访武梁石室画象，小松作图纪游》："石室千年为尔开，翠微访古共徘徊。高寒到骨清如许，却喜无人带热来。　一双石阙半埋尘，万树桃花孰问津。只有姓名先我到（前年司马重茸武氏祠，立碑，题碑阴），摩挲疑是再来身。　把臂梁园近十年，雪鸿忽聚此山前。画图他日传佳话，金石交情翰墨缘。"据诗，孙星衍与黄易相识于毕沅中州幕府，乾隆五十一年六月五日曾题黄易所携《宋拓朱龟碑》，云："仆与小松神交久矣，金石投报殆无虚时，至是始识面于中州节署，时五月廿八日也。并携宋摹两碑来属题字。"此次同访武梁石室画象，黄易有次韵和章，并为作图纪念，《秋盦诗草》收《二月十一日渊如观察约游紫云山，访武氏祠，作图，观察题句，依韵奉和》，所记日期较孙诗晚整一月，待考。札中所言抱经先生即卢文弨，仁和人，乾隆十七年进士，官至翰林院侍读学士，本年去世于常州。

孙星衍 78-4

二舍弟东游，曾肃一函，想达矣，祈□覆书，属二弟到后寄一信慰老人。弟间游吴门，适太仓州刺史招看志书到此，与令侄把晤两日，即归金陵，久田二兄甚厉操行，署中仍似寒毡光景。闻足下体中近已复元，极宜保重，五十外人疏于房室，则到老耳聪目明，切要切要。钱献之病废可惜，早晚到家，老母弱子得以还乡，未始非福。弟此时止觉团圞家室之乐，才不能济时，出亦与墨吏为难，危机何可蹈也。前所寄文已刻矣，不畏人见而恶之。顷又刻《景定建康志》《寰宇访碑录》《六韬》古本及逸文等书，笔墨之债无时可了。吾兄所刻双钩石本极精，何不录出绎山诸六朝人书并前人未见碑、近时出土者共为一帙传后。尝戏言刻书最妙，可以传远，和中堂俗人，尚存《仿宋礼记》一刻，秋帆师诸刻衍圣公赎还之，足见此事非身外物比也。肃候秋安。小松九兄足下，愚弟孙星衍顿首。廿三。梦华在侧属候。[《二家书札》]

考：札作于嘉庆六年（1801），《景定建康志》重刻于本年，据《孙渊如先生年谱》"嘉庆六年"条："五月返金陵。君以金陵六朝所都，近代郡志为咸光率意更改，名迹无据，因求《景定建康志》。适江南制府署中有康熙间敕赐宋刻本，费相国淳总制两江，因以书付君釀赀仿刻之。费相国嘉君之志，分俸钱以襄其事，为作《重刻景定建康志序》。"《寰宇访碑录》为上年秋日长兴知县邢澍所刻，历时两年而成。孙星衍二弟星衡，其入京经山东在上年十一月，时以县丞赴部掣签，后分发河南省候补。札中所言黄易"所刻双钩石本"，当即《小蓬莱阁金石文字》。和中堂即和珅，乾隆六十年（1795）曾以宋刻十行本《礼记注疏》为底本翻刻成书。

79 德 保 【1封】

德保字润亭,一字仲容,号定圃。满洲人。乾隆二年进士,改庶吉士,散馆授检讨,累官礼部尚书,谥文庄。生平以诗为性命,所著韵语十余集。参见法式善《八旗诗话》。

德 保 79-1

至日接到手书,备荷存注,兼知贤别驾履祉嘉祥,现已荣擢卫河,仍在河帅幕中佐理一切,甚为欣藉。令堂年登八秩,理宜称祝,兹寄对联一副,用当桃仪,希检存。侍公私尚属平顺,眠食亦复如常,惟年来衰老益形,家运多故,有难以排遣者耳。耑此,复候近祉,希照。不一。[《黄小松友朋书札》第五册]

考:黄易页边题"德大宗伯",当即德保。黄易擢任卫河,仍在河督兰第锡幕,乃乾隆五十一年(1786)八月事,本年适逢母亲梁瑛(1707—1795)八十。札当作于本年八月以后。

80　　徐观海　　【4封】

徐观海字袖东，一字寿石，又号幼庐。侨居钱塘。乾隆二十五年举人，官四川知县，以军功进秩司马，为江西临江府通判。博学多闻，著述甚富。工籀篆行楷，写生极有逸趣，尤长兰竹。参见《（光绪）上虞县志》卷四十《杂志·方伎补遗》。

徐观海 80-1

别后一路怀人，与河俱永。想近履佳吉，定尔骈繁。千里寸心，时慰脉脉也。粮船节节浅阻，周章理料，不敢告劳。第为日已迟，虽交卸北仓，而公事头绪甚多，计抵通办竣，须十月底。今我来思，能无风人之叹耶？起岸兼程，赶船恐不能绕道到州，特嘱敝友潘君奉谒。承许印章，恳即付与，并希将尊案得意之笔揭印一纸见寄。至老伯法书，不拘大小，即片纸数行亦可，务冀不虚所恳为望。河台回书希即一并取交。外附粗磁数种，聊博一笑。余候安祉，兼请伯母太夫人福安，临颖不尽。小松九弟别驾阁下，观海顿首。

尊书隶对，当不可少，特补笔及之。九月十八日，北仓舟次。

钤"徐袖东"。

用"香草垞笺"。[《黄小松友朋书札》第五册]

考：此札很可能作于乾隆五十一年（1786）九月十八日，徐观海此际任江西临江府通判，督运粮船入京，舟次天津北仓。经济宁时，尝与黄易相见。观海入京后，与翁方纲有交往，《复初斋诗集》卷三十三《东坡书〈金刚经〉石刻，旧在临江慧力寺，今移郡廨，而失其后半，用苏韵赋呈徐袖东通守》，作于本年九月至次年五月间。徐观海工篆刻，为丁敬弟子，吴省钦《白华后稿》卷十八《徐袖东印谱跋》："顷以所刻六石印见贻，其平时为他人作者甚夥，出示揭本，清严古质，如对吾丘子行、文三桥、何雪渔于数百载之上。时丁二希曾在座，则曰：是先子所口授指画者。希曾为钝丁先生次子。先生以丁刻石，特偶然事，世乃谓专用丁头，闻者当审诸。"黄易亦丁敬弟子，丁敬与其父黄树穀交契，国家图书馆藏颜真卿《麻姑仙坛记》拓本黄易跋云："丁龙泓先生与先子扪碑论古，晨夕过从。先生之手迹宜乎不少，然寒家五十年来书卷零落，惟此岿然尚在耳。摹入《金石屑》第三册。丁敬跋张雨《游龙井诗卷》亦云："右张外史《游龙井诗》，乃吾友黄松石见真迹于鬻古人薄士昆处手临赠我者。"芸廷美术馆藏。

徐观海 80-2

忆自丙午秋匆匆一晤后，荏苒四年。虽音信偶通，而饥渴之怀，临风难写。海今春复奉督运，满拟舟次张秋，藉可与阁下畅叙离悰，快睹名迹宝藏之盛。比途中得闻荣擢好音，为之喜而不寐，其庆幸又不在聚首间也。海前此差竣回江，奔走频年，既已不堪况瘁，而去春又忽遭长子之变，头颅老大，万事皆灰。其所以恋此鸡肋，仍不惮跋涉之烦者，松菊久荒，欲归不得，想挚爱如吾弟定能怜之耳。西江近年风雅中覃溪先生而外，复得何三梦华，时相过从，颇不寂寞。二君之沉酣金石，蒐罗不倦，差与阁下媲美，而钦佩阁下，则又不啻与金石俱永也。至海烛武无能，未忘结习，不识老弟台退食承欢之暇，尚念及天涯老友，肯以隶书、铁笔惠寄一二种助我归装否？梦华亦奉怀之甚，有一函附寄，希查收之。谨此数行，聊布相思，顺候升祺。附请伯母太夫人寿康，临书不尽。小松九弟司马阁下，愚兄徐观海顿首。己酉九月廿六日，任城舟中。

钤"观海私印""不仙不佛不封侯"。[《黄小松友朋书札》第八册]

考：据款识，本札作于乾隆五十四年（1789）九月二十六日。札中有"丙午（1786）秋匆匆一晤后，荏苒四年"云云，参80-1。此际徐观海以督运事经济宁，黄易时赴京中，次月升任运河同知，故札中有"途中得闻荣擢好音"云云。徐观海提及翁方纲、何元锡在江西搜罗碑刻，翁时按试江西，本年九月乡试后返京，《复初斋诗集》卷五十一《苏潭图歌》夹注云："己酉（1789）九月，予视学役竣，诸贤饯于此。"何元锡在江西，依其宗人江西巡抚何裕城。裕城字福天，浙江山阴人，贡生。后补安徽巡抚，行至合肥病卒。参见《（光绪）江西通志》卷十六《职官表》、《（道光）济南府志》卷三十七《宦迹五》。

徐观海 80-3

奉题小松司马画《虎丘夜泛图》便面为梦华居士,即以录正:廿年不踏山塘路,妙墨看来意宛然。遥想烂银盘挂处,衣香人影画桥边。袖东徐观海呈稿。己酉九月之杪,安山舟中。

钤"徐观海印""幼庵"。

用"文茂号笺"。

信封:黄小松司马手启。[《小蓬莱阁同人往来信札》第四册]

考:据落款,知作于乾隆五十四年(1789)九月底,承80-2之后。徐观海时以督运漕粮进京,经济宁,至安山闸。

徐观海 80-4

春间何三梦华来自龟蒙,得所惠书,承寄碑帖数种,得未曾有,感谢感谢。并知老弟调任以来,声华益进,南陔瑞霭,退食承欢,可胜欣庆!惟鸰鲤寥寥,未得续通尺素,又不禁劳我衷曲耳。海夏间奉委署南昌郡丞,八月初改摄南丰。簿书碌碌,依旧生涯,其所以冯妇不羞者,江水盟心,欲归未得也。所恳隶书、铁笔,何郎来便,未荷见贻,无乃烛武无能,不堪持赠耶?何郎自中丞逝后,莫测行踪。矍华司马近状何似?便中均希示慰是望。兹乘州牧李公赴任之便,泐此布候台祺,附请伯母太夫人寿安。凭颖驰溯。不尽。小松九弟司马,愚兄徐观海顿首。庚戌十一月三日,豫章寄。[《黄小松友朋书札》第九册]

考:据款识,札作于乾隆五十五年(1790)十一月三日。本年八月徐观海改摄南丰,《(民国)南丰县志》卷七《职官志》:"徐观海,五十五年署任。"札言"春间何三梦华来自龟蒙",本年春日何元锡自山东来江西,前一年冬,尝涤碑曲阜,于《史晨碑》下截、《鲁相碑》阴、《竹叶碑》正面,得字甚多,黄易为作《涤碑图》。阮元《涤碑图》题诗云:"汉碑珍重涤,一字抵千金。尽见《史晨》迹,还分《鲁相》阴。挹泉浇《竹叶》,享帚缚松针。我洗石人二,奇文今可寻。"收入《小沧浪笔谈》卷二。吴骞《拜经楼诗集》卷八亦收《〈涤碑图〉六言二首为何梦华赋(黄小松司马作)》。本年何裕城调安徽巡抚,行次合肥,卒。据札,此后何元锡行踪莫测。州牧李公即济宁州知州李维谦,直隶遵化人。本年由江西宁州升任。矍华司马待考。

81 洪亮吉 【5封】

洪亮吉字稚存，江苏阳湖人。初佐安徽学政朱筠校文，继入陕西巡抚毕沅幕，为校刊古书。尤精研舆地。乾隆五十五年成一甲第二名进士，授翰林院编修，未散馆，分校顺天乡试。督贵州学政，任满还京，入直上书房，以弟丧陈情归。嘉庆四年，大学士朱珪书起之，供职，与修《高宗实录》。将告归，上书，上怒其语戆，落职，遣戍伊犁。次年传谕伊犁将军释亮吉回籍，因自号更生居士。后十年，卒于家。参见《清史稿》本传。

洪亮吉 81–1

小松先生足下，前过斋头，值足下急欲随使者车去，不克久留清话是憾。然题襟则挥汗而书，宝墨则探胸而出，嗜古成癖，风裁如仙，足令人十日思矣。别来奉到《武梁祠堂画象》《范巨卿碑额》二种，拜知己之赐不浅。尚有无厌之求，则《琅邪台石刻》耳。前所赠《汉射阳县石门画像》今在宝应县，其石则友人汪容甫已辇之而回，覃溪宫詹以为即《孔子见老子象》，不知何据也？藉便率复，并问公事贤劳。不宣。弟洪亮吉顿首。

阮公祈为道谢大坯山石刻。

钤"稚存"。[《黄小松友朋书札》第五册]（见图版六）

考：乾隆五十一年（1786）七月，黄易与洪亮吉、孙星衍尝在中州相见。黄易藏《宋拓汉石经残字》拓本有洪亮吉题识："乾隆丙午（1786）七月朔日，阳湖洪亮吉为小松主人题《汉石经》一百二十七字拓本后，时在河南使院嵩阳吟馆。"所云"斋头"，当为黄易开封官舍。《武梁祠画像》，黄易发现于本年秋日，《武梁祠堂画像题字》跋云："右武梁祠像，乾隆丙午秋易访得于嘉祥县紫云山。较洪丞相《隶续》所图虽缺休屠像、李氏遗孤、忠孝李善数行，却多出伯榆等字，洪所未录。曾子一版内'著号来历'四字前人辨识多误，今新获拓本始灼然无疑也。钱塘黄易手装于张秋官署之汉画室内。"今藏故宫博物院。札言收到黄易寄赠拓片，当作于本年秋日。又，《小蓬莱阁金石目》："射阳县石门画象题字，八分书，右画象二面，其一作孔子见老子等象，其一作持兵人及朱鸟等形。原在宝应县，今归扬州汪容甫家。"上海图书馆藏《盛氏所藏清代尺牍扇面》收翁方纲《与洪亮吉》："射阳所出画像石刻，耳闻已久，汪容夫并未寄到，今闻兄处有之，益深饥渴，务求速赐，以副颙望，但不审能赐一样二本否？当图所以奉报者耳。五月四日。"收入《翁方纲题跋手札集录》。《复初斋诗集》卷三十二《宝应村间古墓有汉碑二，一刻〈孔子见老子象〉，一刻大鸟井兽衔环，近为汪秀才攫此石去。洪稚存孝廉为觅拓本见贻，作诗报洪》，亦作于本年八月前。此画像为乾隆五十年汪中得自宝应县东七十里射阳聚，即汉射阳古城，因异归江都，拓之以公同好。道光九年（1829），其子汪喜孙送入宝应县学，后移置画川书院讲堂中。

洪亮吉 81–2

小松先生足下，得手书并惠《琅邪台石刻》，感谢之至。此间日来惟武虚谷得晋太康金一、北齐造象记一，冯鱼山得后魏《司马昇碑》一。武进士以数本奉寄，鱼山则已飞札之，属其就近寄上也。嘉祥武氏诸石刻乃希世之宝，按此县郦道元云：有《汉荆州刺史李刚碑》，石室四壁隐起为君臣、官属及麟凤之文，作制工丽。今兄所得复如此，何此县之多汉石刻耶？谨怔怩制一诗，因日内即欲束装赴楚，心绪历落，不能工，足下教之可耳。管少空处昨长笺与之，并言及吾兄近日所得汉刻之富，渠或有札来奉乞也。渊如近状亦甚窘，献之闻可借补县丞，均无好怀抱也。附问起居，余容至武昌详启。不宣。小弟洪亮吉顿首。八月九日。［《黄小松友朋书札》第八册］

考：乾隆五十三年（1788）六月，毕沅擢湖广总督，洪亮吉拟随赴武昌，札作于本年八月九日，九月五日即抵武昌，参见《洪北江先生年谱》。黄易寄《琅琊台石刻》拓片，乃应洪亮吉之请，参81–1。札中告知中州新得碑刻若干。冯敏昌字伯求，号鱼山，广东钦州人。乾隆四十三年进士，改翰林院庶吉士，散馆，授编修。此际游中州，主孟县书院。武进士即武亿，乾隆四十五年成进士。管少空当即管榦珍，与洪亮吉同乡。乾隆三十一年进士，授翰林编修，乾隆五十三年由内阁学士升工部右侍郎。

洪亮吉 81-3

小松先生判府阁下,别及两年,亮吉南北奔驰,至客冬十月方重抵大梁,与阁下相去千里而近,阁下此时建高牙,据熊轼,不更随河堤使者按视诸所,是以会晤较难。然私心皇皇,未尝不时驰左右也。所得石墨复有几许?如有汉刻,能分副本见寄否?《中州金石记》已属渊如刊之都中,阁下如有秘搨,祈录寄渊如,以便列入。兹因毕三兄之便,肃问起居,风便,望手示。不宣。小弟洪亮吉手肃。

钤"稚存""卷施阁""旷世逸才"。

用"卷施手笺"。[《黄小松友朋书札》第十三册]

考:洪亮吉乾隆五十一年(1786)与黄易在开封相见,此言"别及两年",当作于乾隆五十三年。上一年十月洪曾再至中州,然黄易已迁阳穀,故札有"相去千里而近"之叹。

洪亮吉 81-4

小松九兄足下,前奴子回南,曾泐一行奉问起居,谅登记阁。日来搜采金石又得几种?有副本能惠一二册否?弟现商刊《乾隆府听州县图志》,如能告竣,定当先寄呈左右耳。来春家眷从水路北来,道经贵治,幸一切照拂之,是感。玉琴试竣回南,颇窘于费,足下交好有素,定能为之料理一切耳。藉使附问升安。不备。伯母前为请安。愚弟洪亮吉顿首。[上海博物馆藏黄易《功德顶访碑图》卷后]

考:札作于乾隆五十五年(1790)秋冬。本年洪亮吉中一甲二名进士,授翰林院编修。其家眷将于明春来京,因倩黄易至时关照。乾隆五十四年储润书充优贡生,应试北京,此际将南返。参78-2黄易致孙星衍札。《乾隆府厅州县图志》为洪亮吉舆地学重要著作,札中言及商刊一事。此书嘉庆八年(1803)刻本,书名页有"乾隆戊申刊起,至嘉庆癸亥工竣"一行,知乾隆五十三年开雕,作札时尚在刊板中。

洪亮吉 81-5

小松九兄足下,客冬判袂,又逾寒暑,比惟色养之余,宦况宜人,为慰。亮吉昨分校京闱,又蒙恩命视学黔中,自维旬日之中,叠受非常之遇,抚衷自愧,良惧勿胜,爱我如足下,将何以教其不及耶?现定于九月杪起身。敝友金明经晼芳，人品学殖足下所知也，而性情之温粹，笃爱友朋，又实辈流中所少。今应吉抚军之聘来东，久慕足下，欲就近订交，谅定应相见恨晚也。余金君能口述。不备。并问堂上福安，并文祉。不一。愚弟洪亮吉顿首。九月十三日。［《黄小松友朋书札》第十册］

考：札言分校京闱，当即乾隆五十七年（1792）顺天乡试，试后洪亮吉随即督贵州学政。《乾隆帝起居注》"乾隆五十七年八月十一日"条："贵州学政着洪亮吉去。"札作于本年九月十三日。吉抚军即山东巡抚吉庆，据《八旗通志》卷三百四十，觉罗吉庆，正白旗人。乾隆五十七年三月任山东巡抚，五十八年八月调浙江巡抚。又《（道光）续增高邮州志》第三册《人物志》："金兰字畹芳，号湘谷。少孤，家贫力学，为文敏赡。早岁游庠食饩，乾隆己酉（1789）拔贡，游京师，考取官学教习，名流结纳甚广，与洪太史亮吉尤友善。翁阁学方纲视学山东，招致幕中，亦器重之。教习期满，卒于京邸，年未四十。"金兰游幕山左，与黄易交情不浅，《湖阴草堂遗稿》卷一《观黄小松司马所藏〈武梁祠象〉》："往古灵异不泯灭，搜罗石室推前哲。任城昔有古画象，武梁祠宇殊冠绝。洪氏景伯详其形，载入《隶续》坿鼎铭。衣冠刻画见神似，赞铭精粹光荧荧。我欲一见古真迹，晤言千载然疑并。偶来泲水寻丹丘，黄公相见如旧游。衙斋清辟数椽竹，赤文绿字勤研搜。须臾手出古瑶册，谓是汉时高手勒。森然精气跃纸上，传神阿堵超凡质。吾闻武氏莹［茔］墓前，其碑立自元嘉年。孝孙子侨竭心力，选择名石工雕镌。风霜剥蚀易损缺，何竟珍护犹林列。千百年留清翰缘，十四碑传古芳烈。嗟乎此物沦风尘，屡溷世俗遗其真。展兹尺幅窥秘奥，巨眼珍惜留贞珉。司马好古有深识，手摹此碑香露浥。陋宋方氏重刻本，前望古人相峙立。"该书题词亦收黄易《奉题畹芳先生诗集》："书剑轻千里，英年赋壮游。玉衡天外朗，珊网座中收（时从覃溪先生校士山左）。已觉扬州梦，还登济北楼。新诗初脱稿，高格信无俦。"

82　　　吕星垣　　　【1封】

吕星垣字叔讷,一字映薇,江南武进人。以廪生贡入国子监,乾隆五十年肇建辟雍,礼成,星垣进颂册,钦取一等一名,选新阳训导,历官直隶赞皇、河间知县。星垣少时偕里中洪亮吉、杨伦、孙星衍、黄景仁、赵怀玉、徐书受皆以文学词章相器识,时有七子之目。参见《(光绪)武进阳湖县志》卷二十三《人物·文学》。

吕星垣 82-1

小松先生座下,起居清胜。星垣始从钱献之、王秋塍知先生,复从王廷尉夫子知其详。先生古人也,不能以艺事尽之,然汉篆之消息微茫,赖先生得明于世,风流所露,亦可窥见高深。前后见铁笔十二方,寄献之作尤精,每欲荟篆文款跋为一册,题曰"小松绝业",以志景行。季秋从廷尉来中州,忽闻座下奉调山左,相见无缘,不胜怅怅。兹者依柴方伯幕下,晤卢明府飞泉先生,因得介绍致笺,天假之缘,殊可喜慰。盖座下之汉篆,他人浮慕而鲜真知,一二知者卒亦心喻而不能言,故道其苦心者绝少。窃尝拟议之久矣。夫字体本于许君,不稍出入,不作聪明以借书减字,此古大家所争矣。布置疏密,一唯自然,正如古文法律,无定有定,追习而利之,即魏冰叔所云"落花洒地,自成文章"也。至于心和意精,聚眉目真气于锋石相接之际,疾徐甘苦,有天机焉。有兴会遽到而涌溢出之者,有兴会迟来而来即脱手者,有汩汩乎来者,有数数焉至者,有兴会团结而不聚于峰巅、不迎于石理者。心非不闲,手非不敏,目非不精,乃数十锋不接于石,忽乃卒焉接之,或帖然接之而意惬飞动,此为极致。正如秋鹰盘空,百旋而不下,非无所见,无当其意者也。意之所满,即斜飞浅落而增减无从;意所未满,不妨百遍摩挲,以畅其意。而命意之始,总以自然流宕不强作为宗。以此道座下苦心,十得其一二否?唯有深思,故有真气,以此行于隶书,故外枯中膏,简严而势放,即如虞城客馆中悬尊所作横批,师生徘徊,恨不揭之以行。故廷尉来札索短幅隶书，真入《礼器碑》之堂而哜其胾矣。近来北方学者以隶书推翁覃溪先生，覃溪铁干槎枒，而座下较多余地，此事又推独步矣。再闻金石之学，超轶等伦，所鉴既精，所藏弥富，何不寄目录于都门，与廷尉师各书全文，补其未有，此固快心事也。生平奔走江湖，唯到处有贤士大夫过从之乐，可谓风雨如晦而鸡鸣不已。乃至此邦，仅得故人周进士景益，聊以自慰。卢明府以星垣知公姓名，即谓星垣不谬，此公可谓不凡，询之周君，乃知东南名下。然卢公以星垣知篆章之意，谓星垣工此则非，盖心知其意耳。尺寸之材别有祈向，卢公未及细谈，故星垣得以藏拙也。不能自秘，遂累牍以陈，字迹离披，即在神交之日，唯此不足知倾倒之极耳。耑此，请先生日安。祈赐教，临启不胜向往。武进教弟吕星垣稽首。十月廿三日。

用"叔猛启事笺"。[《黄小松友朋书札》第四册]

考：札收入吕星垣《白云草堂文钞》卷三，文字小异，如"近来北方学者以隶书推翁覃溪先生，覃溪铁干槎枒，而座下较多余地，此事又推独步矣"，文集作"近来北方学者以隶书推翁覃溪学士，覃溪铁干横斜，足下纤浓入古，余地较多"。札作于乾隆五十一年（1786）十月二十三日。本年黄易自开封回调济宁，仍任张秋捕河通判。札言季秋随王昶入豫，当即本年河南伊阳民戕知县，窜匿陕西境未获，九月王昶奉旨往商州督捕一事。王昶时已由陕西按察使改云南布政使。参《清高宗实录》"乾隆五十一年九月、十月"条。札中所及周景益亦武进人，乾隆三十六年进士，官至贵州黎平府同知。卢明府即卢又绅，本年任武陟县令。

83　　　何元锡　　　【7封】

何元锡字敬祉，号梦华。浙江钱塘人。纪堂子。监生，候选县主簿。精于簿录之学，家有蝶影园，储藏多旧书善本。嗜古成癖，雅意金石。娶曲阜孔氏，尝于曲阜访求汉刻，缒幽凿险，务获乃已。有《梦华馆金石劄记》。阮元尝延之诂经精舍，校刻诸书。游粤，客死。

黄 易 83-1

　　愚弟黄易顿首拜上，梦华仁兄侍者。前月初旬接奉翰教，备悉种种，为慰。弟自到山左后，抗尘走俗，忽患腰脚旧恙，时觉不良于行，及至两月后始霍然。此间汉魏六朝碑帖埋没于土中者极夥，仅访得武氏碑三种，不足尽兴，其它已差人各处去搜矣。先拓三种呈教，余俟搜得后即拓奉清赏也。覃溪前辈近寄来《兰亭》榅本，甚妙，晤时先此道谢，不专函矣。汉碑各种亦拟拓寄，祈先为致意，余不宣究。易再拜。瘦铜《竹叶盦集》闻已刻好，想同晨夕，乞为我代索一部，并及。初四日。冲。

　　钤"黄易私印"。[上海图书馆]

考：乾隆五十一年（1786）八月黄易访得《武斑碑》等，张埙《竹叶庵集》亦刻成于本年。札当作于本年秋冬某月四日。据札，何元锡时在京师。

何元锡 83-2

　　[前阙]依依，笔未能述，务望九兄大人常寄好音，俾得详知一切，是所祷切耳。再：滕县城南四十里大道，地名官桥，桥沟中有《随开皇八年石刻》，上半截闻尚未剥蚀，可读。弟此刻行色匆促，竟不能往揭，是一恨事。特寄告足下，望即购寄为幸。专此肃函奉别，并请升安。不一。小松九兄大人，愚弟何元锡顿首。七月十九日泐。

　　《北海钟铭》到杭日即寄。

钤"梦华馆印"。[《黄小松友朋书札》第六册]

考：据83-3，知何元锡自山东回浙在乾隆五十二年（1787）秋，札作于本年七月十九日。

何元锡 83-3

别来忽忽两年，虽尺素达情，终不如一握手。迩来序入暄和，伏惟九哥大人台候增胜，为祝。弟自去秋回里，原拟即日赴晋，嗣得家君手示，知已自晋游燕，未令前往。子月内挂帆西江，家中丞相代甚优，适启事一席缺人，即命弟掌理，两月来诸凡尚属投契。惟覃溪先生于去冬赴赣南一带考试，尚未得会晤，为可怅耳。近于省垣大安寺搜得《吴太和五年铁香炉铭》，称收买铁及钱打造，乃知朱竹垞以为铁仄钱者非也。又百花洲上尚有南唐时铜钟，铸有题名、年月，容揭得副本，即当驰寄。兹将案头已得诸碑先检寄数种，余俟将来再行续上。近有舍亲滇南来者，带有吴道子《观音画像》，并云滇中古刻甚多，兹据其所见闻者云：大理府赵州有铁柱，在城南百里铁柱庙，系武侯立以纪功者，岁久剥落，此时所存，系唐咸通时重铸也。又有诸葛寨在城东，地名豪猪洞，南山顶石壁有龙形人马各像，系武侯时雕刻。顺宁府有诸葛碑，在猛缅凤山，文薛剥不可辨。又有石柱在右甸达丙里田畦间，相传为武侯所制。又昭通府镇雄州有仙碑，在城北境火头坝口，篆文极奇古。以上各刻惜路途辽远，不得购揭，即渠有一二种已得者，亦以行色匆匆，未能一见，不识足下能致之否？弟此间耽搁不过年余，明岁秋间仍随雨村来济，并就近料理完娶一事也。嗣后如惠书，附翁学使处转交，总可接得无误。再：前此所恳书画印石并望早寄。至南田翰墨，弟此番并未带出，统俟将来赴东时奉报可耳。兹乘羽便，草草奉候近福，未尽所怀，临池神溯。小松九哥大人执事，愚弟何元锡顿首。新正廿九日。

钤"古杭何元锡印"。[《黄小松友朋书札》第六册]

考：本札既云去岁子月（十一月）挂帆西江，又云翁方纲去冬赴赣南一带考试，知作于乾隆五十三年（1788）正月二十九日。翁方纲上年十一月按试江西，《复初斋诗集》卷三十五收《仲冬自南昌按试吉安、南、赣诸郡，登舟有述三首》。札中所言家中丞，即时任江西巡抚何裕城，何元锡往依之，为掌书札事。札中告知在南昌所见古金，及耳闻滇南碑刻，并寄拓片副本，又云："前此所恳书画印石并望早寄。至南田翰墨，弟此番并未带出，统俟将来赴东时奉报可耳。"按，黄易"梦华馆印"边款云："年来懒作印，有惠以铭心绝品，则欣然奏刀。梦华居士许我南田便面，可谓投其所好。挥汗作此，不自知其苦也。乾隆丙午（1786）七月，小松。"元锡所恳印章当即"梦华馆印"及"何元锡印"诸印，然至此际尚未寄到。札言"明岁秋间仍随雨村来济，并就近料理完娶一事"，何元锡娶曲阜孔广棻女，据孔宪瑸《孔氏大宗谱》，广棻字京含，号遐馥，乾隆庚子（1780）科举人，拣选知县，四氏学学录。其长女华适贡生仁和何季堂第三子候选县丞元锡。据札，知何元锡成婚在乾隆五十四年秋日左右。雨村待考。

何元锡 83-4

八月朔曾具小札，内附潭报并金石等件，未知已入台览否？弟归里以来，殊无善状，近日又因家中丞葬期伊迩，一切更形忙碌。惟新得六朝唐人碑刻五十余种，多有前人未见者，为可喜耳。晋斋坐困在家，急切颇难就道，前有画片托阁下代售，谅必为渠设法也。兹因渠处人便，附上奉化县新出唐刻一、砖文七，内五凤一种近出海盐，为李某所得，按吴五凤无三年，汉五凤有四年，此真西汉遗文，尤为可宝也。阁下迩来所得金石定更富有，可能惠我一二否？如有寄示信件，祈寄铁生处转交为妥。肃候升祺，临楮曷胜依切。秋盦九兄大人阁下，愚弟何元锡顿首。九月十二日。

钤"梦华馆印"。[《黄小松友朋书札》第七册]

考：札作于乾隆五十六年（1791）九月十二日，何元锡时已自曲阜携眷归里。参 17-20 赵魏致黄易札。南行前黄易曾为题画册，《秋盦诗草》收《梦华三弟自仙源挈侣南返，出画册索题，为赋二绝》，据诗意作于春日。何裕城上年调安徽巡抚，行次合肥时去世。此时何元锡为营葬事。黄易亦安排赵魏北上济宁，并奉上路费五十金。17-22 赵魏致黄易札称"家中尘事坌起波翻，必须办清，方可脱然"，即本札所云"坐困在家，急切颇难就道"。何元锡此札与赵札同缄，赵札云："七月中，孔府之纪回济，有装好奂九画十帧附寄，谅已检收，恳为布置。前梦华所携，或者难销，乞存尊处，容弟来再商亦可。"即本札所言"前有画片托阁下代售，谅必为渠设法也"。

何元锡 83-5

昨在济上，蒙九哥大人见爱之深，情文兼至，且得挎裳联袂访古扪碑，备极人生乐事，感佩之私，实非楮墨所能罄述。弟自二十五日回至仙源，连日在孔林搜寻《礼器后碑》，杳不可得。今晨寻至林外东北，红墙根见一小碣，甚古，大半没入土中。弟疑为汉物，亲自手剔之，隐隐露八分书。急觅工掘至二尺余，用水洗涤数遍，然后椎拓，额题曰"孔君之墓"四篆字，文八行半，皆残阙，孔君名字亦磨灭不可辨。惟文中叙孔子十九世孙，则亦泰山都尉、博陵太守之从昆弟也。归检金石诸书，此碑已载入赵明诚《金石录》，其首行"永寿元年乙未"在宋时已阙首二字矣。弟思既获此刻，岂可不急为收护，因请于圣公，移至圣庙同文门下，与诸汉碑并列，已许可，大约明日即可移至庙中。兹先将新搨本寄上一纸，并附素册，欲求九兄大人为弟作《寻碑图》以志古缘。如蒙挥赐，感幸何似？外又附《华岳题名》三纸，即《天和碑侧》也。又《独孤仁碑额》，亦尊藏所无，谨以奉上。另寄铁桥三兄一件，望即致之；又覃溪尊伯一件，恳即加封驰寄，为祷。灯下草草作书，即请近安，余容续报。小松九兄大人执事，愚弟何元锡顿首。三月初五日。

钤"何元锡印"。[《黄小松友朋书札》第十一册]

考：札作于乾隆五十八年（1793）三月五日，上年冬日何元锡自杭州至山东，参48-3张燕昌致黄易札。本年春日曾在济宁与黄易相见，并同拜济宁人故天长知县潘兆遴之墓，潘生前藏碑甚多，《得碑十二图·祷墓访碑图》题识云："乾隆癸丑（1793）清明节，余同何梦华携儿子元长拜先生［即潘兆遴］之墓。余默祷曰：我辈好碑，与公同志，愿公神佑，庶有所获。未几，何梦华得《汉孔君碣》于曲阜，余得《汉画像标题周王、齐王》等石刻于嘉祥随家庄，移置洪福院。"何元锡与颜崇槼在曲阜发现《孔君碑》，移置同文门，为本年三月事，阮元时为山东学政，曾于碑上为作题记，《定香亭笔谈》卷二亦记此事云："梦华昔在曲阜，当［尝］步行孔林外，得《汉孔君碑》，黄小松司马易为写《林外得碑图》。"黄易所作《林外得碑图》，即本札中所恳《寻碑图》。《揅经室四集》诗卷二《题何梦华元锡〈林外得碑图〉》："孔林墙外夕阳明，永寿碑酬访古情。我后何君来曲阜，手摩残字得熹平（癸丑冬，元至曲阜，适黄小松之访碑人以见汉隶残石来告，元亟命掘舁至试院，手剔其文，乃熹平二年石也）。"何元锡得《孔君碑》后，黄易于本年冬日又得《熹平二年残碑》，为一时盛事。除阮元外，此图友人多有题诗，潘奕隽《三松堂集》诗集卷六《题何梦华〈林外得碑图〉》（梦华钱塘人，名元锡，于孔林墙外寻得《汉永寿元年孔君碣》，黄小松司马为作图）》："黄九得碑图十二（小松昔年过苏，携示《得碑十二图》属题），梦华亦写《得碑图》。千秋爱古获同调，嗜好真与时人殊。　永寿滟滩纪二年，觞觚雷洗企前贤。何当乞我元年本，更结萧斋翰墨缘（余未获《元年碣》，故云）。"谢启昆《树经堂诗续集》卷一《题何梦华〈林外得碑图〉（黄小松画）》："摩挲古砚晋砖残，插架藤阴铁镬寒。忽睹汉碑亲礼器，如迎先辈肃衣冠。千春藓蚀逢知已，三尺虬蟠得巨观。满册虹光湖上烛，烟云袖出散花滩。　洪《释》当年诚未见，翁、彪遗碣此同工。壁间丝竹清音起，墙外莓苔落照红。继访熹平邗水阮，旁搜泰岱药洲翁。万年永寿登金石，松桧森森汉殿风（梦华得《汉永寿元年孔君碣》于孔林墙外，阮芸台亦得《熹平二年碑》）。"此外尚有翁树培《三十汉瓦轩遗诗》卷上《〈林外得碑图〉为何梦华题》、王昶《春融堂集》卷二十二《题何上舍梦华〈得碑图〉》等。阮元任山东学政期间，与毕沅合力成《山左金石志》，何元锡为助手之一，《揅经室三集》卷三《山左金石志序》："元在山左，卷牍之暇，即事考览，引仁和朱朗斋文藻、钱塘何梦华元锡、偃师武虚谷亿、益都段赤亭松苓为助，兖济之间，黄小松司马搜辑先已赅备，肥城展生员文脉家有聂剑光钹《泰山金石志》稿本，赤亭亦有《益都金石志稿》，并录之，得副墨。其未见著录者，分遣拓工四出。"

黄　易 83–6

去年令弟来济，接讽手□，备悉起居佳胜，稍慰远念。其时弟正碌碌，心绪甚劣，未及裁复，罪何可言，知己想不讶我也。入春来，清兴稍佳，于土中又搜得"长宜子孙"汉镜两枚，唐镜一面，皆青绿可爱、光怪陆离者，拓奉台览，幸品之。洪武马牌已为他人买去。委书楹帖亦以隶体为之，不足观也，挂屏各件俟有便再缴。匆匆，即候尊安。不备。愚弟黄易顿首状上梦华我兄有道执事。四月十二日。

钤"小松""黄易私印"。［上海图书馆］（见图版七）

考：钱大昕《潜研堂文集》卷四十五《何桐荪墓志铭》："生四子：元铨，府学生；元锡、元鼎，皆候选县主簿；元昌，国学生，蚤卒。"黄易所称"令弟"当为何元鼎。札中所言三镜，皆著录于《山左金石志》，卷五《汉长宜子孙镜》："右镜径五寸七分，鼻钮，内一层篆文铭四字曰：长宜子孙，外一层篆文铭八字曰：寿如金石佳且好兮。此《博古图》所谓单言之不足或长言之者也。"又："右镜径三寸三分，人钮，余略同前。"同卷《唐临池镜》："右镜径四寸八分，葵花钮，六兽。正书铭二十四字曰：团团宝镜，皎皎升台。鸾窥自俦，照日花开。临池似月，睹貌娇来。词艳丽类六朝，然视其笔画为唐镜。黄小松易拓于济宁。"《山左金石志》乾隆六十年（1795）"草稿斯定"，嘉庆二年（1797）刊行。本札当作于乾隆后期，具体时间难详。

何元锡 83-7

小松九兄大人阁下，四月间舍舅赴东，曾泐数行，想邀鉴及。迩维台候胜常，为慰。弟近状托庇，惟酬应日增，倍形忙碌耳。寿阶家务日累，大非昔比，现为芸台中丞荐至扬州康山主人处，于前日动身赴扬。颜运生昨来吴门，邕叙数日，甚乐。桂未谷闻委解京饷，欲藉此息肩，可谓见几而作。吴竹虚大病垂危，于端节前归里。孙渊如领得咨文，已回江宁，秋初北上。知阁下关心旧雨，谨以奉告。前云扇面，俟尊处差人之便，可令其来取，弟寓在苏州阊门内卧龙街黄土塔桥边吴县官房内便是。兹有友人徐明经名颋，号直卿，系陶凫香妻舅，词章考据俱臻绝顶，篆书极古雅，现由水路进京秋试，日期甚促，恐途中或为水阻，必须起旱，雇觅车马，人地生疏，务祈推爱关照，俾寒士不致受累，不独凫香闻之感激，弟亦佩德不浅矣。凫香现为兰泉少寇招往续选二十五家词及《续词综》，故未得致书奉托，诸唯鉴察为荷。专此布达，并请近安。不具。愚弟元锡顿首。五月十七日苏州寄。[《故宫藏黄易尺牍研究·手迹》]

考：朱琪据札中所记"孙渊如领得咨文，已回江宁，秋初北上"，检《孙渊如先生年谱》，推断此札写作时间约在嘉庆四年（1799）。按，《孙渊如先生年谱》"嘉庆五年"条："九月除母丧，归常州省墓。至吴门，主吴县唐令仲冕署。十一月，诸名士饯别于虎丘一榭园，坐中蒋丈业晋、段君玉裁、钮君树玉、袁君廷梼、黄孝廉丕烈、顾君莼、顾君广圻、何君元锡、李君锐、瞿君中溶、夏君文焘、陶君梁、沈君培、徐明经颋、唐公子鉴、李君福、戴生延价，各自题名于册，吴君履写《山塘话别图》。……君方领咨赴补，苏抚岳起已给君咨文，经胥以君有赔项未缴，索费多金，不予，禀请扣留君，抚部为所惑，君曰：吾故不欲出仕。乃掷还其檄。十一月返金陵。""嘉庆六年"条："五月返金陵。……十二月奉檄追缴赔项，经督抚查明，本籍并无家产，现在寄居金陵祠屋，无力完缴，请俟补官日完交咨部。"札称孙星衍"领得咨文，已回江宁，秋初北上"，当为嘉庆六年事，此札作于本年五月十七日。然星衍并未成行。此际袁廷梼归自杭州，因阮元之介，将就馆扬州江振鸿（江春之子）处。参 182-2 袁廷梼致黄易札。又，徐颋为嘉庆十年进士第二人及第，本年尝进京与顺天乡试，经济宁时拜访黄易，并观《唐拓武梁祠画像》拓本，册上有其观款："嘉庆辛酉（1801）长□，徐颋过济宁小蓬莱阁观。"又，札言"凫香现为兰泉少寇招往续选二十五家词及《续词综》"，按，《述庵先生年谱》卷下"嘉庆七年"条："目疾愈甚，以生平所撰《金石萃编》、诗文两集及《湖海诗传》《续词综》《天下书院志》诸书卷帙浩繁，尚待编排校勘，不能审视，因延请朱映滫秀才文藻、彭甘亭上舍兆荪及门人陈烈承秀才兴宗、钱同人秀才侗、陶凫香秀才梁各分任之，校其舛误，及去取之未当者，刻日排纂。"嘉庆七年无顺天乡试，且黄易以本年二月二十三日下世，消息传到南方不需三月之久。陶樑当于上年已被延请，时王昶尚在杭州。陶樑甫至杭州，尝有书与何元锡，云："梦华仁兄足下，别来数日，伏想安善。弟到杭后即与绶阶、涧薲作湖上之游，十年梦想一朝忽践，快何可言。次日移寓万松山馆，一切起居述庵师皆身为料理，可愧可感，诸同事亦相安，足下幸勿我虑也。现承办二十五家词，已将频伽、渌卿、甘亭、米楼、子仙、琴南尽行选入，惟甘亭词不觳一卷，湘湄、兰村此间并无底本，乞足下转致，并将《梦华馆词》同寄为望。述庵师懒于酬应，将于清和望后返棹青溪，已订梁同往，端午节或能脱身归里，观山塘竞渡，大可与足下快叙耳。见兰汀、竹友、懒云诸君子幸为道怀。不一。愚弟陶梁叩头。三月十四日。"见西泠拍卖 2018 年 3 月艺是网拍。

84　　朱文藻　　【1封】

朱文藻字映漘，一字朗斋。浙江仁和人。通史学，王杰督学浙江，爱其才，延至京师，佐校《四库全书》。王昶辑《金石萃编》，延文藻于家，凡五载卒业。阮元督学山左，协助编纂《山左金石志》。阮元巡抚浙江，开书局为掣经室，亦尝引文藻为助。参见《（光绪）青浦县志》卷二十二《人物》。

朱文藻 84-1

耳阁下名二十余年矣，而从未一见颜色，平生阙事。何春渚、陈二西两先生频道风雅，得悉梗概，深为健羡。自愧东郭鄙人，里门株守，从前偶游都下，旋即南辕，不获假装走谒，为怅也。近在赵晋斋案头得见新搨《武梁碑》，顿尔色飞神动，但不知其碑今作何安顿，出土之时作何情状，乞为详示，俾嗜古者助谭资也。陕臬王述庵先生纂辑《金石文荟》一书，凡金石题跋分类编录，所取金石至元而止，所采题跋即现在人亦收之，其有虽非题跋而所论有关某器某碑者亦收之。今属弟分任纂辑，因思阁下留心金石，所见既多，必有论著，倘得汇录一编寄示排纂，以富蒐罗。不惟后学藉有津梁，而古迹埋没之余，緟斯阐发，则大雅之埤益良多矣。长山广文桂未谷先生名馥，与弟都门论交，今有一书，别无可达，阁下治所不知相距远近若何，想设法邮寄，尚可费神。书中瓦头搨本是赵晋斋所寄，晋斋另搨一副，自行寄送，兹不兼及。率请升祺，临颖依溯。丙午嘉平立春后三日，书上小松老先生阁下，教弟朱文藻顿首。[《黄小松友朋书札》第十三册]

考：据款识，札作于乾隆五十一年（1786）十二月二十日。时赵魏已自陕归浙，收到黄易本年发现的《武梁祠》拓片。朱文藻作札，乃为编《金石萃编》（当即札所云《金石文荟》）一书，请黄易提供相关著作。朱文藻《碑录》序云："乾隆壬寅（1782）夏，青浦少司寇王述庵先生居内艰，来武林，重修《西湖志》，文藻始获谒见先生。明年癸卯（1783），先生奉恩命起复，秉臬关中，公余之暇，蒐罗金石，创稿为《金石萃编》一书。其时嘉定王涛定山在幕中，专司编排碑拓之事，先生贻书文藻，谓诸藏弆家凡志乘、说部、文集中有论及金石者，悉为采录，缄寄关中，以备编入碑跋。适吾友鲍绿饮以知不足斋藏书六百余种进于朝，充《四库全书》采摘，高宗纯皇帝赐以《古今图书集成》一部，俾尊藏于家。内有金石一门，杂采史志及诸家说集，为人间罕见之秘笈。文藻因得借出，逐条手录，汇成一册，寄之西安。继又见汪氏振绮堂藏书，中有《太平寰宇记》一书，向只钞本流传，未有刻本，复细加检阅，凡言有碑处所悉采其说，亦续寄之。"札中向黄易征集题跋论著，亦此类也。《金石萃编》朱文藻序与此略同，唯揭出朱文藻得与分纂之列，乃出于项墉之介。又，乾隆四十八年，桂馥以优贡生任长山训导，在京时曾与朱文藻论交，此际朱有书札托黄易转寄。

85　　邱学敏　　【3封】

邱学敏字至山，一字东河，号铁香。浙江鄞县人。乾隆二十一年举人，四十四年荐擢广东保昌知县，调繁海阳，以考绩一等奏擢南澳同知。五十五年春护送暹罗国贡使入京，奉旨以知府用，旋擢直隶正定知府，五十七年秋兼护清河道，六十年补江西临江府，逾年乞休归里，数月卒。参见董沛《正谊堂文集》卷七《临江知府邱公传》。

黄　易 85-1

别十一年矣，迢递岭云，徒增梦想。昨从蒋刺史寄到手书并荷佳什，念怀郑重，感慰交并，庄读回环，欣佩无极。姜书《禊序》，易不过一时言及，尚烦清虑拳拳，益深心感矣。闻先生惠政泽民，荣迁要地，自此扶摇万里，欣庆无似。易自就微官，仍依幕下，无一可告知己。惟金石之储过于赵晋斋，断素零缣亦时涉古趣，不改奉教时面目，只此聊遣岁月耳。日内河帅有备贡之件，至保阳酌商，冲寒就道，知先生尚在都中，特此问讯。惜乎途中相左，未得握手快谈也。郑薇北六兄近绪如何，念切之至。李阳冰"黄帝祠宇"四字，易无此拓本，他种皆有之，不知先生有储本否？广东之碑从翁宫詹转乞，大概已备矣。粤中构树作纸，薄而密，颇宜泼墨画。如随意赐寄，感戢无量。敬此谢教，并候福禧，临书驰结。不尽。黄易顿首，东河先生司马。

钤"小松"。[《故宫藏黄易尺牍研究·手迹》]

考：许隽超《黄易邱学敏往来二札考释》考是札作于邱学敏任职广东期间，更可能在乾隆五十一年（1786）十一、十二月间。此际黄易署卫河通判，在河东河道总督兰第锡幕中。又考蒋刺史即署济宁直隶州知州蒋基培。郑薇北即郑辰，邱学敏表弟，时任江苏布政使司理。是。按，此际邱学敏尚在京中，札中谈到广东之碑，并倩邱学敏赐寄广东所产纸张。所询李阳冰"黄帝祠宇"四字，在浙江缙云县黄帝宫，离邱学敏故乡甚近。

邱学敏 85-2

　　学敏顿首启上秋盦九兄阁下。乞巧之后一夕，芦汀自东省戾止，时片月明檐，井梧微脱，西窗翦烛，话至漏下十五签，出吾兄手书读之，飒爽勤拳，故人如面。继闻蓬莱阁上金石之储日积日夥日妙，不得见阁中人，为之东望任城，引满狂叫，有不胜其舞蹈而神飞者。惠我多珍，其墨隶二额，则蓬莱之舞鹤骖鸾也；其古煤四挺，则蓬莱之玄玉苍璧也；其镌刷各种，则蓬莱之瑶草琪花也；至于政祉之绥和，百废之俱举，则蓬莱之广大神通，无所不可者也。此间诸碑版，微吾兄言，仆亦禠意久之。苦数月来马头续梦，驿舍传餐，欲求数日之暇，为之扪苔剔藓，迄无其会。此事定须亲为指点，不得概付之佣工下隶者。仆稍能拨忙，必有以报命也。芦汀到济南三阅月，虚橐而归，才人所遇坎轲，对之长叹。愧仆无大愿力，惟体吾兄关爱之心，为之设法凑半百两，嵩人赍到济州，聊解庚癸之厄。嗣此广为区画，俾得挈眷南还，方了此愿耳。府县二志奉邮架，龙眠《楞迦图》尚未询的，闻携之保阳求售，当徐图之。便中得赐分书斋联一对，大妙。藉候近祺，不戬。学敏载拜。八月三日。

　　钤"邱学敏印""读书秋树根"。［《黄小松友朋书札》第十册］

考：许隽超《黄易邱学敏往来二札考释》据翁方纲《复初斋集外诗》卷二十二收《吴门顾芦汀以汉苑囿瓦文见赠，赋此报谢，即送其往真定，兼寄铁香太守（"六畜蕃息"四字环写）》，作于乾隆五十七年（1792）夏，推知顾文锳于七月八日抵真定，此札当作于八月三日。是。按，邱学敏时任正定府知府。顾文锳到正定以前，曾寓"济南三阅月"，惜一无所获。在正定，邱学敏设法赠银五十两。据"惟体吾兄关爱之心"，可知邱对顾之照拂，乃出于黄易之请。此札当由顾文锳带致，吴长瑛辑《清代名人手札甲集》收顾文锳《致邱学敏札》云："贱体渐觉平复，天气尚尔和暖，趁此可以就道矣。蒙鼎言所派之画，其价各县送到否？拟于廿四五间动身为妙，昔人云'小惠易报，大恩难忘'，种承厚德，铭心铱肾。《魏相国题赵忠毅书》跋祈挥写，郡内《龙藏寺碑》并《唐李宝臣纪功颂》拓出否？黄小松书札亦即写就为妙。余面悉。不一。铁香先生钧座，顾文锳顿首。"知顾本计划七月二十四五日回东，然迁延至八月三日以后，或因邱帮助卖画，一时未能就绪。邱学敏好墨，古煤云云，当为黄易所赠旧墨。

黄　易 85-3

中秋前一日接荷手书，稔悉二兄近履清胜，惟赤地哀鸿，正资补救，想仁风所被，蔀屋皆周，自必大费心力也。芦汀荷清俸周急，闻之铭感。此时安能推解如是，仁人君子之存心，真不可及也。弟因观察更番，颇不易办，幸乐石吉金消其愁郁。今得故人一纸，逾于万金。今日债客盈门，而我挥豪作札与潘皆山，剌剌不休，且为兄书写一联，书毕罗观察忽还旧假百金，债客稍稍引去。节事毕矣，河官之困究轻于地方，聊以自慰耳。承惠志书，谢谢。元氏诸碑仍乞留意。梁氏奇秘大半散落，闻汉印及碑刻之类未出，我辈不可不留神也。弟近日购得古钱范、刀币及有款铜器，殊可观，恨未得与二兄古墨相敌耳。专此，敬候节祉，临笺驰结。不尽。铁香二兄知己，愚弟黄易顿首。

覃溪先生札即寄去，前日覃溪先生有寄二兄之书，已交芦汀先生家中，此次自必带上也。惠书扇妙妙，敬谢。潘皆山信件乞转寄。

钤"河工司马""金石癖""黄易印信"。[上海图书馆]

考：此札乃85-2之复书，作于乾隆五十七年（1792）中秋以后。所言"芦汀荷清俸周急"，即前札所云"为之设法凑半百两"。"承惠志书"云云，即"府县二志"。前札邱学敏索对联，此札中黄易应之。札言得邱氏书扇，邱工书法，为梁同书所推重，收藏金石书画亦甲于江浙。札中所言观察更番，指此际运河道沈启震去任，龚士烜由运河同知护理，八月唐侍陛任。《乾隆帝起居注》"乾隆五十七年七月"条："又奉谕旨：李奉翰奏山东运河道沈启震患病未痊，请解任回籍等语。沈启震着准其回籍调理，原任河南河北道唐侍陛现已服满，所有山东运河道员缺，着唐侍陛补授。"梁氏奇秘，当指真定梁清标旧藏，黄易托邱打听其家所藏汉印、碑刻下落。据札，此际顾文铗将再往正定。

86　　史　本　　【3封】

史本字季屏，山东济宁人，工部制造库郎中大伦子。性潇洒，工琴善书，最嗜字学，后历从名师，见名人手迹，朝夕临池不倦。于诗学尤深。年八十余。著《竹香斋稿》。参见《（民国）济宁直隶州续志》卷十五《人物志·隐逸》。

黄　易 86–1

载笔豫东，俗尘万斛，归来内外兼忙，急思走候，求片刻清凉境界，决不可得。又是去年烛下分花僧庐茶话之候，一忙至此，其何以堪耶？昨大府以雕漆匣二件入贡内中，欲配玉件，或每匣二三四五，知令亲李藩伯不乏佳品，嘱令借用，昨与提塘张君见时又荷言及，且云所配炉顶甚佳，即藩伯之物。弟本当亲往禀及，因两局纠缠，断不能出城，特求三兄转达，如有可借之件，望遣伻竟致兰大人，如一时无物，望示知转覆可也。藩伯处得少暇再往叩见。并候文安。不备。愚弟黄易顿首，红亭三兄大人。

钤"小松"。［无锡博物院］

考：陈焯辑《湘管联吟》收史本乾隆四十二年（1777）所作《无轩寄示湘管联吟和韵酬答》一诗，署"济宁史本红亭"，知红亭名本。其人壮年与海内名宿笔墨酬应，往来翰札装为册页，倩黄易题签，暇日对晤，如逢故人。札言"兰大人"，又言"入贡"，当作于乾隆五十一年冬日，时黄易在河东河道总督兰第锡幕中，来往豫东。参85–1黄易致邱学敏札。李藩伯当为济宁人李承邺，浙江提督李灿孙，荫生，曾任山西按察使、四川布政使、河南布政使，乾隆四十九年署江西布政使，五十一年实授布政使。张提塘，当为东河提塘官张某，名字难考。此职一般由武进士担任，负责京师与地方往来文书的投递。

黄　易 86-2

［前阙］归来矣，少暇即图领教。前云可以价求之琴砖，幸即谋之，需价几何，示知奉上。此恳，候安。不一。愚弟黄易顿首，红亭老大兄。

钤"黄易私印"。［《故宫藏黄易尺牍研究·手迹》］

考：黄易倩史本为购琴砖，作札时间待考。黄易在济宁，与史本交往甚多，《秋盦诗草》收《题史红亭小照》云："旧闻日下说何详，公子曾薰粉署香。山左近来词客尽，对君真是鲁灵光。　冶春高唱酒边听，梦到扬州梦亦灵。修禊再逢林古度，红桥诗后又红亭。"《秋盦词草》收《高阳台·介图所植腊梅繁枝丰蕊，得势争奇，任城无二本也。今年花放，介图邀史红亭、戴栎岑、李铁桥与余醉咏其下，栎岑有词记事，余复图写，兼填此阕》《青玉案·芥图主人招予与史红亭诸君小集，即景为图并题一阕》等。乾隆甲寅（按：当为甲辰，1784）长夏，黄易尝为画扇，戊申（1788）春杪入都前夕，又于扇上隶书常建七绝一首补图。后孔继涑又为补书五绝三首。故宫博物院藏。

黄　易 86-3

前至高斋，得见佳砚，翌日复荷手拓，赐以长句，锵金戛玉之音固极叹佩，而推许过情，又不禁惶汗矣。愧不能和，欲作一印为报，奈连日弗暇，不独未刻印，思具寸启先道谢忱，亦不得握管，更可笑也。顷又奉云笺并竹溪砚拓，妙极妙极。所欲见之《雪渔印谱》及先子手集砚拓，并附览。尚有林氏砚铭数十，俟再上。肃复，先此鸣谢，容面叩，顺候午安。黄易顿首，红亭先生师事。

易欲候钱、潘两先生，或顺道即至尊处也。

钤"小蓬莱阁"。［无锡博物院］

考：作札时间待考。《八千卷楼书目》卷十九著录《竹溪涤砚图题赠诗》一卷，明人黄煜编刊本，札中所云"竹溪砚拓"当指黄煜藏砚拓铭。"林氏砚铭"指福建侯官林氏藏砚拓铭，钱载《萚石斋诗集》卷三十二收《题陶舫砚铭册子二首》，钱大昕《潜研堂诗集》卷十收《题侯官林氏陶舫砚铭册子》二首，黄任《秋江集》卷四收《题林涪云陶舫砚铭册后》。涪云名在峨，号陶舫，辑有《砚史》一书。《雪渔印谱》，明万历间休宁何震所刻印谱，其用刀方法为黄易所宗。据札，史本亦收藏砚台及砚拓。

87　　　胡　栗　　　【1封】

胡栗字润堂，号三竹。浙江富阳人。工山水，精篆刻。参见彭蕴璨《历代画史汇传》卷十。

黄　易 87-1

别来十有余年，回忆乡曲往还，惟古是好，此乐殊不易得。见何君梦华，稍悉近况，深萦寸抱。兄贫而乐，弟贫而忙，兴会固自不同，见象昭大兄可悉弟之近概也。尊刻印款直逼前师，佩甚快甚。弟惟金石渐多，可以傲对晋斋。近见汶上城内僧庵篆额曰"黄华庵"，适与尊号合符，特揣一纸奉寄以为斋额，何如？篆法甚遒，不知何人所书。如奚九作图，跋此一则，亦属快事。肃候文祺，临笺驰结。愚弟黄易顿首，润堂大兄。上元，济宁道古小堂具。

钤"秋盦"。[上海图书馆]

考：据"别来十有余年"，"见象昭大兄可悉弟之近概也"，知本札作于乾隆五十二年（1787）正月十五日，上年陈灿自济宁南返。参2-15黄易致陈灿札。黄易与胡栗早年习篆刻皆师法丁敬。黄易"画秋亭长"边款云："余好研林先生印，得片纸如球璧。先生许余作印，未果，每以为恨。胡兄润堂雅有同志，得先生作'画秋亭长'印，即以自号，好古之笃可知。复命余作此。秋窗多暇，乃师先生之意，欲工反拙，愈近愈遥，信乎前辈不可及也。乙未（1775）八月，黄易在南宫刻。"据札，胡栗斋号曰"黄华庵"，奚冈尝为制图。

87-1 黄易致胡栗札　上海图书馆藏

88　　张方理　　【3封】

张方理字雪筠，浙江山阴人，寄籍直隶清苑县。乾隆三十六年举人，为朱筠门下士。历任山东历城知县、兖州府同知署任济南知府、湖北荆州知府等。

张方理 88-1

嘉平，台驾自保州回，辱赐手函，重承青注。吴自新兄之札已收到矣。春来闻九兄来往豫东，轮蹄未尝宁息。弟亦因公事丛集，又兼署济南，才拙事繁，刻无闲暇，致疏笺候，挚好弟兄或弗以疏略罪也。青州都统庆大人系尹相国之五子，仲春在省，因景仰九兄笔墨，渴思图晤。知弟素承不弃，嘱恳隶书白纸对一副，乞双款；又有图石两方，嘱求铁笔，望九兄公余一办，即日寄弟转呈，叨光不浅。肃泐抒意，并候升安，临书神溯。小松九兄大人，愚弟张方理顿首。[《黄小松友朋书札》第一册]

考：张方理以乾隆五十一年（1786）五月由兖州府同知署任济南知府，此札提及"兼署济南"，又言庆霖仲春在省，当作于乾隆五十二年二月以后。其时黄易升卫河通判，在兰第锡幕中，来往豫东，上年冬日曾办差保州，故札有"嘉平，台驾自保州回"云云。参85-1黄易致邱学敏札。札中张方理绍介庆霖，并为代求隶书及印章。参102-1庆霖致黄易札。据《（咸丰）青州府志》卷十三《满洲驻防职官表九》："副都统：庆霖，满洲镶黄旗人，乾隆四十九年任。"庆霖父尹继善官至大学士，兄庆桂官至兵部尚书。张方理为直隶清苑人，黄易游幕直隶时即与交好，曾为刻三字名印，后印面为人磨去，惟存边款二面，末云："为雪筠兄刻三字，石交难得，珍重珍重。乾隆丁酉（1777）上谷初夏，杭人黄易制。"同治癸亥（1863）十月，赵之谦以此石仿黄易"赵氏金石"为沈树镛刻"沈氏金石"。

张方理 88-2

廿年挚好，九载同舟，而踪迹之疏，终岁不获一面，令人时企停云。不谓出守荆州，跟跄就道，不克与九兄大人握手言别，依恋之私，更难笔罄。从此迢迢数千里，后会难期，益切停云之望。至彼处，地当险要，工赈同时并举，庸才虑难胜任，惕惕于心。一切风土人情，亦素为闻见所不及。窃忆九兄大人昔年久处汉阳，情形俱在高明洞鉴中，伏望指示一切，不致有陨越羞，足感雅爱矣。肃函志别，恭候台安，临书不胜依依。愚弟张方理顿首。三十日，潘家店行馆。[《黄小松友朋书札》第五册]

考：据《（光绪）荆州府志》卷三十三《官师》："知府：张方理，直隶举人，乾隆五十三年（1788）任。"札当作于本年，时张方理赴任途次直隶潘家店。88-3有"戊申岁杪接书"云云，即本札之复书。据《（民国）山东通志》卷五十八《国朝职官表八》，张方理乾隆四十六年选任山东利津知县，故札中有"廿年挚好，九载同舟"云云。

张方理 88-3

自来荆楚，瞬息三年，侧闻九兄大人荣调运河，勋猷卓越。年来全漕利济，上惬宸衷，行见沈观察节制河东，以次超迁，荣膺宠命，当为九兄大人额手称庆也。戊申岁杪接书，凡堤工做法及楚北风土人情，事事备承指示，如得南车榜诸座右。是年堤工即遵层土层硪连环套打之法，于今三经大汛，稳固无虞，安澜叠报者，多藉九兄大人指示之功，弟于制府前往往言及，知我辈相好关情原非泛泛耳。荆州大灾之后，凋敝情形不堪寓目，幸振恤从宽，又有六十余万之城堤，各工赖以代振穷檐，糊口有资，兼之年谷顺成，频书大有，元气可期渐复。荆州讼风，诚如台示，争洲田、坟山之类，甲于楚北，上控积案不下五百起，三年中审结十之九，因严为惩创，致频有控京之案，拙于酬应，辄挂星使弹章。弟绾符十余年，心力耗竭，藉此息肩，亦属厚幸。且无愧于心，奚关荣辱。正拟整理归舟，适逢制府到京，面为保奏。蒙恩准加倍捐复，留办城工，或得或失，俱梦想所不到。又因地处繁剧，不肯委员接署，迨六月十三崔曼亭到荆，始得卸事。频年城堤各工及历任仓库，赔至十万，身无完肤，幸上司、同官共知原委，故交代尚不掣肘，而弟已不堪敷衍矣。刻下督办城工，兼审积案，冬底俱可竣事。来年二月，候制府收工，即请咨北上，拟归途绕道东邦，或可与九兄大人畅谈积悃也。胡二世兄名金石，署篆黄陂，亏缺甚大，欠弟漕米千余石，不得不为赔垫，此日有饔餮不给之状，不能回籍，爱莫能助，不识九兄大人得其音耗否？人便，泐函抒悃，恭候崇安暨阖辕上下多吉，临书神溯。愚弟张方理顿首。七月廿七日。

前济宁王四兄一信，烦转交，如已南旋，即觅便附去。

钤"雪筠"。

再者：秋帆制府自到两湖，求金石碑版而不可得，往往道及九兄搜罗甚富，罪弟在东时不与博雅君子作《齐鲁金石考》。弟自惭鄙陋，案牍劳形，何暇计及金石？因思九兄好古，自必汇集成书，倘承不弃，附贱名于校对之列，则幸甚感甚。再：九兄所得石屋中旧碑，便中惠寄一二，更为心感。又泐。[《黄小松友朋书札》第十册]

考：崔曼亭即崔龙见，乾隆五十六年（1791）六月继任荆州知府，知此札作于本年七月二十七日，与"自来荆楚，瞬息三年"之说亦合。参见《（光绪）荆州府志》卷三十三《官师》。此际张方理为人弹劾罢官，因湖广总督毕沅保奏，暂留办城工。札言黄易"荣调运河"，指乾隆五十五年擢运河同知一事。沈观察即沈启震，乾隆五十四年四月再任运河道。据札，乾隆五十三年冬，黄易曾有书致张方理，告以工程之法及荆楚风俗，即88-2之复书。所云"石屋中旧碑"，当即《武梁祠画像题字》。

89　　武　亿　【5封】

武亿字虚谷，河南偃师人。乾隆三十五年举人，三应礼部试皆报罢，因游学士朱筠之门，以文章气谊相勖励，学士雅重之。四十五年成进士，五十六年谒选，授山东博山县知县。不久忤上官意，罢职，官博山方七阅月。游东昌、临清间，藉书院以糊口。至河南诣好士友人，与修县志，以终其身。嘉庆四年十月卒于邓州客馆，得年五十有五。通贯经籍，著述甚多。参见孙星衍《五松园文稿》卷一《武亿传》。

武　亿 89-1

顷一札自省中付去，内有鄙著数册，晋斋两小刻并入一函，亿辄意其不达，因更草此以烦视听。属闻阁下去岁返自都中，为政之暇搜缉编著，必有奇观。然私计不肖承阁下眷厚，于今已三年，虽拿陋未敢希执友之末，但恃在契义，从未睹大君子有所垂教，岂于凡材秘惜不宣耶？抑诚恳未足以动耶？皇恐皇恐。前承惠武宅山一大碑，中凿圆孔者，搨墨太重湿，文字皆不辨，如著录已释出，得其文理成句者，烦抄寄为要。少室东阙铭及他阙铭字，并遵盛指拓去，阻远恐有耽阁，须示及，趁今岁犹可亲摹也。亿居家索寞，赖得鱼山数通问以作面谈，惟不得邀阁下手记，良用为憾耳。瞻近无期，益劳翘企依依，不悉。上小松先生阁下，亿顿首再拜。三月初二日。

钤"武亿"。[苏州笃斋藏]

考：黄易所寄"武宅山一大碑，中凿圆孔者，搨墨太重湿，文字皆不辨"者，即乾隆五十一年（1786）黄易于嘉祥访得之《武斑碑》，然所赠拓本湿墨粗劣，至无法辨出何碑，只得称"武宅山一大碑"。《金石一跋》卷一《汉敦煌长史武君碑》亦云："黄小松旧遗余《武氏碑》，字殊漫漶。询之小松，乃以近所刻《释文》与洪氏对勘者，计存三百十二字，较洪氏存四百八十字已少一百六十八字矣。"所谓"询之小松",即本札所言"如著录已释出,得其文理成句者,烦抄寄为要"。又,札中提及"亿居家索寞,赖得鱼山数通问以作面谈",鱼山即冯敏昌,乾隆五十二年游中州,秋日主孟县河阳书院,时毕沅为河南巡抚,嘱重修《孟县志》,冯氏自序作于乾隆五十五年十二月六日,称此书历四年而成。据陈鸿森《武亿年谱》,乾隆五十二年至五十五年,武亿三月家居唯乾隆五十二年,札当作于本年三月二日。据札,黄易上年曾有京师之行。

武　亿 89-2

九月中旬始接读所赐书,感慰非常。又承足下推爱,寄到新得汉晋石刻数种,及手镌名印三方,皆为生平所希不敢过望必获者,竟一时并获,益为荣幸。玉版连纸一束已收贮,十月间属舍弟往登封,如命拓出,续当寄去,断不敢有负雅托也。碑版存录,自郦氏《水经注》少存梗概,后惟欧、赵、洪三家搜集不遗余力,然所存者今已半没矣。得足下笃古嗜奇,甚于性命,神物藏晦,宜其时,为足下宝爱也。《修汉武氏祠堂记略》缓读寻绎,叙述中尚有一二字未安,如"济学"仍作"济宁学","刘刺史"亦当书"今知州事刘君永铨"之类,此微瑕,原不足苛求,以执事言为世师,记文必传后故,辄妄及之。馆事拘缀,不获就谒,良冀为时自爱。不宣。[《授堂文钞》续集卷九《与黄小松》]

考:黄易《修武氏祠堂记略》作于乾隆五十二年(1787)六月,参见《金石萃编》卷二十,陈鸿森《武亿年谱》据此推定本札作于本年冬日。按,札中收到黄易九月寄到之玉版连史纸,武亿将嘱其弟于十月间前往登封为拓嵩山三阙。盖本年三月,武亿曾告知黄易,诸阙文字今岁犹可亲摹。参89-1。此际武亿为怀庆府通判王增西席,故有"馆事拘缀,不获就谒"云云。本札当作于乾隆五十二年九月中下旬。黄易收到武亿寄来诸拓在乾隆五十四年,当年十一月十五日黄易致陈灿札有"《嵩山三石阙》续得多字,快幸之至"之语,参2-19。武亿所指《修武氏祠堂记略》诸瑕,即"《武斑碑》宜与《武荣碑》并立济学,而石材厚大,远移非便,易惟将《孔子见老子画像》一石移至济宁,与刘刺史永铨敬置学宫明伦堂"一段,《金石萃编》所收为未修改之原稿。札言"寄到新得汉晋石刻数种",黄易与武亿相互馈赠甚多,武亿《与朱少白[即朱锡庚]书》云:"金石著录某已倦于此矣,惟以生平搜访勤苦,于史志推证,补前人疏舛者,颇不为少,遂捡出一百八十余篇,意欲校刻，供世人玩好，惜无资耳。昨黄小松无端寄到汉碑数种，又为某重结金石未了之缘，此亦似有命数，不可谢也。"又，《金石一跋》卷一《汉西狭颂》："钱塘黄小松所遗《武梁祠画像》全部，又《孔子见老子画像》，皆镌作纤巧。"卷二《汉武氏前石室画象》："石室画象既晦而显，皆赖钱唐黄君小松抉奇出之。其以前后标题者，亦君所识别也。"《汉白石神君碑》："碑久为前人著录，惟余自戊申（1788）岁始得之，小松所寄拓本。"卷三《晋卢无忌建太公表》："表仅余上截，黄小松自汲县西门得之，摹拓遗余。"卷四《北齐张景晖造弥勒佛像记》："此记亦遗自小松。"《北齐比丘道朏造像记》："朱豹泉得此石寄黄小松，琢背为砚，而小松复以遗予。"《授堂金石文字续跋》卷二《王双虎造像记》："记为黄小松拓寄。"武亿寄赠拓片，《小蓬莱阁金石目》著录甚多："《清信女造无量寿佛像》，正书。神龟元年。武虚谷拓寄。在河南洛阳县龙门山。""《武德于府君等义桥石像之碑》，正书并额。武定七年。在河南怀庆府清化镇南三十里武德镇，武虚谷所寄。""《窦朋妻造象》，正书。神龟二年。武虚谷拓寄。""《宋买等造天宫石象碑》，正书。天统三年。在偃师县寿圣寺。《吴洛族等造释迦弥勒象碑》，正书。无年月。在偃师县寿圣寺。《邑子朱道咸等造八大像颂》，正书。天统五年。在许州关忠义庙。《少林寺造像碑》，正书。武平元年。在登封县少林寺。《□哲智超等造象》，齐□□□年。在偃师县。以上五碑武虚谷拓赠。""《杨安都等造象碑》，正书。武平七年。武虚谷拓赠。"

武　亿 89-3

小松九兄大人阁下，比日南旋，营护大事，已就绪否？今冬嵩洛之游决成行否？亿在济南迫忽数月，丛冗无状，承纂《山东金石志》，仅编唐、宋二代，会阮督学移节，亿决不能远从，固谢归临清。岁暮归家，兄如惠然北来，一成良晤，鸡黍之约尚能仓卒作主人也。王秋塍补偃师，欲邀亿在家主两程书院，穷年奔逐，若幸少息肩，亦是快事，但不可必尔。明岁亿仍就清源之约，二月间必当至馆，相隔益与兄远，未审何日得遂继见，言之怆感不已。伏惟以时珍重自爱。小松九兄大人，亿顿首。九月十六日，历下小沧浪寄。[《明清名贤百家书札真迹》，今为私人藏]（见图版八）

考：乾隆六十年（1795）闰二月黄易丁艰，七月南旋葬母，札作于本年九月十六日，武亿时在济南纂《山左金石志》。乾隆五十六年四月，武亿入都调选，曾迁道济宁过访黄易，并题所藏《宋拓汉石经残字》，次年就任山东博山县知县，七月而罢，此后一直在山东各处坐馆。武亿罢官后，黄易特为作《虚谷草堂图》，友人多有题诗。如翁方纲《复初斋集外诗》卷二十二《题〈虚谷图〉送武进士归偃师》、王复《晚晴轩稿》卷八《题武明府〈虚谷图〉，次法时帆祭酒韵》、魏成宪《清爱堂集》卷二十三《题武虚谷大令亿〈虚谷草堂图〉，次法时帆祭酒韵》、赵希璜《四百三十二峰草堂诗钞》卷十八《题武明府亿〈虚谷图〉》等。乾隆六十年八月，阮元自山东学政调任浙江，武亿未能远从，预定岁暮返回偃师，其时王复补偃师知县，邀其主本地书院，然武亿仍欲于年后赴清源馆席。札中询及黄易本年冬日嵩洛访碑能否成行，按黄易本年十二月自杭州经苏州、无锡、常州返济宁，其嵩洛之游至次年九十月间始得成行。嘉庆元年（1796），时任山东运河道台孙星衍《致武亿》有云："顷以防汛到工。小松约在八月初来作嵩山之游，并拟奉访，惜弟不能追随也。"故宫博物院藏。然本年七八月间，南河总督兰第锡忽差黄易前往江南视河，故稽迟一月。参173-6黄易致郑震堂札。

黄 易 89-4

家心庵过济，具道大兄好古笃友，深切企慕。俗事纷如，未及函候。兹在兰河帅幕中，接手书，极承雅爱，惟奖许过情，谦冲太甚，读之不禁颜汗。弟此间事后数日内必驱车至汴，快聆雅教，畅作嵩洛之游。晤期不远，先此敬候台祉。不备。愚弟制黄易顿首。八月廿四日丰县节馆具。

敬璧谦光。［私人藏］

考：札无上款，当致武亿者。嘉庆元年（1796），黄易尚在守制期间，八月，因河道漫口，南河总督兰第锡倩黄易前往丰县一带防汛，故札有"兰河帅幕中""丰县节馆"云云。参173-6黄易致郑震堂札。此际即将告成，黄易拟数日内前往嵩洛访碑，先作札致意武亿。心庵即黄承增，歙县人，本年六月曾至杭州拜会何琪，参5-9何琪致黄易札。此际又在济南与武亿晤面。

武 亿 89-5

承示，《隶释》《隶续》并已接到。某在京师，于二书略为寓目，苦不悉究所以，后属人转觅致之，终不见获。顷乃得阁下藏本，研览寻味，益知洪氏专门之学，不独网收残逸，证其事迹本末，为有资于多闻，而文字通借之间辨释推析，尤于小学功不为细。然就其中时有得失，恐不免为后人所掇拾者。《樊毅修华岳碑》云："有汉元舅，五侯之胄，谢阳之孙。"洪氏谓："《水经》云：'泚水西南流，谢水注之，《诗》所谓申伯番番，既入于谢者，樊丹封谢阳，即其国。'又云：'自广陵出白马湖，径山阳城西，即射阳县之故城，高祖封项缠为射阳侯，乃其地。'据此则传以丹为射阳误。"某考，其实射、谢古多通用，碑言谢阳，即传所谓射阳（详见某跋《樊毅修华岳碑》内），盖同为一地，而传非误也，其误在章怀太子注不解古义，遽指临淮别有射阳，又疑远非此地，以致洪氏更据《水经》之注而訾及传文，是其疏也。《汉都乡正街弹碑》，洪氏依《水经注》"鲁阳县有《都乡正卫为碑》，平氏县有《南阳都乡正卫弹劝碑》"，指赵氏误认"卫"为"街"。案《周礼》注正作"街弹"，疏谓"汉时在街置室，检弹一里之民"，以此碑证之符合，而景伯不宜诋赵氏为误。又《王稚子阙》"河内緼令"，"緼"即"缊"字，隶法少异耳。洪氏误认"缊"为"緼"，而以意附会之，云"河内县令者，以郡为尊，盖谓河内之县令即温"。然"缊"与"温"古亦通用。《诗》"饮酒温克"、《礼器》"温之至也"、《内则》"柔色以温之"、《汉书·义纵传》"少温藉"，义并与"蕴藉"通。则一字而从纟、从水，其研审不核以自贻舛者，又著明也。至如《隶续》："案《衡方碑》，尝为会稽东部都尉，乃威宗之时，则东都盖有此官，未尝并省。范史虽不具载，而他书亦可稽据。"某检《后汉书·彭脩传》："脩，会稽毗陵人也，仕郡为功曹，时西部都尉宰鼂行太守事。"此会稽设东西部都尉，又见于史如此。《处士严发残碑》，洪氏案："《百官志》'孝子顺孙、烈女义夫［妇］及学士为民法式者，皆扁表其门'，许氏《说文》云：'扁者，题门户之文。'则旌间之事，东都盖已有之。"愚谓《荀子·大略篇》"武王始入殷，表商容之闾"，当有周之初，旌别淑慝，亦已肇其端矣，然则非自东汉始有也。《五君梧桠》有"真人君"，洪氏谓"延熹中蔡邕作《王子乔》及《仙人唐公房碑》，皆有真人之称"，考之《庄子》已谓关尹、老聃"古之博大真人"，而秦始皇亦曰"吾慕真人，自谓真人不称朕"，盖亦不独伯喈为文始然。其他尚有，不及备检，姑就某所知数端为阁下妄言之，幸垂教。不宣。［《授堂文钞》卷三《答黄小松书》］

考：札中称洪适《隶释》《隶续》二书不独有益史学，于小学亦厥功甚伟，然亦不免谬误，因举《樊毅修华岳碑》《汉都乡正街弹碑》《王稚子阙》《衡方碑》《处士严发残碑》《五君梧桠文》洪氏按语，辄加辨正。作札时间难详。

90　　陆　绳　【2封】

陆绳字古愚，江苏吴江人，陆耀子。秉承家学，隶书直追汉人，流寓潭西精舍，所交皆四方知名士。尤喜金石刻，尝遍游长清、历城山岩古刹，搜得神通寺造象十八种，及灵岩寺诸小石记百余种。后买宅嘉兴郡中花仓里，聚金石法书名画于切问斋，高朋率盈座上。参见阮元《小沧浪笔谈》卷一。

陆　绳 90-1

元宵日从蓝三哥处奉到手札，深荷垂注。敬稔九兄大人起居顺适，为慰。弟去夏关中之游，仅敷往来盘费，咨迫之项，仍然无补，惟古石刻颇得一二耳。承委购《豆卢恩碑》，其石已为某县令磨去字迹（此近两年事），改作工塘之用，今不可得矣。华阴庙杨凝式题名，两次过华阴遍寻不获，询之道士，亦不知其处。瓦当异文亦不可得，仅得"长生无极""亿年无疆"数种而已，想邺架已有藏弆。外拓本全副寄呈雅鉴，内"百万石仓""方春蕃萌""撙依中庭"三瓦为近年新出，从钱献之、程彝斋两处元本用古人翻沙法摹得者，但未详所施，并祈博雅考证惠教为感。《汉敦煌太守纪功碑》真本亦得四本，未谷、献之、江世兄各分其一，弟自留一本，不能再赠人矣。在西安，又见《西岳华山碑》宋搨真本一册，缺一河字，其余与天一阁本无异，惟碑额旁无唐宋人题名，盖为装潢者割去，可惜其价太昂，力不能得，真真恨事。又得唐开元年佛座一，与尊处佛座相似而差大。兹乘蓝三哥回沛之便，匆匆率勒布复，并候近安。不一。世愚弟陆绳顿首，秋盦九兄大人我师。五月廿三日，灯下。

钤"陆绳印信"。[《黄小松友朋书札》第二册]

考：阮元《小沧浪笔谈》卷一云："予至山左，与公[指陆耀]次嗣古愚绳为金
　　石文字交。"知陆绳为陆耀次子。尝客居山东，嘉庆间任钜野县主簿。据
　　93-1沈默致黄易札，陆绳访《豆卢恩碑》在五十一年（1786），则此札作

于次年五月二十三日。札言"尊处佛座",当即《开元郑氏铜佛座》,黄易得之于山东。程彝斋即程敦,安徽歙县人。著有《秦汉瓦当文字》。

陆　绳　90-2

　　云山迢递,未获时亲懿范。溯自丙午,欢谐良觌,厚承悃款,屈指流光,忽忽六七年矣。伏惟世老先生才猷茂著,诸务益归练达,而绠修汲古,金石之好不遗余力,秦篆汉隶珍重艺林,《墨妙亭记》未足为莘老赞叹万一。仰企型仪,曷胜欣慰。弟近况益艰,惟幸家慈安善,稍遂陔循,奈学不加修,有负知己雅望耳。今因舍弟到济之便,敬泐短函,顺候升祺,诸惟澄照。不宣。晚弟陆绳顿首。[《黄小松友朋书札》第十一册]

考:乾隆丙午(1786)后睽隔六七年,本札很可能作于乾隆五十八年(1793)。此际陆绳在济南,《潭西精舍纪年》云:"[乾隆五十七年]秋七月,吴江陆绳古愚来,倡同人于精舍西偏建屋四楹。……五十八年癸丑春二月,未谷自莱州来,作《潭西精舍记》,八分书,石刻者杨敬,年七十有九。"桂馥《潭西精舍记》武亿跋云:"偃师武亿寓稷下之岁,与凤台胥燕亭绳武、吴江陆古愚绳、长州沈二香默过龙潭看桂君书石,君固以艺自累,而予四人好奇之癖亦不免为世诟病也。亿记。"参见《(民国)续修历城县志》卷三十二《金石考二》。

金德舆 【6封】

金德舆字云庄，号鄂岩，一作蕚岩。浙江桐乡人。好法书名画及金石遗文，搜罗颇富。与歙县鲍廷博、石门方薰交尤善。乾隆四十五年南巡，献《太平欢乐图册》、宋版《礼记》等书，蒙恩赏给缎匹。后宦游京师，喜结纳当世贤士大夫，率以风雅相高。亲旧以缓急告，施与无吝色，以此家中落，因售书画以自给。参见《（嘉庆）桐乡县志》卷七《列传》、赵怀玉《亦有生斋集》文卷十七《刑部奉天司主事金君墓志铭》。

金德舆 91-1

分手背面，星纪一周，相思为劳，想同之也。庚子冬北上时，便道修谒，适驾留省垣，未获面摅积悃。曾赋小诗，从青斋先生处寄政，未识得入掌记否？弟自服阕以来，忽忽又经三载，以乏便缘，致稽音敬，想亮之也。从渌饮许询悉九兄大人荣擢之喜，欣慰欣慰。河务贤劳，最邀简在，节钺之寄，自此基之。并闻公余好古，吉金贞石，搜辑无遗，海内鉴家无不望风遥羡。惜关河修阻，未获肃叩官斋，尽请秘藏，一满鼷鼠饮河之量，怅何如也。弟势难家食，仍拟出门，但无米之炊，巧妇所拙，现在多方筹画，冬间稍有就绪，便当就道。渌饮近况窘甚，欲远游而未果，惟所刊丛书已有十二集。兰坁老病日增，亦鲜佳兴，因九兄存念知交，故尔附及。前者委觅分书楹帖，始以物主居奇，迟迟未报，昨岁转从他处购得，兹特奉去，藉免谋而不忠之诮。至结体之入古与否，法家自有真鉴也。肃此布悃，并候升祺。纸短情长，不尽惓切。小松九兄大人，愚弟功金德舆顿首上。六月三日。敬冲。[《黄小松友朋书札》第六册]

考：乾隆四十五年（1780）冬，金德舆北上经过济宁，适黄易有济南之行，未得一面，因赋诗请运河道沈启震转寄。当年入京，赐补刑部奉天司主事。四十七年正月闻母病返乡，四月母卒，不复出仕。参见赵怀玉《刑部奉天司主事金君墓志铭》。札言服阕三载，当作于乾隆五十二年六月三日。上年黄易升卫河通判，故札有"荣擢之喜"云云。《秋盦词草》收《减字木兰花·乙未五月十有二日，奉访云庄大兄，雨窗画〈梁溪载泉图〉，并填一阕请正》，知乾隆四十年五月黄易北上前曾过访金德氏，札言"分手背面，星纪一周"，正合。渌饮即鲍廷博，兰坻即方薰。

金德舆 91-2

小松九兄大人阁下，忆自己酉秋一通候问，岁月如风，倏经三载，相思为劳，想同之也。昨晤朱毓翁，敬稔老伯母大人康强逢吉，九兄大人台候多福，曷胜欣怀。惟闻去岁小有拂意之事，殊深扼腕。中年以后，诸惟作达，转瞬间当有石麟续降也。阁下金石之藏富于欧赵，笔墨之古媲于汉唐，遥拜下风，不禁神往。弟久拟出门，以斧资未给，蹉跎至今。头颅如许，尚未获稍图寸进，以慰先人苦节，兼负良友属望之殷。每念及此，中夜不寐。现在多方筹画，夏［后阙］

家姊丈味辛想望风采，已非一日，现在舍间，属笔道意，秋间拟同北行，当可图晤也。德舆又启。［《黄小松友朋书札》第九册］

考：赵怀玉字亿孙，号味辛，为金德舆姊丈。乾隆五十七年（1792）秋，赵怀玉赴京途中经过济宁，尝与黄易相见。此札当作于本年夏日。据"去岁小有拂意之事，殊深扼腕。中年以后，诸惟作达，转瞬间当有石麟续降也"，知黄易上年有丧子之事。朱毓翁即桐乡人朱毓山。参17-20赵魏致黄易札、17-21黄易致赵魏札。据札，乾隆五十四年秋日金德舆尝有书致黄易。

金德舆 91-3

小松九兄大人阁下，前味辛书来，述过济时种种雅谊，并荷垂念鄙人，惓惓慰问，望风怀想，感何可言。吴门归，接奉手翰，敬稔侍奉万福，政祉集吉，可胜额庆。画价六十金，书籍两箱，俱已收领，固彼时适有遣嫁之事，往来魏塘，致稽裁谢。既费清神，复劳使者仆仆，匪徒感戢，殊抱不安耳。所需小画卷册，特检稍可寓目者二十四件，拟价附览，未识合用否？至前存宋帖五本，半向戚友处集成，八折本系实价，况奉台谕，七折似不可少。《寿星》乃兰兄手笔，欲售此付知不足斋会银者，有八十金，方惬彼愿也。浣笔泉之作，拙劣殊甚，来书推奖过情，弥增惭恧。肃此布谢，并请台安。临书惓切。愚弟金德舆顿首。嘉平二十日。敬冲。

再者：来物合用与否，便中先祈示覆，俟将来过沐时走领可也。又拜。兰士

属笔请安。[《小蓬莱阁同人往来信札》第一册]

考：乾隆五十七年（1792）九月，金德舆姊丈赵怀玉赴京途中尝过访黄易。札中提及，当作于本年十二月二十日。兰兄、兰士即方薰，时寄寓金宅。据札，黄易此际为金德舆售卖藏画、刻帖与图书，亦托金氏在江南为购画作，以充贡物。

金德舆 91-4

小松九兄大人执事，频年契阔，轸结时深。去岁青斋先生旋里，具稔萱庭康福，政祉辑佳，藉慰远念。并称阁下才德能为三绝，上游雅相契重，右迁可以日计，在才人则为余事，而吾党已与有荣施矣。顷奉手翰，注存良至，发函伸纸，欢喜无已。诸刻并领到，《武梁祠碑》世不多觏，朱竹垞太史仅见唐氏藏本，未得其全，乃阁下搜奇嗜古，不留遗憾，使数千百年之物，一旦出而寿世，固显晦有时，亦好古之缘有以致之也。蒙惠奚啻百朋，感佩无极。弟浮湛乡里，家食维艰，久拟北行，而部署一切颇费周章，冬春之间方能就道。便途定当抠衣燕寝，藉罄积诚也。至诗文一道，相去益远，既无其才，又鲜闲暇，即有所作，半属酬应，无可质诸坛坫，良深愧恶。兰汝兄一病几殆，现在养疴湖上，画幅俟归时索寄，兹检旧存一轴，附佐清供，先祈莞存。绿饮兄近况亦甚落寞，来示当转致之，但伊惮于远涉，恐无益耳。肃此布覆，并请台安，不尽悁切。愚弟金德舆顿首上。六月二十八日。敬冲。[《黄小松友朋书札》第八册]

考：乾隆五十七年（1792）沈启震卸任运河道回南，札言"去岁青斋先生旋里"，当作于次年六月二十八日。又金德舆本年曾过济宁，本札提及冬春之间就道，参91-5。兰汝即方薰，时养疴湖上；绿饮即鲍廷博，黄易拟邀其北上。

金德舆 91-5

小松九兄使君大人阁下，夏间得朗斋先生来书，快稔侍奉万福，尊候辑佳，藉慰企祝之私。顷者复荷手翰，具纫注存。书画价一宗并画轴、碑帖两匦俱收到，琐费清神，感勒无似。春间交存朱毓翁信物，据云五月中已托贵友张先生带上，迩日想已达览，如有合用者，务祈留神。弟部署一切，颇费周章，舍亲眷属不能久待，已于中元前遄行，弟拟于九十月之交兼程北去矣。前件得销与否，务于弟未起身前邮示覆音，为感。来人远至，未及一饭而去，怅甚怅甚。附上丛书两集，以足前函。又：弟偶得老伯大人法书楹帖，业已摹勒，谨将原书并拓本赍

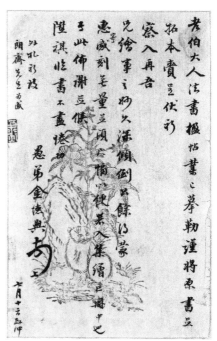
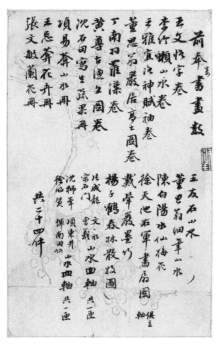

91—5 金德舆致黄易札 收入《小蓬莱阁同人往来信札》第一册

呈，伏祈察入。再：吾兄绘事之妙，久深倾倒，公余得蒙惠寄，感刻无量。并须尺幅，以便装入集绘巨册中也。专此布谢，并候升祺。临书不尽惓切。愚弟金德舆顿首上。七月十二日。敬冲。

外札祈致朗斋先生，为感。

前奉寄书画数：

王文恪《字卷》、李竹懒《山水卷》、王雅宜《洛神赋袖卷》、董思翁《岩居高士图卷》、丁南羽《罗汉卷》、黄尊古《渔父图卷》、沈石田《写生蔬果册》、项易菴《山水册》、王忘菴《花卉册》、张文敏《兰花册》；王友石《山水》、董思翁《细笔山水》、陈白阳《水仙梅花》、徐天池《右军书扇图》、戴荦岩［岩荦］《墨竹》、杨子鹤《春林散牧图》（俱立轴）；张成龙、宋石门、文文水、曹羲山水四轴（共一匣）；沈狮峰、徐昭质、项东井、恽南田（花卉）、山水四轴（共一匣）。共二十四件。[《小蓬莱阁同人往来信札》第一册]

考：此札胪列二十四件书画，与91-3相承，当作于乾隆五十八年（1793）七月十二日。札中告知黄易，本年九十月间，他将兼程北上。朗斋即朱文藻，时在黄易幕中。

金德舆、鲍廷博 91-6

十六日，湖舫言别，坐中晋斋、默斋、定甫而外，无杂宾也。早临是荷。小松先生，德舆、廷博订。[《小蓬莱阁同人往来信札》第一册]

考：此柬很可能作于乾隆六十年（1795）十一月十六日，金德舆、鲍廷博为黄易饯行。默斋当为陈广宁，定甫为江立之子江安。本年十月，金德舆尝携《汉平阳铜》拓本于西湖见示，黄易为题字。摹入《金石屑》第一册。约在此际，何元锡、毛琛等亦为黄易送行，毛琛《俟盦賸稿》续编卷上收《仲冬佳日，虎林诸君子置酒葛林禅房祀东坡先生笠屐像，即送黄小松之山左二首》，朱彭《抱山堂集》卷十二收《何梦华邀同何春渚、丁小山、黄小松、潘德园、项秋子、家朗斋集古招贤寺，绘图属题》。《秋盦诗草》收《何梦华招集西湖葛林园录别》，冀亚平、卢芳玉《国家图书馆藏拓中的黄易题跋述略》引清刻《国朝画家书》（法帖号：167）卷四亦收黄易正书此诗："无计买田还食研，才归又去话匆匆。故人怜我征尘满，洗向僧庐止水中。　溪山如此不得留，回瞻松柏空悠悠。羡煞诸君发清兴，不看梅花不出游。"款识云："梦华招集葛林园，余将理装而出，朗斋、德园诸君期来春始行，成此二绝。"知亦在此际。《神州国光集》第十三集收风雨楼藏黄易《山水》一开，款识云："梦华招集葛林园，余将有匡庐之行，写此志别云。黄易。"当是伪迹。

92　钱五兄、李二兄　【1封】

生平不详,为明兴幕僚。

钱□、李□ 92-1

　　昨奉手书,具承垂念之深,感佩感佩。欣稔九兄大人荣擢司马,行见升华不次,转瞬即开府河东矣,曷胜颙贺。明大人已擢晋抚,弟等均属同往,廿八登程矣。从此太行中阻,相距觉遥,翘首河干,不胜神往耳。专此志别,并贺升祺,匆匆不尽欲言。小松九兄大人如手。愚弟钱□、李□仝顿首。廿八日辰刻。[《黄小松友朋书札》第十二册]

考:页边黄易书"钱五兄、李二兄"。乾隆五十二年(1787)七月,明兴由山东巡抚调任山西巡抚。钱、李二人生平不详,皆在明兴幕中。札当作于本年七月二十八日。

93　　　沈　默　　　【1封】

沈默字二香，江南长洲人，陆耀外甥，与陆绳为表兄弟。久客山左，交友贤豪，偕何元锡、陆绳、桂馥、吴友松、胥绳武等共议创建潭西精舍，辑《潭西小志》一卷。参见《（民国）续修历城县志》卷十九《古迹考四》。

沈　默 93-1

会城鞿鞿，久阙启候，为念。际此空漕出境，公政稍闲，遥想老先生高斋静对，菊影参差，落墨挥毫，定增逸致，羡何如之。陆古愚舍表兄自关中回豫，因事逗留，须得仲冬来济。顷书来云，前过任城，承嘱购华阴杨凝式题名，往来庙中，遍寻不得，惟"清泰年月日"一条，字甚不佳，非少师笔。其《豆卢恩碑》访于五十一年，为咸阳令断为塘工石用，致可惜也。今为代寄上《武都太守题名》并《禹迹图》《华夷图》共三种，祈鉴纳。未谷届二次俸满，日来坐此较忙，或可得保叙也。小香一函并呈，敬此奉布，即候升安。不一。后学沈默顿首。

钤"二香"。[《黄小松友朋书札》第二册]

考：陆绳陕西访碑在乾隆五十一年（1786）夏日，次年至河南，计划十一月回济。沈默受其委托，代寄碑拓给黄易，当作于乾隆五十二年秋日。参 90-1 陆绳致黄易札。沈默与陆绳为中表。桂馥时亦在济南。小香即黄畹。

94　　　玉　山　　　【6封】

玉山号兼斋，满洲镶黄旗人。乾隆五十六年由河南光州知州调任东昌府同知，旋获罪革职。参见《（嘉庆）东昌府志》卷十五《职官一》。

黄　易 94-1

倾盖订交，生平快事。满拟作竟夕谈，乃竟不果，如何如何。汉画仅拓本一纸，又检得小联并呈上。即日竣工，如鹊桥已驾，正可大展雄惊也。专此，顺候日祉。不备。归大老爷、李太老爷、七太爷均此奉候，愚弟黄易顿首。

景四兄所嘱已铭诸心版，又及。[东京中央拍卖2015年春拍]

考：本札及下一札有玉山题跋云："前后二信，丁未（1787）秋间在睢汛工项小松所与者，记其日月云。兼斋玉山。"知札作于乾隆五十二年（1787）秋，时黄易为下南河同知，玉山为光州知州，据《（光绪）光州志》卷二《秩官志》："知州：玉山，镶黄旗，满洲副榜，五十年任。"所言汉画，当即武梁祠画像。李太老爷当指南河总督李奉翰，归大老爷指归朝煦，本年二月升署归德府知府。

黄　易 94-2

所得佳印泥在张秋，未得携来，尊处既在急须，姑以行箧平常者应用，余俟将来再上。专此，顺候升祉。不一。愚弟黄易顿首。[东京中央拍卖2015年春拍]

考：亦作于乾隆五十二年（1787）秋。

玉　山 94-3

春间一晤，转瞬蟾蜍已八圆矣。契阔情深，想九哥大人定有同心。迩惟簪绂凝禧，顺时茹吉，颙贺颙贺。弟东都一行，兹后由省门回任，晤期尚遥，愈形依恋耳。专此布候升安，统惟霁照。不宣。小松九兄大人，愚弟玉山顿首。

拙刻附函呈政，又及。[《黄小松友朋书札》第八册]

考：黄易页边题"玉兼斋"，知兼斋为玉山之号。玉山以乾隆五十六年（1791）任东昌府同知，同年获罪。《清高宗实录》："[乾隆五十六年七月十三日]内阁奉谕旨：据吉庆奏，审办河南省民人郑守谦呈控光山县役何九等殴毙伊子郑宗宜等一案，……该管知州玉山于所属知县庇役改供，经上司批饬严查，并不据实详报，……应将前任光州知州令调山东东昌府同知玉山先行参奏等语，玉山着革职，解赴豫省，交与吉庆同案内犯证，严行质讯，该部知道。"此札作于本年秋冬之际，玉山时在河南。参94-4。

玉　山 94-4

握别转瞬十月，人世升沉之感，良朋阔契之思，交萦五内。以弟之思兄，知念我更切也。迩惟宦祉亨佳，随时共泰，曷胜企贺。弟于客冬抵都，仰蒙圣恩浩荡，准其赎罪，现在摒挡赎锾。知承关切，用以奉闻。承许惠铁笔，希于书画作就，一并赐之。再：奚铁生兄灯片妙绝今古，恳觅一对，不大不小，书室中可挂者。其架寄片来弟自作，庶几东壁余光邻女借照耳。专此，布候升祺，诸惟丙照。不宣。愚弟玉山顿首。

任城诸相好晤时致意，又及。

有回信，交归三哥处为妥，并及。二月七日。[《黄小松友朋书札》第九册]

考：承94-3，作于乾隆五十七年（1792）二月七日。时玉山至京，已准罚锾赎罪。归三哥当为归朝煦，时任督粮道。

玉　山 94-5

握别两年，时深驰企，春间李济宁到都，得悉九兄大人履绚凝禧，鼎祜万福，为慰。弟戢影闲居，读《易》以消永昼。午睡之余，取所藏古人名迹一二种，翻覆展玩，必尽领其意而后收阁。所藏五代黄叔要《禽音和鸣卷》，袁清容收藏过者，元人题跋皆全。又郭河阳《栈阁图》。刘松年《柳溪访逸》挂幅。江贯道《江山不尽卷》，长三丈余。沈石田《长松卷》，有石田自题大字诗在卷端，后有文衡山题律诗。文衡山《山居图》。唐六如《潇湘八景卷》作四幅，更有数绝句，小行、行楷仿北海、松雪，佳极，章法四幅奇而秀。陈道樗《前后赤壁图卷》，韩道亨书两赋，书画妙绝古今。董文敏《良常山馆图》挂幅，又《着色山水卷》，孙汉阳八分书"无声诗"三大字标首。文嘉《春山访友》挂幅，细腻而文秀。迨及王石谷、恽南田，近如沈凡民、朱沦翰，笔难罄述。惟无吾小松九兄之画，每思良友，是用耿然。万祈于公暇挥毫画手卷一、册页一寄惠，以便收藏，至祷至祷。专此布候升祺，诸惟冰鉴。不宣。愚弟玉山顿首。癸丑五月廿日自手帕胡同寄。

刘春渚信祈转致，并祷。[《小蓬莱阁同人往来信札》第二册]

考：据款识，作于乾隆五十八年（1793）五月二十日。玉山自五十六年春间与一晤，至此恰又两年，参94-3。札中所及近代画家，沈凤字凡民，号补萝。江阴人，官南河同知。工铁笔，善山水，有《谦斋印谱》。朱沦翰，辽东铁岭人，高其佩外甥，善指画。李济宁，当为济宁直隶州知州李维谦。

黄　易　94-6

别三年矣，想念大兄惟萦梦寐。叠承手翰，足见知己见爱之深，缘近境甚忙，所嘱拙笔总不得就，以是作答迟迟，实切负罪。今知大兄得唐宋名迹既多，复有《华山》《孔羡》诸碑，物必聚于所好，益信然矣。吾兄许示弟看，不禁跃然为作一图，虽草率，兴致却不浅也多，附便带上，乞大兄教之。《华山碑》宋拓本弟见朱竹君学士处一本，钱少詹处整幅一张，宋商丘藏本今归陈太史伯恭，海内存者如此而已，吾兄所得系何人之本？来书云及似先有一函见寄，弟尚未接到也。弟近得汉碑不少，惜不及与兄面赏耳。墨迹惟元文宗《永怀卷》、唐子畏《两崦图》尚可观耳。乘便顺候近祉，统惟雅照。不一。愚弟黄易顿首。

归观察尚在济宁，俟罗观察回济交代，八月间南返，又及。

钤"黄九"。[辽宁省博物馆藏黄易《扪碑读画图》卷后]

考：札无上款，因裱于黄易为玉山所作《扪碑读画图》卷后，知为致玉山者。归观察即归朝煦，罗观察即罗焜，乾隆五十九年（1794）五月，归以曹县盗案失察事罢归，由罗接任运河道。归氏南还，黄易有《乾隆甲寅六月送归观察梅坡先生南还》一诗，收入《秋盦诗草》。黄易与玉山以乾隆五十六年春间分别，至此正好三年，与札中所言亦合。辽宁省博物馆藏《扪碑读画图》为黄易应玉山之请所作，参94-5。此图绘二人临案对读，款识云："兼斋还都后，得唐宋名迹及古碑刻甚多，摩挲临写，致足乐也。书来约余同赏，喜极，为作此图，期他年必践佳约耳。乾隆甲寅（1794）七夕，黄易时在济宁秋影行盦。"画作于本年七月七日，札当作于同时。绍兴华脉书画博物馆亦藏一卷黄易为玉山所作《扪碑读画图》，构图、款识皆同，存疑。惟札中提及玉山近得《华山》《孔羡》诸碑拓本，为94-5所未及者，此一年中玉山屡有书致黄易，其中一些黄易未曾接到，故札中询问玉山所获《华山碑》拓本乃得自何人。

95　　　梁履绳　　　【3封】

梁履绳字处素,浙江钱塘人,梁敦书次子。乾隆五十三年举于乡,再上春官,不遇,归后葬父在山,为秋寒所袭,受病遂深,疾遽作,未几卒,年甫四十有六。尤精《左传》,综览诸家,旁采众籍,作《左通补释》三十卷。娶曲阜孔继汾女。参见卢文弨《抱经堂文集》卷三十《梁孝廉处素小传(癸丑)》。

梁履绳 95-1

客秋握手沛濒,备聆谭屑,别后已来,顿觉鄙吝复生,始恨相见之晚,而后会又未卜何日矣。比想贤劳公务,又值巨工未蒇,然以九哥老先生之才与识,吏治、经术必能兼而行之,自可出人头地,曷胜跂颂。履归里年余,卜地未就,今又涉冬,尚须茧足从事,不知开春克举窆夕否?心中用切耿耿尔。

河台闻近在工次,水势曾已安流?公中堂可回京否?一切定增繁赜,故履不敢以芜禀亵呈,乞九哥为履请安叩谢,代具手本,亦可并附上款对一副,或竟说九哥自送,更为直捷。外寄《水道提纲》全函、款联一、单幅一,并希雅鉴。奚九兄尊甫弃世,皆缘病酒及炙物所致,而老铁又传酒经,无从箴诫,将来必与诗画号三绝矣。兹因谷园家叔丈回□,□具数行,奉候升祺。家伯命笔致候。余不尽。小松九兄老先生,制教弟梁履绳叩首上。[《黄小松友朋书札》第五册]

考:前后两节散于册中,当是一札。落款署"制",知作于梁履绳守制期间。乾隆五十一年(1786),梁履绳父敦书卒于工部右侍郎任上。又札中提及奚冈之父去世,据11-7奚冈致黄易札,奚父卒于五十二年。故此札当作于本年冬日。据札,乾隆五十一年秋日梁履绳曾至济宁与黄易相见。公中堂即武英殿大学士公阿桂,彼时奉命查河道宽窄及雨水情形,参《清高宗实录》"乾隆五十一年"条,或曾与梁相见于济宁,故札中及之。札中所及家伯父为梁同书,与黄易父子二代交谊。谷园即孔继涑,梁履绳岳父孔继汾之弟，亦与黄易稔熟。

梁履绳 95-2

四月廿六日接到手札，并小印、摹碑等件，如见芝宇，伯父亦命笔致谢。迩想九兄大人倥偬贤劳，犹复摩挲翠珉，交契金石，以视弟之硁硁一经，直如蝇钻故纸，何足道哉？惠书内有补官入都之语，读之不禁惶汗。今科适值服阕，六年未作时艺，勉力入闱，因题熟，特以偏锋作之，不料衡文者反以此见赏，得忝魁名，庶不负良友之望。入都则有之，补官则未也，一笑。近家中奉廷寄，因湖北堤决，罚家属缴银四万两，今冬措交一半，须自行解往，大约家兄前去也。若摊赔仍复派到，则立锥无地，奈何奈何？赵氏《水经注释》弟任校雠之事，现尚未修毕，勘误犹未动手，此书全得力于鲒埼主人，固自近代一佳籍也。曲阜之便，肃此奉谢，并候升安。不一。小松九兄大人，弟梁履绳叩具。十月十四日。

□洛兄将游江右矣。[《黄小松友朋书札》第五册]

考：所言"小印"，当即黄易所刻"梁氏处素"。乾隆五十三年（1788）五月左右奚冈曾见此印，参11-7奚冈致黄易札。梁敦书卒于乾隆五十一年，五十三年秋日梁履绳服阕，参加乡试中举，《（民国）杭州府志》卷一百十二《选举六》："乾隆五十三年戊申预行正科：梁履绳，钱塘人。"即札中所言"得忝魁名"云云。札云"家属缴银"，据《内阁大库档案》："乾隆五十四年五月，户部移会稽察房护理浙江巡抚顾学潮奏藩司梁敦书家属堤工罚银四万两，经呈先措二万两，收贮楚省藩库。现届半年期满，谨将续缴银二万两赍楚完缴。"（登录号：094867-001）札中提及奉廷寄，当在五十三年秋冬之际。故此札当作于本年十月十四日。札中所及家兄即梁玉绳，与履绳有元方、季方之目。《水经注释》，赵一清撰，乾隆五十九年重修本当经梁履绳校雠勘误。

95-2
黄易篆刻"梁氏处素"
收入《篆刻全集》第四册

梁履绳 95-3

桐珪初落,楸雁才悬,忽得睹良友之翰墨,不啻祛浊暑而来清风也。弟近患疥创,脓痂遍体,趾兀拳鞔,终日如卧匏,归心虽急,徒癙无方。日来稍减,犹不能着袜安步,此亦命中薄相之一端也。前月曾寄杭信,弟于伯父禀中谈及晋斋大兄行止,想伯父□□□,若得来□□□贤主人及铁桥先生为一雅会也。寄赐对句,字古秀绝伦,幼髯舍舅甚为叹服,幼髯因治郑学者,著述甚精,颇与相合,故因以移赠。弟向有自集一对,另纸呈上,乞九哥大人或篆或隶,随意书之,不拘大小、行款,此地苦无佳纸,并祈见赐,真无厌之请,罪罪。季直舍舅嘱笔奉候台安。虽承九哥略分言情,足见古道,特舍舅年轻,未敢简率耳。外附呈新锓苏董帖二分呈赏。幼髯、百城两舍舅嘱笔奉候起居,不另渎札。弟指掌不便,勉作数行,顺问升安。余不尽。小松九哥大人足下,世愚弟梁履绳顿首具。

半日读书半日静坐(记得程朱语)

一客荷樵一客听琴(诗品)[《黄小松友朋书札》第十二册]

考:札中提及与伯父梁同书札中,谈及赵魏(晋斋)北来济宁事,很可能作于乾隆五十七年(1792)秋日。此际黄易一再催促赵魏北上。本年梁履绳再与会试,不遇。以热毒患疥疮,养病于曲阜岳家。"命中薄相"云云,亦自嘲科举失利。据《孔氏大宗谱》,梁履绳娶孔继汾长女文,札中所及季直即继汾子广廉,出嗣孔继涑,官刑部主事。嗜法帖,荟萃孔氏所刻各帖百余卷。幼髯即孔广林,孔继汾长子,乾隆年廪贡生,署太常寺博士。博雅好古,专治郑学。年二十六即绝意进取,阮元尝谓海内治经之人无其专勤。百城(按,与伯诚音谐)即孔广栻,孔继涵长子,乾隆四十四年举人,自经传子史至杂家靡不研究。皆梁履绳内兄内弟。

96   卢又绅   【2封】

卢又绅字修白，号飞泉，江南如皋人。乾隆辛卯顺天举人，初授河南卢氏县，后历任柘城、唐县、武陟县令，治绩卓卓，迁刑部主政，转顺天府治中，皆称职。为嘉兴府丞，竭蹶办公，忧劳成疾，告归，卒于家，年七十。工书法，名闻海内。参见《（嘉庆）如皋县志》卷十七《列传二》。

卢又绅 96-1

上月杪接奉手书，欣悉近履佳胜，为慰。承示《祀三公山文》，足征好古情深，胸罗万有，佩服佩服。至《中州金石考》，弟当遍致诸同寅，广为搜罗。敝县所有诸名迹，访之故老，无一知者。弟以初到未久，容再细询明确，但有残断遗迹，无不力为访求也。顺此，奉候迩祉，并璧扨谦，诸希丙照。不一。上小松学长老先生，同学弟卢又绅顿首。[《黄小松友朋书札》第三册]

考：《乾隆帝起居注》"乾隆五十二年（1787）三月初九日"条："又议河南巡抚毕沅奏武陟县知县员缺，准以柘城县知县卢又绅调补一疏，奉谕旨：卢又绅依议调补。"札言"初到未久"，当作于乾隆五十二年。《中州金石考》为大兴人黄叔璥所撰，成书于乾隆六年，黄曾任河南开归道。

卢又绅 96-2

闰月中弟在汴时极承厚惠，当即肃函奉谢，谅早邀青照矣。比稔九哥大人动履安和，潭署康吉，可胜欣慰。弟六月杪抵都，七月初八日热河引见，二十八日履任。初到此间，人地生疏，时形竭蹶。兼之目前情事大非昔比，以精疲力尽之躯处无计可施之境。回念中州至好相待之厚，愈感激愈深系恋，真不能一日忘也。时过秋分，河水安澜，正吾九哥可以安养之候，伫见酬庸晋秩，可操左券，贺贺。以竹现在遵化主讲，进京乡试，馆于弟寓，所许《郭有道碑》行箧中现无存者，容再于里中购到奉寄，嘱笔致候。乘便肃此，布候近佳，兼申谢私，诸惟心照。不一。愚弟卢又绅顿首。八月既望。

钤"卢生"。[《黄小松友朋书札》第八册]

考：《乾隆帝起居注》"乾隆五十三年（1788）十一月初八日"条："又吏部奏本年十月分刑部督捕司主事员缺，拟以河南武陟县知县卢又绅签升。……奉谕旨：卢又绅等依拟用。"乾隆五十四年闰五月，卢又绅由武陟进京引见，七月二十八日擢刑部主事。武陟县令由王复接任。据札，本年闰五月，卢途经开封时，黄易在兰仪同知任上，曾与相见。札当作于本年八月十六日。时值乡试，札中及之。

97 李翰□、李恩□ 【1封】

生平不详。当为直隶定州人。

李翰□、李恩□ 97-1

曩在钜鹿，小松先生之声称轰耳，而景星未睹，菀结于怀者十年，是知韩荆州人争识之之难也，攀阮附稽，不遂其愿，犹后耳。然自舍弟北岩得法书一幅，秦汉遗风宛矣在目，间尝观橅，以为《峄山》复出，《娑罗树碑》未足指数。每恨学古无获，既未亲承口授，忽蒙翰简，溢誉实多，使效颦唐宋者抱愧无似耳。奉到惠联，已悬座右，较之十三字同足珍宝。先生雅好碑版，箧中当已充盈，鉴定自皆真本，览之则为大幸矣，敢谬附参稽？《定武石刻》《雪浪盆铭》而外，实无足观者。冻犹未解，容天气少和，拓以奉赠。肃此布复，即候升祺。不备。小松大兄先生，愚弟李翰□、李恩□顿首。[《黄小松友朋书札》第五册]

考：当作于黄易离开清苑十年，约在乾隆五十二年（1787）左右。

98　　方维祺　　【1封】

方维祺，顺天大兴人，举人，乾隆四十七年十月署醴陵知县，四十九年四月调署湘潭知县，五十年二月实授，五十三年九月升署澧州知州，五十六年八月实授，嘉庆十三年升处州府知府。

方维祺 98-1

小春之杪，附米艘北上之便，耑泐寸缄，并北海碑及湘莲二桶，未识曾邀收览否？比惟饯腊迎春，岭梅吐玉，遥谂九兄大人鸿禧懋集，惠泽覃敷，仰底定之崇勋，卜超迁于指顾。望风引企，弥切颂怀。弟鱼鹿从公，冲途竭蹶，封篆前后将有省门之行，倥偬靡暇，惭无善状以告知己。前承属搨《黔安铜柱碑》，兹已搨就附呈，希为照入。再：弟因内子染疾，缠绵未愈，需用阿胶，楚南绝无佳者，敢恳九哥大人代觅道地真阿胶四五斤，遇有妥便，附寄来南，该价若干，示知奉赵，务望留神，是所祷切。耑此泐候升绥，并请老伯母大人福安，九嫂夫人阃祉，如嫂暨贤侄均禔。凭颖依驰。不尽。愚弟方维祺顿首。[《黄小松友朋书札》第十册]

考：既言"楚南"，当作于长沙府湘潭县令任上。所云北海碑，当即李邕《岳麓寺碑》，在长沙。湘莲为湘潭特产。札中提及"饯腊迎春""封篆"，当作于乾隆五十年至五十二年（1785—1787）中某一年之十二月。《黔安铜柱碑》不详何碑，当在湖南辰州府。

99　　卢荫文　　【1封】

卢荫文字景范，号海门。山东德州人。卢见曾长孙。性沉邃，学问宏通。乾隆五十四年进士，历知安徽建平、舒城、泾县等县事。赋性恬退，年四十七即告归，不复出，优游林下三十余年。参见《（民国）德县志》卷十《人物志》。

黄　易 99-1

接荷复函，知七兄大人鹏飞在迩，故人有弹冠之庆，快慰为何如耶？弟谨奉六十金聊展寸意，不足言助也。不日仍可把晤，先此顺候日祉。不一。愚弟黄易顿首，海门七兄大人。[《故宫藏黄易尺牍研究·手迹》]

考：本札很可能作于乾隆五十四年（1789）春日会试前后。

100　　王　毂　【2封】

王毂字御輓，号莲湖，安徽黟县人。嗜临池，精鉴赏，访求周彝秦鼎法帖碑版不遗余力，且复从事六书，栖情铁笔。乾隆四十二年，以工八法效力四库全书馆。笔墨余暇，留神吏治，见事明敏，颇具判断才。期满叙劳，得职，选授菏泽县县丞，后升任德州知州、署济宁直隶州知州。参见汪启淑《续印人传》卷四。

黄　易　100-1

春明物丽，怀念良朋，忽拜手笺，极感存注，寄巡使帽服二个，当为转呈，尊柬即留为送巡使之用也。至惠弟二个，顶荷宠光，感佩无既，谢谢。□□敷政已届数年，乔迁定在旦晚，欣望欣望。泊船在境，最烦防守，一旦出疆，如释重负，快极。弟押首进大河，前帮于十九日出汶境，约在二十四五可抵尊境。因长中丞清查□□帮丁，羡余较少，带货较多，首帮吃水，河尺四尺二分，弟恐卫河难行，力劝帮弁在东昌一带早为起卸，免致卫河水浅受累。弟恐丁疲利重，未必能早为之计也。兹在靳口舟次，匆匆顺候升祺，恭请□□大人福安，候诸世长。不一。莲湖大兄大人，愚弟黄易顿首。十九日。

钤"江南春"。[《故宫藏黄易尺牍研究·手迹》]

考：朱琪考札中"□湖□兄"为"莲湖大兄"。许隽超《故宫博物院藏黄易致王毂札考释》据《宫中档乾隆朝奏折》南粮进帮时间，考本札作于乾隆五十四年（1789）三月十九日。长中丞即山东巡抚长麟，巡使为巡漕御史和琳。是。按，王毂乾隆五十三年任德州知州，札中所言"尊境"即指德州。黄易时为兖州府捕河同知，本年兰第锡题升署开封府兰仪同知。王毂与黄易交往甚夥，曾怂恿其购买旧家所藏数百铜章，参113-3吴人骥致黄易札。黄易为王毂作书画印章亦多。如天津博物馆藏黄易《山水扇》，款识云："乾隆甲寅（1794）三月，为莲湖大兄仿乌目山人笔意于秋影行盦，杭人黄易。"故宫博物院藏黄易《楷书扇》："右书在慈云寺佛殿后石壁，隋以前之刻。""右宋人题名，在寺东壁间，临奉莲湖大兄正，愚弟黄易。"又《巨石图扇》，款识云："济宁城东有巨石崚嶒峭拔，明神宗时题字尚存，今莲湖刺史移置浣笔泉，可谓豪举，易为图之。"《秋盦词草》亦收《庆春泽·题莲湖〈小筑图〉》。黄易还曾为刻"王毂印信""莲湖主人""王毂私印""莲湖"诸印。

黄　易 100—2

前荷手书，藉知挑河工浚，懋著勋劳，无任欣慰。未知大兄此日仍在曹工，抑赴睢工？贤劳奔走，深切驰怀。弟在济奔驰应酬，刻少宁居，毫无兴味也。兹有寄吴念湖六哥一札，乞大哥确致之。并候近祉，统惟雅照。不一。愚弟黄易顿首，莲湖大兄大人。

邓侍御有信与道宪，云熊公调首地，都中颇有议论，恐有言论，宜另为酌调之语。又及。［上海图书馆］

考：许隽超《故宫博物院藏黄易致王毂札考释》考本札作于乾隆五十五年（1790）八九月间，时王毂在德州知州任上。念湖即吴人骥。所言道宪，当为运河道员沈启震，熊公即熊枚，本年七月升山东济东泰武道，所谓"首地"，因超擢引发议论。

101 张埙 【1封】

张埙字商言，号瘦铜，江南吴县人。乾隆三十年顺天举人，四十三年毕沅任陕西巡抚，招其与钱坫入幕，遂四处访碑。四十五年官内阁中书。生平与大兴翁方纲、阳湖赵翼友善，故考证金石及书画题跋，详赡可喜。参见《（同治）苏州府志》卷八十三《人物十》。

张 埙 101-1

前蒙寄印泥，已作信具谢，想登记室。偶作小诗一章，辄录请正（阿胶未将到，已详诗末韵中）。专有启者，蒋世兄知廉来信云，到东后知上首挤拥，从六品者有四十余人，渠家贫母老，急欲得一毡之地以谋菽水。此时河帅虽已易人，而大兄声望非他人可比，即烦专作一禀与青斋，令其得就河工，实为万幸。此等事须求大兄殚力破格为之，乃得成就，若因循成例，无不致画饼者。辱以知爱，故敢干渎，又怜故人之子之中，实难得此才品俱好者也。千万照鉴。不宣。小松大兄大人，愚弟埙顿首。三月廿三日。[《黄小松友朋书札》第七册]

考：札作于乾隆五十四年（1789）三月二十三日，张埙乞黄易为故人编修蒋士铨之子蒋知廉谋河工。本年二月，兰第锡改南河总督，李奉翰调任东河，故札有河帅易人云云。青斋即运河道台沈启震。蒋知廉字用耻，一字修隅，江西铅山人。乾隆四十二年拔贡生，就四库馆誊录，议叙州同知，署山东临清州州同。据梁同书《蒋君修隅墓志铭》："议叙州同知，分发山东试用。初到省，大府以下爱其才，不以下僚处之。旋委署临清州州同，州牧张君一见如故，倚为左右手。张在省时居多，君虽佐犹之牧也。其明年，协办东巡大差，……于是得水肿疾，误于医，遂不可救。"蒋知廉署任在乾隆五十五年，次年八月去世，州牧即临清州知州张度。据札，张埙与黄易之间颇有诗作酬唱。乾隆四十二年秋，张埙与黄易相识于北京，五十年秋，

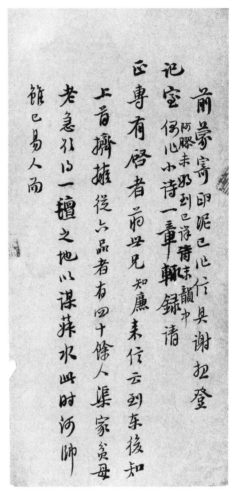

101-1 张埙致黄易札 收入《黄小松友朋书札》第七册

黄易寄所得宋拓碑刻求题，《竹叶庵文集》卷二十四收《黄倅小松寄〈灵台〉〈朱龟〉〈谯敏〉三碑，七月廿五日次前韵题》，当年冬日张埙有诗怀黄易，翁方纲次韵，《复初斋诗集》卷三十一收《次韵石公怀小松之作》："刻烛苏斋气味长，八年秋影写窗光。谁能叔度陂千顷，我记黄家识九郎。金石因缘重缔结，蓬壶信誓细商量。前游几个晁秦在，只有文潜旧侣张。"作札当年夏日，张埙下世，冯培《鹤半巢诗存》卷七收《哭张瘦铜五首》。

102　　庆　霖　【4封】

庆霖，满洲镶黄旗人，尹继善第五子。乾隆四十九年至六十年任山东青州副都统。耽于吟咏，所延揽皆一时名士。后移镇宁古塔。参见《小沧浪笔谈》卷二。

庆　霖 102-1

庆霖顿首，小松先生足下。褚虞著作，久布大东。董巨风流，全归半刺。幸同省会，尤惬夙心。不图职守攸分，遂至关河间阻，光仪未接，寤寐徒劳。虽雾豹一斑，曾向管中窥见；而霓裳全谱，未能墙外偷来。钦向维殷，私情难已。兹因遵循成例，按视军营，幸逢德水参戎，馨睹庐山面目。焚香坐对，盥露手披，品既由妙而进神，格更轶神而入圣。书则凌唐轹晋，克登太傅之堂；画则迈宋过元，直摩右丞之垒。受连城之和璧，莫喻赏心；捧径寸之隋珠，焉能释手。尤可感者，知心难遇，交道如神。与不佞别有深缘，承足下非常雅爱。始而应酬故事，几若惜墨如金；旋因移赠鄙人，更为挥毫满纸。传兹佳话，愈思卜日识韩；荷此高情，尤当逢人说项矣。云门春树，沛水斜阳。缅芳踪于太白楼边，结遥想于夷吾台畔。念此日琳琅在目，如见南宫北苑之丰仪；倘他年萍水相遭，定有褚衮孟嘉之知遇。缕情莫尽，寸楮焉穷。聊布寅悰，统惟丙鉴。己酉四月朔日状上。

钤"如面""不知所云""雨林"。[《黄小松友朋书札》第八册]

考：据款识，本札作于乾隆五十四年（1789）四月一日。时黄易在通判任上，故札称其"半刺"。据札，庆霖与黄易未曾识面，然对黄易书画评价甚高，黄易亦为之挥毫满纸。《秋盦诗草》收《庆都军生子赋诗属和》，作于本年二月（庆霖有《己酉二月生子喜赋》，附录于沈可培《依竹山房集》），又收《铁生此画风致嫣然，而骨格秀挺，寄呈晴村大人，必邀赏爱也，谨题一绝附正》，知曾转赠奚冈画作。

庆　霖 102-2

者番雅集，皆天赐也。奈匆匆作别，后会何时？幸鱼雁可通，聊以宽解耳。寄去《松雪墨刻》一册，陈方伯药洲赠我者；新墨一匣，尚堪试用；素册任意书画。遍寻未得上好青田，想足下代家兄觅来必多，择其次等，分镌一二方见惠，肯否？弟于四月六日忙赶回青，连得透雨，转歉为丰，军民宁静，即料理眷属进京。如此长昼，一人独处空衙，闷煞闷煞。拟于七月初旬祝嘏北上，倘覆函，总在五六之间方能收到也。专此，顺候小松先生文祉，庆霖顿首。

桂未谷中进士，可喜，能入翰苑否？

再赠红丝砚一方，祈哂存。

钤"庆霖之印""晴邨"。[《黄小松友朋书札》第九册]

考：桂馥于乾隆五十五年（1790）举进士，札言"桂未谷中进士"，当作于本年。又据102-3，知在五月，时庆霖拟北上与万寿盛典。札中提及三月尝有雅集，《支那南画大成》续集六《题跋集下》收《高凤翰画册》郑燮、黄易、翁方纲、桂馥、王文治诸跋，黄易跋文，云："南阜书画有味外味，板桥以其品格在石田、高且园之间，评论是矣。易谓此派大涤子劲敌也，苍老之中气韵奇秀似又过之。板桥幅幅题识，互相映带，精彩双妙，想见二老风流。明窗展对，满纸生动。晴村大人扈跸德水时得此，与尚方珍赐同为什袭，物得所主，物之大幸。易于风尘行帐中睹此眼明，欣幸更何如耶。乾隆庚戌（1790）三月下澣，钱塘黄易。"跋当作于三月下旬雅集时。此际庆霖作书再乞书画印章，黄易时亦为其兄庆桂治印。陈方伯药洲即陈淮，河南商丘人，时任湖北布政使，富于收藏。

庆　霖 102-3

一别半年，时深渴想。五月间曾寄墨刻一册，素册一本，红丝砚一方，未识收到否？秋风正爽，菊满东篱，遥企诗情画意，定饶逸趣，羡甚羡甚。弟赴京恭祝万寿，获瞻盛典，荣幸已极，于重九回任。肃候小松先生文祉，庆霖顿首。

钤"晴邨"。

用"与竹石居笺"。[《黄小松友朋书札》第九册]

考：札作于乾隆五十五年（1790）九月九日以后。八月间，庆霖与乾隆八十庆典，重九自京回青。参102-2。"一别半年"，指本年三月曾经雅集相聚，至此半年。

庆　霖 102-4

久阻披襟，渴怀如织。比闻南粮过境，懋著贤劳，可胜欣羡。惟是荒城岑寂，空余金石之音，想鉴古所存，定能一践前诺也。槐阴如幕，知履候犗适，新咏可见示一二否？手此，寄讯升祺。不宣。小松司马先生，弟制庆霖顿首。[《黄小松友朋书札》第十册]

考：乾隆五十五年（1790）冬日至五十八年二月间，庆霖时丧母，于京中守制。据"槐阴如幕"，札当作于五十六或五十七年夏日。

103　徐世钢　【2封】

徐世钢号钝盦，浙江嘉兴人。诸生。著《通介堂稿》。工绘事，仿老莲古佛尤为世所珍重。家贫，常幕游他乡。参见《两浙𬨎轩续录》卷二十八。

徐世钢 103-1

徐世钢顿首谨启上秋盦司马先生阁下。忆在仪封工次，获睹仪光，瞬经十稔。因知河上宣劳，栉风沐雨，兼以封圻间阻，草野鄙人未敢以荒函渎听。今夏四月，为秋塍罗致幕下，枌榆投契，相得甚欢。每议金石篆隶，推阁下为海内圭臬，惟以不获追随几席为憾。荷知己转索旧逋，更荷阁下于百忙中偿其夙愿。澹远秋林，妙在有意无意之间，求之当代，仅有绝无，眼界一宽，得疗夙癖，拜德良多矣，谢谢。第嗜痂不厌，尚欲求篆联以奉金针，未识能俯如所请否？悠悠我思，与书俱去。钢载拜。九月二十日谨状。

钤"长毋相忘""斯情无假""书言不尽"。[《黄小松友朋书札》第十一册]

考：乾隆四十三年（1778）秋，黄易尝在仪封河上为徐世钢刻"定斋"一印。札云"瞬经十稔"，约作于乾隆五十四年九月二十日，本年王复由濬县管河县丞升武陟县令，徐世钢在其幕中，因托王复求画，得秋林一图。此札再索篆书对联。王复《晚晴轩词》收《题癯仙定禅图》，有云："吾友城北君，骚坛笔豪横。"知徐世钢一号癯仙。参186-1黄承增致黄易札。

徐世钢 103-2

徐世钢顿首启上秋盦司马先生阁下。忆在青龙岗工次，得亲公望，回首十六年，竟不获良缘再假。每于王明府秋塍、武明府虚谷及贵华冑心盦、敝同姓尚之别乘处考订金石遗文，靡不啧啧司马公为海内巨眼，则阁下之名更在天上，怅惘

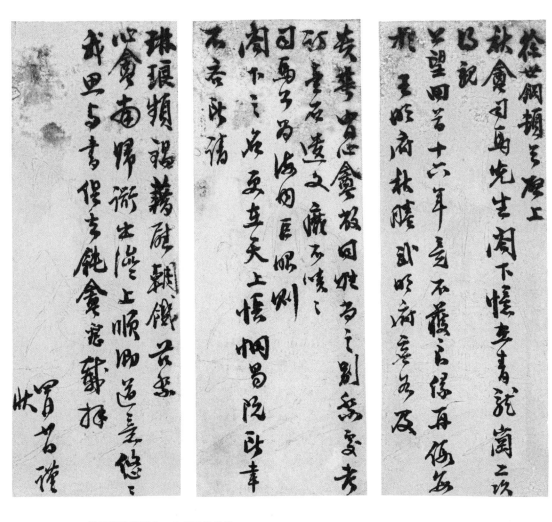

103-2 徐世钢致黄易札　上海图书馆藏

谒既？所幸不吝所请，琳琅频锡，藉慰輖饥。兹乘心盦南归，道出济上，顺泐道意，悠悠我思，与书俱去。钝盦钢载拜。四月廿日谨状。[上海图书馆]

考：青龙岗在仪封，黄易与徐世钢乾隆四十三年（1778）秋仪封相见，参103-1考。札言"回首十六年"，很可能作于乾隆五十八年四月二十日。徐世钢游幕河南，札中所及王复、武亿、黄承增、徐书受诸友，皆与黄易熟稔。徐世钢还曾向黄易恳书八分大字"通介堂"匾额，参186-1黄承增致黄易札。

104　　冯集梧　　【1封】

冯集梧号鹭庭，浙江嘉兴人，冯浩子。乾隆四十六年进士，官翰林院，授编修，出典云南乡试，得士最盛。丁母艰，回籍，主安定、云间书院，奖励后进，孜孜不倦。参见《（光绪）嘉兴府志》卷六十一《列传·桐乡》。

冯集梧 104-1

一别七八年，每怀叔度，辄为神往。昨荷枉顾，虽草草数言，不啻陶陶永夕，嗣复别思盈把，觉吾人会合之缘殊浅浅也。大兄老先生十载河干，得成正果。平当学通《禹贡》，王景绩著循良，宜乎仰承恩擢也。至金石之学，自赵氏、顾氏搜讨后，近人不能问津。大兄复于荒冢败堑之余，搜抉至宝，倘所谓遇其人而后出者，非耶？平昔自信不贪为富，今则不免朵颐。承许寄付数种，拭目俟之，第未知已得就道否？青斋家表兄专候补送，考语到后引见。罗道台与弟交好，真挚可胜佩服。河帅处弟久未通启，然平时古道，如遇潘宪时家岳不以境位易其故交，实是可敬，弟拟另便奉书，以甦积悃耳。弟碌碌如常，寒风入牗，局缩如猬，令人转忆故乡矣。兹因舍亲处有良便，率此布请安祉，诸惟朗照。不既。弟冯集梧顿首，上小松大兄老先生执事。十二月十七日。

前任运河司马二家兄近体尚能安健否？晤时乞致相念。令甥顾孝廉到京，往来未晤也。家叔乞关照，为感。[《黄小松友朋书札》第六册]

考：札作于乾隆五十四年（1789）十二月十七日。本年十月，黄易升运河同知，曾往北京，与冯集梧相见。札中所称潘宪时，为冯集梧岳父，曾任侍讲，青斋表兄、罗道台、河帅，分别为沈启震、罗煐与李奉翰。本年五月，罗煐调任直隶永定河道，闰五月二十八日，沈启震补授运河道。前运河同知即冯鹏飞，乾隆五十一年六月至次年十月在任。

105　徐书受　【1封】

徐书受字尚之，江南武进人。少耽著述，而尤长于诗。以副贡生充四库馆誊录官，署太康县丞、汝州州同、尉氏县知县。参见《（光绪）武进阳湖县志》卷二十三《人物·文学》。

徐书受 105-1

试用州同徐书受谨禀大老爷钧座。敬禀者，卑职材质谫庸，淹留日下，顿逢藻鉴，重荷奖成。一见心倾，十年膺服。惠赐蔡书缪篆，宝若兼珍，即其绪余，妙绝天下。虽奉扬仁风，而靡所仰答。回念平生知己，落落数公。夫其精博淹通，尤贵金石六书训诂之学。王粲入中郎之坐，便授异书；相如订洨长之疑，都成奇字。而阁下综雅集美，奄贯众长，固已著撰根据，为世间有用之文，而又缘饰经术，为昔贤不朽之事。儒林、循吏并为传人焉。若书受者，才不敌穷，长不若少，虽仿家贫禄仕之义，仍有甘旨不给之忧。窃以鱼今在沼，获泳洪波，燕未成巢，近依广厦。是则阁下之德、书受之幸也。肃此，恭请福安，伏祈慈照。卑职书受谨禀。[《黄小松友朋书札》第八册]

考：本札署"卑职""试用州同徐书受"，很可能作于乾隆五十四年（1789），黄易升兰仪同知之后。乾隆五十一年至五十三年，徐书受署任太康县同知，此后署任汝州州同。参见《（民国）太康县志》卷七《职官表》。黄易在中州，与徐书受交往甚笃，徐氏《教经堂谈薮》卷五《藏书》云："曩在京师，见前辈藏书之富，无过筼河先生；碑版之富，无过竹汀先生。后至汴中，则黄小松嗜同宫詹，王馥田嗜同学士。每从借览，还一瓻则换一瓻，予诗所云'片碣录同欧博，异书藏比邺侯多'，盖指两君而言。"馥田即王如金，华亭人，乾隆五十三年任盂县知县。黄易亦曾赠徐书受汉碑拓片，《教经堂诗集》卷十二《小松贻汉碑数种，作歌报之》："五经无双汝南许，上书诣阙惟臣冲。谁欤嗜古究绝学，黄君八体能兼工。怀文百轴字径丈，一日辇下倾诸公。钱（献之）陈（竹厂）铮铮亦抉奥，阳冰自诡如斯翁。我游其际最諵薄，益者三友途非穷。堪嗟竹厂废一臂，《尔雅》久罢笺鱼虫。更伤献之困一檄，《水经》近辨船司空。惟君塢流负时望，河堤谒者王景同。况乃考据益精博，藏碑不下三千通。读之累月未可尽，离合可惜常匆匆。翰林既往（竹君先生）宫尹老（辛楣先生），得不此事相推崇。古文奇字贮满臆，在汉何减相如雄。野磷荒草遍搜剔，牛驮毡裹置学宫。偏旁训诂必详审，微权欲以昭盲聋。迩来市上忽购得，炎精私印拨蜡铜。比两严遵两王霸，稿本往往淆芎䓕。姓名几辈自不朽，文章异代还同风。千年巧合岂无意，南州孺子江夏童。奈何得一遂失一，君宜食德吾无功。丰碑响搨自题识，若乞斗粟俭腹充。解嘲聊使实归橐，持报愧乏红鹅笼。"据札，黄易亦曾赠以隶书及篆印。嘉庆五年（1800）秋，徐书受过济宁，谒黄易，黄易以《岱麓访碑二十四图》卷属题，徐书七绝三首其上。

106 龚 烈 【3封】

龚烈字仲扬，号楚香。江南常州人。才素敏，属文顷刻辄就，淮徐道韩鑅延之入幕，韩迁东河河道总督，继之者为毓奇，事无巨细，皆资办理，既而又被议。时兰第锡官南河总督，闻其名，坚致之，雅相得。自后河帅历有更易，无不倚重，章奏文移悉出其手，佐理宣防者二十余年。嘉庆元年举孝廉方正，不赴。参见赵怀玉《亦有生斋集》文卷十六《例赠承德郎保举孝廉方正龚君墓表》。

龚 烈 106-1

顷使者来此，足见欧苏之谊，不同泛泛，弟辈亦甚佩服。制府本意在岱麓静候，缘有不得已之事亟须往见书制军，而书公亦连有札来，云圣心盼望，已垂问数次。是以初一日星夜驰赴灵岩，心绪既欠佳，而鞍马复劳顿，遂致初二日接驾后侍立宫门时忽然发晕，手足俱软，口眼歪斜。大内传闻，即刻赏御医胗视，扶回寓所服药，至初三五鼓，即清爽如常。皇上连日垂问，且有皆因吃辛苦所致实可怜之谕旨。初三仍坐车，旁晚回到泰安，初四五静养两日，痰火已清，照常行动，即于初六日谢恩，即刻召见，蒙询问安慰至再。上云，看来精神尚未大好，好生养着，令于预宴后先回。今拟于初八日起程，由济至丰砀，一路而归。制府此病虽系中风，幸本原甚好，故荡涤风痰，即时就愈。现惟神气不足，脚力尚软，其余饮食起居仍照常矣。率泐，布慰锦怀，藉请升安，余容面罄。不尽。愚弟龚烈顿首。初八申刻。〔《黄小松友朋书札》第八册〕

考：乾隆五十二年（1787）书麟任两江总督，五十四年兰第锡任江南河道总督，书麟、兰第锡即札中所称制军、制府。据《清高宗实录》，乾隆五十五年二月八日帝东巡山东，三月二日（壬午）驻跸灵岩寺行宫，翼日如之。管同《因寄轩文集》初集卷九《资政大夫兵部侍郎都察院右副都御史总督江南河道兰公墓志铭（代）》:"五十二[五]年上东巡,召公赴山东行在。"又,《满汉名臣传》:"五十五年三月,上巡幸灵岩山,第锡迎驾,偶感风热,特赏太医诊视。"即本札所描述者。因知札作于本年三月八日,时龚烈在江南河道总督幕中,驻淮安。乾隆四十六年韩鑅任东河总督时,龚烈在其幕中,驻济宁,斯时应与黄易熟识,《秋盦诗草》收《题龚仲扬小照》其二云:"奉亲负米各天涯,怀古思乡只自知。赢得姓名存艺苑,小松金石楚香诗。"可证二人交谊。乾隆五十二年五月,黄易曾为画扇,故宫博物院藏。

龚 烈 106-2

愚弟龚烈顿首,小松九哥大人阁下。久未奉书申候,抱疚实深,未识近日动履兴致何似,殊念念也。弟自去冬以来,心绪如灰,益复颓放,无一好怀足报知己。且日在文书堆中过日,自问功名富贵固已无分,乃看书写字皆不容略享清福,实觉恨人。去岁承惠鉴铭横幅,古雅绝伦,真堪宝爱。铭词古艳,较近人以未央宫瓦头两当文拓为屏幅者,更为典重之至。细审图内第三鉴"饥食枣"下尚有四字,第八"长宜子孙"鉴似尚另有铭词,何以未并注绎?乞示我以开毛塞,为祷。兹乘凝庵北上,特肃奉布,敬请升安。河干转輓方劳,伏惟珍重,千万千万。愚弟龚烈再拜,并请老伯母大人福安,暨潭署均吉。不一。清和十八日。

钤"仲扬"。

再:弟近得汉铜印一方,不知系"△中司马",乞绎示为幸,又及。[附钤汉印其下][《黄小松友朋书札》第十册]

考:凝庵当即陆奎,亦号凝鲞,游幕淮上。龚烈时在江南河道总督幕中,因陆奎即将北上,故托其带致书札。乾隆五十六年(1791)中秋后一日,黄易尝在南阳舟次为陆奎作《蓬窗雅集卷》。同日又为作诗意扇画,故宫博物院藏。此札约作于本年四月十八日。

龚 烈 106-3

除夕使至,接荷手翰,深感厚爱,同胞之惠,谊不可辞,然弟屡叨雅意,时抱不安,何当复拜贶耶?运河局面一新,弟早为阁下攒眉,恐罗公畅谈,未必即安贫乐道。盖清窘之况,弟前见面时已言之详矣。主人接尊札,颇为心悦,深以九哥古处独敦,高人一等也。连日署中仅弟一人,公私极忙,自愧头颅如许,又过一年，萍梗生涯，亦惟随缘度日而已。匆匆率复鸣谢，并叩新禧。不尽百一。愚弟龚烈顿首。除夕灯下草。[《黄小松友朋书札》第十一册]

考：罗公当是罗焜，乾隆五十九年（1794）六月再任运河道，札作于当年十二月三十日。主人即南河总督兰第锡。札中所言"运河局面一新，弟早为阁下攒眉"，参158-3黄易致张爱鼎札。据札，黄易此前尝与龚烈相见。

107　洪锡豫　【1封】

洪锡豫字建侯，安徽歙县人，占籍仪征。其祖洪徵治、父肇松世治鹾业。锡豫附贡生，广西候补道，改广东。工于诗。参见《扬州画舫录》卷十、《（嘉庆）江都县续志》卷五《仕籍》。

洪锡豫 107-1

愚弟洪锡豫顿首启秋盦大兄老先生阁下。客冬玉琴南旋，荷承惠赠书联，兼读所得诸金石摹本，考订渊源，足补古人所未迨，实为心折。当[尝]具芜函驰谢，并达慕忱，谅邀青及。兹际芳辰正丽，遥稔福履升恒。讴咏公余，校讹补阙，定复著述盈帙矣，曷胜翘企之至。弟向在玉琴箧中获睹大兄老先生所橅印章，古雅超脱，直驾文、何诸人上，欣羡之私不能自已，当此贤劳懋著，公务殷繁，何敢琐渎上清。但躬值大手笔在前，又蒙不弃葑菲，竟不能得一二印以为束牍之光，实属平生憾事。特此不揣冒昧，谨具粗石四方，寄呈左右，敢祈大兄老先生有兴时或镌刻一二方见赠，弟当什袭藏之，以为世世永宝也。外又纸一幅，求书八分横批，以饰斋壁。总缘爱慕之殷，故不嫌琐渎之罪，想大兄老先生亦笑而允之耳。《随园先生诗文集》附呈览鉴，尚有《尺牍》数卷，系弟代为付梓，俟刷印后再当奉寄。崓此布候升祺，统惟颡照。不宣。锡豫再顿首。三月廿一日。敬冲。谨空。

再启者，弟欲奉乞法书四幅，又敝友黄雅南兄奉恳书柱帖一联，雅南亦工临池，其仰慕方家已积十数年之诚，特挽弟代请，冒昧之处，定邀垂鉴也。

钤"韵香书屋""锡豫之印""孟章"。[《黄小松友朋书札》第七册]

考：此札与9-4储润书致黄易札同缄，当作于乾隆五十五年（1790）三月二十一日。札中以《随园先生诗文集》为赘，求印求书，并为友人黄雅南求柱联。

108　周厚辕　【2封】

周厚辕字驭远，一字驾堂，号载轩，江西湖口人。由优廪生举于乡，联捷进士，官翰林编修，上书房行走。在京师与翁方纲、蒋士铨、程晋芳、吴锡麒诸人结"都门诗社"，步东坡诗韵，一时传为盛事。参见《（嘉庆）湖口县志》卷八《儒林》。

周厚辕 108-1

前宵畅谈既醉，剧慰生平。昨蒙惠颁珍品，谢谢。弟眷属登舟，已于昨晚随漕台船开去。弟今日巳午之间即行，意欲与先生再谈片刻，以慰离悰，未谂何时在寓？弟当过从握别也。专启，即请晨安。愚弟周厚辕顿首，秋盦先生九兄阁下。初六日卯刻。[《黄小松友朋书札》第二册]

考：据《内阁大库档案》，乾隆五十五年（1790）八月，"周厚辕前因大考休致，今来京祝嘏，进献诗册，复命出题考试，所作诗句文理尚顺，周厚辕着仍以编修用"。（登录号：106133-001）周厚辕此次进京及为乾隆生日献诗，道出济宁，与黄易相见晤谈。据108-2，此札作于本年五月六日。

周厚辕 108-2

快聚至乐，又得两三次倾谈，使弟尘颜顿洗，胸次豁开，别来却增一番怅结矣。迩想綦履荐绥，即日台候万吉，为慰。《观碑图》奉上，破漏篷窗，转侧不便，诗与字皆草率应命，乞庋置之，毋污宝册也。顺请秋盦先生即安，愚弟周厚辕顿首。五月二十三日临清舟中。

若诗尚可用，或将来再写一篇奉寄可否？[《黄小松友朋书札》第二册]

考：乾隆五十五年（1790）三月十六日，翁方纲与王昶、玉保扈跸谒泰岱、东陵至济宁晤黄易，黄作《观碑图》，请翁方纲、王昶、玉保等人题诗，参23-19翁方纲致黄易札。据札，黄易此际亦嘱周厚辕题诗，当作于本年五月二十三日。

兰德滋 【2封】

兰德滋字润甫，山西吉州人，兰第锡之子。嘉庆时以恩荫授六品主事。参见《（光绪）吉州全志》卷五《选举》。

兰德滋 109—1

兰德滋顿首谨启小松司马老先生座右。月前拜诵手笺，猥承雅注，随泐寸函复谢，谅达典签。迩际南熏叶奏，伏稔公政余闲，兴居佳畅，疏廉冰簟，啸咏自如，定有一番清乐也。德现于六月六日随侍防汛皂河，一切远叨雅芘，安善如常，可纾锦厪。《露筋碑》一册得之秦邮，欲恳椽笔题识，以传不朽，特此奉渎，望即命笔寄掷。顺请升安，伏惟朗照，谨启。

龚楚香先生、袁竹田别驾均嘱致候。[《黄小松友朋书札》第十二册]

考：据《清高宗实录》，乾隆五十五年（1790）六月兰第锡在淮、徐、扬一带办理河工防汛事，此札很可能作于本年六月六日，时兰德滋随父在宿迁防汛皂河。札中乞黄易题其高邮所得《露筋碑》，《秋盦题跋》收《跋米书露筋碑》："王虚舟给谏过高邮，瞻露筋祠，访此碑已不可得，不知何时再出。……润甫六兄得此，宜乎终日爱玩、不忍释手也。宋苏、黄、蔡三书固天机清妙，若米书直追晋人，评者以为第一。……暑窗展对，顿觉清气逼人，文与书足以动人如此。为题数语还之。"龚楚香即龚烈，时在兰第锡江南河道总督署中。袁竹田即袁秉钧，时任桃源中河通判。参见《（乾隆五十三年春）缙绅全书》。

兰德滋 109—2

月初家严奉命于役海塘，德滋随侍前往，得睹湖山胜概，于以知天挺人文，有所钟也。廿九日返棹袁江，快披云椷，对联苍秀入神，洵是必传之作。兼拜名刻，均当什袭珍之。感念注情，铭谢曷既。前承嘱觅碑刻，今得"天下第一江山"

及《金刚经帖》二种，谨特送呈法鉴。卸装匆次草泐，虔请升安，惟照，不既。兰德滋拜手，启小松先生阁下。

钤"雨丝风片烟波画船"。[《小蓬莱阁同人往来信札》第一册]

考：据《清高宗实录》，乾隆五十八年（1793）十月五日，因浙江海塘石坝工程，命李奉翰即行前赴江南，会同兰第锡偕赴浙江，与浙江巡抚吉庆三人详悉覆勘，共同商榷，庶此项坝工应修、应停，得有定见，不致以无益工程激怒水势，屡有泼损等事。札言随父于役江浙海塘，很可能作于本年十月底十一月初。

110 钱大昕 【4封】

钱大昕字晓徵，一字辛楣。乾隆辛未南巡召试，赐举人，授内阁中书，甲戌成进士，改庶吉士，散馆授编修。丁亥乞假归，壬辰补侍读学士，充上书房行走。寻擢少詹事。后督学广东，逾年丁外艰归，不复出。家居三十年，潜研经史，凡文字、音韵、训诂、历代典章制度、官制、氏族、年齿、古今地理沿革、金石画像、篆隶及九章算术、中西历法，无不洞悉，著有《潜研堂金石跋尾》《金石后录》。参见《（光绪）嘉定县志》卷十六《宦迹》。

黄 易 110-1

昨匆匆一叙，未畅所谈。顷荷示郑书，弟尚有数种，今仍赵上，谢谢。尊稿附还。砚铭领到。车子已嘱小价即办。弟此刻随河帅赴北查工，命书实不及，另容寄上。此候日祉。不一。黄易顿首。

钤"小松"。[私人藏]

考：此札与下札皆无上款，据原裱页题跋云："此二通小松司马赠钱竹汀宫詹札也，旁注爵里三十一字为先师六九学人手迹。诸名人赠宫詹赤椟两册，旁注姓氏爵里皆先师手迹。旧藏鲍少筠醒尹处，今不知归于谁手。此帧在沈旭庭兄处，因有先师遗墨，遂以文梦珠、丰南禺尺牍易归。千里骥志。"知为致钱大昕者。钱大昕乾隆四十年（1775）丁忧归里，称疾不出。此后唯一一次进京，乃乾隆五十五年参加乾隆八旬万寿庆典。据《钱辛楣先生年谱》，本年六月中，钱大昕由水道入都，遇梁同书于淮上，因联舟北上，七月廿九日到京。八月廿二日出都门，由清苑至定州，自真定至隆平县，取道广平、大名，经济宁登舟，十月抵家。黄易旧藏《宋拓汉石经残字》有本年七月四日梁同书题字，九月廿八日钱大昕题字，钱题"北归过任城运河公廨，得观此本，敬题"云云，知钱大昕北行、南返皆曾经停济宁。札中提及仆人为钱大昕租车，而黄易又忙于查勘河工，很可能作于钱氏七月离济北上时。钱氏索书，黄易亦无暇顾及，允诺寄赠。郑书或为南宋郑樵《通志》，中有《金石略》，"尊稿"则不可究诘。

黄　易 110-2

俗冗不得快叙，为怅。弟日内甚窘，敝裘恒在质库，所嘱者连日摒挡仅有八金，聊佐行色，可愧之至，幸哂存，万鉴原为幸。顺候早祉。不一，学弟黄易顿首。[私人藏]

考：此札很可能作于钱氏乾隆五十五年（1790）北上或南归时。钱大昕向黄易借钱，然黄正在窘迫之时，只为钱筹到银八两。黄、钱还曾再次见面，乾隆六十年（1795）夏，黄易回杭葬母之前，遣侄黄元鼎前往苏州，倩钱大昕制铭，参见《潜研堂文集》卷四十五《赠奉政大夫黄松石先生墓志铭》；当年十二月黄易经苏州归济宁，曾拜访钱大昕，钱为题《得碑十二图》，款识云："秋盦九兄访予吴门寓馆，出斯图见示，率成四绝句。时乙卯（1795）季冬戊寅朔之二日，竹汀居士钱大昕。"嗣后，嘉庆五年（1800）五月，钱再为黄易《小蓬莱阁金石文字》作序。

钱大昕 110-3

五月中尊伻过苏，奉寄短札并寄《看碑图》及拙刻《诸史考异》，谅久登记室矣。任城金石之林，得嗜古如公者搜罗遗佚，遂使神物护持一朝泄露，岂非千古佳话。顷覃溪先生衡文东来，而偃师武君亦牵丝博山，声气相求，殆天假之缘耶？桂未谷尚在广文任否？铁桥想无恙。武氏石室诸画象曾蒙见惠，而祥瑞图尚阙无题榜者三纸，尊记所云画像十四石，八分题字类《曹全碑》者止有一二石，未得全本，颇为憾事，邮便中未识能见惠一全本否？匆匆，词不能尽，顺候近安。秋盦大兄老先生，弟大昕顿首。辛亥十一月十四日。

拙著《金石文跋尾》又续刻六卷，俟校改讫即觅便寄呈。瞿司马处尊札前月已收到，并闻。

钤"竹汀"。[《明清名人尺牍墨宝》第二集卷五]

考：据落款，知札作于乾隆五十六年（1791）十一月十四日。札中提及《看碑图》，钱大昕题诗即《潜研堂诗续集》卷六《题黄小松〈看碑图〉》："判牍有余功，访碑无停驾。尚友到古人，翠墨云烟委。欧曾赵洪后，立帜江夏子。古物聚所好，不胫走千里。金薤文琳琅，收拾斗室里。忆昨造高斋，清閟为我启。香厨一纵观，如入五都市。画手数顾陆，绢素那足恃。何期东京刻，真面历可指。法服偩冠剑，礼器陈簠簋。银瓮碧流离，甘露木连理。灵秘不能藏，一朝列柴几。奇怪骤难读，过眼聊复喜。合并知何年，癖嗜略相似。披图宛晤对，惭我闻廑咫。想见手摩挲，比邻招短李。片石如能言，风尘感知己（谓李铁桥）。"因上年钱曾过济宁晤黄易，故诗有"忆昨造高斋"云云。札中提及翁方纲提督山东学政，武亿任博山知县，皆本年事。桂馥上年中进士，此际仍在长山训导任上，故钱大昕有"尚在广文任否"之问。札中又向黄易索武梁祠祥瑞图所阙拓本。《诸史考异》《金石文跋尾》，即钱氏力作《廿二史考异》及《潜研堂金石文跋尾》。瞿司马待考。黄易赠钱氏拓本甚夥，除《武梁祠画像题字》之外，《潜研堂金石文跋尾》三续卷一所收尚有《熹平残碑》《太公吕望表》《皇太后造观世音石像记》《高平县石里村造硚碑》《章仇氏造象碑》等。

钱大昕 110-4

去秋以来，音问阔疏，闻九兄偶患臂痛，想已霍然。弟近日精力益惫，两耳重听，已成废物。昨偶读《学斋佔毕》，其所载石室画即武梁祠刻也，而史云碑在资州宅博雅堂下，制捆又辇运置之明新，则是蜀中别有翻刻本，今亦不知所在。然竹垞诸公却未说起，何也？兹有震泽费明经在轩，三吴名士，北上道出任城，持介一言奉谒，未识台旌现驻汴上否？次儿东塾夏间曾有一札托令侄叶邮寄呈，想览讫矣。匆匆不多及。秋盦九兄老先生，弟大昕顿首。二月二日。

钤"竹汀"。〔故宫博物院〕

考：《学斋佔毕》为宋人史绳祖撰，札中所及者见该书卷三《古圣贤名条》。钱氏类似议论，收入《十驾斋养新录》卷十四《史绳祖学斋佔毕》条。费士玑字玉衡，一字在轩。震泽人。自少好学不倦，专精经术，受业于王鸣盛、钱大昕之门。《潜研堂诗续集》卷六收《题费玉衡〈窥园图〉》二首，卷七收《述庵侍郎招同袁春圃、潘榕皋、宋汝和、蒋立厓、周漪塘、费在轩、王西林、张农闻、袁又恺、戈小莲、徐佩云集塔影园小饮，即席得句》二首，可窥与钱氏交游。据《（道光）苏州府志》卷一百二《人物·文苑七》，费士玑以嘉庆三年（1798）岁贡入北闱，举顺天乡试第二，大挑以知县用，分发贵州，署都匀府通判。嘉庆五年闰四月，费士玑与孙衡北上，曾于济宁拜访黄易，观《宋拓汉石经残字》并题册后，此札作于当年二月二日北上前夕。钱东塾字学仲，号畴田，又号石桥，大昕次子。廪生，官吴县教谕。工诗文，善分隶，尤精篆刻。工写山水，古雅秀郁。叶邮或为黄元鼎之号。

III　李　翩　【2封】

李翩字逸翰，号春麓。山东金乡县人。乾隆三十七年进士，历官礼部郎中，改御史，迁擢礼科给事中，转吏户科掌印给事中，巡视中东北三城。后出补分巡杭嘉湖道，一署布政使，再署按察使，乞养归。服阕，以道员发陕西补用，未几引疾归。有《秋影山房诗稿》。参见《（咸丰）金乡县志》卷九《列传二》。

李　翩　111-1

去冬快晤都门，饫聆麈教，深惬夙怀。旋承寄镌"秋影山房"小印并题额，俾小斋藉尊制以传，感甚幸甚。仰悉清誉懋著，荣晋司马，匆匆未及专函奉贺，遥惟起居佳胜。弟自去年冬杪补礼垣，兼司隶，碌碌如常。肃此，布请台安，伏祈赐鉴。不一。弟李翩顿首，上小松先生词坛。〔《黄小松友朋书札》第八册〕

考：札作于乾隆五十五年（1790）。上年冬日黄易与李翩曾在都中晤面，黄易升兰仪同知，李翩升礼科给事中。

李　翩　111-2

昨过沛上，叩晤台端，快聆麈教，承惠多珍，感谢感谢。清秋佳胜，恭惟鼎□叶吉，为颂。弟于十九日到敝里，已定于八月初三日自南阳赴杭，尚望俯念夙好，指示一二，俾得有所遵循，为幸。知承关注，肃此布闻，兼鸣谢忱，恭请崇安，统希赐鉴。不一。治愚弟李翩顿首，上小松先生公祖大人阁下。

七月四日丹壑家兄已仙去，不及一面，恸甚恸甚。并闻。〔《黄小松友朋书札》第十一册〕

考：秦瀛《小岘山人集》文集卷三《送李春麓乞养归金乡序》："金乡李君春麓官浙之杭嘉湖道阅二年余矣，以其母太夫人年七十有一，将告归，陈情于大府，大府为之请于朝，得旨俞允，遂以乾隆乙卯（1795）正月治装就道，奉其母太夫人归金乡。"据知李翙官杭嘉湖道在乾隆五十七年（1792）。札言"十九日到敝里，已定于八月初三日自南阳赴杭"，当作于是年七月十九日至八月三日间。

112　　汪用成　　【3封】

汪用成字未山，浙江仁和人。工诗画，善琴，写生得华喦法。家有云峰晚翠楼，为庋藏书画之所，时与奚冈诸人觞咏其中。参见《（民国）杭州府志》卷一百五十《人物十一》。

汪用成 112-1

忆违芳范，忽忽十年矣。遥稔九兄大人河防熟练，器重上游，指日观察增荣，曷胜欣望。惟运河酬应最烦，仕优之余，亦得稍及于笔墨否耶？赵槐庭五兄株守杭城，殊无善状，昨承李晓园公祖厚谊，札荐商虞朱倅，赴豫之便，取道任城，乘便附上对纸二副，欲求法隶丁先生一路，弟素所爱慕，得即挥就掷寄，感泐非浅。前弟从沛上归来，曾蒙惠《佛手》单幅，晴窗展玩，如对故人佳话。不揣琐渎，尚恳单款二幅，叩在知己，想亦不惮烦也。至赵五兄之于九兄，向称交好，似无待弟之赘嘱也。专此，恭请升安。附寄奚九兄丹青一幅，乞检入。不既。未山世愚小弟汪用成顿首，小松九兄大人览。老伯母前祈叱名请安。〔《小蓬莱阁同人往来信札》第四册〕

考：赵大奎字槐庭，山阴监生，荐为归德府商虞通判，后官顺天石港口巡检。李晓园即李亨特，乾隆五十五年（1790）任绍兴知府。札当作于本年之后。汪用成为前任河东道总督姚立德之婿，与黄易稔熟，参18-8潘有为致黄易札、11-7奚冈致黄易札。乾隆四十三年二月十五日，汪用成南返时，黄易曾为刻"平阳"一印志别，札言分别"忽忽十年"，概言之也。是印边款云："汪氏之族始于平阳，古币有此二字，钝丁先生摹式为印，以赠承斋刺史。昨朱封翁排山寄示《古金待问录》，此币在焉。乾隆戊戌（1778）二月之望，用成先生南还，亦为摹此，聊以志别，归与讱庵水部见之，当必心妒，同里秋盦黄易刻于河东节署之平治山堂。"讱庵水部即汪启淑，安徽歙县人，寓居杭州，得古印几万纽，汇为《讱庵集古印存》三十二卷，《飞鸿堂印谱》四十卷，又续得汉铜旧刻成《汉铜印丛》十二卷，极印人之大观。曾为工部郎中，归老松江，往来湖上。参见《（民国）杭州府志》卷一百七十。

汪用成 112-2

久暌芳范，风雨增思。每忆握手任城，奇疑赏析，今昔之感，想彼此有同心也。此日春风和蔼，遥惟九兄大人政祉聿新，与时俱茂，曷胜虔颂。去夏接奉翰函，并承惠山水一帧，云烟满纸，素壁增光，披览之余，如对故人佳话。久欲修缄鸣谢，适遭继室之变，忧心如焚，致稽裁答。腊底家母舅来，口传尊示，须奚九兄笔墨，兹乘载锡九表兄来署之便，附到山水、花卉共二幅，乞查入。裱手明知不佳，为时甚促，且运河尊署内设裱工，似无容弟之重装也。专此，恭候升安。花青另便寄上。老伯母大人祈叱名请安，并候合第安吉。不一。小松九兄大人，世愚弟期汪用成顿首。正月二十一日。

奚九兄嘱笔致候。[《黄小松友朋书札》第八册]

考：既称"运河署"，则黄易已任运河同知。其时黄母尚在，故当作于乾隆五十五年至乾隆六十年（1790—1795）之间。

汪用成 112-3

日前曾具寸缄，交复堂转寄，谅已入照。迩惟九兄大人起居多福，满拟来杭起复，畅聆教益，闻河帅攀留，料理堤工事务，仰见老成谙练，器重上游。第把臂末由，益深驰系耳。胞侄钧，从九职衔，昨健足回，知蒙关照，已经早为入册，兹令摒挡来汴，晋谒崇阶。渠虽有志上进，诸事未谙，大则工程段落，小则仪文应对，教之诲之，同亲子侄，亦见弟与九兄之交非比泛泛。若以世情代之，正非弟之所仰望于九兄也。钧随侍乃父，丹青铁笔稍知二三，而作字极丑，倘九兄于公事之余，因其所知而进之，怜其未能而励之，此衷铭戴，更非楮墨所能宣者矣。明人合卷一件，陈眉公法书一幅，聊展寸敬，伏冀哂纳。对笺一副，敬求法隶，暇时即望挥寄，感泐不浅。专函恭请升安，千里迢迢，一纸重托，诸祈澄照。不既。小松九兄大人如面，世愚弟汪用成顿首拜启。五月二十二日杭寄。

附请九嫂大人福安，并问令郎世兄近祉。[《黄小松友朋书札》第十二册]

考：据"来杭起复"，札当作于嘉庆二年（1797）五月二十二日。札中以侄汪钧相托。复堂赵姓，即前任淮扬道赵载元，参172-2黄易致梁同书札。

113　吴人骥　【3封】

吴人骥字念湖，直隶天津人。乾隆三十一年进士，尝任诸城县令、东昌同知，署济南知府。襟怀旷达，所在有贤声。放衙后惟以吟咏自娱，画竹得明初王绂遗意。尤喜奖誉后辈，一时寒畯多倚赖之。生平收藏名人书画甚多。参见阮元《小沧浪笔谈》卷二。

吴人骥 113-1

小松九哥大人阁下，十年睽隔，两日追陪，虽未慰饥渴之怀，少释离索之感。日昨介亭过东，究以病腕艰于作札，又失裁候，想九兄亦谅之也。《浣笔泉作》录尘大教，倘能附镌于诸名作之后，亦附尾之幸。《金乡汉画》如有完搨，便望寄赐一本。东昌学宫《三绝碑》并邓氏所刻《祭侄文》寄呈各一种，乞莞纳。余候近吉。不宣。骥顿首再拜白。

钤"铜研居士"。

燕亭、药饮晤乞致意，又及。[《黄小松友朋书札》第十二册]

考：乾隆四十六年（1781）五月，吴人骥由蓬莱知县调任诸城，然仅两月即告病而去。《乾隆帝起居注》乾隆四十六年三月十一日："又议山东巡抚国泰奏诸城县知县员缺，请以蓬莱县知县吴人骥调补，查吴人骥历俸未满，与例不符一疏，奉谕旨：吴人骥准其调补。"据《（嘉庆）东昌府志》卷十五《职官》，乾隆五十六年至五十八年，吴人骥再任东昌府同知。札云"十年睽隔，两日追陪"，当作于乾隆五十六年就任之初，其时吴人骥尝过访黄易于济宁，同游浣笔泉。王介亭，徐州人，寓居济宁，余无考。《秋盦词草》收《百字令·题介亭〈伴梅图〉》，《秋盦诗草》收《题王介亭〈松风琴韵图〉》，又为作《南田诗意图扇》，故宫博物院藏。据《（嘉庆）东昌府志》卷四十一《金石》："《金博州重修庙学记（大定二十一年）》：石峡王去非记（去非字广道，平阴人，高隐）。王庭筠书。东平党怀英篆额。"王士禛

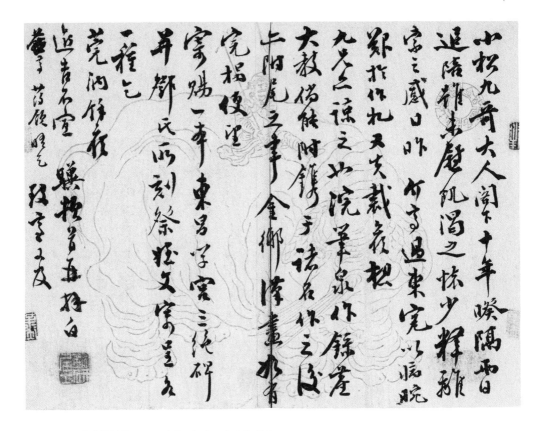

113-1 吴人骥致黄易札　收入《黄小松友朋书札》第十二册

《居易录》亦云："东昌府学三绝碑,庭筠书,王去非撰,党怀英篆。"即札中所言《三绝碑》。《(嘉庆)东昌府志》卷四十一《金石》又记:"唐颜真卿《祭侄文稿》石刻,草书(在邓汝勤家)。"即札中所言邓氏所刻《祭侄文》。燕亭为胥绳武,详下文。药饮待考。黄易与吴人骥交厚,曾为刻"吴人骥""念湖""人骥"诸印,印稿见于西泠拍卖2014年春拍。

吴人骥　113-2

多时不作候言,溯怀□切。比稔九兄大人日祉清佳,际此晏岁峥嵘,镂雪裁冰,更增雅兴,健羡健羡。弟于月之九日自省旋署,晤绪谷,知兄于攈览之辰得汉碑于曲阜,赤文绿字,觇此祥征,适酬阁下嗜古之癖,诚快事也。望分揭数纸惠寄,是所致祷。专此泐布,即候升安。小松九兄先生师事,弟吴人骥顿首。

钤"人骥"。[《小蓬莱阁同人往来信札》第四册]

考：所言得汉碑于曲阜，当指乾隆五十八年（1793）十月十九日，黄易五十岁生日当天得《熹平断碑》事。黄易《得碑十二图·贺碑图》款识云："乾隆癸丑（1793）十月十有九日，余马齿五十之辰，咸友咸集，余避喧泗河，遣工拓碑，得《熹平二年半碑》于曲阜东门外，喜极命酒，邀李铁桥醉赏，同志者闻之，共来作贺。时阮宫詹芸台按试曲阜，求其移碑颜氏，与《竹叶碑》共存焉。"《小蓬莱阁金石目》亦云："《熹平断碑》，八分书，熹平二年。乾隆癸丑十月十九日，易得于山东曲阜县东关外庙壁间。学使阮公芸台移置孔子庙同文门下。"碑上题刻甚多，如阮元："乾隆癸丑十月，元按试至曲阜，黄司马易访得此石于东关外，告元掘土出之，审视得七十三字，不全者六字，……因移置孔子庙以□学者。学使、詹事府詹事仪征阮元识。"又曲阜知县袁廷翱、四氏学教授颜崇槼、典史冯策、嘉定钱大昭、子东垣、仁和马廷枏、嘉兴吴嘉毂、武进顾述、甘泉林步登、仪征江安观款。又，北平翁方纲、翁树培父子观款。札作于本年岁末。绪谷当即武亿。

吴人骥 113-3

前有一札奉布，想登记室矣。《竹山连句》拓本一套顷已揭出，特托介亭王三兄奉呈，乞查收。闻莲湖得铜章数百块，何其多也，令人妒矣，一笑。余候。不一一。秋盦九兄先生，愚弟吴人骥顿首。

钤"念湖白笺"。[《黄小松友朋书札》第二册]

考：札中提及王毂得"铜章数百块"，当作于其后不久。《秋盦题跋》收《题王莲湖汉铜印谱》："济宁吴氏所藏古铜印章五百余，谱首郑居实序，汪水部纫［讱］庵、潘中翰毅堂见而心艳，屡求，卒不可得。近时印渐散失。易初得十余，居实子鲁门自金乡持来六巨椟，为印五百四十，又小匣为印二十有七，吴氏物居多。易力薄，留小匣，趣王剌史莲湖购六椟。……皆极精妙，……莲湖得兹多宝，足以自豪，手成一谱示易。"跋称王毂为"刺史"，据《（道光）济宁直隶州志》卷六之四《职官》，王毂署任济宁直隶州知州，在乾隆五十七年（1792）九月至五十九年六月。此札当作于此数年间。

114　邓石如　【1封】

邓石如初名琰,以字行,改字顽伯,号完白山人,安徽怀宁人。弱冠游寿州,梁巘介谒江宁梅镠,家多弆藏金石善本,尽出示之,为具衣食楮墨,使专肄习。客梅氏八年,学既成,遍游名山水,以书刻自给。客两湖总督毕沅三年,辞归。年四十六始娶,常往来江淮间。参见《清史稿》本传。

邓石如 114-1

去冬匆匆一睹光仪,倏值公事倥偬之际,获领竟夕清谈,且窥所藏金石之秘,此亦一段翰墨缘也,幸何如之?时光驰忽,便尔夏临,遥想台禧,与时偕茂,庆慰奚似。前蒙赠车,至宿迁境大困绿林,书剑无恙,而腰缠罄矣。凄风严霜,狼狈归里,书呈一笑,亦是异闻。所命作印二方,适南漕查公还都之便,恳为转致,当不浮沉。前蒙金诺,许代觅申公所翻瓦头十幅,并允石室中所搨画,时铭鼎言也。所寄梅石居物,春间已手致矣。奉请升安,临颖不胜驰切。弟(?)邓琰顿首,秋盦老先生阁下。薛公处希叱候。四月一日在扬州旅次呈。[《黄小松友朋书札》第九册]

考:乾隆四十九年(1784)正月,梅镠有札与黄易绍介邓石如,五十七年二月十六日札中又提及邓石如冬日南归,参67-1、67-2梅镠致黄易札。朱琪考南漕查公为查莹,是。按,《内阁大库档案》乾隆五十六年一月,巡视淮安漕务给事中查莹"奏报查勘京口挑工完竣开填日期并新粮重运渡江谷帮船跟接行走情形"。(登录号:092378-001)又,《清高宗实录》"乾隆五十六年十一月"条:"是月漕运总督管榦珍、巡视南漕御史查莹奏……"查莹升迁(自巡视淮安漕务给事中升巡视南漕御史)、还都,很可能都发生在乾隆五十六年三四月间,故此札作于当年四月一日。据札,上一年冬日邓氏经过济宁,曾与黄易相见。札中所云"石室中所搨画",当为《武梁

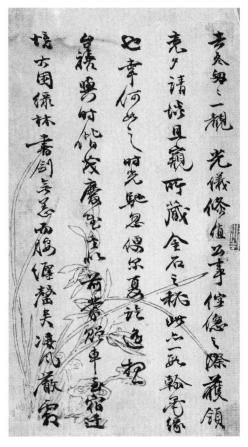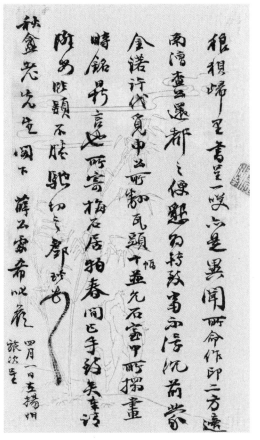

114-1 邓石如致黄易札　收入《黄小松友朋书札》第九册

祠画像》。札中求"申公所翻瓦头十幅"，申兆定翻刻瓦文在当日最为著名，程敦《秦汉瓦当文字》自序云："一瓦出即用旧砖摹放其字，能使毫发无差缪，虽尘垒满前，锥凿之声丁丁达夜分不息，不自以为苦也。以故三君［按：指钱坫、赵魏、俞肇修］所得瓦，苟有异文奇字，申君皆放而弃之，靡有遗者。"

115　　　　翁树培　　　　　　　　　　　　【3封】

翁树培字宜泉，方纲子，顺天大兴人。乾隆五十二年进士，改庶吉士，官翰林院检讨，充国史馆会典馆纂修官。嘉庆二年补刑部主事，十四年升贵州司郎中，俸满引见，以繁缺知府用。博雅好古，能传家学，尤明于钱法，凡古之刀币货布皆能辨识，有《古泉汇考》八册。参见《（光绪）顺天府志》卷一百二《先贤十二》。

翁树培 115-1

　　昨接手札，备悉福履绥和，起居纳吉，为慰。并闻新得刀布若干，汉印若干，不知可一一拓以见赐否？其泉范二枚，不知是何泉文，与尊藏之大泉范同否？务恳便中拓数纸也。其泉范须连底拓之为妙，恐其底或有款也（底虽无字，亦不妨拓之，使一见了然也）。新得之"转婴柞舍"瓦甚少，尤乞惠一拓本为幸。培藏瓦除"长生无极""长乐未央""上林"尊藏已有外，余瓦或止一枚，仅"亿年无疆""永奉无疆"二瓦有副本，可以奉赠。今谨以"亿年"一瓦先行奉上，因邮筒不便多寄，容改日再致。冬间来京，再当面聆雅训也。因家父封书信催促甚急，先具此纸，并候升安。余详别纸。树培顿首，小松先生大人。四月廿八日。用"未之思轩主人仿汉瓦笺"。[《黄小松友朋书札》第七册]

考：乾隆五十六年（1791）十二月，黄易实授兖州府运河同知前，曾计划进京，故札有"冬间来京"云云。此札当作于本年四月二十八日，与23-18翁方纲致黄易札同缄。札中所及汉瓦，黄易此前已得拓本，如《小蓬莱阁金石目》："'永奉无疆'瓦，篆书，文四字。近出于汉城。拓本凡三种。钱献之以为汉太庙瓦。"札中恳询黄氏新近所得刀布及汉印。树培癖嗜古泉，得黄易助力尤多，乾隆五十八年翁树培三十生辰，黄易赠以古泉及拓本册，《三十汉瓦轩遗诗》卷下收《十二月十三日贱辰得小松书，以齐刀、即墨刀见赠，并寄示泉文拓本册，赋诗奉谢并有怀秋史》。

翁树培 115-2

顷接手札，伏惟尊伯大人福履绥和，政绩懋著，为颂。前有瞿公（忘其号，今忆似是长生）两札，侄总未作回札，实切不安。兹有致瞿公要信一件，拜恳老伯处有便人代致之，宁稍迟而必须妥为要。近日拓本无甚可观者，市有一《周敦》，是真物，极重厚，内款两行，在铺内匆匆拓出一纸（伯下㝉字甚精，不可识）。其价索卅五之数，并一玉顶及紫檀盖座，如连盖座买，则六十金矣。只买此器，再少些亦可。老伯如要，侄可代买，但无力能垫耳，稍迟又恐为人买去，惜芝山兄不在京也。近得一唐镜，文颇新。匆此不恭，即请小松尊伯大人台安，培顿首。十二月十四日。

前所寄"鲁王之宝"打本，想已见过矣。

钤"翁树培印"。附钤"哉盉"，书"玉印文曰'哉盉'"。

信封：黄大老爷安启，台号小松。[《小蓬莱阁同人往来信札》第一册]（见图版九）

考：札作于乾隆五十九年（1794）十二月十四日。所言瞿公号长生者，即瞿中溶，字镜涛，钱大昕婿，嘉定人。瞿中溶一字"苌生"，翁树培误记为"长生"。参152-1瞿中溶致黄易札。

翁树培 115-3

愚侄翁树培顿首，小松尊伯大人左右。顷接手函，极承关注，而半载有余，未获时修寸械奉达，实深歉仄。迩惟尊伯大人道履亨嘉，起居绥畅，曷胜欣颂。承示簠盖拓本，此器培在都中见过，其器与款俱极真，微觉"丩"字似经后人加以刻划耳。第一"郑"字，二似"姜"字，而第三字亦近于"姜"，二行第三字想是"簠"字欤。曩陆古愚、江秬香俱在令婿处同住，培特未敢冒昧拜晤，今尊札又是从令婿寄来者，培日内当造寓罄谈也。古愚有《成公砖》，家君题数字，想老伯已见之矣。培近日毫无所得，昨宋芝山与倪稻孙等俱于八月廿一日出都，未知途间与尊伯相晤否？瞿镜涛之信，万祈觅便寄往，为感。冗次不尽欲言。瞿公札一纸收到，所辨龙兴之说甚当，原纸容再一次寄上奉缴也。愚侄树培顿首，小松老伯大人近安。九月八日。[《小蓬莱阁同人往来信札》第一册]

考：札言令婿，当即黄易长女黄润之夫李大峻，黄润归李氏在乾隆末年。又，本札提及宋芝山、倪稻孙出都。按，宋葆淳出都在乾隆六十年（1795）九月，翁树培《三十汉瓦轩遗诗》卷下《乙卯季秋芝山出都奉别四首》其一有云：

"又作京华别，匆匆两月过。"倪稻孙字穀民，号米楼。仁和增生。受知于学使朱珪，工隶篆。吴锡麒《寄黄小松》："近闻芸台宫詹复以学使至浙。……米楼以丁艰归里，其天才秀发一时无两，尤能究心金石。如任之探访，当必能报最焉。"阮元以乾隆六十年八月奉旨调任浙江学政，倪稻孙归浙当在此际。故本札作于乾隆六十年九月八日。江凤彝字秬江，一作秬香，钱塘人。嘉庆三年（1798）举人。工隶书，钱泳《履园丛话》卷十一称黄易、江凤彝"皆能以汉法自命"。札言"所辨龙兴之说甚当"，盖此际翁树培获"巡检司印"，四侧皆有款，因以印本及录其四侧之文贻瞿中溶，瞿以其纪年"龙兴"考之，有云："后读《元史·太祖纪》，九年，锦州张鲸杀其节度使，自立为临海王，遣使来降。十年四月诏张鲸总北京十提辖兵，从南征，鲸谋叛伏诛，弟致遂据锦州，号汉兴皇帝，改元'兴龙'。……此印当为张致归金时所置巡检司也。盖致先已建元僭号，归金后虽受金官而年号仍用'龙兴'。此印当即归金后之次月所造也。然则《元史》作'兴龙'乃二字误倒，而薛应旂《宋元通鉴》并误作'兴隆'。"详见瞿中溶《集古官印考》卷十六。在《集古官印考》寄赠姓氏中，翁树培列首位。

116　周升桓　【1封】

周升桓字稚圭，号山茨，浙江嘉善人。乾隆十九年成进士，入词林。寻擢侍讲，充武英殿纂修官，又命充日讲起居注官。出为苍梧驿盐道，未几署臬司，乾隆四十二年春，以知府秦某移狱事罣议谪戍阿尔泰军台。以母老恩赐回籍，主讲天津问津、扬州安定、济南泺源、鸳湖、敬敷等书院，嘉庆六年卒，年六十九。生平善吟咏，工书，名闻海内。参见王昶《春融堂集》卷五十四《广西苍梧道周君墓志铭》。

周升桓 116-1

学弟周升桓顿首复启小松先生侍史。仆之仰慕于左右，自在塞下闻家孟之称述盛美始，嗣是往来燕豫间，未得瞻拜，甚且两年来憩迹山左，距清光尺咫间，而徒以翰简达意，则殊事之不偶者也。然此次一得左右惠书兼印章，则又深喜足下之不我弃，而将来或假缘终得亲睹丰采之为快矣。泲上汉碑凡十三通，桂未谷所云，先求见赐，虽于隶学茫昧，聊欲以备箧笥，然后徐徐再恳法隶名画，无餍之求正未有艾，特恐足下无能一一应之耳。所许家孟处好阿胶何不即寄存仆处，便即送北。手泐复谢，即候近安。升桓再拜，希恕草草。五月廿又七日，谨空。

钤"山茨启事""嘉善"。[上海图书馆]

考：乾隆五十四年（1789）秋日，周升桓为泺源书院山长，为山东盐运使阿林保作《也可园记》，收入《（道光）济南府志》卷六十六《艺文》。据"两年来憩迹山左"，本札很可能作于乾隆五十六年五月二十七日。所称"家孟"，即其兄周震荣；"阿胶"云云，周震荣于本年十二月收到阿胶，或即升桓转寄者。参 16-21 周震荣致黄易札。

117　严守田　【2封】

严守田字縠原，号历亭，浙江仁和人，寄籍济南。乾隆三十六年山东乡试举人，四十六年大挑知县，分发广东，初任阳江县，调仁化，更调番禺。以母忧去官，服阕再赴广东，补顺德县知县，又调南海。五十六年署扬州江防同知，在江南三年，丁忧归，服阕署淮安知府。参见《（宣统）番禺县续志》卷十四《官师》。

严守田 117-1

乡关后进，久积钦迟。作吏牵丝，量移江左。方幸近接德晖，乃缘密勿趋承，俗冗溷我，所谓伏思羁屑，展敬无容，中心阙然，钦钦不释。伏惟老寅伯大人政事之余，从容文史，箧中金石，腕底烟云，斗大一州，囊括三古。真当代欧阳永叔、刘原父其人。伫想清光，曷其能已。侄自河壖需次以来，碌碌随人，旅进旅退，奉职无状，靡可以为长者告语。所喜家大人康健如旧，江南地近，虾菜犹甘，依侍子舍，怀古人乌鸟之私，私以为庆耳。舍弟甫田朴拙麄材，获因依德宇，得奉训辞，更荷惠爱之深，曲加陶铸，近闻委署滕汛，皆出自栽培，铭感之私，结不去抱。今因东人之便，率奉数言，一申区区之意，敬问起居，远惟监察，不尽觊缕。侄名正具。[《黄小松友朋书札》第十二册]

考：黄易页边题"严司马"。据"量移江左""河壖需次"，知本札作于乾隆五十六年（1791）署任扬州江防同知之初。据117-2，当在本年七八月间。据《（道光）济宁直隶州志》卷六之三《职官》，仲浅闸官有严甫田之名，即守田之弟。仲浅闸一名仲家浅闸，北至新闸，南至师家庄闸。守田之父严立功，尝为虞城主簿，与黄易同官，故札称"老寅伯大人"。参见姚鼐《惜抱轩文集》卷十三《奉政大夫江南候补府同知军功加二级仁和严君墓志铭（并序）》。

严守田 117-2

奉书后又复两月余矣，钦迟德音，殷殷正切。小春四日始得老伯大人九月中所赐之书，申纸发函，展慕无斁。比想起居康娱，动定多福，德水安流，公余萧寄，从容文史，跌宕金石，远怀为颂，更宜何如思也？侄拙宦无能，浮沉自憙。家君前患小恙，近已日渐脱然，寸草之心，窃为庆幸，可以告慰盛念耳。至谦海拗抑过甚，嵇吕分深，何敢纪群自大，翻用惕然。敝友郭频伽早慕硕学，并有求书楹帖，想蒋君伯生已为达之。承问殷然，先之以诗，亦古士相见之礼也，祈鉴入。恭请升安，统惟澄览。不备。寅世侄期严守田顿首。〔《黄小松友朋书札》第十二册〕

考：承117-1，作于乾隆五十六年（1791）十月以后。频伽即郭麐，吴江附贡生，迁居嘉善。三十后绝意进取，专力诗古文词。伯生即蒋因培，江苏常熟人，以父为汶上县令，卒于官，遂家焉。嘉庆初年以阳榖丞摄汶上事，二十三年知齐河县。所居萝庄花木交阴，有古槐七十二树，名其堂曰七十二槐堂，黄易为作《萝庄图》，郭麐为作记。参见《小沧浪笔谈》卷二。札中提及郭麐求书对联，后黄易寄至，《灵芬馆诗初集》卷二《黄小松司马易远自山东寄声道意，作此奉寄》："金石文章濩落身，论交不信在风尘。杨南仲喜逢当代，孔北海先知此人。纸尾雁行通数语，笔端牛弩挽千钧。八分妙迹钦迟久，断手草堂已斩新（诗乞司马为书楹帖）。"《灵芬馆诗二集》卷三又收《题梦华〈葛林园吟社图〉并寄小松》。郭、黄二人千里神交，并未识面，《为曼生题黄小松〈墨竹〉》夹注云："余与小松定交，未及相见也。"收入《灵芬馆诗四集》卷五。严守田署扬州江防同知，公事之暇常集诸名流为文酒会，吴嵩梁、蒋因培、郭麐等皆其客也。

118　陆　奎　【1封】

陆奎号凝庵，一作凝龛。生平不详。游幕淮上。

陆　奎 118-1

教小弟陆奎顿首载拜，上秋盦九哥大人阁下。夏秋两诣尊斋，琳琅满目，觉恋恋不欲返。而浣笔泉及铁桥处又得追随，尽游观之乐，幸矣哉！奎于中秋后四日抵淮，晤楚香，即以快事告之，楚香羡甚，尊札即经转致。竹溪先生向藏张文敏临松雪《千文》，奎近得之，奈缺前数页，恨极恨极。属觅山夫、亟斋两先生遗韵，询诸淮上友，金云后人凋落，凡家藏物尽为乌有，亦足慨焉。承镌名号图章，淮南诸友无不叹绝。从来好物不须多，缘遇大幅及额上，尚无一可以合用者，故不揣琐渎，已由介亭处呈上青田石一方，属其转恳，谅已邀鉴及。至所拟"东武陆郎"四字，亦非必定，尚乞裁之为幸。惟无厌之求，不安殊甚。奎旋淮后无可告慰，惟官阁清闲，主客冲洽，如行脚僧挂担听梆吃饭，日相安于无事而已。倘年前可以言旋，犹可慰老母倚门之望。此间雨泽应时，江浙秋收俱稔，不识东省如何？湖沙蓄水如何？此时挑工集事，想酌筹一切，倍著贤劳，潭履均佳，定符心祝。肃候祺安，伏惟清照。奎载拜。

钤"凝庵"。[《黄小松友朋书札》第十一册]

考：札言"中秋后四日抵淮"，当作于乾隆五十六年（1791）秋日。本年中秋后一日，黄易在南阳舟次为陆奎作《篷窗雅集卷》，嗣后孙星衍篆书题引首，翁方纲题诗。参106-2龚烈致黄易札。札中所及山夫即吴玉搢，淮安人，乾隆间学者，究心金石彝器，著《金石存》；亟斋即张弨，亦淮安人，清初金石学家，著《济宁学碑考》。此际陆奎受黄易之托，探听二氏旧藏下落。札中提及"承镌名号图章"，黄易曾刻"陆奎私印""凝庵"二印，当指此。此际陆奎又托王介亭代呈青田石，求"东武陆郎"大印，他很可能是山东诸城人。

119　钱　泳　【6封】

钱泳字梅溪，江苏无锡人。国子生。能诗，工分隶行楷。客京师，为成亲王所知，《诒晋斋帖》皆其刊定，手书碑版几遍江浙。又所摹汉唐碑及缩临本刻石传世者尤多。尝倡修钱唐武肃王后诸王祠墓及表忠观，年八十六卒。著《金涂铜塔考》《履园丛话》等。参见《（光绪）无锡金匮县志》卷二十六《艺术》。

钱　泳 119-1

泳顿首再拜，小松老先生执事。泳自十五六岁时即闻执事人品文章，兼通金石，而十年钦仰，未获瞻韩。问讯人前，不胜翘企。忆在丙申［午］岁，于秋帆尚书署中见执事与洪稚存书，辄及贱名，不禁自喜。云山迢递，相见无由，彼此神交，又复四载，何天之限以南北而相见之晚也。泳窃见近日好古家如翁宫詹覃溪、家侍讲辛楣、安邑宋氏、洛阳武氏、阳湖孙渊如、阳曲申铁蟾、歙之程彝斋、巴慰祖、杭州之赵晋斋、何梦华、海盐之张芑堂、长洲之陆贯夫之数君者，皆当世所谓博雅之士也。观其所藏金石，搜罗且遍天下，琳琅甲乙，著录盈笥，多者至三千余种，此欧赵以后所未闻者。然就其中博采不精者有之，一隅难遍者有之，而执事以为政余闲，能修废起顿，补古人之所不及，如立《武梁画象》，出《范巨卿碑》，使四海好古之士靡然向风，皆欲交于执事。洪文惠公为南宋名臣，昔人称其得金石之助良多，今又于执事见之矣。泳生居乡曲，无所知识，年来奔走四方，不能读书有得，每念执事，辄怅然自失也。泳近在绍兴晓园太守所与修郡志，拟于明年春束装北游，定当一见荆州为快耳。扫门无自，率尔相通，殊不自量，兹乘李君松巢之便，先此谨问升安，伏惟垂照。不宣。泳顿首再拜。

钤"立群"。［《黄小松友朋书札》第七册］

考：札言"近在绍兴晓园太守所与修郡志"，李亨特号晓园，汉军正蓝旗人，监生，乾隆五十五年（1790）任绍兴知府，参《（乾隆）绍兴府志》卷二十六《职官志二》。又，钱泳《履园丛话》卷二十二《诗人黄逵》："乾隆辛亥（1791）九月，余应绍兴太守李晓园之聘，与修府志。"札作于本年九月以后，其时钱泳计划次年春天北游，经济宁时期与黄易一晤。乾隆丙午（1786），钱泳在毕沅河南幕，得见黄易与洪亮吉书，故札言"彼此神交，又复四载"。然毕沅欲聘为掌书，钱泳以父母年高，犹豫未决。参见《梅溪先生年谱》（述祖德堂稿本）本年条。又，钱泳在李亨特幕中，修志之外，亦有翻模旧碑之役，《梅溪先生年谱》（共读楼写本）"乾隆五十七年"条："在志局，补秦始皇《会稽石刻》，又据洪氏《隶释》补《汉熹平石经》，模本并置郡学宫之尊经阁下。至上望坊谒武肃王庙，见其殿庭摧败，谋诸太守李公，得银二千七百两有奇，兴工重建。"

钱　泳 119-2

泳顿首，秋盦九兄老先生执事。泳于六月初从贵署起身入京，连有两书奉达，想早登记室矣。七月初五日投文考到之后，即为病魔所侵，竟未入场，亦付之命运而已。幸蒙司马冠石见爱，留寓其家者凡三月余，在京诸君如秋室、黼堂、谦士、渊如、宜泉辈时相过从，极朋友之乐。渊如近作《直隶金石志》，已衰然成帙，独未能遍处搜求，未免有遗珠之叹耳。泳本拟在京度此残岁，适有奇丽川中丞陛辞回苏之便，因此附骥而行，兹于廿六日晚到泰安府城，不获纡道一见光仪，殊为悁悁，惟有望风怀想，遥颂一切耳。泳此番回家，有读书深山之想，俟稍有进境，还当出游。所命摹刻《石经》，约明年三月可寄尊处。倘有惠书，即求寄于阊门内申衙前毕制军府中，托张止原先生觅寄可也。寒灯旅馆，率渎数行请安，并问太夫人万福。不尽。愚弟泳顿首。

再启者：弟意要汇集《魏晋六朝金石刻诸目》，请将尊处所藏者乞抄寄下，感谢不尽。铁桥、梅村、复堂诸公不另札，转为致声。泳顿首。[《黄小松友朋书札》第十一册]

考：乾隆五十七年（1792）六月，钱泳入都，经济宁时遍观黄易所藏《汉石经残字》及《魏元丕》《朱龟》《范式》诸宋拓，及济宁州学明伦堂汉碑。《宋拓汉石经残字》钱泳跋云："忆自丙午岁（1786）泳既得《石经残字》橅之，即闻小松有此本，屈指七年，今日始得展观，不胜欣幸之极。壬子（1792）六月，钱泳。"札作于自京南返经过泰安时，在本年十月二十六日。司马冠石即司马亶，江宁人，召试内阁中书，《履园丛话》卷二十二："司马达甫亶，江宁人，河东河道总督骏之公子，中乾隆癸卯（1783）副车，以甲辰（1784）召试，钦赐中书。坦白无垠，汲古不倦，常收藏汉铜印谱最多，用顾从义《集古印谱》之例，分为职官、私印，而私印又分为四声，凡十六册。余游京师，尝寓其家，为定甲乙，后一年，中翰忽病没，年才三十二也。"司马亶藏金石甚富，《小蓬莱阁金石目》所著录铜器多为司马氏所有者。札中所及京中友人，秋室即余集，黼堂即钱樾，谦士即赵秉冲，渊如即孙星衍，宜泉即翁树培。奇丰额字丽川，满洲正白旗人，进士，乾隆五十六年五月初二日署江苏巡抚，本年十月回任。参见《（同治）苏州府志》卷二十二《公署二》。札中提及黄易命摹《石经》，《履园丛话》卷九《汉熹平石经（熹平四年）》云："[乾隆]五十七年，余北行过济宁，钱塘黄小松时为运河司马，又藏有旧拓《尚书·盘庚》五行，《论语·为政》八行，《尧曰》四行。小松属余并刻之，均为艺林罕见之宝。"张止原即张复纯，详下文。铁桥即李东琪，梅村即李克正，复堂即南正炎，三人皆在济宁，精金石碑版之学，为黄易密友。《古缘萃录》卷十五著录黄易《揖山草阁图卷》，卷后小楷书诗并跋云："仲夏偕老铁、钱楳溪、郑鲁翁同至泗上揖山草阁，后至者何梦华、许牧田，相与啸咏水亭中，胜事也。铁夫属写此帧，因仿大痴老人笔，以记吾侪鸿爪所历耳。秋盦并志。"即钱泳此番来济、友人相聚时为南正炎（号铁夫）所作。

钱　泳　119-3

去冬十月下旬出京，在泰安道中有书奉寄，并请台祺，定登记室矣。相隔千里，时切遐思，回首云天，怅何如也。今春三月，泳以瞻拜先祠，曾至绍兴，为敝友陈雪樵所留，同到象山县，至今六月始归，晤晋斋，知文祉起居俱臻佳畅，欣慰欣慰。前蒙托摹刻石经《尚书》《论语》，尚未告成，俟刻完即当奉上，断不食言。近在象山拓得《唐蓬莱观碑》及宋王钦若刻《灵验记》并两侧题名，俱寄呈阅。闻梦华在曲阜得《永寿元年孔君碣》，而阁下复得《周公成王画象》，欣羡之极，便中能见惠一二否？金陵张止原先生素慕大名，欲揭《范式碑》，并望赐一幅为感。覃溪阁学及李铁桥、梅村、南复堂诸公，不能另札，祈叱贱名致候。专此，顺请近安，伏惟万福。不尽。愚弟钱泳顿首，秋盦九兄老先生阁下。六月十九日灯下。

再启者：去岁拜求抄《两晋六朝碑目》，务为寄下，感感。倘有惠书，即付晋斋处转寄，亦甚便也。弟在吴门，常遇阊门内都亭桥大街协泰紬缎庄内陶宅，书面写明交陶汝恭二少爷转寄，亦可。

　　用"虚白斋"笺。[《小蓬莱阁同人往来信札》第四册]（见图版一〇）

考：119-4 有云："弟于六月间自甬江回杭，有荒札及碑刻托晋斋觅寄。"所言即本札，作于乾隆五十八年（1793）六月十九日。此际赵魏在吴门王昶所。陈雪樵即陈广宁，象山守备，参 136-1 张复纯致黄易札。《永寿元年孔君碣》为何元锡本年三月在孔林所得，《周公成王画像》则为黄易得于汶上者，武亿《授堂金石文字续跋》卷一《周公成王画像》："《汉隶字源》载《成王周公画像》，多齐鲁间汉公卿墓中物，近小松得之汶上两程山[两城山]，足征娄氏说非诬。"《范式碑》为李东琪于乾隆五十四年三月发现，碑阴刻黄易本年跋："《范巨卿碑额》既出后，正碑久寻不得，易有古搨本，方思补刻，今李铁桥寻获原石，复见碑阴，字数虽缺而体势森严，神味完足，实为快事。乾隆己酉（1789）三月，钱塘黄易。"《秋盦题跋》收《范式碑》亦云："是碑初得篆额于龙门水口，易有宋拓本，方欲补刻，李铁桥得正碑于棂星门下，知其碑阴洪氏误以为《鲁峻》之阴，较易藏木[本]尚少数百字也。"附言所云《两晋六朝碑目》，钱泳于 119-2 已有所恳，兹再为催促。

钱　泳　119-4

　　泳顿首，秋盦九兄老先生阁下。十二月二日接读手书，深悉起居多福，近况益佳，遥望云天，不胜欣颂。弟于六月间自甬江回杭，有荒札及碑刻托晋斋觅寄，至七月初四日始得归家，遂为疾病所侵，几及三月而愈。尊札并银信直至十月初领到，故迟迟未答也。所委摹刻《石经》三页，勾本久已上石，或作或辍，又时在外间奔走，至今尚未刻完，难以报命，大约明岁正月中旬定可告成奉寄。弟卧病时偶命舍侄辈翻理破书，复得《石经》勾本《论语》，是前回未经检出之字，获之不禁大喜，因刻于砚腹，并识数语，敢以质之阁下，当亦为弟深幸耳。两蒙见惠汉碑、画象等，俱妙不可言，足见阁下好古缘深，能令地不爱宝，弟亦为之欣羡不已也。前札言李梅村有《访碑图》，弟处并未携此，在当时不过应其题诗而已，面时乞致之。覃溪先生所要觅休宁汪氏《化度寺碑》，竟无从访觅，亦为致意。《经训堂帖》秋帆制军藏之甚秘，恐按图索记之多耳。弟已谋之张止翁，在明春当揭一部奉寄，断不食言。前托阁下觅孔氏《玉虹鉴真帖》，务要得一全部为妙。岁事匆匆，不能尽悉，专此奉覆，并请升安。不宣。泳顿首，秋盦九兄老先生。

奉寄诸物，另单呈上。又拜。十二月初七日金闾寓斋封。

钤"钱立群"。[《小蓬莱阁同人往来信札》第四册]

考：札作于乾隆五十八年（1793）十二月七日，参 136-1 张复纯致黄易札。所言摹《石经》，乃黄易去岁所托，参见《履园丛话》卷九。札中允为黄易谋毕沅家刻《经训堂帖》，并求孔氏《玉虹鉴真帖》。李梅村即李克正，李东琪《文学李梅村先生墓碑文》云："君讳克正，字端勖，号梅村，晋之洪洞人也。……君少博诗书，长嗜金石，自秦汉晋魏以迄唐宋之书法，靡弗研究，而独得汉人秘旨。弱冠即客游于济。余凤承家学，肄隶之余，断碣残础，颇涉考据，江左名流下问者限为之穿。谬蒙君爱，无嫌披蒿而来，未遑扫榻而待。偶尔握手，遂至忘形。风晨月夕，摹揣针薳，辨析鲁鱼，追程蔡之精，补欧洪之阙。金壶汁浓，偶一挥毫，便快然自得，虽老杜所谓'八分一字值千金'若为己道者。余每对之，兴复不浅。时钱塘黄司马小松莅官斯土，有同好，亦惠然肯来，三人者教学相长，忘寝废食，不知老之将至。"收入《（民国）洪洞县志》卷十六《艺文志中》。李克正、李东琪于武梁祠之发现皆有贡献，《小蓬莱阁金石目》："《武氏祠左石室画象》，八分书，画象七石。惟一石标题'颜淑''范睢''信陵君''王陵'等字，洪洞李梅村别出。"据札，钱泳曾题黄易为其所作《访碑图》。《访碑图》外，黄易为李克正所作实多，如无锡博物院藏黄易赠李氏隶书对联"张亲调白雪，选句写红蕉"，《秋盦词草》收《买陂塘·题李梅邨〈题崖图〉》，魏成宪《清爱堂集》卷六收《题〈梅村图〉，图为黄小松笔》。《梅村图》见刊于《北洋画报》1937年第32卷第1577期，款识云："中条词客真好事，一榼清醇汾水来。梦想江南春意思，醉中为写万花开。乾隆乙巳（1785）夏初为梅村二兄写，秋盦黄易。"乾隆丙午（1786）五月，李克正生日，黄易又为作《兰石图》，无锡博物馆藏；又赠金农八分书册，《秋盦诗草》收《祝李梅村六十寿（赠金寿门八分册）》云："八分一字千金值，雄健谁如金寿门。传世千秋惟纸寿，故将片幅寿梅村。　羡君有子总能文，才学挥毫便不群。也似画家名父子，居然大小李将军。"

钱　泳 119-5

去岁十一月从湖上回苏，曾有书函及石经砚奉寄，想经照入矣。迩惟九兄老先生履祉绥和，起居万福，当侍太夫人板舆色养之余，而又汲古弗倦，真当世之欧阳公也，曷胜欣羡之至。今年二月初，以先世祠堂坟墓在杭，久欲修建，屡呈有司官请复其表忠观，已蒙方伯、转运、太守诸公重建，泳现在督理其间，而忠献王墓事尚未结案，是以寓居湖上，日与诸工作杂处叫呼，绝无佳况可告。惟观中苏文忠碑及有明以来诸石刻尽皆扶立，位置两庑，不致为风雨所侵，亦为子孙者事也。际此天气炎蒸，每当夕阳西下，放小舟，泊湖心亭，对月招凉，临风觅句，把胸中千头万绪屏之不问，却是苦中得乐，想阁下闻之定亦羡故乡风景耳。所刻《石经残字》正月间已刻就，以无便可乘，未及奉寄。今又在舍下，只好再觅便人妥寄也。兹有秋槎来济之便，顺泐数行请安，伏惟垂照。不宣。泳顿首，秋盦九兄老先生。六月廿日。

钤"立群"。[《小蓬莱阁同人往来信札》第四册]

考：札中提及奉寄石经砚，并称《石经残字》已于正月刻就，当在119-4之后，作于乾隆五十九年（1794）六月二十日。钱泳《写经楼金石目》第一册"重模《熹平石经·〈尚书〉〈论语〉残碑》"条："右《石经》残碑三段，《尚书·盘庚篇》三十字、《论语·为政篇》六十四字、《尧曰篇》三十二字。此本为钱塘黄小松司马得于京师董大理元镜家，相传即孙退谷砚山斋所藏本也，北平翁覃溪先生题识甚详。小松属余模勒，因识于后，钱泳。"嘉庆五年（1800）闰四月五日，钱泳过济宁汉画室，黄易题重模本云："此三段对易所藏本无微不肖，真名手也。"亦见该条之后。本年钱泳在杭州督理吴越忠献王祠墓，所云苏文忠碑即苏轼《表忠观碑》，《履园丛话》卷九《宋表忠观碑》："至五十九年八月，余监修表忠观落成，始请诸两浙转运使秦公震钧、杭嘉湖道秦公瀛、浙江督粮道张公映玑暨钱塘知县蒋公重耀从郡庠名宦祠移至观中，立于御书堂之左庑。"札中所及秋槎即姚兴洁，一字香南，姚仲之弟、姚鼐之叔。乡试五荐不中，慨然去之吴楚间，所至有声誉。参见《（道光）续修桐城县志》卷十三《人物志·宦迹》。据《履园丛话》卷十八《兰亭》："癸丑（1793）三月三日，郡守李晓园亨特尝邀袁简斋太史、平宽夫宫詹辈二十一人，作修禊之会，余亦与焉。……会中有桐城姚秋槎观察，仿《西园雅集图》作记一篇。"记文收入《（乾隆）绍兴府志》卷七十二《古迹志》。

钱 泳 119-6

去岁七月间过济上，深蒙雅意殷拳，至今铭泐。八月初二日抵家后，旋即有书奉谢，想早经鉴入矣。近晤梦华，知九兄老先生体履延禧，近署观察印务，仰见圣明优眷，指日即真，曷胜颂祝。王孟端《墨竹》已刻就，先请家黼堂先生题一小跋，上方空处即乞题寄，以便上石。泳自去秋返梁溪，邨居杜门，写经侍母，颇为安适。所欲专刻《孝经》《论语》立阙里一事，春初蒙阮芸台中丞见赠市石之费，日下已源源而来，积有五六十块，大约明岁秋冬之间必能告竣，尚欲乞九兄老先生为我与博雅诸君子筹及，俾得集腋成裘，感泐无既。其样本积有一二卷，即当揭呈也。王河帅所拟刻《大学古本》，未识已刻就否？急欲一观。舟中无笔砚，极草草，不能尽意。敬请近安，余俟续布。愚弟钱泳顿首，秋庵九兄老先生执事。三月廿五日自吴门舟中封发。[故宫博物院]

考：据《梅溪先生年谱》（共读楼写本）"嘉庆五年（1800）"条："三月从水路入京师，五月抵京，晋谒诸王，相得甚欢，留一月而归。"当年七月，钱泳南归途经济宁，与黄易、何道生、李东琪、陆绳等为南池之会。既云"去岁"，则本札作于嘉庆六年三月二十五日。据《嘉庆帝起居注》"嘉庆六年五月二十三日"条："议河东河道总督王秉韬题兖州府运河同知黄易试署期满请实授一疏，奉谕旨：黄易依议用。"然此前的正月二十八日，黄易已经第一次护理运河道印，至三月策丹回济宁结束，再次护理在本年十月二十二日，直至黄易去世。故札有"近晤梦华，知……近署观察印务"之说。参182-2袁廷梼致黄易札考。《（道光）济宁直隶州志》卷六之三《职官》仅记载嘉庆六年十月黄易再由运河同知护理运河道一事。所言王孟端《墨竹》，乃黄易倩钱泳所刻者，《写经楼金石目》第二册"王孟端画竹石刻"条："此本为钱唐黄小松司马所藏，乾隆壬子（1792）六月，余将至京师，道出济上，小松以此示余，属为双钩勒石。余既刻一石于惠山竹炉山房，曾请铁冶亭尚书、家黼堂侍郎题识，又刻一石与苏、李、顾、吴四家并夏太常足成六幅，好事家争相购之，为艺林秘宝云。"又，札言"所欲专刻《孝经》《论语》立阙里一事，春初蒙阮芸台中丞见赠市石之费"，阮元《致钱泳》云："使至，接奉教言，藉稔动静多福。闭户挥豪经籍，日有所成，曷胜欣慰。《孝经》《论语》书法古秀，虽未敢云比美中郎，实已突过南仲矣，但其中如'予有乱十人'衍'臣'字，'欲车马衣裘'衍'轻'字等处，未便尚沿俗本，现拟校改一过，再为奉上，以期无憾。将来运至阙里，弟有白圭诚谊，一切当力任之也。……外附去白金四十金，聊为伐石之资。缘岁事拮据，未能多办，余俟刻有多石再为陆续奉输也。"可与参证。故宫博物院藏。据札首"岁序峥嵘"之语，知作于嘉庆六年正月。关于钱泳刻《孝经》《论语》，《掔经室一集》卷十一《石刻〈孝经〉〈论语〉记》云："古本《孝经》不可见，惟《汉石经·论语》残字厪有存者。金匮国子监学生钱泳好学，善隶书，敬书《孝经》《论语》二经，刻之石，且博访通人，定其隶法文字。泳刻将成，欲归其石于曲阜孔子宅，树石于壁，以贻后之学者，属元记之。"《履园丛话》卷九《宋高宗御书〈石经〉》亦有记载："余于嘉庆初年尝馆于两浙转运使署，府学即在其西南隅。……曩余仿《熹平石经》体书《孝经》《论语》《大学》《中庸》刻石，即于是时始也。"札中所及"王河帅"即河东河道总督王秉韬。钱泳《致漕帅大人[即王秉韬]》云："泳向蒙大人资助，且有务本堂脩俸，写得《论语》《孝经》，并《礼记·大学》《中庸》刻诸乐石，冀垂永久。伊墨卿为扬州太守时曾将诸石送到府学，暂为安置，今已数年于兹，未能运至曲阜，……近泳年力渐衰，写经之资又为阿盐台裁去，……尚望大人赐我好音。"可知王秉韬刻经亦倩钱泳之手。故宫博物院藏。"家黼堂"即钱樾，嘉庆四年任江苏学政。

120 王聘珍 【3封】

王聘珍字贞吾，号实斋。江西南城人。乾隆五十四年选贡。熊枚、翁方纲、谢启昆、阮元等延请参订古籍。生平廉介自持，尤为世所敬重。参见《（同治）南城县志》卷八之一《文学》。

王聘珍 120-1

聘珍顿首，秋盦老先生阁下。前以追随函丈，得登君子之堂，饫聆清诲。别后景仰光仪，日萦怀抱。正欲裁笺奉问兴居，乃蒙华翰下颁，曷胜欣颂。前所借《续文献通考》一函，今特嘱人致上。敬请升安。不既。聘珍顿首。

外有一札寄靳家口闸官陶名熙者，或其人升调别处，统祈加官封邮致为感。同事诸敝友俱嘱笔请安，又及。

钤"王聘珍印"。[《黄小松友朋书札》第十册]

考：120-3作于乾隆五十八年（1793）二月，中有"睽违台范，倏经一载"之说，则王聘珍至济宁拜访黄易在乾隆五十七年二月左右，札言"前以追随函丈，得登君子之堂"，当作于分别之后不久。上年十月，翁方纲视学山东，王聘珍来依，十一二月间，翁方纲《赠实斋》夹注即有"实斋昨辨李阳冰书《庾公碑》搨字，同勒名于石后"云云，见《复初斋诗集》卷四十二。本年初，翁方纲又有《次韵酬兰雪见寄四首》小序云："予于西江得经义最深者，万载辛敬堂、南城王实斋、新城鲁习之三子其尤也，而东乡吴兰雪以诗才矫出相角起，既屡见前诗矣。今予视学山左，而实斋负笈来游，时敬堂家居，习之随父任，兰雪北之京师，惟实斋与予日相切劘，订补秀水朱氏《经义考》，若将以傲彼三子者。"见同书卷四十三。陶熙任靳家口闸官在乾隆五十四至五十七年间，参见《（光绪）东平州志》卷十《河工职官》。札中提及此人或"升调别处"，时间亦合。

王聘珍 120-2

　　聘珍顿首，秋盦先生大人阁下。拜违后，日想吉光不既。屡蒙华翰，奖借殷拳，苦鄙人学浅才疏，益增惭悚耳。伏惟先生大人嗜古如渴，搜访金石之功，直足以补庐陵、鄱阳之缺，海内震惊大名，已非一日。小人得识光仪，并邀奖许，实深厚幸也。今有近作《石经论著》二首，另写呈上。倘蒙不弃荒愚，赐之教政，尤征大君子诲人不倦之忱也。新秋残暑，伏惟升安万福。不一。聘珍载顿首。[《黄小松友朋书札》第十册]

考：据120-3，乾隆五十七年（1792）二月，王聘珍曾至济宁拜访黄易，本札很可能作于当年七月初。庐陵、鄱阳指欧阳修与洪适。《石经论著》当为王聘珍观览黄易所藏《汉石经残字》拓本后所作诗。

王聘珍 120-3

　　聘珍顿首，秋盦先生大人阁下。暌违台范，倏经一载，每企光仪，常如饥渴。幸依督学幕中，时于邮筒之便，备闻绪论，并常叨齿及，曷胜荣幸。寒舍本习东省贸掫为业，三四月间，必有家中人随粮船到沛者，倘有家信投入贵署，务祈加封邮致督学行辕，为感。鄙人细事，数费清神，五中悚切，俟从游过沛之时，载得泥首台阶，敬鸣谢悃。谨此，奉请升安。不备。聘珍载顿首。二月十一日东昌试院。冲。

　　钤"王聘珍印"。[《黄小松友朋书札》第十一册]

考：乾隆五十八年（1793）二月，翁方纲起程按试东昌、临清、曹州等处，王聘珍随行。札言"二月十一日东昌试院"，知作于本年二月十一日。

121　朱锡庚　【1封】

朱锡庚字少白,其家浙江萧山,后居京师,遂为顺天大兴人。朱筠次子。乾隆三年举人,候选直隶州知州。读书好古,精《左氏春秋》,能世其家学,亦以耿介取忤于流俗。参见《(民国)萧山县志稿》卷十八《人物五》。

朱锡庚　121-1

小松先生足下,客岁入都,多承指授,渊如官邸一夕之饮,一时贤豪为之一聚,足下之惠不浅。酒阑拜别,忽忽至今,未已于怀也。昨兰泉先生谈及足下,宋拓五种所得之奇,言之娓娓,始知神物必有所归,必归于足下始为得其所归。然得之既难,守之尤难。家藏华岳之碑,先大夫手泽如新,他日当与足下斯宝合藏名山,图以千古不磨之法,方为快事耳。顷于虚谷书中承以手镌名印见惠,间不容寸,而意度横生,蜿蜒盘旋,不可逼视,不知足下精诣入神何以至此?窃尝见两汉名印,其字势、形体之外,皆凛凛然别有生气,非可第以刀画配合之际求工拙也。盖刻符摹印,乃八体之二端;缪篆虫书,斯六书之祖始。古人一艺皆有师承,故其制作不苟如是。惜斯艺自汉以降失传久矣。足下承千载绝学之后,乃俨与浑合,神而明之,殆有不可思议者耶?锡庚慕之已久,今幸获,赖之奚啻什倍,他日此石得流传于后,贱名亦托以不朽,皆足下之赐也。顿首顿首,再拜再拜。壬子六月十又九日,锡庚白。

钤"朱锡庚印"。

外:先大夫文刻呈览,此系家叔父抄刻本,十之二三,非全本也。前呈先子题名碑刻时,未知何以忽忽遗之。罪罪。左空。

钤"锡庚白事"。

用"未之思轩主人仿汉瓦笺"。[《黄小松友朋书札》第十一册]

考:据款识,知作于乾隆五十七年(1792)六月十九日。札言上年二人曾在京中见面，并于孙星衍官邸燕集。参45-5魏成宪致黄易札。"宋拓五种"，即赵国麟旧藏汉魏五碑，王淳、张玉树分别购得后赠予黄易。"家藏华岳之碑"即华阴本《华山庙碑》，黄文莲赠朱筠者。据札，此际黄易为朱锡庚治名印，由武亿转交。武亿与朱锡庚交厚，《授堂文钞》收致朱氏书札甚夥。札中所及"先大夫"即朱筠，乾隆四十二年黄易就选入都，曾与谋面；"叔父"即朱珪，官两广总督，吏、兵、户部尚书，协办大学士。

122　　桂　馥　【5封】

桂馥字冬卉，一字未谷。山东曲阜人。乾隆五十五年进士，选云南永平县知县，卒于官。博涉群书，尤潜心小学，精通声义。自诸生以至通籍四十年间，日取许氏《说文》与诸经之义相疏证，为《说文义证》五十卷，力穷根柢，为一生精力所在。参见《清史稿》本传。

桂　馥 122-1

画理益深，妙妙。图中四人，我两人与覃溪、芝山二公也，一笑。承惠《汉印谱》，多向所未见，容静中细审另报。馥所集《缪篆分韵》，昨接京信，知司马舍人（名宣）出二十金，江秋史侍御出十金，刘明府（名大观）出二十金，秋冬之间便可刻完。《重订三十五举》，有郑三兄（名光黻）独任之，不过三十金，即附《缪篆》后，俟印来当寄上。近欲添《补遗》一卷，乞向南北友人转借汉印，不拘三印、五印，见即印一纸寄示，日积月累，自足成书。《郑公像》奉上一本，《天柱山铭》求之半年，未得其便，因地方官俗物，不足谈，故默默尔。今得一富家，颇可托，所居去天柱山十里，应用杉杆绳索皆可借用，俟秋凉可遣一拓手来，即住其家，此事可办矣。韩、蔡书经眼最少，韩已见一斑，尊藏蔡碑，便中思假一看，交拓工携来，看过仍带回，或不至损污。馥暂署掖学，冬底仍回省城监院。昨至登州，得见海市，附及，一快。小松九兄公祖大人，愚弟桂馥顿首。

钤"渼井复民"。

用"汉瓦笺"。[《小蓬莱阁同人往来信札》第一册]（见图版一一）

考：札中所言画作，当即黄易所绘《筇屐访碑图轴》，款识云："自官山左，恒在济宁。无论观海登山，渺不可得。即石交如未谷，亦未得过从。兹当盛暑，想未谷在历下时纳凉龙洞，放棹明湖，其乐无极，今乃摄篆莱州，恐未必如昔游之胜。他年得暇，定与未谷短筇腊屐，剔藓扪苔，幽远必穷，快观名迹，以遂生平之志。预为是图，共坚盟约。乾隆壬子（1792）长夏，钱唐黄易写于济宁官舍秋影行盦。"见《西泠八家の书画篆刻》，亦见中国嘉德2010年春拍。本札当作于乾隆五十七年（1792）夏日桂馥收到画作之后，时桂馥署披县训导。画中四人，桂馥戏称"我两人与覃溪［翁方纲］、芝山［宋葆淳］二公也"。据札，桂馥此际在友人司马亶、江德量、刘大观、郑光黻等人的赞助下，拟刻《缪篆分韵》并附《重订三十五举》。因补遗之需，乞黄易向南北友人转借汉印。桂馥《晚学集》卷七《缪篆分韵补序》云："友人沈向斋、黄小香、陈明轩、沈二香、刘松岚、江秋史、司马达甫各出金助刻，陈仲鱼为之缮写，章丘焦绿轩释文，芝山取此本至京师，付旌德李生刻板。"除了刘大观、江德量与司马亶，他还提到了客居山东的沈可培、黄畹、陈秉灼与沈默。然此书之刷印，则已在刻板多年之后。札末言秋间黄易可派拓工来拓《天柱山铭》，铭在山东平度州境内天柱山之阳，为北齐郑述祖所书，又有《郑文公碑》，为郑述祖为其父道昭所刻。所言富家，据122-3，实为披县县令汤惟镜。又，桂馥所赠郑玄像拓片，在云峰山，为其所搜出，亦详122-3。所云"韩、蔡碑"，即唐人韩择木、蔡有邻隶书碑刻。桂馥隶书瓣香唐人，于韩、蔡碑搜集不遗余力，所借黄易藏拓当为蔡有邻隶书《尉迟总管碑》，此碑得于乾隆壬寅（1782）六月，时黄易在商丘河工，友人陈焯赠以拓本，黄易摹汉印以报。参见25-4考。上年秋冬之际，桂馥曾就济南泺源书院监院一职，乾隆五十六年重阳，黄畹《致颜崇椝》有云："闻未谷监院已定，二香不日即南返，足下常有信往还否？"故宫博物院藏。故本札有"冬底仍回省城监院"云云。黄易与桂馥金石交流甚多，如曾寄《韩伯瑜泣杖象》，见《札朴》卷八。又寄《小蓬莱阁金石文字》刻本，《未谷诗集》卷四南征草收《黄小松见寄所刻汉碑双钩本（己未太和作）》："海内几人通隶法，眼前万里到书邮。且抛案牍三行判，静对琳琅半日休。新像自难追旧本（小松搜得《武梁祠画像》诸石，较唐搨多残阙），原文回想玩双钩(《范式》《魏元丕》二碑，余及见之，今又十数年矣)。只今影落蛮荒外，犹荷蓬莱念昔游（小松有小蓬莱阁）。"

桂　馥 122-2

复叩头，小松司马阁下。前寄上《郑司农像》，想达左右。博山令武公曾惠《魏王基碑》，仅有中段，上下皆未刻，其碑"刑"字、"荆"字皆从"井"，作"荆"。

汉印"刑""荆"字亦从"井",《说文》原有从"开"、从"井"二字,而草部"荆"字从"刑",赖此碑及汉印可证,此金石文字之妙也。武公所藏河南诸碑颇多。
[后阙][关西竞买 2017 年春拍]

考:乾隆五十七年(1792)夏日,桂馥尝寄赠郑玄像,参 122-1。本札有"前寄上《郑司农像》"云云,当作于此后不久。札中据洛阳新出《魏王基碑》(景元二年)铭文,考证"刑""荆"从"井"。武亿其时任博山县令,参见《(民国)续修博山县志》卷八《职官》。

桂 馥 122-3

打碑人来,即遣往天柱山,住数日,空手回,云并无古刻。问其山形,乃误入掖县境内之大泽山。复令人导往,始拓得铭来。《郑文公(名羲)上碑》即在天柱之阳,黄姓不肯搜寻,遂遗之。欲再遣往,彼有难色,抑郁而罢。馥亲登云峰山,搜出郑公《论经书五言诗》,土石埋数尺,使邺人掘出。又搜得题名一处,宋崇宁题名三处,政和题名二处,《郑公像》一处。所有云峰摩崖著录别纸。郑公《观海五言诗》有数字漫漶,幸有天启中指挥李宗仪重刻,在云峰之阳,字皆完好,再三令拓一本,以校原刻之阙,竟不听。此事汤公颇尽力,差家人同往监拓,为备饭食,供给纸墨,无不应付,而黄姓反多支言蔓语。《唐府君碑》额上有像,令连像拓一二本,谆谆说过三五次,终不应。甚矣此人之不足与言也!来札言付银十两,彼云代买许多东西,又揭许多碑,皆此十两,安有余银?益知此人之不中抬举矣。友人言,秦《之罘碑》尚在,被人推入水内,天晴水清,俯视即见,在福山县界海边,土人多有知者。惜登莱无一同好,又不能亲至其处,付之浩叹。前在都门,宋芝山以《郭巨石室画像》见示,中有一像,众人在船上共举一鼎,系绹两耳,岸上人分牵之,脱一耳。芝山命为作跋,以不解辞之。昨看书偶得其事,《南越书》云:"熙安县山下有神鼎,天清水澄则见,刺史刘道锡常使系其耳而牵之,耳脱而鼎潜,既而执绹者莫不疾耳。盖尉佗之鼎也。"馥谓画像即此事,恨不速使芝山闻之,又无画像题其上,姑为执事述之。蔡碑三种奉还,张壁细看,似不及韩书,壁上有韩《告华岳碑》,在唐碑中自是上品。河南汲县西门太公庙有《太公吕望表》,曾拓得否?倘有副本,乞惠示。若无,则借看。近自号"老落",苦无人为刻印,今备一小石求刻"老落"二字,横刻、竖刻惟意所适。惟眠食珍摄。不一一。复叩头,上小松司马执事阁下。十月十六日,东莱。

钤"鲁委巷人之言"。

用"汉瓦笺"。[《小蓬莱阁同人往来信札》第一册]

考：此札与122-1所述相关，作于乾隆五十七年（1792）十月十六日。此际黄易拓碑人黄某至掖县，桂馥为安排天柱山诸摩崖石刻椎拓之事，其人以黄易所付银十两，不敷拓碑之用，故拒绝拓《郑文公上碑》《观海五言诗》及《唐府君碑并像》等，桂馥札中于此人怨言甚多。所云汤公即汤惟镜，江南长洲人，贡生，乾隆五十六年任掖县县令。参见《（民国）山东通志》卷五十九《国朝职官表十五》。此次拓碑，"[汤]家人同往监拓，为备饭食，供给纸墨"，黄易嗣为作《云峰搨碑图》以为酬谢，画不盈尺，绘一人在架上椎拓，两人在下指挥。今藏国家图书馆。画作款识云："莱州云峰山有北齐郑氏父子石刻，亮斋汤明府不惮荒远，扪崖别藓，为余搨得，感其意，作图纪之。乾隆壬子（1792）中秋后三日，钱唐黄易。"此图桂馥乾隆五十八年正月题跋称："云峰山在莱州城南十里，近多摩崖旧刻，从无毡墨之役，亮斋四兄来官掖县，始事椎拓，千年遗刻复出人间"，亦提及"黄小松司马遣一打碑人千里至莱，请亮斋指示，欲得全本，因作图纪事"。在跋文之后，桂馥还详列他所发现的云峰、天柱所有石刻及其位置，以示后之扪壁搨碑者。册后有翁方纲为汤所题七绝二首："秋盦写别云峰石，恐是秋盦自写真。磨墨自营千载上，搨碑人即画图人。　我怀天统隶镌铭，百里岚光远送青。并与使君添一帧，汤家普彻搨《兰亭》（欲托亮斋为拓平度界内《天柱山铭》也）。"即《复初斋集外诗》卷二十二《掖县宰汤亮斋为黄秋盦拓云峰山北齐诸石刻，秋盦因为亮斋写〈搨碑图〉，属题二首》。又阮元乾隆五十九年正月题诗："寒同之西岭，是曰云峰山。绝壁拔千仞，巨石堆孱颜。光州父与子，石刻何班班。我来蹑其顶，石阙穷跻攀。坐读论经诗，手抉苍苔斑。当门镌石像，冠服著古颜。古人或仙去，海鹤何年还。北望蜉蝣岛，碧镜拥翠鬟。风雨乍离合，薄暮归城关。静修何可得，得此逾时闲。乾隆五十九年元视学至东莱，撤棘后登云峰山，山峻仄，屏舆骑，步至其颠，遍观郑光州父子诸刻及石像，晚集亮斋太姻翁署中，出示搨碑图，遂书新作于上。阮元稿。"又有尤维熊、黄畹（1793）、盛学度、吴友松、吴昇、李尧栋诸人题诗，江凤彝题跋。黄易所得《北齐天柱山铭》，后装潢成册，今藏故宫博物院。札中所云《郭巨石室画象》即《孝子堂画像》，乃乾隆四十五年黄易于山东肥城县孝堂山访得，《得碑十二图·肥城孝堂山石室图》题识云："赵德甫《金石录》云：《北齐陇东王感孝颂》在平阴县小山顶上石室内，刻人物、车马，似后汉人所为。余遣工搨视，得成王、相、胡王等标题，永建四年邵善君题名，及永康、永兴、延昌、武定、太和、景明、先天等年细刻之字。《感孝颂》后有唐杨杰石柱，间有唐焦昌、宋杨景略等题字，赵氏见画象时不知有标题，益信勘碑不可不审也。"桂馥在京时，寓安邑宋葆淳斋，曾见黄易所寄搨本，参 32-2 宋葆淳致黄易札。此际据《艺文类聚》所引《南越书》考得画像故事，因快告黄易。黄易所借蔡有邻碑，桂馥张壁与韩择木隶书《昭告华岳碑》对看，以为韩胜于蔡。札中又向黄易打听《齐太公吕望表》，亦隶书碑，黄易前后两次访得上、下二段。《小蓬莱阁金石目》："《齐太公吕望表》，八分书并碑阴，太康二年，卢无忌文。此碑原在河南汲县太公泉，明万历年移置府治，久失。易于乾隆丙午（1786）获上段于卫辉府署舆人小室中。辛亥（1791）秋间，又得下段，合而为一。"札中桂馥自称近号"老苔"，倩黄易为治印。桂馥对黄易隶书亦颇青眼，所构潭西精舍，"七分水二分竹一份屋"之额亦黄易所书，参 122-4。

桂　馥 122-4

梦华来潭上同住数日，甫去，而运生来，尊书扁已张好，大为精舍生色。承惠画像，深感。梦华拓寄德州《高湛墓志》，墨色极佳，曾作跋尾，匆匆不及录呈，运生钞一纸去，可索看也。阮学台亦有意于金石，欲作《山东金石考》，此非一手足所了，惜同志无多尔。复自二月到省，稽留至今，监院一席本如嚼蜡，且同事有不相下者，极不欲就，但恐难辞尔。闻省城东山有龙洞者，山水最盛，且多六朝题名，拟九月中携一打碑人同游，倘有新得，当呈鉴。惟珍护。不一。复叩头叩头。七月廿五日，灯下草草。

钤"老苔"。

用"模汉铜洗文笺"。[《小蓬莱阁同人往来信札》第一册]

考：潭西精舍在济南西门五龙潭，为乾隆五十四年（1789）桂馥等人集资修建，桂馥《晚学集》卷七《潭西精舍记》云："吾友陈君明轩嘉其水木之胜，与小香、二香诸君募钱于潭西架屋为游息地。"《潭西精舍纪年》"乾隆五十四年己酉"条亦云："春二月既望，曲阜桂馥未谷、颜崇槼衡斋、山阴叶承谦又村、吴县汪应望莲浦、戴泺鲁泉、仁和黄畹小香、阳城陈秉灼明轩、长洲沈默二香同客历城，集五龙潭，嘉其水木明瑟，始谋筑室潭西，为游宴之地。"札作于乾隆五十八年七月二十五日，时桂馥在济南已近半岁，是否就任泺源书院监院一职仍在犹豫之中。据《潭西精舍纪年》"乾隆五十八年癸丑"条："夏六月，凤台胥绳武燕亭乞钱唐黄易小松题精舍额，曰'七分水二分竹一份屋'，钱唐何元锡梦华跋尾。"札中所言扁，即此。梦华即何元锡，本年春日曾在济宁、曲阜，又至潭西精舍访桂馥，此时已在德州。运生即颜崇槼，为桂馥转寄本札。其人少时与桂馥即为挚友，《晚学集》卷七《诗话同席录序》云："少时喜与里中颜运生谈诗，又喜博涉群书，遇凡前人说诗与意相会，无论鸿纲细目，一皆钞撮，运生亦无日不相与散帙为乐。自朝至于中昃，日不给而继之以烛也。"札中提及《山东金石考》，即《山左金石志》，为山东学政阮元与山东巡抚毕沅合力编撰。本年七月阮元到任，桂馥前趋拜谒，故知编书一事。此后阮元引何元锡、武亿、段松苓、朱文藻诸人为助，乾隆六十年冬，是书草稿完成。阮元视学两浙，重为厘订，属赵魏校勘，并于两年后刊行，此书可以资经史篆隶证据者甚多。据札后钤印，黄易已为桂馥治"老苔"一印。

桂　馥 122-5

　　昨托运生转致一信，料不浮沉，未审比日起居何似。复留省日久，甚穷迫也。惠制台于万里之外寄一书来，要山东汉唐碑刻。唐碑散在各县，急切不可得，欲先将曲阜、济宁汉碑为报。曲阜碑已托运生料理，济宁碑乞命打碑人全搨，工本若干示知酬之。望早寄来，欲就一妥便寄京也。惟保爱。不宣。复叩头。

　　钤"老苔"。

　　用"模汉铜洗文"笺。[《小蓬莱阁同人往来信札》第一册]

考：本札作于乾隆五十八年（1793）七月二十五日之后不久。所云"昨托运生转致一信"，即122-4。惠制台即惠龄，蒙古正白旗人，乾隆五十六年至五十八年任四川总督，此际要山东汉唐碑刻，故桂馥请颜崇槼、黄易分别协助拓致曲阜、济宁二地汉碑。

123　唐侍陛　【1封】

唐侍陛字赞宸,一字芝田,号悔庵,扬州甘泉人。以祖绥祖荫通判,挑发南河,补山盱通判。累擢郧阳知府,以本生母艰归,会阿文成公在豫治河,专折指名,请发补开归道,未几丁嗣母艰,补河北道,又丁本生父艰,补运河道,再调兖沂曹济道。以公误降级,遂归家居,课子弟,优游林下者十余年。参见《(嘉庆)甘泉县续志》卷六《人物》。

唐侍陛 123-1

前承札寄张幼筏信收到,今有答札及渠家所寄家信及笔包,敢希附寄。北岸水平工稳,而贱体颇苦不支。奈何奈何。肃候迩祺,不庄不备。小松先生启,弟禫唐侍陛顿首。[《黄小松友朋书札》第四册]

考:唐侍陛署款有"禫"字,知其丁忧期已满。《乾隆帝起居注》"乾隆五十七年(1792)七月十四日"条:"又奉谕旨:李奉翰奏山东运河道沈启震患病未痊,请解任回籍等语,沈启震着准其回籍调理,原任河南河北道唐侍陛现已服满,所有山东运河道员缺,着唐侍陛补授。"札或作于乾隆五十七年七月。张幼筏无考。

124　余鹏年　【1封】

余鹏年字伯扶，安徽怀宁人。乾隆五十一年举人，为沈德潜、储麟趾所器重，并受知于督学朱筠。鹏年工诗善画，豪于酒，所至以酒自随。家贫，游幕四方，得金钱随手辄尽，年四十余卒。所为诗浑脱浏漓，一往骏利。参见《（民国）怀宁县志》卷十九《文苑》。

余鹏年 124-1

小松先生司马阁下。廿年来竹君、覃溪、兰泉诸老道说古学，必推阁下。玉琴、蓑生、未谷、稚存、涧蘋诸友辄为鹏年言司马之为人。往者扬州翼短，不及群矣。嗣是阁下应官直省、东省之交，年游保定、天泽间，欲往见，未果。嗣是闻阁下移任兖豫交，年游汴上，欲往见，又未果。己酉道过江西，覃溪先生示所刊《汉石经残字》，悉拓本来自书筒也，时鹏年将北上，江君子屏以苏州书肆买得竹君先生印章一方来，上刻"筠河"字，四旁有铭，读之知为阁下笔，即代送归少白，此事得子屏札否？子屏近替惠先生定宇续注《周易》，思力甚密，大可畏也。又丁未客西湖上，记似申铁蟾、鲍以文云阁下于近今某处得某碑，即于其处启屋立碑，以遗天下后世，未审石壁成乎否也？鹏年与司马廿余年不一谋面，然有故心焉，兹距地裹粮耳，急切不得去，小春前后当为有贤必识之淳于髡也。《东原遗书》燕亭已代寄下，君子之赠人也以学，如是如是。此启谢，并问时安。不一。壬子秋七月下澣，鹏年顿首再拜。

钤"余伯子""小蓬莱人"。[《黄小松友朋书札》第十册]

考：据款识，札作于乾隆五十七年（1792）七月下旬。所及诸人竹君为朱筠，覃溪为翁方纲，兰泉为王昶，玉琴为储润书，未谷为桂馥，稚存为洪亮吉，涧蘋为汪端光，子屏为江藩，少白为朱筠之子朱锡庚，燕亭为胥绳武，蓑生为赵魏。"己酉（1789）道过江西"，江西学政翁方纲所刊《汉石经残字》，乃以黄易藏本为底本。余鹏年手书《南昌学宫摹刻〈汉石经残字〉歌为覃溪先生作，书就小松先生正之》，摹入《金石屑》第二册。"丁未（1787）客西湖上"，申兆定与鲍廷博为言"启屋立碑"，当即重立武梁祠一事。《东原遗书》为曲阜孔氏微波榭刻本。

125　丁　传　【1封】

丁传字希曾，一字鲁斋。浙江杭州人。丁敬次子。屡困场屋，以诸生终。幕游闽粤江楚，归而著书，精天文勾股之学，又精研金石之学。读书得间，穿穴经史，发前人所未发。无子，依于婿家。参见《两浙輶轩录》卷三十二。

丁　传 125-1

去冬十月七日，□读手翰，备承垂注，铭感无已。读至"悬诸象一室，列诸碑左右，偕世好顶礼"，弟痛泪沾襟，於唈不能卒读。嗟嚱乎，非我九兄，谁能作此敦本尚义之举？友朋到，弟必开此札，无不叹服，彼鼠辈不知何地得容乎？又承检赐墨妙碑跋，所以慰衰朽者，意何厚也。所释《武梁》缺字，皆取证于古书，确实足据。记亦叙次井井，即未到碑下者亦恍同目睹，足传千古矣。弟被胠箧，片纸无存，拟欲报琼而无桃可投，惭惶杀人矣。游湖南得《□溏铁柱文》《溪州铜柱文》，皆欧赵所未见者。游粤东得《琼山宋道君御书》《元杨益隶书西铭》，皆笔法精妙，皆覃溪先生《粤东碑目》所未□□□□□□□□□□□□□□□，不但先君所藏宋搨诸种及弟双钩本而已。又有陈□祖，□惺斋师之侄、支山之子也，专觅诗文杂稿，先君诸种、先兄诚斋、亡弟松斋、友斋诸稿一罄而空之。弟岂不念九兄开慰谆谆乎？而情不能忍，昼夜郁塞，竟至耳聋目昏而不止。又有陈象昭，忘先君教授之恩，骗去先君名印数方，且假先君篆隶，扣印谎钱，前一书未收者即为骗印之事求救于九兄也。今此书可已到否？弟之积历算诸书为解经而设，非求作天文生；搜访金石诸种，为思亲而藏，非为多得钱。而我生不辰，偏遭此辈。朱青泉大兄宝藏排山老伯古泉数箧，为赵箓森换其有铭文，窃其世所少者，告弟曰，近遭穿窬。青泉年已七旬外矣，告弟时两手发颤。鼠辈窃去不过卖钱，闻说王兰泉好古，箓森之物多从彼处消也，然而王老先□□□□□□□□□□亦不能无恨。弟三十年前知《武梁祠象》出自薄土昆，屡托江云溪笔勇扬州爱古者并其题跋重刻而不果，今归得所，最是快事，但唐搨与近出本必有异同，须为较出，附记《祥瑞图》后，大雅以为何如？弟于程大茸荷处见武梁、神农等像，与《隶续》之图迥异，蒙赐《孔子见老子像》，亦与盘洲书不同，窃以为搨得全副，劝有力者刊补洪氏之所未备，岂非快事？如得全副见赐，弟当图之。弟之《晋扄考》即次行有"觐于明堂"等字者，九兄卓识过人，先得颔下珠矣。弟于去冬造府，谒见大嫂，知卓意［异］入都，回任应得升道，今可实受矣？潭［覃］溪先生视学山东，与有同好，所谓德必有邻，真快事也。江藩［兰］系先君拔赏，畹香之名亦先君所取也，从云到杭，访弟于心舟，心舟告以在湖北，两不得晤，未知今犹念及否？弟闻□山有石刻《圣母铭坐像》，四川有□□□□□□□□□像，以木主而石像埋于郡庠，或名山，未可知。弟近作书托人物色，如得而奏闻，颁诸天下，则古坐法、古衣冠复见今日，亦朱紫阳之所默喜者欤。又《尔雅》煮填枣，考得山东济南有煮枣地名，未审枣之形状、味性若何。北枣皆蒸煮，宁独此地之枣而有煮有填等号也。恳询诸土人，必有能言其故者，乞示知。弟自接书以来，几周岁矣，今幸程午邨三兄之便，得通芜缄，恭贺升禧。顺寄拙作数种，抱经《锺山札记》一部，内有弟经解□条，均祈教削。其《丙夜勘书图》更祈题寄，是祷。临颖神驰。不次。世愚弟丁传顿首奉简，小松九兄大人。伯母大人尊前叱名请安。

钤"希曾"。

□□□□□□。令亲家兰垞近从江南归里，弟病未去，不知际遇何如？鲍绿饮购得《西洋坤舆全图》，知是失物，冒雨走赠；龚是璋兄得弟《四较几何要法》见还；梁处素兄知失《铁柱铭》，乃取家藏本慰弟，是弟反累良友矣，歉仄歉仄。传又拜。

壬子八月二十四日，斗富二桥灰团巷汤婿家发。

钤"希""曾"。［《小蓬莱阁同人往来信札》第四册］

考：据款识，札作于乾隆五十七年（1792）八月二十四日。札言陈灿骗得丁敬印章，藉此作伪书射利；赵魏自朱枫后人处窃取旧藏钱币有铭文者，售与王昶。陈、赵皆黄易挚友。江兰字芳谷，号畹香，歙县人。官至云南巡抚。工诗文。据札，知其为丁敬所拔赏者。僧禅一字心舟，号小颠，桐乡人。自幼脱白南屏万峰，师从让山。性洒脱，工诗善草书。参见《（光绪）嘉兴府志》卷六十二《列传·方外》。龚蓝田字是璋，号半聋。钱塘布衣，精篆刻。据札，黄易上年曾以卓异入都。

赵怀玉

【4封】

赵怀玉字味辛，江苏武进人。乾隆四十五年南巡召试，赐举人，授内阁中书。出为山东青州府海防同知，署登州、兖州二府。丁父忧归，遂不复出。怀玉以世家少负重名，交满天下。参见《（光绪）武进阳湖县志》卷二十三《人物·文学》。

赵怀玉 126-1

顷谒高斋，快观金石，为出门后第一乐事，慰甚慰甚。荷承枉答，失迓为歉。示至，具悉种种。弟于明日上午须赴王丹圃观察之招，势不能早□□□□□□复想左右□□，俟公事毕后，遣使至王处通知，即当趋诣铃下，同作胜游并饫盛馔也。先此谢复，藉候晚安。不一一。小松先生九兄阁下，愚弟怀玉顿首。

钤"赵"。[《黄小松友朋书札》第十册]

考：本札作于乾隆五十七年（1792）九月。《收庵居士自叙年谱略》本年条："[九月]过济宁，访黄司马易，同游浣笔泉，观学宫诸汉碑，还饮署斋，出所藏书画共赏，而《唐拓武梁祠碑》尤为罕觏之物，摩挲久之。同座者洪洞李克正、济宁李东琪，皆精于金石之学者。"《亦有生斋集》诗卷十二《浣笔泉用木兰山人韵》："自惭才异山东李，也辱居停贺监知（谓司马易）。"《黄司马易招游济宁学宫观汉碑归饮署斋作》："兖州司马江夏黄，任城作宦今知章。泉源重浚唐浣笔，祠象尽搜汉武梁。……人生快意唯朋簪，素心况兼人二三（谓洪洞李克正梅村、济宁李东琪铁桥）。年来万事总天靳，只有眼福还容贪。出门衣尘已三斗，洗濯拌倾一杯酒。待看《集古录》重编（君拟葺《山左金石志》），黄九前身即欧九。"参91-2金德舆致黄易札。王丹圃即王贻桂，济宁人，由四库馆检校议叙，拣发直隶知县，乾隆五十四年擢浙江盐运司使，署浙江布政使，缘事落职归里。参《（道光）济宁直隶州志》卷八之四《人物》。

赵怀玉 126-2

怀玉顿首，秋盦九兄司马阁下。日前良觌，快遂积诚，既饫佳庖，复窥秘籍。吉金贞石，嗟眼福之难消；醇酒名花，诩行装之不薄。勤拳之谊，感慰何如？比唯侍奉万福，潭署集禧为颂。弟别后托赖桃遭，廿一日过柳林闸，遇芝田观察来舟，盘桓竟日，始各解缆。此后为江西布政重船所阻，未免待闸稽迟。刻下方抵聊摄，回首高斋，深于梦想也。舟中得诗二章，聊志雅集，录求教和。其《探碑图》容当续寄。所恳分书便面、铁笔小印，公余幸即为之。覃溪使者《武梁祠象记》已拓得否？又州学中碑之著名者并望拓寄一二。发棠之请，当垂亮也。专此布谢，肃候兴居。《邸报》九本，并希察入。风便，伫惠德音。不具。怀玉再顿首。廿六日。

钤"赵""怀玉启事"。

此书作于东昌，忘交然一，顷来临清，藉道差带上，故迟迟也。十月朔又肃。[《黄小松友朋书札》第十册]

考：札作于乾隆五十七年（1792）九月二十六日，十月一日又书其尾。赵怀玉赴京途中，经东昌、临清。芝田观察即唐侍陛，时由运河道调任兖沂曹济道，参见阮元《揅经室二集》卷六《山东分巡兖沂曹济道唐公神道碑铭》。126-3所及"唐观察"亦此人。然一即时任聊城县丞庄宝书，《收庵居士自叙年谱略》本年条亦提及："过东昌，登光岳楼。时庄然一宝书官聊城丞，……故乡亲串客于斯者不少，连日招饮，为留信宿而行。"庄宝书字然乙，武进人。由四库馆议叙选山东聊城县丞，后以臂疾归里。参见《（光绪）武进阳湖县志》卷二十六《人物·艺术》。所言《探碑图》即黄易所作《紫云山探碑图》，参126-4。《武梁祠象记》，即乾隆五十二年十一月翁方纲为重建武梁祠撰书之《重立汉武氏祠石记》。

赵怀玉 126-3

分手背面，倏将三月，言论风采，时时味之。顷奉手教，备承存注，并领到铁笔，珍感无量。阅书尾是十月廿八日靳口所发，不审何以如是迟迟也。比惟九兄侍奉多福，宣防奏绩，茂著贤劳。自公之余，复多不朽之业，羡何如也。弟以水程稽滞，行次津门，已值河冻，舍舟遵陆，劳费倍增，现在虽已投供，尚未入直。长安珠桂，颇苦支持，略无善状可告。云庄托销诸件，深感费神，余者竟贮尊斋，得售与否，俟伊明岁北上，面交若何？唐观察热心古道，于阁下亦甚倾倒，闻眚口已到而累则日增，此真爱莫能助。运河本非黄河比，今之黄河亦非昔之黄河比矣。蔗林先生处《武梁祠象》已致到，属笔道谢。付去复函，希察入。又新拓《十三行》一纸，并呈鉴正，摹刻未精，恐不足质之大雅耳。来人匆匆欲返，率此谢复，并问兴居。不具。小松九兄大人，愚弟怀玉顿首。嘉平十日。

钤"怀玉启事"。[《黄小松友朋书札》第十册]

考：札作于乾隆五十七年（1792）十二月十日，赵怀玉在京师。云庄即金德舆，时有书画托黄易销售，参91–3金德舆致黄易札。唐观察即兖沂曹济道台唐侍陛。蔗林先生即董诰，浙江富阳人，文华殿大学士，黄易曾托赵怀玉带致《武梁祠画像》。又，《小蓬莱阁金石目》著录王献之书《洛神赋十三行》，为赵味辛重摹唐荆川藏本，当即赵怀玉本札所赠者。赵怀玉摹刻是帖，尝有跋文，即《亦有生斋集》文卷八所收《重刻唐氏〈宋拓十三行〉跋》。

赵怀玉 126–4

愚弟赵怀玉顿首，秋盦先生九兄阁下。自前岁一奉手状，忽忽至今，思君之劳，无日能已。比惟九兄侍奉万福，兴居集吉，志成金石，书续河渠，誉望既隆，迁除不远，慰忭无量。弟自来都门，贫病交迫。搘拄之苦，有难备言。一月中能近几研不过数日，其俗可知。惟望阁下因擢入都，豁我尘绪耳。委题《探碑图》，置之行笈竟至年余，昨因述庵先生由水程南归，猛然省忆，率题奉缴，迟迟之愆，俯亮是荷。兄有功于武氏，而弟无武氏一碑，殊为憾事，望将阙铭、画像及斑、荣诸碑全拓一通，同新记题名惠寄，感甚感甚。闻舍舅金鄂岩即来，托带最便也。又：过任城时有便面求画，如已点笔，亦祈即寄。比来有新得碑刻否？幸示一二，以广见闻。述庵先生舟过，想有竟日之留，当尽出所藏，共相欣赏矣，羡羡。专此，上问升祺。《探碑图册》附上，诸希照察。不具。怀玉再顿首。三月廿二日。[《黄小松友朋书札》第十二册]

考：札言"前岁一奉手状"，当作于乾隆五十九年（1794）三月二十二日。黄易委题之《探碑图》，赵怀玉题于作札前一日，《壬寅消夏录》著录《紫云山探碑图册》，引首李东琪乾隆丁未（1787）仲春分书"奇文共欣赏"五字。画幅高七寸五分，宽一尺零五分，黄易分书"紫云山探碑图"，款识云："乾隆丁未二月十有八日，与李铁桥、李梅村、南明高至嘉祥扪汉武氏

愚弟趙懷玉頓首

秋間先生九兄閣下自春奉一書
承恨忽忽至今里居之勞無日莫比維
九兄侍奉萬福無居棠吉志成
金石古緣河渠鹽望欠隆邏
保而遇慰拆無筆草曰素恭

俯冗芘蕚
光有功於武氏為東告武氏一碑珠
有恍事望拓閱銘直像及斑崇
諸碑全拓一通同新祀頡名
直容可乘出同金拓卯呈鄴卷中
未祀事最便々又遇住隙時尋
便面取

門資病交迫擔揑之苦吾難偏
言一日中尠匕几研不過苦墨似
可志惟望
閣下因擢入參窳我虚猪干
委頡探研圖書之於笈竟玄乘
餘味固迹度先生由水程南歸
擱欲者臨本題車穩遠之處

宜双乙班華亦新
丙寧此來有新码研朔名未
永一二八廣見同迹庵先生再过
想有荒笑当顷李此工同
君欲探研圖冊附上諸存
升征々
興家賞恃再拜言廿音

诸碑刻，欢赏竟日而还，为图记之。黄易。"后有翁方纲题诗（略），款识云："予自信江试士归，始为题此。北望惓惓，不获与担石之役。意欲先生再画一轴，挂之宝苏室也。丁未仲冬望日，北平翁方纲。"又洪亮吉题诗，款识云："秋盦先生自济宁寄《访碑图》属题，时余将从大梁赴楚，怔忪应命。戊申（1788）中秋前五日，卷施弟洪亮吉。"又桂馥题诗，款识云："己卯［酉］（1789）上元，在容堂见小松先生《探碑图》漫赋，曲阜桂馥。"又胡德琳题诗。又赵怀玉题诗，款识云："壬子（1792）九月，舟过任城，小松先生出《紫云山探碑图》属题，携来京师，忽忽再逢改岁，顷于行笈检得，率题一百八十二字奉还，虽迟拙兼之，然久要不忘，或冀故人之垂亮耳。甲寅（1794）三月廿一日漏下三鼓，怀玉脱稿于海波寺街之古藤书屋。"又何道生题诗，款识云："嘉庆庚申（1800）题于汶上舟次，何道生。"赵怀玉题诗即《亦有生斋集》诗卷十三《壬子九月舟过任城，黄司马易以〈紫云山探碑图〉乞题，携之行笈，两易冬春矣，暇日检得率题寄还，兼索武氏全碑拓本》。札言王昶（述庵）由水程南归，将经济宁与黄易相见。黄易旧藏《宋拓汉石经残字》《唐拓武梁祠画像》皆有王昶本年观款："乾隆甲寅六月观于小蓬莱阁，疏帘清簟，古香袭人，忘乎时之溽暑也。青浦王昶。""乾隆甲寅小暑后六日，青浦王昶观，时年七十一。"金鄂岩即金德舆，赵怀玉姊丈，本年秋日将北上。

127　归朝煦　【3封】

归朝煦字升旭，江南常熟人。以监生捐纳，由广西布政使经历升郧阳通判，乾隆己亥豫省河决，大吏奏调补曹仪同知，旋改曹单同知，署归德知府。升济东道，以平度州案罣误，左迁曹州知府。寻升直隶永定河道，乾隆五十八年九月调山东运河道，次年五月以曹县盗案失察事罢归。参见《（道光）苏州府志》卷八十七《人物·宦迹十二》。

归朝煦 127–1

在济匝月，荷承九哥大人朝夕过从，饮食教诲，殊深铭佩。临别匆匆，不能伫候公旋，至今歉仄。小儿就姻，定荷多方照拂，感也何如。弟于出闱后即赴德护篆，昨得京信，知奏署折内于弟名旁奉批：此人可，其罪亦非私过，钦此。着即写补放谕旨。时有以未便越补面奏者，命将山东各府开单送进，弟得蒙恩补放曹州员缺等语。复思弟以佐杂下僚渐得进步，屡蒙圣恩宥过简用，寸心惶惧，益加悚惕，此后作吏竟有手足无措之虞，尚望知好有以教我。至儿妇辈须暂留任城，以省跋涉盘费，望为谕知。尚此布谢，即候升祺。恭请伯母太夫人懿安。不一。寅愚弟归朝煦顿首。[《黄小松友朋书札》第十册]

考：许隽超《国家图书馆藏归朝煦致黄易二札考释》据《乾隆帝起居注》"乾隆五十七年（1792）八月二十九日"条："内阁奉谕旨：吉庆奏粮道葛正华患病难瘥，恳请解任调理等语。葛正华准其回籍调理，所遗山东粮道缺着[曹州知府]蒋继焕补授。其所遗员缺，着归朝煦补授。"考本札作于乾隆五十七年九月。出闱云云，指本年八月监临乡试后，归朝煦由候补知府护理监兑督粮道，至九月底即补授曹州知府。又，归朝煦获罪在两年前济东道任上，据《清高宗实录》乾隆五十五年七月："[七月]甲辰，谕曰：胡季堂、吉庆审明平度州民罗有良与张子布互殴，将张子布扭拉自跌伊母罗王氏身上，压伤肋骨身死，除巡抚长麟业经奏请治罪外，所有承审各员……济东道归朝煦检验罗王氏尸身，遗漏肋骨重伤，又于巡抚审定后会同率详，均属溺职。奇明、归朝煦俱着照拟革职。［八月］现委解任道员归朝煦协同运河道沈启震分头照料等语，归朝煦前因承审罗有良误伤伊母身死一案，审办错误，照议革职，已降旨送部引见，此时既有经理聊城等县疏泄事宜，甚为紧要，即将该员暂留彼处帮办，俟各工完竣，再行给咨送部引见，亦未为迟。"许又据《(民国)京兆归氏世谱》卷二，考本年归朝煦次子归士骥与济宁李承邺女成婚。

归朝煦 127-2

廿七日酉刻行至留智，荷承九哥专使远来，并示知一切，殊深铭谢。夷使此时想早过境。巡漕系宗室斐掌科，此人甚平常，且不懂礼，当留心待之。济宁离京甚近，外间之事京中须眉毕见，人言可畏，总以加意收敛为要。弟为护抚宪专札相邀一见，不能不去，且文凭又须在抚衙门呈缴，故取道一行。此间到济，计程五站，由省来济，不过六日，初四日准可面晤。唐道台彼时未必即出衙门，纵然早去，署中一概不可收拾，千嘱千嘱。只封锁而已。如其未去，更妙。弟到济后，千万不可送酒席食物，杀生狼藉，折福殊甚。弟虽不敢面怪而中心实难过也，务望原谅。如必不肯见谅，则无怪弟之不恭矣。浣笔泉垫项，署任张公已故，其领纸岂能作抵，应另为设法，容见时熟商。弟在永定一百四十日，颇宁静而无忧虑，得量移之信，未尝一夜安眠。此时仆从俱无，亦不敢再用此辈，且深知此辈之断不可用，故所带只一小子而已，如少有知识，亦即遣去，不留根株也。问王纪自悉。大宪前带手本请安，并望酌量面禀。先此奉复，即候升祺。不一。学寅弟归朝煦顿首。廿七日三鼓，德水申。［《黄小松友朋书札》第二册］

考：许隽超《国家图书馆藏归朝煦致黄易二札考释》考本札作于乾隆五十八年（1793）九月二十七日。札中所及唐道台即唐侍陛，乾隆五十七年八月任运河道，次年九月调兖沂曹济道，运河道缺由永定河道归朝煦调任。本札作于归朝煦来济途中。所言夷使，许考为英国马戛尔尼船队，时自京师经济宁前往宁波。大宪为河道总督李奉翰，护抚宪为护理山东巡抚布政使江兰，巡漕斐掌科即巡漕御史斐灵额，《(道光)济宁直隶州志》卷六之三《职官》："巡漕：宗室斐灵额，满洲镶蓝旗人。五十九年。"据札，斐灵额已于前一年秋日接任。

归朝煦 127-3

恳代作禀、札稿各一件,午后付下,酌定再恳缮清,为感。此候。不一。学弟归朝煦顿首。[《小蓬莱阁同人往来信札》第二册]

考:札当作于运河道任上,即乾隆五十八年(1793)九月至次年五月归朝煦以曹县盗案失察事罢归期间。归朝煦南还,黄易有赠诗,《秋盦诗草》收《乾隆甲寅六月送归观察梅坡先生南还》《三体诗题梅坡观察小照》。乾隆六十年,黄易归杭葬母,曾过吴门访归朝煦,有《从观察归梅坡先生游虞山》诸诗。黄易为归朝煦刊象牙小印"梅坡",亦在乾隆末年。

128　胥绳武　【7封】

胥绳武字燕亭，山西凤台人。拔贡生，官萍乡知县，著《燕亭诗钞》。参见《（光绪）凤台县续志》卷三《文苑》。

胥绳武 128-1

秋盦先生阁下，拜别后于十七日始到济南，途次作一诗别沛宁，语句未妥，尚须斟酌。记额联云："过眼好花都似梦，关心名士独销魂。"对句即谓阁下也。一年来饮食教诲至诣，隆情有逾骨肉，镌铭心版，历劫难忘。一旦远违光霁，能不依依。武日来裙屐诗酒之会颇费酬应，闻东昌试期将近，或有阅卷之行。前到谦山观察署，值其他出，《武梁祠记》留于沈友湘葵转交。谦山回时，武未再往，止于雨窗都转席间匆匆数语，意欲邀武移寓斾斋，武应之而未决。虚谷闻在省，尚未见面，不知寓何处也。未谷未来。竹虚屡见，拈花公案艳传蹉署，其他好事者亦皆闻知，呵呵。徐五易名得禄，较前斌媚，昨见之竟不相识矣。新来雌蝶无可寓目，场上扑朔辈皆绿暗红稀之候，大非红绶带与白莲花比。谨并奉闻，一笑。铁桥、梅村诸君晤时望为致意。此问迩安。不具。壬子十月廿三日，绳武顿首拜上。

钤"燕喜亭长"。[《黄小松友朋书札》第十一册]

考：据款识，札作于乾隆五十七年（1792）十月二十三日。此前，胥绳武似在济宁，因有"一年来饮食教诲至诣，隆情有逾骨肉"之语。此际至济南，当图幕事。东昌阅卷或为学政翁方纲所邀，熊枚（谦山）时亦欲邀其入幕，熊为江西铅山人，乾隆三十六年进士，时任济东道道台。武亿本年任山东博山县知县，旋以杖提督番役事劾罢，此际亦在济南。沈沾霖字湘葵，一字葆真，震泽人。少刻苦为学，以家贫幕游山左。札中提及吴履在阿林保幕中有"拈花公案"，事不能详。所言徐五、红绶带、白莲花，当皆为优伶。

胥绳武 128-2

　　小松先生阁下，月之四日得读手书，次日即肃函奉复，此时谅久呈清照。昨在嵯署观阁下寄小香、竹虚两信，想见公务匆忙中雅怀如旧。慰甚慰甚。东昌属试期已过，只堂邑一处，都转劝令不必前往，谦山观察为订定济南郡县，而两公又欲武主德州书院，武已应之，维与观察谈及，知欲于明岁重纂《律例图说》一书，又欲留武襄事。武思主讲授读均非久计，竟欲同成此书，藉以究法家之言，或可为后半世糊口具。如学之不成，不堪问世，而其书发行较易，且分稍利，再作后图未晚。昨筮得革之丰（五爻动），似改业为是，爱我如阁下，其以为何如？其可耶？否耶？附上新出苏刻二张，云是覃溪先生觅得，未知覃溪已先分寄否？周山茨先生前属武代求《小蓬莱阁金石文字》刻本，便中祈寄与一本。武带来《吴会英才集》下部，复为小芗借去，伊阅毕当奉上也。此问迓祉暨合潭清吉。不具。仲冬廿日辰刻，绳武顿首。

　　铁桥、梅村诸公祈代致意。

　　钤"燕喜亭长"。［《黄小松友朋书札》第十一册］

考：札作于乾隆五十七年（1792）十一月二十日。此际熊枚、阿林保皆为胥绳武谋幕事，除郡县阅卷外，尚有主讲书院及修书，胥倾向于修书，虽已占卜，然尚不能决断，因咨及黄易。所言苏刻当为苏轼所书碑版，具体何碑不详。山茨即周升桓，遣戍归后为济南泺源书院山长。此际黄易《小蓬莱阁金石文字》已付镌刻，故倩胥绳武求刻本。按，杨虎《故宫藏〈小蓬莱阁金石文字〉版刻年代辨析》一文，从避讳字、板式、所选碑的层次（止宋拓《汉石经残字》《成阳灵台》《魏元丕》《朱龟》《谯敏》《王稚子》《范式》七碑，缺《赵圉令碑》《三公山碑》《唐拓武梁祠像》《武梁祠像》等四种），与原拓本题跋对校的讹错情况等，认为故宫博物院所藏《小蓬莱阁金石文字》四册本（封面题"黄氏小蓬莱阁初印金石录　揽胜斋藏"），不同于嘉庆五年（1800）九月所刻五册本以及此后道光、光绪的翻刻本，当刊于乾隆五十九年至嘉庆五年间。所选拓本虽然少，但标准更精、更高，刻印时出现的错字也更少。据此札，此书乾隆五十七年已有更早刻本。札中所言《吴会英才集》，下年初由黄畹寄还，参129-2黄畹致黄易札。

胥绳武 128-3

　　小松九兄先生阁下，客冬接手书后，两由小芗处附寄寸缄，并呈苏碑二纸，想登记室。春冰初泮，柳线摇金，阁下此时抚景兴怀，知必见忆。弟曩得伯扶信，云此月廿日后当游沛上，今已到否？两贤相见，定多韵事，惜弟不获追陪也。此间又复风流云散：竹虚于十六日先行，小香同雨窗都转十八日行，秋渔、兰泉诸君或南或北，皆于本日行。弟初意上元后即可息交绝游，为闭户著书之计，乃劳劳送客，别绪离怀，增酸肺腑。今谦山观察又迁廉使，三月间亦当启程，著书之说当俟他日矣。谦山邀弟同行，弟三载未归，意欲阅章丘、长清诸处试卷后先作省亲计，秋冬之间再事南行。其时或仍道出沛上，未可知也。辱承厚爱，时切耿耿，今将去东，不能一执手话别，怅结何如？伯扶云由沛来历下，亦不知尚得相值否？阁下处《千佛名经》，伯扶见之必能作方回断肠之句也。济学宫诸碑，弟此时转无存者，昨托李三世兄代办二分，然虑其未必能好，阁下如命人搨时，祈加多一分，寄念湖处转交弟处，拜德无既。其成王、周公等小字，或别有新得，皆希惠示一二为要。阁下处萍乡碑是《甄叔塔铭》，是《广禅师碑》，并望示悉，弟南行若不由沛，当到徐淮观察署寄呈阁下也。小芗、竹虚共留书一函，谨奉上，附候春祺暨潭府万福。愚弟胥绳武顿首再拜。

　　铁桥先生祈代致意。红绥带近况何似，亦望为致意也，呵呵。

　　钤"燕喜亭长"。

　　用"飞鸿延年瓦笺"。[《黄小松友朋书札》第十一册]

考：承128-1、128-2，作于乾隆五十八年（1793）正月。据札，本月十六日吴履先行，十八日阿林保、黄畹南行，吴昇（秋渔）等人则于作札日行，"兰泉"亦当为幕友，待考。本年三月，熊枚迁江苏按察使，参见《（道光）苏州府志》卷二十一《公署三》。熊邀胥绳武同行，然绳武意欲章丘、长清诸县阅卷之后先回山西省亲，至秋冬再行南下。伯扶即余鹏年，去岁七月有书与黄易，本月二十日将往济宁，参124-1余鹏年致黄易札。札中乞黄易搨赠济南学宫诸碑及《孝子堂画像题字》。念湖即吴人骥，时任东昌府同知，参见《（嘉庆）东昌府志》卷十五《职官一》。

胥绳武 128-4

　　小松先生阁下，旧今两岁寄呈诸函，未省俱收到否？伯扶廿六日抵省，叙谈一夕，次日又会饮念湖寓中，同坐者虚谷，别无俗客。席间言在沛时先生令饮燕喜共酌之杯，弟为神往者久之，同座人皆艳羡也。廿八日侵晨，伯扶去，弟未及送。朔日虚崖亦行，计此时皆将到都矣。弟今岁本拟留东改业，而谦山迁廉使，弟只好先作归计,其期约在三月杪,此时赴长清阅童试卷。前求代搨碑板,未知能即办否?倘有寓书,请寄向念湖处,为祷。此问近祉暨合潭清吉。不具。二月八日,绳武再拜。

铁桥先生晤时祈代致候,又及。

外虚崖公馆信一封,祈转致。

钤"燕喜亭长"。[《黄小松友朋书札》第十一册]

考:承128-3,作于乾隆五十八年(1793)二月八日。此际因熊枚升江苏按察使,胥绳武拟于三月底偕同南行。虚崖,129-1黄畹致黄易札亦提及(作虚厓),此时与余鹏年皆赴京师。其人似为济宁人,故有家书托黄易转致,待考。

胥绳武 128-5

秋盦九先生阁下,武四月望间从历下起身回家,今赴江南,由河南之杞县迂道来沛,满拟可畅谈积愫,而先生适于役河干。武此间询知水路难行,初欲买舟,今仍乘原车去矣。不及一晤,怅甚怅甚。武带有唐宋石刻数种,当俟到江南再寄。敝处《李嗣昭钟铭》苦于无好搨手,行箧中所带乃道人摹送,甚不佳也。琵琶泓石以水大不能往搨,容俟后图。梦华现在德州,想有信,倘阁下有信到杭,望为奚铁生作一札,以便往候。此问文祉。不具。铁桥暨赵九兄均此致意。十月廿三日,绳武再拜。

闻爱生在此,亦未得一见,缘何悭也。杞县一信,望转寄。又及。

钤"胥""燕亭"。

用"汉瓦笺"。[《小蓬莱阁同人往来信札》第四册]

考:札作于乾隆五十八年(1793)十月二十三日,本年四月胥绳武自济南回山西凤台省亲,此际经河南杞县、济宁往江南,适黄易以河工事在外,不值。《开元寺钟》,后唐李嗣昭守潞泽时铸于上党,重万余斤,旧在开元寺,后移玄妙观。钟上有铭,为嗣昭祈福。琵琶泓石亦在泽州。据札,何元锡时在德州。

胥绳武 128-6

秋庵九兄大人阁下,弟十月下旬到沛州,值文旌远出,未得一叙阔悰,曾留函托杨二尹转呈,并求加封寄杞县信一函,谅俱邀青照。比惟台候万福,定符颙颂,计典卓荐可曾列吾兄否?念念。弟于十一月十日到苏,因臬署人浮于地,寓于旧好候补令李君名位东寓，廉使邀看紫阳书院，课卷毕，即欲赴浙访雨窗都转，游西子湖，而廉使六十诞辰未便临期而去，是以约到新正先赴白下访袁简斋，然后再作武林之行。忽于腊八日有信州太守来访，云在辛楣先生处得弟消息，及细问知弟之由，则由吾兄说项，故人情重，感愧何如？弟本诺王监掣、李明府两君之约，廉使又订以郡县衡文，今张太守情意谆然，又重以九兄之言，只得应命，惟脩数颇不甚丰，而三吴山水尚未得领略十之一二，未免有情耳。今即与太守同行，未知与兄相会复在何日。所带来唐宋元金石五种敬呈清鉴，《琵琶泓诗刻》请俟异日也。此问升安暨潭府春福不尽。愚弟绳武顿首再拜。十二月十二日。

　　伯扶倘到曹南，烦寄知，云弟一信交常州署转寄阳湖杨宅矣。

　　钤"胥""燕亭"。

　　用"汉瓦笺"。［《小蓬莱阁同人往来信札》第四册］

考：承128-5，作于乾隆五十八年（1793）十二月十二日。李位东字杏瞻，河内人，拔贡生，曾署苏州府管粮通判，此际候补昆山知县，次年署任。参《（同治）苏州府志》卷五十六《职官五》、卷五十八《职官七》。本年十月胥绳武至济宁，适黄易此际入京，与翁方纲、何道生相聚，或即札中所言"计典卓荐"。廉使即江苏按察使熊枚，生于雍正十二年（1734），本年六十岁，札言此际"廉使六十诞辰"，合。雨窗都转即阿林保，袁简斋即袁枚，伯扶即余鹏年。信州张太守即张朝乐，时任广信知府。本年三月尝聘何琪，何短暂停留即回杭州，参5-6何琪致黄易札。故此际又延请胥绳武，绳武决定偕往。据札，张朝乐延请胥绳武亦出黄易说项。

胥绳武 128-7

秋盦九兄先生阁下，旧冬迂道沛上，携《凤墅帖》第十二卷宋搨本请正，值阁下于役河干，未得一晤，深以为怅。嗣在吴门，将之江右，将《杨歧山碑》并敝邑《李嗣昭钟铭》检出，作书交海防汪八兄转寄，想当不至浮沉。久不见手札来，而弟又远在信州，无从觅便人带信，相思曷极。迩来贵少差否？署中自太夫人以下定皆安吉，闻令郎昏礼有日，阁下明岁应有抱孙之喜矣。弟为张竹轩太守经理刑钱稿案，甚见倚重，谓为十余年官场从未得见之友。伊闻讣后欲邀弟同往如皋，弟初允之，继因他事再四坚辞，于六月廿八日始得自信起身，彼时伊在病疟，握手涕泪，不甚凄恻，讵知弟行三日而彼已作古，可叹之至。弟到杭闻信，念其随任亲眷无一解事之人，即欲买舟溯流而上，仍至信州，料理伊柩属回家，而弟寓于蕢署，雨窗都转义弟之行，留弟暂住两日，为筹赀若干携去。今定于七月十七日启行，弟别伊诗有云："半生知己感，一片古人心。"弟欲以古人之谊酬之，得雨窗先生慨然助成，竹轩九原之下亦慰已。《凤墅帖》钱竹汀先生录出，与伊十三、十四两卷释文合为一帙，刻否未知也。本日晤春渚先生，知日内即有便鸿，灯下草草寄此，此后相会何时，言不尽意，谨问台安暨合潭清泰。甲寅七月望日，弟绳武顿首。

弟旧腊迁道桐乡，访金云庄、方兰士两先生，询知弟与阁下旧好，情更殷然。吾兄知交之广、友谊之真，敬服敬服。前书未及，谨并奉闻。七月既望辰刻，绳武再拜。

钤"胥""燕亭"。

用"汉瓦笺"。[《小蓬莱阁同人往来信札》第四册]

考：据款识，札作于乾隆五十九年（1794）七月十五日。胥绳武时将自杭州返广信，料理知府张朝乐后事，此举颇得阿林保之助。据《（嘉庆）如皋县志》卷十七《列传二》，张朝乐字子长，号竹轩。官广信府知府，以母忧公私交集，卒于官署。张朝乐竹轩藏书甚富，尝借钱大昕以《两汉策要》钞本，参《竹汀先生日记钞》卷一。海防汪八兄为汪廷眆，字小山，休宁人。乾隆四十二年拔贡，五十八年正月回任苏州府海防同知，参《（同治）苏州府志》卷五十五《职官四》。据"令郎昏礼有日""阁下明岁应有抱孙之喜"，知黄易长子元长本年春夏间成婚。此际胥绳武与何琪、金德舆、方薰等相见，此札乃托何琪转寄。

129　　　黄畹　　　【2封】

黄畹字小苏,浙江仁和人。著《松鳞草堂诗存》。参见《两浙輶轩续录》卷十。

黄　畹　129-1

濒行留寄数言,想已登览。弟因绕道肥城,至十六始抵历下,尚在虚厓主人处耽搁,俟莲湖刺史来后,交事可以明白,即可移榻春雨山房矣。竹虚在此,宾主甚相得。雨窗使君甚念九兄,惜合并无由,令人快怅耳。前求［后阙］［《黄小松友朋书札》第十一册］

考：据129-2,本札作于乾隆五十七年（1792）秋冬之际,时黄畹经肥城甫至济南。黄畹、吴履（竹虚）上年在济宁坐馆,乾隆五十六年重阳,黄畹《致颜崇槩》云:"别后已三月,仲秋至济南一行,随即回沛。寄人庑下,终日鹿鹿,以故音问旷阔。……弟来此尚相安,惟主人初交,且无缁衣之好,守此鸡肋,绝鲜善状。所幸竹虚在州,差可过从,不至孤寂。小松司马奔走一官,叙日甚少。今竹虚又去,……依人之苦,有不可说者。"故宫博物院藏。知吴履游济宁不久即往济南,依阿林保幕中,此际黄畹亦来。阿林保号雨窗,姓舒穆禄氏,满洲正白旗人,监生。据《（道光）济南府志》卷三十七《宦迹五》,乾隆五十三年阿林保擢山东盐运使,五十五年署山东按察使。春雨山房在阿林保也可园,《（道光）济南府志》卷六十九《艺文五》收阿林保《也可园十咏》,首诗即《春雨山房》,落成之时,黄畹、吴履、桂馥、吴友松、吴璋、沈清瑞等皆有唱和。莲湖刺史即济南知府王毂,此际调任济宁直隶州知州。虚厓主人待考。

黄　畹　129-2

小年朝接读手诲,重荷存注,敬审九兄大人履新载吉,萱室宁康,歆颂无任。初八日,雨窗譣使奉到调任浙江之命,弟与竹虚皆定偕往,择期十七起身。客冬小别,驰系日深,今次南行,会期莫必,寸衷依结,瞻望为劳,伏惟体履引恬、声尊聿著为祝。此去虽可重至故园,而家计艰难,就近更多掣肘,欲留则势有不能,诚非得已也。第家乡耽搁,鳞羽易通,尚祈频惠尺书,藉慰远念。《吴会英才集》一册送还,《秋梦图》并所求画幅便希寄下。颜衡甫六兄处如有寄弟信物,望为转掷。肃此留别,颙贺春祺,统希垂照。不宣。秋盦九兄大人,制愚弟畹顿首。癸丑上元日。

钤"小香龕"。[《黄小松友朋书札》第十一册]

考:据款识,札作于乾隆五十八年(1793)正月十五日。阿林保本年调浙江盐运使,黄畹、吴履皆偕往,定于两日后起身。《吴会英才集》乃胥绳武借自黄易,黄畹借阅,此际奉还,参128-2胥绳武致黄易札。颜衡甫即颜崇槼。本年正月六日,黄畹曾题黄易为掖县知县汤惟镜所作《云峰搨碑图》:"秋盦心古有古癖,千载墨林搜旧迹。恨无文字纪秦碑,欲听金丝寻鲁壁。万轴插架未快意,日三摩挲汉残石(济州学旧有汉碑七,今续得者皆秋盦所致也)。云峰山头郑氏铭,悬崖剥落苔痕青。北齐碑字亦鲜靓,徒令宝墨空岩扃。汤休出宰大好事,搜剔遗迹惊山灵。一斗墨汁白番楮,攀藤响搨声丁丁。珍重封题寄沸水,薜印岚光浮满纸。小蓬莱阁争传观,投如瑶玖心独喜。作图相贻不盈尺,烟墨苍茫供驱使。认取摩崖十丈文,他时扪读空山里。亮斋明府以秋盦所画《搨碑图》命题,因成长句,癸丑新正六日,仁和黄畹。"国家图书馆藏。

130 潘逢元 【1封】

潘逢元字孟阳，扬州诸生，有《苕庵诗集》四卷。参见《（嘉庆）扬州府志》卷六十二《艺文》。

潘逢元 130-1

前承手教，知元肃布悃忱之札未达签曹，已蒙宠翰先颁，殷勤备至，捧诵再四，愈切瞻韩御李之思。正在虔泐复函，又荷朵云飞至，"怀香"一额，古雅绝伦，现在已付装池，从此一室芬芳，恍置我于春风座上，私心快慰，何幸如之！他日有事任城，再当走谒崇墀，面申谢悃。附呈近作一册，惟小巫见大巫而气沮，然心殷就正，不敢自匿其瑕，惟望退食之余，大为笔削，是所深祷。肃此鸣谢，恭请秋盦老先生大人升安。余不备。后学潘逢元顿首。[《黄小松友朋书札》第十一册]

考：乾隆五十七年（1792）九月，储润书致黄易札有云："兹有舍表弟潘孟阳，系汪剑潭之妹婿，书法与填词俱佳，向在曹县吴公处，今仍赴彼，道出任城，特奉谒吾兄。"参 9-5。据《淮海英灵续集》辛集卷二："汪桐音字琴生，剑潭妹，诸生潘逢元室。"孟阳当为潘逢元字。按札中口吻，当作于到曹不久，约在乾隆五十七年秋冬之际。据"愈切瞻韩御李之思"，知潘赴曹时并未谒见黄易（或黄易外出不值）。

131　　　　陆文绸　　　　【1封】

陆文绸，字尚之，江南吴江人。山东布政使、湖南巡抚陆耀第三子，陆绳弟。

陆文绸 131-1

任城客馆，咫尺千里，未得一见颜色，至今怅结。日昨可亭世叔来署，藉稔起居康胜。奉到手书，并承赐画幅，冲澹闲远，味之无极，得此逸品，时时如挹清晖矣，敬谢敬谢。相距匪遥，春来当快图良觌。数行布候近祉。余不既。世晚生陆文绸顿首，小松老先生。十二月十有一日。

钤"文绸启事"。[《黄小松友朋书札》第六册]

考：沈叔埏《颐绥堂诗钞》卷九《题陆尚之文绸〈爱日图〉谨次姜度香座师韵》，知文绸字尚之。又王文治《梦楼诗集》卷二十四《陆尚之〈爱日图〉二首》小注："尚之为陆青来中丞子。"屠倬《是程堂集》卷十四《陆朗夫中丞〈誓墓图〉，次君古愚属题》小序转述陆耀自题《誓墓图稿》有云："此稿仍付绸儿收藏。"知文绸为陆耀之子，与陆绳为兄弟。此图文绸曾出示黄易，《秋盦题跋》收《跋陆朗夫中丞画》云："此中丞朗夫先生之笔，……信笔点染，聊以自娱，真得南宗三昧。哲嗣尚之兄宝守是册，以易荷先生知遇，出示欣赏。"据《碑传集》卷七十三收冯浩《湖南巡抚陆君耀墓志铭》（作于1785年），陆耀有子三人：恩绶、绳、绸。可知文绸乃后改名。90-2陆绳致黄易札有"舍弟到济之便"云云，陆文绸很可能乾隆五十七年（1792）至济宁，然与黄易未能谋面。此札当作于本年十二月十一日。周大受号可亭，钱塘人，乾隆壬子（1792）举人，此际经山东当为赴次年春日会试。

方维翰 【2封】

方维翰字藕堂，直隶大兴人。监生。乾隆五十四年署萧山县，六十年署乌程县，嘉庆四年升石门知县，六年三月卸事赴滇办铜，回浙署严州同知。维翰以纳赀起家，而雅好儒术。参见《（民国）萧山县志稿》卷十二下《官师传》。

方维翰 132-1

小松九哥大人司马阁下，以吾辈之交，多年暌隔，且音问不通，每念畴昔，能不依依？侧闻九哥大人宦境蒸蒸日上，出之鸿才伟抱，固属意中之事，望云翘颂，健羡何如。阁下好古之情根于本性，能不为簿书所淆否？近来诣力定更深，收藏当益富，恨不能得趋侍左右，以窥见一斑也。弟一第难若登天，一官又不可保，亦命之使然。放逐两年，挥两袖之风，糊四十之日［口］，支绌日形，恐将作西湖饿鬼也。顷朱闾斋先生冒雨过访，云阁下相聘，明日即行。闻之虽为阁下庆得人，而别绪良不可耐。闾斋先生自纳交后，真同水乳，其人品学问考究，在在可师，弟况亦所深悉，匆匆作书，不及尽言，可询而悉之，知酒酣耳热，为我浩然长叹也。谨此奉状陈情，伏惟万福，不尽万千。愚弟方维翰顿首启。癸丑首春十七日武林寓邸，雨中草草不恭。

钤"维翰""不如两钱之锥"。

附钤"方家"，书"此乃大篆，用之以见晨夕宝守，未敢一刻相忘也。又拜。"

[《黄小松友朋书札》第十二册]

考：据款识，札作于乾隆五十八年（1793）正月十七日，此际朱文藻应黄易之聘，将往济宁运河厅幕中。本札有"一官不保""放逐两年"云云，维翰乾隆五十四年署萧山县，在任两年。此后或遭革职，至本年正好两年。据札，黄易曾为方维翰刻"方家"一印。另有"方维翰"白文印，边款云："画家有南北宗，印章亦然。文、何南宗也，穆倩北宗也。文、何之法，易见姿态，故学者多；穆倩融会六书，用意深妙，而学者寥寥。曲高和寡，信哉！逸青二兄力追古法，酷肖程作，今时所仅见也。余学何主臣而未得其皮毛，岂堪供诸大匠睥以就正云尔。小松并记。"知方维翰一字逸青，亦善刻印，颇似程邃。

方维翰 132-2

小松九哥大人阁下。前闻伯母大人之变，曾肃布唁，心计九兄即当旋里，盼望已久。兹于月之六日拜到手章，敬稔近似，特以鲍系菰城，既不能执绋从事，又不获握手言情。廿载远违，今幸咫尺清光，竟至望云翘首，依然不免屋梁明月之思，即此亦知冠裳之缚人不浅也，罪歉何如？惠到碑刻，古隽可宝。曼生札帖、图书亦交明，伊铁笔不让丁老，近今罕觏，阁下鉴赏不虚，渠亦甚仰山斗也。介亭左迁来浙，初八日北上，未审曾得见否？弟濒年况味不堪，冯妇之羞，今更不免，此席坚却不许，疲剧之区，正如挂帆入海，不知究竟，未堪缕述一二。倘能因之图面，真快不可云，恐未能耳。九兄住杭，约有几时？伯母葬期定于何日？万乞示知。俾得献生刍，少尽犹子之礼。肃复，并候起居。不宣。愚弟方维翰顿首。十月七日，灯下草草。

钤 "与子别后""南屏""方维翰""藕堂"。[《黄小松友朋书札》第十二册]

考：札作于黄易南还葬母期间，即乾隆六十年（1795）十月七日，时方维翰署乌程县，与陈鸿寿俱在湖州。曼生札帖、图书亦交明，当为黄易此际致札陈鸿寿，倩其刻印。此印当即"莲宗弟子"，作于本年十月八日，边款云："秋盦先生归自山左，驰书索刻此印。盖其先人少参公与莲池大师参无上乘，结方外缘，迄先生凡七世，具得宗传，不坏法云，遍覆一切，宜不忘所自也。顾先生金石之学为当代一人，乃令持布鼓以过雷门，得毋哑然失笑否？乙卯（1795）十月八日，菰城镜烟堂中，曼生鸿寿谨记。"陈鸿寿字曼生，浙江钱塘人。嘉庆六年（1801）拔贡，为淮安府同知。诗文书画皆以资胜，篆刻追秦汉，浙中人悉宗之。宜兴素产砂壶，制作精巧，后传人特少，鸿寿作宰是邑，公余之暇，辨别砂质，创制新样，并自制铭镌句，人称曼生壶。参见《历代画史汇传》卷十四。据"廿载远违"，黄易佐幕直隶时即与方维翰熟识。

133　　徐定远　　【2封】

徐定远，定远当为字，名不详。浙江海盐人。乾嘉间游幕济宁。

黄　易　133-1

杭州何梦华来至敝署，欲兄来快谈，想必欣然命驾。此订，并候日祉。愚弟黄易顿首，定远大兄。[北京艺术博物馆]

考：乾隆五十八年（1793）二月，何元锡至济宁与黄易相晤，徐定远此际在济宁州幕中。札或作于此际。徐定远为张燕昌表弟，参48-4张燕昌本年致黄易札。黄易为徐定远作画甚多，如乾隆庚戌（1790）四月望日黄易曾为作《竹石扇》；嘉庆元年（1796）五月秒，黄易又为临李日华《霜落蒹葭诗意图》为扇。皆藏故宫博物院。《秋盦诗草》又收《题徐定远〈雪港旧庐图〉》。

黄　易　133-2

弟闻沈竹岑世兄欲来学宫看碑，发兴先往等候，吾兄与唐六先生如能来此同观，岂不大妙，特此奉布。愚弟易顿首，送徐定远师爷。[私人藏]

考：竹岑即沈铭彝字，可培子。浙江嘉兴人。嘉庆三年（1798）例贡生，自京返浙，曾过济宁。札或作于其时，参191-1沈铭彝致黄易札。

134　　王　昶　【1封】

王昶字德甫，江苏青浦人。乾隆十九年进士。南巡召试，授内阁中书，充军机章京。三迁刑部郎中。三十二年坐漏言夺职。云贵总督阿桂帅师讨缅甸，疏请发军前自效，复从阿桂定两金川，四十一年擢昶鸿胪寺卿，仍充军机章京。三迁左副都御史，外授江西按察使。数月，以忧归。起直隶按察使，未上，移陕西按察使。在陕西凡十年，迁云南布政使，旋调江西布政使。五十四年内迁刑部侍郎。五十八年以老乞罢。王昶喜搜采金石，著《金石萃编》等书。参见《清史稿》。

王　昶 134-1

去冬腊月，谨寄芜笺，觥缕凡数百言，当已早登记室矣。比者节届清和，风暄日丽，惟足下起居佳胜，稍慰远怀。闻晋斋不来而映湑先已在宾幕，是语果否？如果，即为我道怀，因车殆马烦，未能别作数行耳。武氏祠堂画像，究共有若干纸？前已致明，尚欲乞一付，不审可得否耶？弟于田盘扈跸后具摺请假，已蒙俞允。现在行抵滋阳，德星□□，掺袂无从，岂胜怏怅。但此假半载为期，时会所羁，未可即遂初投老。初冬北上，届时或别谋一面，未可定也。匆匆捉笔，诸惟雅照，不尽欲言。小松学长兄足下，弟昶拜手。

　　四月十一日，七十老人书于寓舍灯下。跃桥并候。又拜。

　　钤"兰泉书屋"。[故宫博物院]（见图版一二）

考：据《清高宗实录》，乾隆五十八年（1793）三月壬子，刑部侍郎王昶奏请开缺回籍省墓，得允。同年十二月假满来京。召见时看其年力就衰，王亦自以精神日减，难以供职，因以原品着其休致。札作于当年四月十一日，时王昶在兖州客次。此际赵魏未来济宁，而朱文藻已在幕中，王昶得知消息，因有存问。札中细询武梁祠画像全套数量，并乞完璧。王自称七十老人，本年实六十有九。

135　阎泰和　【2封】

阎泰和字鲁瞻，山西平遥人。乾隆壬辰进士。观政礼部，累升本部员外郎中，旋迁河南道御史，稽察富新仓。奉命巡视南漕，署吏科给事中。巡北城，巡东漕，差竣仍巡北城。升内阁侍读学士，迁太常寺少卿，转通政使司副使，擢太仆寺卿，寻任顺天府尹。参见《（光绪）平遥县志》卷九上《人物志上》。

阎泰和 135-1

沛上数月，备荷匡扶。别绪匆匆，更承雅爱。昨途次分袂后，连接手翰并京信，具纫老先生关情周挚，历久弥殷。不特鸿才经济，誉望翕然，抑且古谊殊常，为一时所难及。寸私感佩，如何可言。尾帮于廿五日出临口，卫河水势有长无消，今日已全数过德。弟于会摺奏报后即登陆回京，恭复恩命。同官相好，良晤有期。匆此留达谢忱，俟到京再容肃启。龚司马、阮别驾均此致谢，乞转致。即候升祺，统祈玉照，不庄不备。弟名全具。［《黄小松友朋书札》第十一册］

考：黄易页边书"阎巡使墨园"。《乾隆帝起居注》："乾隆五十七年（1792）九月二十五日，奉谕旨：巡视淮安漕务着查善长去，巡视济宁漕务着阎泰和去。"据《（道光）济宁直隶州志》卷六之三《职官》："巡漕：阎泰和字竹轩，号墨园。山西平遥人。乾隆壬辰（1772）进士，五十八年任。"札当作于本年四月，其时黄易曾赠阎泰和书作，祁寯藻《馒欶亭后集》卷二《黄小松题画竹（乾隆癸丑清和月，钱唐刘溶写竹，黄易录东坡《次子由绿筠堂诗》于济宁秋影行盫，盖阎墨园先生巡漕时作也）》："刘侯写竹兼写影，黄君题字斜而整。不知坡老绿筠堂，可似济州官舍静。巡漕使者衣绣衣，江河无事案牍稀。宾朋列坐足行乐，书画满船仍载归。我生昭阳赤奋若，老病余年见此作。海内空传金石文，尊前莫问蓬莱阁。秋影一盫天尚寒，春风几日客凭阑。留将潦倒萧疏笔，伴我南窗三两竿。"书画皆作于乾隆五十八年清和月（即四月），当为赠别之作。龚司马即运河同知龚孙枝，阮别驾当为判官，待考。

阎泰和 135-2

日月不居，计河干分袂以来，弹指两更岁籥，翘思雅范，我劳如何？兹际春阳畅茂，伏审老先生台候万安，新猷懋焕，诸惟顺备，不蔡可知。仝见最书入告，宠命荣膺故旦夕间事也。弟于客冬改秩银台，勉襄出纳，头衔虽换，历碌如初，未悉大雅何以教之。前承赐法书，见者无不赞叹欲绝，敝同年中有携入尚书房传玩摹写者，甚且以攫取为快，敢祈公余暇晷惠寄数幅，以慰都人渴慕，何如？肃此泐布，恭问升祺，统祈丙鉴。不既。弟阎泰和顿首。

付去钱、阮、顾三公处书各一函，便中恳即分致是荷，又及。[《黄小松友朋书札》第二册]

考：阎泰和乾隆五十八年（1793）任巡漕。本札既言"弹指两岁"，又云"客冬改秩银台"，据《清高宗实录》，阎泰和由太常寺少卿升通政使司副使，在乾隆五十九年冬，故此札当作于乾隆六十年春日。

136　张复纯　【2封】

张复纯字止原，江宁人。立身端谨，为毕沅所重，以家政托之。善医术，工书法，尤精篆刻，镌有《诗品》及《七十二候》图章行世。参见袁枚《随园诗话》卷十二。

张复纯 136-1

廿年前与献之别驾同事秋帆尚书署中，拜观翰墨，即仰宗风，至今不得一瞻韩范，神交景企，蕴结殊深。去冬梅溪自都门还吴，言及武氏石室，先生重为修正，高风间气，千古一时，益滋钦慕矣。昨得手教，如亲言论，欣慰何既。承嘱致钱少詹一信，即为面交，并取复音奉纳。梅溪四月间因陈公名广宁者署篆象山，多年至好必欲偕往，订于七月中旬准还弟处，归期在迩，而象山守署在台州海滨，正值卸篆之时，银信或恐有误，是以留在弟处，待归来面交，必不致浮沉也。一有复缄，即行奉达。兹因差还之便，率此布复，顺请福安。临颖依驰。不尽。小松先生阁下，砚北小弟张复纯顿首。

附呈《中州金石记》，聊以伴函，幸哂存之。

再有恳者，秋曹江苏司孙公星衍需《经训堂全书》并近市居《尚书》，不得邮便，已经月余，适想尊处赴都舟车多便，敢恳左右交的便附去，至祷至祷。复纯又肃。

钤"张复纯印"。[《小蓬莱阁同人往来信札》第三册]

考：钱泳乾隆五十七年（1792）冬自京还吴，次年四月往宁波，参 119-3 钱泳致黄易札。钱泳与守备陈广宁在象山游丹山石屋，有隶书题刻："乾隆癸丑（1793）夏四月，陈广宁、徐华、肖鸿章同来，钱泳题记。"参见《（民国）象山县志》卷二十六《先贤五》。本札当作于乾隆五十八年五六月间。张复纯曾与钱坫并为毕沅幕宾，深得毕氏信任。黄易嗣后与张有交往，《秋盦诗草》收《孙渊如观察得"司马迁"三字铜印题二绝句》"姓名三字分明在，寄语吴君莫漫夸"注："昔在张止原斋中见吴竹堂所藏史迁铜章，以为太史公物，余疑是姓史名迁之印，不若此印为真也。"当为乾隆六十年冬日自浙返东经苏州时，过访张氏等苏州友人。《宋拓魏元丕碑》观款："乾隆乙卯（1795）腊月，江宁张复纯、金匮钱泳、昆山朱叔鸿、吴县潘奕隽同观。"亦彼时事也。钱少詹即钱大昕。

张复纯 136-2

尊使远至，领赐汉碑二种，铭感之至。《经训丛书》廿四种久不刷印，秋间当存以奉送也。钱梅溪近寓杭城，为伊远祖重建表忠祠，来札有便即寄去，不次。弟近将《夏承》《华岳庙》《谯敏》《娄寿》四碑以唐宋旧拓本钩勒，大略季秋竣事，容并经训各书一总呈政也。行人立待作复，率此布候近祺，不尽。小松老先生侍史，教小弟张复纯顿首。五月廿三日。[《黄小松友朋书札》第二册]

考：据《履园丛话》卷二《岳氏铜爵》："乾隆甲寅岁（1794）七月，余寓西湖，监修表忠观。"知本札作于乾隆五十九年（1794）五月二十三日。《经训丛书》，即136-1提及之《经训堂全书》，在毕沅幕宾孙星衍、严长明、张埙、钱坫等襄助下完成。

137　陈豫锺　【1封】

陈豫锺字浚仪，号秋堂。浙江钱塘人。收藏古金款识甚多，精六书，篆得李阳冰法，以汉人法刻古铜印章，殊有典型，撰《求是斋印谱》四卷。工兰竹，与奚冈称石交。阮元抚浙时，作丁祭乐器，铸镈钟，将为铭，命摹古文以勒。参见《两浙輶轩续录》卷十八。

陈豫锺 137-1

豫锺顿首拜书，小松老先生阁下。敬启者，己酉仲冬，接奉琅函，如亲麈教。在乡先达奖借后学，不靳齿芬，而受者逾分，不竟颜汗。本拟裁答，恐案牍贤劳，徒多滋扰。迩晤铁生丈，曾述雅意殷拳，贱名得挂齿颊，幸甚愧甚。唯豫素耽金石，无如学浅质鲁，绝少师传，久倾山斗，是以前函致恳示我楷模，荷蒙不弃，许以心传。兹附上劣石二方，敢祈公余之暇，镌就见寄，俾得所则效，异日或有寸进，当谨志陶镕之德于靡既。肃函奉渎，顺请升安。外附帖石，伏冀哂存。统惟崇鉴，临颖神溯。名另肃。

外附上青田石二方，《灵德王庙碑》一纸，砖搨本数纸。

此碑豫赘姻武康学署搨归，在县之二都（去县三十里）风山麓防风庙内。砖数块亦得于武康。[《黄小松友朋书札》第十二册]

考：乾隆癸丑（1793）六月七日，黄易刻"陈豫锺印"。此外又刻"求是斋"。据札，陈豫锺此际寄石二方乞黄易作印，以为楷模，当作于本年六月之前不久。札中附赠《灵德王庙碑》及武康砖文拓本，《（道光）武康县志》卷十六《艺文志》："《重建风山灵德王庙碑》，天下都元帅吴越国王立。今碑在庙内仪门左侧，传为罗隐所书。"《小蓬莱阁金石目》所收南方晋代砖文，多有陈豫锺搨赠者。又，乾隆六十年（1795）十二月，陈豫锺在黄易为何元锡所刻"金石癖"上补款："小松先生笃嗜金石，故作此印特多，以贻同有是好者。梦华与余各得其一，亦此相似，但大小不侔耳。乙卯（1795）十二月，梦华属余□名其上，因记之如此。秋堂时在奚冬花盫。"

138　　吴友松　　【1封】

吴友松字秋鹤,浙江秀水人。自少幕游山左。诗才清逸,尤工填词,著《野花词话》。参见《小沧浪笔谈》卷二。

吴友松 138-1

友松顿首顿首,启小松先生阁下。友松客齐鲁间十余年,未尝一识先生之面,先生亦未尝知有友松也。而友松尝闻覃溪阁学言先生之好金石文字,方之欧阳永叔,有过之无不及。未谷言海内刻印章者寥寥数人,先生其一家也。念湖、竹虚言先生山水必传,燕亭、小芗辈皆盛称先生诗古文辞,友松由是渴欲一见先生。去年自济南赴曹州,迁道奉访,适逢按部河壖,故呈诗二十韵,于是先生知有友松之人矣。既知其人,则其人有所求必将予之,而不忍拒之矣。友松爱先生之画与印章,犹乎先生之爱金石文字,先生能以一画、一印以副友松之望乎?友松自归观察升去后即就阳穀金明府馆,乘便拜书,伏唯垂照。友松顿首。六月廿四日。

钤"吴生""性余""吴友松印"。

用"汉瓦笺"。[《小蓬莱阁同人往来信札》第一册](见图版一三)

考:归观察即归朝煦,乾隆五十七年(1792)九月补授曹州知府,次年六月调永定河道,九月再调运河道。参127-2归朝煦致黄易札。札言"去年自济南赴曹州",当为赴归朝煦曹州幕中,次年归朝煦调永定河道,吴友松乃就阳穀县令金某之馆。札作于乾隆五十八年六月二十四日。此前四至六月,吴友松尝游济南,寓潭西精舍,据陈秉灼、沈默《潭西精舍纪年》:"[乾隆五十八年癸丑]夏四月,秀水吴友松秋鹤来,作《研虑像赞》。又与历城周震甲东木作精舍楹帖,未谷指头篆书于木。赞:'足不出户,目不识字,而能友天下崟巇磊落之士,其操何术而至此,日有阶前盈尺之地,使天下崟巇磊落之士得以扬眉吐气,非特不化缘,不势利而已。噫,传矣。'楹帖:

'上荫修木下看寒泉（郦道元），坐待禅僧瞑留野客（白乐天）。'《秋鹤来寓潭上，喜而有作》（桂馥）：'有客飘然至，潭西住最宜。僧寮得昼静，席地逐时移。就水安茶灶，循墙补竹篱。我来须买酒，共醉习家池。'《癸丑四月僦寓潭西精舍，酬未谷学博》（吴友松）：'老杜千间屋，而今渺不闻。数椽从佛借，一饭与僧分。且住原无我，能来只有君。西家新酿熟，醉卧碧溪云。'"又："六月，秋鹤去，古愚、未谷来同住。"吴友松此际或馆熊枚署中，汪学金《静厓诗稿》后稿卷九《吴秋鹤茂才过访并携诗稿就质，六叠为字韵赠之》小注："秋鹤，秀水诸生，客谦山方伯所。"乾隆五十九年，吴友松南归，有《甲寅南归留别山左同人》一诗，收入阮元《小沧浪笔谈》卷二。苏州笃斋藏黄易为吴友松作《山水立轴》，题恽南田七言绝句一首，款识云："向有恽正叔梅花便面，为归观察所夺，今作此并录恽诗应秋鹤先生嘱，黄易。"即对本札求请之回应。又，嘉庆三年（1798）冬，吴友松再至山东，曾为汤惟镜题黄易所作《云峰搨碑图》："郑公仙去几何时，遗刻悬崖世不知。却被使君蒐访得，梯云亲搨北齐诗。　黄九嗜古有怪癖，闻之直欲移山归。曲阜桂四尤好事，墨云日日岭头飞。　古来金石文并重，石刻易寻金较难。顽石有灵应一笑，打碑人立西风寒。戊午冬日，晤亮斋先生于稷门，出示此图，为题三绝句，时先生赋闲年余矣。吴友松并识。"国家图书馆藏。

139　　朱友桂　　【1封】

朱尔赓额原名友桂，满洲正红旗人。入赀为郎，充满章京，直枢密。乾隆五十七年督理江安徽宁池太庐凤淮扬十府粮储道，六十年引疾改京职，选户部。后荐授潮州，由高廉道调江南盐巡道。参见杨锺羲《雪桥诗话全编》卷十《朱白泉观察》。

朱友桂 139—1

唯夏始暑，愿府馆万福，凉燠均适。前舟过济，晋谒尊斋，得展嬿婉，仰瞻高距，东路角巾，西州华屋，篇章图史，碑版汉唐，披襟漱玉，投分寄意。方期满挹雅言，藉砭俗骨，奈仓皇守限，旋见于违。宗想清辉，凝结靡已。挂帆之后，暂波长风。只逢闸稍延，余悉无阻。日暮薄辰，维舟旷岸。对汪汪千顷，如晤足下。良会每阑，长怀何限。聊因去雁，用更继情。名正泐。[《黄小松友朋书札》第十一册]

考：黄易页边书"朱观察白泉"。乾隆五十七年（1792）十一月，朱尔赓额补授督理江安徽宁池太庐凤淮扬十府粮储道。此札很可能作于次年夏日督粮进京，与黄易济宁分手之后不久。

140 梁肯堂 【1封】

梁肯堂号春淙,浙江钱塘人。乾隆二十一年顺天举人,历任山东按察使、直隶总督、刑部尚书,归老西湖。

梁肯堂 140-1

道阻且长,眷怀旧雨,远以画册□寄,足仞故人情重,深用感愧。弟暮齿颓唐,仰荷圣明重寄,末由报称。余发种种,余何能为,未知足下何以勖我也?日来文驾从事河干,不至支绌否?虽江州白傅,犹滞青衫,而堂上板舆□□□□,□君志喜耳。弟日暮途远,听政之余,一无事事,惟故纸堆中,旧时生活不能忘情。所苦印章绝无佳者,特寄上一纸,非徒拜求铁笔,并祈以文石见惠,愧甚。泐此奉复,并候近嘉,不庄不备。同学弟梁肯堂顿首。

晚香居士、梁肯堂印、春淙亭主 [按,此处标出三印印文样式]。[《小蓬莱阁同人往来信札》第二册]

考:黄易页边书"直隶梁制府"。乾隆五十八年(1793)七月,黄易为梁肯堂刻"春淙亭主"朱文印,又无纪年"晚香居士""梁肯堂印",皆当作于此际。札作于本年七月以前,梁肯堂时为直隶总督。又,黄易无纪年印章"永寿",边款云:"'永寿'玉印见《顾氏印谱》。汪工部于都门市上得之,拓一纸寄示,劲古完好,千载如新。重摹为春淙先生六十寿,黄易。"梁肯堂生于康熙五十六年(1717),此印当作于乾隆四十一年。此一时期,黄易又为刻"梁氏春淙珍藏书画印"。

141　　吴　衔　　【1封】

吴衔字凤诏，生平不详。

吴　衔 141-1

阔别音尘，倏更廿载，缅怀景庆，时切瞻驰。春间拜到朵云，荷蒙拳注，临风三复，如挹兰辉。久拟肃报一行，而鳞羽莫从，徒深劳结。此值金风荐爽，秋序方中，遥惟九哥大人政祉双清，起居绥泰。侧闻循声令望，久已记注枫宸，即看特擢监司，超迁直上，定符臆祝也。弟邗江株守，善状毫无，风雨蓬蒿，栖迟漫赋，每忆昔年奉教，天各一方，不能奋飞，寸心何可陈述耶？仇五哥尚在珠溪，主宾相得，颖恬、咏清、东序诸友均托芘粗宁，兹乘敝友孙正斋兄之便，谨此，布请升安，临楮神驰。不备。小松九哥大人阁下，愚弟吴衔顿首。[《小蓬莱阁同人往来信札》第一册]

考：黄易页边书"吴凤诏大兄"。吴衔提及仇梦岩仍在珠溪，又言"阔别廿载"，当为黄易佐幕伍佑场时期友人。参33-1汪端光致黄易札考。札言友人孙正斋将往济宁，9-7储润书致黄易札亦向黄易吹荐此人，二札当作于同时，即乾隆五十八年（1793）八月初二日。吴衔时在扬州。

142　　阮　元　　【8封】

阮元字伯元，号芸台。江苏仪征人。乾隆五十四年进士，选庶吉士，授编修。五十八年督山东学政，任满调浙江，嘉庆四年署浙江巡抚，寻实授。后历任漕运总督、江西巡抚、湖广总督。道光十二年协办大学士，仍留总督任。十五年召拜体仁阁大学士，管理刑部，调兵部。博学淹通，专宗汉学，身历乾嘉文物鼎盛之时，主持风会数十年，海内学者奉为山斗。参见《清史稿》本传。

阮　元 142–1

前在都门，快倾兰绪，饫扰郁厨，鸣谢无似。别来瞬息年余，无日不深怀想。顷接瑶函，欣稔老先生文禧懋集，雅兴日增，著嘉绩于保障河流，广搜罗于齐鲁金石，循吏儒林，兼臻其至，健羡何如。《武梁祠画像石刻》闻在紫云山，未识可一往观否？钱、江二君书已转致矣，今有复札奉上。再：江玉屏先生立令嗣定甫兄见安亦现在署中，兹亦有书函致候。弟定于九月底按试兖州，届期藉可再图良觌，畅叙阔悰，方深慰藉耳。耑函布复，顺候升祺。藉完谦束，临颖驰溯。弟名正具。[《小蓬莱阁同人往来信札》第二册]（见图版一四）

考：黄易页边书"阮宫詹芸台"。乃书吏代笔。乾隆五十八年（1793）七月，阮元出任山东学政。札言九月底按试兖州，向黄易打听如何前往紫云山观《武梁祠画像石刻》。张鉴《雷塘庵主弟子记》卷一"乾隆五十八年"条："九月二十四日，出试兖州、曲阜、济宁州、沂州。"此札当作于本年八月。钱当指钱大昭，大昕之弟，由翁方纲幕留用；江或为护理山东巡抚、布政使江兰。江安为黄易友人江立子，字定甫，时亦在阮元幕中。据札，阮元此前在京已结识黄易。乾隆五十六年冬日，黄易实授运河同知，曾经进京，札言"瞬息年余"，正合。

阮　元 142-2

月前来往任城，得承亲麈，实慰渴悰。徒以仆仆行尘，未获遍观鸿宝，心终怏然。然蒙赐铜篆笺墨，足供行馆清赏，睹兹古范，如接朗仪也。朱朗斋先生未知曾有回音否？秋帆前辈过境时亦曾言及延彼否？武梁旧搨并《石经残字》，元皆以未得题名其间为歉，未识秋帆前辈曾携入省否？如未，则曲阜相距非遥，尚望一介赍来，俾得细观颠末为幸甚矣。外附呈素联一副，聊供雅正。肃此，布候近安，诸惟炳鉴。不具。秋盦先生侍史，愚弟阮元顿首。

曲阜约于初八日试毕，初九日起程回省。[鲍昌熙摹《金石屑》]

考：是札作于乾隆五十九年（1794）十一月二十八日，参142-3。本年按试途中，阮元曾拜访黄易于济宁，跋《宋拓范式碑》云："乾隆五十九年冬十月廿六日，按试曹州，经沛宁，晚集小松司马斋中，得纵观所藏金石，并商略撰集《山左金石志》也。阮元识于《范君碑》后。"此际已至兖州，拟于十二月八日曲阜试毕后返回济南。时朱文藻在黄易幕中，阮元编《山左金石志》欲延其为助手，毕沅亦有意延请课读，札中因有此问。毕沅本年九月降补山东巡抚，十月自襄阳启行，十一月底抵山东，参史善长《弇山毕公年谱》本年条。札中询问黄易，《宋拓汉石经残字》及《唐拓武梁祠画像》，毕沅此次是否带至济南，如未，希赍来曲阜一观。阮元跋《宋拓汉石经残字》："乾隆五十九年十二月初七日，小松司马从任城寄示此本，留观二日，时在曲阜试院。初九日率鲁诸生谒孔子庙，礼成后题此。阮元。"跋《唐拓武梁祠画像》："此吾乡马征君藏本也，后归汪氏，汪氏方业醝，不以示人。甲寅（1794）冬，元始在济宁小松司马斋中获观之，继秋帆毕尚书行部济宁携回济南。乙卯（1795）春，尚书复制两湖，行时以此册托元还司马，又留斋头展玩两阅月，书此归之，以志深幸，仪征阮元识。"据札，黄易以自制铜篆笺纸及墨馈赠阮元。黄易摹碑之墨，故宫博物院今尚有度藏。

阮　元 142-3

伻来，接奉手翰，备悉兴居。承示碑册四种，已题名三种交尊纪赍回，其《金涂塔》，弟有考证及诗稿存省中，俟携回题就，与《武梁祠像》同为缴上。邹县各石释文妙极，拜谢之至。修书之事一到省即与秋帆先生议之，大约归于彼处总办方能蒇事也。肃此布覆，并候即安，诸惟炳鉴。不具。小松先生侍史，弟阮元顿首。

前月廿八日，由滋阳发印文一封，内有拙书小联奉寄，想收到矣。江定甫兄书一封，今并呈上。[《明清名人尺牍墨宝》第二集卷五]

考：是札承142-2，作于乾隆五十九年（1794）十二月离开曲阜之前。《雷塘庵主弟子记》卷一"乾隆五十九年"条："十二月十二日回省，始修《山左金石志》。"此时阮元收到黄易派人所送《唐拓武梁祠画像》旧拓及《金涂塔瓦》等册四种，已题就三种，《金涂塔瓦》及《唐拓武梁祠画像》允回济南后题跋。所言"《金涂塔》，弟有考证及诗稿存省中"，其诗并考乃为朱珪所作，收入张燕昌《金石契》"吴越舍利塔"条："乾隆五十七年海宁陈骑尉广宁以赠安徽巡抚朱石君师，师于次年寄至京师，命元考之如右，并系以诗。"自乾隆四十一年起，黄易即开始征集《金涂塔瓦》册题跋，参23-1翁方纲致黄易札、29-3朱珪致黄易札。嘉庆二年（1797）正二月间，黄易携婿李大峻岱麓访碑，留仆人顾玉遍拓邹县四山摩崖，据本札，黄易似早有释文。修书云云，指阮元拟到省后会同山东巡抚毕沅商量共修《山左金石志》。

阮 元 142-4

元启小松先生足下。顷接朗斋来函，知近趾先在李河帅幕府，今又应伊抚军之招，宾主契合，且省中得署臬孙同年为同臭味，其所讲求而搜获者当更详备矣。《山左金石志》系元与秋帆制所同纂，今《吉金》业已刻成，系毕、阮二人同列之衔□。《贞石》俟明年秋末再为谋刻。今闻伊抚军□雅好古，迥出时贤之上，私心亦深欣慕。山左金石甚多，除元所得千七百种，□□尚有数百种编为《待访录》，如抚军能与孙观察同编为《续录》，岂不更为美备，足下便中筹之可耳。如可搜访，即为寄知，以便将目录抄寄。浙中金石，次第搜罗，今据赵晋斋诸处所收，录出杭州一府，又托何梦华诸公亲至临安於潜一带，搜得吴越碑及东坡诗刻等件，已为美备矣。余府次第求之，明年秋可得大端矣。元所纂得件等事甚多，惟趁此三年中力所可为，□□不为，贪之一字，此中不避也。李生伊晋□□七种未能收入，乞便中寄至朗斋处，至嘱至嘱。小沧浪风景若何？近时有宴会否？□□□游，辄不忘也。率此，并候即安。不一一。弟阮元顿首。九月廿日。[《二家书札》]

考：嘉庆元年（1796）六月伊江阿任山东巡抚，七月孙星衍署山东按察使，是札作于本年九月二十日。黄易守制期间，曾先后在河道总督李奉翰、山东巡抚伊江阿幕中。据札，《山左金石志》此际刻成《吉金志》，《贞石志》

将于次年秋日刻成。阮元《揅经室三集》卷三《山左金石志序》：乾隆"六十年（1795）冬，草稿斯定。元复奉命视学两浙，舟车余闲，重为厘订，更属仁和赵晋斋魏校勘，凡二十四卷，所可以资经史篆隶证据者甚多，若夫匡谬正讹，尚有望于博雅君子。是时秋帆先生方督师转饷，戮逆抚降，寒暑劳勤，婴疾已深，虽有伏波据鞍之志，实致武侯食少之虞，竟以七月三日卒于辰州。元以是书本与先生商订分纂，……元今写付板削，哀然成卷帙，而先生竟未及一顾也，噫，是可悲已"。毕沅卒于嘉庆二年七月，序作于此后。阮元寄望伊江阿、孙星衍编《山左金石续录》，并谕黄易筹之。此际阮元又聘朱文藻纂《两浙輶轩录》，赵魏、何元锡协助编纂《两浙金石志》，《揅经室续集》卷三《两浙金石志序》："余在浙久，游浙之名山大川殆遍，录浙人之诗数千家，成《两浙輶轩录》，刻之。访两浙帝王贤哲之陵墓，加以修护，成《防护录》，刻之。以其余力及于金石刻，搜访摹搨，颇穷幽远，又勒成《两浙金石志》一书，尔时助余搜访考证者则有赵晋斋魏、何梦华元锡诸君子。许周生兵部宗彦亦多考订增益，且录全稿以去，匆匆十余年矣。"

阮　元 142—5

囗天台行馆接奉囗书，诸蒙囗注，兼悉近祉。河工事重，未克南来，固应如此，但又少一次相聚耳。山东有续得之件，尽可收入《续录》中。元夏半回省，便应开刻《贞石》，朗斋所办太详，尚须删节之。现因纂办全浙之诗，非朗斋不胜此任，已留彼在省，僦居城隍山。春间少病，近愈，已为开卷。浙中金石，杭州已得勒成，惟外府未就，亦无甚古者。今日谢藩台于藩署得晋永平砖，元署中亦得一由，又于宁波得晋永嘉砖一由，反较石为古。近囗元倡修湖上之四贤祠及嘉兴之曝书亭，皆将告成。西湖虽佳，但出城拘束，不能畅游，安得如明湖小沧浪可朝夕往来耶？率此奉致，并候近安。不具。小松先生足下，弟阮元顿首。四月廿四日上虞舟次。[《二家书札》]

考：是札作于嘉庆二年（1797）四月二十四日，本年四月阮元按试台州、宁波，月杪渡江回省。所云"河工事重，未克南来"，指黄易计划回杭起咨不果一事。《山左金石志·吉金志》已于去岁刻成，此际阮元又将开刻《贞石志》。又，朱文藻受阮元之聘，纂全浙之诗（即《两浙輶轩录》），赵魏、何梦华则协编《两浙金石志》，时杭州部分已经成稿。曝书亭之修建，阮元《揅经室四集》诗卷二收《修曝书亭成，题之》。谢藩台即谢启昆，时在浙江按察使任上。

阮　元 142-6

小松先生手启。前接手翰，并寄《小蓬莱阁金石》刻本，远谢□意，感慕感慕。本拟来杭，可以盘桓，今因李河帅奉留未果，未知明年秋冬间能相遇否也。《山左吉金志》刻成，以一帙奉寄。《贞石志》秋仲刻成再寄。元与张芑堂相商摹刻天一阁北宋《石鼓文》于府学，今已刻成一鼓，其精神意趣远胜芑堂家陆云中所刻，今以呈兄，俟刻全再以奉寄。浙中金石无古者，所遇寥寥，惟篆书刊书之兴远胜山左耳。两浙诗已录存三四千家，专托朗斋删定，颇成巨观。今乘尊使回东之便，肃此，并候□□，诸惟□□。不具。弟阮元顿首，六月六日。

外渊如、秬香二函乞为确交。又孔氏北宋《石鼓》拓本，事具于芑堂札中，兹不赘。

钤"阮伯元白笺"。

再启者。元摹《石鼓》事，系与张芑堂、江墨君、钱梅谿数君子及刻者吴厚生共商定者，□为补图，图用一小幅足矣，便中赐下，至感至感。元又白。

图中布置之地，须得西园光景，今以自置西园笺一幅呈览，得其大意可矣。

[《二家书札》]

考：是札作于嘉庆二年（1797）六月六日，阮元寄赠《山左金石志·吉金志》，《贞石志》亦将于八月刻成。此际阮元又与张燕昌合作摹刻天一阁北宋《石鼓文》于杭州府学，本年八月刻竣，时已成一鼓，因作札倩黄易补小画一帧。所云西园，即浙江学署。阮元《致江凤彝》有云："浙中金石之缘颇浅，近惟将杭郡之件勒成，《山左金石志》现在付刻，秋间即可奉寄。《吉金志》今以数帙先寄呈左右，浙中目录俟誊稿奉寄。元近用天一阁北宋《石鼓》搨本重摹十石，立之杭府学，其碻凿皆与一二友亲为之，精神气力远在芑堂所摹之上，已属小松为图，更乞大作之诗以纪其事。诗中惟序用浙中北宋本摹刻，仍置之浙学而已，其刻鼓惟言精审得神而已，万勿见推，切嘱切嘱。"与此札可以参看。故宫博物院藏。札中所及张燕昌弟子陆云中，海盐人；吴厚生，海盐人；江德地字墨君，江德量弟。皆一时善镌者。阮元《定香亭笔谈》卷四："天下乐石以岐阳《石鼓文》为最古，《石鼓文》脱本以浙东天一阁所藏松雪斋北宋本为最古，海盐张芑堂燕昌曾双钩刻石于家。

余细审天一阁本并参以明初诸本，属芸堂以油素书丹，被之十碣，命海盐吴厚生刻之，至于刀凿所施，运以意匠，精神形迹浑而愈全，则扬州江墨君德地所为也。刻既成，置之杭州郡庠明伦堂壁间，使诸生究心史籀古文者有所法焉。"张燕昌双钩刻于家者，钱维乔曾有题跋，《竹初文钞》卷四《张芸堂摹刻〈石鼓文〉跋》云："张子芸堂笃志金石，曩游太学，手搨《石鼓文》以归，其家僮能为摹刻于斋中，琴书鼎彝，俨然与三代法物相晤对，其风雅有足传矣。"据札，黄易此次回杭起咨不果，乃河道总督李奉翰之挽留。

阮　元 142-7

前接手书，并蒙寄□□，如见□□，□颂奚如？迩闻□□补洳运两河，想政祉清淑，为颂。□□舟来任城，特将《山左金石志》□□寄上，又校订未经挖改之底本□□，此板存南无甚用，且不能应□□□求，故欲暂存□□，如有□□欲来刷发者，可以给之，或□□书头若干，尊处存其半以送人，留其半以付元入京送人。若无人愿刷者，则封存不如□，俟秋末家严船过任城付还可也。若其□□□，可将校本一，捡择其显然谬误□□□，碑字本有讹异者，原系照碑□□，□校者所及知也。渊如同年近在□□□，直道不容乃尔，乞便中将情节□□。两浙诗已将竣，如元今秋入京□□，赋闲也，奈何奈何。率此并□□□，□□不具。小松先生足下，弟元顿首。五月朔日。

再启□。□□人冒充舍弟带小儿入京监肄业□□□河帅暨□□□王礼思处告助沉舟之乏，此实奇事。□□□□小儿才十一岁，虽蒙□□□□，匪徒冒称，以致渎及，实为惭悚，专此告谢，仍乞便中于河帅、观察处剖析及之。以后如有河道往来，欲奉烦之处，非有印文、印帖者皆系虚冒，执之可也。弟元又顿首启。
[《二家书札》]

考：嘉庆三年（1798），黄易借补洳河、运河通判，本年九月，阮元任满入京，在南书房行走，次年兼署兵部左侍郎。札作于本年五月一日，因有便船到济宁，阮元欲将《山左金石志》书板暂存黄易处。札称"两浙诗已将竣"，《两浙輶轩录》成书在本年。再启一节，原散在别处，时有人冒称阮元之弟及长子常生，干渎河道总督、运河道台以及黄易，阮元札中言之，其称小儿才十一岁，即嘉庆三年，故缀本札之后。王礼思即王宗敬，济宁人，阮元督学山左时之门下士。

阮 元 142-8

久隔□□，时深企想，比惟□□□□，□□增佳，近祺迪吉。浚防等事益著□□，□见伟绩鸿猷，上游愈资倚畀，□□忭颂惟殷。弟办理科试，已届三□，□□□□，俱各平宁，足慰□□。《山左金石志》刻成，兹送上一部，但［后阙］

［《二家书札》］

考：是札有"《山左金石志》刻成，兹送上一部"之语，当为阮元致黄易者，然字似非出阮手。作于嘉庆三年（1798）八月，时阮元操办浙江乡试，已届三场。下月即解任入都觐见。

143　印鸿纬　【2封】

印鸿纬字赓实，江苏宝山人，宁绍台兵备道印宪季子。居吴县。嘉庆元年诏举孝廉方正，有司以鸿纬应选，众以为当。与姚鼐友善。参见《（道光）苏州府志》卷一百八《人物·流寓下》。

印鸿纬 143-1

后学印鸿纬顿首，谨上小松老先生阁下。曩从晋斋、梦华诸君子游，熟闻阁下弆藏之富，搜讨之勤，辄心向往之。猥以穷巷之士分隔云泥，未敢以荒函上达，乃于六月之杪阁下手谕先施，并赐教种种，雒诵之余，感愧交集。纬于此道虽嗜之有年，亦叶公好龙耳，荷蒙奖借，何以克当。家藏《听松篆》前为友人易去，现在遣人往搨，俟搨到时当觅便寄上耳。兹先奉到吴郡学宫《天文图》《地理图》《倪元镇像》《顾阿瑛像》《崇福侯庙记》《妙喜泉铭》《白云山慈圣院记》《南镇碑》《般若会善知识祠记》《续兰亭诗叙》杂帖数种，皆前见《蓬莱阁碑目》中未经收入，故以驰献。再有天台桐柏宫《伯夷叔齐石象胸前篆书》、丹徒学《麟凤赞》现欲往搨，如为邺架所未备，亦可分赠也。至敝邑古刻，仅有南翔镇唐石幢、集仙宫元碑、圆通寺赵文敏碑耳，如欲得之，亦可奉寄。惟鳞羽罕逢，路远莫致，奈何？吴郡中如有贵相识可以转达之处，祈为先容并开示姓氏、住处，以便托寄。再：纬于先生笔精墨妙向往多年，今不揣唐突，敬将素册一本奉上，祈于公事之暇，杂书篆隶真行满之，留为印氏子孙之宝，幸甚幸甚。谨此复谢，恭请升绥，不尽驰企。小松老先生阁下，后学印鸿纬顿首。

钤"印赓实"。［《小蓬莱阁同人往来信札》第一册］

考：札中提及六月底收到黄易来书，此为复书。除馈赠江南碑版之外，印鸿纬亦允为拓李阳冰《听松篆》。同时奉上素册，求黄易墨宝。黄易为印氏所作《书画册》，今为台北私人收藏。该册临李阳冰《听松》《成阳灵台碑》《曹全碑》《白石神君碑》《乙瑛碑》《西狭颂》《黾池五瑞图题字（成县）》

《北海相景君碑》及宋克《七姬志》等，其中临《听松》款识云："无锡慧山寺殿前石床侧有此二篆，相传是唐李阳冰笔，家有搨本，失而复得，王虚舟《竹云题跋》云，篆右有楷字十数行，不可不见，仰藉庚实兄成此古缘也。秋盦黄易。"临《七姬志》款识云："右《七姬权厝志》拓本，传世最少，闻乡中丁敬身先生有一本，今归赵晋斋矣。吴门徐理堂惠余一本，是停云馆旧物。癸丑（1793）晚秋临于竹窗下。散花滩上人黄易。"又录翁方纲《题七姬志拓本诗》，款识云："庚实二兄清赏。偷闲弄笔，不能竟册，俟他年乡中握手，放棹石湖烟水间，续成全璧也。"又画山水及梅花，山水题跋云："乾隆癸丑九月得唐子畏山水小帧，易临。"故本札很可能作于本年七八月间。又，故宫博物院藏黄易《听松拓本册》，翁方纲题识云："庚戌（1790）三月十六日，北平翁方纲于济州官舍手摹是本而去。李铁桥同观。"黄易跋云："王虚舟给谏《竹云题跋》云：'《锡山志》：慧山寺有石床，在殿前月台下，长可五尺，广、厚半之，上平，可供偃仰，故名石床。顶侧有听松二篆字，传是唐李阳冰笔，苍润有古色，断非阳冰不能。唐皮日休诗'殿前日暮高风起，松子声声打石床'是也。雍正六年（1728）三月，余率同志往搨此书，一时观者列如堵墙。盖尘埋经久，莫有过而拂拭者，骤见抌搨，故遂惊为仅事也。右有楷跋十数行，日久磨蚀不可复识，怅怅良未有已。'易家藏此书，古雅流动，在李篆诸刻之上。先子与虚舟先生论交金石，又同学李篆，此本盖斯时所获也。易昔年客游吴楚间，扁舟常经无锡，总不能系缆登山，一访古刻，屡托人觅搨此书，渺不可得，怅惘弗已。此本为新安吴东序借去二十余年，今忽寄还，顿复旧观，欣幸为何如耶。乾隆辛亥（1791）二月，钱唐黄易题。"此搨本为其父旧藏。印鸿纬所拓《听松拓本》，亦装于一册，黄易题识云："乾隆乙卯（1795）五月，宝山印庚实搨寄新本，竟得右跋，附装于后。小松。"知印鸿纬于乾隆六十年五月寄赠黄易新拓"听松"二字。本年黄易南归葬母，回程经苏州、无锡、常州，曾亲至惠山寺，《访古纪游图·惠山寺》："惠山寺月台下，银杏奇古，根下石床刻'听松'二篆字，相传是唐李少温迹，后题'政和甲午张回仲等六人同游'，面有'嘉熙己亥□止泓赵希衮'题字。乾隆辛［乙］卯秋八月游此，手拓一纸，冬十二月再过，银杏初苞，老干尤奇。"故宫博物院藏。

印鸿纬 143-2

去秋韩蔬香东游，曾附一函，并《麟凤赞》《显德石幢》，未识韩公能不作殷洪乔否？嗣于大成号奉到钧翰并惠墨宝，琳琅溢目，贵拟十朋，喜可知也。春和，伏维老先生阁下官阶特晋，福祉茂绥，曷胜额庆。鸿纬蓬茆下士，所得几何，即偶获一二，皆司空见惯之物，《赵圉令》不但未购，亦且未睹。《华山碑》亦只于丙午岁借辛楣先生长君之物，留之案头数月而已。尊札委觅南碑，一时未能汇集，今先奉上数种，余俟续寄。鸿纬亦欲得北碑数种。青州墨山红丝砚之佳者，物色数年迄未一遇。阁下能为我备致之，决不虚叨雅贶也。武氏祠更为式以庇古刻，甚盛举也，兹奉到白金二两，以代一椽之助而已。敬此缮请升绥，并贺春福。不既翘跂。小松老先生阁下，后学印鸿纬九顿。二月初吉。

隋《南宫令宋君像碑并阴侧》《行唐邑龛莲华经》《龙藏寺碑阴碑额及两侧》，唐《少林寺还天王师子记》《获鹿县金刚经》《城武孔子庙堂碑》《升仙太子碑阴　上中下三截》，宋《徽宗训士子诏》、又《戒石铭》《东坡雪浪石铭》《米元章书颜平原碑阴》。以上求代觅。［《小蓬莱阁同人往来信札》第一册］

考：乾隆五十八年（1793）七八月间，印鸿纬寄赠黄易南碑若干，并请作书画，即143-1。此后，印鸿纬于"去秋"又托韩蔬香带致一札，寄丹徒学《麟凤赞》及南翔《显德石幢》拓片，然黄易尚未收到。此札是收到黄易所寄《书画册》后的复书（是册完成于1793年九月，当时必定寄出），故当作于乾隆五十九年二月一日。韩蔬香名不详，娄水人，为河掾，参见陈廷庆《谦受堂全集》卷二《过杨枝山明府署斋读岁暮书怀诗，依韵奉和》小注。札中印鸿纬奉银二两，以代武梁祠一椽之助，盖此际武氏祠复建即将完工，嘉庆元年（1796）正月，孙星衍《正月十一日同黄小松司马易至嘉祥山中访武梁石室画象，小松作图纪游》小注有"前年司马重葺武氏祠，立碑，题碑阴"云云，前年即1794年。札中所求代觅诸碑，黄易多有之，《小蓬莱阁金石目》："《大隋南宫令宋君象碑》，八分书，篆额，开皇十一年。在直隶南宫县城内尼寺。乾隆甲午（1774）七月，易见邢太仆侗所撰县志载此，访得拓之。碑侧刻邑人张道素等名。""《行唐邑龛妙法莲花经观世音普门品》，八分书，开皇十三年。龛主韩长秀。在曲阳县少容山。乾隆乙未（1775）置，周司马筼谷摄曲阳令时拓得。""《恒州刺史鄂国公为国劝造龙藏寺碑》并碑阴碑额，俱正书。开皇六年。张公礼撰。在正定府龙兴寺。碑阴，阴列□将军都督录事参军敬楷等名。两侧正书，一刻沙

維

老先生閣下官階特晉
顯德石幢未識韓公能不作殷洪喬否嗣
鈞翰並
惠墨寶琳琅溢目貴擬十朋喜可知也春和伏
福祉茂綏昌勝額慶鴻緯蓬蓽下士所得幾何即
偶獲一二皆
司空見慣之物趙閬令不但未購亦且未觀華山碑
亦祇于丙午歲借辛楣先生長君之物留之案
頭數月而已
尊札委覓南碑一時未能彙集今先奉上數種
餘俟續寄鴻緯亦欲得北碑數種青州墨山紅
絲硯之佳者物色數年迄未一遇
閣下能為我備致之決不虛叩
雅既也武氏祠更為式以庇古刻甚盛舉也茲奉到
白金三兩代一樣之助而已敬此繕請
升綏並賀
春福不既翹跂

小松老先生閣下
          後學印鴻緯九頓 二月初吉

去秋韓蔬香東遊曾附一函并麟鳳贊
于大成號奉到

隨南宮令宋君像碑并陰側
行唐邑龕蓮華經 龍藏寺碑陰及兩側
唐少林寺還天王師子記
獲鹿縣金剛經
　　　　　　　　城武孔子廟堂碑
昇仙太子碑陰 上中下三截
宋徽宗訓七子詔 又戒石銘
東坡雪浪石銘
米元章書顏平原碑陰

以上求
代覓

143—2 印鴻緯致黃易札
收入《小蓬萊閣同人往來信札》
第一冊

門曇令等，一刻比丘玄詣等名。"《金剛經》，正書。在獲鹿縣。""《孔子廟堂之碑》，正書。武德九年。虞世南撰並書。一在西安府學，一在城武縣學。""《昇仙太子碑》，行書。碑額，飛白八分書。聖曆二年。武后撰並書。碑陰薛稷、鍾紹京等書，並宋政和元年鄧洵武題名。在偃師縣緱山。"

144　觉罗长麟　【1封】

觉罗长麟，满洲正蓝旗人。乾隆四十年进士，五十二年授山东巡抚，五十五年十一月任江苏巡抚，五十六年五月署两江总督，五十七年五月调山西巡抚，十二月调浙江巡抚，五十九年八月升两广总督。嘉庆中仕至兵部、刑部尚书。参见《八旗通志》卷三百四十。

觉罗长麟 144-1

宦辙分歧，末由握晤，每怀芝宇，时切心仪。月前接展瑶华，具承锦注，三复之下，铭佩良深。藉稔老长兄蕃禧洊至，凡百咸亨。著伟绩于东邦，民歌乐只；协嘉猷于最考，户颂升华。遥听之余，可胜忭慰。弟承乏武林，倏已八更月荚。地方因积疲之后，非特挽回不易，抑且胜荷为难，任重才疏，益深惴惴。惟冀南车远锡，藉佩韦弦，则虽迢隔棠阴，不啻亲承兰欵。想情殷旧雨，无俟烦言谆祷耳。专泐数行布复，顺候升祺，附璧谦衔。不备。名正泐。[《小蓬莱阁同人往来信札》第三册]

考：黄易页边书"广督长大人"。长麟自山西巡抚调补浙江巡抚，于乾隆五十八年（1793）正月初五抵任。札云已八阅月，当作于本年九月。

145 徐嵩 【1封】

徐嵩号朗斋，江南昆山籍金匮人。乾隆丙午举人，屡试礼闱不第。曾为毕沅幕宾，官蕲州知州。

徐 嵩 145-1

嵩顿首启小松九兄足下。春间相见，快披金石文字，嗣此北上，都无好怀。惟遥闻足下道履安胜，为慰。嵩五月出京，在山东省小憩，六月初一上泰山顶一宿，七月旋扬州，溯江而上，登大别山、黄鹤楼，归拂帆匡庐，过采石。自邗江渡黄来济南，江方伯、阮芸台学使皆有旧，为之少留，访五龙坛［潭］，晤桂未谷，备问足下近状。顷过德州，会梦华，又悉吾兄时有音问到此，甚可喜也。嵩今年行万四千里，得诗二卷，有"算来岁月非虚掷，万里江山一卷诗"之句。所委题《看碑图》，嵩于春间到京，时已分致渊如、王铁夫、何兰士、法梧门庶子诸公，或就或不就，此时都不可晓，容刻日到京问取。拙诗竟尚未成，当于岁内寄上也。嵩此番入都者，因秋帆先生、石君先生劝应天津召试，故冲寒而行。梦华亦需进京，又可多一同调耳。荷许作《嵩阳读书图》，祈挥就。顷读足下为梦华作《林外得碑图》，笔墨更古矣。专问小松九兄大人迩安，愚弟徐嵩顿首。十二月十六日德州寄。［《小蓬莱阁同人往来信札》第二册］

考：乾隆五十九年（1794），乾隆巡幸天津，召试。参见法式善《槐厅载笔》卷七及《清高宗实录》。札中提及毕沅、朱珪劝其应试，当作于乾隆五十八年十二月十六日。江方伯为护理山东巡抚、布政使江兰，阮芸台学使即阮元。渊如、王铁夫、何兰士、法梧门分别为孙星衍、王芑孙、何道生、法式善。徐嵩本年二月八日赴京途经济宁，黄易出示《唐拓武梁祠画像》，徐嵩题观款；又以《看碑图》委之倩上述诸人题诗。参23-18、23-19翁方纲致黄易札。本年三月，何元锡、颜崇槼于曲阜圣林红墙外见《汉孔君碑》，移置圣庙同文门，黄易为写《林外得碑图》。徐嵩在德州晤何元锡，观此图，因催黄为作《嵩阳读书图》。徐嵩曾在毕沅中州幕中，黄易所藏《宋拓汉石经残字》有其乾隆丙午（1786）七月朔日观款。

邵晋涵 【2封】

邵晋涵字与桐，一字二云。浙江余姚人。乾隆三十六年会试第一，廷试二甲，归部铨选。三十八年诏开四库馆，特旨改庶吉士，充纂修官，逾年授编修。五十六年擢左春坊左中允，官至翰林院侍讲学士，日讲起居注官，皆兼文渊阁校理。参见《（光绪）余姚县志》卷二十三《列传十六》。

邵晋涵 146-1

晋涵顿首奉书小松先生执事。别逾两载，履祉亨嘉。闻新撰《沛宁金石考》，不审已成卷帙否？向来著录家或仅得拓本，不免影附之谈，今以得诸目验者亲为甄录，雅才卓识，审核精严，知断非王象之诸人所能几及。书成得先赐读，何幸如之。弟拟撰《方舆金石编目》，苦于见闻陕隘，不能不求助于大雅也。朱映滑三兄系弟至好，今下榻署中，得贤主为依归，闻之色喜。其学问之博，考订之精，谅有针芥之合耳。风便，顺候迩祺，不及缕缕。晋涵载顿首。十二月十六日。

钤"观书石室"。[《小蓬莱阁同人往来信札》第二册]

考：朱映滑即朱文藻，乾隆五十八年（1793）正月应黄易之邀前往济宁。《复初斋诗集》卷四十四收《四月二十五日，由南池、太白楼、浣笔泉至济宁学宫及普照寺观碑四首》夹注："秋盦将属朱朗斋为辑《济宁金石录》也。"诗作于本年，《济宁金石录》或即札中所及之《沛宁金石考》。札当作于本年十二月十六日。又段松苓《益都金石志》朱文藻序，提及1795年段氏受聘阮元辑《山左金石志》后，曾偕一拓工随一童襆被遍走山左诸郡，至济宁，得朱氏所著《济宁金石录》。据"别逾两载"，知乾隆五十六年冬日黄易入京，曾与邵晋涵相见。

 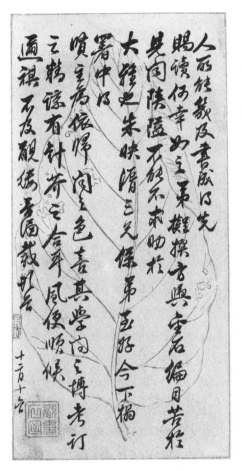

146—1 邵晋涵致黄易札　收入《小蓬莱阁同人往来信札》第二册

邵晋涵 146—2

　　小松先生执事。话别倏逾三载，怀念之切，可胜言耶。迩来清兴日增，著录日富，文采风流，人拟诸苏公典郡，此真近今所罕觏者矣。弟近状鹿鹿，无足为知己道者。兹因同县华君南还之便，率泐数行，布候嘉绥，不及觳觫，弟晋涵顿首上。九月初五日。

　　恳者：华君因家中有事，从张湾买棹南还，闻沿途有截留舟楫之信，甚以为虑。过境如有阻滞，祈赐放行，则佩德靡既矣。又启。

　　钤"正定经文"。[《黄小松友朋书札》第十二册]

考：此札作于乾隆五十九年（1794）九月五日。参146—1。华君余姚人，余无考，此际将南行，邵晋涵托黄易过境时颁以放行文件。

147　巴树榖　【1封】

巴树榖字艺之，安徽歙县人，慰祖子。候补训导。慰祖工隶篆，穷搜钟鼎款识、汉唐石刻，书画擅一时。树榖穷极郑贾之书，六九之艺，八分尤能世其家学。

巴树榖 147-1

　　三世知交，未通音问，殊甚歉怀。心盦家表叔旋徽，辱承老世伯大人念旧，赐书兼惠汉碑、画象诸刻，雅意殷拳，感激无极。先子素爱金石，所蓄不为不多，而吴楚往来，行箧中半为知交携去。侄抱残守匮，谫陋无闻，兼之僻处山邑，秦汉文字渺不可得。老世伯笃性好古，久为海内推崇。三河之所搜罗，多欧赵诸公未及见，侄向慕最深，拟欲摒挡俗事，执贽来前，邑观宝藏，并欲亲证所疑，俾雾障得开，实为万幸。尊摹双钩刻本及新获磨厓，便中务望赐示，感快无有涯涘。附呈制墨二种，聊以伴函。伏希鉴入，谨此奉覆，敬请升祺，统惟霁照，临书不胜依恋之至。名正肃。[《黄小松友朋书札》第十二册]

考：黄易页边书"巴世兄"，作札人当为巴树榖。乾隆五十八年（1793）巴慰祖卒于江都，此札称"先子"，当作于此后不久。据札中所陈，黄易去信中或曾打听巴慰祖旧藏碑刻的下落。心盦即黄承增，亦歙人，树榖表叔。"尊摹双钩刻本"当为《小蓬莱阁金石文字》，上年已有刻本赠人，参128-2胥绳武致黄易札。

148　钱大昭　【1封】

钱大昭字晦之，号可庐。江南嘉定人。大昕弟。大昕深于经史，一门群从皆治古学，能文章，为东南之望。大昭少于大昕者二十年，事兄如严师，得其指授，时有两苏之比。壮岁游京师，尝校录《四库全书》，人间未见之秘，皆得纵观，由是学问益浩博。参见《清史稿》本传。

黄　易 148-1

春畦先生来，远承手翰，感谢何似。新得古碑，日内即遣人寄苏。日内无府报到来。此候近安。不一。可庐老伯大人，易顿首。令郎大兄均此。

钤"小蓬莱"。[上海图书馆]

考：札约作于乾隆五十七至五十八年（1792—1793）。钱大昭及其子东垣时在山东学政翁方纲幕中。札言"新得古碑，日内即遣人寄苏。日内无府报到来"，知黄易此时帮助钱大昕与其弟、侄转寄往来信物。钱大昕《致钱大昭》有云："前二次信俱经收到，转送尊宅，上下俱极安好。今将二侄寄来安信，托小松先生转致。前一次信因无便人，稽迟两月，今亦并致。"参见陈垣《钱竹汀手简十五函考释》。吴嘉穀字映帆，号春畦，嘉兴秀才。时亦在翁方纲幕中。

149　　李　琬　【8封】

李琬字研溪，山东济宁人。李锺沂次子，候选同知李锺沛侄。援例为工部主事，为人浑厚。子联榜，嘉庆戊寅举人。参见《（道光）济宁直隶州志》卷八之四《人物》。

黄　易 149-1

承宠招，满拟至兄处快谈，兼与寿郎识面。适才见刺史，面订晚间陪归公有话谈，则又不可相却，不能至兄处践约，怅怅。再：刺史闻寿郎之名（幕中人所说），今日亦欲唤去也。我辈之叙，只可改期。率此奉谢候安。不一。姻愚弟黄易顿首。[《黄秋庵书札》]

考：归公即归朝煦，札当作于乾隆五十八年（1793）十月至五十九年八月归朝煦补运河道期间。参94-6黄易致玉山札。刺史即济宁直隶州知州王毂，乾隆五十七年九月由德州署任，参见《（道光）济宁直隶州志》卷六之四《职官》。寿郎当为本地伶人。李锺沛子大峻为黄易婿，捐职郎中，故黄易自称姻弟。

黄　易 149-2

亟思把晤，奈俗冗何？命拓《孔李像》，已得二十余纸，今送上，乞查收。弟明早匆匆随行，诸俟归日再谈。并候日祉。不一。愚弟黄易顿首。[私人藏]

考：札中所言《孔李像》，即《孔子见老子画像》，乾隆五十一年（1786）黄易发现于嘉祥县紫云山，旋移入济宁学宫。约作于乾隆后期。

黄　易 149-3

接读来札，感铭肺腑。马褂敬遵谕京钱廿五千文，并望速赐下为祷，以便稍壮行色。即请文安。秋盦顿首，李二大老爷。[北京保利2015十周年秋拍]

考：仿本，内容可信。黄易托李琬为变卖马褂，以敷行程之用。约作于乾隆后期。

黄　易 149-4

亟思往候，因连日陪客应酬，未得如愿。弟有海龙褂桶一件，曾托兄觅售未就，昨与兄谈及，许俟将来留心，心感之至。节间弟甚苦空乏，而杭州帮船过此，亲友纷集。承兄关切至深，今将褂桶送上，乞兄觅人质押银百两，将来卖出如多，则付弟，如不足，弟补还，不误。恃荷关爱，用敢奉托。专此，敬候日祉。不一。姻愚弟制黄易顿首，研溪二兄。[《黄秋庵书札》]

考：札作于嘉庆元年（1796）五月五日端阳节期间。此际黄易甚窘困，倩李琬为典当衣物。参173-6黄易致郑震堂札。

黄　易 149-5

好弟兄近因彼此避嫌，不得把晤，真无可如何也。此刻接孙道台来信，云有曹县生员控典铺三分起息，道宪以三分并不违例，批示复函示三府一州，此示不知州中贴出否？嘱弟催之。弟记得诸君有愿二分者，不知此事毕竟如何？恐一言有碍，是以密询尊意若何，示知后弟当致明也。此候日祉。不一。姻愚弟制名心泐。

此时抚军在曹与孙公相聚，此事甚有关系，故不敢冒昧转言耳。又及。[《黄秋庵书札》]

考：乾隆六十年乙卯（1795）五月，孙星衍任山东兖沂曹济兼管黄河兵备道，嘉庆元年（1796）七月，署任山东提刑按察使。此称孙道台，当作于本年七月以前。抚军为山东巡抚伊江阿，嘉庆元年任。时孙星衍、伊江阿等在曹县办差。

黄　易 149-6

昨荷光临，深承古道，感谢之至。弟心境恶劣，加以胁痛，不能写字作画，因兄谆谆之嘱，勉为写就，并画奉上，乞致之。济宁亲友甚多，人人索及，势不能应，必致取怨，万一再及此事，希二兄婉覆之是荷。此候日祉。不一。制姻愚弟黄易稽首，研溪二兄。刘大兄乞转候。[《黄秋庵书札》]

考：作于丁忧期间。时遵李琬之委为刘大兄作书画，同时要求再有类似求请，必须婉拒。

黄　易 149-7

前日盛扰二兄，感谢之至。弟因委入总局，晨出暮归，劳困□极矣。嘱书对联今早偷暇草草报命，甚拙劣也。吾兄最爱画马之卷，弟最爱汪士铉、王伯谷二卷，不识能分惠否？如可，当以他物相报也。并候日祉。不一。姻愚弟襌黄易顿首。[《黄秋庵书札》]

考：既署"襌"，当作于嘉庆二年（1797）五月五日服阕之后不久。黄易借补捕河通判在下年，"委入总局"，当为在运河道署协助办事。札中求分惠汪士铉、王穉登书卷。

黄　易 149-8

连日鹿鹿，未得把晤，为怅。海貂套桶承二兄留意变价，甚感。昨承见还，小价所述未甚明晰，如有二百二十金，即可脱去，乞留意可耳。此候日祉。不一。姻愚弟易顿首。

再奉商事，设兄处一时未能凑手，务恳转为挪移，或酌少及，银钱均可，子金即烦酌定示知，当照送。弟现缘办差急需，用以□恳，虔望赐应，切祷切祷。弟易又拜。[《黄秋庵书札》]

考：谈论变卖海貂套桶，以敷办差急用，当作于嘉庆二年（1797）五月五日以后。后节当为记室手笔。

150　　江　安　【1封】

江安字定甫，旧居杭州，移籍江苏仪征，江立子。工诗。参见《扬州画舫录》卷十二。

江　安 150-1
　　春仲在蓬莱接奉手翰，敬审兴居多福，藉慰菲忱。迩当南熏届节，侍奉益增嘉豫。侄东来鹿鹿，日事奔驰，夏杪又拟北行，展谒之诚，究未知何日得遂也。王礼思先生，学使所得士，聚首甚欢，闻有世谊，兹乘其还里之便，谨泐数行，肃请尊安，兼贺节喜，余惟涵鉴。不宣。愚侄江安顿首，上小松老世叔大人。
　　钤"江安之印"。[《小蓬莱阁同人往来信札》第四册]
考：乾隆五十八年（1793）七月，阮元为山东学政，江安为其幕客，参142-1阮元致黄易札。王宗敬字礼思，山东济宁人，乾隆六十年优贡，嘉庆五年（1800）举人，与黄易熟稔，所著《我眼录》多载寓居济宁人物掌故。乾隆五十九年二月，阮元按试登州，登蓬莱阁。此札当作于本年端午节前。

151 江 清 【2封】

江清字桐敏，浙江仁和人。乾隆四十三年进士，五十八年官山东泰安县令，山左金石搜考殆遍，后镌级归里，鬻书自给。子凤彝，字柜香，亦好搜访古刻。参见《两浙輶轩录补遗》卷七。

江 清 151-1

月前孙敝友回泰，带到手书，承指示一切，兼为小儿题跋各刻，古雅绝伦，足征九兄博综学力，特具只眼，倾佩无既。《孙夫人碑》已得其额，系"晋任城太守夫人孙氏之碑"十一隶字，作三行，前为俗匠遗漏，今又专工去搨数十本，并《宫山汉武碑》，约明后日可到，到后当即飞呈数本。此碑在新泰东南地名张庄之东北隅，离城四十里露处，无碑阴，碑内侍中、侍郎等名，后周已无此官，其为西晋无疑。迩来九兄必参订详查，续后当装裱一副，敬求跋尾焉。徂徕诸刻已揭到，质之《道里记》，尚少《冠军题名》一条，系在"文殊师利"之上，容再寄呈。惟聂氏释文尚有未备处，如"渚"字、"边际"字、"晦明"字、"法"字、"思量"字、"犯"字、"限数"字及"菩萨摩诃"等字，想从石上手扪意会，未及拓视故耳。宋郡尊所刻书有《泰山述记》《泰山小史》二书，《小史》板已携去，此本向绅士借得者。又《赵氏游草》一册，卷帙均不甚多，兹并附呈，希九哥阅后，或录二本，即将原书掷还。再：前述嵩山少室东阙题名第一人是江孟，此姓在家醴陵公之前向未见闻，洵可参补族谱之缺，千祈惠赐一本，为祷。孙敝友在沛多蒙雅爱，饫扰郁厨，谢谢。二小儿由孙敝友述知尊斋鼎彝、碑刻，无物不古色斑斓，已如遥望崑冈，心驰目眩。秋间当令其趋叩崇晖，以弟子礼晋谒，第未识樗栎散材，大匠肯进而裁成之否？太和、大历等残字非亲至其地不能搜索，从缓定当得之。惟《冥福院牒》前年移建书院时曾有人见之，后被督工者毁作料用，不知砌于何所，无从寻求，为可惜耳。兹先附上《徂徕石刻》三种，《述记》《小史》《游草》三种，《冥福寺石幢》一种，伏冀检收。又呈上南物四色，聊以伴函，并希哂纳。肃此，敬请福安，余容续布。不一。小松司马九兄大人犀照，愚弟期江清拜启。小儿禀笔敬谢，并请崇安。五月望日。

钤"听鹃山馆"。[《小蓬莱阁同人往来信札》第三册］

考：札作于乾隆五十九年（1794）五月十五日，由江清托友人孙某带致，江清时任泰安县令，故大搜本地碑刻。参151-2。札言"为小儿题跋各刻"，除金石拓本外，黄易亦曾题其藏书，如《秋盦题跋》收《题卢刻金石录》，此书原为鲍廷博赠江立，后为江凤彝所得。宋郡尊即宋思仁，字蔼若，号汝和，长洲人，增贡生。乾隆五十二年任泰安知府，搜讨群书，临摹残碣，并考郡邑志乘所载，撰《泰山述记》，又重刊明萧协中《泰山小史》，即本札所附致者。札中提及将于秋日令其子凤彝上门谒见，执弟子礼。嘉庆三年（1798）十二月，江凤彝跋黄易为汤惟镜所作《云峰搨碑图》，称黄易为师："壬子（1792）之冬，小松黄师曾为余作《云峰得碑图》于便面，次岁夏阮芸台侍郎复为书《登云峰山诗》于其阴，忽忽已七载矣。今秋鹤出示是册，琳琅满目，复还旧观，不禁欢喜无量。嘉庆三年季冬，钱唐江凤彝记于汶阳官舍之荡云吟舫。"国家图书馆藏。据知黄易乾隆五十七年即为江凤彝作《云峰得碑图》扇。

江 清 151-2

敬启者，日前孙敝友赴济，肃具寸椷，并呈徂徕石刻各种，谅邀鉴入。新泰《孙夫人碑额》刻已搨到，兹特驰送三张，又碑文二张。《宫山汉武碑》县志载碑已全剥，尚存碑额"汉武皇帝之碑"六字，今劣匠可恶，复将元重修汉武庙泐碑搨来二副，误为汉武原碑，续当再遣工去，搨后当即飞致。特此驰布，并请崇安。不宣。愚弟期江清顿启。榴月十八日午刻。

再禀者：卑职奉呈联纸一副，敬求法隶，又卑职儿子求书横幅一纸，忝在梓末，兼荷垂青，定不以琐渎见责也。又：残碑二种，砖字一种，均系向自家乡三茅观及三竺道傍拾得者，石质颇坚，厚可尺许，未识是何寺碑刻，附呈法鉴，并望指示，为祷。卑职清又禀。

《重修朝元观记》，在岱麓升元观前槛，今改名三元宫。

《升元观牒》，在观后槛。

《范致君题名》，在王母池西后土庙西墙下，为草屋夹室所蔽。

《吕洞宾诗》，在王母池东吕祖洞南石壁。

《安陆题名》，在王母池庙门外槐树下，石首有穿，当时盖刻于旗竿石者，《县志》释"安隆题名"，下半截数字系掘土剔出，并侧字一条，志皆不载。

《补塑释迦佛像记》，在县署大门内东土地祠西楹下，其西列《重摹李斯刻石》。

《开元磨崖》，一副。

《泰阴碑》并额，共六张，后有"泰阴碑"三大篆字，约三尺许，未搨。

《白龙池题名》，共九张，未全。

《重修三阳庵记》。以上四种，系前任搨存，纸甚恶劣，并有未全备处，俟亲访阅后令工摹搨，再行呈上。[《小蓬莱阁同人往来信札》第三册]

考：检国家图书馆藏西晋泰始八年《孙夫人碑》拓本，乃江凤彝赠黄易者，黄易题跋有云："昔见《新泰县志》有《晋任城太守李夫人碑》，求之弗获。乾隆甲寅（1794）江子秬香［江凤彝］搨此碑寄观，额曰：'晋任城太守夫人孙氏之碑'，始知志载误孙为李也。……晋碑本少，妇人墓铭则尤少，况文古书庄，不减汉魏。秬香得之，欣愉何极。……石在荒野，风摧雨剥，漫漶太甚，精拓数勘，稍通其文，姑为释出，然微露笔迹之字，疑信相半，俟博雅论定焉。乙卯（1795）四月，黄易识于济宁城南寓庐。"此拓后经沈树镛、庞芝阁、梁启超递藏。本札当作于乾隆五十九年（1794）五月十八日。此碑本年访得后，移至新泰县学，现藏泰安岱庙。又，《（乾隆）新泰县志》卷七《古迹》："《汉武帝碑》，在宫山西陆地，声类磬，为樵牧石子所击，遍成圆凹，深阔皆三寸许，字无一存，惟额上有'汉武皇帝之碑'字。"

152　瞿中溶　【2封】

瞿中溶字镜涛，一字苌生，号木夫，江苏嘉定人，钱大昕婿。贡生。官湖南布政司理，历署辰州府通判、安福县知县。富收藏，精考证，覃心金石，参校经史，钱大昕《十驾斋养新录》颇采其说。文甚博辩，诗亦典赡，分隶行楷苍劲古朴，花卉师摩崖山人，摹印尤入古。金石著作有《汉武梁祠堂石刻画像考》《集古官印考》《古泉山馆金石文编残稿》等。参见《（光绪）嘉定县志》卷十九《文学》。

瞿中溶 152-1

六月六日，瞿中溶谨启秋盦先生司马阁下。自去岁夏间接奉教言，讫今将及一载，饥渴之思无时或释，而芳讯顾杳然，深为系念。比晤金陵止原张君，始悉阁下起居曼福，藉慰悬私。去夏曾具数行，并金"提控印"文附曹长随带呈，后知其人中途覆舟，未知此信寄到否？嗣又有寸函托何梦华转寄，内有新得金石搨本数种，并翁宜泉编修札，梦华更云是专差递送，想无浮沉之虑也。近来河口屡决，知公务纷繁，以阁下奇才，谅可措置裕如。簿书之下，搜访必多，得暇能□知一二，则荣幸已甚矣。鄙人于金石一事，迩来颇有所获，然铜器多无款识可寄，□□镈文字曾搨数本，皆为友人取去，容再寄呈。范氏天一阁《华山碑》近于敝友处借得双勾一本，颇为精当，意欲寄呈阁下清赏，恐有遗失，容觅的当人带上，先此奉闻。匆匆不及多赘，顺请崇安，统希丙照。不宣。中溶顿首谨启。

大笔作山水浑厚高古，不胜爱慕之至。吴中同志诸君如钮匪石、袁又恺、顾抱冲想皆得什袭宝藏，意欲亦乞一幅，不拘大小迟速，如得□许，容当觅旧纸奉乞也，又拜。

钤"长生无极"。

用"古泉山馆"笺。［上海图书馆］

考：札中提及去岁曾有书致，并附致翁树培一札，迄未获回书。115-2、115-3翁树培致黄易札皆提及黄为转交瞿中溶书札，亦有书札托黄易转寄，此札当作于乾隆五十九年（1794）六月六日。札中瞿中溶向黄易乞山水画作，所言吴中友人钮匪石即钮树玉，袁又恺即袁廷梼，顾抱冲为顾广圻从兄顾之逵。张止原即张复纯，乾隆五十九年与黄易有通问，故瞿中溶自彼处获知黄易近况。参136-2张复纯致黄易札。瞿中溶关于翁树培所藏金代"提控印"的考证，参见《集古官印考》卷十六"副提控印"条。

瞿中溶 152-2

小松先生启。晚生瞿中溶再拜谨启秋盦老先生阁下。自春徂夏，两奉手函，兼承惠吉金拓本，且感且喜。近见阮阁学新刻《山左金石志》金文一册，其中所载都为尊箧中物，乃知近代收藏之富，当以阁下首屈一指。方以未窥全豹为憾，乃蒙尽以远颁，百朋之锡，无以加此。已将开皇、仁寿诸刻抄入拙录中，其大泉五十范即添于拙作《泉志补考》内矣，谢谢！阁下以精明练达之才网罗金石，放之古昔，如刘原甫辈真不足道矣，而又能远念鄙人，时加□存问，琳琅奇铭，寄贶频仍，其何修而获此耶？来教言欲将新得碑缩刻成书，极为妙事，阁下所得金石皆足履其地，目审其形，鄙意并图碑式，略放牛氏之例，则《隶释》《隶续》两书之体已晐，必远驾古人之上矣，未知有当尊意否？叶君录金石全文终于何代？唐以前共有若干种？将来能获一见为幸。古泉搨本仍乞留意，家岳《金石后录》知袁绶阶业已抄寄，故未另录，想亦无需再抄矣。草草奉复，顺请起居。近有所得，并乞附便示知，为感。不尽不尽。中溶再拜。

外米帖一册奉纳。

钤"苌生""九井斋"。[《王士禛等书札》]

考：嘉庆二年（1797）《山左金石志》由阮元小琅嬛仙馆梓行，先后刊行金文与贞石，札当作为本年夏日。札中有云："近见阮阁学新刻《山左金石志》金文一册，其中所载都为尊箧中物。"检《山左金石志》卷一至五，黄易所藏铜器，有亚爵、郱戈、天水剑、长宜子孙钩、汉铃、鹭鱼洗、永初铜洗、宜子孙铎、铜炉、永昌椎、武平铜佛、开皇铜佛、仁寿铜佛像、天宝造像铜碑、至顺铜权、汉尚方十二辰镜、汉游浮镜、汉王母镜、孙氏镜、唐临池镜等，可证瞿氏之言不虚。所言钱大昕《金石后录》，有袁廷梼袁氏贞节堂钞本。据札，知黄易曾计划缩摹所得碑刻，刊行成书，此际就体例咨询于瞿，瞿以为可并图碑式。乾隆六十年（1795）冬日，黄易自杭返济经过苏州，晤吴门诸友，其所藏《宋拓范式碑》有当年十一月张复纯、钱泳、朱叔鸿、潘奕隽等观款。又有袁廷梼、顾广圻、瞿中溶、何锦观款。《宋拓魏元丕碑》有顾广圻、袁廷梼、瞿中溶观款。《宋拓汉石经残字》有当年十二月钱时济、钮树玉、袁廷梼、何锦、顾广圻、瞿中溶观款。钮树玉《非石日记钞》"乾隆六十年十二月二日"条："会黄小松，观《熹平石经残字》，《尚书》《论语》一百二十余字，《唐本武梁祠石室画像》《宋搨范式碑》前段。"

153 李鼎元 【4封】

李鼎元字墨庄，四川绵州人，乾隆四十三年进士，改翰林院庶吉士，散馆授检讨，改授内阁中书，不久升宗人府主事。嘉庆五年以副史册封琉球。

黄　易 153-1

连朝领教，承题佳句，欣感不可言喻。三兄自南北还，倘过任城，尚祈枉顾，再续欢游，不胜庆幸，至祷至祷。《三公山碑》，诸书所载只有光和四年八分书一碑，此在光和之前。碑中言遭离羌寇、蝗旱，事在安帝元初四年。弟得此石于直隶元氏县野陂，嘱县令王君移置县城龙化寺内，与《汉白石神君碑》对峙，此原委也。南边访碑之处，弟约略另开一单送阅，外陈酒一、脯一，奉为舟中玩月之助。俗冗不及送，幸知己恕之。此候行祉，临书瞻望。不备。愚弟黄易顿首，墨庄三兄大人。

南京：见袁简斋老伯，道易企望随园风雅，另日专函请安，并将所得新出汉碑寄赏，以增金石藏之伟观。/ 有梅八兄名镠，文清公之少子，既精家学，尤好金石，问之无不知。/ 南京溧水学中有《潘校官》汉碑，江宁府学有《吴天玺纪功碑》，句容城外有《吴葛府君碑》，摄山有梁碑三种，易俱有搨本矣。

镇江：焦山寺中张即之《金刚经》绝妙，不可不搨。甘露中宋吴琚"天下第一江山"六字至妙，不可不看。

无锡：惠山听松庵石几上有李阳冰"听松"二篆字最妙，易□□□□□数行，未得。

苏州：有印观察宪□□□□□搨整幅之《华山□□□□□紫阳书院，□□□□□金石著作最□□□□□。

湖州：天宁有唐人□□□□□□□□□。

杭州：敝友赵菉森□□□□□□□□□知。[北京艺术博物馆]

考：札作于乾隆五十九年（1794）六月李鼎元南行，与黄易济宁分手之际。其中谈及发现《三公山碑》之原委，又为李开南游访碑之单及需见之人如袁枚、梅镠、赵魏等，然此札李鼎元行前并未收到。参153-4。

李鼎元 153-2

愚弟李鼎元顿首奉书，小松九兄大人足下。自别南池，言寻东岳。泥行辙没，山陟轮翻。仆痛马瘏，风吹日炙。餐霞宿露，被雾灯星。乌惊人啼，狼贪客顾。炎凉顷变，晴雨无常。客路艰难，备尝险阻。廿五抵岱，十日为期。陈榻初悬，孔樽时举。宋园小住，岱庙频游。树有汉秦，碑无唐宋。金石失寿，瓦砾争光，可为浩叹！登岱遇雨，观日值阴。境与愿违，大都类此。摩崖唐隶，咏亭种题。久贮米斋，岂劳芹献。郭室古迹，徐公久涎。故像易移，新室难建。虽经心肯，尚待手书。撮若有期，惠希毋吝。武梁祠像，旷世奇珍。足下铁笔，当代至宝。渴思二妙，贪想双获。幸不我弃，乞为我储。别岱之期，当在七夕。山川修阻，鱼雁难凭。暂乐新知，已成旧侣。归途有约，别绪长悬。初秋渐凉，诸惟珍重。顺候升祺暨合潭安吉。七月七夕前五日，墨庄鼎元谨泐于泰安城西之宋园。

[《黄小松友朋书札》第十一册]

考：乾隆五十九年（1794）李鼎元南游途中经济宁至泰安，登岱。赵怀玉《亦有生斋集》文卷六《绵州李舍人〈登岱图〉记》云：李鼎元"年甫三十入翰林，翰林一官清华多暇，遂以甲辰岁东登于岱；洎改官中书，因需次尚远，于甲寅岁重为岱游。……君惜初游之未有所纪，属济南［宁］同知黄易图之，自中朝达官迄外藩使臣，题咏殆遍。"据札，登岱在六月二十五日至七月七日间，作札在七月二日。札中向黄易乞《武梁祠画像》拓片及手镌印章。

黄 易 153-3

前岁盘桓多日，快聆雅教，极深庆幸。频行有札遣送，讵意役行濡滞，追之不及。原札尚存，补以奉览。弟自南旺返济，得三兄二札，知文旆已由兖郡入都，望尘弗及，我劳如何？承示《多义碑》，暇当物色之。弟新得者，覃溪先生处皆有拓本，可以一见。专此，顺候近祺，冗次，恕不多及。墨庄三兄大人，愚弟黄易顿首。[上海图书馆]

考：乾隆五十九年（1794），李鼎元南游经过济宁，尝与黄易相见。札当作于次年，黄易得知李自兖州直接返京之后。《多义碑》不详何碑，俟考。

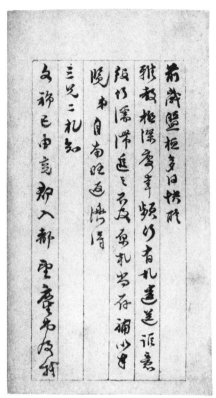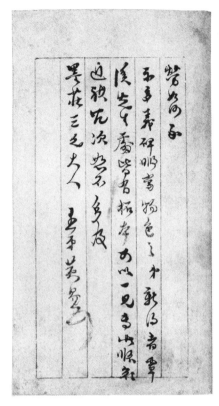

153-3 黄易致李鼎元札　上海图书馆藏

李鼎元 153-4

　　使至，接读手书，备领一切。敬悉九哥大人福履绥佳，诸凡迪吉，欣慰无似。弟客岁南游，原系苦中作乐，然借此或可眼饱山川，囊括金石，则是行犹为不孤。乃疟鬼为殃，几至不起。即令先得尊札，势难卧理。如单中人物所见止简斋先生，所得止《校官》一石。犹幸《登岱图》已蒙简斋题诗，今携入都，题咏又数十家，差不虚米老笔墨耳。至各处石刻，行即走札知交，托为揭寄，了此一段因缘也。阙里各碑，宋石已未全揭，无论元明，曾托孔博士、颜广文、冯县尉诸君代为筹办，杳未裁覆，便中希为督之。《三公山碑》原委敬悉，然何以未入前人《金石》，《隶辨》所载又系何石？尚求后示。弟现需次薇垣，毫无善状。鳞鸿有便，尚希时赐好音，以慰饥渴。肃此奉覆，恭请迓安，诸惟鉴照。不宣。小松司马九兄大人阁下，愚弟李鼎元顿首，呵冻。十二月望日缄于宣武门外干吕市之师竹斋。[《黄小松友朋书札》第二册]

考：本札既言"客岁南游"，当作于乾隆六十年（1795）十二月十五日。本年李改授内阁中书，故云"需次薇垣"。《乾隆帝起居注》："乾隆六十年十二月十三日：吏部带领内阁中书二缺将大考改补中书李鼎元等引见，奉谕旨：李鼎元、李端俱着补授内阁中书。"《登岱图》乃黄易为李鼎元所作，札中"犹幸《登岱图》已蒙简斋题诗"云云，即指此也。李调元《童山诗集》卷三十七《寄题墨庄〈登岱图〉（并序）》云："弟来书云：此图乙卯年［按，当为甲寅年］夏五月往山东时，为黄司马小松名易所画。过江得袁简斋为首唱，现在名人题者已四十余家，吾兄有兴可遥题一首见寄，遂作八句寄之。　　昔年曾共上峨嵋，驭气排空让尔奇。今日又闻登岱岳，阴昏阳晓独君知。烟入齐州青未了，收入尺图天下小。崔颢题诗在上头，只恐凤楼亦推倒。"又，李鼎元《师竹斋集》卷九《题罗两峰道人聘〈登岱图〉》"黄痴写意不写貌"句小注云："小松黄司马曾为余作《登岱图》，写意而已。"此画袁枚、纪昀、李调元、伊秉绶、王芑孙、张问陶、何道生、沈叔埏、魏成宪等四十余人赋题图诗，为一时艺苑盛事。如沈叔埏《颐䌽堂诗钞》卷九《题李墨庄舍人〈登岱图〉》"当向黄痴乞粉本"小注云："图为黄小松所作。"何道生《双藤书屋诗集》卷六《题李墨庄舍人鼎元〈登岱图〉》："写图者谁大痴嗣（黄小松），咫尺万里无争差。"魏成宪《清爱堂集》卷七《题李墨庄鼎元〈登岱图〉，为黄小松笔》："擅场画手黄一峰，方薰、罗聘将无同（兰如、两峰并有《登岱图》画卷）。索我题诗久不报，荡胸生云语难到。"师竹斋为李鼎元斋号，其集亦名《师竹斋集》，该书卷九《怀人三十首》之《任城司马黄小松》云："米颠有替人，金石癖成性。所到搜古碣，地灵不敢吝。近闻着麻衣，图画亦遭摈。铁笔誓藏刀，名成手亦病。"当作于嘉庆初年。札中所及颜广文即颜崇槼，《师竹斋集》卷八《寄颜运生广文崇槼》："同年廿载未相逢，四海知交一小松。薄宦聊持夫子铎，多闻能辨茂先钟。客来陋巷还瓢饮，帖寄任城当石供。阙里庙林饶古器，凭君挶寄幸无慵。"卷九《怀人三十首》之《兴化明府颜运生》："颜君性好奇，古碑搜欲尽。同心得小松，地灵为之窘。得石辄下拜，痴不畏人哂。考据何必精，借矛攻子盾。"冯县尉当为冯策，乾隆癸丑（1793）十月，黄易访碑人于曲阜发现《熹平二年残碑》，嗣后知县袁廷刿、四氏学教授颜崇槼、典史冯策、嘉定钱大昭、东垣父子等人同观题名。

154　　　刘锡嘏　　　【2封】

刘锡嘏字淳斋，号拙存，晚号茶仙，顺天通州人。乾隆三十四年己丑进士，改庶吉士，官翰林院编修、四川学政、湖北督粮道、江南徐淮河道。工墨梅。参见《（光绪）通州志》卷七《选举》、《历代画史汇传》卷三十五。

刘锡嘏　154-1

王介亭已题，呈阅，希照入代致。墨刻二收到，谢谢。再：弟所心祷而不敢言者，案头奚铁生《美人》也，如蒙见惠，弟明年到湖上觅两幅奉偿，如何？希酌之。此请九兄大人即安。弟制嘏顿首。[《小蓬莱阁同人往来信札》第二册]

考：此札用纸与154-2同，当即该札所云"别后途间肃上一缄"者，当作于乾隆五十九年（1794）六七月间，此前刘锡嘏自京返豫，曾与黄易相见于济宁，《秋盦诗草》收《题刘观察纯斋〈忏心图〉》。"王介亭已题"当指刘锡嘏题王介亭画作。王介亭待考，与黄易善，《秋盦诗草》收《题王介亭〈松风琴韵图〉》《张弼字汝弼，华亭人，成化进士，官南安。书学怀素，名动四夷，人目为神仙太守。杜堇号柽居，丹徒人。成、弘间居京师，工人物、树石、鸟兽，无不精妙。吾友王君介亭旧藏张草书〈画牛诗〉，爱其狂逸，欲余补图，自愧弗工，以杜古狂〈牧图〉联为一幅归之，并题二绝》。

刘锡嘏　154-2

别后途间肃上一缄，定荷青及。迩惟九兄先生政祉绥和，为颂。弟路过陈留，李学沉明府言及该处学宫有断碑一段，是《周礼》而不全，不知何物。伊案上适有一册，当即索阅，乃篆、楷夹写《周礼》而残缺者，语以此是《石经残本》，当好好嵌入学宫壁上，并属多拓数本奉寄吾兄并未谷、运生。窃思《汉三字石经》断不可得，开成者在陕省，宋高者在杭州，且亦非篆楷夹写者。正在怀疑，过临

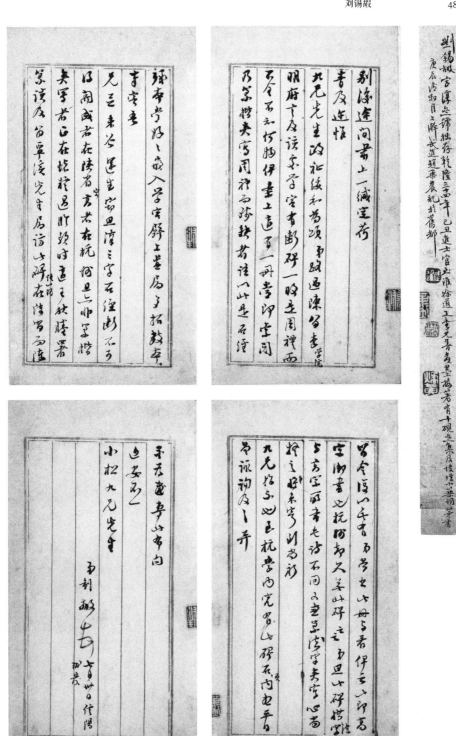

154-2 刘锡嘏致黄易札　收入《小蓬莱阁同人往来信札》第二册

颖时，适王秋塍署篆，谈及翁覃溪先生属访此碑，语以现在陈留，而陈留令复以无有。弟尝出此册与看，伊云此即高宗御书也，杭州却久无此碑云云。弟思此碑楷法与高宗所书《毛诗》不同，又兼篆字夹写，心尚疑之。将来寄到，尚祈九兄指示也。至杭学内究有此碑石否？想平日曾诹询及之，并示为感。专此布问近安。不一。小松九兄先生，弟制嘏顿首。七月卅日信阳州发。〔《小蓬莱阁同人往来信札》第二册〕

考：王复署临颍县在乾隆五十九年（1794），札当作于本年七月三十日。王复本年十月二十五致黄易札，称陈留所发现者为《宋石经残本》，与本札所云悉合，参7-5。李学沆字靖公，直隶西宁人，乾隆己亥（1779）举人，选卢氏令，职未满，调陈留。乾隆五十一年三月，徐淮道刘锡嘏革职，因湖广总督毕沅之请，留楚学习办工，且"十年无过，方准开复"。此际至河南，或与毕沅相见，盖毕左迁山东巡抚，秋冬间将由河南入山东。

155　　　庄贵甲　　　【1封】

庄贵甲，江苏武进人，逢源子，赵怀玉长婿，附监生。余不详。

庄贵甲 155-1

前日谒见台座，辱荷垂青，感甚幸甚。谬劣之词，未足颂扬盛美，乃蒙赐书齿及，更深惶悚矣。倘遇风便，尚希锡以箴言，以开梼昧，是所切祷。专此布覆，并请台安。临池依切。小松老伯大人钧鉴，愚侄庄贵甲顿首。十九日寺前铺舟次。[《小蓬莱阁同人往来信札》第四册]

考：寺前铺在汶上县南旺。赵怀玉《收庵居士自叙年谱略》"乾隆五十五年（1790）"条："七月，长女孟娴适庄氏，婿贵甲，邑诸生，故礼部侍郎存与孙，山阳教谕逢源子也。"《亦有生斋集》诗卷十五《哭女十二首（有序）》夹注："甲寅（1794）秋，女夫贵甲以落举留滞都门。"本札很可能为庄贵甲本年入京赴考途中，与黄易分手后所作。

156　黄烜　【1封】

黄烜，黄易堂兄，尝佐幕于淮安。余不详。

黄　烜 156-1

八月间，范大哥过淮，接吾弟手书，稔知伯母大人精神矍铄，福履康吉，并政祉嘉畅，合署凝庥，甚为欣慰。承寄茧绸并大姊银两收到，谢谢。愚此时缘居停委署淮北批验所，暂驻淮安，离济较场下稍近，而寄信亦甚乏便。兹乘安丰赵公护饷入都之便，特泐数行，奉请伯母大人懿安，贤伉俪福禧，十弟、弟妇、侄男女辈安好。愚于前岁缺满之后，承方公相邀新兴，方公名恩承，号雯涛，乃前关部方体玉之侄孙也，甚为相得。直至今岁四月始将家眷仍回伍佑居住，将来有信寄我，于运司守领衙门转寄，即可收到。七月间朱妹丈率大甥扶二妹柩回里，愚遣人同去，并字寄渭符大侄杭州看地。今接吾弟书，始知大嫂仙逝，渭侄在济，则看地之说又在未定。明春倘居停有差，愚亲身赴杭，方克有济。葬事定后，当来济请伯母安，并叙廿年契阔也。愚现三子二女，长培厚（十一岁，《四书》已完），次培宽七岁，已念书，三子今年七月才生，长女六岁，次四岁。人口日众，进益日少，且年已就衰，须发渐苍，眼力甚丑，甚可惧也。吾弟处阿胶谅可得佳者，望乘便寄些须与我，盖因合药要用耳。兹赵公匆促趣路，不能久延。大侄毕姻，未能致贺，容再寄贺。泐此奉达，并候升祺，不戬。小松九弟，愚兄烜顿首。九月廿五日灯下。

家中大小平安，毋庸记念。十弟、渭侄均此致，不另。沈浦兄望致候。赵公名琳，字梦倩，与余甚相好，倘过闸有相烦之处，乞遣役导之。又托。[《小蓬莱阁同人往来信札》第三册]

考：乾隆五十九年（1794）春夏间黄元长成婚，参128-7胥绳武致黄易札。本札提及"大侄毕姻，未能致贺"，当作于本年九月二十五日。据札，黄庭妻于本年去世。札中所及方恩承，汉军镶黄旗人，嘉庆间任南汇知县、宝应知县、泰州知州。

157　袁　枚　【2封】

袁枚字子才，号简斋。浙江钱塘人。举博学鸿词，报罢。乾隆四年成进士，改庶吉士，散馆改发江宁知县，朝治事，夜召士饮酒赋诗。既而去职家居，再起，发陕西，遭父丧归，终居江宁。作园于城西，曰随园，世称随园先生。四方士至江宁，必造随园，投诗文无虚日，故《随园诗文集》上自公卿哲士，下至市井负贩，皆知贵重之。参见《（嘉庆）重刊江宁府志》卷四十二《流寓》。

黄　易　157-1

《秋影庵图》蒙许题句，喜而不寐，谨将陆筱饮所图临呈，伏希题寄，敬颂福履。不备。愚侄黄易顿首，简斋老伯大人。十月廿日济宁具。[《昭代名人尺牍》]

考：《秋影庵图》乃陆飞为黄易所作，乾隆四十二年（1777）秋日，黄易曾带至都中，请翁方纲、潘庭筠、潘有为等友人题诗。袁枚题诗，黄易于乾隆六十年五月二十日前收到，参157-2，本札当作于上年十月二十日。

黄　易　157-2

心慕高怀，常萦梦寐，上年得通尺素，远荷垂青，极深欣幸。昨奉老伯大人诲函，赐以名句，丽藻辉煌，珍为家宝。镜铭十种，得未曾有，拜诵之余，喜而不寐，曷胜铭谢。兹逢老伯大人八旬华诞，名福并隆，允称人瑞。自寿佳篇，海内争诵。易远在东邦，既未预捧觞之列，而失学无文，又不能作诗奉贺，歉愧之至。承示碑目，如董宣及晋永嘉四年二碑未见，余已购得。古钱，洪志多讹，近日翁太史宜泉专力补辑，易代为广求揭本，以益其书。蒙[此处缺页]间扶服南返，俟葬后出游，拟亲拜座前，一聆训诲，未知能如愿否。先此叩谢，敬请福安，伏希雅照。不备。制愚侄黄易稽首，谨上简斋老伯大人函丈。五月二十日济宁具。[中国嘉德2016年春拍]

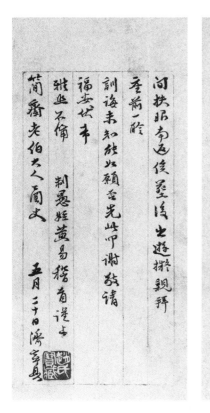

157-2 黄易致袁枚札　中国嘉德 2016 年春拍

考：袁枚生于康熙五十五年（1716），札言"八旬华诞"，又自称"扶服南返"，当作于乾隆六十年（1795）五月二十日。"赐以名句"云云，即应黄易所请，题《秋影庵图》。翁太史宜泉即翁方纲子树培，著《古泉汇考》八卷。据札，此书之成，黄易尝为之广求搨本。黄氏收藏亦颇为所采，如云："黄小松云：所收永安五铢，背有人面，高出三分，极古雅可玩。"札言"镜铭十种，得未曾有"，《小蓬莱阁金石目》著录"清明镜"一枚，即随园袁氏拓本。

158　张爱鼎　【5封】

张爱鼎字慎修，号砚村，一作研村，江苏萧县人，符升长子。历官卫辉府粮盐河务通判、曹单同知、下南河同知、兰仪同知，官至武定知府。参见欧阳磊《萧县张氏与黄易交游考》。

黄　易　158-1

岁暮穷愁，正无赖无聊之际，忽得故人一纸。携来四卷，内中石谷长卷，布置至三丈六尺七寸，题曰"江山无尽"，真无尽也。笔墨结构色色俱到，若此瑰奇之宝，易眼中惟见毕师之石谷为颙庵相公作长卷，并此为二也，何容再辨题字？况王、余二跋精妙名笔（二皆真笔），更不必致疑。且系家宝，尤当珍守，宜择佳工穷半年之力装成永宝，勿轻示人为要。杭州名裱沈君系敝友陈君转托，明年四五月来此，始可面托携裱，此时不便即托。似此重器，不能不十分慎重也。至夏珪卷，神采取境俱好，笔墨虽极老到，确乎马夏一派，然士气绝少，亦不淳古，非宋元之迹。卷之前后并无款印，细看笔路是戴文进诸人为之，不值细裱，今同石谷卷送还。如欲裱，明年夏间再取，何如？至黄山谷二卷，赝笔可笑，无用物也。易得见石谷此卷，喜而不寐，谨录出跋语矣。内中松针、柳叶、芦竹之类，稍露稚弱，恐弟子杨子鹤辈足成之。然山骨棱棱，水云灵活，一气浑沦，天衣无缝，非石谷老子亲手布置不能也，研村以为何如？顺此奉复，并候近祉。不一。愚兄黄易顿首，研村六弟大人知己。封篆前一日。

河宪今日住康庄，的定于十九日进济。罗宪已赴北矣，又及。[《故宫藏黄易尺牍研究·手迹》]

考：页边张伯英题："石谷为颙庵作长卷题曰'江山卧游图'，约长三丈，今在杨荫伯家，洵奇迹也。丙寅二月壬寅朔，伯英获观记此。"又题："七世叔祖澄斋公任延平府知府者为颙庵相国之婿，故秋庵画跋有与太原王氏戚好之语。伯英恭注。"因知张氏与王时敏家族为姻亲。贺宏亮、朱琪考此札作于乾隆五十九年（1794）十二月封篆前一日。罗宪为运河道罗煐，此际赴北，河宪为河东河道总督李奉翰，已至济宁城四十里之康庄驿，十九日将至济。《秋盦题跋》收《为张砚村跋王石谷画卷》与《题石谷山水卷》，皆跋王翚《江山无尽图》者，后跋有云："观石谷此卷，浑然一气，取境幽深，设色点皴，无不神妙，是其生平合作。藏山先生官虞山时，石谷尝馆署中，从容挥洒，故所写与寻常酬应者不同。卷失，后为先生后贤砚村太守购得，赵璧复归，更足宝贵。惜有污痕，余携至吴门，命工装洗，复还旧观，谨题以还之。"按，颛庵相公即王时敏之子王掞，官至大学士。杨子鹤即杨晋，王翚弟子。

黄　易　158-2

远荷手书，备叨关照，感佩之至。刻字高姓系孔十二公家人，业已转借来此，其每字工价照易给发者，开明带览。石板运二块，庶可一到即刻，盘费已经程二兄付给矣。王麓台《辋川图》虽有败笔，却是真迹，无可疑义。石师画山水，简老者居多，此作繁碎，别开一境，亦是妙品，易妄书数语奉还，法家以为何如？易所藏一小帧，用笔措意似佳于此，谨寄清赏。石谷大卷如欲南裱，易可带去，惟稍需时日，然断不失污也。此等巨迹，使吾友奚九一见，亦妙。毕制府家藏《停云馆帖》十二卷，妙绝，胜孔刻多矣，不可不求之。易有业师何东甫先生托售藏金纸卷筒者，十三张，物虽好，那得知音以重价购之？然千里远托，不可不为设法。计惟王秋塍明府可以消脱，今不知在何处，特托尊处代为寄达，取其回信带掷，感佩不浅。万一秋塍处不能，即求六弟大人代为设法，如其无用，不妨带回交还，此所谓我尽我心而已。秋塍信未封口，乞阅明转寄可耳。此候近安，临笺驰切。不尽。砚村六弟大人，制愚兄黄易稽首。

孔世兄札附上。［《故宫藏黄易尺牍研究·手迹》］

考：朱琪据落款中"制"字及所言"石谷大卷如欲南裱，易可带去"等语，推知此札作于乾隆六十年（1795）闰二月五日之后至七月十五日黄易扶柩归里之前。札中所言王原祁《辋川图》，今藏美国大都会艺术博物馆，图上乾隆六十年夏黄易题跋云："石师道人得董巨倪黄气韵，诚南宗正脉。宜其希踪辋川，信手点成，自然合古。老苍气骨，想见其人。若屋舍人物，布置精工，本非此老擅长，不足计也。砚村得此寄示，欣赏三月，将归里门，题以还之。钱唐黄易。"是。按，札云"妄书数语奉还"，当即指此跋而言，故亦当作于本年夏日。此札张伯英页边跋云："柳州公墓铭，苏园仲先生去疾所撰，一孔谷园书，刻《谷园帖》中；一康茂园行书，嵌萧县祠壁。小松向孔十二公商借高登，为刻康书也。"黄易向孔继涑商借刻工高登，乃为刻康基田书丹之石。

黄　易 158-3

昨刻工高姓回济，接荷手书并新刻赵书《无逸》，谢谢。重刻旧帖神气太远，不若尊跋之秀整也。兹易公事已完，业已请咨，定于七月十五日扶服南还，即安窀穸。弟困累之余忽逢读礼，往年除夕结算，不过四千余两之缺，乃四维复来，事事刻薄，以致同人店欠至八千余两。程二兄在此深悉其事，今累李亲家代担，易无颜以对至戚，并无颜以对小女。久郁成病，彻夜呻吟，四维相待，不应如是，不平之鸣，自不能已。不惟寅好尽知，为我不平，河宪亦所深知，施恩于易，格外垂慈，应缴之四数，宪谕赏给，断不肯收，感愧之私难以名状也！易廿年以来承老伯与六弟骨肉相待，解衣推食无所不至，昨慈亲举殡已荷厚情，今岂可再为琐渎？惟易荡然一空，今南归大事需费之时，运河诸好已承竭力，空中楼阁布置甚难，六弟大人肝胆照人，易之近况尤荷垂怜，故不得已专价奉渎，南岸寅好，尤望齿芬，济易涸辙，感刻宁有既耶？前托寄王秋塍之藏经纸未知已达否，如能藉力销去固好，万一不能不妨寄还，以便交与敝业师，了此一宗。易此日布置启程，心绪恶劣不可名状，将来乞食何方，更不可问也。王石谷卷如欲重裱，乞付下，易当妥办奉覆。专此，顺请台安，临书驰切。不备。制愚兄黄易顿首，砚村六弟大人。七月初一日手肃。

外《郁冈斋帖》一部、拙画小扇附送清赏，又及。[《故宫藏黄易尺牍研究·手迹》]

考：此札承158-2，作于乾隆六十年（1795）七月一日。时刻工高登竣事后已回济宁。札中历数垫钱数额巨大，乃至"河宪亦所深知，施恩于易"。贺宏亮《黄易与铜山张氏——以故宫藏黄易致张爱鼎五札为中心》以"四维"为罗煃代称，是。河宪即河东河道总督李奉翰。此际虽有亲家李锺沛襄助，黄易仍捉襟见肘，因乞张爱鼎于南岸同寅中为其张罗挪借，以敷南归大事之需。札言"易廿年以来承老伯与六弟骨肉相待"，指与张氏二代交谊，黄易藏《宋拓汉石经残字》，有张太平题诗二首："《石经》小隶掩莓苔，多感才人拓本开。谁信中郎千载后，墨光犹射小蓬莱。　搜罗金石亦前因，惭愧摩挲六十春。朋辈比来凋落尽，河干还见一流人。小松先生教正，乾隆戊戌（1778）十月绥舆张太平草，时年七十。"摹入《金石屑》第二册。彼时张符升效力东河，乃叔题诗当由其居中。参见欧阳磊《故宫藏黄易致张爱鼎五札补正》。张符升嗜收藏，黄易所刻"苏门所藏"印，边款称其"卷册之富不让青父［即张丑］书画舫"。黄易亦曾为之作画，《苏门山人诗钞》卷三收《黄小松寄画菊即题其上二首》。

黄　易 158-4

易定期月半南归，遣王兴奉渎一切。肃具寸函，想经台照。兹接手书并秋塍银、信，藏经纸深承关照，感谢感谢。纸实真品，秋塍嘱十日间寄往，易与之分售矣。近日作伪者几欲乱真，此种易深知其来历，今易留其稍次者三张，为装潢古迹卷首之用，择其洁净者十张，装潢妥协，仍为秋塍致送之用也。渊如至兖郡，大妙，闻其车压腿，幸无害，今已赴热河请训，七月到此也。叶二兄既升，六弟荣擢在迩，惟祈近地方而有古迹者，兄当畅游快谈，大妙大妙。专此奉谢，余悉前信。不备。此候近祉，临笺驰注之至。研村六弟大人，制愚兄黄易顿首。

十三弟在署否，均此奉候。［《故宫藏黄易尺牍研究·手迹》］

考：朱琪检《孙渊如先生年谱》"乾隆六十年（1795）"条："五月，奉旨简放山东兖沂曹济兼管黄河兵备道。先十日坠车折足，医者言百日可愈。七月至热河，奉旨不必请训，即行赴任。八月……由水程往山东。"推知此札作于乾隆六十年七月。是。按，据《（嘉庆）萧县志》卷十二《人物》、《（咸丰）武定府志》卷十六《职官》，张爱鼎本年自下南河同知升武定府知府，故札中有"荣擢在迩"之说。据欧阳磊《故宫藏黄易致张爱鼎五札补正》考，信末所及"十三弟"可能是张爱鼎堂弟凤藻，此际为开封府郑州州判，故黄易有"在署否"之问。此人嘉庆初升东平州同，参见《（光绪）东平州志》卷十《职官表》。

黄　易 158-5

至好睽违，依驰倍切。伏想荣擢以后，此日五马东来，益臻景福，无任欣颂。易束装之际，倍极艰难，承古道深情，麦舟慨助，得以及期起程，举家感佩，如何可言。兹于九月初五日抵杭，已奉先灵到山，即日安葬。故乡无屋无资，贱眷不能久住，乘此河路通行，先令返东。易俟窀穸完备，亦即赴济。易大事如期而办，何莫非仁人君子关切解助所致也，感激之私，尤非浅鲜。所嘱王石谷卷，乡中赏鉴家无不叹赏，以为绝品。今装潢将就，所污者虽洗，未必能尽耳。近日谢藩台抄得内府《实录》中摘出开国至世宗时大事，名曰《东华录》，凡朝廷大事悉载，秘册难得，易已抄得一部，俟到东奉寄，凡为臣子不可不见也。敬此奉候，兼谢盛谊。不尽。黄易顿首。

志铭奉上台览。

第二页张伯英题：此叶代笔人书也。[《故宫藏黄易尺牍研究·手迹》]

考：札无受书人姓字，朱琪考为致张爱鼎，作于乾隆六十年（1795）九月初五黄易至杭安葬其母梁瑛之后不久。是。按，"伏想荣擢以后，此日五马东来"云云，即指张爱鼎升武定知府。又，谢启昆时在浙江按察使任上，本年迁山西布政使，黄易自彼处抄得《东华录》。

附录：印稿六帧

一："太平之印"（半朱半白），边款：己亥元旦，大梁河上为寿云先生篆。吉人嘉名，试笔良美。黄易。

二："茧园老人"（白文），边款：乾隆甲辰九月，睢州行馆刻寄茧园老伯大人正，钱唐黄易。

三："苏门"（朱文），边款：心观老人为冬心先生作寿门二字印，有汉人法。武林后学黄易仿之。

四："苏门所藏"（白文），边款：苏门司马嗜学昧古，卷册之富不让青父书画舫也。古人收藏印苟不慎择，翻为翰墨累，天籁阁物最可憎，前人已言之矣。易为司马作此，施诸卷册，后人重司马名，或美此印。正如见金粟道人、云林子诸印，悬知为周伯琦辈所篆。黄易。

五："张爱鼎印"（白文），边款：辛亥仲冬二日为研村六弟作，小松。

六："砚邨"（朱文），边款：小松刻于南旺。

考：此印稿六帧为张氏后人钤印收藏。此外，黄易还曾为张爱鼎制"爱鼎"条印，印稿见于西泠拍卖2014年春拍。欧阳磊《萧县张氏与黄易交游考》一文于张氏三代生平多有勾稽，如张太平字拱宸，号寿云。好诗文，善书法，尤以草书知名。晚年善画，宗董其昌。有《岭云樵唱》。张符升字子吉，号苏门，太平侄。亦善书画。历官汶上主簿、泉河通判，调商虞通判，迁下北河同知，署卫辉府事，迁柳州知府。有《苏门山人诗钞》。

159　伊秉绶　【2封】

伊秉绶字墨卿，福建宁化人。乾隆五十四年进士，嘉庆三年以员外郎典试湖南，出守惠州，九年守扬州，十二年丁父忧，辟秋水园以奉母，卒年六十二。扬州士民于三贤祠增祀焉。工诗，尤善隶书，著《留春草堂集》。参见《（同治）续纂扬州府志》卷八《宦迹》。

伊秉绶 159-1

秉绶顿首，小松先生足下。朋友有闻声相思之雅，秉绶曾介葆初同年以交于足下，渊如斋中复为密坐，流连文酒，俯仰啸歌。芳讯来时，辄蒙记念，感则深矣，思有极耶？飞光我遒，三年契阔，想文祉浔膺，兴居佳胜，为慰。敝乡《般若台铭》今以奉上，其《王审知碑》俟计偕诸友带来，再当驰寄。绶托阮伯元宫詹购山左诸碑全文，见间望为促之。此请近安，统希照察。不宣。弟伊秉绶顿首再拜。望日。谨空。［《黄小松友朋书札》第二册］

考：故宫博物院藏李阳冰《般若台碑》拓本，前附页有黄易题签及题跋，自称得于乾隆五十九年（1794），为闽中伊刑部墨卿寄来，并称："余拓得一本，漫漶已极，未若此本之妙。"参见尹一梅《故宫黄易旧藏晋唐碑志拓本概述》。此札言及奉赠《般若台铭》，又言"《王审知碑》俟计偕诸友（即参加次年春试者）带来"，当作于本年冬日。参45-5魏成宪致黄易札。此际阮元为山东学政，故伊有托购山左诸碑全文之举。伊、黄在孙星衍处见面当在乾隆五十六年，伊秉绶时为刑部员外郎，此年黄易曾以卓异入都，至本年正好三年。参125-1丁传致黄易札。

伊秉绶 159-2

暮春接读手书，并惠寄新搜碑拓二本，珍感珍感。伏审太夫人谢世，吾兄至性过人，哀毁骨立，然太夫人泽遗贤嗣，使百世以下仰先生如欧赵，即百世以下仰太夫人如欧赵之母，孝孰大焉。福满寿归，亦复何憾？闻扶柩南旋，绵绵远道，还望节哀自爱。弟羁栖日下，末由一致生刍，歉仄实甚。渊如新除监司，以坠车伤足暂时请假，尚未趋赴滦河。俟其之任，足下营葬亦毕，正可北来把晤矣。想彼未致书，爰述及之。草此奉唁，兼候孝履。不宣。上小松先生至孝足下，愚弟伊秉绶顿首。六月八日。谨空。[《黄小松友朋书札》第二册]（见图版一五）

考：黄易乾隆六十年（1795）七月扶母柩南旋，札中提及此事，当作于本年六月八日。又，孙星衍除监司，坠车伤足为本年五月事。参158-4黄易致张爱鼎札考。伊秉绶于黄易金石之学颇多颂辞，如《留春草堂诗钞》卷一《小学篇赠黄小松易》有云："后来称秀更超拔，黄郎江夏应无双。从一及亥究终始，偏旁部次详增重。遍搜金石辨奇古，兹谓识字生无穷。箧中多蓄古器物，累累官印炎刘铜。出其绪余试雕刻，文何顾郑难为工。春风杨柳长安陌，五陵意气歌相逢。论文角艺一樽酒，那惜街鼓鸣鼕鼕。岐阳猎碣至今在，诘朝从子观辟雍。"

160　吴　骞　【2封】

吴骞字槎客，一字葵里，号兔床。浙江海宁州人。以幼多疾病，遂弃举业。笃嗜典籍，所得善本不下五万卷，筑拜经楼储焉。又有金石古玩充牣其中，皆辨其名物制度，稽其时代款识，著之谱录。先世故有别业在荆溪，间岁来荆溪，采访旧闻，著《桃溪客语》《阳羡名陶录》，又著《国山碑考》。参见《（民国）海宁州志稿》卷二十九《人物志·文苑》、《（道光）重刊续纂宜荆县志》卷七之五《人物》。

黄　易　160-1

久仰盛名，常萦梦想。客岁远承束注，并惠《国山碑考》，著作之精，不胜敬佩，谨谢谨谢。弟搜罗碑刻，内中《武梁祠象》最精，谨寄搨本一套，以供清赏。金文器物亦有数种，泉币刀布数十，印百余，另日拓呈。弟所有《国山碑》拓手未精，且非全璧，倘荷赐惠全本，感不可言。翁阁学书束并碑已函致，自必具覆也。东省拓本不少，惜不获一一面请教正耳。尊藏器款最精，便乞拓寄。匆匆奉候近祉，诸托朗斋先生面述。不一。葵里先生，愚弟黄易顿首。

钤"小蓬莱"。［上海图书馆藏，收入《庞虚斋藏清朝名贤手札》］

考：札作于乾隆五十九年（1794）冬日，此际朱文藻返浙，由其带致。参160-2吴骞致黄易札。乾隆五十八年正月朱文藻赴东时，吴骞尝有札与黄易，并赠《国山碑考》，此书为"国山碑"作图说，作释文，并考核辨正，荟萃古今人题咏及古迹之与是山邻近者，裒为一编。此际黄易赠以《武梁祠画像》全套，并索《吴国山碑》精拓全本及吴骞所藏铜器款识。

吴　骞　160-2

朗斋兄旋里，快奉良书。数十年慕蔺之忱，一朝如亲謦欬，欣慰何如。并荷

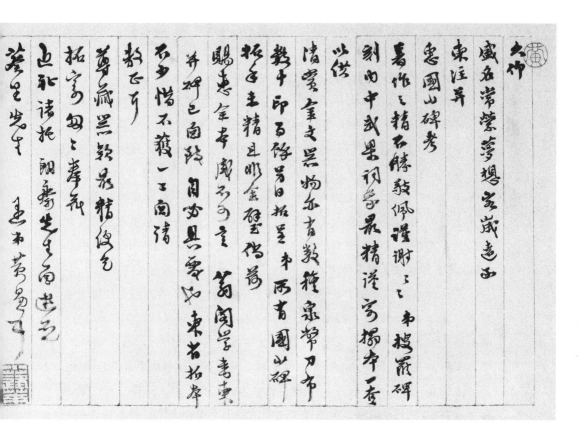

160—1 黄易致吴骞札　上海图书馆藏，收入《虚斋藏清朝名贤手札》

名碑古揭之赐，当什袭珍弆，以为世宝也。《武梁祠像》得大力搜罗，遂成全璧，厥功真不在陈仓《石鼓》之亚。往读尊著，《郑季宣碑》考据精详，《武梁祠像》当必有佳文叙其颠末、以示无穷者，恨未获一读耳。兹附到《国山碑》全本，并古器铭数种，拙辑《碑考》一部，统惟教示。往见覃溪先生《两汉金石记》，于《国山碑》颇采鄙说，弥见此公若谷之怀，第所据尚未刻以前草稿，后来多有不同，未审得邀更正否？尊处时有邮筒往来，倘便中一及之，为惠匪浅矣。南中汉刻存者绝少，此石岿然如鲁灵光，弟尝惜其风雨剥落，叹时无好古如执事之贤为之料理，仅致其意于《囤碑歌》中。昨岁有荆溪令唐君仲冕，下车即往寻此碑，摩挲椎揭，且拟结石亭以覆之，可为盛事，想博雅君子亦所乐闻。设能锡之篇咏以纪其事，非特弟预此荣施，俾荆南又增一故实矣，幸何如之！敝藏金石数种，《鸡鸣戟》不下四五，中惟《商珌戈》尤为鉴古家所赏，程易畴摹入《通艺录》者未见篆文，今春拟携之天都，共相订证，此无异宋人之于燕石，大雅能无为之绝倒乎？相去二千里，未得时聆清教，率此布复，并请台祺。倚毫不尽。小松老先生我师，愚弟吴骞顿首。乙卯二月朔日。冲。

钤"宝墨轩""臣骞"［连珠印］。［《黄小松友朋书札》第十二册］

考：据款识，札作于乾隆六十年（1795）二月一日。此际朱文藻归里，黄易有书与吴骞，参160-1。此为复书。陈麦青《虚斋藏札中的人和事》考证此札，举吴骞《拜经楼诗集》卷七所收《得朗斋沸宁寄怀诗，即酬兼柬黄小松司马（三首）》，及《吴兔床日记》"乾隆五十九年四月十五日"条下"得朗斋沸宁书"云云，皆文藻在济宁间事。据《（康熙）重修宜兴县志》卷十《杂志》："国山碑在县西南五十里，俗名囤碑。吴孙皓天玺元年立，碑形如皷，周刻文字，今多湮灭不可辨。"吴骞往来荆溪，著《国山碑考》，《愚谷文存》卷五《国山碑考后叙》云："孙吴后主皓时石刻之存者凡二，一曰《天发神谶碑》，一曰《封禅国山碑》。……《封禅碑》在吴兴阳羡县国山，实今常州府荆溪县西南五十里，地既荒僻，人迹罕至，拓者亦甚少，故岿然屹立山椒，迄今犹未断泐，其文虽不无磨灭，较《天发》尚多可辨识。予往来荆南道中，恒登山巅，披荆榛，剜落藓，亲以毡椎从事者无虑数四，而心乎爱矣，卒未能舍也。……间因暇日搜讨群籍，辨其讹误，为《国山碑考》一卷。"札中提及翁方纲《两汉金石记》中《国山碑》条颇采吴骞之说，吴、翁此际有书札往还，《复初斋文集》卷十一《致吴槎客》："君子不以方纲椎鲁无似，辄以大著《国山碑考》诿諈订定，悚切弥日。又侑以古墨旧轴，感戢何似。是碑某夙所究心，屡获拓本，凑合读之，未若今日承示之详且博也，未若今此所饷手拓之朗析也。窃以为此刻之事与文皆不足道也，所可宝者，惟其篆而已。此篆上比周鼓秦碑，固弗逮远甚，即以《天发神谶碑》，尝见旧拓本笔力峻绝，非郭云伯所可议也。而是碑则又加以圆浑耳。乃若'拜受祇'下一字谓为'筵'字者，殆未必然，余则签于卷内详矣。此书远过周雪客，殆必传于后而无疑者。"周雪客即周在浚，周亮工子，著《天发神谶碑考》。吴骞复书即《愚谷文存》卷九《答翁覃溪秘阁书》："往秋辱赐手书，暨《国山碑歌》《古铜戈说》，并于今春三月领到。拙著《国山碑考》草稿一编多所匡益，且宠之以长歌，诵至再三，欣感弥日。使此编得附祥符之后以传，皆出自阁下之赐矣。"所言祥符即指周在浚。荆溪令唐君仲冕即宜兴知县唐仲冕，参169-1。程易畴即程瑶田，此际吴骞欲携《商珊戈》入黄山，与程共相订正。

161 余大观 【1封】

余大观字松屏,一字颙若,后避嘉庆帝讳改蓉若,浙江仁和人。乾隆二十一年副贡。

余大观 161-1

忆丁巳、戊午间,仆年才弱冠,初学为文,常偕东城金生登散花滩书楼,蒙尊甫楷瘿丈教以读书作文之法,谆谆劝以学古为务。暇即兼考六书,并出示汉唐金石百四十余种。其后壬戌、癸亥两年,又益以天瓶司寇所藏五十余种,皆江村旧物,即明初云间二沈,下迨文董诸家墨迹,近今收藏家十不得一,真希代之玩也。忽忽五十年事,犹如昨日,感领教言,至今耿耿。朗斋三兄南还,得悉兴居清吉。篆刻之学自吾乡顾、丁两布衣后无嗣音者,今玩吾大兄所制,即使许、徐、归、李见之,亦当束手婆娑久之,惊叹欲绝,因不揣冒昧,欲求教二方留为世守。昔三桥先生负此重名,贵人有以厚币进者,往往怒不肯与,闻有寒畯嗜古者求之,每笑而受之。仆欲援此为例,倘吾大兄怜而与之,不胜厚幸。朗斋到署之便,肃械附候新禧,诸惟珍摄。不备。小松司马大兄台座。名另泐。

  石二方,皆两面刻。大者"余某之印",一面"颙若"二字;小者"松屏"二字,一面"大观"二字。又及。[《黄小松友朋书札》第十二册]

考:黄易页边书"余蓉若先生"。据160-2吴骞致黄易札,朱文藻南还在乾隆五十九年(1794)年底,余大观札当作于次年年初,与札中所云"忽忽五十年事"合(壬戌、癸亥两年,即1742—1743)。顾、丁当为顾光烈、丁敬,皆钱塘人,篆刻有名于时。许、徐、归、李当为许初、徐象梅、归昌世、李流芳,皆晚明篆刻名家。黄易曾仿汪士慎篆法为余大观刻"松屏"朱文印。据札,黄易之父黄树穀有散花滩书楼,藏金石书画甚夥。札中所及"天瓶司寇"即张照,字得天,号天瓶居士,江南娄县人,康熙四十八年(1709)进士,雍、乾间官至刑部尚书。黄树穀曾主其家,《黄小松友朋书札》第一

161—1
黄易篆刻"松屏" 收入《篆刻全集》第四册

册起首刊张照行书拓本,云:"黄子松石好奇而嗜古,其于金石文字搜罗不遗余力,丁星断烂,宝若性命。却舍宅为广仁书院,平生所获古文奇字尽置其中,恣人翻阅而无所秘,真东坡所谓寓意于物而不留意于物者欤。"与本札所云合若符契。

162　　李锺沛　　【1封】

李锺沛字作霖，号守拙，山东济宁人。候选府同知。与黄易为姻亲，黄易女黄润嫁李锺沛子李大峻。

黄　易 162-1

承委写之碑，因署中应酬络绎，不能动笔。昨带至南旺，始得偷暇写完。甚惭草率，内中添"两子俱幼"一语，似不可少，又略易一二字，乞亲家四兄酌之。对子亦写上，尚有碑前之一幅，及"后土之神"，弟一二日内即写送。先此奉候日祉。因漕院、巡漕忙迫之时，不及奉候也。亲家四兄照，姻愚弟黄易顿首。

[《故宫藏黄易尺牍研究·手迹》]

考：朱琪据《济宁任城李氏族谱》记载李锺沛卒于乾隆六十年（1795）十月二十一日，推知作札时间在此之前。按，本年闰二月五日，黄易丧母，其有事南旺或在此前，札亦作于斯时。黄易与李锺沛交往资料甚少，美国私人藏黄易临《汉成阳灵台碑》横卷，款识云："《汉成阳灵台碑》，原石久不存，泰安赵相公有宋搨本，今归聂氏，真希世之宝，张荫堂刺史来济宁，为余购得，慨然见赠，不禁狂喜。余所收《唐韩良碑》，尚缺篆额，乾隆乙巳（1785）春正，作霖四兄招饮，忽见此额粘壁，即荷见惠，皆奇遘也。为临《灵台》以报，钱塘黄易。"李锺沛卒于黄易返浙期间，《秋盦诗草》收《吊李亲家作霖》二首："别后怜君病，愁肠日几回。何期鸿影到，却是讣音来。痛极不能语，夜深惟独哀。谁知三月别，渺渺隔泉台。　济上勾留久，论交廿载深。多君重义气，愧我太清贫。不道朱陈契，翻多管鲍情。归来瞻缋帐，那不泪纵横。"

163 松 茂 【1封】

松茂，满洲人，乾隆五十八年至嘉庆元年任登州府福山县知县。

松 茂 163—1

四月初间，曾具芜函，并奠仪一封达台端，敬烦王礼思二先生令叔缵祖先生加封寄东，此时谅已早登青照。但已匝月有余，未蒙示覆，深为遥念。迩想老先生福履绥和，百凡顺序，定符心颂。临清、夏津一事既承大力担承，晚自当妥协经理，以报台命。惟是各处均须预为安顿，庶免临期掣肘，兹特遣小价朱成来东，叩谒崇阶，恭请金安，务望老先生将临、夏一项尽数核明，封交来价。并恳将去年遗漏各件照单交清，以完经手，则叨光不浅矣。肃此谨启，敬请崇安，惟冀垂照。不备。春晖主人雅鉴，晚松茂顿首。五月十九日申。

罗观察不及另启，乞为呼名请安。至小价进京，还望专派妥人护送进来，并恳。徐令友所欠湖笔六枝，亦祈即为发付。又及。[《黄小松友朋书札》第一册]

考：乾隆六十年（1795）闰二月，黄易母梁瑛卒。札言奠仪，当作于本年五月十九日。据札，黄易有春晖主人之号。松茂时任福山知县，札中所言当为临清、夏津等闸各项进出交接事宜。罗观察即罗焕，时任运河道台。

164　蔡共武　【1封】

蔡共武字敬之,浙江仁和人。乾隆四十六年进士,官检讨,五十九年为彰卫怀道。嘉庆六年出巡广东雷琼道兵备,后升盐运使。

蔡共武 164-1

　　昨由兰阳龚公处奉到覆书,具悉一切。正拟裁答间,月之五日,尊纪至,接诵手翰,备荷垂注。藉稔九兄择于望间旋里,为太夫人谋窀穸之事,冬间仍复北来,至期可图良晤,为快。惟是台旌遄发,弟缘羁留工所,弗克恭送,殊深怅望。家信昨已托便寄杭,承询并谢。肃此奉覆,即候近祺,并璧尊谦。不备。愚弟蔡共武顿首。[《黄小松友朋书札》第二册]

考:此札作于乾隆六十年(1795)七月,时黄易将扶柩南还。蔡共武在彰卫怀道任上。兰阳龚公当即兰阳县知县龚某。

165　　项　墉　　【1封】

项墉字金门，号秋子。浙江钱塘人，贡生。少以词赋擅长，乾隆四十五年南巡，献赋。候选同知。

项　墉 165-1

承赐汉帖数种，足征搜罗之富，觉林侗诸君所见犹陋也。自掣三种皆极精妙，谨藏箧笥，以为珍宝，谢谢。渴想已久，甫得把臂，而弟又有远行，殊怅怅也。约十月初定可返舍，如其时文斾未发，当得畅叙，不识能如愿否？此复，并候即安。不一。小松先生，愚弟项墉顿首。

用"桂芳斋笺"。[《黄小松友朋书札》第十二册]

考：乾隆六十年（1795）七月十五日，黄易扶柩归里，九月五日抵杭。参158-4黄易致张爱鼎札。黄、项相见当在此际，札作于本月。黄易之师何琪主项墉家。林侗字同人，号来斋，福建侯官人。康熙间访碑于陕西、山东等地，著《来斋金石刻考略》。

166 董 洵 【1封】

董洵字企泉,号小池,浙江山阴人。佐其父宦游平乐,簿书余暇,研究声诗,考订摹印之学及画兰竹篆隶。后因优叙,得铨授四川宝县主簿。遭落职,萧然携琴书遍游蜀中名山川,而诗益鸿放,画逾雄奇。往来扬州,人多重之。有《董氏印式》。参见《续印人传》卷四。

董 洵 166-1

承招雅集,拙欲借以聆教,奈前日冒寒,胃痛大发,竟至诸不能耐,不克趋赴,抱罪之至。尊委图章已刻成,交使带上,祈照入。专此,并候即安。容走谢。不具。洵顿首。[《小蓬莱阁同人往来信札》第二册]

考:此札可能作于乾隆六十年(1795)九月以后黄易在杭之际。

167　吴锡麒　【2封】

吴锡麒字毂人,浙江钱塘人。乾隆四十年进士,授编修,累迁祭酒。以亲老乞养归,主讲扬州安定、乐仪书院。锡麒工应制诗文,兼善倚声。浙中诗派前有朱彝尊、查慎行,继之者杭世骏、厉鹗,二人殂谢后推锡麒,艺林奉为圭臬。参见《清史稿》本传。

吴锡麒 167-1

前接手书,知有太夫人之戚。素旐南返,将谋窀穸之安,此时度可卜吉矣。家居读礼,幸无尘事相牵。近闻芸台宫詹复以学使至浙,窃念吾乡金石颇缺搜罗,得一大力者以提唱之,而又有足下与晋斋诸君相为翕助。大江东去,如睦、婺、东瓯、缙云诸地,多有访古家屐齿所不到者,瓦砾斜阳,湮没不少,虽吉贞著录,汉魏以前之物,未即能与山左颉颃,而剔隐搜奇,以补欧赵诸家所未备,亦必蔚乎大观。固时不可失也。米楼以丁艰归里,其天才秀发,一时无两,尤能究心金石。如任之采访,当必能报最焉。[《有正味斋尺牍》上册《寄黄小松》]

考:札作于乾隆六十年(1795)十、十一月间。此际黄易在杭营葬,十一月下旬即经苏、锡、常返济宁。当年八月,阮元调任浙江学政,十月间到杭。吴锡麒时在京中,得知阮元到任将广搜浙江金石,愿黄易、赵魏等人协同助力,以成其事。又向黄易绍介丁忧之倪稻孙,冀阮元聘为采访。倪稻孙本年南归,参115-3翁树培致黄易札。

黄　易 167-2

济宁接教数日,欣慰之至。锦帆南下之时,正值俗忙,不得叩送,至今歉然。睽隔经年,弥深怀想。前闻老伯大人仙游之信,不胜痛悼,因道远乏便,尚未吊慰。昨庞世兄来,询悉大人近馆扬州,体中妥健,深慰远怀。易不得亲诣叩奠，楮仪四金，绫额一悬，伏希鉴存，不恭之罪，惟望察恕。易借补张秋捕河倅，兼署运河。虽忙累可笑，幸良友时得过从，颇不岑寂。渊如观察无端改归地方候补，春松太守到扬自可详悉。今其太母金恭人化去，近况之苦难以宣述也。易去春游泰山归，所见山水妙境及有碑刻之处，成二十四图，与游嵩二十四图作配，想大人游岱之诗必多，今寄上一页，求书一二，以便装册，深为荣幸。扬州歌吹之地，近日风雅绝响，或者曾、魏二公提唱，渐有改观耶？专此敬候素履，临械驰结。不尽。榖人大兄大人，愚弟黄易九顿。七月初十日。济宁具。〔《故宫藏黄易尺牍研究·手迹》〕

考：朱琪考此札作于嘉庆三年（1798）七月初十日，此际黄易已借补张秋捕河。是。黄易岱麓访古乃上年正二月间事，札言"今寄上一页，求书一二，以便装册"，《岱麓访碑二十四图》卷有吴锡麒所题《登岱二首》，乃应黄易之请。嘉庆二年吴锡麒乞养南归，途经济宁，《有正味斋日记·南归记下》"嘉庆二年四月"条："十九日，同孙渊如观察、张子和户部燮、黄小松司马登城南太白楼，楼东有祠祀太白、贺监，称二贤祠……二十日，……小松为余借运河厅船，暂宿水次。……午间，小松招饮，同集者李铁桥、孙渊如、张子和、钱竹西清履、蒋伯生。……二十二日，晴。进城访黄小松不值。……二十三日，阴，颇有寒意。黄小松遣人送鳜鱼、越酒，为之一醉；二十五日，……晚黄小松招饮。"即本札所言"济宁接教数日，欣慰之至。锦帆南下之时，正值俗忙"云云。孙星衍"无端改归地方候补"，乃嘉庆三年年初事，时孙在曹工筑堤，二月，"大府奏称君熟习刑名，操守廉洁，办理地方事务均属裕如，惟河务非其所长，因以河工同知署任，请以君留补地方道。奉旨允准。始君以知刑名署臬司，又以防河回任，卒又撤河道任，留补地方，中朝疑之，谓是代任者觊觎其缺"。参见《孙渊如先生年谱》本年条。又，本年六月，孙星衍母卒，旋丁忧。《内阁大库档案》："嘉庆三年七月十八日，山东巡抚兼提督衔伊江阿题报原任山东兖沂曹济道孙星衍亲母金氏迎养在任，染患痰症，医治罔效，于嘉庆三年六月二十七日卯时在道署病故。该道实系亲子，并无出继等项，例应丁忧。"（登录号：003036-001）作札时，黄易获知吴锡麒父去世，时锡麒主扬州安定书院。春松太守指魏成宪，本年八月任扬州知府。曾指曾燠，时为两淮盐运使。

168　　戴光曾　　【1封】

戴光曾字松门，浙江嘉兴人。岁贡生。精八法，不事干谒，以明经终。书法出入欧虞，腕力清劲。参见《（光绪）嘉兴府志》卷五十一《列传·嘉兴》。

黄　易 168-1

回湖墅三日，又有城中应酬，致尊使至湖寓未得裁报，怅惘之至。妙句入神，不胜钦服。所需款识拓本，尽检奉上。兄许《宝刻丛编》钞本并扇面，欣望欣望，寄到当有以奉报也。理应趋候，缘俗纷缠极，无法可处，知己定原诸格外也。专此顺候近祉。不一。制学弟黄易顿首，松门先生。[北京艺术博物馆]

考：札作于乾隆六十年（1795）秋冬黄易回杭营葬期间，时在西湖。此际黄易托戴光曾为觅书及书画扇面。

169　唐仲冕　【2封】

唐仲冕字枳六，湖南善化人。其父官山东平阴，贫甚，母殁不能归葬，葬肥城之陶山，因以陶山自号。乾隆五十八年进士，历任荆溪、奉贤、吴江知县，嘉庆四年调吴县。所至勤求民瘼，振兴士气，又以其暇礼接贤俊。在吴时修唐寅墓，刻《六如居士诗文集》。仕至陕西布政使。著有《兰征集》。参见《(同治)苏州府志》卷七十一《名宦四》。

唐仲冕　169-1

[前阙]韩有日矣，兹奉手翰先施，乃叹缘悭咫尺。且蒙绮词褒予，惭企交深。因碑建亭，荆溪好古者为之，非仲冕力也。现有搨本亦未亭时椎拓者，并不清楚，姑寄一幅呈览。闻新得汉碑甚夥，前在岱下，钞得升庵《金石古文》，未审先生所得曾为升庵所录否？希见示全搨，以广见闻。仲冕又尝不揣谫陋，于岱下辑《岱览》卅卷，于金石一门颇详，今命小史录稿，录成当邮政。仲冕又闻今之工篆隶者惟先生与桂未谷进士耳，平生皆未得见，抱憾良多，今先生乃许神交，快幸之极，先生东游必晤未谷，望为先容，乞得片纸或片石，俾异日得相见有缘，益快幸矣。先生若果不弃鄙陋，于闲中亦许掷与篆刻、隶书，则可宝奚翅球图已也。冒昧之求，惟不见叱而优容之，感戢无量。顺请行绥。不备。仲冕顿首再拜。十二月初一日。[《黄小松友朋书札》第十二册]

考：160-2吴骞致黄易札倩黄作诗纪唐仲冕建碑亭一事，本札有"绮词褒予"云云，知黄易有诗咏寄唐仲冕。据《(道光)苏州府志》卷五十九《职官七》，唐仲冕以乾隆六十年(1795)六月二十九日任吴江县令，札作于当年十二月一日。时黄易自杭州经苏返山东，然未与唐谋面，唐因叹缘悭咫尺。唐任宜兴县令在乾隆五十八年至六十年六月，建碑亭在六十年春，《(嘉庆)重刊荆溪县志》卷四《古迹志》收唐仲冕《新作国山碑石亭碑记》："乾隆甲寅（1794）夏，余劝农至祝陵，望西北小山巅，石笋屹立，若浮屠状，询知为吴孙皓《封禅碑》，俗名为《囮碑》者是。亟觅径而往，披蒙茸，历巉岩，约四五里，乃至。碑字漫灭过半，不可卒读，然摩挲久之，怀古情深矣。……今年（1795）春，门人陈生经谋为碑作亭，余首捐薄俸，一时好古者争助之，鸠工伐石，匝月而成。"唐仲冕《陶山诗录》卷一收《建国山碑亭》："……我来凭吊董山头，琢石为亭护离墨。吁嗟乎！碑成五稔吴已沼，彼昏诬妄堪绝倒。为珍字法永流传，天公暴恶何其巧。"《岱览》成于乾隆五十八年，此时仅有稿本，至嘉庆十二年（1807）由果克山房刊成。

唐仲冕 169-2

小松先生阁下，企怀风雅，日切辎饥，接席缘悭，钦迟曷已。丙岁行旆赴东，道经吴会，虽曾互达音邮，一通诚款，流光似织，鹓蟀荏苒，鹿鹿尘劳，嗣音遂缺。比惟阁下道履胜常，政祺安善，宣房之暇，著述日增，可胜企抃。仲冕菲材当剧，鸠拙为惭。敝境六如居士祠墓自商丘中丞修葺，岁月浸久，几欲鞠为茂草，迩复小为整娖，颇已缮完。顷谋梓其遗集，已刊过半，适闻阁下藏有六如小像，思欲刻于集首。竹虚新从禾中来，下榻荒斋，亦乐为临摹，务望暂假，俟摹勒后即行归赵，想蒙慨诺也。专此奉状，顺候升安，诸惟鉴察。不具。唐仲冕顿首。[《故宫藏黄易尺牍研究·手迹》]

考：据《（道光）苏州府志》卷五十九《职官七》，唐仲冕嘉庆四年（1799）七月八日任吴县县令。朱琪考其时唐仲冕以唐氏族裔身份重修唐寅墓，又刻唐寅遗集，均为嘉庆六年事，札当作于是年。是。按，唐仲冕修唐寅祠墓，《陶山诗录》卷六收本年所作《修六如居士祠墓，题桃花庵四首》，其四云："荒烟蔓草剩残灯，仙馆重开问寺僧。五十步分樵采路，三千界扫辟支乘。乞花好句留楹帖，梦墨遗编付剞藤。表墓式庐吾岂敢，名流好事写韩陵。"袁廷梼《红蕙山房吟稿》收《重修六如居士墓祠落成赋诗四律，和唐陶山先生韵》。又，《陶山文录》卷四收《重刊六如居士集序》："嘉庆六年嘉平月，重刊家子畏先生集成。……余以同族来宰是邑，既修其墓，刻其遗集。"皆本年修墓刻集之明证。札云"丙岁行旆赴东，道经吴会"，当为乾隆六十年乙卯，唐误记为丙辰。本年冬日黄易自浙返东，经过苏州，时与唐仲冕曾有书札往还，参169-1。又，竹虚即吴履，黄易友人，亦唐仲冕旧交，《陶山诗录》卷三收《题吴竹虚诗卷》。

170　　潘奕隽　　【3封】

潘奕隽字守愚，号榕皋。江苏吴县人。乾隆己丑进士，授内阁中书，旋升户部贵州司主事，假归，不复出。嗜吟咏，尤擅书法，归田后名日益高。论诗原本风雅，得于性灵为多。参见《（民国）吴县志》卷六十六下《列传四》。

潘奕隽 170-1

十六年寤想，两三次剧谈，殊觉中怀之未尽也。意欲持笔墨就正，既自愧其不工，又天寒晷短，俗冗扰之，今将箧中所存粗扇一柄奉呈求教，知公爱我，故不敢自匿其丑，以觊有所指示以自益耳，幸勿吝。外附到敝同乡顾莪庭大兄名礼琥书及扇一，晤时希转致为感。《秋影图》不敢草率，容续奉，肃此奉达。明日如未行，再当出城图晤也。小松先生侍史，愚弟隽顿首。

钤"榕皋"。[上海图书馆]

考：乾隆六十年（1795）十一月底十二月初，黄易经苏州北上济宁，曾与潘氏盘桓，同观所携《汉魏五碑》及《唐拓武梁祠画像》，潘氏有观款。如《宋拓范式碑》："乾隆庚子（1780）八月，舟泊济宁，于青斋同年官署获交小松司马。今乙卯十一月，小松至吴，携此见示，是日同观者江宁张复纯、金匮钱泳、昆山朱叔鸿，水云潘奕隽识。"《宋拓魏元丕碑》："乾隆乙卯（1795）腊月，江宁张复纯、金匮钱泳、昆山朱叔鸿、吴县潘奕隽同观。"《访古纪游图·金石重盟》黄易题识亦云："唐搨《武梁祠堂画象》，宋搨《钟鼎款识》，朱太史竹垞作缘，皆归于花山马仲安衍斋收藏。祠象今为余有，款识流转吴门蒋春皋家。余携祠象至苏，陆孝廉谨庭为借款识，同观于潘刑部榕皋松风萝月山房。……余为款识题签，钱梅谿与同观诸人题名册后，以纪胜缘。"此外，黄易又出《得碑十二图》及《秋影庵图》求题，潘奕隽《三松堂集》诗集卷六《题何梦华〈林外得碑图〉》（梦华钱塘人，名元锡，于孔林墙外寻得《汉永寿元年孔君碣》，黄小松司马为作图）》"黄九得碑图十二"句小注云：

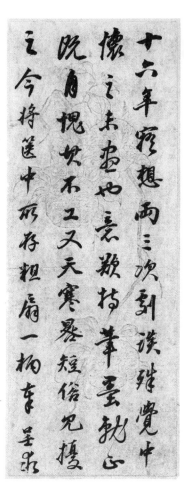  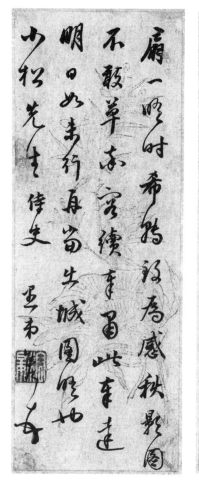

170—1 潘奕隽致黄易札 上海图书馆藏

"小松昔年过苏,携示《得碑十二图》属题。"作札当在黄易离苏前夕。

黄　易 170—2

前岁经过吴门,荷先生雅情郑重,已极感幸。去年又承手书远贻,赐以佳笺,获翰墨之精妙,欣感不可言喻。敬谢,敬谢。近日名人书画扇俱装成册子,惟先生与鱼山太史册中各有其四,快极快极。陶君来此,得知近履之佳,竹虚昨日过此,言之尤详,欣慰无似。易兼篆两厅,兼司总局,累不可言。惟访碑读画,无日无之,足以自怡耳。拙刻《碑释》呈政。新得四汉碑已寄辛楣先生,想可共观也。尊隶妙绝,易自愧弗如,古人论画法,最难打破一"拘"字,易正坐此病,先生则天马行空,笔趣自然,服极服极。顾云美尚沿明人学魏隶之派,陆贯夫不能变虔石先生刻画之态,先生之书无一毫吴门近习,如董香光自评其书,比松雪因生有秀色，易所以中心悦服也。乘便敬谢，并候福安。不备。黄易顿首谨上榕皋先生执事。十一月十九日。

钤"小松"。[上海图书馆]（见图版一六）

考：新得四汉碑，当为安阳新出者。据《苏斋题跋》卷上《汉子游残碑》，嘉庆三年（1798）四月二十五日，安阳县令赵希璜得四汉碑于西门豹祠内。本札作于当年十一月十九日，此际黄易"兼篆两厅，兼司总局"，当指负责运河、捕河两衙门，又在总督衙门办事。"前岁经过吴门"，因在年交，当属误记。陶君即陶樑，竹虚即吴履，二人本年皆曾过济宁。参188-1黄易致陶樑札。顾云美即顾苓，康熙间长洲人，好金石碑版鼎彝刀尺款识之文，临摹秦汉印章，肆力分隶，时无出其右者。参见《（乾隆）长洲县志》卷二十五《人物四》。陆贯夫即陆绍曾，吴县人，自钟鼎古文下及八分行楷，靡不研究。尤工八分。凡遇古碑，手自拓之。集汉魏六朝隶书碑文，依其行款，手写成编。参见《（民国）吴县志》卷七十五上《列传·艺术一》。陆瓒字虔实、虔石，号芦虚。吴江人，监生，乾隆十二年（1747）议叙，三礼馆缮写，后任保德州吏目。袁枚《随园诗话》卷六云："乾隆己未（1739）余乞假归娶，诸公卿有送行诗册，题签者为吴江陆虔石先生。"

黄 易 170-3

前年冬间，承先生赐书并大笔楹帖，古雅绝伦，敬服敬服，感谢不尽。二载以来，易多病事忙，久疏具候。伏想近履嘉胜，定如心颂。嘱书小联勉写呈上，远不及大笔，愧甚愧甚。易新获碑帖及扇面，钱梅溪大兄两次至荒斋，皆已遍观，归时定必细述也。兹因羽便，敬候近祺，余再布。不备。榕皋先生师事，黄易顿首。七月十二日济宁具。

钤"古泉""秋葊"。[上海图书馆]

考：嘉庆五年（1800）四月，钱泳入都经过济宁，与黄易、何道生等为南池之会。《履园丛话》卷十八《古迹·南池》："嘉庆庚申（1800）四月，余由水路入京，泊南池。是时灵石何兰士亦为巡漕御史，钱塘黄小松为运河司马，同在南池会饮者三日。"札言钱泳两次遍观其收藏，当作于本年七月十二日。据知嘉庆三年冬日，潘奕隽再赠黄易楹联，并索黄易对联。袁廷梼尝在潘家见到此联，以为乃他人捉刀，参182-2袁廷梼致黄易札。作书以外，黄易还曾为潘奕隽刻"榕皋"一印。

171　何　锦　【1封】

何锦字岂匏，吴县人，诗工五律，有《箧中草》。

何　锦 171-1

尊前话别后，弟即往吴江。及归，足下已解维东上，为云为泥，彼此杳乎其迹矣，思之惘然。比惟起居胜常是颂。弟入春来酒境安稳，瓦盆无恙，且得新句甚多，颇以为乐。又值吴竹虚至，信宿弊斋，谈诗饮酒，极萧闲之趣。看来我辈清兴方兴未艾也。未识足下搜金剔石之余，亦曾念及贱子否耶？兹有好友黄苍雅来游山左，托寄数行道候。黄君系西庄光禄之佳婿，雅嗜古学，足下可得而友之矣。刘松岚近境若何？曾通音问否？念念。献呈《白堤访妓诗》博笑，并希正之：何许最牵肠，朱楼带碧塘。行来寒日影，坐处郁金香。艺欲兼诸伴，姿偏称淡妆。亦知夸胜迹，居处近真娘。愚小弟何锦顿首。[《黄小松友朋书札》第十二册]

考：据"尊前话别"，又云"入春"，札当作于嘉庆元年（1796）春，前一年十一月黄易经苏州返济宁，曾与相见。竹虚即吴履。西庄光禄即王鸣盛，嘉定人。乾隆十九年（1754）进士第二人，以内阁学士降光禄卿，寻丁艰归，遂不出。迁居苏州阊门外之闻德桥。勤于著述，尝与元和惠栋、吴江沈彤研精经学。其婿黄恩长字奕载，号苍雅，长洲人。诗文得岳父王鸣盛指授，善花卉、人物，尤精篆刻，有《敦好斋印谱》及《千顷堂画谱》行世。参见《（民国）吴县志》卷七十五下《列传·艺术二》。刘松岚即刘大观，山东聊城人，由进士官河东道员。罢官后寓居怀庆。

172　梁同书　【2封】

梁同书字元颖，晚号山舟，浙江钱塘人。大学士诗正子。乾隆十七年会试未第，特赐与殿试，入翰林，擢侍讲。淡于荣利，未老，因疾不出。书法名满天下。参见《清史稿》本传。

黄　易 172-1

致梁山舟先生。客秋返里，承老伯大人屡次宠临，既荷赐珍，复叩挥翰，曷胜感幸。侄诣府不值，匆匆出游，寸心耿歉，不可言喻。侄例当回工，今仍寓济宁。伏想老伯大人杖履多福，无烦虔颂。检出沈石田尺牍，又□傅山、郭棻、顾霭［按，疑脱吉字］、万寿祺四札，奉供清赏。侄拟葺小室，颜曰"秋影庵"，敬具粗纸敬求椽笔，倘荷慨赐，永作家珍，荣感何极？专此。愚侄制黄易谨启。
［西泠拍卖2014年春拍］

考：据"客秋返里"，知本札作于嘉庆元年（1796）春日左右。此际黄易奉前人书札四种为贽，求梁同书题"秋影庵"匾。梁氏行书"秋影庵"匾，见于中国嘉德2001年春拍，款识云："为小松大兄属，山舟同书时年七十八。"梁氏生雍正元年（1723），则应黄易之求已在四年之后。札为草稿，有"致梁山舟先生"云云，非寄出件。

黄　易 172-2

愚侄黄易敬请山舟老伯大人福安。昨汪世兄南来，接奉手书并赐题手卷二件，敬承名翰，永作家珍，欣幸之余，不胜感谢。祝书卷首一行，诚如指训，不必装入，多印亦可从删。至陈汝器，初不知其人，昨得旧《缙绅》，始知为奉天人，官大理卿也。龚氏尺牍止获纪映锺、杜于皇等四纸，昨已由赵复堂观察呈上，谅邀清照。颜氏尺牍最多，渠今选四会令，不日过曲阜，当求得数种另行呈上。先此敬谢，余俟再布。易谨具。闰六月初十日自济宁，手肃。［《故

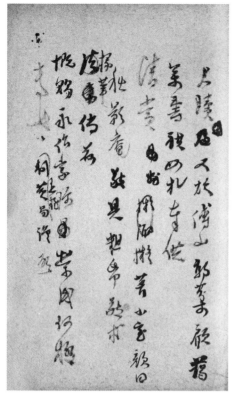
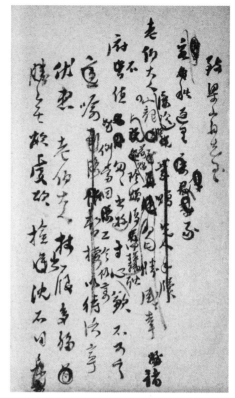

172-1a 黄易致梁同书札（草稿） 西泠拍卖 2014年春拍

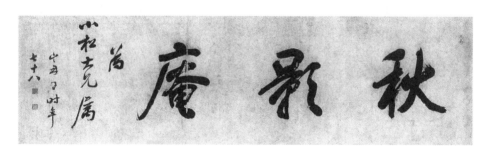

172-1b 梁同书题"秋影庵"匾 中国嘉德2001年春拍

宫藏黄易尺牍研究·手迹》]

考：朱琪考本札作于嘉庆二年（1797）闰六月初十。按，据《嘉庆帝起居注》"嘉庆二年六月初五日"条："广东四会县知县颜崇槼，着调补江苏兴化县知县。"颜崇槼迁本年四会县令，与札中所言合。所云赐题手卷二种，当即祝允明《成趣园卷》及自书《云松巢卷》，参2-21嘉庆元年十二月二十五日黄易致陈灿札。龚氏尺牍，当为龚鼎孳所藏同时纪映钟、杜濬等人书札，颜氏尺牍即颜崇槼曾祖颜光敏旧藏同人书札。赵复堂观察即前任淮扬道赵载元，仁和人。后遭议处镌级，署理扬州府江防河务同知。

173　　　郑震堂　　　【24封】

一作镇堂，皆为其人之号，名字不详。济宁人。善画，雄于赀，藏书画金石甚富。

黄　易 173-1

搨得《玉版十三行》，原刻是杭州故家所存，精神完足。奚九山水一幅，确是真迹之佳者，今奉上法家鉴赏。承招，感感。弟亦欲与兄快谈，因孙公欲拉至单县，有应办笔墨，不及分身，竟俟出月我辈快叙何如？此谢，并候近祉。不一。愚弟制黄易顿首。

志铭一纸呈政。[《故宫藏黄易尺牍研究·手迹》]

考：无上款，当致郑震堂者。据王宗敬《我眼编》"黄小松"条："在济所交如郑君鲁门、李君铁桥、郑君镇堂与余，皆沸人。……余见郑君镇堂，富而好古，亦精于笔墨，又为黄公友，特嘱其留意，庶黄公一生裒辑之功，承其志者不在子而在友，亦书画金石之幸也。"当即此人。黄易曾仿郑震堂藏李流芳小景为扇，款识称"郑刑部震堂"，故宫博物院藏。黄、郑交往甚多，《秋盦诗草》收《调郑震堂纳姬》。附札所赠，皆杭州所带拓片及画作，当作于嘉庆元年（1796）春日。孙公即孙星衍，此际拉黄易至单县办事。黄易丁忧期间，屡为兖沂曹济道孙星衍、南河总督兰第锡等人办差。

黄　易 173-2

横逆之来，原在意外，何意缠扰不了，弟闻之不禁闷闷。日内事已完否？念切念切。恐大兄事忙，不及走候，遣人问候近祉。不备。愚弟制黄易顿首，震堂大兄。[北京艺术博物馆]

考：据《（道光）济南府志》卷六十一《方伎》，郑士芳游任城，任人有狱，颇涉请赇，事发之后连郑坐，以关通罪狱成，充徒滕县。札中提及者或即此事。本札当作于嘉庆元年（1796）春夏间。

黄　易 173-3

弟因受暑头痛，闭门多日，不得与兄快谈为怅。前命册上勉尔涂完，聊供清赏。恽册想兄妙笔一临即真，能使弟快读否？郑柳田画笔殊妙，欲观恽册，便乞示看为荷。吾兄所藏徐天全（有贞）卷子，弟见孙月峰跋中有此，欲假此迹一对，一二日即返。专此，敬候日祉，容图晤。不备。愚弟制黄易顿首，震堂大兄。[《故宫藏黄易尺牍研究·手迹》]

考：据"受暑头痛"，又讨论郑柳田画笔，当作于嘉庆元年（1796）夏。据《我瞰编》"郑柳田"条，郑士芳号柳田。山东济南人。少贫无业，三十余岁始学画。性聪慧，年五十遂名当时。常来济宁，与郑镇堂订书画友。后以官事牵累，获罪。

黄　易 173-4

久思与诸兄快叙，因天暑迟迟。今早气爽，大有秋意，午间乞贤乔梓、刘八弟、十五弟、南大兄、李大世兄早临，当约铁桥来此看碑论古也。专此顺请日安，幸早临为感。粗粝可笑，知己勿哂耳。愚弟制黄易顿首。诸公乞转约是荷。[辽宁省博物馆]

考：札无上款，当致郑震堂者。此际黄易欲请郑氏父子、李东琪等人看碑论古，刘八弟、十五弟很可能是刘肇鑑、刘肇镛兄弟，南大兄即南正炎，李大世兄当为李克正之子学曾，诸人皆洪洞人，寓居济宁。札言"大有秋意"，当作于嘉庆元年（1796）夏日。

黄　易 173-5

昨承假《进士录》一册，奉还乞察收。见戴峨峰四兄扇头吾兄点笔山水，淡逸有致，钦佩之甚。孙道台处郑君来济，所作亦工，惠弟扇殊妙，今奉览。俟应酬孙公去后，弟偷暇当约郑君与君烟云供养也。先此，奉候近祉。不备。愚弟制黄易顿首，震堂大兄。

钤"小松"。[《故宫藏黄易尺牍研究·手迹》]

考：既称"孙道台"，当作于嘉庆元年（1796）七月以前，此后孙星衍自山东兖沂曹济道署任山东提刑按察使，驻济南。郑君当即 173-3 所及之郑柳

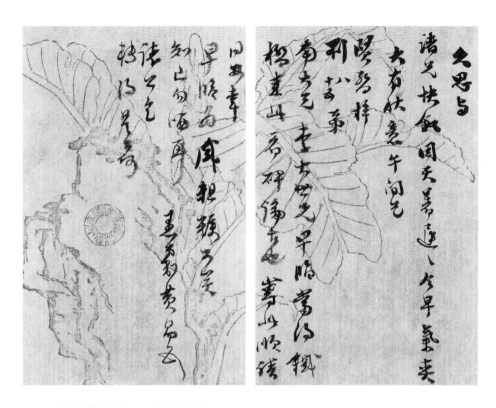

173-4 黄易致郑震堂札　辽宁省博物馆藏

田。郑士芳在济宁为郑震堂所作《王秋史诗意图》,《红豆树馆书画记》卷七著录。

黄　易　173-6

久思走晤,因孙观察嘱办《寰宇金石目》,急欲告成,无日不事笔札,致未如愿。满拟书成后八月中旬践约赴曹,再作嵩洛之游,讵江南漫口,兰河帅在忧闷之时札嘱往看,弟虽不欲久留,而旧日受恩最深,势不能不作速前往,日内即须束装,颇形拮据。端阳前承李氏昆仲雅情,敷演至今,未便再商。素承大兄关爱最深,不得已以海龙褂桶奉托转质百金,以应急需,恃邀至好,敬此奉托,倘能慨应,感德何极。专此敬恳,起身前当奉别也。并候日祉。不一。愚弟制黄易顿首,震堂大兄。[北京艺术博物馆]

考:札作于嘉庆元年(1796)六七月间。此前黄易为孙星衍编《寰宇金石目》,计划书成之后,于八月赴曹州,时访嵩洛碑刻,不意此际江南漫口,南河总督兰第锡急请前往治水。因旅途拮据，黄易以海龙褂向郑氏质银百两。所云李氏昆仲，当即李大峻从兄弟李琬等人，参149-4黄易致李琬札。

黄　易　173-7

弟因远出，不得已奉商，乃荷大兄古道，慨然应急，如数交到，感佩高情，益甚感佩，不知何以图报也。专此先谢，另容叩辞，并候近祉。不一。从吉愚弟黄易顿首，震堂大兄。［北京艺术博物馆］

考：承173-6，当作于嘉庆元年（1796）七月往江南之前，黄易向郑氏质押成功。札署"从吉"，不当指脱去丧服，或缘郑氏有喜事。

黄　易　173-8

自济起程，极承雅惠，俾得束装，愧感之至。别后到此，住兰河帅舟中，黄流极目，不知如何措手，心焦之至。河水下汪，江南运河并未增长，既未出杨庄入海，则漫水全在东省微湖也。吾兄之事已了否？念念。清秋无事，画意诗情兴复不浅，与红亭老人常晤否？羡羡。专此顺谢，并候近祉。不备。愚弟制黄易顿首，震堂大兄，五令弟均此。八月初十日。［北京艺术博物馆］

考：札作于嘉庆元年（1796）八月十日。此际黄易与兰第锡视察江南河流水势，札中询及郑氏缠身之事。

黄　易　173-9

□□□□弟拙笔多矣，近得之感□□□□□□弟处读画快谈，在坐者刘□□□□□及此山等，万望于早饭后早□□□□梧生司马质陈令亲之扇册，□□□□□□并候日祉。不一。□□□□制愚弟黄易顿首。［北京艺术博物馆］

考：无上款，当致郑震堂者。札署"制"，其时在守制中。清代官员丁忧，不计闰须二十七月，当作于嘉庆二年（1797）五月五日以前。札中提及龚孙枝质押一批扇册在郑震堂舍亲陈某处，黄易要求借看。

黄　易　173-10

承假龚司马画扇册，妙妙。弟借观一二日送还，不知可否？拙画一册送观，并候日祉。不一。愚弟制黄易顿首，震堂大兄。

来册第一册十三幅、二册十一幅、三册十四幅也。［北京艺术博物馆］

考：承 173-9，作于丁忧期间。

黄　易 173-11

承假观扇面，感极感极。数看已饱，遣价送还。册后有虫蚀，幸致令亲好为收藏为荷。顺候晚祉。不一。愚弟制黄易顿首，震堂大兄。［北京艺术博物馆］

考：承 173-10，作于丁忧期间。

黄　易 173-12

□□□□尤妙，暇时乞□□□□寿门先生书册，勉书数语，□□□□□□□□□弟制黄易顿首。［北京艺术博物馆］

考：无上款，当致郑震堂者。作于丁忧期间。

黄　易 173-13

巡使何公托借《琴谱》，闻此书史红亭先生有之，其遗书不知在何处？大兄或知其处，特此奉托留神，倘得借观，亦韵事也。此托并候日祉。不一。愚弟黄易顿首。［《故宫藏黄易尺牍研究·手迹》］

考：朱琪考此札约作于嘉庆四年（1799）前后。按，嘉庆五年正月至四月，何道生巡漕济宁，札当作于其间。红亭名本，为本地文人，参 86-1 黄易致史本札。

黄　易 173-14

昨知大兄体中大好，已极心慰，今荷示诸画，乐不可言。《女士扇》固妙，李流芳轴亦精，足见赏品之妙。弟亦有新得，倘得大兄来此一看，深幸深幸。今日弟不出门，静候移玉也。并候午祉。不备。愚弟黄易顿首，震堂大兄。

各件俱送还。谢谢。［《故宫藏黄易尺牍研究·手迹》］

考：以下各札，皆为鉴定书画、借观画册及买卖事，很可能作于嘉庆二年（1797）五月服阕以后，具体时间难详。黄易曾临郑震堂所藏李流芳小景赠何道生，故宫博物院藏。

黄　易 173-15

许久不得领教，渴想之至。前大兄借临方士庶立幅，急思一赏，乞示观，同原本付下为荷。尊藏之沈士充（子居）《山水卷》、周肅《墨竹》，乞假观一二日，感感。闻郑五兄欲来此，不知果否？鲜于太常卷能得否？念念。并候日祉。不一。愚弟黄易顿首，震堂大兄。[《故宫藏黄易尺牍研究·手迹》]

考：询问鲜于枢卷，参173-16。

黄　易　173-16

许久不晤，渴想之极。承示书画，鲜于枢一卷是真笔，其价约数十金，足（？）值，不可错过也。沈周画笔头却好，乃是赝迹，大兄以为何如？明日拟约李梅村、铁桥、刘十五与大兄一谈，勿却为幸，并候日祉。不一。震堂大兄，愚弟黄易顿首。谦称敬璧。[北京艺术博物馆]

考：承173-15，言及鲜于枢卷之真伪。又约济宁诸友聚谈。

黄　易　173-17

早间快谈，又知大哥新得书画，慰快之至。可以观四小册，乞假一观，感甚感甚。留四五日即还，不敢拖托也。此恳并候午祉。不一。愚弟黄易顿首。[北京艺术博物馆]

考：无上款，当致郑震堂者。

黄　易　173-18

前日夜间匆匆晤谈，不及快叙，为怅。《泰山图》未合处希为指示，兹有敝友索观，乞付下为感。承借扇面二册，领略多日，叨爱无穷，谢谢。□画原件奉还，乞察收。并候。不备。震堂大兄，愚弟黄易顿首。

陈、李世兄来此，未值为怅。渠事已致明矣。又及。[北京艺术博物馆]

考：陈、李世兄待考。

黄　易　173-19

昨得快谈，乐不可言。顷荷惠二扇，知己割爱，感谢无极。华秋岳二扇送上，大兄看三日赐还可耳。并候日祉。不一。愚弟黄易顿首。[北京艺术博物馆]

考：无上款，当致郑震堂者。华秋岳即华嵒。

黄 易 173-20

昨承赐还石谷小卷，领到，因有小事，未及布复。所谕扇面册检得第一册计廿四个，第五册计廿七个，送阅。匆匆候安，璧谦。不一。震堂大兄，愚弟黄易顿首。[北京艺术博物馆]

考：所言扇册，当即黄易此际所收购者。黄易晚年于书画扇面尤所倾心。

黄 易 173-21

□□□□到□□□□种，似非赝迹，却少书气，大□□□□□味，假物也。俱上，并候□□□□□□□□□愚弟黄易顿首。[北京艺术博物馆]

考：无上款，当致郑震堂者。

黄 易 173-22

□□□□面三本，连日领略，感□□□□奉返，并□□□□□□□□□并候日祉。不一。愚弟黄易顿首。[北京艺术博物馆]

考：无上款，当致郑震堂者。

黄 易 173-23

昨屈高轩，不恭为罪。今日俗冗，尚未诣贺为罪。承示看诸件，感感，感感。杨崑源一册洵济上法物，宜善护之。勾龙爽一轴虽不能必其真，却是旧物，弟甚欲之，其价示知送上，此画暂存。并候升祉。不一。愚弟黄易顿首。[北京艺术博物馆]

考：无上款人，当致郑震堂者。

黄 易 173-24

昨承手示，敬悉一切。弟因连日应酬，加以开库收银，昼夜不宁，致疏肃复。今早□令将捐款银数单送上，开单所定，并无京衔，至于此举系照衔论工，并非开捐，吾兄所问降等内改之说，难以罄叙也。专此，敬候近安。不一。愚弟黄易顿首。

节间承惠珍品，谢谢。[北京艺术博物馆]

考：无上款人，当致郑震堂者。

174　张映玑　【2封】

张映玑字璇之，号穆庵，山东海丰人。由例贡选刑部员外，擢湖北宜昌知府，嘉庆元年八月升浙江温处道，历粮储、盐运署、藩臬，悉中利弊，实惠及民。因病回籍，卒于家，时年七十岁。参见《(咸丰)武定府志》卷二十三《人物·名臣》。

张映玑 174-1

匆匆言别，未获久叙。实以公务俗谈，不敢深言，致扰九兄心曲也。惟期秋中至浙，可图畅叙耳。弟于自浙起身时得椒山先生手札，摹勒上石，今日方寄到，特奉一幅，炎天偶尔展玩，庶可聊解愁思耳。尚此布达，并候孝履。不备不庄。治愚弟张映玑顿首，上小松九兄大人如晤。四月廿五日。

钤"说亲戚之情话"。

用"贻经堂仿古笺"。[《黄小松友朋书札》第十二册]

考：札作于嘉庆元年（1796）四月廿五日。本年八月，张映玑升浙江盐运使，此前到京，途经济宁，札作于分别之后。此际黄易计划回杭起咨，托张映玑上下关会，故札有"期秋中至浙"云云。参5-9何琪致黄易札、25-5陈焯致黄易札。所云椒山手札，即梁同书所藏杨继盛与王遴札，张映玑借摹刻石，此际已有拓本。《频罗庵遗集》卷十《杨忠愍公与王恭肃公手札石刻跋》："予好裒辑名贤尺牍，此为压卷。笔迹直类颜平原《争坐帖》，不可多得。穆庵观察张映玑见而慕之，借摹上石，遂为识数语于后。"

张映玑 174-2

适承枉顾，殊抱不安，尚此布谢。舟中烦闷，望九兄大人将昨日所看《战图》及设色洋画二本借我一观，铭佩无既矣。小松九兄，治弟张映玑顿首。

洋镜并望同到。

用"贻经笺"。[《小蓬莱阁同人往来信札》第三册]

考：嘉庆初年，张映玑两次往来京师，经过济宁，一为嘉庆元年（1796）四月，升浙江盐运使之前；一为嘉庆四年俸满引见。札作于其中一次，具体时间难详。

175 冯应榴 【2封】

冯应榴字星实，浙江桐乡人，冯浩长子。乾隆辛巳进士，乙酉南巡召试，钦赐内阁中书，军机处行走。主湖北、山东乡试，提督四川学政，累官光禄寺少卿，通政司参议，鸿胪寺卿，江西布政使，护理巡抚。参见《（光绪）嘉兴府志》卷六十一《列传·桐乡》。

冯应榴 175-1

久钦大雅之才，嗜古涵今，学醇才大，自朗夫中丞以及青斋诸公，其缕述于弟者非一日矣，不徒家弟之与老先生有夙契也。只以贱体善病，疏懒殊常，未获频通款曲。顷从青斋家表兄处见老先生寄舍表侄宾谷书，知两犬子在济投效，承推挚爱，许为多方照拂，寸私感泐难名。两犬子学业无成，一衿徒困，妄思乘时博取微名，又以弟官囊萧条，不能多费，只得下从末秩。然年轻识昧，阅历全无，出门以来，实深舐犊。今得大贤古道事事训植，弟可无挂于怀矣。犬子素不知工程，只可听上游之委员承办，惟旅费巨繁，未审作何安顿耳。乘便鸣谢，兼候升祺。晤孙渊如敝小门生，乞致意，余容续布。不宣。小松先生朗鉴，从吉弟冯应榴顿首。五月十九日。［《黄小松友朋书札》第二册］

考：札中既提及门生孙星衍，当作于嘉庆元年（1796）五月十九日，孙星衍于上年授兖沂曹济道兼署济宁运河道，本年七月由兖沂曹济道署任山东提刑按察使。朗夫即陆耀，原籍吴江，迁秀水，曾任山东运河道。陆耀曾倩黄易作画，屠倬《是程堂集》卷十四《陆朗夫中丞〈誓墓图〉，次君古愚属题》小序云："先生初以山东按察使乞养，及丁太夫人忧，既祔于东顾之阡，时青龙冈黄河筑浚，特旨召起权山东布政使，先生服未阕也。是图为手写稿本，其自题云：'《誓墓图稿》一纸，乾隆癸卯（1783）春暮作于任城书院，将求武林黄小松绘为长卷，时年六十有一。此稿仍付纲儿收藏，他时与诸孙展阅，如见老人心迹也。'先生盖亦自重其画如此。"青斋即沈启震，为冯应榴表兄，曾任山东运河道，护理河督。宾谷即沈旺生，启霞子，附监生，以河工试用州判。冯应榴二子，即冯振辉字履泰，附监生，河工，候补州判；冯绩熙字亮钦，附监生，河工，候补州判。参见《（光绪）桐乡县志》卷十二《选举录》。

冯应榴 175-2

　　两犬子暂假回禾，赍呈手翰，且详述老先生推爱关切之厚，在阁下之古处雅交，青斋五兄本屡道之，而以弟舐犊私忱，并蒙曲体，感何如也。承示旧板坡诗，王注足补未见。弟于长公各注本悉力搜访，惟郑羽重刊补之施注宋本有而未遇，为怅耳。至老先生之于金石文字，囊括无遗，想比赵晋斋有过之矣，敬佩敬佩。两小儿蒙策道台暨老先生诸相好许以暂归，而时近兴工，究须亲到，今促令速行，祈事事训策之，想不待谆恳也。匆匆复请近安，附缴谦光。不备。弟从吉冯应榴顿首。七月朔日。[《黄小松友朋书札》第二册]

考：承175-1之后。作于嘉庆元年（1796）七月一日。策丹字奢年，号芝图，蒙古正黄旗人，官学生。本年二月任运河道道台，后升河南按察使。札中提及搜访苏轼诗各种注本，黄易亦为提供旧版。冯应榴有《苏文忠公诗合注》五十卷，乾隆五十八年（1793）冯氏踵息斋刻本，序云："丁未（1787）初夏，公退余闲，偶取王、施、查三本之注，各披阅一过，见其体例互异，卷帙不同，无以取便读者，爰为合而订之，意不过择精要、删复出焉耳。及寻绎再四，乃知所注各有舛讹，因援证群书，并得诸旧注本，参稽辨补、朝夕不辍者凡七年而粗就。虽学植浅薄，万万不及前人，而心志之专，力所能到者，无不尽焉。"所谓"王、施、查三本之注"，即宋王十朋《王状元集注分类东坡先生诗》，施元之、顾禧《施顾注苏诗》及清查慎行《补注东坡编年诗》。

176　蒋因培　【1封】

蒋因培字伯生，江苏常熟人。年十七以监生应京兆试，为国子监祭酒法式善所赏，始知名。入赀为县丞，权山东费县巡检，补阳榖县丞，累署汶上、金乡、峄、滕、高密、钜野知县，真授齐安。丁母忧，服阕补齐河县。强项名籍甚，在齐河忤某中丞，被劾遣戍，未逾年释回。间游豫楚闽粤，与孙星衍等商榷文字。晚岁掇拾剩稿，为《乌目山人诗集》。参见《（光绪）常昭合志稿》卷二十七《人物六·耆旧》。

黄　易 176-1

不晤数旬，渴怀已甚。昨承华翰，惠以名画，不特真，且笔墨妙绝，割爱见贻，感佩何极，谢谢！至吾兄南行之期一定，定必过济，当写各信奉托，藉可快叙，以慰渴想。弟抱孙实切欣幸，远承雅爱，何以克当，谨谢谨谢。楚氛未了，得豫中来信，知新野山中逊避其人，以致中州戒严，河帅即在汴城弹压，渊如似未能即返也。此候近祉并谢。不备。世弟制黄易顿首，伯生世大兄。［南京博物院］

考：所谓"楚氛未了"，指嘉庆元年（1796）四五月间湖北白莲教扰及河南新野等地，《清仁宗实录》"嘉庆元年四月甲申"条："河南巡抚景安奏邓州、新野地方现有匪徒滋扰，兵力不足，已调河北兵五百名前来南阳。""五月乙巳"条："至豫省近楚边界多有教匪，景安当驻扎南阳、新野一带督率弹压，不必深入楚境。"据札，河东河道总督李奉翰时亦在开封弹压。此际兖沂曹济道孙星衍在曹南驻兵戒严，七月署山东按察使，到任济南。《孙渊如先生年谱》本年条云："五月，湖北教匪扰及河南郡县，曹豫一河之隔，君奉檄赴曹南，驻兵戒严。康廉使奉命兼治河。……以山东新任臬使张长庚在军营，不能来东，命新抚伊江阿会同旧抚举道员中能胜事者以闻，两抚以君名入奏，奉旨署臬事，七月到省。"据吴嵩《吴学士诗集》卷四《北上将访伯生于祝阿，以诗先之》夹注："往者历下访古，济上题襟，余与伯生皆与，主人为渊如观察。"知蒋因培此际在孙星衍幕中。蒋来札询问孙之行止，黄易告知未能即返，很可能作于本年五六月间。蒋因培与黄易首次相见在本年初，《乌目山房诗存》卷二收《赠黄小松司马易并索刻印》："平生低首丈人行，未拜须眉意早降。白傅头衔原第一，黄童家法本无双。书裙画绢常终日，雀篆鸡碑自满窗。赢得世人同一语，大夫真个笔如杠。　　镌劂造化夺天工，切玉沙沙腕似风。才子从来多语石，壮夫原不废雕虫。宋元家数羞王冕，秦汉风规想蔡邕。拟续明诚《金石录》，排签待试小铃红。"蒋亦喜搜访金石，陈用光《太乙舟诗集》卷十二收《蒋伯生岱顶搜碑图》。本年三月黄易得一孙，蒋因培此时有贺礼，故札中及之。参5-9何琪致黄易札。据札，蒋将回江南，黄易请他经济宁时带致苏州诸友人书札。

177　初彭龄　【1封】

初彭龄字颐园，山东莱阳人。乾隆三十六年巡幸山东，召试，赐举人。四十五年成进士，选庶吉士，授编修。五十四年迁江南道御史，累迁兵部侍郎。嘉庆四年出为云南巡抚。参见《清史稿》本传。

初彭龄 177-1

雅约本拟趋赴，缘今日城内有一公局，晚间恐不能出城，幸毋相待。一两日内再赴尊寓晤教。专此敬谢，即候。不一。渊如均此致意。小松九哥先生，愚弟彭龄拜手。[《黄小松友朋书札》第九册]

考：札言致意孙星衍，当作于嘉庆元年（1796）七月以前，此后孙自兖沂曹济道调任权山东按察使。

178 邹蔚祖 【1封】

邹蔚祖字文若，号霞城，江西南城人。乾隆四十八年举人，六十年大挑，分发河南，署新安、罗山等县，补林县。嘉庆间丁忧，服阕补长葛令，十九年以直隶州知州用，委署许州，二十一年调任洛阳，未逾月而卒。生平好学能文，诗尤工致。参见《(同治)南城县志》卷八之一《宦业》。

邹蔚祖 178-1

小松、虚谷先生阁下，蔚祖既于六月识虚谷先生，今又遇小松先生于洛下，不可谓非厚幸。但恨匆匆邂逅，不获毕叩所藏，又不如竟不相值之少一牵挂也。昨稔两先生重作龙门之游，甚欲追陪杖履，观两先生手扪萝壁，探索遗文，而尘鞅驱人，寸步不能自主，系枥之驹，处笼之雀，自分无福追步飞仙。虚谷居址相近，当有晤时，而小松先生来此不易，觌面失之，不胜怅惘。东坡云"弃官如弃泥"，蔚祖视此官更泥之不若，所恨泥深没胫，拔足不易，但此志终不难遂。惟愿两先生天假之年，使荒榛蔓残碑片石无一不归搜罗之内，蔚祖裹粮从公，对两先生如对千百古人，则诚此生之幸也。小松先生手著金石考订，海内皆知，今行篋既未携此，他日有便邮到秋塍处，肯尽赐教否？此番豫中所得古碑，传搨不多，但求指示其处，蔚祖自可续购。先尊人遗刻，昨幸略观，未睹全本，此百余年名宦遗迹，而当时同游诸先生又皆吾乡人，于蔚祖原有夙分，且安知蔚祖三生前不曾曳裾躞履，亲见当时盛事乎？此不可不以赐阅也。小松先生隶法直追古人，洛阳无好纸，且先生游踪甚忙，故不敢邃求，已与王太令言，嘱其俟巾舄回，过偃师时，为备宣纸，敬求大笔，幸勿见拒（蔚祖字霞城，亦行九）。虚谷先生著述昨幸窥一二，以后尚求赐教，付秋塍见寄，以广见闻而祛梼昧，感甚。薄贶十二金，少佐小松先生膏秣之需，不惟其物，惟其意，当亦先生所不忍却也。虚谷先生处此时竟不敢将意，容当稍展芹私耳。秋光满目，游屐都爽，不胜

178-1 邹蔚祖致黄易札　收入《小蓬莱阁同人往来信札》第三册

健羨之至。并请台安。蔚祖顿首上书。[《小蓬莱阁同人往来信札》第三册]

考：嘉庆元年（1796）九十月间，黄易嵩洛访碑。据札，王复时在偃师知县任上，邹蔚祖在新安知县任上。邹此际奉赠白银十二两，并乞黄易至王复处为作对联。《嵩洛访碑日记》："[九月]二十日，……晚抵洛阳，与秋塍、虚谷剪烛快谈。新安邹大令霞城能文嗜古，亦来订交。""二十四日，……归寓。邹大令霞城遣苍头来索书楹帖。为秋塍作《龙门览古图》长卷。"本札当作于九月下旬。王复陪黄易、武亿游龙门，黄为绘《龙门览古图》，友人题诗甚多，钱大昕《潜研堂诗续集》卷八收《题王秋塍明府〈龙门揽古图卷〉》，王昶《春融堂集》卷二十二收《题敦初〈龙门揽古长卷〉二十韵（时与黄小松、武虚谷同游）》，王芑孙《渊雅堂编年诗稿》卷十四收《家秋塍大令复以嘉庆元年九月与黄小松易、武虚谷亿为嵩少伊阙之游，寻碑选胜，作图纪事，其年十二月往求孙渊如星衍篆题其首，明年五月以书抵余华亭官所求诗》。札言"先尊人"，当指邹蔚祖父楸相，生员，乾隆间尝任《番禺县志》分纂。所言遗刻，已不可究诘。

179　康仪钧　【1封】

康仪钧字少山，山西兴县人。广信知府康基渊子，河道总督康基田侄。乾隆三十三年举人，官内阁中书。后寓居河内，闭户读书，不交外事，惟与偃师武亿往还，商论著述。参见《（道光）河内县志》卷三十《流寓传》。

康仪钧 179-1

久仰清辉，末由御李。文斾过此，正可把晤，而发轫匆匆，得教益怅恭。济源碑刻搨之甚易，弟处现有存者容检齐一并赍上。其唐碑二种前与鱼山编访，无有存者，土人云在天坛顶，明季修庙，以运石颇艰，毁为柱础，未知果否。而《温御史造碑》并北宋石幢诸种，尊目未列，或已得否？示知奉上。再：河内各种亦当一并奉上。吾兄今之欧赵，考订之精久深钦佩，弟自乐于请正，又不徒羡其收藏之富也。谨此，肃候行安，不尽神往。小松大兄大人，世愚弟康仪钧顿首。

钤"少山""明明山樵""曾□花林一卷书"。[《小蓬莱阁同人往来信札》第四册]

考：札作于嘉庆元年（1796）十月，黄易时自洛阳东归，《嵩洛访碑日记》："十月初一日，至清化镇。兴县康孝廉少山好古嗜学，久思过从，至此同康君住北山，尚隔十里，不及返晤，驰书通问，兼索济渎诸碑。夜宿恩村。康君覆书云，诸碑皆有，惟《唐玉真公主受戒》等碑，鱼山前访已佚。"本札有"其唐碑二种前与鱼山编访"云云，即日记所云"康君覆书"。乾隆五十年（1785）康仪钧葬父于济源，因寓居焉。鱼山即冯敏昌，乾隆五十三年主孟县河阳书院，尝至济源与康仪钧偕游，冯有《同康少山游盘谷，题壁》，康有《谒济渎庙》《乾隆戊申，谒济渎清源王庙，次日更游王屋，临发因题》诸诗，收入《（嘉庆）续济源县志》卷十一《艺文志》。

180　　查　淳　【1封】

查淳字梅舫，因善篆刻，别字篆仙。直隶宛平人。工诗。早年历摄四川，升云南赵州知州，擢广西平乐知府，简江苏常镇通道，补湖南粮储道，晋江西按察使。入为大理寺少卿，赐六品衔致仕。参见《国朝畿辅诗传》卷五十三所收孔昭焜《查淳行状》。

查　淳　180-1

别来两度寒暄，莫频笺问。每展玩《汉瓦图谱》并铁笔印章，古情古意，不禁神驰心溯。顷接瑶翰，以弟被谗镌级，复荷大兄关爱拳拳，实深敬佩。弟离此腥膻之地，未必非塞翁失马，心本坦然，惟新旧赔项滋重，三十余年蛮山瘴岭之人，真束手无策。兹于是月初九日常州胡太守来扬接替，弟暂寄镇署，以俟新任，并筹设法归公之计，进退茫然，不堪觑缕。至受谗之原委，有未便形诸纸笔者，不久台驾南还，藉可面叙一切也。嘱寄董小池一书，随即转致矣。专此泐覆，并候绥祺，敬璧芳衔。不备。愚弟查淳顿首。

钤"篆仙""吉祥如意"。［《黄小松友朋书札》第十二册］

考：乾隆五十八年（1793）四月，查淳补授江苏常镇通道员。据《内阁大库档案》，嘉庆二年（1797）正月二十八日，学士管理吏部户部理藩院事务正白旗满洲都统步军统领和珅题覆吏部为议处督办挑工玩误官员，批红：常镇道查淳于漕运紧要，挑工并不亲身督办，一任属员玩误，着照部议降二级调用，余依议。（登录号：002127-001）札言"被谗镌级"，即指此。所云不久台驾南还，指本年春日黄易原拟回杭起咨。此札作于本年二月初。常州胡太守即常州知府胡观澜。董小池即董洵。

181　　陆　恭　　【1封】

陆恭字孟庄，号谨庭，江苏吴县人。乾隆庚子孝廉，点染花卉，读书嗜古，精鉴赏，收藏古帖名画，嘉庆间卒，年六十。参见《（民国）吴县志》卷七十五上《列传·艺术一》。

陆　恭 181-1

吴下愚弟陆恭顿首谨启小松先生阁下。自乙冬河干把别，两阅岁矣。中间屡蒙手缄，寄以两朱先生之书，又赐以"松下清斋"之图，又篆刻贱字，俾附不朽。以及《鉴真》之帖、"听松"之扁，种种多珍，节次拜领。而恭尚未修寸函以致

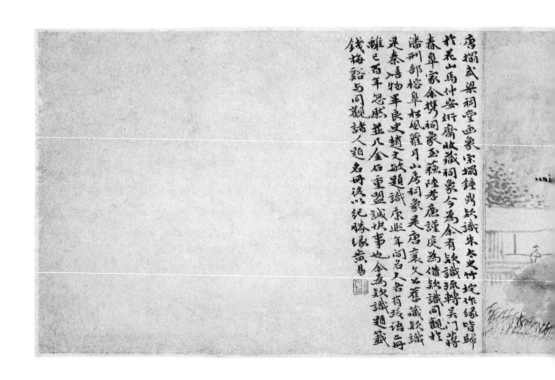

谢，疏脱之愆，何容置喙。然所以稽迟者实有故，施益厚则报益难，思搆一得当之物以相赠，且作答既拙，而便寄难的，必求一无误之处以相寄耳。萼庭二兄，同谱弟兄也，晤时述及先生交满天下，而贱名时及齿芬，并疑音问之疏，或别有浮沉之故。闻言之下，愧汗交迸，因敢缕述其详，以请于左右。附到永昌古戈一头，旧人扇面十枚（五字五画），冀莞存为荷。又春初晤陶凫香七兄，云先生今春先行到浙，后附荣任，果尔，则晤期不远，欢喜无量。兹附萼庭二兄来东之便泐此，顺请近祺，并鸣谢悃，余再达。不备。三月廿七日，陆恭顿首再拜。

儿子潜、沅禀请钧安。

烟客、廉州扇面俟觅得再寄。两朱先生集俟续缴。

钤"陆恭私印""松下清斋""长毋相忘"。［《黄小松友朋书札》第二册］

考：陶樑（凫香）称黄易今春将先行到浙，指嘉庆二年（1797）回杭领咨事。札作于本年三月二十七日。两年前黄易归浙营葬，返回济宁时曾吴门过访陆恭，札因有"乙冬河干把别"之说。故宫藏《宋拓汉石经残字》陆恭跋云："《熹平石经》留人间者止此一百二十七字，剥泐之余，益钦宝贵。因向小松先生假观，留松下清斋者两宿，惜尘事牵率，未能穷日夜之力心摹手追，

181—1
黄易《访古纪游图·金石重盟》题识
故宫博物院藏

如晋贤之卧碑下三日也。乙卯（1795）十一月三十日晨起，陆恭记。"又故宫博物院藏黄易《访古纪游图》第三开："唐搨《武梁祠堂画象》，宋搨《钟鼎款识》，朱太史竹垞作缘，皆归于花山马仲安衎斋收藏。祠象今为余有，款识流转吴门蒋春皋家。余携祠象至苏，陆孝廉谨庭为借款识，同观于潘刑部榕皋松风萝月山房。祠象是唐襄文公旧藏，款识是秦□物，毕良史、赵文敏题识，康熙年间名人各有跋语，二册离已百年，忽然并几，金石重盟，诚快事也。余为款识题签，钱梅豀与同观诸人题名册后，以纪胜缘。黄易。"又《访古纪游图·松下清斋》题识云："过吴门陆谨庭孝廉松下清斋，观所藏《夏承碑》宋搨本，元人写《坡公相》《海岳庵图》《七姬志》搨本。"此际黄易出示《得碑十二图》，陆恭于拖尾为题七绝二首。札中称获赠《松下清斋图》及篆刻名印，潘奕隽《三松堂集》诗集卷十二《黄小松司马得胡玉润〈松下清斋图〉，寄赠陆孝廉谨庭，谨庭索诗，和翁覃溪学士韵》夹注云："谨庭松下清斋，翁覃溪先有诗，小松补图，余曾和翁诗。"孙尔准《泰云堂诗集》卷二《为陆谨庭恭丈题〈松下清斋图〉》小序云："松下清斋，谨庭所居户册也，谨庭属黄小松绘图，久不成，后小松得明胡润甫画，景物逼似，以寄谨庭，借偿前诺，为题其尾。"至于名印，黄易尝为刻"陆恭私印""陆孟庄氏"。陆恭所赠古戈，即《小蓬莱阁金石目》所著录者："枪文，隶书，文曰'永昌元年八月造'。吴门陆谨庭寄赠。"此际黄易广收名人书画扇，故陆又赠前人扇面十帧，并允诺为觅王时敏、王鉴画扇。荢庭当即顾礼琥之弟礼璜，贡生，官上南河同知。此札由其带致黄易。

182　袁廷梼　【2封】

袁廷梼字又恺，一字绶阶。江苏吴县人。国学生。生六岁而孤，生母韩教之成立，家有竹柏楼，韩所居也，廷梼绘图，征海内诗文以显其节。家饶于赀，遗书万卷，与钱大昕、王昶、王鸣盛、江声、段玉裁为师友，而尤与黄丕烈相契，故学有本原。参见《（同治）苏州府志》卷八十三《人物十》。

袁廷梼　182-1

使者来吴，得阁下三月十四日书，藉悉起居多福，深慰远怀。承赐《云山图卷》，廷梼即将手简装池于后，已乞钱少詹暨榕皋诸名公题跋，以志阁下之敦交重诺，先泽可传不朽矣。感此琼玖之投，惭无桃李之报，容觅扇头，以供清玩。廷梼于首夏移居枫江之滨，架五砚楼以藏书，又筑诵清芬室以藏先世翰墨，而阁下所赠之二卷，即居其中。然则今日之得成此室者，皆拜阁下之赐也。春间廷梼与诸同人久望旆从过吴，可追随数日，或读碑订史，或载酒寻花，必能畅叙，孰意不果南来，为之怅惘者久之。相见尚遥，相思曷慰？五砚楼之名，因三砚之外又得清容居士砚及谷虚先生廉吏石砚也，求作之图，千万写赐。前许《武梁祠石室画象》全套，亦求揭寄，足仞加爱后学之盛意，幸何如之，感何如之，廷梼日夕引领也。兹因王景桓赴东之便，肃此布复，并颂超迁，不宣。后学袁廷梼顿首，秋盦老先生大人阁下。匪石在山左，安槎回书并寄上，千里、听默属笔奉候。五月七日。谨余。

钤"袁廷梼印""云山锁肺肠""枫江草堂"。[《小蓬莱阁同人往来信札》第三册]

考：据春间望黄易过吴，此札作于嘉庆二年（1797）五月七日，黄易本拟回杭起咨，不果行。乾隆六十年（1795）十一月，黄易自杭返济，过苏州时曾与袁廷梼、潘奕隽等相见。《宋拓汉石经残字》《唐拓武梁祠画像》有当年十二月二日钱时济、钮树玉、袁廷梼、何锦、顾广圻、瞿中溶于袁氏三砚斋同观的题款。此际袁收到黄易所赠《云山图卷》,已倩钱大昕、潘奕隽题跋。袁廷梼嗜藏书,兼嗜砚,获砚五,皆元明间袁氏名人手泽,故以名楼。《红蕙山房吟稿》收《渔隐小圃十六咏》,第二首《五砚楼》云:"先泽在砚田,经训是菑畲。灌溉苕颖发,笔耕信非虚。开窗面平野,楼中看荷锄。"钱大昕《潜研堂文集》卷二十一《五砚楼记》云:"袁子又恺向居金昌亭畔,题其读书之室曰'三砚斋',予为之题扁。三砚皆其先世所诒,一为介隐先生物;一为谢湖草堂砚,则尚之先生物;一为列岫楼砚,则永之先生物也。丁巳岁(1797),青浦王侍郎以所藏清容居士砚赠又恺,钱唐奚铁生为作《归砚图》,一时侈为嘉话。未几又得谷虚先生廉吏石砚,并前所藏而五。是夏又恺移归枫桥

182-1 黄易篆刻"五砚楼"
收入《篆刻全集》第四册

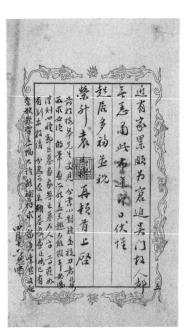

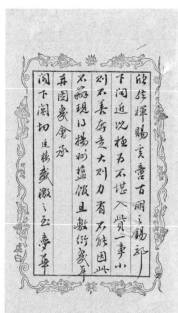

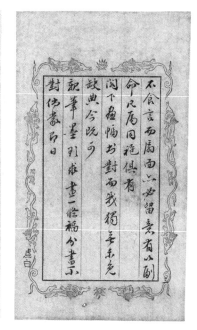

旧居，甫卸装即谋藏书之所，唯兹楼宜，乃奉先世手泽及古今载籍，收藏惟谨，名其楼曰'五砚'。"可与本札对看。札中嘱黄易作图，黄易所作《五砚楼图》，今藏北京艺术博物馆。嘉庆三年十一月，黄易又为袁廷梼刊"五砚楼"印。匪石为钮树玉，安槎为瞿中溶，千里为顾广圻，听默为苏州萃古斋主人湖州钱时霁，精通版本之学。

袁廷梼 182–2

廷梼顿首，小松观察老先生阁下。前月严公子寄到手书，廷梼适往西泠，是以未及裁答。捧读知所苦霍然，道履康裕，深慰下怀。又知近摄道篆，由假而真，超迁可卜，额贺额贺。阁下以金石搜求将尽，复怡神于书画，为颐养之乐，此古人所谓特健药耳。承索张大风画，遇有妥便即寄，决不食言。而扇面亦必留意，有以副命。凡属同袍，俱有阁下画幅、书对，而我独无，未免缺典。今既可亲笔墨，欲求画一条幅，分书一小对，倘蒙即日欣然挥赐，奚啻百朋之锡耶？下问近况，极为不堪，入赀一事，小则不善奔走，大则力有不能，因此不办。现得扬州盐馆，且敷衍几年，再图几会。承阁下关切，廷梼感激之至。梦华近有家累，颇为窘迫。吴门故人都无恙。肃此布达，即日伏惟起居多福，并祝荣升。袁

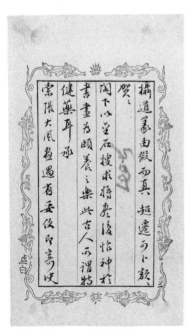
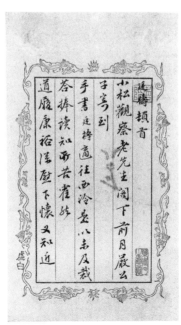

182–2
袁廷梼致黄易札
收入《小蓬莱阁同人往来信札》第三册

廷梼再顿首上启。

钤"寿阶""廷梼"。

前于榕皋先生处见分书小对，疑是捉刀者。廷梼所求，必须的笔，画亦然，盖天趣不能假耳。《安阳汉刻四种》《郭巨墓画象》《鲁王墓石人字》，尊藏如有副本，敢请分惠，可否？《朱鲔墓画象》，廷梼已有，奈缺题字之一幅，不识能补否，拜求留意，幸甚。又启。四月十六日。冲。

钤"廷梼"。[《小蓬莱阁同人往来信札》第三册]

考：嘉庆六年（1801）正月二十八日，黄易第一次由署运河同知护理通省运河道。王秉韬、惠龄《奏为委任黄易护理运河道篆并阮广曾兼署运河同知事折》："查运河道一缺专管塘长河道一切蓄泄机宜，时届春令，正当筹办各湖收水，预备重运经临，所关匪细。兹查有运河同知黄易，熟悉运务，办事实心，以之护理运河道篆，堪资料理。其运河同知事务，委洳河同知阮广曾兼署，亦可无误。臣等谨合词恭折奏闻，伏乞皇上睿鉴。谨奏。嘉庆六年正月二十八日。"嘉庆帝朱批："览奏俱悉。"参见许隽超《黄易两护山东运河道考》。札云"近摄道篆，由假而真"，指此而言，袁亦以"观察"相称，当作于本年四月十六日。此际袁廷梼因浙江巡抚阮元之荐，将就馆扬州江振鸿，参83-7何元锡致黄易札。札中求画求书，又求各种拓本，并允诺为黄易购求清初张风画作及名家扇面。严公子或为严长明之子严观。

183　　钱维乔　　【2封】

钱维乔字竹初,江苏武进人,刑部侍郎钱维城弟。乾隆二十七年举人,官浙江鄞县,有政声。为文博赡,书画之名亚于其兄。参见《(光绪)武进阳湖县志》卷二十三《文学》。

钱维乔 183-1

维乔顿首,小松司马大兄足下。前岁枉顾蓬门,得聆麈论,大慰数十年企慕之诚。是日告别,匆匆不克攀留,稍申主谊,且亦未罄积悰,迄今为之惆怅。比维大兄工次贤劳,上游倚重,不日定当荣补善地也。近接家竹汀札,云及足下曾有书见寄,然并未收到,不知浮沉何所矣。弟亦懒甚,经年杜门养疴,人事屏绝,然以足下之高雅,岂寻常俗客可度外置之者哉。惟是朽废之材,一无可取,乃久辱足下注存之雅,孔北海知有刘备,弟何以当,抱惭而已。季俅[述]观察与足下共事河壖,闻极相得,金石文字,宦途中得此良契,羡何如之。大笔分书为当代弟一,想望已久,徐当奉求一二纸,作草堂至宝,珍藏永远耳。兹因龚楚香兄赴淮之便,嘱附尺书,藉问兴居,不尽驰溯。五月八日,乔再拜。

毕焦麓兄属候近好。

钤"乔""有布衣志""味闲书屋"。[《黄小松友朋书札》第二册]

考:此札当作于嘉庆二年(1797)五月八日。札言前岁相见,黄易乾隆六十年(1795)归浙葬母,回程路过常州时曾过访钱维乔,在钱氏味闲书屋观徐渭《临倪瓒山水》,临摹并录徐诗:"近来学得倪迂法,藏墨缄茶更惜香。不是寻些新活计,如何消遣这斜阳。青藤道人。大幅山水,见于钱竹初斋中。"见西泠拍卖2014年春拍黄易《嵩洛访碑日记暨丙辰随录手稿》[按,丙辰当为乙卯、丙辰]。季述为孙星衍字,嘉庆初任兖沂曹济道,兼理运河道,与黄易共事,故钱维乔有"闻极相得"之说。札中向黄易求分书,以为永宝。所言家竹汀即钱大昕。毕焦麓名涵,阳湖人,山水力追古法。钱维乔《竹

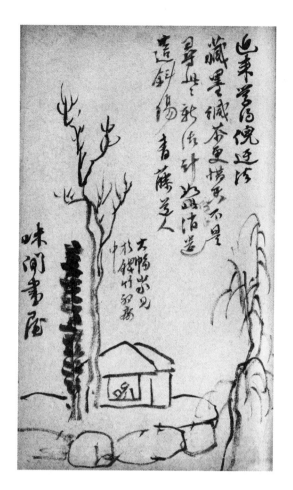

183–1　黄易临徐渭《山水》　西泠拍卖 2014 年春拍

初诗钞》卷十五收《为毕处士焦麓写〈秋林宴坐图〉并题四绝句》，其四云："石交半世缔心知，都是人间老画师。一纸貌君岩壑内，笔端幽处略相宜。"黄易与钱维乔相见时，此人当亦在座。此札由龚烈转寄，龚时在南河总督幕中，驻淮上。钱维乔尝有《题龚征君楚香〈玩竹图〉》，收入《竹初诗钞》卷十六。

钱维乔　183–2

维乔谨启小松先生阁下。客冬曾肃寸椷并扇帧二件，托陆舍亲芬转达，谅经鉴入。比闻阁下荣摄观察事，想上游倚重有素，不日定可即真，曷胜抃颂。兹者序入清龢，伏稔起居多福，为慰。政事殷繁，然以高雅之才处之，知不废吟啸。

法书为海内所重，而鄙人曾无尺纸什藏。前岁蒙赐条幅，去夏忽婴横逆，遂被毁失，不识清暇尚能惠我一二否？集句一联，前求分书悬挂以作箴铭，想公冗未及挥毫，但得不虚所望可耳。陆君仰荷青睐，已补堂邑簿，惟闻此缺甚清苦，尚祈推乌，有以培之，幸甚幸甚。因便率候升祺，统惟冰照，不尽依驰。四月望日乔再拜。

钤"自闻室""乔白事"。[《故宫藏黄易尺牍研究·手迹》]

考：朱琪考此札作于嘉庆五年（1800）四月望日，黄易题补运河同知之后。按，札言"比闻阁下荣摄观察事"，当作于嘉庆六年四月十五日。本年正月二十八日，黄易第一次由署运河同知护理运河道，然三月间策丹返济宁，黄易即卸护运河道篆。再次护理在本年十月二十六日，王秉韬《奏为委员护理山东运河道印务事》折："窃查山东运河道策丹，现奉谕旨补授山东按察使，调补河南按察使。所遗运河道一缺，经管运河一切蓄泄机宜，时届冬挑，正当筹办各湖收水，以备来年重运之需，应即委员护理，以重河防。查有运河同知黄易，运务熟悉，前经委护道篆，并无贻误，堪以护理运河道。"嘉庆帝朱批："知道了。"参见许隽超《黄易两护山东运河道考》。王秉韬字三韩，号含溪，汉军镶红旗人。乾隆丁卯（1747）举人，嘉庆五年三月由河南布政使升任河东河道总督。嘉庆六年腊月二十八日，黄易尝跋王秉韬所藏文徵明行书长卷，云："此衡山真迹也。按正德十六年辛巳，衡山书时年五十有二，正中年精进之时，书势绝类米海岳，最不易见者。易有文书《杂诗》为石亭作者，全似苏长公，杭人金诵清爱之，摹刻于《清啸阁帖》中。翁阁学覃溪以文书能苏能黄，观此信然。盖米书全学二王，文书亦然，异流同源，自然有合。嘉庆六年，含溪制府大人出观，不胜欣幸。除夕前二日，钱塘黄易识。"张充和旧藏。据札，嘉庆四年黄易曾为钱氏书条幅，然次年夏因故毁失，此际再求分书对联。此札由钱氏舍亲陆芬带呈，陆补山东堂邑主簿，钱氏倩黄易加以关照。

184 杨元锡 【2封】

杨元锡字云珊，江苏武进人。监生。孙星衍甥。治经穷汉学，为诗宗李白，恢张雄奇，堪踔天地，挥霍日月，以寓其不可一世之概。纂《长垣金石志》一卷。参见《清代毗陵人物小传稿》卷六。

杨元锡 184-1

顷奉手书，过蒙奖许，感愧交并。命录顾别驾所题《朱鲔石室图》诗，遍觅不得，未知观察存放何处，无从抄录奉寄。肃此具复，并候日安。不备。秋盦先生阁下，教小弟制杨元锡叩头。廿一日。

用"览𪸩阁笺纸"。[《黄小松友朋书札》第二册]

考：据札，杨元锡尝佐幕河道。所言顾别驾当为顾礼琥，吴县人，乾隆甲辰（1784）进士，河督李奉翰闻其名，延致幕府，遂习宣防事宜。嘉庆二年（1797）奏授泉河通判，既称别驾，当作于此后。本年杨元锡曾随黄易等访碑泰山，《泰山志》卷十五《金石》收《纪泰山铭》："嘉庆二年春，署山东按察使阳湖孙星衍来谒岱宗，前运河同知黄易、阳湖杨元锡、钱塘江凤彝同至，宿登封顶，命工精拓。"又，凌瑕《癖好堂收藏金石小学书目》著录黄易《小蓬莱阁金石目》稿本一册，乃黄易手录所藏拓本，有劳格、杨元锡借观二印。

杨元锡 184-2

早间遣价持帖请安，诸承关照，感谢无似。顷专诚走叩，未得面晤，兹有泇河徐柳塘表兄处信一封，恳加封便寄是祷。到沛不见叔度，怅惘之至。肃此布达，敬请升安。不具。杨元锡谨启上小松先生阁下。五月初八日手肃。[上海图书馆]

考：杨元锡表兄徐日簪号柳塘，阳湖人。荫生。据《内阁大库档案》，嘉庆三年（1798）二月十七日，江宁巡抚费淳题报："见任河南归德府睢宁管河同知徐日䉍有亲母杨氏于嘉庆三年正月十日在原籍阳湖县病故，徐日䉍系属亲子，例应丁忧。"（登录号：003005-001）徐日䉍服阕后任泇河同知，嘉庆七年春调署运河同知。札称其在泇河任上，当作于嘉庆五年或六年五月八日。

185　继　昌　【1封】

继昌，姓拜都，字述之，又字述亭，号莲龛。满洲正白旗人。嘉庆五年举人，历官江南江安粮道、陕西按察使、云南布政使、江宁布政使、大理寺卿，署广西布政使。工书法，善墨兰。参见《（光绪）江西通志》卷十六《职官表》。

继　昌 185–1

继昌拜白。耳先生名非一日矣，前年游历下，知先生适在东，以为可以见而不得见。昨岁客武林，闻文驾将旋里，以为必得见而又不得见。一见尔何如是其难耶？小池、曼生皆昌性命交，先生之旧雨也。屡从二兄处知金石日富，著作等身，无由一抒钦仰。不独昌如饥如渴，小池、曼生均以不能作合为欺。昨于月之望日抵东省，晤南芗大兄，询悉安况为慰。顷过此处，极思趋候，一罄积私，无如迫于不可应酬，室迩人遐，徒增不快而已。留札以布微悃，不庄不备，惟先生鉴之。曼生不日东来，今秋拟赴北闱，并此上告。或月初回省时仍经贵治，当诣铃阁，邀驾同登太白楼也。小松先生史席，继昌再拜。贱字述之，号莲龛，行二。

陈公讳熙，号曰梅岑，现在南河候补司马，诗人也，昌之至好。未识曾晤此公否？又拜。[《故宫藏黄易尺牍研究·手迹》]

考：朱琪据故宫博物院卡片以作书人为陈继昌，误。当为满洲正白旗人继昌。南芗大兄即吴文徵，歙县人，工书画篆刻，与黄易、陈鸿寿皆有交往。嘉庆三年（1798），吴文徵流寓山左，陈鸿寿本年北上，六月在山左节院曾为刻"南芗书画"一印，边款有"平生服膺小松司马一人，其他所见如蒋山堂、宋芝山、桂未谷、巴予籍、奚铁生、董小池、汪绣谷诸君，皆不敢菲薄"云云。札言陈鸿寿"不日东来，今秋拟赴北闱"，知作于嘉庆三年春夏间。札言"昨岁客武林，闻文驾将旋里，以为必得见而又不得见"，亦是一证。陈熙字梅岑，浙江嘉兴人，袁枚弟子，此际为河南南河候补同知。

186　　黄承增　　【1封】

黄承增字心庵，安徽歙县人。嘉庆监生。好客游，所至公卿倒屣争相延致为上客。三留汉口，与江汉人士为文酒会。好谈经世略，尝刻同人诗，名《今诗所见集》。参见《（民国）歙县志》卷十《人物志》。

黄承增 186-1

去冬蒙丈为书先茔四大字，荣生丘垄，当曾专函叩谢，度入览矣。春间欣闻借骥捕河，丈素不喜人以红笺献谀，而增遂阙展贺，迄今萦仰，有笔莫宣。徐心如观察之东，增有事绊不得偕往，现仍客汴，依栖旧雨林晓岑贰尹处，差称犊适，余无可告于长者前也。徐瘭仙敝友前恳大书"通介堂"三大字（八分体，每字以一尺二寸大），迩惟转运余闲，千乞书下，不独徐二铭心拜光而已。再：丈肯随笔见赐增一笺、一联、一画以为传家至宝乎？临笺曷胜叩恳，并请秋翁宗丈使君升安，承增叩头。戊午中秋后一日书。

拙选又刻二卷，有何丈诗在内，容呈正也。又拜。［上海图书馆］

考：据落款，札作于嘉庆三年（1798）八月十六日。时黄承增在安阳县丞林岚幕中。林岚字晓岑，宛平人，监生，乾隆六十年（1795）任安阳县丞，嘉庆六年升武陟知县，后擢彰德府。参见《（道光）武陟县志》卷六《职官表》。徐端字肇之，号心如，浙江德清人。本年自开封下南河调署山东沂曹道，故称观察。札中求笺、对联及画作，又为友人徐瘭仙求八分大字扁。瘭仙当即秀水人徐世钢，时亦游幕河南，著《通介堂稿》，参103-2徐世钢致黄易札。所言拙选又刻二卷，当指所刻同人诗集《今诗所见集》。何丈即何琪，参5-9何琪致黄易札。

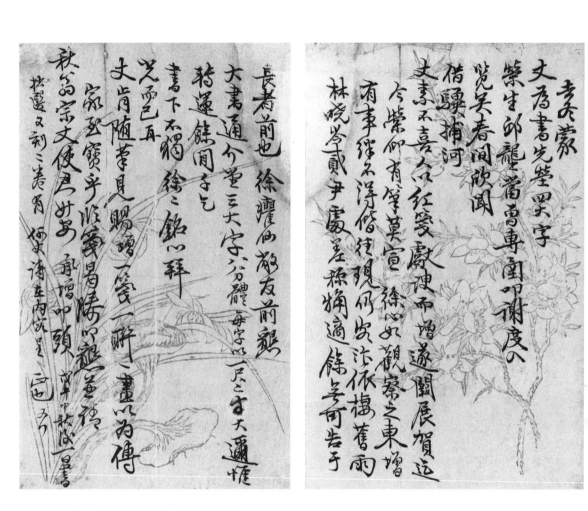

186-1 黄承增致黄易札　上海图书馆藏

187 顾礼琥 【1封】

顾礼琥字西金，号莪庭。江苏吴县人。为诸生时，文誉满东南。乾隆四十九年进士。以知县用，需次在家，河督李奉翰闻其名，延致幕府，遂习宣防事宜，奏授泉河通判，升上北河同知，不久卒，年五十六。参见《（道光）苏州府志》卷一百二《人物·文苑七》。

顾礼琥 187-1

前月过治疆，得谒芝宇，赐之食坐，饫聆清言，至今佩戢。兹闻九兄老先生渡河来，极欲一见，闻金石之论，戟门阻隔，渺若山河，如何如何。谨录近作八首及奉赠三章，俱不成诗，聊以代晤。倘肯加以斧削，则又幸矣。初八日随节返任城，不及叩辞，叨在心交，谅勿拘形迹也。泐此，敬请起居万福。不宣。愚小弟顾礼琥顿首。九月初五日。

再呈移居诗一幅。[《黄小松友朋书札》第八册]

考：《嘉庆帝起居注》"嘉庆二年（1797）十二月十三日"条："又将升任两江总督、河东河道总督李奉翰等题请实授之现署兖州府泉河通判顾礼琥带领引见，奉谕旨：顾礼琥准其实授。"此札约作于嘉庆三年九月五日，李奉翰在东河总督任上，顾礼琥署泉河通判，驻济宁。黄易服阕后借补捕河通判，在张秋镇。嘉庆元年正月，顾礼琥曾在孙星衍处观黄易所藏《唐拓武梁祠画像》，孙星衍《沸上停云集》收顾礼琥《题渊如观察〈紫云山览古图〉》："春灯照眼墨华明，汉迹斑斓四座惊（丙辰新正初四夜，在观察座见黄小松司马所藏《武梁祠画象》）。欲向紫云寻旧碣，先从红药认题名（册后题名有书观于红药山房者）。武梁祠阙今重显，文字因缘此合成。难得花骢停半日，野人拥道剪榛荆。　当年金石诗元嘉，深闭山扉迹渐赊。持节名公都未到（学使翁、阮二公先后东来，皆未亲历），探源今日最堪夸。新编布景人如玉，老树初春干不花。为问仙津原咫尺，古香引客入烟霞。"

188　　陶樑　　【1封】

陶樑字宁求，号凫乡、凫香，江苏长洲人。嘉庆戊辰进士，改庶吉士，授编修。出为直隶永平府知府，擢清河道署按察使，两次因公降调，后由湖南汉黄德道历官江西布政使，入为太常寺卿，再转至礼部左侍郎。有《红豆树馆词》《红豆树馆书画记》。参见《（同治）苏州府志》卷八十九《人物十六》。

黄　易 188-1

七兄过济，值弟匆匆赴北，未得握手奉慰，寸心歉然。别后未知近履何似，念甚念甚。接吴门徐令亲信，承寄一诗，古调逸音，感服之至，有寄七兄一札，兹寄上。日内运河事繁，绝无雅兴，令亲处尚未覆谢也。专此敬候近履，临笔驰结。不尽。凫香七兄，愚弟黄易顿首。九月廿二。

钤"黄易私印"。[《故宫藏黄易尺牍研究·手迹》]

考：此札作于嘉庆三年（1798）九月二十二日，本年陶樑北上赴试，《红豆树馆词》卷五《洞仙歌》小序有云："戊午（1798）春仲余应京兆试北上。"过济时访黄易不遇，归途曾与相见，参170-2黄易致潘奕隽札。陶樑室人徐山秀能书，工韵语。"徐令亲"当为徐氏二兄徐颋、徐颖。参83-7何元锡致黄易札考。乾隆五十九年（1794）秋，陶樑游山东，与黄易订交，嘉庆元年十一月下第后将归娶，黄易为写《苏台却扇图》，款识云："嘉庆元年仲冬，凫香七兄南归合卺，写此奉贺。钱唐散花滩人黄易。"又系七绝二首："得意归帆美满风，载将新唱满诗筒。一枝斑管先珍重，好向闲窗扫黛工。　春到苏台处处花，书堂妆阁万横斜。词人合享温柔福，却扇楼前更赌茶。图竟并题二首，请凫香七兄笑正。秋盦愚弟黄易。"册十九开，封面黄易隶书题"苏台却扇图"，款识云："秋盦并题，于济宁写。"钱大昕隶书题引首"苏台却扇图"，款识云："凫香主人属题，竹汀居士钱大昕时年七十。"后有吴载和、蒋因培、李福、顾广圻、法式善、顾虬、吴云、潘奕隽、孙衡、张德骥、钱大昕、顾文铅、瞿中溶、钮树玉、孙宗朴、吴人骥、尤维熊、郭麐、张若采、彭兆荪、吴慈鹤、韩敏、袁棠等二十三家题诗(跋)。见于中国嘉德2001年春拍,今为加拿大安大略博物馆藏。黄易诗即《秋盦诗草》所收《送陶凫香归娶》。陶樑《红豆树馆词》卷五收《摸鱼子·甲寅秋杪,余薄游山左,与孙渊如观察、黄小松司马、蒋伯生上舍订交,过从甚密,沸上多名胜地,太白酒楼、工部南池,皆当时吟宴之所,影事前尘,忽忽如梦,小松、渊如相继归道山,伯生官齐河令,以吏议罢去,抚今追昔,感逝怀人,因填此解》。《红豆树馆诗稿》卷十三收《孔玉双庶常归娶图》"枨触闲情到老夫,苏台却扇忆模糊"句小注云:"余丙辰(1796)下第,出都归娶,遇黄小松司马于沸上,为写《苏台却扇图》赠行,今忽忽已六十年矣。"又《红豆树馆诗稿》卷一所收《春尽日送叶村黄大之历城,即呈小松先生》,有"去年话别汶水滨""今年把手南池曲"云云,当作于嘉庆二年春暮,时将自济南归苏州。叶村或即黄易侄元鼎之号。

189 戴 经 【1封】

戴经,浙江归安人。尝游太学,坐馆京师。

戴 经 189—1

去秋道出济阳,敬趋辕下,幸辱枉以车骑,复宠招于衙署。沃心饫德,罗山海之珍;目骇神惊,睹琳琅之富。别离千里,暌隔一年。伏惟老先生大人德随化雨,泽被春波,循见膺简界而来日下,欢会之期,定能指日也。初夏因敝居停李公处运船之便,特申芜启,想已入典签矣。兹有菔塘家兄,系现任太常寺少卿,名璐,近以奉讳南还,道由贵境,闻河水短少,舟行非易。家兄到州必当奉拜,敢恳老先生给付溜子,俾得过闸无阻,趱行迅速,则感勒之私不啻身受,想必定邀俯允也。至经索米长安,挂名太学。瓦砾之质,宁待价于十城;驽骞之才,不致问于千里。素承期许,惟愧寸心耳。肃泐数行,祈为丙鉴,临池神企,并请升安,不尽缕觇。小松老先生大人阁下,晚戴经顿首。[《小蓬莱阁同人往来信札》第二册]

考:札中提及其兄戴璐奉讳南还,戴璐字敏夫,号菔塘。乾隆二十八年(1763)进士。其补授太常寺少卿在嘉庆三年(1798)十一月,札当作于此后。

190　伊江阿　【1封】

伊江阿字诚庵，号长白山人，满洲正白旗人，协办大学士永贵之子。嘉庆元年六月任山东巡抚，四年因事夺职。又追论在山东日佞佛宽盗，命戍伊犁。寻授蓝翎侍卫、古城领队大臣。参见《清史稿》本传。

伊江阿 190-1

在州一晤匆匆，别来气味移人，数日不能释然也。将来公务略简，兄可过省城小住，盘恒[桓]几天，妙妙。砚一方，拄杖一条，已转送石庵相国，赏其旧物，喜不可言，当作字酬小松云。庆大司马云，兄曾见赠古画四卷，迄今思之，尚感也。钦使初六日夜由工北上，弟亦于初六日夜起程，初八日可到沛上，晤时当多作叙谈也。昨托王州之言已达到否？弟意漕船北上后当乘空奉请陛见，寻常可不进贡，此行须备贡数件恭进，方于心安。无如旧物中木石根或旧笔筒、水盛之类，若得数件为佳。价之多宽，不恤也。兄赏鉴家，法眼极高，可为弟谋之否？容俟面谈。此候崇佳，不尽欲言。愚弟伊江阿拜具。初五日。

或旧铜磁凑一都盛盘亦妙。[《小蓬莱阁同人往来信札》第二册]

考：札云"将来公务略简"，当在嘉庆三年（1798）黄易服阕借补捕河之后。此际伊江阿将入京陛见，委托黄易为之张罗文房贡物。据台北故宫博物院藏《清代宫中档奏折》，本年伊江阿奏闻豫省粮船入境及山东帮船出闸情形在十月二十六日（文献编号：404004371），札很可能作于下月五日。次年初，伊江阿因寄和珅书信事被革职。据《清仁宗实录》"嘉庆四年正月十三日"条："谕内阁：本日伊江阿由驿递到奏折，有寄和珅书信。业经闻知大行太上皇帝龙驭上宾，信内惟谆劝和珅节哀办事等语，而于朕遭罹大故，并无一字提及。即以常情而论，寄书唁问自当以慰唁人子为重，今伊江阿于和珅则再三劝以节哀，而于朕躬仅照常具一请安之折，转将寻常地方事件陈奏，不知其是何居心？伊江阿身为满洲，现任巡抚，又系大学士永贵之子，且曾在军机处行走，非不晓事者可比，乃竟如此心存膜视，转于和珅慰问殷勤。可见伊江阿平日不知有皇考，今日复不知有朕，惟知有和珅一人，负恩昧良，莫此为甚。伊江阿着传旨严行申饬，并交部严加议处。""正月二十日条"："着即照部议革职，来京候旨。"王州即王彬，山西汾阳人，乾隆六十年（1795）十一月至嘉庆五年正月再任济宁直隶州知州。嘉庆元年，黄易曾先后在李奉翰、伊江阿幕中，参142-4阮元致黄易札；二年正二月间，黄易岱岩访碑亦与伊江阿相见，《岱麓访碑图·大明湖》题识云："中丞伊公命游署中珍珠泉。"《岱岩访古日记》："［正月］二十日，孙公［即孙星衍］奉急符，赴钜野。中丞伊公命酌，谈崂山风景，……中丞擅草圣，命刻二巨印。"

191　沈铭彝　【1封】

沈铭彝号竹岑，可培子。浙江嘉兴人。嘉庆初例贡生，候选训导。喜藏金石文字，隶书尤妙。精于考古，有《宝正砖记》。参见《（光绪）嘉兴县志》卷二十五、《两浙䡎轩续录》卷二十一。

沈铭彝 191-1

暂至任城，仰蒙老伯大人逾格相待，种种垂情。奇文秘迹，不吝畅观，愧侄无鉴古之识，徒望洋兴叹耳。拜别后，片帆南去，河声如吼，赖所赐古帖，蓬窗小几，寝馈其中，顿忘洪涛之险矣。初四日抵台庄，羽便肃泐数行，寄慰钧念，并鸣谢悃。顺请日安，余俟续布。不宣。小松老伯大人座右，愚侄沈铭彝顿首，初四日舟次。谨空。

钤"竹岑启事"。[《黄小松友朋书札》第九册]

考：沈铭彝《听松阁诗》自序："嘉庆丁巳（1797），余年三十又五矣，七试不售，二毛渐逼，时先子得中风疾，余躬侍汤药，劳苦万端，次年余以廪膳就职训导。"札当作于嘉庆三年（1798）沈铭彝贡试后就职训导，南归途经台庄时，此前在济宁曾与黄易相见。沈铭彝族伯沈启震、父可培亦黄易之友。

192　钱樾　【1封】

钱樾字黼棠，浙江嘉善人。乾隆三十七年进士，选庶吉士，授编修。督四川、广西学政，累擢少詹事。嘉庆四年还京，骤迁内阁学士，礼部侍郎，督江苏学政。调吏部，九年坐失察降编修。累迁大理寺少卿。丁忧归，服阕引疾不出。参见《清史稿》本传。

钱　樾 192-1

睹翰墨，想见丰采。新正奉访不值，嗣以匆匆入都，竟未觌面，怅甚。铁笔之妙，文何诸公拟秦汉章无以过，求教心切，自忘唐突，乃承先生不以为嫌，即镌就赐来，开缄耽翫，珍如拱璧。读手书，属觅家箨石画，现无存者，得便当寄信至山左索来奉上耳。特此奉覆，即候近佳，统惟朗照。不备。小松学长先生，同学弟钱樾顿首。十八日。冲。

　　拗谦心璧。又拜。

　　钤"抚棠"。〔上海博物馆藏黄易《功德顶访碑图》卷后〕

考：札作于嘉庆四年（1799）正月十八日。《清仁宗实录》"嘉庆四年正月十二日"条："命署国子监祭酒钱樾仍在上书房行走。"本年正月初钱樾自广西学政任上还京，经济宁时与黄易未得一面，因作札索印，黄易旋寄赠刻印，并求钱樾族人钱载画作。

193　李尧栋　【1封】

李尧栋，浙江山阴人，乾隆三十七年进士。嘉庆四年署任济南知府，仕至云南巡抚。参见《（道光）济南府志》卷三十《秩官八》。

李尧栋 193-1

　　闻阁下名久矣，今得同官一方，则相见有日，私心窃幸，未卜何时得遂愿也。猥蒙手书辱问，栋自问非吏才，久欲息影江乡，以官累不得已再涉风尘。到此甫月余，尝鼎一脔，毫无滋味矣。江世兄已回平阴，书即致去。穀人昨冬在湖上犹相见，今到此尚未通问也。此复，并候钧安。尧栋启上小松先生。初九日。

　　杭州严历亭嘱致声，又及。[《故宫藏黄易尺牍研究·手迹》]

考：据《（民国）山东通志》卷五十四《国朝职官表五》，李尧栋嘉庆四年（1799）调任泰安知府。据"昨冬""到此甫月余"，此札很可能作于本年春日。约在此际，李尧栋曾题黄易为汤惟镜所作《云峰搨碑图》："登临如此苦攀跻，空谷丁丁响搨低。莫把青山留一字，有文便有上天梯。　题字千秋寂寞争，人人金石赵明诚。我愁斸尽青山骨，未必青山也好名。李尧栋戏题。"国家图书馆藏。江世兄即江安，时坐馆泰安府属县平阴。穀人即吴锡麒，严历亭即严守田。

何道生 【6封】

何道生字立之，号兰士，山西灵石人。乾隆五十二年进士，改工部主事，以诗负重名。嘉庆元年擢本部员外郎，升郎中、御史，四年冬巡视济宁漕务，五年授九江府知府，六年丁父忧，十年服阕，授宁夏府知府。工诗善画，豪于酒，又好隐忧，以病骤亡于宁夏，时四十有一。参见法式善《存素堂文续集》卷二《朝议大夫宁夏府知府何君墓表》。

何道生 194-1

倾倒之诚，有难面罄者，辄托为歌诗，奉呈大雅之教，幸砭削之。旅中无他纸可书，书之红单，酒后草草，殊不成字，谅之谅之。专此，奉候即佳。不备。愚弟道生顿首，秋盦先生阁下。初十日南旺行馆。

钤"生"。[《故宫藏黄易尺牍研究·手迹》]

考：《嘉庆帝起居注》"嘉庆四年（1799）十二月十九日"条："其巡视济宁漕务，着何道生去。"许隽超《故宫藏何道生致黄易札考释》据何氏《双藤书屋诗集》所收诗，考其到任后与黄易相见在嘉庆五年正月七日，三日后即有此札。黄易于乾隆五十八年（1793）冬进京时，曾与翁方纲、翁树培父子及何道生等晤，《双藤书屋诗集》卷十《至沛宁喜晤黄小松司马易》："忆昔岁癸丑，合并在诗境。至今灯烛光，犹记三人影。"小注云："癸丑岁，见君于覃溪先生之诗境轩。共谈者，君与宜泉及余三人也。"何道生嗜诗酒，法式善所作《墓表》有"数年以来，时往京师。就余所见，无日不画，无日不诗，更无时不酒，无事不忧也"云云。此札所用红单，当为商民输税所填收税红单。

何道生 194-2

《石经》敬题观款，《得碑十□图》于竹汀先生诗后续貂二绝句以志钦佩。画册四，间有所触辄题数语，或诗或跋，俱极草草，乞印证之。明日出门查泉，不及走晤，草此奉别，差竣旋沛，诸容面颂。不一。愚弟何道生顿首，小松先生侍史。二月二日。［故宫博物院］

考：本札作于嘉庆五年（1800）二月二日。黄易所藏《宋拓汉石经残字》有何道生"嘉庆五年岁在上章涒叹陬月"观款。《得碑十二图》下册亦有何道生题诗，即当日所作，云："难得碑痴即大痴，生平快事聚于斯。名山宝藏原无尽，不爱碑人总不知。　墨痕淡欲化云烟，此笔于今孰比肩。片石存亡应有数，他时碑或藉图传。题请秋盦九兄正之，时庚申二月二日，小竺道人何道生。"

何道生 194-3

承惠鲜蛏，谢谢。兹将扇面册六本奉缴，祈捡入。并乞再捡清閟所藏旧人画册数事，以便浏览。此渎并谢，即候文安。不一。弟名心叩。［故宫博物院］

考：作于嘉庆五年（1800）二三月巡视山东漕运期间。黄易收藏明清画册甚多，何氏屡屡借阅。194-2 有"画册四，间有所触辄题数语，或诗或跋，俱极草草"云云，可见借阅同时，辄为题诗作跋。

何道生 194-4

近作十章录呈粲政，并附缴《樊榭诗》《谷林诗》《泰山道里记》《泰山述记》书四种，共十九本。其泰安相国所藏汉碑数种并便面册，仍有未见者，希一并捡付数本，以供消遣。耑此顺候，诸容面颂。不一。弟道生顿首，小松九兄先生足下。

钤"馆"。［《故宫藏黄易尺牍研究·手迹》］

考：泰安相国所藏汉碑数种即《汉魏五碑》，朱琪据《宋拓范式碑》册后有何道生嘉庆五年（1800）暮春之月观款，推知此札作于本年三月前后。许隽超则定作札时间为二月中下旬。谷林即赵昱，仁和人。

何道生 194-5

枳篱斜漾一帘青，招我孤杭隔夜停。待闸河声正如吼（用赵松雪《兰亭》跋语），船窗恰好写《兰亭》。孤负南来五两风，连樯戢香罢张篷。流行坎止吾何与？出处机缘悟静中。百谷笙镛贯耳鸣，洗将心地十分清。乍疑剪烛西窗话，檐雨淋浪梦不成。夙仰西泠逸老诗，甘于谏果味回时。异书快读如中酒，不负从君借一瓻（时借读董司农、丁龙泓、厉樊榭、吴西林诸先生诗集）。黄九工词画更工，老年无寐怯心空（君云近年少用心，辄少睡，故云）。凭君游戏烟云供，消遣乌篷镇日风。汶上待闸口占五绝句奉柬秋盦先生，兼乞画帧，兰士弟何道生草稿。

钤"长毋相忘"。[中国嘉德2016年秋拍]

考：魏成宪《清爱堂集》卷八收《舟次任城，何兰士侍御道生视漕驻节，同游南池，小松作图，兰士索题》《题兰士〈南池行馆图〉即以寄怀》，作于嘉庆五年（1800）四月，据后诗，何道生时已北返京师。本札有"时借读董司农、丁龙泓、厉樊榭、吴西林诸先生诗集"云云，当为查河待闸汶上之际，所乞"画帧"当非《南池行馆图》。札约在嘉庆五年二三月间。董司农、丁龙泓、厉樊榭、吴西林分别为董邦达、丁敬、厉鹗、吴颖芳，皆浙江人。

何道生 194–6

吁嗟李君真好古，梦与胶东令君语。侵晓独抚若髶翁，涛声飒飒逗秋雨。忽惊片石路巅顶，汉代文章久黄土。作使畚锸速出之，心所欲觏天果予。摩挲拍手叫奇绝，龙鬣松鳞助飞舞。蛟螭势挟雷雨升，鸟兽形殊茯苓煮。苔花千载不敢蚀，字字珠玑折钗股。戟门古碑本森立，待此碑来后天补。纪年我时方十龄，识籀遗文究诅楚。何期廿载走黄尘，汴上俄焉此图睹。碑虽未觏神已飞，画欲临摹勇难贾。黄君累日联舟行，茗椀清谈听邪许。兴酣落笔题此词，快绝奋髯饮黄鼠。题《李铁桥得石图》并柬小松九兄，时待闸袁口，被酒作，弟生草稿。

钤"兰士"。[中国嘉德2016年秋拍]

考：作于查河待闸袁口之际，与194–5大约同时。黄易曾两次为李东琪作《得石图》，一绘其得《汉胶东令王君庙门碑》，一绘其得《范式碑》。此言"纪年我时方十龄"，则何氏所题乃《得石第一图》。此图乾隆四十九年（1784）黄易曾在京为征集题诗，参18–13、18–14潘有为致黄易札。来济友人亦多属题，除何道生诗外，尚有王元文《北溪诗文集》卷十七《〈得石图〉诗为汴宁李铁桥赋》："传示一图号《得石》，满纸古色苍烟含。石文自汉胶东令，二十余字世系谱。柚堂（秀水盛秦川先生）考索证《隶续》，小松（钱塘黄易秋盦）图绘堆晴岚。……铁桥居士最好事，金石文字性命耽。三千年物未出世，手摸忽得神为酣。"

195　赵辑宁　【1封】

赵辑宁字素门，浙江钱塘人。之琛父。有古欢书屋，藏书甚富。

赵辑宁 195-1

　　两年以来，音问不通，渴想之甚。每于晋斋兄处得悉尊体违和，不能写字，近日已勿药有喜否？去冬宋芝山大兄北上，作札禀候兴居，谅已收到。弟家居碌碌，无一善状可为知己告。老母丧葬事迟至今春始草草举行，而未能竟了。弟与陈秋堂三兄时时聚首，现在俱有馆，然不过四五十金，无济于事。孙渊如先生颇爱四小儿之琛，因阮芸台中丞欲刻《续钟鼎款识》，荐之琛摹写，颇为称赏，未审将来尚有益处否也。今因姜怡亭北上之便，匆匆禀问佳安，余不多及。怡亭亦嗜金石者，见之定多契合。秋庵九兄大人尊前，学愚弟赵辑宁顿首。八月五日。

　　外款识四种检收。

　　钤"素门先生"。

　　用"友益斋"笺。[《小蓬莱阁同人往来信札》第二册]

考：乾隆末嘉庆初，阮元任浙江学政，立诂经精舍，先后延请王昶、孙星衍主讲。孙星衍举荐赵之琛摹写《积古斋钟鼎彝器款识》，当在此际。嘉庆四年（1799）九月底，宋葆淳北上经过济宁，与黄易晤面，并题《岱麓访碑二十四图》卷，诗云："今我来浙西，言买北上船。待闸运河滨，寻君任城边。赏碑更读画，顿觉尘虑蠲。素门客闽海，洛生滞南天。安能招之来，与君相周旋。惟许李铁桥，时参书画禅。嘉庆四年二月作，九月廿九日重过济宁书，倦陬宋葆淳。"札言"去冬宋芝山大兄北上"，当作于嘉庆五年八月五日。姜宁字淳甫，号怡亭，钱塘贡生，精于填词。陈秋堂即陈豫锺。

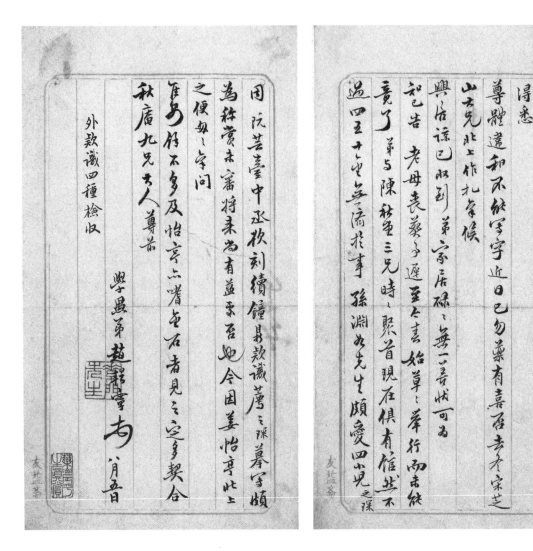

195-1 赵辑宁致黄易札　收入《小蓬莱阁同人往来信札》第二册

196　陈廷槐　【1封】

陈廷槐字德符，浙江湖州人。乾隆二十五年恩贡。参见《（同治）湖州府志》卷十五《选举表·贡生二》。

陈廷槐 196-1

夏间曾泐寸械奉候台祺，谅蒙垂照。兹维老姊丈大人履候绥嘉，才猷丕著，上游器重已深，竚见指日升华晋阶，望风引领，可胜预贺。弟因居停于六月内丁艰，本拟另图馆地，缘承居停相留，情不可却，耽搁两月有余。今居停准于廿六日南旋，弟本拟附舟归里，奈两手空空，未获如愿，中秋后拟赴曹工一行，另图机会，此亦不过暂局，稍有资斧，明春即当旋里。祈老姊丈大人垂爱照拂一切，是所私祷。抵曹工后，当就近趋谒芝颜，面聆教益。前恳八分书单条及对联，务祈于公余之暇临池一挥，以便走领。先此奉布，并请升安，诸祈垂照。不尽。愚弟陈廷槐顿首。

如荷赐札，乞寄单县主簿姚公名国梅处，并嘱其俟弟到工日面交，不必转寄武陟，又泐。[上海图书馆]

考：据札，陈廷槐时在武陟县幕，县令为钱塘人叶龙官，嘉庆三年（1798）任，六年由林岚接任。参见《（道光）武陟县志》卷六《职官表》。札中提及居停丁内艰南归，很可能作于嘉庆六年八月。据《内阁大库档案》，山东省署单县主簿姚国梅于嘉庆三年十二月初二日准署到任，嘉庆五年三月河南山东河道总督王秉韬题请实授。（登录号：000958-001）札中称黄易为"老姊丈大人"，黄易原配陈氏，揆诸属辞口吻，陈廷槐当为其远房妻弟。

197 王洽 【1封】

王洽字壬林，号晓峰，浙江分水人。乾隆庚子恩贡，嘉庆六年官昌化教谕。著《壬林斋诗稿》。参见《两浙輶轩续录》卷十三。

王洽 197-1

耳热声华，匪朝伊夕。兹以蓬窗南发，获游宝山，俾闻所闻而来者，窃幸见所见而去，何快如之。只缘解维较捷，未克沃聆麈屑，深以为怅。然蒙大雅不弃，倾盖而订金兰，已惬素愿。且平章时事，不过落落客星散布寰区，虽聚散无常，或天假之缘，不久依然萍合，亦未可知也。古人云，意气之交不远千里，他日关山风雨，梦寐相从，当不啻聚首一堂耳，夫亦何憾于此行！频行，感荷崇差远送，各闸水微浅阻，深得启闭之力。今于念九日已抵台庄，凡此尺水丈波，莫非龙门之赐。闻由台庄而下水势颇旺，可无涸辙之虞。肃泐数行为报，行人安稳，布帆无恙，谨以鸣谢，并请安祺，统希鉴照。上小松九兄大人史席，愚弟晓峰王洽手奏。[《黄小松友朋书札》第二册]

考：本札有可能作于嘉庆六年（1801）秋冬上任南行之际。

198 徐日簪 【1封】

徐日簪字柳塘，江苏阳湖人，荫生。乾隆六十年由宣城知县升河南兰仪同知，又升归德府睢宁管河同知。嘉庆三年正月丁母忧，服阕，任泇河同知，七年三月为运河同知，历升济南知府。参见《（道光）济宁直隶州志》卷六之三《职官》。

徐日簪 198-1

顷知九兄大人处有《扬州画舫录》，务恳暂借一观，迟日即当奉缴，断不有失。特此布渎，并请日安。不一。愚弟徐日簪顿首。[《故宫藏黄易尺牍研究·手迹》]

考：据札中属辞，徐日簪与黄易相距不远，很可能作于山东泇河同知任上，时在嘉庆五六年间（1800-1801）。

199　　劉肇鑑　　【1封】

劉肇鑑，山西洪洞人，貢生。道光元年任大名府知府，六年任保定府同知。参见《（咸丰）大名府志》续志卷一《职官》、《（光绪）保定府志》卷六《职官》。

劉肇鑑　199—1

别来未几，渴思尤甚，遥忆起居，定当绥和。弟匆匆旋里，不获面别，为怅。抵舍以来，俗务猬集，欲作速回济，缘事掣肘，尚须时日，奈之何哉？昨赴平阳，与牧田图晤，看其光景，宾主相处颇善，惟是署规严肃，朋友不准出门，殊觉太苦耳。弟近得铜带钩二、镜一、字画数种，价值颇宜，未识佳否，当容晤请教。特此布达，并请升安。不一。小松九哥大人阁下，愚弟刘肇鑑顿首。四月初八日泐。[上海图书馆]

考：本札约作于嘉庆初年。刘肇鑑寓居济宁，此际返回洪洞，至平阳县署觅幕事，晤友人牧田，以幕中规矩严肃仍欲回济。牧田许姓，歙县人，能书善画，参 119-2 钱泳致黄易札考释。时刘肇鑑购得铜器及古画，向黄易通报。黄易《嵩洛访碑日记》：“[嘉庆元年十月] 初十日，抵济。计嵩洛搨碑五百余，得旧搨本四十余，以副本分赠铁桥、梅村、镜古诸君，大快事也。”镜古即刘肇鑑之字，故宫博物院藏黄易赠李东琪《汉敦煌太守裴岑纪功碑》，有其题跋二则，一署"刘肇鑑"，钤"刘镜古"；一署"镜古"，钤"肇鑑私印"。刘肇鑑及其弟肇镛乾嘉间游幕济宁，好为访古，与黄易交往密切。《秋盦诗草》收《癸丑仲春题刘镜古〈灌花图〉》其二："千里崎岖出太行，东来爱住水云乡。赏音扪碑皆清福，不羡河中绿野堂。"嘉庆五年（1800）四月，巡漕御史何道生、钱泳与黄易同在济宁南池会饮三日，"小松出示所藏金石图书，与州人李铁桥、山西刘镜古、吴江陆古愚同观，为一时佳会云。"参见《履园丛话》卷十八《南池》。

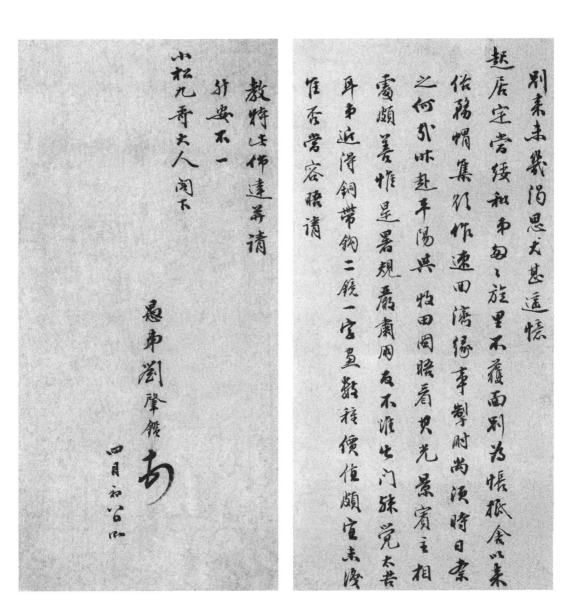

199—1 刘肇鑑致黃易札　上海图书馆藏

200 蔡本俊 【1封】

蔡本俊字千之，福建漳浦人。内阁中书，《四库全书》校对。嘉庆四年举进士，官刑部山西司主事，南宁府知府。参见《（光绪）漳州府志》卷十九《选举》。

蔡本俊 200-1

日前一晤，差慰渴私。过济宁时稔知大驾公出未回，虽赴南池、太白楼瞻望一番，竟未得到学宫一观旧迹，殊为缺陷。承惠妙刻，实希世之珍，捧读之下，如亲晤良朋也，谢谢。条对并接，统此志谢。顺候升祺。不尽。小松世老先生心照，世愚弟蔡本俊顿首。

家兄、舍侄均嘱候安。[《黄小松友朋书札》第七册]

考：黄易页边题"蔡六世兄，漳浦葛山师之六公子也"。本俊之父蔡新字次明，号葛山。乾隆元年（1736）进士，改庶吉士，授翰林院编修，直上书房，翰林院侍讲，累官礼部尚书兼理兵部尚书、吏部尚书兼国子监事务、文华殿大学士兼吏部尚书。嘉庆四年（1799）十二月卒于家，赠太傅。作札时间待考。

201 王绩著 【1封】

王绩著，直隶武清人，举人，乾隆四十七年知山东荣成县，五十年知菏泽县，五十六年知江苏泗水县。

王绩著 201-1

握谈半刻，深悔从前之交臂失也。舟行，专纪送到素箑一柄，写画之妙，弟久心仰，惟秋柳数株，断句一阕，未免增人离别之感耳。十里停桡，正堪为铜舟道矣。至秦淮之水，本不向扬州流，且廿四桥又非桃叶比，恐不过断章取义云云。吾兄何不再咏蘋花深处一联以相贻耶？笑笑。今晚拟过袁家口而北，非云欲速，适以避闹而已。藉此恭候升祺，不申。毋笑红柬是望。愚弟王绩著拜手。

[《小蓬莱阁同人往来信札》第四册]

考：袁家口在汶上，此际王绩著自济宁北上，札作于与黄易分手之后，黄易又画扇相赠。作札时间待考。

袁秉钧 【1封】

袁秉钧字竹田，世为华亭人，与弟秉直迁居浙江嘉善。考授主簿，分发河南，以勤慎称。擢中河通判，因回避，调山东上河管河通判，历著劳绩，引疾归。参见《（光绪）重修嘉善县志》卷二十五《侨寓》。

袁秉钧 202-1

月初过沛，荷承九兄大人爱我情深。饮食教诲，殷殷挚谊，有非笔墨所能罄述者，惟有铭诸心版而已。抵省后始则酬应碌碌，继又为案牍所牵，两旬来未得肃谢，尤切歉如。近稔大宪北堂称觞，寅好远集，高斋多盍簪之乐，不无酬酢纷如否？弟到此，居停之礼貌情意颇隆，恐不能副其望。且月杪有春明之役，冲寒北指，尤为衰朽所畏也。顷有贵同乡陈公名玢者，将欲南归，拟小春初十边自省起身至沛宁，坐船回去，未审此时沛上尚有尖头船否？倘能雇觅，望九兄遣役代雇一船，渠十四五到沛，由水路回杭。设一时无船，务望星即示知，以便定长行车辆。琐事奉渎，希鉴之。天气渐寒，昕夕珍重，此候。不宣。小松九兄大人，愚弟袁秉钧顿首。[《黄小松友朋书札》第十一册]

考：陈玢，浙江钱塘人。乾隆四十四年（1779）万寿恩科举人，四十六年进士。

据札，其人将于十月十四五日自济南经济宁南归，袁秉钧托黄易代为雇船。

据"居停"云云，本月袁秉钧游幕济南，月初曾至济宁与黄易相见。作札时间待考。

203　黄锡蕃　【1封】

黄锡蕃字椒升，浙江海盐人。精鉴赏，工八分。少饶于赀，购求金石文字，日事参考，家遂落。以布政司都事需次福建，署上杭县典史。辞疾归，日坐小楼从事丹铅。有《金石表》六卷、《续古印式》二卷。参见《（光绪）海盐县志》卷十七《人物传·文苑》。

黄　易 203-1

灯下作文鱼覆书，并检出秦汉六朝碑十四种奉上，乞察收，并候晚祉。不一。宗弟易顿首，椒升宗长兄。八月廿日。

用"贻经仿古笺"。[《故宫藏黄易尺牍研究·手迹》]

考：文鱼即张燕昌。作札时间待考。

204 杨骈 【1封】

生平不详。

杨骈 204-1

　　小松仁丈大人阁下，晤后瞬即经旬，念甚。比维筹祺纳福为颂。前委见新之锡器等件，其碗口上因其太薄，诚恐损坏之故，计钱一百，适有尊名下摘存本，洋水三百划过两讫。月内典务进出颇形寂寥，较之上年六七折光景。前示所备之三竿头，除用过尚有余，至多再用七百，尽足毂矣，其余一竿无所用场也。闻今庚各典皆然，未识确否？我典更甚，大约兼被唯亭之故。侄本欲趋候，缘天雨泥途，不克如愿，容新正初三贺岁再行面陈一是也。泐此布致，即请年安。令弟前均此候安。侄杨骈顿首。附送上破白单一扎，系令弟应三叔所要，乞转交，又拜。泐。[《故宫藏黄易尺牍研究·手迹》]

考：此人经营一典当行，所言者皆典当事。"今庚"可作"今年"解，至于此何年事，亦无考。

附录一　　作札人或收札人不明　　【5封】

1. 黄易致某人

顷接手书，敬承雅照，感甚感甚。玉印之文一字不识，此必元人国书，如今时清文篆书是也。元人祈雨后刻玉印，投龙潭，作云雷之文，事载孙承泽《春明梦余录》，此类印文是也。汉以前符玺白文居多，此印非太古之物，而书迹摹仿《禹碑》，不知《禹碑》实是赝物，此印或好事者仿古，未可知也。张效兄事，济宁张公已请过，嘱于天晴时赴工查看，日内尚未往，因工程系包与书办，不过看其大概而已。专此，顺候日祉。不一。愚弟黄易顿首。

附 1-1
黄易致某人札
上海图书馆藏

明日差役赴南，请朱舅太爷，人已派定，现在作札也。又及。［上海图书馆］

考：张效兄、朱舅太爷皆不详何人。济宁张公当为济宁直隶州知州张玉树，乾隆五十年（1785）二月由胶州升任，仅二月即由刘永铨接任；乾隆五十四年十二月再任，五十五年七月调任临安知府。本札很可能作于五十五年上半年。

2. 黄易致某人

违教以来，每殷契想。弟与兄同有书卷、碑刻之癖，总不得一方共事，怅惘之至。世长来此，匆匆一见，钦其才思足继家声，快甚快甚。第二次抽签工在第三十八分，尚属易办，承嘱，诸当照应也。专此顺覆，并候升祺。不一。愚弟黄易顿首。

河宪初九日赴工，此间不日发银，动工集料，世长想可即来也。又及。六月初十日。尊谦叩缴。［四川省博物馆］

考：受札人难详。有可能是董元镜，所称"世长"或即元镜子有恂，时为济宁州判。札作于嘉庆二年（1797）六月十日。参 50-2 董元镜致黄易札。河宪即康基田。

3. 黄易致某人

昨承手书，如晤良友，欣慰欣慰。世长英发之时，及锋而试，敬羡无似。弟忝旧好，再无不时刻留心也。弟薄宦廿年，况味愈下，惟金石文字愈求愈多，书画亦颇遇奇秘，惜不能与知己快赏耳。年来集古人扇面二百余，心犹不足，藉相好广助之也。专此，敬候升祺，惟雅照。不备。愚弟黄易顿首。七夕后二日。

世长兄均此，不另。尊谦叩璧。［四川省博物馆］

考：受札人难详。札称"薄宦廿年""年来集古人扇面二百余"，很可能作于嘉庆初年。据 69-5 黄易致顾文铣札，至嘉庆四年（1799）十月，黄易所收扇面已达三百余面。

4. 黄易致某人

前札写竟，得八月廿五日手书，具悉种种。所命令弟姻事当为留神，闻深泽许公有女未字，乡中同官似觉相合，第闻令爱已在廿以外，而许公人颇诚直，微嫌执拗耳，惟高明酌之。梅花和尚笔墨得大雅赏鉴，自非凡品，此公笔墨比三碑

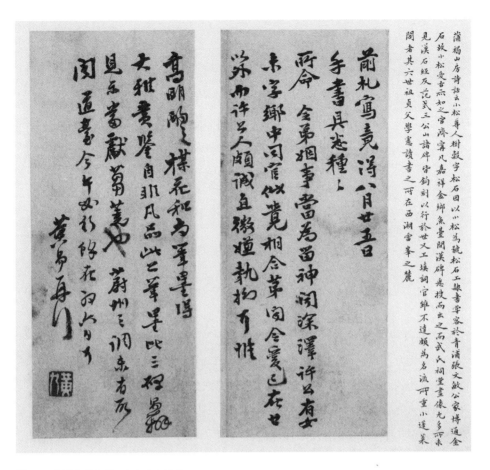

附1-4 黄易致某人札 上海图书馆藏

易办,见示当献蒭荛也。蔚州之调未有所闻,道台今午必行,余在初六日耳。黄易再拜。

  钤"黄九"。[上海图书馆]
考:深泽许公,当即安徽歙县人许权,乾隆三十九年(1774)任深泽县令,四十八年升沧州知州。参见《(咸丰)深泽县志》卷六《职官志》。札作于黄易在直隶佐幕时期,即1775-1777年间。梅花和尚即元代画家吴镇。

5. 某人致黄易

  [前阙]太史家藏便面寄来,可胜闷闷,虽已作书另取,不无略迟清赏耳。弟续拓《朱氏画像》寄到已将两月,因忙甚未暇展观,近日暑窗无事,逐幅细审,其东向后壁九人一幅,上首亦有"朱长舒""长舒"等字,此外别幅有"朱[后阙]
[《黄小松友朋书札》第五册]
考:作札人难详。因提及《朱长舒石室画象》,当作于乾隆四十九年(1784)以后。

附录二　黄树穀、黄庭往来书札，其他相关书札　【22封】

1. 裘尊生致黄树穀

满拟六月望前后把晤，不意直至七月初旬尚未见至，真所谓"望君如望岁"也。此时匆匆归家，一切近状询之吕二哥，悉知诸承种种关切，铭刻无既，百凡尚祈留神。九月初旬准来邗上。在信兄府上，蒙渠太夫人并信兄昆季暨诸嫂夫人相待如骨肉，感之不尽。再：吕氏贤乔梓多方错爱，皆出自老长兄之惠爱，相晤亦祈道谢。老麓师徒淳淳留意，刻骨之爱如何可言。弟非负心人，实难为情耳，奈何？所委携至家下，来时奉赵。匆匆行色，不尽愿言，知己定蒙鉴谅。松石大兄，弟尊生顿首。留白。［故宫博物院］

考：裘尊生字义门，钱塘人。雍正间客维扬，工人物、花卉，书学黄山谷。札中所述皆友朋细事，时黄树穀馆扬州。

2. 僧明中致黄树穀

满城风雨，乞食他乡，此等荒寒惟我知己知之耳。此刻已鼓枻当湖，或沿至秦淮间，亦未可定，总之人情难由自主也。《南屏志》事有成否？尊驾远行于何时？《宗镜大纲》《六物依释》均望交存。外绢对一，乃友人慕想篆书而转乞者，只宜单款，句语以书堂豪雅为妙。渠从古滇归，具儿茶二团，烟筒一付，聊见真意，幸一笑存之也。松石居士执事，圣因衲明中顿首。初八日。

即为书就，寄至寺中为祝。［故宫博物院］

考：明中字大恒，仁和人。札中询及修志，并代友人索单款篆书。明中幼投嘉兴楞严寺出家，晚主西湖净慈寺。吴翌凤《灯窗丛录》卷四："西湖僧明中工诗，乾隆辛未（1751），圣驾南巡，明中迎于圣因寺，上以手抚其左腕，明中遂

附录二　黄树榖、黄庭往来书札，其他相关书札

附 2—1
裘尊生致黄树榖札
故宫博物院藏

附 2—2
僧明中致黄树榖札
故宫博物院藏

绣团龙于袈裟之左偏，客来相揖者以右手答之，而左臂不动。杭堇浦太史有句云：夸道赐衣僧借紫，竹边留客晒袈裟。盖讥之也。"

3. 僧明中致黄树榖

大地几成火坑，湖寺独界清凉。此时得谭天之口相与酬唱，至足乐也。且我叔度不啻饥渴，幸即过我，勿使引领是祝。折子格式乞带至，鼻烟望惠少许。率此上松石大居士我师，圣因衲明中顿首。十七日。

畏热命竹舆而来，何如？［故宫博物院］

考：札作于夏日，约黄树榖来湖寺相谈。

4. 李锴致黄树榖

寄题画已从家太常榖斋处转达记室，不识已发否？外附契约一纸，均乞查照可耳。杉篙到通，舍间尽可安置，不必又劳烦海公处。至税务亦可料理，但巡漕程君则不识其人，不知何由而致言也。先生到通，弊居南院闲房一所，现在空闲，弟今已迁居街北旧宅，不必又事租赁，径来南院居停可耳。但弟年垂老，伏处穷庐，绝无善状。拟于明岁三四月一准南游，由扬至杭，由杭达闽，不知行旌何时北上，倘能稍迟，大约需至四月于扬州一晤，大是快事。然千里赴约，行止惧不由人耳。东村先生足下，学弟锴顿首。［故宫博物院］

考：黄树榖将至通州，李锴为张罗住地及杉篙安置、税务诸事。李锴字铁君，奉天铁岭人，隶正黄旗汉军籍，侨居通州。潜心经史，喜吟咏，尤酷学二王书。嗜作山水游，穷访名胜，所酬酢无势利交。乾隆丙辰（1736）博学鸿词科应诏试，试毕还山。参见《（乾隆）通州志》卷八《流寓》。

5. 李锴致黄树榖

以疾在山，仓卒不得面，恨恨久耳。张尚书今得所赠书，不下郗超之赐矣。松石先生足下，荐青锴顿首。

钤"李氏铁君"。［故宫博物院］

考：张尚书当指张照。其书当为黄树榖转赠，黄、张交谊甚厚。

6. 让山和尚致黄树榖

迁塔之念，从此莫举。我亦偶萌此念，夜中便了不得颠倒梦想，现出多少三峰人在面前，罗挤哭拜，岂非奇事？若我一说三峰之窣堵一扫矣，只还了得么。所以人心放得宏些为妙，特劝老兄莫执一边，自弟之所望也。社弟篆玉顿首上，松石长兄先生千古。八月六日书。

钤"宗镜遗思"。［故宫博物院］

考：黄易页边书"让山和尚"。篆玉字让山，仁和万氏子，西湖南屏万峰房僧。雍正十二年（1734）游京师，和硕庄亲王招住海淀法界观心佛堂，十三年四月十二日，侍郎海望带领引见，奉旨速还。精内典，通儒家言。书法入能品，尤长于诗。札中讨论迁塔之念不必再起。

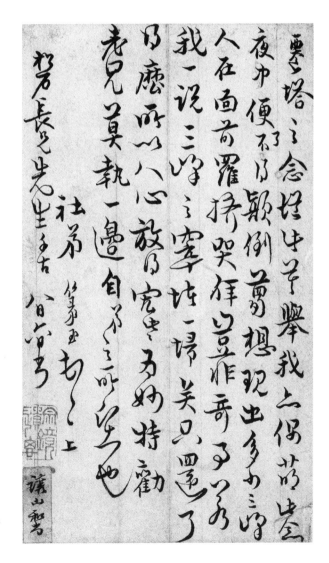

附 2—6
让山和尚致黄树穀札
故宫博物院藏

7. 黄树穀致湘中

苏友兄来，得悉吾弟近况，深慰远怀。收到《千文》五百本，书刻精工，洵有益于初学。但长安求利万难于求名也，为之攒眉者累日夜。屈指知交风雅者不少，大都无阿堵物始风雅耳，奈何奈何！足下此举恐成梅饼矣，非不知燃眉之急也，且留之以俟后图。惟是雪上加霜，徒深扼腕而已。堂上并尊舅父前为我道安，诸再报。不一。湘中贤弟，松石字。〔故宫博物院〕

考：湘中不详何人，此际似在京中。黄树穀收到所寄《千字文》刻本五百本。

8. 彭湘怀致黄庭

气虽转秋，余暑犹厉，是以未敢屈尊过我，再俟数日，或可作快谭耳。佳编乃偷闲读竟，意欲跋以片言以识向往，今奉手翰下索，权赵之。日内俗情酬酢，当蒙鉴照。《负骸图》及《负米照》稍宽之，定索搜枯肠报尊命也。率复。不一。梦珠吾兄先生传人，弟怀顿首。

钤"棣塘彭生"。〔《黄小松友朋书札》第一册〕

考：此札作于乾隆二十四年（1759）彭湘怀去世以前，时黄庭兄弟游幕楚中。彭湘怀字念堂，号棣塘，汉阳人。监生。善诗古文词。汪舸《岿崌山人集》卷五《哭彭棣堂》，作于己卯（1759）。据《（乾隆）杭州府志》卷九十一《孝友》引《城北杂记》："[黄树穀]父客死保定，匍匐号泣渡河，时大水，河防决，跌涉泥淖，足尽瘇，血流沙砾。既至瘗所，水已啮棺，乃函骨背负以行，冒雨杖竹，忍饥寒行，霪潦中凡七日，始得舟，几无人形。张墨岑[张宗苍]为写《涉水负骸图》，王吏部题为'今之虞赵'。"黄庭所嘱题诗者当即张宗苍所图。《负米图》或以黄树穀养母为主题。

9. 彭湘怀致黄庭

快晤之后，又逾十日，想念伊人，如隔三秋。今晚弟在李太史处，不知肯乘月一聚首否？原韵和成多日，亦以无使驰呈，故迟至今，兹奉上，乞削正是幸。余面。不一。梦珠学长先生，弟怀顿首。〔《黄小松友朋书札》第一册〕

考：此札作于乾隆二十四年（1759）彭湘怀去世以前，时黄庭兄弟游幕楚中。

10. 彭湘怀致包芬

泥泞不能走送梦兄，信口占得一律，为我转致，若得片时之暇，乞嘱将得意之诗书数首存兄处，以为尊酒之光。四五月拟同楚池吏部往访浙藩杜公，并嘱梦兄将居处开明，以便奉访。余即面，不悉。致意小饮。梅翁五兄一己。制弟怀稽首。[《黄小松友朋书札》第一册]

考：此札作于乾隆二十四年（1759）彭湘怀去世以前，时黄庭兄弟游幕楚中。此际黄庭回乡，彭湘怀因雨未能送行。小饮即陆飞。梅翁很可能是包芬，包号梅坨。中国嘉德2010年秋拍有华嵒《九狮图轴》，有陆飞题及黄易跋，即黄易售予包芬者。参4-1黄易致陆飞札。乾隆二十七年夏，黄易尝为包芬刻"梅坨吟屋"，次年中秋再刻。楚池即吏部文选司主事孙汉，《（同治）续辑汉阳县志》卷十八《宦迹》："孙汉字倬云，号楚池。意见通敏，文章渊博。乾隆甲子（1744）举人，乙丑（1745）进士，选庶吉士，改部掣得吏部，补文选司主事，……洊升郎中。……保举御史。"

11. 经泰致黄庭

先生笔果有神助，否则何若此之捷也？不羁之才，拜服。吾师二兄铁笔真大家派，惜乎朗亭已死，介庵不得示其一见，使之倒退三舍，乃知世有一入手即此苍古秀劲。况二兄方英年，再进二十年，当又另具一双眼目赏之耳，谢谢。不尽。并小画一幅，聊为补壁。上梦翁老兄先生知我，弟经泰顿首。[《黄小松友朋书札》第一册]

考：黄易页边题"经将军栢岩，满洲人"。据《中国美术家大辞典》："经泰字伯岩，满洲人。少时袭世爵。吟诗学汉、魏，作画师从王原祁，临摹之作往往可以乱真。"当即此人。此札当作于乾隆二十九年（1764）以前。朗亭、介庵皆不可考。

12. 王凤仪致黄庭

连朝苦雨，不能渡江，悬知行旌暂阻，尚未送别。接得手札，并示古器，洵足珍赏。但此数种气魄均小，为案头佳玩则可，以充贡篚似乎不足。汤公处未闻有觅此之说，敝寓近来恒为梁上君子所扰，重器未敢留顿，藉使奉缴。贵友想即暂依贵邸，晤当途者当为游扬之，有欲得者，就而请焉可也。率此布复，顺候近祉。不一。梦珠先生，弟王凤仪顿首。[《黄小松友朋书札》第一册]

考：王凤仪字廷和，太仓人。乾隆十二年（1747）举人，授宜城知县，乾隆二十九至三十年间任汉阳知县，参见《（同治）续辑汉阳县志》卷十四《秩官表》。

黄庭乾隆二十九年遣戍，札当作于此前。汤公疑为石首县令汤廷芳。

13. 何琪致黄庭

别来又六阅月矣，高情旷度，无日不在心目间也。文旌近驻何地？下榻争筵，声价可想，而词场酒国，亦知得我哥为光宠耳。小松艺业想更有进，福儿亦无恙否？久托西溪，甚非本怀，况是地荒僻，绝无可人，是以离索之感一日九回，不独当风雨时为深也。今秋欲娶妻矣，将来况味，虽挑泥填井，固知不足为喻。奈老母望切，势有不容缓者。筱饮二哥去冬有札寄我，词意殷勤，甚可感也。近闻即欲回杭，故不作答，会面时希为叱致。湘纫、澹和、寿石、以文诸君俱属笔候安。余不多及，惟减饮加餐是冀。梦珠大哥先生，愚弟何琪顿首上。三月二十八日。

外诗三首呈政，得一和之，为更幸焉。

钤"萃东"。[《黄小松友朋书札》第十三册]

考：陆飞《筱饮斋稿》收《楚行绝句（庚辰岁暮再适楚，明年到汉阳，途中口号，录存十分之一）》，知其再次往湖北在乾隆二十五年（1760），时黄庭、黄易亦游幕汉上。札言去冬得陆飞书，很可能作于乾隆二十八年三月二十八日，本年陆飞等回杭。参下札。

14. 何琪致陆飞

良友别后，寥寂异常，行坐怅惘，如失依归。古人以朋友为性命，今益信之。书来，得悉一切，尤喜把臂之约不远，但不知草堂资稍办否？又可念也。委刻图书今缴上，愧方学步，恐未当意。况松莲先生高足深于是理者，希致意焉。黄九"卖画买山"印杰出诸刻，可喜可喜。里中诗社已逾六月未尝一举，明年之局可知。魏上兄亦未一晤。明岁生计不得不别谋矣。或有仆所能为之事，务恳留神，切嘱切嘱。近在城中见一《碧湖双桨画册》，是樊榭先

附2—14 黄易篆刻"卖画买山"
收入《篆刻全集》第四册

生于中秋日泛舟碧浪湖迎朱姬归，而吴人为作图也。后附董浦、槐塘、授衣诸老绝句，其人素无画名而画亦甚恶，仆欲我哥另画一帧，装成小册，征善书者列诸题咏于后，俾传之永久，亦翰墨中韵事。我哥肯拈笔否？图可意而得之，不必见原本也，秋凉便望妥寄。临颖黯然，诸惟珍摄是冀。六月廿五日，上筱饮二兄有道，愚弟何琪拜白。

可亭、梅垞、曙峰诸君嘱笔候安。夏初梅垞有札奉候，未知收到否？［《黄小松友朋书札》第十三册］

考：本札提及黄易"卖画买山"一印，黄易此印边款有云："筱饮欲卜隐居，乃以楮墨谋之，拙矣，得无以此石为他日笑柄耶？乾隆癸未（1763）春三月朔，刻于弋溪舟中，小松。"则此札作于本年六月二十五日。黄易此印，宫去矜有诗，《守坡居士诗集》卷九《西江舟次，陆筱饮属黄小松制一"卖画买山"小印，虽文人游戏，要之当复如愿耳，笑成一律》云："莫谓神交十载迂，终教清梦接菰蒲（余在滇时，心即知有筱饮）。才名旧隶三山籍，囊箧新传五岳图。偶举生涯闲咒石，又增谈柄急掀须。他年海岳庵成后，便好千头种木奴。"又收《小松就黄冈幕，余亦有武昌之行，遂联舟而北，抵黄，乃作别诗以赠之》。陆飞有答诗，《筱饮斋稿》收《黄小松为余刻"卖画买山"印，宫司马守陂赠诗，次韵奉答》："事比支公事更迁，浪游何处结团蒲。文章未许污毫素，鱼鸟犹思入画图。客路抛将闲岁月，愁边怕见白髭须。何当自写烟云供，四壁青山试酪奴。"守陂当即守坡。郑来字朋集，号松莲，歙县人，以擅书法名雍乾间。严筠号可亭。

15. 申发祥致洪哲燕

阮溪道出白沟，竟不行回一顾，不能无憾。既见苻麻子，乃始释然。长须胡姓不耐闲，仍依其故主矣。忽忽岁遒，公庭如水，但为索逋人嬲之不置耳。拣发河工小松黄君，乃老友松石令嗣，心灵手敏，兼擅笔墨之长，尤癖嗜金石，到处刲苔剔藓，如椎埋肱箧，一见自当把臂入林，不得徒以备捐中轻视雅人也。但坐寒邀，熏而沐之，非阮溪风雅主盟不能为，它人亦不屑以此说进。发祥顿首，嘉平望前一日。［《黄小松友朋书札》第四册］

考：黄易页边题"申明府南屏，此与东平刺史洪君之札"。申发祥，钱塘人，副贡生，官直隶新安知县。东平刺史洪君即洪哲燕，镶黄旗汉军，乾隆三十九年至四十七年（1774—1782）任梁山营都司。参《（光绪）东平州志》

卷十《武职官表》。此札当作于乾隆四十二年十二月十四日，黄易将之任山东。

16. 潘应椿致陈焯

翰来得悉种种，读小松手书，并得观《羔羊老人墨迹》，不觉为之狂喜。日来正考校童子诗卷，殊苦芜秽满眼，得此耳目顿为一新。刻虽囊涩，断不忍舍其他去。谨如数四十金奉缴，即托吾家内史转致。虽小松有贱些亦可之说，不忍为良友吝，并不忍为希世之宝吝也。吾家内史久耳其名，神交有素，承谆嘱，遂不敢避自媒之嫌，竟以尺素通之，想内史达者，必不怪无盐唐突也。筱谷《乞欧帖诗》已录寄，应椿前作，忆尊册中"嚆矢"字误作"蒿矢"，希为更正。《湘管吟》久欲奉和，冀编严诗于杜集，乃近因差务匆匆，此兴竟为消阻，俗吏之不可为如此。应椿顿首，无轩先生阁下。四月六日。

潘札付还。

钤"病指生"。

用"蕉舟制笺"。[《黄小松友朋书札》第五册]

考：此札当作于乾隆四十三年（1778）四月六日，涉及黄易与潘氏买卖。《壬寅消夏录》著录《王逸老草书千文册》，纸本，十三开。每开高八寸五分，宽一尺一寸一分，□四行，草书。黄易跋云："王昇字逸老，汴人。草书奇伟。宣政间被召补官，南渡后寓嘉禾羔羊里，高宗召对，尤称赏。楼钥《攻媿集》云：绍兴庚午，逸老书《饮中八仙歌》，时年七十有五，羔羊居士乃其自号，圣采为所居之堂。赵希鹄《洞天清禄》《道园学古录》并言逸老草书有颠旭转折。贝清江、王元美、都南濠皆有逸老真迹，为艺林珍重如此。是册有项氏、李氏诸藏印，必禾中故家之物。后归真定相公，手自题签，装池精妙，望而知为梁氏物也。易见此于任城，书极雄肆，无一笔元以后人规格，烟霏雾结，纸墨有光。逸老书于绍兴己巳，年七十有四，与楼集合，真迹何疑？故典衣之兴又不能遏。乾隆戊戌（1778）二月，钱塘黄易。"跋亦收入《秋盦题跋》。《（嘉庆）石门县志》卷二十五《补遗下》引潘应椿《法墨珍图记》："羔羊老人不见《宋史》，案《至元嘉禾志》：王昇字逸老，汴人，草圣奇伟，寓居嘉禾羔羊里。楼钥《攻媿集》：逸老尝作草书兰亭禊序，朱岩壑题其卷云，逸少作行书，逸老为草字，外人那得知，当家有风味。又云绍兴庚午逸老书《饮中八仙歌》，时年七十有五，羔羊居士乃其自号。圣采为所居之堂，虞伯生谓逸老草书有颠旭转折变态，赵希鹄评宋朝名贤书，亦谓其比肩古人，殆欲欺凌怀素。贝清江、王元美、都南濠皆有逸老真迹。"潘自黄处购得此册后，四月十九日又倩程瑶田作跋，亦见《壬寅消夏录》。又，乾隆四十年，宋葆淳为陈焯作《湘管斋图》，陈因征友人题咏，嗣辑《湘管联吟》。札言"《湘管吟》久欲奉和"，当指此。

17. 张兑和致某人

寿联书就，业经交霁春堂转呈，见笑方家，愧甚。所称小松先生，是否即系精通隶书、前寄印章与小儿者？望示知。闻老贤甥有武林之行，几时归来，定当趋候。令兄赐顾，有失迎迓，致意，乞原恕。此布异老贤甥先生，兑和顿首。
[《黄小松友朋书札》第五册]

考：本札作于黄易游幕楚北期间。张兑和原名牧，字东筵，号绣园。浙江乌程人。康熙丙辰（1676）乡荐，乾隆二十三年（1758）为酉阳知州，三十一年告养回籍。参见《（乾隆）酉阳州志》卷一《官师》。

18. 张兑和致某人

小儿久在巫峡间，未得回本署，近又进都。前承小松先生雅赠图章，至今尚未寄去，晤时望为致谢。月内有人往楚，当即寄去，并道高情过爱也。此布，余候足下返棹时面悉。兑和顿首。[《黄小松友朋书札》第十三册]

考：本札作于黄易游幕楚北期间。兑和子金管，《（光绪）蕲州志》卷八："张金管，浙江乌程监生，以字学考取，授通判，乾隆三十六年（1771）署州篆，衣布茹蔬，清操自励，升襄阳知府。"此际金管当在巫峡一带任通判。

19. 张埙致潘有为

晚因胁气大作，不能久坐，郇厨之惠餍饫无既矣。小松先生拜恳转求，烦即送去，不拘朱白文，但恨无佳石耳。此上毅堂大兄老先生，愚弟埙稽颡。十三。冲。

用"记珠轩笺"。[《黄小松友朋书札》第十三册]

考：乾隆四十二年（1777）七月，黄易在京与张埙相识。八月二十日，张奉母柩南归，《竹叶庵文集》卷十四收《南归杂诗四十五首》，小序有"八月二十日奉先妣柩南归"云云，行前作札托潘有为转求印章。黄易所刻当即

"文渊阁检阅张埙[埙]私印",边款云:"乾隆丁酉(1777)八月,瘦铜先生请假南还,为仿水晶宫道人篆意,即以志别。杭人黄易时客京师。"参101-1张埙致黄易札。

20. 蔡本俊致某人

小松老先生行旅匆忙,本不宜琐渎,但笔法精妙绝伦,望代恳拨冗一挥,以为珍藏之秘,幸甚幸甚。率此布候午安。不备。弟本俊顿首。

纸四幅,祈落双款。

汝常、洛卿、千之、相田。[《黄小松友朋书札》第十三册]

考:此情他人向黄易求书作四幅,札后所列皆需落之上款。具体时间不详。参200-1蔡本俊致黄易札。

21. 唐仲冕致吴骞

尉缭了事,仲冕谨复查客吟坛。前读《国山碑考》一书,想见考古精核,知其人必迥绝尘□,欲一见之而无由。及得辛楣宫詹书,喜足下惠然肯来,慰我饥渴。宫詹为当代词宗,其所称许,诚能树不朽之业者。冕奔走风尘,尝恐为名贤所不屑,足下乃肯进而教之,忻幸奚如。第案牍劳劳,仅得坐谈一炊黍许,虽清光逸韵,藉濿俗襟,深以未得乐数晨夕为歉。尔时适赴武闱,屈指计程,谓旋署之期正足下自桃溪回县之日,不意遣人走问盐栈,而足下已还海昌矣。方与胡沧曡赋停云、歌落月而使书适至,相与投箸而起,开缄卒读,绮藻缤纷,令人应接不暇。棕亭蒙赐联额,词意褒予,愧不敢当,佳句名书,则足辉映园林矣,已送姑苏莫大展刻字店用银杏木雕镌,莫店为吴中镌刻第一,当不失真。来示寄杭恐更费清神,故未寄上。《桐阴小牍》所载乃盛德之事,不得以风流佳话目之,谨与沧门、浣露题述。自惭尘坌,结习未忘,未克参散花不着之妙谛也。大著《桃溪客语》足补志乘,无如此间经费甚难,冕思邀二三良友勒成底稿,俟有刻赀即可付梓,不致稽延。目下催科甚□,腊底春初即当为之,望足下早泛罨画舫,同坐玉鉴亭商榷此事,为荆溪了者一重公案。廨如传舍,官若雪鸿,日月荏苒,良可惜也。足下信而好古,定弗河汉斯言。外附石刻四种、书四种,希检入。拙诗词八纸请政。顺候兴居,伫盼趚玉。不宣。仲冕顿首。十一月十五日。[上海图书馆,收入《庞虚斋藏清朝名贤手札》]

考:据札,唐仲冕在宜兴县令任上,当作于乾隆五十九年(1794)十一月十五日。玉鉴亭在宜兴,《(道光)重刊续纂宜荆县志》卷九之二《艺文》收万之蘅《题玉鉴亭》,序云:"荆邑县署西偏有园数亩,为国朝周侍御文夏别业,花木楼台,一时擅胜。……乾隆庚戌(1790),割三分之二入县署内,甲寅(1794),唐大令陶山于近日楼前湖石上构一小亭,绕以檀栾,下临池水,清泓可玩。海宁吴君槎客颜其额曰'玉鉴',署联曰:'境分玉女铜官胜,人有任台杜槲风。'盖纪实也。是岁命画者写《劝农》暨《松下理鬓》二图,属余题咏,亭成,复有小束征诗。乙卯(1795)上元,偕黄君中理、史生彬、陈生经宴集衙斋,聿题长句,用志勿谖。"吴骞著《桃溪客语》,前书同卷收《桃溪客语序》:"予往游荆南,乐其风土之恬旷,人士之隽淑,买田学稼,结庐国山之下,日与岩翁溪父相往还,辍耕多暇,偶有闻见,则笔而识之,积久成帙,以其丛胜鬼琐,一若道听而途说之,命曰《桃溪客语》。"《桐阴小牍》亦吴骞所著,吴骞《拜经楼诗集》卷七收《陶山明府既为予题〈桐阴小牍〉,复赋〈妾入门〉乐府见赠,率酬三绝》,潘奕隽《三松堂集》诗集卷十收《题吴槎客〈桐阴小牍〉后》。

22. 某人便条

《汉射阳石门画像并阴》拓本,汪中寄钱唐黄君。求书"问礼堂"三字,其大径尺。又求《金乡画像》一副,共结翰墨之缘,兼申缟纻之谊。乾隆五十一年长至日书交季逑。[《黄小松友朋书札》第五册]

考:便条无款,揆诸吐属,或为毕沅,然字迹不伴。时在乾隆五十一年(1786)五月二十七日。《汉射阳石门画像》,上年汪中得自宝应。是否寄黄易不详。然洪亮吉本年曾赠黄易拓本,参81-1洪亮吉致黄易札。张宝德《汉射阳石门画象汇考》收《汪喜孙跋尾》云:"乾隆五十年,先君有事宝应,得石门画象于射阳之双墩。……刻象二面,其一列孔子、老子、南宫敬叔三象,……八分题名于各象之右,曰孔子、老子、弟子。……其以孔子、老子并列者。案《史记》,南宫敬叔与孔子俱适周,问礼于老子。汉人尊信孔子,又好求仙人羡门之属,故援问礼一事画像刻石,使孔子、老子并传于世。……先君既得此石,因颜其居曰问礼堂。"又江藩《国朝汉学师承记》汪中传云:"尝从射阳湖项氏墓得汉石阙《孔子见老子画象》,因署其堂曰问礼堂。"问礼堂为汪中斋号,此际求书匾额。季逑即孙星衍,时与洪亮吉皆在毕沅中州幕府。《金乡画像》为黄易乾隆四十九年别出。

附录三　　诸友朋书札册所收而实与黄易无关之札　　【4封】

1. 阮元致某人

前闻蒙恩授兖沂观察，欣慰欣慰。京差回，接到手书，知已出京，此时想久莅任矣。此席此时甚难，河工所管地段不长而险，斌公不妥不在于工，彼之所短，年兄断不蹈之，可以无虑。叶河帅（闻工程极熟）为众工元所服，应如何措施，遵其言而行之可也，大约汛期必有栉沐之劳，方保安固耳。所虑者定陶、曹县等处余匪是不能净，相连归德、考城。生在河南刚欲想法查办，而离之矣。十二月初内子由汴梁往曲阜，归宁路之所经，行旅皆有戒心，而钜野、嘉祥之冉固集纸坊，名声尤劣，闻有硬攘马骡多匹之事，并驿中官马而亦夺之，此班匪徒，如非余孽，另是盗贼，已属不妥，若仍是匪孽之遗，而姑以此尝试其技，以验文武之辨，否则不可矣。济宁署牧戴世兄与生最相契，年兄或与之密商，未知生所闻确否也。生自上冬入京，出京以来，日无宁晷，上年乃两湖阅兵之年，马公未阅，今不可少迟。故到任甫一月，今已出门往襄郧荆宜阅伍矣。秋间再往湖南，此间事不能整齐而□□人情最劣，昔闻楚人多诈，今乃楚官多诈，孤孑壁立以压之耳。肃此奉复，并候即佳。不具。尊君年兄先生，阮元顿首。二月廿日汉川途中发。[《小蓬莱阁同人往来信札》第二册]

考：札作于嘉庆二十二年（1817）二月二十日，时甫接任湖广总督。此乃致时
　　任兖沂曹道道台熊方受者。

2. 钱泰吉致小松

小松仁兄大人阁下。弟与尊公分属后辈，忽承谦称下逮，捧函雒诵，惭愧不敢当。就谂文祉绥和，曷胜企颂。弟索处海滨，虽笔墨时亲，不过消遣暇日，何

足以登匠石之门，过蒙不弃，何敢以涂鸦塞责。尊公文望夙所钦服，谨撰五言古诗一首，祈削政之。雪斋已于前月底赴四明新任，弟因俗事纷集，以是交卷稍迟，幸谅之。专此布启，即颂近安。不尽。愚弟钱泰吉顿首。十一月十四日。

"侄"尊谦摹缴。[上海图书馆]

考：钱泰吉生于乾隆五十六年（1791），黄易去世时尚在童髫，小松当是另一人。

3. 何元锡致汪远孙

弟功何元锡顿首。《辽史拾遗补》一册，新自吴江杨公令嗣处借来，特交令母舅转致，祈查收。前假《二俊集》及《五代史》乞检还为幸。此致并候。不具。小米大兄照。十四日。

尚有友人托售《辽史补表》，稿本三册，价十六洋。再送上。[《小蓬莱阁同人往来信札》第三册]

考：此札乃致汪远孙者，与黄易似无关系。远孙号小米，钱塘人。嘉庆二十一年（1816）举人，官内阁中书。藏书、著书甚多。

4. 吴锡麒致某人

锡麒顿首，清鹏归，辱惠书垂问殷拳，且感且愧。惟念清鹏本因薄植，得荷栽培，以例生成，感何既极，乃复以春风远被，奖饰有加，锡麒祇奉之余，惟有益滋惭悚而已。至于一品集成，原非鲰生所能揆度高深，妄思窥测，况既有覃溪先生订定于前，麒又安敢引伸于后，惟思先太保既早邀知遇，而又获大君子托订知交，定不以萝袞之悬遽生分别，故敢谨承尊命，敬附一言，因清鹏假满还都，奉呈鉴察，并请台安，临楮不胜瞻依之至。锡麒谨启。[《小蓬莱阁同人往来信札》第二册]

考：吴清鹏字西谷，锡麒子。嘉庆二十二年（1817）榜眼，由编修官顺天府府丞。既然"假满还都"，当作于吴清鹏出仕以后。

补　遗

【4封】

奚　冈 11-3

小松足下，献岁以来，伏惟体履佳胜，伯母大人福安，阖署蒙庆，贺贺。腊底尊使还济，附寄墨梅小帧，并修寸函用谢雅惠，定邀垂鉴。所委灯事，已在定作匡架，且以闾里诸友亦须此物，遂尔多作，即可谋数月之粮也。兹闻晋斋欲过济，比时当附其带上。梧生司马不及专函，晤时希为我道意也。兹以令侄渭符兄过署，特奉数行，临楮不尽所言。首春五日，冈顿首再拜。[南京博物院]

考：札中谈及黄易委托制灯，又提及赵魏将北上过济宁，作于乾隆四十九年（1784）正月五日，参11-4、11-6。

奚　冈 11-10

入岁闻朱三兄赴九兄之招，欲附一函奉候，又以事见阻未发。敬念起居安胜，伯母大人康健，阖署蒙庆，慰想无既。久不得书，且悉政务殷忙，才施经济，冈每于窗雨篝灯笔砚之暇，又不觉忽萦廿年离绪。忆与九兄分袂，冈未留须，今则二毛斑且齿脱，何流光之电速也，一至此耳。家山无恙，朋友半疏，惟书画之役更增，诗酒之场转密。放舟花屿，卧榻蓬门，落落萧淡之间，尚得个志意闲适处，然于亲老家贫，子劣才拙，忽作一念，便有许多开拓不得。近读东坡海外诸诗，颇觉洞然一洗，所谓是身如虚空，又何放不下处。二西大兄北行，灯下漫尔书此，即请小松九兄大人近安。不宣。愚弟冈顿首再拜。正月廿七日。

钤"奚冈之印""冬花盦"。[南京博物院]

考：札作于乾隆五十八年（1793）正月二十七日，此际朱文藻因黄易之聘甫赴济宁，而陈灿亦将前往。参132-1方维翰致黄易札、45-6黄易致魏成宪札。

奚　冈　11-11

　　足下印刻、八分，钝丁后一人，而反以佳石见属于余，此何异明月光中许深林萤火一耀哉。白阳山人书自谓得衡山、枝山两先生法，细阅之，正入海岳之室，以无米老习气，固自佳耳。拜领后连阅二卷，其遒媚散逸处终不及是卷之佳也。数千里外一纸到前，恍然如晤故人，何快若此耶。足下起居多胜，伯母大人康健，阖署蒙吉。先首讯于朗斋，复深悉于二西，欣慰之私又何可言。冈家居粗遣，自老母以下皆安，而砚田尚不荒芜，笔墨旧迹亦复到眼不少，惟两鬓萧萧见侵，此所谓使人不得不乐耳，余不足为故人道也。近得便面，中有君家贞父先生法书一面，遂以寄呈左右，配以汪七成斋自制松烟二匣，聊以伴函。外小石一方，系冈欲赠一好友，敢请刻之，明知足下不作此冷淡事，第过热又非我辈之本来面目矣。呵呵。明日为成斋订于皋亭看花，故篝灯作此数行，用请安吉。临楮不尽神驰。冈弟顿首再拜。

　　钤"蒙道士"。[南京博物院]

考：札约作于乾隆五十九年（1794），上年冬日陈灿自济宁返回杭州，故札中
　　有"复深悉于二西"云云。时朱文藻仍在济宁。黄易此际寄石请奚冈为治
　　印，奚冈亦为友人求黄易治印，并赠所得黄汝亨书扇及汪用成所制松烟墨。
　　札中谈及陈淳书法，似为黄易倩奚冈鉴赏者，惜事不能详。

奚　冈　11-15

　　前一简并穀水托致祝卷已交梅原奉寄，兹又迟两月，忽辱手书，并双钩碑墨，拜惠之下，快如展对良友，欣慰欣慰。三日前从山舟丈处颁到大作四十八帧岱嵩觅碑图册，真赏心洞目之观也，为之叫绝。令侄渭兄临，未得晤，承传雅谕，属冈题署，今妄书数行，附骥于后，点污佳迹不浅，万望教我，为感。令师春渚先生明正七十矣，冈与松窗谋以为先生之寿者，无过刊集，而先生介然不欲得他人之钱，惟吾二三友合意，至吾九兄与魏宝兄则先为屈指。刊资约费四五十金，倘有所将与，请酌寄，以便共成此事。松窗想另有札也。顷缘梅原过济，寄上尊作佳册二匣，祝卷一匣，并潑水札，俱望检入。特此上颂文安。不宣。愚弟冈顿首再拜小松九兄大人阁下。

　　藏经纸签子一条，系梁四兄属转求大笔书接山草堂图五字者，彼另有札。秋堂另有札。余慈柏二兄属致候。八分书书室联望惠一联，乞落弟双款，最感最感。

钤"奚冈之印""老九"。[南京博物院]

考：黄易《嵩洛访碑图》册后有奚冈一跋，在嘉庆三年（1798）腊八梁同书跋文之后，云："王畸叟游华山，作图四十有二，至今艺林传为名迹。吾友小松醉心金石，刻意好古，近游岱岩嵩洛间，每遇古碑摩崖，无不一一搨之，因作图四十有八，写其险峻幽奇之趣，记其得古碑摩崖未见之书，且双钩十数种，及此册寄示于余，以余有同癖，三十年贫居里门，不得共游云外，展对是册，不觉为之神往。至所得碑墨，多有证史书之误，似又过畸叟之作远矣。戊午嘉平雪窗，蒙泉外史奚冈记。"札中提及收到梁同书所颁四十八图册并作题跋事，当作于本年十二月，在题跋同日或稍后。所言"双钩碑墨"，当即《小蓬莱阁金石文字》一书。札中又言何琪明春七十，欲共黄易、魏嘉榖、魏成宪等集资为其刻集。参45-7魏成宪致黄易札。

参考文献

史 籍

鲍昌熙摹《金石屑》,《石刻史料新编》第2辑第6册,台北:新文丰出版公司,1979年版。

毕沅、阮元《山左金石志》,《续修四库全书》第909—910册,上海:上海古籍出版社,2002年版。

陈秉灼、沈默编《潭西精舍纪年》,山西图书馆铅印本,民国九年版。

敕修《八旗通志》,《景印文渊阁四库全书》第664—671册,台北:台湾商务印书馆,1986年版。

法式善《槐厅载笔》,《续修四库全书》第1178册。

冯云鹏、冯云鹓辑《金石索》,《续修四库全书》第894册。

胡源、褚逢春《梅溪先生年谱》,民国间海宁陈乃乾共读楼抄本,《北京图书馆藏珍本年谱丛刊》第122册,北京:北京图书馆出版社,1999年版。

黄易《嵩洛访碑日记》,国家图书馆藏清抄本。

黄易《岱岩访古日记》,国家图书馆藏清抄本。

黄易《丰润古鼎考》,国家图书馆藏清乾隆刻本。

黄易《小蓬莱阁金石目》,南京图书馆藏稿本。

黄易《小蓬莱阁金石文字》,国家图书馆藏清黄易写刻本。

黄易《小蓬莱阁金石文字》,《石刻史料新编》第3辑第1册,台北:新文丰出版公司,1986年版。

《嘉庆帝起居注》,北京爱如生数字资料。

江藩《国朝汉学师承记》,《续修四库全书》第179册。

孔宪璜《孔氏大宗谱》,清同治十二年刻本。

《内阁大库档案》,台湾"中研院"数字资料。

钮树玉《非石日记钞》,《历代日记丛钞》第49册,北京:学苑出版社,2006年版。

潘应椿《周秦汉魏六朝隋唐金石记》,国家图书馆藏清抄本。

彭蕴璨《历代画史汇传》,《续修四库全书》第1083册。

钱大昕撰、何元锡编《竹汀先生日记钞》,《历代日记丛钞》第28册。

钱庆曾《钱辛楣先生年谱》,《北京图书馆藏珍本年谱丛刊》第105册。

钱泳《写经楼金石目》,国家图书馆藏清钱氏述祖德堂抄本。

钱泳《金涂铜塔考》,国家图书馆藏清乾隆五十九年表忠观刻本。

《乾隆帝起居注》,北京爱如生数字资料。

秦国经等《清代官员履历档案全编》第21册,

上海：华东师范大学出版社，1997 年版。

《清代宫中档奏折》，台北"故宫博物院"数字资料。

《清高宗实录》，台湾"中研院"数字资料。

《清仁宗实录》，台湾"中研院"数字资料。

瞿中溶《集古官印考》，《续修四库全书》第 1109 册。

史善长《弇山毕公年谱》，《北京图书馆藏珍本年谱丛刊》第 106 册。

史绳祖《学斋佔毕》，上海：上海古籍出版社，1992 年版。

汪启淑《续印人传》，《续修四库全书》第 1092 册。

王昶《金石萃编》，《石刻史料新编》第 1 辑第 1—4 册，台北：新文丰出版公司，1977 年版。

王先谦《东华续录》，《续修四库全书》第 373 册。

王宗敬《我暇编》，《续修四库全书》第 1179 册。

魏成宪《仁菴自记年谱》，《北京图书馆藏珍本年谱丛刊》第 120 册。

翁方纲《两汉金石记》，《石刻史料新编》第 1 辑第 10 册。

翁方纲《翁氏家事略记》，《乾嘉名儒年谱》第 8 册，北京：北京图书馆出版社，2006 年版。

吴骞《国山碑考》，丛书集成初编本，上海：商务印书馆，1936 年版。

吴骞《吴兔床日记》，《历代日记丛钞》第 31 册。

吴锡麒《有正味斋日记》，《历代日记丛钞》第 33 册。

吴忠匡校订《满汉名臣传》，哈尔滨：黑龙江人民出版社，1991 年版。

武亿《金石一跋》《授堂金石文字续跋》，《续修四库全书》第 892 册。

徐乘轺《盐城徐氏宗谱》，上海图书馆藏清道光二十六年木活字本。

严荣《述菴先生年谱》，《北京图书馆藏珍本年谱丛刊》第 105 册。

张宝德《汉射阳石门画象汇考》，《石刻史料新编》第 3 辑第 35 册。

张鉴《雷塘庵主弟子记》，《续修四库全书》第 557 册。

张绍南《孙渊如先生年谱》，《北京图书馆藏珍本年谱丛刊》第 119 册。

赵尔巽等《清史稿》，北京：中华书局，1977 年版。

赵怀玉《收庵居士自叙年谱略》，《北京图书馆藏珍本年谱丛刊》第 117 册。

郑福照《姚惜抱先生年谱》，《北京图书馆藏珍本年谱丛刊》第 107 册。

朱彝尊《金石文字跋尾》，《石刻史料新编》第 2 辑第 25 册。

□颖《梅溪先生年谱》，清金匮钱氏述祖德堂稿本，《北京图书馆藏珍本年谱丛刊》第 122 册。

方　志

阿克当阿修、姚文田纂《（嘉庆）扬州府志》，清嘉庆十五年刻本。

包发鸾修、赵惟仁纂《（民国）南丰县志》，民国十三年铅印本。

保忠修、李图纂《（道光）重修平度州志》，清道光二十九年刻本。

蔡呈韶修、胡虔纂《（嘉庆）临桂县志》，清嘉庆七年修光绪六年补刻本。

曹允源等纂《（民国）吴县志》，民国二十二年苏州文新公司铅印本。

陈崇砥修、陈福嘉纂《（咸丰）固安县志》，清咸丰九年刻本。

陈法驾修、曾鉴纂《（民国）华阳县志》，民国二十三年刻本。

陈延恩修、李兆洛纂《（道光）江阴县志》，清道光二十年刻本。

陈垣修、管大同纂《（民国）重修临颖县志》，民国五年铅印本。

程其珏修、杨震福纂《(光绪)嘉定县志》,清光绪七年刻本。

杜鸿宾修、刘盼遂纂《(民国)太康县志》,民国二十二年铅印本。

恩端修、武达材纂《(光绪)平遥县志》,清光绪九年刻本。

方汝翼修、周悦让纂《(光绪)增修登州府志》,清光绪七年刻本。

高建勋修、王维珍纂《(光绪)通州志》,清光绪九年刻本。

高天凤修、金梅纂《(乾隆)通州志》,清乾隆四十八年刻本。

耿维祜修、潘文辂纂《(嘉庆)石门县志》,清道光元年刻本。

顾名修、吴德旋纂《(道光)重刊续纂宜荆县志》,清道光二十年刻本。

郭光澍修、李旭春纂《(光绪)重修卢氏县志》,清光绪十八年刻本。

何绍章修、吕耀斗纂《(光绪)丹徒县志》,清光绪五年刻本。

何荇芳修、刘大观纂《(嘉庆)续济源县志》,清嘉庆十八年刻本。

黄式度修、王柏心纂《(同治)续辑汉阳县志》,清同治七年刻本。

黄维翰纂修、袁传裘续纂修《(道光)钜野县志》,清道光二十六年续修刻本。

江峰青、顾福仁纂《(光绪)重修嘉善县志》,清光绪二十年刻本。

江潘源修、罗惠恩纂《(嘉庆)临安府志》,清嘉庆四年刻本。

蒋继洙纂修《(同治)广信府志》,清同治十二年刻本。

蒋启勋修、汪士铎纂《(同治)续纂江宁府志》,清光绪七年刻本。

金榮纂修《泰山志》,清嘉庆间刻十五年印本。

靳蓉镜修、王介纂《(民国)鄢陵县志》,民国二十五年铅印本。

来裕恂纂辑《(民国)萧山县志稿》,抄本。

劳逢源修、沈伯棠纂《(道光)歙县志》,清道光八年刻本。

劳辅芝修、张锡三纂《(同治)阜平县志》,清同治十三年刻本。

李秉钧修、魏邦翰纂《(光绪)续永清县志》,民国三十年铅印本。

李福泰修、史澄纂《(同治)番禺县志》,清同治十年刻本。

李亨特修、平恕纂《(乾隆)绍兴府志》,清乾隆五十七年刻本。

李垒纂修《(咸丰)金乡县志略》,清同治元年刻本。

李铭皖修、冯桂芬纂《(同治)苏州府志》,清光绪九年江苏书局刻本。

李洣修、陈汉章纂《(民国)象山县志》,民国十六年铅印本。

李培祜修、张豫垲纂《(光绪)保定府志》,清光绪十二年刻本。

李培谦监修、阎士骧纂辑《(道光)阳曲县志》,民国二十一年铅印本。

李人镜修、梅体萱纂《(同治)南城县志》,清同治十二年刻本。

李树德修、董瑶林纂《(民国)德县志》,民国二十四年铅印本。

李廷辉修、徐志鼎纂《(嘉庆)桐乡县志》,清嘉庆四年刻本。

梁鼎芬、丁仁长纂《(宣统)番禺县续志》,民国二十年重印本。

廖大闻修、金鼎寿纂《(道光)续修桐城县志》,清道光十四年刻本。

刘光斗修、朱学海纂《(道光)诸城县续志》,清道光十四年刻本。

任可澄修、刘显世纂《(民国)贵州通志》,民国三十七年铅印本。

吕燕昭修、姚鼐纂《(嘉庆)重刊江宁府志》,清光绪六年刻本。

毛承霖纂修《(民国)续修历城县志》,民国十五年铅印本。

毛永柏修、李图纂《(咸丰)青州府志》,清咸丰九年刻本。

倪文蔚修、顾嘉蘅纂《(光绪)荆州府志》,清光绪六年刻本。

潘尚楫修、邓士宪纂《(道光)南海县志》,清同治八年刻本。

潘守廉修、唐烜等纂《(民国)济宁直隶州续志》,民国十六年铅印本。

裴大中修、秦缃业纂《(光绪)无锡金匮县志》清光绪七年刻本。

钱祥保修、桂邦杰纂《(民国)甘泉县续志》,民国十五年刻本。

沈定均修、吴联薰增纂《(光绪)漳州府志》,清光绪三年刻本。

沈家本修、徐宗亮纂《(光绪)重修天津府志》,清光绪二十五年刻本。

守忠修、许光曙纂《(同治)沅陵县志》,清光绪二十八年补版重印本。

疏筤修、陈殿阶纂《(道光)武康县志》,清道光九年刻本。

嵩山修、谢香开纂《(嘉庆)东昌府志》,清嘉庆十三年刻本。

宋伯鲁、吴廷锡纂修《(民国)续修陕西通志稿》,民国二十三年铅印本。

宋庚修、洪宗训纂《(嘉庆)湖口县志》,清嘉庆二十三年刻本。

宋如林修、石韫玉纂《(道光)苏州府志》,清道光四年刻本。

宋瑛修、彭启瑞纂《(同治)泰和县志》,清光绪四年刻本。

孙奂仑修、韩垧纂《(民国)洪洞县志》,民国六年上海商务印书馆铅印本。

唐煦春修、朱士黻纂《(光绪)上虞县志》,清光绪十七年刻本。

唐仲冕修、宁楷纂《(嘉庆)重刊荆溪县志》,清嘉庆三年刻本。

汪祖绶修、熊其英纂《(光绪)青浦县志》,清光绪五年刻本。

王彬修、徐用仪纂《(光绪)海盐县志》,清光绪三年刻本。

王逢源修、李保泰纂《(嘉庆)江都县续志》,清光绪六年重刻本。

王检心修、刘文淇纂《(道光)重修仪征县志》,清光绪十六年刻本。

王其淦修、汤成烈纂《(光绪)武进阳湖县志》,清光绪五年刻本。

王荣陛修、方履篯纂《(道光)武陟县志》,清道光九年刻本。

王荫桂修、张新曾等纂《(民国)续修博山县志》,民国二十六年铅印本。

王赠芳修、成瓘纂《(道光)济南府志》,清道光二十年刻本。

吴葵之修、裴国苞纂《(光绪)吉州全志》,民国铅印本。

吴坤修修、何绍基纂《(光绪)重修安徽通志》,清光绪四年刻本。

徐品山修、陆元鏸纂《(嘉庆)介休县志》,清嘉庆二十四年刻本。

徐宗幹修、许瀚纂《(道光)济宁直隶州志》,清咸丰九年刻本。

许绍锦纂修《(嘉庆)莒州志》,清嘉庆元年刻本。

许瑶光修、吴仰贤纂《(光绪)嘉兴府志》,清光绪五年刻本。

杨士骧修、孙葆田纂《(宣统)山东通志》,民国七年铅印本。

杨受廷修、马汝舟纂《(嘉庆)如皋县志》,清嘉庆十三年刻本。

杨修田修、马佩玖纂《(光绪)光州志》,清光绪十三年刻本。

英杰修、晏端书纂《(同治)续纂扬州府志》,清同治十三年刻本。

袁通修、方履篯纂《(道光)河内县志》,清道光五年刻本。

曾国藩修、刘绎纂《(光绪)江西通志》,清光绪七年刻本。

张鸣铎修、张廷寀纂《(乾隆)淄川县志》，民国九年石印本。

张贻琯修、郭维垣纂《(光绪)凤台县续志》，清光绪八年刻本。

赵辅堂修、张承熊纂《(光绪)安邑县续志》，清光绪六年刻本。

赵希璜修、武亿纂《(嘉庆)安阳县志》，清嘉庆四年刻本。

郑澐修、邵晋涵纂《(乾隆)杭州府志》，清乾隆刻本。

郑钟祥修、庞鸿文纂《(光绪)常昭合志稿》，清光绪三十年木活字本。

锺桐山修、柯逢时纂《(光绪)武昌县志》，清光绪十一年刻本。

周炳麟修、邵友濂纂《(光绪)余姚县志》，清光绪二十五年刻本。

周家楣修、张之洞纂《(光绪)顺天府志》，清光绪十五年重印本。

周荣纂修《(乾隆)获鹿县志》，清乾隆四十六年抄本。

周贻缨、曹文锦纂修《(道光)汾阳县志》，清咸丰元年刻本。

周震荣修、章学诚纂《(乾隆)永清县志》，清乾隆四十四年刻本。

朱锡恩续纂《(民国)海宁州志稿》，民国十一年铅印本。

朱煐修、郭程先续纂《(咸丰)大名府志》，清咸丰三年刻本。

朱之英修、舒景蘅纂《(民国)怀宁县志》，民国七年铅印本。

宗源瀚修、周学濬纂《(同治)湖州府志》，清同治十三年刻本。

左辉春纂修《(道光)续增高邮州志》，清道光刻本。

左宜似修、卢崟纂《(光绪)东平州志》，清光绪七年刻本。

笔 记

端方《壬寅消夏录》，《续修四库全书》第1089—1090册。

方濬颐《梦园书画录》，《续修四库全书》第1086册。

冯金伯《墨香居画识》，卢辅圣主编《中国书画全书》第10册，上海：上海书画出版社，1993—1998年版。

桂馥《札朴》，《续修四库全书》第1156册。

李斗《扬州画舫录》，历代史料笔记丛刊本，北京：中华书局，1997年版。

陆绍曾、张燕昌同辑《飞白录》，《丛书集成续编》第99册，台北：新文丰出版公司，1988年版。

庞元济《虚斋名画录》，《续修四库全书》第1091册。

钱大昕《十驾斋养新录》，上海：上海书店出版社，1983年版。

钱泳《履园丛话》，历代史料笔记丛刊本，北京：中华书局，1997年版。

阮元《定香亭笔谈》，《续修四库全书》第1138册。

阮元《小沧浪笔谈》，《丛书集成新编》第79册，台北：新文丰出版公司，1985年版。

陶樑《红豆树馆书画记》，《续修四库全书》第1082册。

张廷济《清仪阁题跋》，《中国书画全书》第11册。

朱枫《秦汉瓦图记》，《续修四库全书》第1111册。

诗 文 集

陈文述《颐道堂文钞》，《清代诗文集汇编》第505册，上海：上海古籍出版社，2010年版。

陈廷庆《谦受堂全集》，《清代诗文集汇编》

第 439 册。

陈用光《太乙舟诗集》,《清代诗文集汇编》第 489 册。

陈焯《湘管联吟》,《稀见清代四部辑刊》第 10 辑第 79 册。

敕编《钦定千叟宴诗》,《景印文渊阁四库全书》第 1452 册。

董沛《正谊堂文集》,《清代诗文集汇编》第 707 册。

董元度《旧雨草堂诗》,《清代诗文集汇编》第 316 册。

法式善《八旗诗话》,《续修四库全书》第 1705 册。

法式善《存素堂诗初集录存》《存素堂文续集》,《清代诗文集汇编》第 435 册。

方薰《山静居遗稿》,《清代诗文集汇编》第 389 册。

冯培《鹤半巢诗存》,南京图书馆藏清嘉庆三年刻本。

宫去矜《守坡居士诗集》,《清代诗文集汇编》第 346 册。

顾文铧《云林小砚斋诗钞》,《清代诗文集汇编》第 341 册。

管同《因寄轩文集》,《清代诗文集汇编》第 532 册。

桂馥《晚学集》《未谷诗集》,《续修四库全书》第 1458 册。

郭麐《灵芬馆诗初集》《灵芬馆诗二集》《灵芬馆诗四集》《蘅梦词》,《清代诗文集汇编》第 485 册。

何道生《双藤书屋诗集》,《清代诗文集汇编》第 481 册。

何琪《小山居稿》,《清代诗文集珍本丛刊》第 292 册,北京:国家图书馆出版社,2017 年版。

胡德琳《碧腴斋诗存》,《清代诗文集汇编》第 357 册。

黄易《秋盦诗草》《秋盦词草》《秋盦题跋》,《续修四库全书》第 1466 册。

江昉《晴绮轩集》《练溪渔唱》《集山中白云词句》,《清代诗文集汇编》第 360 册。

蒋因培《乌目山房诗存》,《清代诗文集汇编》第 489 册。

金兰《湖阴草堂遗稿》,《清代诗文集汇编》第 495 册。

孔继涵《红桐书屋诗集》《斳冰词》《杂体文稿》,《清代诗文集汇编》第 395 册。

李鼎元《师竹斋集》,《清代诗文集汇编》第 427 册。

李富孙《校经庼文稿》,《清代诗文集汇编》第 544 册。

李调元《童山诗集》,《清代诗文集汇编》第 384 册。

李衍孙《炊菰亭诗》,《清代诗文集珍本丛刊》第 315 册。

李佐贤辑《武定诗续钞》,清同治六年利津李氏刻石泉书屋全集本。

梁同书《频罗庵遗集》,《清代诗文集汇编》第 353 册。

卢文弨《抱经堂文集》,《清代诗文集汇编》第 342 册。

陆飞《筱饮斋稿》,《中国人民大学图书馆藏古籍珍本丛刊》第 146 册,北京:燕山出版社,2012 年版。

吕星垣《白云草堂文钞》,《清代诗文集汇编》第 436 册。

毛琛《俟盦賸稿》,《清代诗文集汇编》第 379 册。

潘衍桐辑《两浙輶轩续录》,《续修四库全书》第 1685–1686 册。

潘奕隽《三松堂集》,《清代诗文集汇编》第 399 册。

潘曾莹《小鸥波馆文钞》,《清代诗文集汇编》第 629 册。

祁寯藻《馪欲亭后集》,《清代诗文集汇编》第 583 册。

钱大昕《潜研堂文集》《潜研堂诗集》《潜研堂诗续集》,《清代诗文集汇编》第 364 册。

钱维乔《竹初诗钞》《竹初文钞》,《清代诗文集汇编》第 396 册。

钱载《萚石斋诗集》,《清代诗文集汇编》第 314 册。

秦瀛《小岘山人集》,《续修四库全书》第 1464—1465 册。

邱学敏辑《百十二家墨录题词》,《四库未收书辑刊》第 10 辑第 12 册,北京,北京出版社,1998 年版。

仇梦岩《贻轩集》《贻轩词》,《稀见清代四部辑刊》第 9 辑第 91 册,台北：经学文化事业有限公司,2016 年版。

仇养正《未学斋诗集》,《清代诗文集汇编》第 395 册。

阮元辑《两浙輶轩录》,《续修四库全书》第 1684 册。

阮元、杨秉初等辑《两浙輶轩录补遗》,《续修四库全书》第 1684 册。

阮元《揅经室一集》《揅经室二集》《揅经室三集》《揅经室四集》《揅经室续集》,《续修四库全书》第 1478—1479 册。

沈大成《学福斋集》,《清代诗文集汇编》第 292 册。

沈铭彝《听松阁诗》,国家图书馆藏清抄本。

沈叔埏《颐綵堂诗钞》,《续修四库全书》第 1458 册。

石韫玉《独学庐五稿》,《清代诗文集汇编》第 447 册。

孙尔準《泰云堂诗集》,《清代诗文集汇编》第 497 册。

孙扩图《一松斋集》,《清代诗文集汇编》第 341 册。

孙星衍《岱南阁集》《五松园文稿》,《续修四库全书》第 1477 册。

孙星衍《沛上停云集》,《丛书集成新编》第 57 册。

唐仲冕《陶山诗录》《陶山文录》,《清代诗文集汇编》第 437 册。

陶樑《国朝畿辅诗传》,《续修四库全书》第 1681 册。

陶樑《红豆树馆诗稿》《红豆树馆词》,《清代诗文集汇编》第 507 册。

铁保《惟清斋全集》,《清代诗文集汇编》第 432 册。

屠倬《是程堂集》,《清代诗文集汇编》第 535 册。

汪舸《峫崌山人集》,南京图书馆藏清刻本。

汪沆《槐堂诗稿》,清乾隆五十一年刻本。

汪师韩《上湖文编补钞》《上湖诗纪续编》,《续修四库全书》第 1430 册。

汪士慎《巢林集》,《清代诗文集汇编》第 259 册。

汪学金《静厓诗稿》,《清代诗文集汇编》第 422 册。

王昶《春融堂集》,《续修四库全书》第 1437—1438 册。

王复《晚晴轩稿》《晚晴轩词》,《清代诗文集汇编》第 422 册。

王芑孙《渊雅堂编年诗稿》,《续修四库全书》第 1480 册。

王嵩高《小楼诗集》,《清代诗文集汇编》第 387 册。

王文治《梦楼诗集》,《清代诗文集汇编》第 370 册。

王豫、阮亨辑《淮海英灵续集》,《续修四库全书》第 1682 册。

王元文《北溪诗文集》,《清代诗文集汇编》第 377 册。

魏成宪《清爱堂集》,《清代诗文集汇编》第 446 册。

翁方纲《复初斋集外诗》《复初斋集外文》,《清代诗文集汇编》第 382 册。

翁方纲《复初斋诗集》,《续修四库全书》第 1454—1455 册。

翁方纲《复初斋文集》,《续修四库全书》第1455册。

翁方纲《复初斋文集》(稿本),《清代稿本百种汇刊》第67册,台北：文海出版社,1974年版。

翁方纲《苏斋题跋》,《丛书集成新编》第52册。

翁树培《三十汉瓦轩遗诗》,《清代诗文集汇编》第478册。

吴骞《拜经楼诗集》,《清代诗文集汇编》第380册。

吴锡麒《有正味斋尺牍》,民国二年上海扫叶山房石印本。

吴省钦《白华后稿》,《清代诗文集汇编》第372册。

吴鼒《吴学士诗集》,《清代诗文集汇编》第445册。

武亿《授堂文钞》,《续修四库全书》第1466册。

谢启昆《树经堂诗初集》《树经堂诗续集》,《清代诗文集汇编》第392册。

徐书受《教经堂诗集》《教经堂谈薮》,《清代诗文集汇编》第429册。

杨锺羲《雪桥诗话全编》,北京：人民文学出版社,2011年版。

姚鼐《惜抱轩文集》,《清代诗文集汇编》第377册。

伊秉绶《留春草堂诗钞》,《清代诗文集汇编》第439册。

余集《秋室学古录》《忆漫盦賸稿》,《清代诗文集汇编》第395册。

袁枚《随园诗话》,北京：人民文学出版社,1982年版。

袁廷梼《红蕙山房吟稿》,《清代诗文集汇编》第469册。

张符升《苏门山人诗钞》,《四库未收书辑刊》第10辑第20册。

张问陶《船山诗草》,《清代诗文集汇编》第476册。

张埙《竹叶庵文集》,《清代诗文集汇编》第375册。

赵怀玉《亦有生斋集》,《清代诗文集汇编》第419册。

赵希璜《四百三十二峰草堂诗钞》,《清代诗文集汇编》第413册。

赵翼《瓯北集》,《续修四库全书》第1446—1447册。

郑辰《使粤草》,国家图书馆藏稿本。

朱枫《排山小集》,《清代诗文集汇编》第276册。

朱彭《抱山堂集》,《清代诗文集汇编》第376册。

朱彝尊《曝书亭集》,清康熙五十年刻本。

朱筠《笥河文集》,《清代诗文集汇编》第366册。

今人著述

陈鸿森《钱坫年谱》,《中国经学》第9辑,桂林：广西师范大学出版社,2012年版。

陈鸿森《翁方纲致黄易手札册考证》,南昌大学国学院《正学》第3辑,2015年。

陈鸿森《武亿年谱》,《中央研究院历史语言研究所集刊》第85本3分本,2014年9月。

陈麦青《虚斋藏札中的人和事》,《上海书评》2017年4月15日。

陈垣《钱竹汀手简十五函考释》,《文物》1963年第5期。

郭丹、张盈袖《〈秋盦书札〉考及相关问题》,《中国书法》2017年第5期。

贺宏亮《黄易与铜山张氏——以故宫藏黄易致张爱鼎五札为中心》,收入《故宫藏黄易尺牍研究·考释》。

冀亚平、卢芳玉《国家图书馆藏拓中的黄易题跋述略》,收入《黄易与金石学论集》,北京：故宫出版社,2012年版。

康锐、马振君《国图藏严长明致黄易三札系年》,《学术交流》2018年第7期。

马成名《海外所见善本碑帖录》,上海：上海书画出版社,2014年版。

欧阳磊《故宫藏黄易致张爱鼎五札补证》,《中国书法》2017年第5期。

欧阳磊《萧县张氏与黄易交游考》,《徐州史志》2014年第4期。

秦明《故宫藏黄易〈北海札〉考》,《故宫学刊》总第10辑,2013年。

秦明主编《蓬莱宿约:故宫藏黄易汉魏碑刻特集》,北京:紫禁城出版社,2010年版。

沈津辑《翁方纲题跋手札集录》,桂林:广西师范大学出版社,2002年版。

沈津《翁方纲年谱》,台北:中研院文哲所,2002年版。

陶喻之《清黄易〈明湖秋水(烟柳柴门)图卷〉本事暨背后逸事索解》,收入《内涵暨外延:故宫黄易尺牍研究国际学术研讨会论文集》,北京:故宫出版社,2018年版。

许隽超《故宫博物院藏黄易致王毂札考释》,《中国书法》2017年第5期。

许隽超《故宫藏何道生致黄易札考释》,《中国书法》2017年第6期。

许隽超《国家图书馆藏归朝煦致黄易二札考释》,《苏州教育学院学报》2017年第5期。

许隽超《黄易两护山东运河道考》,《许昌学院学报》2017年第3期。

许隽超《黄易邱学敏往来二札考释》,《中国书画》2017年第7期。

杨国栋《济南市博物馆藏翁方纲致黄易〈荣迁〉札略考》,《书法研究》2019年第3期。

尹一梅《故宫黄易旧藏晋唐碑志拓本概述》,收入《内涵暨外延:故宫黄易尺牍研究国际学术研讨会论文集》。

曾雪梅《翁方纲致黄易手札考释》,《兰州大学学报》2012年第7期。

朱琪《故宫藏黄易尺牍疏证》,收入秦明、朱琪、贺宏亮等编《故宫藏黄易尺牍研究·考释》,北京:故宫出版社,2015年版。

图像资料

陈烈主编《小莽苍苍斋藏清代学者书札》,北京:人民文学出版社,2013年版。

《国朝名人书翰》,上海图书馆藏。

何道生《诗柬》,中国嘉德2016年秋拍。

何琪、董元镜《致黄易》,西泠拍卖2018年3月艺是网拍。

华嵒《九狮图轴》,中国嘉德2010年秋拍,画未必真,信息可信。

黄宾虹、邓实主编《神州国光集》第七集,神州国光社,1909年版。

黄宾虹、邓实主编《神州国光集》第十三集,神州国光社,1917年版。

《黄秋庵书札》,国家图书馆藏。

黄畹《致颜崇槼》,故宫博物院藏。

《黄小松等书札》,国家图书馆藏。

《黄小松友朋书札》,国家图书馆藏。

《黄易书札》,上海图书馆藏。

《黄易书札》,北京艺术博物馆藏。

《黄易书札》,辽宁省博物馆藏。

《黄易等书札》,四川省博物院藏。

黄易《致史红亭》,无锡博物院藏。

黄易《致何琪》,西泠拍卖2007年秋拍。

黄易《致赵魏》,北京保利2015年十周年秋拍。

黄易《致赵魏》,上海博物馆藏。

黄易《致蒋因培》,南京博物院藏。

黄易《书札》,上海崇源2002年首拍。

黄易《嵩洛访碑日记暨丙辰随录手稿》,西泠拍卖2014年春拍。

黄易《致钱大昕》,私人藏。

黄易旧藏《唐拓武梁祠画像》,故宫博物院藏。

黄易旧藏《宋拓汉石经残字》,故宫博物院藏。

黄易旧藏《宋拓朱龟碑》《宋拓谯敏碑》《宋拓魏元丕碑》《宋拓成阳灵台碑》《宋拓范式碑》,故宫博物院藏。

黄易旧藏《武梁祠画像》拓本,故宫博物院藏。

黄易旧藏《秦汉瓦当》拓本,故宫博物院藏。

黄易旧藏《北齐天柱山铭》拓本，故宫博物院藏。

黄易旧藏《听松》拓本，故宫博物院藏。

黄易旧藏《裴岑纪功碑》拓本，国家图书馆藏。

黄易赠李东琪《裴岑纪功碑》拓本，故宫博物院藏。

黄易旧藏《千字文》《九歌》拓本，国家图书馆藏。

黄易旧藏颜真卿《麻姑仙坛记》拓本，国家图书馆藏。

黄易旧藏《晋孙夫人碑》拓本，国家图书馆藏。

黄易旧藏《道朏造像记》拓本，国家图书馆藏。

黄易旧藏《汉白石神君碑》拓本，私人藏。

黄易旧藏《明宋克书七姬志二种》，北京：人民美术出版社，2004年版。

黄易《得碑十二图册》，天津博物馆藏。

黄易《山水扇》，天津博物馆藏。

黄易《岱麓访碑图册》，故宫博物院藏。

黄易《嵩洛访碑图册》，故宫博物院藏。

黄易《访古纪游图册》，故宫博物院藏。

黄易《携琴访友图卷》，故宫博物院藏。

黄易《楷书扇》，故宫博物院藏。

黄易《临娄寿碑轴》《杨太尉碑轴》，故宫博物院藏。

黄易《临纪泰山铭册》，故宫博物院藏。

黄易《云峰搨碑图册》，国家图书馆藏。

黄易《黄叶书林图册》，上海博物馆藏。

黄易《功德顶访碑图卷》，上海博物馆藏。

黄易《篷窗雅集卷》，济南市文物商店藏。

黄易《穀原诗意册》，西泠拍卖2010年秋拍。

黄易《苏台却扇图册》，加拿大安大略博物馆藏。

黄易《山水册》，《内藤湖南藏清人书画：关西大学图书馆内藤文库所藏品集》，日本：关西大学出版部，2009年版。

黄易赠印鸿纬《书画册》，台湾私人藏。

黄易《扪碑读画图卷》，辽宁省博物馆藏。

黄易《烟柳柴门图卷》，中国嘉德2018年春拍。

黄易《筇屐访碑图轴》，中国嘉德2010年春拍。

孔继涵《致黄易》，私人藏。

李志纲、刘凯编《袁氏藏明清名人尺牍》，北京：文物出版社，2016年版。

梁颖整理《庞虚斋藏清朝名贤手札》，南京：凤凰出版社，2016年版。

《明清名人尺牍墨宝》，收入宋志英编《明代名人尺牍选萃》第12册，北京：国家图书馆出版社，2008年版。

《明清名贤百家书札真迹》，五柳堂藏，台北：世界书局，1954年版。

谦慎书道会编《西泠八家の书画篆刻》，东京：二玄社，1996年版。

钱坫《致黄易》，私人藏。

钱泳《致漕帅大人》，故宫博物院藏。

秦明等编《故宫藏黄易尺牍研究·手迹》，北京：故宫出版社，2014年版。

《清代浙派印风（上）》，重庆：重庆出版社，1999年版。

《清名家尺牍》，上海图书馆藏。

阮元《致江凤彝》，故宫博物院藏。

《上海图书馆善本碑帖综录》，上海：上海书画出版社，2017年版。

《盛氏所藏清代尺牍扇面》，上海图书馆藏。

石川寅吉《支那南画大成》续集六题跋集下，东京：兴文社，1937年版。

《苏斋手札》，上海图书馆藏。

孙星衍《致武亿》，故宫博物院藏。

陶樑《致何元锡》，西泠拍卖2018年3月艺是网拍。

《王士禛等书札》，国家图书馆藏。

魏成宪《山东兖州府运河同知钱唐黄君墓志铭》，魏谦升抄本，浙江省博物馆藏。

翁方纲藏《肥城汉画并题字五段石本册》，黄易拓赠，台南私人藏。

翁方纲《重立汉武氏祠石记》拓本，国家图书馆藏。

《翁方纲等手札》，上海图书馆藏。

《翁方纲、翁同龢翰墨》，上海图书馆藏。

翁方纲《致黄易》，甘肃省博物馆藏。

翁方纲《致黄易》，上海枫江书屋藏。

翁方纲《致黄易》，中国嘉德2011年秋拍。

翁方纲《致黄易》，广东崇正2017年春拍，书法可议，内容可信。

翁方纲《致黄易》，北京文津2016年春拍，书法不真，内容可信。

《翁覃溪尺牍》，上海图书馆藏。

吴长瑛辑《清代名人手札甲集》，收入沈云龙编《近代中国史料丛刊》第十五辑，台北：文海出版社，1966—1973年版。

吴焯《翁方纲父子趋直图卷》，中国嘉德2003年秋拍。

武亿《致黄易》，杭州冯阳藏。

武亿《致黄易》，苏州笃斋藏。

《西泠八家印选》，上海：上海古籍出版社，1991年版。

《西泠四家印谱》，杭州：西泠印社，1979年版。

《奚铁生手札不分卷》，民国影印本，收入于浩编《清代名人尺牍选萃》第五册，北京：国家图书馆出版社，2017年版。

小林斗盦编《篆刻全集》第四册《中国（清）丁敬·蒋仁·黄易·奚冈》，东京：二玄社，2001年版。

《小蓬莱阁同人往来信札》，故宫博物院藏。

严信厚集《小长芦馆集帖》，收入《容庚藏帖》，广州：广东人民出版社，2016年版。

《中国历代篆刻集粹·五》，杭州：浙江古籍出版社，2007年版。

图版、插图目录

图版一　7-4 王复致黄易札　收入《小蓬莱阁同人往来信札》第一册

图版二　17-3 黄易致赵魏札　上海图书馆藏

图版三　23-5 翁方纲致黄易札　上海图书馆藏

图版四　30-4 黄易致潘应椿札　上海图书馆藏

图版五　48-4 张燕昌致黄易札　收入《小蓬莱阁同人往来信札》第四册

图版六　81-1 洪亮吉致黄易札　收入《黄小松友朋书札》第五册

图版七　83-6 黄易致何元锡札　上海图书馆藏

图版八　89-3 武亿致黄易札　私人藏

图版九　115-2 翁树培致黄易札　收入《小蓬莱阁同人往来信札》第一册

图版一〇　119-3 钱泳致黄易札　收入《小蓬莱阁同人往来信札》第四册

图版一一　122-1 桂馥致黄易札　收入《小蓬莱阁同人往来信札》第一册

图版一二　134-1 王昶致黄易札　故宫博物院藏

图版一三　138-1 吴友松致黄易札　收入《小蓬莱阁同人往来信札》第一册

图版一四　142-1 阮元致黄易札　收入《小蓬莱阁同人往来信札》第二册

图版一五　159-2 伊秉绶致黄易札　收入《黄小松友朋书札》第二册

图版一六　170-2 黄易致潘奕隽札　上海图书馆藏

图1. 5-3 何琪致黄易札　西泠拍卖 2018 年 3 月艺是网拍

图2. 5-6 黄易篆刻"项墉私印""秋子"两面印　收入《篆刻全集》第四册

图3. 6-1 黄易致魏嘉穀札　苏州笃斋藏

图4. 9-1 黄易致储润书札　上海图书馆藏

图5. 9-6 储润书致黄易札　收入《黄小松友朋书札》第十一册

图6. 17-2 黄易《诗稿》　无锡博物院藏

图7. 18-12 潘有为致黄易札　收入《黄小松友朋书札》第四册

图8. 20-3 郑辰致黄易札　收入《黄小松友朋书札》第一册

图9. 21-1 孔继涵致黄易札　私人藏

图10. 23-6 翁方纲致黄易札　收入《小蓬莱阁同人往来信札》第二册

图11. 23-43 黄易致翁方纲札　收入《故宫藏黄易尺牍研究·手迹》

图12. 23-45 翁方纲致黄易札　故宫博物院藏

图13. 28-4 黄易致罗聘札　私人藏

图14. 30-1 潘应椿致黄易札　收入《黄小松友朋书札》第三册

图15. 30-2 黄易《烟柳柴门图》卷　中国嘉

德 2018 年春拍

图 16. 34—1 朱筠便条　故宫博物院藏

图 17. 36—5 黄易篆刻"瑶华道人"　收入《篆刻全集》第四册

图 18. 37—3 潘庭筠致黄易札　收入《小蓬莱阁同人往来信札》第三册

图 19. 39—8 钱坫致黄易札　收入《故宫藏黄易尺牍研究·手迹》

图 20. 44—1 黄易篆刻"无字山房"　收入《篆刻全集》第四册

图 21. 47—4 鲍廷博致黄易札　收入《小蓬莱阁同人往来信札》第一册

图 22. 50—1 董元镜致黄易札　西泠拍卖 2018 年 3 月艺是网拍

图 23. 53—2 江德量致黄易札　上海图书馆藏，收入《庞虚斋藏清朝名贤手札》

图 24. 56—1 李东琪临汉碑四种　私人藏

图 25. 56—2 李东琪致黄易札　收入《黄小松友朋书札》第七册

图 26. 62—2 李奉翰致黄易札　西泠拍卖 2018 年 3 月艺是网拍

图 27. 66—1 颜崇槼致黄易札　收入《黄小松友朋书札》第四册

图 28. 67—2 梅镠致黄易札　收入《小蓬莱阁同人往来信札》第四册

图 29. 69—1 黄易致顾文铣札　上海图书馆藏

图 30. 70—1 黄易篆刻"罨画溪山院长"　收入《篆刻全集》第四册

图 31. 73—3 孔继涑致黄易札　收入《小蓬莱阁同人往来信札》第二册

图 32. 76—1 李衍孙致黄易札　收入《黄小松友朋书札》第一册

图 33. 78—1 孙星衍致黄易札　故宫博物院藏

图 34. 87—1 黄易致胡栗札　上海图书馆藏

图 35. 91—5 金德舆致黄易札　收入《小蓬莱阁同人往来信札》第一册

图 36. 95—2 黄易篆刻"梁氏处素"　收入《篆刻全集》第四册

图 37. 101—1 张埙致黄易札　收入《黄小松友朋书札》第七册

图 38. 103—2 徐世钢致黄易札　上海图书馆藏

图 39. 113—1 吴人骥致黄易札　收入《黄小松友朋书札》第十二册

图 40. 114—1 邓石如致黄易札　收入《黄小松友朋书札》第九册

图 41. 126—4 赵怀玉致黄易札　收入《黄小松友朋书札》第十二册

图 42. 143—2 印鸿纬致黄易札　收入《小蓬莱阁同人往来信札》第一册

图 43. 146—1 邵晋涵致黄易札　收入《小蓬莱阁同人往来信札》第二册

图 44. 153—3 黄易致李鼎元札　上海图书馆藏

图 45. 154—2 刘锡嘏致黄易札　收入《小蓬莱阁同人往来信札》第二册

图 46. 157—2 黄易致袁枚札　中国嘉德 2016 年春拍

图 47. 160—1 黄易致吴骞札　上海图书馆藏，收入《庞虚斋藏清朝名贤手札》

图 48. 161—1 黄易篆刻"松屏"　收入《篆刻全集》第四册

图 49. 170—1 潘奕隽致黄易札　上海图书馆藏

图 50. 172—1a 黄易致梁同书札（草稿）　西泠拍卖 2014 年春拍

图 51. 172—1b 梁同书题"秋影庵"匾　中国嘉德 2001 年春拍

图 52. 173—4 黄易致郑震堂札　辽宁省博物馆藏

图 53. 178—1 邹蔚祖致黄易札　收入《小蓬莱阁同人往来信札》第三册

图 54. 181—1 黄易《访古纪游图·金石重盟》题识　故宫博物院藏

图 55. 182—1 黄易篆刻"五砚楼"　收入《篆刻全集》第四册

图 56. 182-2 袁廷梼致黄易札　收入《小蓬莱阁同人往来信札》第三册

图 57. 183-1 黄易临徐渭《山水》　西泠拍卖 2014 年春拍

图 58. 186-1 黄承增致黄易札　上海图书馆藏

图 59. 195-1 赵辑宁致黄易札　收入《小蓬莱阁同人往来信札》第二册

图 60. 199-1 刘肇鑑致黄易札　上海图书馆藏

图 61. 附 1-1. 黄易致某人札　上海图书馆藏

图 62. 附 1-4. 黄易致某人札　上海图书馆藏

图 63. 附 2-1. 裘尊生致黄树榖札　故宫博物院藏

图 64. 附 2-2. 僧明中致黄树榖札　故宫博物院藏

图 65. 附 2-6. 让山和尚致黄树榖札　故宫博物院藏

图 66. 附 2-14. 黄易篆刻"卖画买山"　收入《篆刻全集》第四册

人名索引

说明：
1. 本索引收入与黄易往来书札者及书札中出现的部分人物的本名、字号、别称。
2. 本索引以人物本名立目，附列字号、别称。另列字号、别称为参见词目，以备检索。
3. 本索引按汉语拼音编次。

A

阿林保（雨窗）16, 24, 147, 148, 393, 428-430, 432-435

安阳令赵生 见赵希璜

B

巴君 见巴慰祖

巴树榖 468

巴慰祖（晋堂、巴君）51, 86, 131, 133, 198, 397, 468

阪隐 见汪大宗

板桥 见郑燮

半槎 见马曰璐

包芬（梅垞、梅翁）7, 11, 17, 584, 585, 587

宝传 见魏成宪

宝田 见黄庭

抱冲 见顾之逵

抱经 见卢文弨

豹泉 见朱煌

鲍大哥 见鲍廷博

鲍大兄 见鲍廷博

鲍君 见鲍廷博

鲍廷博（以文、以兄、绿饮、渌饮、鲍大哥、鲍大兄、鲍君）2, 4, 5, 9-11, 16, 25, 48, 95, 96, 153, 196-198, 217, 226-229, 322, 340-342, 344, 416, 417, 419, 475, 586

北海 见李邕

北海 见孙承泽

毕抚军 见毕沅

毕公 见毕沅

毕沅（秋帆、毕公、弇山夫子、毕中丞、毕抚军、毕制军、毕制府）22, 31, 33-35, 42, 50, 85, 86, 92, 93, 97,118, 128, 131, 143, 203-207, 216, 243, 284, 286, 290, 291, 293, 297, 299, 300, 303, 308, 309, 318, 332, 334, 354, 361, 388, 397, 398, 400,401, 414, 444, 445, 453-455, 464, 465, 486, 492, 591

毕制府 见毕沅

毕制军 见毕沅

毕中丞 见毕沅

伯扶 见余鹏年

伯恭 见陈崇本

伯生 见蒋因培

伯渊 见孙星衍

伯元 见阮元

C

蔡本俊 572, 590

蔡共武 505

蔡襄（君谟）118, 287

策丹（策道台）403, 529, 547

策道台 见策丹

查客　见吴骞

槎客　见吴骞

长青　见方薰

苌生　见瞿中溶

巢林　见汪士慎

陈秉灼（明轩）410, 413, 447

陈灿（象昭、象兄、象翁、曙峰、二西）2-15, 19, 20, 22, 24, 50-52, 55, 90-93, 117, 217-220, 227-229, 267, 278, 287, 321, 328, 334, 418, 419, 518, 587, 594, 595

陈崇本（伯恭）130, 131, 243, 349

陈观察　见陈辉祖

陈洪绶（老莲、章侯）8, 9, 12, 112, 202, 366

陈鸿宾（玉池）5, 32, 215-217

陈鸿寿（曼生）12, 395, 439, 550

陈辉祖（陈观察）39, 68, 69, 252, 254

陈恺（西堂）4-6, 117, 217

陈廷槐 567

陈希濂（潋水）13, 53, 54, 595

陈以纲（竹庵、竹厂）33, 370

陈豫锺（秋堂）52, 54, 100, 446, 565

陈撰（玉几）31

陈焯（无轩、无兄、然圃、暎之、暎兄、湘管斋主人）6, 26, 27, 32, 50, 61, 82, 84, 88, 89, 102-107, 109, 111, 114, 116, 125, 126, 131, 148, 164-168, 175, 178, 180-183, 239, 326, 410, 526, 588, 589

成斋　见汪用成

程国檠（竹坡）298

程晋芳（鱼门）33, 111, 112, 128, 375

程师圣 56

程瑶田（易畴、易田）115, 177, 185, 186, 499, 500, 589

橙里　见江昉

赤亭　见段松苓

初彭龄 532

储润书（玉琴）5, 19, 20, 31, 36, 40-46, 191, 301, 302, 310, 374, 416, 436, 451

楚香　见龚烈

处素　见梁履绳

褚峻（千峰）84, 85, 88, 89, 99, 186

春麓　见李翮

春农　见蒋宗海

春畦　见吴嘉毂

春松　见魏成宪

春渚　见何琪

纯斋　见刘锡嘏

慈柏　见余锷

崔儒际（墨云）223, 224, 240

D

戴光曾 510

戴经 556

戴璐 556

道甫　见严长明

德保 304

德父　见赵明诚

德甫　见赵明诚

德园　见潘庭筠

邓石如 269, 270, 388, 389

丁传（希曾）302, 305, 418, 419, 496

丁敬（敬身、龙泓、丁先生）2, 11-13, 146, 174, 187, 197, 232, 305, 306, 328, 383, 418, 419, 460, 501, 564

丁先生　见丁敬

定甫　见江安

东父　见何琪

东甫　见何琪

东河　见邱学敏

东坡　见苏轼

冬心　见金农

董大理　见董元镜

董诰（蔗林）422

董其昌（香光、董宗伯、华亭宗伯、董思翁、董文敏）4, 13, 19, 49, 50, 69, 88, 95, 167, 179, 183, 273, 288, 344, 349, 495, 514

董思翁 见董其昌
董文敏 见董其昌
董洵（小池）108, 109, 507, 537, 550
董元镜（董大理）84, 103, 235-237, 402, 578
董宗伯 见董其昌
都转公 见张映玑
读画楼主人 196, 202
段赤子 见段松苓
段松苓（赤亭、赤子）97, 98, 318, 414, 466

E
萼岩 见金德舆
鄂岩（萼岩）见金德舆
二西 见陈灿
二香 见沈默
二云 见邵晋涵

F
法式善（梧门）43, 157, 174, 304, 464, 530, 555, 562
樊榭 见厉鹗
方川 见王增
方鹤皋 169
方维翰（逸青）24, 40, 42, 438, 439, 594
方维祺 357
方薰（兰坻、兰士、兰汝、长青）7, 103, 226, 227, 340-342, 433, 483
飞泉 见卢又绅
匪石 见钮树玉
冯集梧 368
冯敏昌（鱼山）113-115, 153, 228, 309, 333, 334, 514, 536
冯应榴 124, 258, 528, 529
凤诏 见吴衔
凫乡 见陶樑
凫香 见陶樑
黼堂 见钱樾
黼棠 见钱樾

复堂 见李鱓
复堂 见南正炎
复堂 见赵载元

G
庚实 见印鸿纬
賡实 见印鸿纬
龚烈（楚香）288, 371-373, 376, 396, 545, 546
龚士煋（爽堂）220, 277, 325
龚司马 见龚孙枝
龚孙枝（梧生、龚司马）51-53, 72, 73, 213, 214, 442, 443, 522, 594
古愚 见陆绳
古愚 见王淳
古愚 见章谷
谷园 见孔继涑
榖人 见吴锡麒
潊水 见陈希濂
顾别驾 见顾礼琥
顾广圻（千里、涧蘋）76, 319, 320, 478, 479, 541, 543, 555
顾涧蘋 见顾广圻
顾礼琥（顾别驾）143, 540, 548, 553
顾仆 见顾玉
顾文铤（芦汀）69, 72, 135, 143, 144, 231, 273-277, 324, 325, 555, 578
顾炎武（亭林、宁人）76, 141
顾玉（顾仆）251, 266, 454
顾之逵（抱冲）477, 478
冠石 见司马亶
管幹珍（管少空）180, 288, 309, 388
管少空 见管幹珍
贯夫 见陆绍曾
归公 见归朝煦
归观察 见归朝煦
归朝煦（梅坡、归观察、归公）219, 220, 347-349, 425-427, 447, 448, 470
桂馥（未谷）97, 101, 135, 142, 257, 264, 298,

319, 321, 322, 338, 339, 346, 364, 379, 380, 393, 409-414, 416, 424, 428, 434, 447, 448, 464, 484, 511, 550

郭麐（频伽）103, 320, 395, 555

H

海门 见卢荫文

海岳 见米芾

含溪 见王秉韬

韩门 见汪师韩

韩愈（退之）33

汉符 见黄元鼎

杭世骏（堇浦）6, 52, 508, 582, 587

浩斋 见李鲲

何道生（兰士、巡使何公）14, 403, 424, 432, 464, 483, 515, 523, 562-564, 570

何飞熊（南溪、何解元）64, 65, 176, 180

何夫子 见何琪

何解元 见何飞熊

何锦 479, 516, 541

何琪（东甫、东父、春渚、何夫子、何师）2, 3, 5, 7, 9, 14, 19-28, 30, 38, 39, 40, 52, 54, 59, 100, 103, 200, 201, 215-217, 220, 221, 278, 279, 321, 336, 344, 432, 433, 492, 506, 526, 531, 551, 586, 587, 595, 596

何师 见何琪

何裕城 306, 307, 315, 316

何元锡（梦华）49, 95-100, 144, 145, 149, 151, 181, 192, 231, 266, 303, 306, 307, 314-320, 328, 344, 346, 395, 397, 399, 400, 403, 413, 414, 431, 440, 446, 454, 455, 459, 464, 465, 477, 513, 543, 544, 554, 593

何震（主臣、雪渔）269, 277, 305, 327, 439

和珅（和中堂）266, 303, 537, 557, 558

和中堂 见和珅

河帅李大人 见李奉翰

河帅李公 见李奉翰

鹤亭 见江春

衡甫 见颜崇槼

衡山 见文徵明

衡斋 见颜崇槼

弘旿（瑶华道人）196, 197

红亭 见史本

洪丞相 见洪适

洪范（养泉）58

洪适（景伯、洪丞相）137, 185, 270, 308, 311, 337, 406

洪亮吉（稚存）40, 86, 92, 144, 154, 203, 207, 288, 291, 293, 299- 302, 308-312, 397, 398, 416, 424, 591

洪锡豫（建侯、孟章）43-46, 374

洪哲燕 587

荭谷 见孔继涵

虹亭 见史本

葓谷 见孔继涵

胡德琳（书巢）164, 165, 169, 213, 234, 424

胡栗（润堂）328, 329

华亭宗伯 见董其昌

化鹏 见李鲲

华嵒（秋岳）13, 17, 171, 270, 383, 524, 585

槐堂 见汪沆

黄承增（心庵、心盦）26, 27, 42, 43, 336, 366, 367, 468, 551, 552, 595

黄鹤山樵 见王蒙

黄景仁（仲则）33, 40, 312

黄汝亨（贞父、寓林、先少参）53, 118, 127, 182, 266, 278

黄叔璥（玉圃）290, 354

黄树榖（松石、楷瘿）36, 126, 128, 151, 171, 233, 277, 306, 379, 501, 502, 580-584, 587

黄庭（梦珠、宝田）1, 9, 17, 18, 20, 22, 25, 36, 37, 42, 81, 82, 88, 103, 283, 284, 488, 580, 584-586

黄庭坚（山谷）146, 283, 284, 491, 580

黄童（素庭）7, 8, 11, 89, 227, 228, 252, 253

黄畹（小香、小艿）16, 148, 346, 410, 412, 413, 429, 430, 431, 434, 435, 447

黄锡蕃 233, 575

黄烜 488

黄元鼎（渭符、渭兄、汉符、会符、来官、来徍）14, 15, 19, 20, 22-25, 49, 55, 200, 201, 216, 379, 380, 488, 594, 595

扔约 见孔广森

辉约 见孔广森

会符 见黄元鼎

惠龄 414, 544

J

亟斋 见张玿

季述 见孙星衍

继昌 550

葭谷 见孔继涑

驾堂 见周厚辕

兼斋 见玉山

简斋 见袁枚

建侯 见洪锡豫

剑光 见聂钦

剑潭 见汪端光

涧厈 见汪端光

江安（定甫、江世兄）39, 338, 344, 387, 452, 454, 473, 561

江春（鹤亭）3, 18, 36-39, 254, 320

江德量（秋史、量殊）90, 114, 122, 131, 132, 135-137, 139, 141, 185, 194, 240-242, 390, 409, 410, 456

江二世兄 见江凤彝

江藩（子屏）416, 591

江昉（橙里、江六先生）3, 9, 19, 20, 36, 38, 96, 103, 254

江凤彝（秬香、江二世兄）12, 13, 97-99, 100, 267, 391, 392, 412, 456, 474-476, 548

江兰（畹香、畹翁）18, 36, 37, 254, 419, 426, 452, 464

江立（玉屏、云溪、云兄、江三兄、江三哥、江玉兄）2, 3, 6, 10, 19, 20, 28, 31, 36-39, 48, 49, 103, 254, 344, 418, 452, 473, 475

江六先生 见江昉

江清（桐叩、桐敏）152, 474, 475

江三哥 见江立

江三兄 见江立

江世兄 见江安

江太守 见江恂

江恂（蔗畦、江太守）139, 182, 254, 255, 269

江玉兄 见江立

蒋仁 278, 279

蒋因培（伯生）395, 530, 531, 555

蒋知廉（香雪）191, 192, 361

蒋知让（师退）92, 207, 299

蒋宗海（春农）47

椒山 见杨继盛

蕉林 见梁清标

皆山 见潘应椿

金德舆（云庄、金云兄、鄂岩、萼岩、金刑部）14, 219, 220, 226-228, 340-344, 420, 422, 424, 433

金门 见项墉

金农（寿门、冬心）44-46, 106, 171, 172, 174, 266, 401, 495, 523

金刑部 见金德舆

金云兄 见金德舆

堇浦 见杭世骏

谨庭 见陆恭

晋堂 见巴慰祖

晋斋 见赵魏

经泰 585

景伯 见洪适

敬身 见丁敬

敬翁 见沈景良

镜古 见刘肇鑑

镜涛 见瞿中溶

九龙山人 见王绂

秬香　见江凤彝
觉罗长麟 463
君谟　见蔡襄

K

楷瘿　见黄树毂
康基田 245, 493, 536, 578
康仪钧 536
可庐　见钱大昭
硁士　见陆费墀
孔公　见孔继涵
孔广森（㧑约、辉约、㑱森）185, 186, 284, 286, 287
孔户部　见孔继涵
孔继汾（十老伯）72, 283, 284, 286, 287, 351, 353
孔继涵（荭谷、莼谷、孔公、孔户部）71, 72, 78, 80, 81, 89, 102, 103, 106, 109, 112, 120-122, 125-127, 188, 204, 205, 223-225, 240, 269, 270, 272, 353
孔继涑（葭谷、谷园、玉虹主人）71, 95, 272, 280, 283-289, 327, 351, 353, 493
葵里　见吴骞

L

来官　见黄元鼎
来侄　见黄元鼎
兰坨　见潘庭筠
兰大人　见兰第锡
兰德滋（润甫）376, 377
兰圻　见方薰
兰第锡（兰河台、兰河帅、兰大人）69, 70, 113, 114, 237, 287, 298, 304, 323, 326, 330, 336, 359, 361, 371-373, 375-377, 519, 521, 522
兰公　见潘庭筠
兰河台　见兰第锡
兰河帅　见兰第锡

兰泉　见王昶
兰汝　见方薰
兰士　见方薰
兰士　见何道生
兰雪　见吴嵩梁
蓝公子　见蓝嘉瑄
蓝嘉瑄（瘦竹、蓝公子）85, 86, 224, 240, 276
筤谷　见周震荣
郎夫　见陆耀
朗兄　见朱文藻
朗斋　见朱文藻
阆峰　见玉保
老莲　见陈洪绶
礼思　见王宗敬
李鼎元（墨庄）266, 480-483
李东琪（铁桥、李铁兄）11, 76, 79, 84, 87-90, 100, 101, 112, 118, 139, 140, 142-144, 149, 204, 223, 224, 230, 231, 233, 240, 242, 246, 247, 249-251, 256, 296, 302, 317, 327, 353, 379, 380, 387, 396, 398-401, 403, 420, 422, 428-431, 441, 460, 509, 519, 520, 524, 564, 565, 570
李奉翰（香林、河帅李公、河帅李大人、李河帅）14, 39, 142-144, 150, 244, 252-254, 259, 260, 302, 325, 347, 361, 368, 377, 415, 426, 454, 456, 457, 492, 493, 530, 548, 553, 558
李奉瑞（梦白）39, 263
李河帅　见李奉翰
李翮（春麓）381, 382
李亨特（晓园、绍兴太守）143, 144, 383, 397, 398, 402
李锴 582
李克正（梅村）96, 398-401, 420, 422, 428, 429, 520, 524, 570
李鲲（化鹏、浩斋）224, 246
李日华（竹懒）49, 50, 53, 54, 344, 440
李鱓（复堂）267, 268, 270

李铁兄 见李东琪
李琬（研溪）470, 471, 522
李威（述堂）102, 104, 105, 107
李衍孙（味初）91-94, 206, 256, 258, 296-298
李尧栋 412, 561
李伊晋（退亭）251
李邕（北海）153, 154, 158, 159, 348, 357
李锺沛（作霖）470, 493, 503
力臣 见张弨
历亭 见严守田
历鹗（樊榭）125, 146, 254, 508, 563, 564, 586
笠亭 见朱琰
莲府 见王宗诚
莲湖 见王毂
廉州 见王鉴
梁敦书 52, 351, 352
梁肯堂 450
梁履绳（处素、素二兄、梁四兄）13, 51, 52, 351-353, 419, 595
梁清标（玉立、蕉林）80, 81, 325
梁四兄 见梁履绳
梁同书（山舟）12-14, 51, 95, 100, 233, 267, 283, 284, 325, 351, 353, 361, 378, 384, 517, 518, 526, 595, 596
两峰 见罗聘
亮斋 见汤惟镜
量殊 见江德量
邻初 见汪大宗
邻二哥 见汪大宗
刘敞（原父、原甫）127, 394, 478
刘大观（刘明府、松岚）409, 410, 516
刘珏（完庵）49, 50
刘启秀 116
刘锡嘏（纯斋）1, 35, 484-486
刘墉（石庵）557
刘肇鑑（镜古）520, 570, 571
刘肇铺 96, 520
柳塘 见徐日簪

柳田 见郑士芳
六如 见唐寅
龙泓 见丁敬
卢文弨（抱经）302, 303, 351, 419
卢荫文（海门）358
卢又绅（飞泉）313, 354, 355
芦汀 见顾文铓
鲁门 见郑支宗
陆飞（篠饮、筱饮、起潜）6, 7, 14, 15, 17, 18, 22, 23, 38, 103, 216, 217, 489, 585-587
陆费墀（硙士）194
陆恭（谨庭）513, 538-540
陆奎（凝庵、凝凫）372, 396
陆绍曾（贯夫）134, 232, 233, 397, 514, 515
陆绳（古愚）266, 298, 338, 339, 346, 391, 403, 437, 448, 528, 570
陆文绡（尚之）437
陆耀（郎夫）338, 346, 437, 528
菉森 见赵魏
菉生 见赵魏
渌饮 见鲍廷博
绿饮 见鲍廷博
吕星垣 312, 313
罗公 见罗焕
罗观察 见罗焕
罗聘（两峰）38, 128, 135, 141, 154, 171-174, 190, 191, 202, 242, 246, 483
罗焕（云亭、罗观察、罗公）71-74, 216, 293, 325, 349, 368, 372, 373, 492, 493, 504
洛生 见赵魏

M

马曰璐（半槎）233
曼生 见陈鸿寿
茂京 见王原祁
眉峰 见沈扬
梅八兄 见梅镠
梅垞 见包芬

梅村 见李克正
梅皋 见万廷兰
梅镠（石居、梅八兄）269-272, 388, 480, 481
梅坡 见归朝煦
梅翁 见包芬
梅溪 见钱泳
梅豁 见钱泳
孟阳 见潘逢元
孟章 见洪锡豫
梦白 见李奉瑞
梦华 见何元锡
梦楼 见王文治
梦珠 见黄庭
米芾（海岳、元章）163, 179, 461, 547, 595
米楼 见倪稻孙
明高 见南正炎
明兴 262, 264, 345
明轩 见陈秉灼
明中 580, 581, 582
莫是龙（秋水）49, 50
墨卿 见伊秉绶
墨云 见崔儒畇
墨庄 见李鼎元
穆庵 见张映玑

N

南田 见恽寿平
南溪 见何飞熊
南芗 见吴文徵
南正炎（明高、复堂、铁夫）398, 399, 422, 520
讷之 见潘应椿
倪稻孙（米楼）320, 391, 392, 508
念湖 见吴人骥
聂钦（剑光）261, 291, 318
宁贵 170
宁人 见顾炎武
凝庵 见陆奎

凝龛 见陆奎
钮树玉（匪石）319, 477-479, 541, 543, 555

O

欧阳脩（永叔）26, 33, 394, 406, 447

P

排山 见朱枫
潘逢元（孟阳）44-46, 436
潘庭筠（兰垞、兰公、德园）11, 17, 26, 103, 104, 108, 111, 114, 199-201, 217-219, 221, 344, 419, 489
潘奕隽（榕皋）317, 380, 445, 479, 513-515, 540-542, 544, 554, 555, 591
潘应椿（皆山、讷之）66, 82, 177-179, 182-186, 325, 588
潘有为（卓臣、毅堂）81, 82, 87, 90, 102-115, 128, 130, 167, 168, 189, 190, 199, 224, 230, 231, 383, 387, 489, 564, 589
潘兆遴（恬庵）240, 242, 317
彭湘怀 584, 585
频伽 见郭麐
坡公 见苏轼
瀑泉 见朱煌

Q

芑堂 见张燕昌
起潜 见陆飞
千峰 见褚峻
千里 见顾广圻
谦山 见熊枚
钱大昕（晓徵、辛楣、竹汀、钱少詹）67, 86, 142, 149, 203, 233, 276, 318, 327, 349, 369, 370, 378-380, 391, 397, 432, 433, 444, 445, 461, 469, 477, 478, 514, 534, 541, 542, 545, 554, 555, 562, 590
钱大昭（可庐）149-151, 387, 452, 469, 483

钱坫（献之、钱公子）32, 33, 67, 84-86, 91-94, 104, 128-130, 196, 203-208, 240, 242, 296, 297, 300, 301, 303, 309, 312, 338, 361, 370, 389, 390, 444, 445

钱公子 见钱坫

钱少詹 见钱大昕

钱泰吉 592, 593

钱维乔 457, 545, 546

钱泳（梅溪、梅谿）64, 65, 114, 118, 143, 157-159, 168, 176, 211, 392, 397-404, 444, 445, 456, 479, 513, 515, 540, 570

钱樾（黼棠、黼堂）398, 399, 403, 404, 560

钱载（箨石）70, 71, 174, 197, 233, 327, 560

秦川 见盛百二

青在 见周震荣

青斋 见沈启震

晴村 见庆霖

庆大人 见庆霖

庆大司马 见庆桂

庆桂（庆大司马）277, 330, 364, 557

庆霖（晴村、庆大人）330, 363-365

邱学敏（铁香、东河）79, 80, 117, 186, 287, 323-326, 330

秋塍 见王复

秋帆 见毕沅

秋鹤 见吴友松

秋人 见仇梦岩

秋史 见江德量

秋室 见余集

秋水 见莫是龙

秋堂 见陈豫锺

秋岳 见华嵒

秋子 见项埔

仇梦岩（秋人）5, 42, 57-59, 191, 275, 451

裘尊生 580, 581

瞿公 见瞿中溶

瞿中溶（苌生、镜涛、瞿公）319, 391, 392, 477-479, 541, 543, 555

癯仙 见徐世钢

R

然圃 见陈焯

让山 419, 582, 583

讱庵 见汪启淑

容夫 见汪中

容甫 见汪中

蓉裳 见余集

榕皋 见潘奕隽

阮督学 见阮元

阮阁学 见阮元

阮公 见阮元

阮侍郎 见阮元

阮学使 见阮元

阮学台 见阮元

阮元（伯元、芸台、阮公、阮侍郎、阮学使、阮詹事、阮督学、阮学台、阮阁学）26, 27, 75, 97-100, 149, 151, 156, 168, 176, 198, 230, 237, 246, 251, 264, 266, 273, 307, 308, 314, 317-319, 321, 335, 336, 338, 353, 385, 387, 392, 403, 405, 412-414, 421, 446, 448, 452-458, 464, 466, 473, 475, 478, 496, 508, 544, 558, 565, 592

阮詹事 见阮元

润甫 见兰德滋

润堂 见胡栗

弱林 见王澍

S

三桥 见文彭

三云 见郑辰

山茨 见周升桓

山夫 见吴玉搢

山谷 见黄庭坚

山舟 见梁同书

尚之 见陆文纲

尚之 见徐书受

少白　见朱锡庚

邵晋涵（二云）92, 195, 466, 467

绍兴太守　见李亨特

申发祥 587

申兆定（铁詹、铁蟾）95, 232, 389, 397, 416, 417

沈观察　见沈启震

沈景良（菘町、菘翁、敬翁、沈先生）2-7

沈可培（养源）257, 258, 363, 410

沈铭彝（竹岑）440, 559

沈默（二香）264, 338, 339, 346, 410, 413, 414, 447

沈启震（青斋、沈观察）16, 103, 142, 216, 218-220, 244, 245, 258, 293, 325, 331, 332, 340, 342, 360, 361, 368, 415, 426, 513, 528, 559

沈荃（绎堂）69, 273

沈升峤（辛斋）280, 286, 287

沈先生　见沈景良

沈扬（眉峰）217-219

沈周（石田）13, 344, 348, 364, 517, 524

盛百二（秦川、柚堂）223-225, 230, 242, 246, 276, 564

师退　见蒋知让

十老伯　见孔继汾

石庵　见刘墉

石公　见叶树廉

石公　见张埙

石谷　见王翚

石居　见梅镠

石君　见朱珪

石君　见叶树廉

石民　见张四教

石田　见沈周

实斋　见王聘珍

实斋　见章学诚

史本（红亭、虹亭）231, 326, 327, 522, 523

适斋　见孙扩图

寿阶　见袁廷梼

寿门　见金农

寿云　见张太平

绥阶　见袁廷梼

瘦同　见张埙

瘦铜　见张埙

瘦竹　见蓝嘉瑄

书巢　见胡德琳

曙峰　见陈灿

述庵　见王昶

述堂　见李威

爽堂　见龚士烓

司马亶（冠石、司马舍人）242, 398, 399, 409, 410

司马舍人　见司马亶

笥河　见朱筠

松窗　见魏嘉榖

松岚　见刘大观

松茂 504

松屏　见余大观

松石　见黄树榖

松雪　见赵孟頫

菘町　见沈景良

菘翁　见沈景良

宋葆淳（芝山、宋四哥）32, 52, 89, 90, 100, 102-104, 106-109, 111-115, 131, 132, 134, 138, 158, 159, 164, 165, 175, 189, 190, 202, 231, 264, 267, 268, 391, 409-411, 413, 550, 565, 589

宋克（仲温）145, 146, 460

宋四哥　见宋葆淳

苏门　见张符升

苏轼（东坡、坡公、苏文忠）75, 98, 141, 151, 158, 174, 183, 198, 203, 204, 257, 261, 281, 305, 344, 375, 402, 429, 442, 454, 461, 502, 529, 533, 540, 594

苏潭　见谢启昆

苏文忠　见苏轼

素二兄　见梁履绳

素庭 见黄童
随园 见袁枚
孙承泽（伯渊、退谷、退翁、北海）81, 82, 137, 179, 180, 283, 402, 577
孙道台 见孙星衍
孙公 见孙星衍
孙观察 见孙星衍
孙扩图（适斋）164, 231, 239
孙星衍（伯渊、渊如、季逑、孙道台、孙观察、孙公）12, 13, 34, 40, 76, 92, 93, 97, 185, 203, 207, 208, 219, 220, 222, 246-249, 251, 268, 273, 291, 293, 299-303, 308-310, 312, 319, 333, 396-399, 407, 408, 444, 445, 454-457, 461, 464, 471, 494, 496, 497, 509, 519, 520, 521, 528, 530-532, 535, 545, 548, 553, 555, 558, 565, 591

T

太初 见吴长元
泰安相国 见赵国麟
覃溪 见翁方纲
汤公 见汤惟镜
汤惟镜（亮斋、汤公）410-412, 435, 448, 475, 561
唐道台 见唐侍陛
唐观察 见唐侍陛
唐侍陛（芝田、唐观察、唐道台）45, 46, 220, 325, 415, 421, 422, 426
唐奕恩（雪怀）179-181
唐寅（唐子畏、六如）113, 348, 349, 511, 512
唐仲冕（陶山）499, 500, 511, 512, 590, 591
唐子畏 见唐寅
陶君 见陶樑
陶樑（凫乡、凫香、陶君）172, 319, 320, 514, 515, 539, 554, 555
陶山 见唐仲冕
天瓶 见张照
恬庵 见潘兆遴

铁保（冶亭）140, 160, 163, 403
铁蟾 见申兆定
铁夫 见南正炎
铁夫 见王芑孙
铁桥 见李东琪
铁生 见奚冈
铁香 见邱学敏
铁詹 见申兆定
廷尉 见王昶
亭林 见顾炎武
桐叩 见江清
兔床 见吴骞
退谷 见孙承泽
退谷 见汪士铉
退亭 见李伊晋
退翁 见孙承泽
退之 见韩愈
萚石 见钱载
攈盦 见徐嘉毅

W

完庵 见刘珏
畹翁 见江兰
畹香 见江兰
万廷兰（梅皋）68, 69, 180, 209, 210
汪八兄 见汪廷防
汪峏（雪礓、中也、中兄、汪大哥）2, 3, 9, 18-20, 36-39, 42, 56, 96, 132, 133, 167, 171, 172, 192, 270, 302
汪大哥 见汪峏
汪大镛（芎圃）32, 68, 209, 210
汪大宗（阪隐、邻初、邻二哥）36-39, 56, 271
汪端光（剑潭、涧县）36, 40, 42, 44, 45, 191, 192, 416, 436, 451
汪公 见汪用成
汪沆（槐堂）22, 23
汪启淑（讱庵）194, 235, 359, 383, 387
汪师韩（韩门）17, 76, 78, 81, 82, 177

汪士铉（退谷）143, 144, 277, 472

汪士慎（巢林）44-46, 85, 501

汪廷昉（汪八兄）13, 432, 433

汪用成（汪公、未山、成斋）8, 51-54, 107, 383, 384, 595

汪远孙 593

汪中（容甫、容夫）43, 44, 133, 137, 308, 309, 591

王秉韬（含溪、王河帅）403, 404, 544, 547, 567

王昶（兰泉、述庵、廷尉）22, 24, 32-34, 50-53, 67, 75, 76, 85, 90-92, 94, 95, 100, 104, 112, 128, 136, 139, 140, 149, 152, 204, 236, 252, 254, 255, 275, 312, 313, 318-321, 375, 380, 393, 400, 407, 416, 418, 419, 422, 424, 441, 534, 541, 565

王淳（古愚）114, 122, 261, 408

王凤文 212

王凤仪 585

王绂（九龙山人）49, 50, 385

王澍 81

王复（秋塍）5, 13, 22, 31-35, 70, 92, 98, 103, 203, 206, 291, 312, 335, 336, 355, 366, 367, 486, 492-494, 533-535

王毂（莲湖）150, 151, 359, 360, 387, 434, 470

王河帅 见王秉韬

王翚（石谷）132, 197, 349, 491-493, 495, 525

王绩著 573

王鉴（廉州）539, 540

王蒙（黄鹤山樵）49, 50

王冕（元章）13, 15, 55, 531

王明府 见王治岐

王聘珍（实斋）143, 150, 151, 163, 264, 265, 405, 406

王芑孙（铁夫）464, 483, 535

王洽 568

王昇（逸老）588, 589

王时敏（烟客、西庐）49, 50, 80, 81, 491, 492, 539, 540

王世贞（元美）145, 588, 589

王澍（虚舟、弱林）44, 46, 126, 128, 150, 167, 178, 179, 291-293, 376, 460

王文治（梦楼）43, 44, 364, 437

王原祁（茂京）54, 95, 492, 585

王增（方川）281, 282, 334

王治岐（王明府）49, 77, 172

王宗诚（莲府）156, 159, 160

王宗敬（礼思）273, 275, 457, 473, 504, 519

薇北 见郑辰

未谷 见桂馥

未山 见汪用成

味初 见李衍孙

味辛 见赵怀玉

渭川 见赵希璜

渭符 见黄元鼎

渭兄 见黄元鼎

魏成宪（宝传、春松、魏宝兄、魏大兄）7, 12, 22, 25, 28, 200, 215-222, 229, 267, 268, 336, 401, 408, 483, 496, 509, 564, 594-596

魏宝兄 见魏成宪

魏大兄 见魏成宪

魏嘉榖（松窗）3, 4, 19, 28, 29, 216, 595, 596

文彭（三桥）277, 305, 501

文鱼 见张燕昌

文徵明（衡山）135, 146, 348, 547, 595

翁方纲（覃溪、翁公、翁学士、翁太史、翁学使、翁阁学）32-34, 60, 63, 76, 78-80, 82-86, 90, 97-105, 107, 112-114, 122, 125-161, 163, 166-169, 171, 172, 174, 176, 178, 181, 182, 189, 190, 194, 203-205, 207, 215, 223, 228, 231, 236, 243, 246, 249, 250, 258, 261, 264-266, 272, 273, 297, 305, 306, 308, 309, 311, 313-315, 317, 324, 325, 336, 361, 362, 364, 375, 379, 380, 387, 390, 396, 397, 399, 400, 402, 405, 406, 409, 410, 412, 416-419, 421, 424,

428, 429, 432, 447, 452, 454, 460, 464, 469, 481, 486, 489, 490, 498-500, 540, 547, 562, 593

翁阁学　见翁方纲

翁公　见翁方纲

翁树培（宜泉）128, 133, 137, 144, 145, 318, 387, 390-392, 398, 399, 477, 478, 489, 490, 508, 562

翁太史　见翁方纲

翁太史　见翁树培

翁学使　见翁方纲

翁学士　见翁方纲

邬玉麟 256

无兄　见陈焯

无轩　见陈焯

吴厚生 456, 457

吴嘉榖（春畦）151, 387, 469

吴璟 62

吴履（竹虚）16, 147, 268, 428, 249, 267, 268, 319, 428-430, 434, 435, 447, 512, 514-516

吴骞（槎客、查客、葵里、兔床）151, 307, 498-501, 511, 590, 591

吴人骥（念湖）196, 197, 359, 360, 385-387, 430, 431, 447, 555

吴嵩梁（兰雪）103, 150, 395, 405

吴文徵（南芗）266, 267, 550

吴锡麒（榖人）34, 40, 100, 220, 375, 392, 508, 509, 561, 593

吴衔（凤诏）46, 191, 451

吴友松（秋鹤）346, 412, 434, 447, 448, 475

吴玉搢（山夫）129, 211, 269, 270, 396

吴长元（太初）196, 197

吴之黼（竹屏）123, 124

梧门　见法式善

梧生　见龚孙枝

武亿（虚谷、绪谷、偃师武君）11, 31, 35, 60, 85, 97, 98, 156, 157, 159, 185, 246, 267, 275, 281, 290, 309, 318, 333-336, 339, 366, 367, 379, 380, 386, 387, 400, 407, 408, 411, 414, 428, 430, 533-536

X

西庐　见王时敏

西堂　见陈恺

希曾　见丁传

奚冈（铁生、奚九）4-6, 8-10, 12, 13, 15, 18, 27, 31, 32, 37, 48-55, 78, 79, 81-83, 96, 97, 100, 217, 221, 227, 272, 316, 328, 348, 351, 352, 363, 383, 384, 431, 446, 484, 492, 519, 542, 550, 594-596

奚九　见奚冈

霞城　见邹蔚祖

先少参　见黄汝亨

献之　见钱坫

芎圃　见汪大镛

香光　见董其昌

香林　见李奉翰

香雪　见蒋知廉

湘管斋主人　见陈焯

项墉（金门、秋子）21, 24, 26, 27, 322, 344, 506

象翁　见陈灿

象兄　见陈灿

象昭　见陈灿

小池　见董洵

小坡　见姚立德

小芗　见黄畹

小香　见黄畹

晓园　见李亨特

晓徵　见钱大昕

筱饮　见陆飞

篠饮　见陆飞

谢藩台　见谢启昆

谢启昆（苏潭、谢藩台）138, 150, 168, 318, 405, 455, 456, 495

心庵　见黄承增

心盦 见黄承增
心斋 见颜崇槼
辛楣 见钱大昕
辛斋 见沈升峤
信州太守 见张朝乐
熊方受 592
熊公 见熊枚
熊枚（谦山、熊公）138, 360, 405, 428-432, 448
修白 见姚嗣懋
袖东 见徐观海
胥绳武（燕亭）13, 16, 100, 148, 201, 339, 346, 385, 386, 414, 416, 428-433, 435, 447, 468, 488
虚谷 见武亿
虚舟 见王澍
徐定远 232, 440
徐观海（袖东）305-307
徐嘉穀（攟盦、徐四兄）269, 270, 272
徐坚（友竹）92, 211
徐日簪（柳塘）548, 549, 569
徐世钢（癯仙）366, 367, 551
徐书受（尚之）281, 312, 366, 367, 369, 370
徐四兄 见徐嘉穀
徐嵩 92, 464, 465
绪谷 见武亿
薛文清 见薛瑄
薛瑄（薛文清）146-150
雪怀 见唐奕恩
雪礓 见汪焘
雪渔 见何震
巡使何公 见何道生

Y

亚黄 见张中
烟客 见王时敏
严长明（道甫）92, 131, 135, 203, 251, 290-293, 445, 544

严甫田 394
严观 251, 544
严守田（历亭）54, 394, 395, 561
研溪 见李琬
阎泰和 442, 443
颜崇槼（运生、衡斋、衡甫、心斋、颜六兄、颜广文）148, 150, 264, 265, 257, 264-268, 317, 319, 387, 410, 413, 414, 434, 435, 464, 482-484, 518
颜广文 见颜崇槼
颜六兄 见颜崇槼
弇山夫子 见毕沅
研村 见张爱鼎
砚村 见张爱鼎
燕亭 见胥绳武
杨鹤洲 77, 250
杨继盛（椒山）227, 526
杨骈 576
杨元锡 548
养泉 见洪范
养源 见沈可培
姚立德（小坡）39, 51, 87, 105, 107, 165, 252, 253, 383
姚鼐 294, 295, 394, 402, 459
姚三兄 见姚嗣懋
姚嗣懋（修白、姚三兄）49, 53-55, 76, 78, 80
瑶华道人 见弘旿
冶亭 见铁保
叶树廉（石君、石公）99, 100, 228
伊秉绶（墨卿）91, 101, 154-157, 159, 219, 220, 404, 483, 496, 497
伊抚军 见伊江阿
伊江阿（伊抚军）99, 267, 454, 455, 471, 509, 530, 557, 558
宜泉 见翁树培
以文 见鲍廷博
以兄 见鲍廷博
易畴 见程瑶田

人名索引

易田　见程瑶田

绎堂　见沈荃

逸老　见王升

逸青　见方维翰

毅堂　见潘有为

荫堂　见张玉树

印鸿纬（赓实、庚实）146, 459-462

映湑　见朱文藻

暎兄　见陈焯

暎之　见陈焯

颙若　见余大观

永清周公　见周震荣

永叔　见欧阳脩

友竹　见徐坚

柚堂　见盛百二

又恺　见袁廷梼

余大观（松屏、颙若）501, 502

余锷（慈柏）54, 55, 595

余集（蓉裳、秋室）105, 153, 195-198, 202, 228, 261, 398, 399

余鹏年（伯扶）97, 98, 416, 417, 430-432

鱼门　见程晋芳

鱼山　见冯敏昌

俞肇脩　207, 389

雨窗　见阿林保

玉保（阆峰、玉公）139, 140, 149, 375

玉池　见陈鸿宾

玉公　见玉保

玉虹主人　见孔继涑

玉几　见陈撰

玉立　见梁清标

玉屏　见江立

玉圃　见黄叔璥

玉琴　见储润书

玉山（兼斋）258, 347-350, 470

驭远　见周厚辕

寓林　见黄汝亨

渊如　见孙星衍

元美　见王世贞

元章　见米芾

元章　见王冕

原父　见刘敞

原甫　见刘敞

袁秉钧（竹田）376, 574

袁枚（简斋、随园）24, 43, 46, 103, 116, 374, 432, 444, 480-483, 489, 490, 515, 550

袁廷梼（绶阶、寿阶、又恺）319, 320, 380, 403, 477-479, 512, 515, 541-544

云亭　见罗煐

云溪　见江立

云兄　见江立

云庄　见金德舆

芸台　见阮元

耘门　见郑际唐

运生　见颜崇槼

恽寿平（南田）10, 49, 108, 315, 316, 344, 349, 385, 448

Z

载轩　见周厚辕

查淳　537

张爱鼎（研村、砚村、张司马）50, 283, 284, 286, 287, 373, 491-495, 497, 506

张弨（力臣、亟斋）101, 132, 136, 140, 224, 396

张朝缙　24

张朝乐（竹轩、张刺史、信州太守、张太守）23, 24, 432, 433

张刺史　见张朝乐

张兑和　589

张方理　330-332

张符升（苏门、张柳州）255, 286, 287, 494, 495

张复纯（止原、张止翁）398-401, 444, 445, 477-479, 513

张华阳　见张素

张柳州　见张符升

张庆源 234

张司马　见张爱鼎

张四教（石民）171，172

张素（张华阳）1，85

张太平（寿云）493-495

张太守　见张朝乐

张文敏　见张照

张埙（瘦同、瘦铜、石公）90，122，135，136，194，204，205，246，314，361，362，445，589，590

张燕昌（文鱼、芑堂）8，50，76，82，83，87，89，95，105-109，111，114，125，128，168，190，230-233，236，239，317，397，440，454，456，457，575

张映玑（穆庵、都转公）26，27，167，168，402，526，527

张玉树（荫堂）114，258，261，276，408，503，578

张照（天瓶、张文敏）64，78，83，111，232，233，276，283，286-289，344，396，501，502，582

张止翁　见张复纯

张中（亚黄）60，61

章谷（古愚）15

章侯　见陈洪绶

章学诚（实斋）63，68，69

赵国麟（泰安相国、泰安赵相国、相国泰安赵公、泰安赵相公）114，223，261，408，503，563

赵怀玉（味辛）138，154，155，220，221，312，340-342，371，420-424，481，487

赵辑宁 565，566

赵孟頫（子昂、松雪、赵荣禄、赵文敏）14，76，79，81-83，88，118，146，210，348，364，396，456，459，515，540，563

赵孟坚（子固）134，179

赵明诚（德父、德甫）2，26，78，123，317，413，561

赵荣禄　见赵孟頫

赵魏（洛生、菉生、菉森、晋斋、赵兄）1，8，48-53，75-101，111，112，114，120，130，138-140，142，144，158，159，166，167，189，207，230，273，275，291，298，316，321，323，328，333，341，344，353，389，397，399，400，414，416，418，419，441，454，455，459，460，480，481，508，529，565，594

赵文敏　见赵孟頫

赵希璜（渭川、安阳令赵生）100，113，115，156-159，208，267，336，515

赵兄　见赵魏

赵载元（复堂）252，384，517，518

蔗林　见董诰

蔗畦　见江恂

贞父　见黄汝亨

镇堂　见郑震堂

郑辰（三云、薇北）52，53，117-119，196，197，323

郑刺史　见郑制锦

郑公　见郑际唐

郑公　见郑制锦

郑际唐（郑公、耘门）122，139，140

郑居实 230，387

郑老先生　见郑制锦

郑明府　见郑制锦

郑士芳（柳田）519-521

郑燮（板桥）16，267，268，364

郑震堂（镇堂）336，471，519-525

郑支宗（鲁门）143，230，231，387，519

郑制锦（郑公、郑明府、郑刺史、郑老先生）4，16，18-20，22，33，40，42，57，60，63-69，84，116，175，210

芝山　见宋葆淳

芝田　见唐侍陛

枝山　见祝允明

侄森　见孔广森

止原　见张复纯
芷岩　见周颢
稚存　见洪亮吉
中兄　见汪焘
中也　见汪焘
仲温　见宋克
仲则　见黄景仁
周苍梧　见周升桓
周二十五　见周世绍
周颢（芷岩）70, 71
周厚辕（驾堂、驭远、载轩）190, 375
周近仁 238
周升桓（山茨、周苍梧）64-66, 67, 71, 73, 166, 167, 393, 429
周世绍（周二十五）206
周越（子发）179, 180
周震荣（青在、筤谷、永清周公）53, 63-74, 167, 176, 180, 182, 209, 273, 286, 393, 461, 588
朱枫（排山）82, 83, 91, 93, 187, 188, 190, 383, 418, 419
朱珪（石君）266, 308, 392, 408, 454, 464
朱煌（豹泉、瀑泉）191, 275, 335
朱文藻（映㵒、朗斋、朗兄）12, 13, 23, 24, 34, 97, 98, 114, 149, 198, 219, 220, 228, 229, 232, 233, 267, 318, 320-322, 342, 344, 414, 438, 441, 453-456, 466, 498, 500, 501, 594, 595
朱锡庚（少白）334, 407, 408, 416
朱琰（笠亭）175, 176, 454
朱彝尊（竹垞）27, 49, 132, 137, 207, 210, 315, 342, 380, 508, 513, 540
朱友桂 449
朱筠（筍河、竹君）33, 40, 67, 78, 105, 127, 156, 193, 196, 203, 243, 297, 308, 330, 333, 349, 369, 370, 407, 408, 416
竹厂　见陈以纲
竹庵　见陈以纲
竹岑　见沈铭彝
竹垞　见朱彝尊
竹君　见朱筠
竹懒　见李日华
竹屏　见吴之黼
竹坡　见程国檠
竹田　见袁秉钧
竹汀　见钱大昕
竹虚　见吴履
竹轩　见张朝乐
主臣　见何震
祝德全（祝令、祝君）154, 155, 157
祝君　见祝德全
祝令　见祝德全
祝允明（枝山）13, 145, 288, 518, 595
庄贵甲 487
卓臣　见潘有为
子昂　见赵孟頫
子发　见周越
子固　见赵孟坚
子屏　见江藩
邹蔚祖（霞城）533-535
作霖　见李锺沛